NIKOLAUS VON KUES

PHILOSOPHISCH-THEOLOGISCHE SCHRIFTEN

NIKOLAUS VON KUES

PHILOSOPHISCH-THEOLOGISCHE SCHRIFTEN

Herausgegeben und eingeführt von
Leo Gabriel
Übersetzt und kommentiert von
Dietlind und Wilhelm Dupré

LATEINISCH-DEUTSCH

BAND III

Lizenzausgabe für die Wissenschaftliche Buchgesellschaft, Darmstadt

Die Deutsche Nationalbibliothek verzeichnet diese Publikation in der Deutschen Nationalbibliografie; detaillierte bibliografische Daten sind im Internet über http://dnb.d-nb.de abrufbar.

Sonderausgabe 2014
Die Herausgabe des Werkes wurde durch die Vereinsmitglieder der WBG ermöglicht.
Einbandabbildung: Nikolaus von Kues © akg / Bildarchiv Steffens
Einbandgestaltung: Peter Lohse, Heppenheim
Gedruckt auf säurefreiem und alterungsbeständigem Papier
Printed in Germany

Besuchen Sie uns im Internet: www.wbg-wissenverbindet.de

ISBN 978-3-534-25754-6

INHALT

VORBEMERKUNGEN ZU DEN SCHRIFTEN DES III. BANDES

Cusanus hat in seiner Spätschrift *De venatione sapientiae* (Die Jagd nach der Weisheit, I. 1–189) das Philosophieren als ein Tun begriffen, dessen Ziel es ist, den Menschen mit der für das Leben des Geistes notwendigen Nahrung zu versorgen. Diese Nahrung ist die Wahrheit, mit der wir an sich immer schon leben, sofern wir dem Sinn des Daseins entsprechen und uns auf das einlassen, was der „innere Mensch" verlangt; derer wir aber auch immer wieder bedürfen, soll dieses Leben nicht zugrunde gehen und die Gestalt verlieren, die ihm Dauer, Bewegung und Harmonie verleiht. Das Streben nach der Wahrheit, das Finden von Wahrheiten und das Erreichen von Weisheit sind damit zumindest ebenso wichtig, wie es all die anderen Dinge sind, ohne die menschliches Dasein nicht gelingen kann.

Die Aufgabe, die sich aufgrund menschlicher Wahrheitsbezogenheit ergibt, ist allgemein und in ihrer Erfüllung nicht verschieden vom konkreten Lebensvollzug. Gleichzeitig unterscheidet sie sich von diesem jedoch in dem Sinn, daß ihr im Gedanken der Wahrheit die Wahrheit selbst als Ziel entgegentritt, dessen Erfassen und Erlangen eine eigene Anstrengung erfordern und die Jagd nach der Weisheit als besondere Tätigkeit ausgrenzen. Wie diese Tätigkeit zu verstehen ist, wird – Cusanus zufolge – zumindest teilweise von der Geschichte der Philosophie beantwortet. Darüber hinaus läßt er uns aber auch wissen, daß es verschiedene Felder gibt, auf denen die eine Wahrheit entdeckt und gesucht werden kann. Dies kann dazu führen, daß dieselbe Aufgabe in den unterschiedlichen Formen möglicher Erfüllung verkannt und mißdeutet wird. Umgekehrt erlauben es die unterschiedlichen Formen der Erfahrung aber auch, die Einsichten, die in dem einen Feld gewonnen werden, im anderen zur Erinnerung zu bringen, und so in der gemeinsamen Unterscheidung verschiedener Möglichkeiten dem einen Ziel selbst näher zu kommen. Es ist dies zweifellos ein Gedanke, der für das Denken von Cusanus bestimmend wurde (cf. Bd. I. 514 ff). Er selbst hat ihn in der bereits genannten Schrift als Schlüssel zur Deutung seines Philosophierens angeboten.

Dem Selbstverständnis cusanischen Denkens entsprechend wurden in Band I und II der „Schriften" von den zehn möglichen Feldern für die „Jagd nach der Weisheit" die der Wissenden Unwissenheit, des Können-Ist, des Nicht-Andern, und das des Lichtes

'belegt'. Folglich stehen noch die des Lobes, der Einheit, der Gleichheit, der Verknüpfung, der Ziel-Grenze und der Ordnung aus. Von letzteren hat Cusanus zwar *De laude* und *De connexione* mannigfach in seinem Schrifttum thematisiert, ihnen jedoch kein bestimmtes Werk gewidmet. Es bleiben also für den Abschlußband die Felder der Einheit, der Gleichheit, der Ziel-Grenze und der Ordnung, denen diesmal die Schrift *De Beryllo* als allgemeine Einleitung vorangestellt werden kann.

Für die Edition der lateinischen Texte gelten auch in diesem Band die im ersten aufgestellten Grundsätze: zugrund liegt die Kueser Handschrift (Cod. Cus. 218 u. 219) bzw., wo nicht vorhanden (wie bei *De aequalitate* und dem *Complementum theologicum*), entsprechend andere. Diese Handschriften sind außerdem mit der Pariser Edition des Faber Stapulensis (Paris 1514; bzw. Frankfurt [Minerva] 1962) verglichen, deren Lesart durch eine anmerkungslose, eckige Klammer kenntlich gemacht ist[1]. Ebenso sei bezüglich der Übersetzung auf das im ersten Band Gesagte (p. XXVII) hingewiesen. Der Kommentar ist auch in diesem Band auf das Nötigste (nur direkte, bzw. indirekte Zitate) beschränkt; einmal, da das Ziel einer textlich vollständigen Studienausgabe möglichst bald erreicht werden sollte; zum zweiten, da die berechtigte Hoffnung besteht, daß die kritische Ausgabe doch noch einmal zu einem Abschluß gelangen wird.

Mit diesem Band liegen nun – außer *De concordantia catholica* – alle Bücher des Kardinals, soweit sie systematischen philosophisch-theologischen Inhaltes sind, vor. Gleichzeitig sei jedoch auf das große Predigtwerk hingewiesen, dessen kritische Ausgabe zur Zeit vom Trierer Cusanusinstitut besorgt wird. So manche Frage, die in den vorliegenden Schriften nur angedeutet ist, wird dort – vor allem in den späteren Predigten – ausführlich reflektiert. Für ein abschließendes Verständnis empfiehlt es sich demnach, auch diese Texte zu berücksichtigen[2].

---

[1] Um beide Ausgaben nebeneinander benützen zu können, bzw. um Zitate der Pariser Ausgabe in jener verifizieren zu können, wurde eine Text-Konkordanz mit dem Pariser Druck beigegeben (pp. 839–844).

[2] Dank des Entgegenkommens von Herrn Prof. DDr. Rudolf Haubst konnten die folgenden Bemerkungen bereits in „Mitteilungen und Forschungsbeiträge der Cusanus Gesellschaft" (7, 1969) veröffentlicht werden. Vgl. den Hinweis darauf zu Beginn der einzelnen Schriften, der hiermit verfällt.

1. DE BERYLLO

Mit der Schrift *De beryllo* (Cod. Cus. 219, fol 199ᵛ–211ᵛ) kam der Autor dem lang ersehnten Wunsch nach, den Brüdern vom Tegernsee eine Art Einführung in sein Philosophieren zu geben[3]. Durch ihren Prior Bernhard von Waging waren diese schon längere Zeit mit den Gedanken der *Docta ignorantia* vertraut. Doch war das in diesem Werk vorgeführte Denken für sie aktuell geworden, seit sie *De visione dei* 1453 als Betrachtungsbuch und Anleitung zum geistigen Leben erhalten hatten[4]. Obwohl Cusanus hier versuchte, mittels der *praxis experimentalis* die wunderbare »Leichtigkeit des Schwierigen«, die stets in den Fragen der Theologie gegeben ist, darzustellen, blieben doch wichtige Gedankengänge unverstanden. Eine Einführung tat also not.
Nach vielem Drängen verfaßte Cusanus tatsächlich diese Einführungsschrift. Er tat es sozusagen »zwischendurch«[5]; ein Umstand, der sich vor allem im holprigen Stil dieser am 18. August 1458 fertiggestellten Schrift (p. 90) bemerkbar macht und dessen sich auch der Autor durchaus bewußt war (cf. p. 91).
Der Beryll (oder die Lupe, das Vergrößerungsglas) ist ein Mittel, mit dessen Hilfe das normalerweise Unsichtbare sichtbar wird; er ist – für den Philosophen – das Instrument und Prinzip, durch das und in dem der undenkbare Grund der Dinge in den Blick kommen und damit untersucht werden kann. Dieser philosophische Beryll ist der Gedanke der *coincidentia oppositorum*[6], wie er im theoretisch-praktischen Prozeß der *docta ignorantia* zum Vorschein kommt und dessen Fruchtbarkeit sich für die *visio in omni altitudine* (p. 2) bewährt und bewahrheitet. Indem er als Organon verstanden wird, erweist er sich als komplementäres Gegenstück zum aristotelischen »Logos«, der damit zwar nicht

---

[3] Vgl. dazu die kritische Ausgabe: *De beryllo*, ed. L. Bauer, Lipsiae (Meiner) 1940. Ferner in deutscher Übersetzung: *Über den Beryll*, von K. Fleischmann, Phil. Bibl. Bd. 217, Leipzig 1938. Der in der Einführung gebrachte Briefwechsel über die Vorgeschichte des *»Beryll«* ist besonders hervorzuheben, da er vor allem das »geistige Milieu« verdeutlicht, in dem diese Schrift entstanden ist.
[4] Cf. p. 94, Überschrift
[5] Cf. *Ed. Vansteenberghe*, *Le Cardinal Nicolas de Cues; L' action – La Pensée*, Paris 1920, p. 272.
[6] Cf. *J. Stallmach*, *Zusammenfall der Gegensätze. Das Prinzip der Dialektik bei Nikolaus von Kues:* MFCG 1 (1961, 2. verbess. Aufl. 1968), 52.

überholt, wohl aber eingeholt, d. h. als Wirkweise der *ratio* verstanden wird[7].

In der Bewegung alles Ähnlichen[8] auf die Wahrheit hin (p. 23 u. a.) wird der Gedanke des zugleich Größten und Kleinsten, d. h. der Beryll, in und von der Seele entdeckt, die damit zum eigentlichen Ort der Vermittlung wird (p. 29, 35 u. a.)[9]. Der Mensch wird, wie Protagoras es formulierte, zum Maß aller Dinge, sofern er sich – und das ist die cusanische Interpretation dieses Satzes – im eigenen Schaffen von der Transzendenz bestimmt weiß (cf. die vier Prinzipien[10] p. 5–9). Cusanus verweist damit einerseits auf die Faktizität des Daseins (p. 63, 83, 85), welche die eigentliche »Einführung« in die Philosophie und das Philosophieren darstellt. Andererseits bedarf jene des universalen Bewußtseins (das Wissen vom Wissen p. 55 ff.), das letzten Endes nur in der Grenzbewegung zum gemeinsamen Ursprung durch die Kraft des freien Willens (p. 45, 67) erreicht werden kann. Damit entzieht sich die Philosophie, wie sie von Cusanus verstanden wird, zweifelsohne dem rein rationalen Vermittlungsversuch. Lebendig wie das Leben selbst verschließt sie sich aber keineswegs der Erfahrung im eigenen und im anderen Tun (cf. p. 3), für welches das Gesamtwerk des Kardinals ein beredtes Zeugnis abgibt.

2. UNITAS

Der Gedanke der Einheit, des Einen und des Vielen ist so alt wie die Philosophie selbst. Cusanus, von Proklos und Pseudo-Dionysius zutiefst beeinflußt[11], kann sich nicht genug daran tun, über dieses Problem nachzudenken und zu sprechen. Wenn es darum auch nicht verwundert, daß er die Einheit als Titel für ein ganzes »Feld« vorstellt, so mutet es doch seltsam an, daß er gera-

---

[7] Dazu vergl. *Nik. v. Kues, De non-aliud*, cap. 18 u. 19; *Schriften* II, p. 524 ff.

[8] Cf. *Compendium, Schriften* II, p. 715 ff.

[9] Cf. *De coniecturis* II, 14; *De humana anima, Schr.* I p. 172 ff. Wie auch sonst verwendet Cusanus hier den »Spiegel der Mathematik«. Da die im Text gebrauchten Figuren aus der Beschreibung selbst deutlich genug sind, wurde auf eine graphische Illustration verzichtet.

[10] Es sind die Prinzipien des Einen (cap.3), des Wahren und seiner Erkenntnis (cap. 4), der *mensuratio* des Menschen in *excessu* (cap. 5) und des Schaffens in Ähnlichkeit (cap. 6).

[11] Cf. *Schriften* II, *Vorbemerkungen*, p. XIV ff.

de für dieses Feld unter anderem zwei Schriften anführt – es sind dies *De visione dei*, Schriften 1, p. 100 und *De ludo globi*, a. a. O., p. 108 –, in denen diese Frage relativ wenig erörtert zu werden scheint. Offenbar haben für ihn Vokabeln wie *unum*, *unitas*, *multum*, *pluralitas* etc. einen volleren Klang, als wir ihn heute im allgemeinen zu hören gewohnt sind.

Wie schon erwähnt, ist die am 23. Oktober 1453[12] verfaßte Schrift *De visione dei* (Cod. Cus. 219, fol. 1–24) als Betrachtungsbuch gedacht[13]. Durch Beispiele und Reflexion will Cusanus die Suchenden mittels einer Selbsterfahrung, die von Wissen und Hingabe zugleich gekennzeichnet ist, zu jenem Dunkel geleiten, das letzte Helligkeit bedeutet. Es sind also nicht irgendwelche psychischen Zustände, die das »mystische Dunkel« zu dem machen, was es ist, sondern das volle Wissen um die Differenz von »sinnlichem Auge« und dem »Auge des Geistes« (p. 119 u. a.); besser, um die Differenz vom Einen und Vielen in der Einheit der Schöpfung (cf. p. 145).

Nikolaus von Kues versucht diese Gedanken im Bild und am Beispiel des »Alles-Sehenden«, wie es die Malerei in jenen Porträts darstellt, die den Betrachter nach allen Seiten hin anschauen, zu erläutern[14]. Gott ist kein transzendentaler Fixpunkt, sondern transzendente Wirklichkeit, die sich dem suchenden Menschen als absolute Gegenwart zeigt (p. 109). Der Gott der neuzeitlichen Metaphysik[15] ist in Wirklichkeit der Gott der alten Imago-Spekulation, der im Blick der *coincidentia oppositorum* weitere Dimensionen enthüllt. Das Bild der Paradieses-Mauer erhellt, wie der Mensch als »Schwellenwesen« (p. 137) in einer seins- und erkenntniskonstitutiven Grenzbewegung[16] den Reichtum dieser Mauer (p. 143) entdecken kann und entdeckt. »Das Sein des Geschöpfes ist zugleich Dein Sehen und Gesehenwerden« (p. 135).

Auf Grund dieser Gegebenheit kann auch die Freiheit des Menschen nicht länger als zufälliges oder nur moralisch relevantes

---

[12] Cf. *Ed. Vansteenberghe*, a. a. O., p. 272.

[13] Vgl. *Vom Gottes Sehen*, E. Bohnenstaedt, Phil. Bibl. 219, (Meiner Verlag) Leipzig 1942, p. 162, Anm. 1. – Sehr aufschlußreich sind die einleitenden Vorbemerkungen der Verfasserin über die Zeitgeschichte und Entstehungsgeschichte des Werkes (mit Wiedergabe des Briefwechsels).

[14] Cf. E. Bohnenstaedt, a. a. O., 163 f., Anm. 4 (mit Literaturhinweisen).

[15] Cf. das Buch gleichen Namens von *Walter Schulz*, Pfullingen 1937, p. 13–32.

[16] Cf. *Peter Wusts* Begriff der geistigen Oszillation, in: *Dialektik des Geistes*, Augsburg 1928, p. 1, 3 u. v. a.

Moment begriffen werden, sondern sie wird wesentlich; sie wird zur Seinswahl (p. 121), ohne damit im Sartreschen Sinn atheistisch werden zu müssen. Auf der einen Seite haben wir die Anerkennung der Notwendigkeit: »soweit du mit mir bist, bin ich« (p. 105); auf der andern die Fülle der Freiheit: »Sei du dein und ich werde dein sein« (p. 121)[17].

Die Begründung von Welt und Mensch in der transzendenten Wirklichkeit der »Mauer« (cf. p. 137 u. a.) kennt jedoch nicht nur die immanenten Bezüge der Bildhaftigkeit. Sie weist darüber hinaus zur Trinität als Ausdruck absoluter Vollkommenheit und fruchtbarster Einfachheit (p. 171) – und, nachdem die Glaubensbegründung von Gott her geleistet worden ist. (p. 179), zu Jesus als der Vollendung der Schöpfung[18] (p. 180 ff.). Christus ist damit nicht mehr länger ein »christliches« Epiphänomen, sondern Anfang, Mitte und Ende von allem, das ist und gedacht werden kann[19].

Damit leitet nun aber der Weg von *De visione dei* zum Dialog *De ludo globi* über, den Cusanus in *De venatione sapientiae* als ein Werk über die Welt bezeichnete[20]. Der *Dialog über das Kugelspiel* (Cod. Cus. 219, fol. 138–162) ist in seinem ersten Teil wohl Ende des Jahres 1462 und im zweiten Teil wohl in der zweiten

---

[17] Indem Cusanus das Verständnis von Mensch und Welt sozusagen am Unendlichen selbst »aufhängt«, bleibt der Weg zu diesem Unendlichen in seinen Momenten des »raptus«, des Augenblicks, der Gnade (cf. p. 167) nicht mehr länger gnoseologisch gleichgültig, sondern sie werden konstitutiv einbezogen. Gnade wird damit weder gnostisch noch aufklärerisch verdünnt und entzaubert. Sie bleibt, was sie ist; ihre absolute Bedeutung für den Erkenntnisprozeß und den Dialog wird offenbar, ohne daß damit über sie verfügt oder sie gar erzwungen werden könnte; ihr transzendentales Apriori erweist sich als nur im Nachhinein vernehmbar.

[18] Cf. *De docta ignorantia*, *Schriften* I, p. 432 u. a.

[19] Welche Bedeutung dieser Sicht im Zusammenhang mit modernen Problemen zukommt, hat *R. Haubst* in *Nikolaus von Kues und der Evolutionsgedanke*, Scholastik, Jhg. XXXIX, Heft IV (1964), 481–494 aufgedeckt. Zu den damit gegebenen Implikationen für die Idee und Aufgabe einer christl. Philosophie cf. VF.: *Nik. von Kues und die Idee der christl. Philosophie*, Phil. Jahrbuch, 73. Jhg./1 (München 1965), 23–32.

[20] Zur Kontroverse, welches Werk mit dem in *De ven. sap.* erwähnten »*De figura mundi*« gemeint ist, vgl. *Schriften* I, p. XXIX; ferner *R. Haubst*, Rezension von Nicolai de Cusa, De ven. sap. etc., MFCG 3 (1963), 248. *Gerda Freiin von Bredow, Der Gedanke der singularitas in der Altersphilosophie des Nik. von Kues*, MFCG 4 (1964), 382 f.

Hälfte von 1463 im Rom bzw. Orvieto entstanden[21]. An Hand eines von Cusanus erfundenen Spieles versucht dieser im Horizont der Regel der Wissenden Unwissenheit (p. 233, 287) zunächst das Problem der Welt und ihrer »Rundung« aufzugreifen. Dieses Problem, das als Frage nach der letzten Vollkommenheit und Vollendung zu verstehen ist, verweist einerseits auf die Struktur der Seele und des Denkens (als Einheit des Selben und Verschiedenen bzw. als Selbstbewegung; p. 243, 249 u. a.) Andererseits kann diese Frage nur als existentielles Spiel (p. 371, 297 etc.), welches (für Cusanus) ganz selbstverständlich christologisch zu deuten ist[22], ausgetragen werden.

Die verschiedensten Themen klingen hier an – das Urbild-Abbild-Verhältnis (p. 297 ff.); Christus als Mittler (p. 303 ff.); Geist und Sein (p. 309 ff.); Gott als Kraft (p. 315 ff.); Seele und Zeit (p. 321 ff.); das Problem der *intentio* (p. 331); der Weg des Wissens und der Selbstreflexion (p. 333); die polare Beziehung von Innen und Außen (p. 337); die Lehre von Wert und Zeichen (p. 345 ff.) und anderes mehr. Entsprechend dem Dialog-Charakter dieser Schrift[23], versucht der Autor erst gar nicht, ein abgerundetes »Bild« irgendeines Lehrstückes zu geben. Er selbst beabsichtigt lediglich, die jungen Gesprächsteilnehmer philosophisch auf den Weg zu bringen[24], womit er allerdings auch den »Andern« ein konkretes Beispiel für die »Jagd nach der Weisheit« im und auf dem Feld der Einheit gegeben hat.

---

[21] Cf. die vorhergehende Anmerkung. Ferner: *Nik. von Kues, Vom Globusspiel,* Übers. u. mit Einf. und Anm. vers. v. Gerda v. Bredow, Phil. Bibl. 233, (Meiner) Hamburg 1952. Die im Text aufgenommenen Varianten des Krakauer Kodex 682 (p. 234, 256, 270, 272, 310, 318) sind nach dieser Ausgabe zitiert (p. 102, 104, 113, 115).

[22] Was demnach auf den ersten Blick erbauliche Spielerei zu sein scheint, ist nach den in *De visione dei* und *De docta ignorantia* entwickelten Gedanken existentiell begründet. Damit kann auch von hier ein weiterer Grund dafür beigebracht werden, daß *De ludo globi* (als Darstellung für die Jagd auf dem Felde der Einheit) tatsächlich das mit *De figure mundi* angedeutete Buch ist.

[23] Das Werk dürfte aller Wahrscheinlichkeit nach die Wiedergabe eines bzw. zweier tatsächlich stattgefundener Gespräche sein. Cf. Anm. 20.

[24] Cf. *De ludo globi*, p. 223/287.

3. AEQUALITAS

Als Beispiel für das Philosophieren auf dem Felde der Gleichheit gibt Cusanus in *De venatione sapientiae* nur eine Schrift gleichen Titels (*De aequalitate*) an. Tatsächlich gilt auch hier, was von der Einheit gesagt wurde: der Gedanke kehrt in den verschiedenen Schriften immer wieder zurück[25]. Seine Fruchtbarkeit erweist er darin, daß er dieselben großen Fragen in seinem nur ihm eigenen Lichte, d. h. dem Lichte des Lebens, wie es uns »im Ursprung« entgegentritt[26], zum Vorschein kommen läßt.

Die vom Autor in die Predigtsammlung aufgenommene Schrift *De aequalitate* (Cod. Vat. lat. 1245, fol. 257–262^v) stellt der Gattung nach einen philosophischen Brief dar, welcher 1459 für Peter von Erkelenz verfaßt wurde. Diesmal entwickelt Cusanus die christologische Problematik jedoch nicht erst im Höhepunkt des Gedankenganges, sondern geht gewissermaßen von ihr aus. Leitgedanke ist Joh. 1, 4: Das Leben war das Licht der Menschen.

Dieses Leben ist nichts anderes als die Sinnhaftigkeit alles Seienden, die sich dem Geist darin anzeigt, daß er erkennen und erkannt werden will (p. 361). Der Sinn im Andern wird vom Geist durch den Sinn in ihm erkannt (p. 367). Die Seele sieht die Wahrheit durch sich selbst (p. 371), sofern sie in der Selbstreflexion ihre eigene – transzendente – Grenze und Begrenzung thematisiert (p. 371). Damit greift Cusanus – wie schon in *De visione dei* – die augustinische Thematik von *Deus et anima* auf, um diese in der Ursprünglichkeit des eigenen Denkens neu zu formulieren. Die Seele als zeitlose Zeit (p. 373) findet sich zwischen dem Zeitlichen und dem Ewigen (p. 375). Diese letztlich unbegründbare – aber nichtsdestoweniger alles begründende – Entdeckung der Selbstreflexion findet ihre Erhellung im Zueinander von Gedächtnis, Denken und Wille (p. 377), deren gegenseitige Ver-

---

[25] So verweist z. B. *B. Cusanus* bei der Behandlung der Gleichheit im *Compendium* (11, p. 723)ausdrücklich auf *De ludo globi*, oder man vgl. in diesem Band *Complementum* cap. IV, p. 633 u. a.

[26] Damit ergibt sich von hier aus auch ein Brückenschlag zu *De principio* (*Schr.* II, p. 212 ff.), das Cod. Vat. zusammen mit dieser Schrift bringt. Was dort auf den ersten Blick formal und abstrakt zu sein scheint (cf. pro exercitione intellectus . . .), erweist sich von solchem Hintergrund her gesehen als Ausdruck sehr konkreter Erfahrungen; ein Aspekt cusanischen Denkens, der in den verschiedenen Schriften immer wieder zu beachten ist.

flochtenheit zur Erfahrung der Gleichheit als absoluten Horizontes hinführt. Zeitlichkeit und Unzeitlichkeit (Dauer) bilden nicht irgendein dialektisch-gnostisches Gegeneinander. In Ihrem faktischen Gegenüber und Miteinander erweisen sie sich vielmehr als ausgezeichnete Möglichkeiten für Denken und Verhalten in der grundsätzlich bejahten Sinnhaftigkeit des Daseins. So gesehen wird die Gleichheit zum universalen Symbol für die Zeiterfahrung der Seele, da diese solcherart die Zeit je schon transzendiert bzw. die Erfahrung dieses Transzendierens als reale Möglichkeit der Existenz zu eigen erhält. Als universales Symbol durchwaltet Gleichheit das Wort des Verstehens (p. 383) nicht weniger als den trinitarischen Charakter menschlicher Einheit (p. 379). In ihrer Absolutheit (p. 395) wird sie sowohl zum Maß des Seins und des Seienden als auch des Erkennens. Menschliche Wahrheitssuche bedeutet in ihrer An-Gleichung (p. 401) nicht länger eine Verdoppelung der Welt auf der Ebene des Intellekts, sondern ist Ausdruck für die Wahrheits-Dynamik des Verhaltens »in creando«[27].

4. TERMINUS

Als Beispiele für die Jagd nach der Weisheit im Horizont der Grenze gibt Cusanus in *De venatione sapientiae* die Dialoge des Laien an[28]. Diesen angeschlossen ist hier eine weitere Schrift, nämlich *das Complementum theologicum*, da dieses der ganzen Thematik nach ebenfalls zu diesem Felde gehört. Die Dialoge des Laien, die vor allem seit der Veröffentlichung von *De mente* in Cassirers »Individuum und Kosmos in der Philosophie der Renaissance[29]« zu den bekanntesten Schriften des Kardinals gehören, umfassen die Bücher *Idiota de sapientia* I und II, *Idiota de mente* und *Idiota de staticis experimentis* (Cod. Cus. 218, fol. 106 bis 137^{v})[30]. Der ganze Zyklus wurde, wie Cod. Cus. am Ende der einzelnen Schriften bemerkt (cf. p. 450, 476, 608, 646), zwischen dem 15. Juli und 13. September 1450 abgeschlossen.

---

27 *De beryllo*, p. 59.

28 *De venatione sap.*, *Schriften* I, p. 128.

29 *E. Cassirer, Individuum und Kosmos in der Philosophie der Renaissance*, Leipzig 1927 (*Liber de mente*, ed. *J. Ritter*, p. 203–297).

30 Die Dialoge des Laien wurden sowohl in der Akademieausgabe als auch in der Phil. Bibliothek bei Meiner veröffentlicht: Vol. V, *Idiota: De sapientia, De mente, De staticis experimentis*, cd. L. Bauer, Leipzig 1937.

Was auch immer der inhaltliche Reichtum von Wissen und Wissenschaft sein mag, man kann in keiner Weise davon absehen, daß beide nur im Medium der Grenze, der Definition und der Begrenzung aufgestellt und mitgeteilt[31] werden können. Denken darf und kann darum auch nicht darauf verzichten, nach dem Ursprung und dem Sinn des Maßes, der Maß-gabe und Maßnahme zu fragen. Die Frage selbst leitet, wie uns Cusanus hier vor Augen führt, in das Zentrum des Philosophierens und der Philosophie. Ausgangspunkt der Dialoge ist das Problem des »wahren Wissens« (p. 421). In der Demut solchen Wissens, das zumindest dem Anspruch nach gegeben ist, wird der Philosophierende zum Laien (p. 423), zum Anfänger, der trotz aller angelernten Kenntnisse letzten Endes nur das ausspricht, was er aus der Situation und dem Augenblick heraus versteht. Die Diktatur der Autorität, des fertigen Lehrsystems, muß darum abgelehnt werden (p. 421), da in ihr die menschliche Freiheit, der sie Stütze und Hilfe sein sollte, zugrunde gerichtet wird. »Mit einem Halfter an eine Krippe gebunden«, wird nämlich nur das »gefressen«, was der Vernunft in Buchstaben und Termini »dargeboten wird« (p. 421).

Dieser Aufruf zur Freiheit und Ursprünglichkeit findet seine Begründung in der universalen Weisheit, die »in den Gassen ruft«, während sie selbst nur »in der Höhe« ihre Bleibe hat (p. 423 u. a.). Die Erfahrung der Maß-gebenden Weisheit (p. 425 ff.) bedeutet nichts anderes als die Gegenwärtigkeit des Geistes bei sich selbst, die er sich weder selbst gibt noch geben kann, sondern stets als *illuminatio* (p. 439) geschenkt erhält. Als das Andere seiner selbst, ohne das er nicht sein kann, ist die Weisheit sein Leben, das nunmehr unter diesem Aspekt im ersten Teil des Dialogs (p. 454–477) behandelt wird.

Der Laie über die Weisheit, von E. Bohnenstädt, Phil. Bibl. 202, Leipzig 1936, [2]1944, Hamburg [8]1954; *Der Laie über den Geist*, von M. Honecker und H. Menzel-Rogner, Hamburg 1949, Phil. Bibl. 228; *Der Laie über Versuche mit der Waage*, von H. Menzel-Rogner, Leipzig 1944.

[31] Mitteilung ist dabei nicht identisch mit (Sinn-) Vermittlung, welche nur im Rückgriff auf die Voraussetzung jener angegangen werden kann; – ob mit Erfolg oder ohne, ist die entscheidende Frage für jedes Philosophieren. Der Anspruch selbst oder der Wille zur Vermittlung ist dabei zwar notwendig, aber selbst noch nicht genug, da seine Wahrheit nur in dem erfahren werden kann, was er leistet. Allerdings gibt die Tatsache, daß Nikolaus dergestalt philosophiert, ein gültiges Kriterium dafür ab, daß er nicht nur historisch, sondern auch geschichtlich zu den »Großen« der Philosophiegeschichte gehört.

Das Resultat ist der melloristische Imperativ[32], zur absoluten Weisheit (p. 447), d. h. der Wahrheit vorzudringen (p. 449). Wie dieses Vordringen aussieht oder aussehen kann, wird im folgenden II. Teil (p. 480 ff.) vor Augen geführt.
Die absolute Weisheit, die Gott ist, kann nur in der Gegenwärtigkeit der geistigen Selbst-bewegung, die sich im universalen »Größer als« auslegt, angesprochen werden (p. 455). Da sich dieses Auslegen stets in Fragen und Antworten vollzieht, ergibt sich der Schluß, daß die Frage nach und über Gott dergestalt beschaffen sein muß, daß Frage und Antwort koinzidieren (p. 457), was natürlich zu einem spezifisch gearteten Methodenproblem und Bewußtsein der Theologie führen muß (p. 461).
Anders gewendet: obwohl das Sprechen über und von Gott nur im Gemeinsamen der Sprache (p. 461 ff.) stattfinden kann, ist der Begriff dennoch unzulänglich. Als Begriff des Begriffes hinwiederum entzieht er sich der Darstellung, da er jedem Darstellen vorangeht. – Die Weisheit wohnt eben nur in der Höhe. – Um dieser Situation nun gerecht zu werden, bleibt nichts anderes übrig, als den Übergang vom »Begriff des Begriffes« zum »Geist, der begreift« (p. 463) zu vollziehen. Damit aber erweist sich die transzendentale Inhaltlichkeit, wie sie in den Begriffen der Genauigkeit, der Richtigkeit, der Wahrheit, der Gerechtigkeit, des Maßes, der Gutheit und der Vollendung (p. 467) ausgesprochen ist, als Teilhabe am universalen Sinn, sofern dieser zum Menschen verschränkt ist (p. 477). Im Horizont der absoluten Weisheit kann darum der Mensch in der Grenzbewegung von Begriff, Frage, Antwort und Begreifen jenes Leben verwirklichen, das ihm von Natur aus und in seiner Natur als Möglichkeit gegeben ist.

---

[32] Die Formel meliori modo quo (cf. *G. v. Bredow, Sinn der Formel »meliori modo quo«*... MFCG 6, 1967, 21–26), die sich mit dem komplementären Gegenstück des anselmschen quo maius cogitari nequit durch das ganze Schrifttum des Kardinals zieht, schlägt zweifelsohne eine Brücke zu einem der bedeutendsten Philosophen der Jahrhundertwende, zu William James und zu seiner Deutung der Philosophie als Meliorismus. Der Ausdruck »melioristischer Imperativ«, den ich in diesem Zusammenhang konzipierte, scheint mir einen sehr wesentlichen Zug cusanischer Philosophie anzudeuten; nämlich die grundsätzliche Anerkennung jeglichen Seienden als in sich sinnvollen Daseins, die beim Menschen dahin führt, daß jedwede Transzendentalität letztlich in der Faktizität seiner Existenz begründet ist wie auch ständig auf diese Existenz zurückgreifen muß.

Dieser Möglichkeit sinnt nun – in *Idiota de mente* – der löffelschnitzende Laie (p. 483) nach, der als Mensch nicht umhin kann, irgendeine *coniectura de mente* (p. 487) zu haben. Der Geist ist das, aus dem Grenze und Maß aller Dinge stammt (p. 487). Er hat, wie Cusanus meint, seinen Namen (*mens*) von der ihm eigenen Tätigkeit des Messens (*mensurare*[33]).
Diese Tätigkeit findet einerseits im Umkreis des Sinnlichen, des Zeichens, der Sprache (p. 483 ff.) statt. Andererseits führte sie jedoch sowohl zum Ursprung des Geistes (p. 501) als auch alles Seienden. »Wüßte ich den genauen Namen eines einzigen Werkes Gottes, dann wären mir alle Namen aller Werke Gottes und was immer gewußt werden kann, nicht mehr unbekannt« (p. 503).
In dieser ursprünglichen Selbstbeziehung des Geistes findet nun eine Aufschlüsselung und Erhellung verschiedenster Welt- und Seinsaspekte statt: Der Geist ist lebendiges Gottesbild und nicht nur *explicatio*, wie es die Dinge sind (p. 505). In seiner körperlichen Existenz erweist er sich als Vollendung aller Zeitverähnlichungen, da er im Jetzt der Gegenwart (p. 507) über das Vergängliche hinausgreift, um sich im *iudicium concreatum* (p. 517) selbst zum Werkzeug des Erkennens und des Handels zu machen (p. 541). In der ihm eigenen Kraft des Zählens schließlich (p. 521 ff.) wird er zur »wichtigsten Spur« für jedes Weisheitsstreben und Suchen (p. 529).
Ohne auf die einzelnen Momente des damit angedeuteten Prozesses eingehen zu können, sei noch das Ergebnis kurz umrissen: Daß der Geist die Kraft darstellt, die alles mißt (p. 607), bedeutet nicht nur, daß er in seinem Schaffen (p. 503) und in seiner trinitarischen Konstitution (p. 569 ff.) Ähnlichkeitsbild Gottes ist, sondern es stellt auch den Gipfelpunkt einer Lehre vom Geist und von der Welt dar. In der messenden Kraft seiner Einheit wird er nämlich zum totum virtuale (p. 581), das den Teil kennt, weil es selbst ein Ganzes ist (p. 565); das zur Unsterblichkeit berufen ist, weil es der Wahrheit ursprünglich übereignet ist (p. 601 ff.). Diese Unsterblichkeit ist uns so bekannt wie die Menschlichkeit unseres Menschseins (p. 607); d. h. als sinnvoller Glaube an die

---

[33] Zur Etymologie von mens und mensurare cf. *M. de Gandillac, Nikolaus von Cues, Studien zu seiner philosophischen Weltanschauung*, Düsseldorf 1953, p. 152. Der zweite Teil dieses Werkes, »Die Funktion des Geistes«, bietet außerdem eine vorzügliche Behandlung der cusanischen Geistproblematik.

absolute Güte, die weder in sich noch im erkennenden Geist vergebens sein kann[34].
Daß der Gedanke des Messens und der Maßgabe nicht nur im philosophischen Bereich, sondern auch im praktisch-alltäglichen seine Relevanz besitzt, sucht der Dialog über die Experimente mit der Waage und mit anderen Meßinstrumenten (*Idiota de staticis experimentis*) zu erörtern. Letzte Instanz für die Geheimnisse der sinnlich-empirischen Welt ist nicht die Spekulation, sondern das »Urteil des Feuers und der Waage« (p. 625).
Inhaltlich erstreckt sich der hier angeschnittene Fragenkomplex von der Medizin bis zur Chemie. Dennoch ist das Werk nicht als ein eigentlicher Beitrag für die Entwicklung der Einzeldisziplinen anzusehen. Gleichwohl zeigt es als theoretische Erörterung interdisziplinärer Fragen die Anwendbarkeit cusanischen Denkens, wobei implizit die Frage aufgeworfen wird: was wäre geworden, wenn die Fachwelt diese Schrift beachtet hätte[35].
Für die Schrift selbst spricht am ehesten die Bemerkung des Laien auf Seite 641: »Um aber eine Mut-Maßung hinsichtlich des Gefragten zu bilden, bedarf es sorgfältiger Forschung. Es genügt nicht, sie den Büchern anzuvertrauen, auch wenn vielleicht der Antwortende die Bedeutung der Antwort nicht anders erfassen kann als aus der Bedeutung der Frage. Der Antrieb des Fragenden, die Frage zu stellen, scheint nämlich aus einer Art Voraussicht des zukünftigen Ereignisses[36] zu kommen, auch wenn man nicht weiß, woher diese Bewegung kommt.«
Eine der bedeutendsten, wenn auch bisher kaum beachteten Schriften des Kardinals ist m. E. das *Complementum theologicum*

---

[34] Cusanus weicht also, obwohl der Platonismus ihn bisweilen hart an die Grenze bringt, einer rein spiritualistischen Unsterblichkeitslehre grundsätzlich aus. Das Problem ist und bleibt die Frage des Menschen, d. h. eines prinzipiell raum-zeitlichen Wesens.

[35] Oder hat sie sie sogar beachtet? Cf. p. 631: Ließe man von einem hohen Turm einen Stein fallen, während aus einer engen Öffnung Wasser ins Gefäß flösse ... etc. Dazu: *E. D. Dijksterhuis, Die Mechanisierung des Weltbildes*, Berlin 1956; ferner: *J. Meurers, Nikolaus von Kues und die Entwicklung des astronomischen Weltbildes*, MFCG 4 (1964), 395 ff; weiters: *R. Haubst, Nikolaus von Kues und die moderne Wissenschaft*, Trier 1963.

[36] Dieser Gedanke, der vom ersten Kapitel der *Docta ignorantia* an den Weg cusanischen Philosophierens mitbestimmt, verweist seiner Thematik nach in die unmittelbare Nachbarschaft der Phänomenologie. Man vergleiche dazu nur Husserls Begriff der Lebenswelt oder Heideggers Idee der Vorwissenschaftlichkeit.

figuratum in complementis mathematicis[37], welches wohl unmittelbar vor dem 14. September 1453 abgeschlossen wurde. In einem mit diesem Datum versehenen Brief an den Abt der Mönche vom Tegernsee heißt es nämlich:

Scripsi hiis diebus De mathematicis complementis libellum ad S. D. Nicolaum papam, qui rarissimus est, nam omnia aeternis incognita manifestat in mathematicis; cui libello adiunxi alium De theologicis complementis, in quo transtuli mathematicas figuras ad theologicalem infinitatem; et inserui capitulum, quomodo ex ymagine simul omnia et singula videntis, quam depictam habeo, quodam sensibili experimento ducamur ad misticam theologiam, ut certissime intueamur infinitum visum ita omnia simul videre quod singulariter singula et omni amore et diligencia amplecti, quasi non habeat nisi de illo uno curam; et non potest concipi quod eam habeat de aliquo alio nisi hoc sibi reveletur; et plura de hoc[38].

Im »Spiegel der Mathematik«[39] also versucht Cusanus hier, das unfaßbare Geheimnis des Denkens und des Seins zum Vorschein zu bringen (p. 651). Sofern der Geist in der Koinzidenz der Gegensätze nicht nur das Ganze des Mathematischen, sondern auch das Ganze von Welt, Mensch und allem, das gedacht werden kann, vergegenwärtigt bekommt, ist es gerechtfertigt, von einer theologischen Er-Gänzung zu sprechen (p. 699). Die theo-

---

[37] Da dieses Werk (Paris II, II fol. XCII^v – C^v) nicht in der Kueser Handschrift enthalten ist, wurden hier der Cod. Clm. 18570 fol. 65-77^v der Münchner Staatsbibliothek (Tractatus de theologicis complementis D. N. de Cusa) benützt, der Randzeichen vom Kardinal aufweist und mit vidi N Card. gezeichnet ist.

[38] Cf. *E. Vansteenberghe, Autour de la docte ignorance*, BPhM Bd. XIV, Heft 2-4, Münster 1915, p. 116.

[39] Beachtet man diese Formulierung, so erkennt man, daß die Welt des Mathematischen nicht einfachhin als »Gleichnis« interpretiert werden darf. Die Analogie des Gleichnisses, die grundsätzlich dem mathematischen Bereich zuzurechnen ist, ginge gerade an dem vorbei, was Cusanus mit seinen philosophisch relevanten, mathematischen Überlegungen intendiert, so diese den Spiegel des Unendlichen entdecken wollen. Indem er den Weg reflektierenden Denkens von seinem Ursprung her bedenkt, bleibt die Entdeckung des Unendlichen, wie sie vom »zählenden« (rationalen) Denken geleistet wird, nicht mehr länger abstrakt-formale Negation des Endlichen, sondern wird zum Mittel für die Erfahrung der Gegenwart des unaussagbaren Wirklichkeitsgrundes aller Dinge. Der »Spiegel der Mathematik« läßt damit die Konturen eines metaphysischen Systems aufscheinen, das sich mittels des translatorischen Logos der kreativen Differenz (cf. *De docta ignorantia* I, 11, *Schr.* I, p. 228 ff.) im transzendentalen Endlichen vergegenwärtigt.

logische Er-Gänzung wird damit zum Geheimnis des Geistes (p. 655), der sich in der Bewegung der Selbstreflexion auf dialektisch-kreisförmige Weise der unauslotbaren und nur unmittelbar, d. h. gradlinig-undialektisch erreichbaren Spannung (p. 657) des quia-est zum quid-est bewußt wird (p. 655). Dieses Bewußtwerden verwirklicht sich somit notwendigerweise als Grenzbewegung, da weder das Daß des Seins und der Wahrheit noch deren Was einfangbar und greifbar sind.
Indem der Geist sich in liebendem Suchen (p. 675) auf die bestmögliche Weise (p. 671) selbst bewegt, wird er sich seines Ursprungs bewußt, dessen Name er jedoch nur von der Grenze der eigenen Existenz her verstehen kann (p. 665, 697). Gott kann nicht außerhalb des Menschen begriffen werden, sondern nur in diesem selbst. »Gott ist nämlich größer als jedes Begreifen. Soll er jedoch berührt werden, dann wird er nicht so berührt, wie er in sich berührbar ist, sondern wie er berührbar ist im Berührenden. Und das bedeutet: in der Gleichheit des Maßes dessen, der ihn berührt« (p. 689).

Diese Selbst-Auslegung des Geistes von und aus der Grenze der eigenen Existenz kommt am klarsten im mathematischen *ens rationis* zum Vorschein (p. 651). Allerdings bedarf es dazu eines radikalen Umdenkens, was z. B. terminologisch schon darin zum Ausdruck kommt, daß Cusanus nicht mehr von der Quadratur des Kreises sprechen möchte, sondern von der Zirkulaur des Quadrates (p. 701). Doch bliebe selbst diese Umwandlung der mathematischen Statik zur Dynamik des Zählens noch an der Oberfläche, würde sie nicht der »Regel« entsprechend zur »Grenze« getrieben, zur unendlichen Linie, zum unendlichen Dreieck, usw.

Diese Gedanken sind an und für sich nicht neu für Cusanus[40]. Sie erreichen jedoch hier gewissermaßen einen Höhepunkt, indem er die mathematische Grenze bewußt philosophisch reflektiert, d. h. ontologisch, und nicht nur der Analogie nach, fruchtbar macht. Obwohl man damit noch nicht sagen kann, daß er diese Grenze wie I. Newton und G. W. Leibniz mathematisch bewältigt habe – dazu bedurfte es erst der cartesianischen Funktion –, geht er dennoch philosophisch weit über beide Denker hinaus, da er den symbolischen Gehalt solcher Überlegungen (welcher nicht zu verwechseln ist mit dem »erbaulichen«, zu dem es keines besonderen Verstandes bedarf) entdeckte und systembestimmend einsetzte. Damit aber wird, so paradox es vielleicht auch

[40] Cf. *De docta ignorantia, Schriften* I, p. 232 ff.

klingen mag, das *complementum theologicum* zum Meilenstein eines im besten antiken und mittelalterlichen wurzelnden »neuzeitlichen« Denkens, das noch gar nicht so recht begonnen zu haben scheint.

5. ORDO

Als letztes der zehn Felder führt die *Venatio sapientiae* das der Ordnung an. Obwohl der Autor selbst keine seiner Schriften diesem Feld ausdrücklich zuordnet, entspricht es dennoch dem ganzen Tenor der dortigen Ausführungen[41], daß diesem Feld alle jene Abhandlungen zugehören, die menschliches Miteinander und Zusammenleben philosophisch interpretieren, d. h. im Horizont der Frage nach dem Sinn des Daseins zu bestimmen versuchen. Dazu gehört vor allem der Dialog *De pace fidei*[42].
Cusanus hat diesen Dialog (Cod. Cus. 219, fol. 24ʳ–38ʳ) im Zusammenhang mit der Predigt 118[43] sehr bald nach der Eroberung Konstantinopels im Jahre 1453 verfaßt[44]. Ihn beschäftigt hier zunächst die Tatsache, daß die Menschen im Namen der Wahrheit, im Namen Gottes einander bekämpfen, sich die Köpfe einschlagen und damit die innere und wesenhafte Freiheit des Glaubens (p. 713) zunichte machen. Demgegenüber versucht der Kardinal nun von Christus her einen Weg zu finden, der dem Ganzen sowohl als auch dem Einzelnen in einer Weise gerecht wird, daß die Eintracht erreicht wird. Da er dies weder in apologetischer Manier noch durch bloßes Aufzählen und synkretistisches Bei-

---

[41] *De venatione sapientiae, Schriften* I, p. 138–151.

[42] Ebenso wären hier auch die drei Bücher *De concordantia catholica* (1433) einzuordnen, die ihres vorwiegend kanonistischen Charakters wegen nicht in diese Ausgabe aufgenommen wurden.

[43] Cf. *R. Haubst, Die Christologie des Nikolaus von Kues*, Freiburg 1956, p. 201.

[44] *De pace fidei* liegt sowohl in deutscher Übersetzung (*Über den Frieden im Glauben*, von L. Mohler, Phil. Bibl. 223, Meiner, Leipzig 1943) als auch in einer ganz ausgezeichneten Kritischen Edition vor: *De pace fidei*, cum epistula ad Joannem de Segovia, ed. R. Klibansky et. H. Bascour, Hamburg (Meiner) 1959. Zur Vorgeschichte bzw. zur Geschichte dieser Schrift cf. die Einführung von L. Mohler, ibid. p. 5 ff. Ferner: *B. Decker, Die Toleranzidee bei Nikolaus von Kues und in der Neuzeit*, in: Nicolo da Cusa. Relazioni tenute al Convegno Interuniversitario di Bressanone nel 1960, Firenze (Sansoni) 1962, p. 197–213. Ders.: *Nikolaus von Kues und der Friede unter den Religionen*, in: Humanismus, Mystik in der Kunst des Mittelalters, 1953.

bringen von Fakten, sondern nach den Methoden seines metaphysischen Denkens tut, das das Gesamt und seine Mannigfaltigkeit als Werk und weltliche Wirklichkeit Gottes im Diesseits der kreativen Differenz erkennt und anerkennt, darf man diese Schrift mit gutem Gewissen als die erste westliche Religionsphilosophie[45] bezeichnen.

Mit Hilfe des Präsuppositions- und Repräsentationsprinzips[46] gelingt es dem Kardinal, dem Phänomen der Religion als einer mannigfachen Äußerung von vielerlei Grundhaltungen gerecht zu werden. Dazu es ist einerseits notwendig, die verschiedenen Religionen anzuerkennen (p. 709 ff.). Andererseits ist es aber gerade hier von entscheidender Wichtigkeit, den Grundsatz, daß es vom Endlichen zum Unendlichen keinen Verhältnisbezug gibt (p. 711), im Auge zu behalten bzw. das Religiöse als zeitliche und kulturbedingte Erscheinungsform[47], d. h. als Teilhabe zu verstehen. »Es gibt also nur eine einzige Religion und Gottesverehrung für all jene, die lebendigen Geistes sind. Diese wird in der ganzen Mannigfaltigkeit von Übungen und Gebräuchen vorausgesetzt« (p. 725).

In solcher Geisteshaltung erscheinen nun die Vertreter der verschiedenen Nationen und Religionen, um im Angesichte Gottes und unter dem Vorsitz des Verbum incarnatum (p. 707 ff.) die gemeinsame Grundlage zu finden, in der alle Religionen wurzeln. Über die Schritte: Religion, Philosophie und Weisheit (p. 718 ff.); Welt, Gott und Dreifaltigkeit[48] (p. 731 ff) erweist es sich, daß diese Grundlage für uns Menschen nur in der Idee und der Wirklichkeit des Verbum incarnatum begriffen werden kann (p. 745 ff). In ihm nämlich wird Religion als universales Phänomen erst sinnvoll; in seiner Auferstehung der fundamentale Wunsch nach Unsterblichkeit erst ontologisch gerechtfertigt (p. 763 ff.). Christus wird damit zur Voraussetzung aller Reli-

---

[45] Allerdings scheint es auch hier wie mit so manch anderem Gedanken des Cusanus gegangen zu sein. Immerhin war er selbst optimistisch genug, das Werk für die Zukunft zu verfassen: »Damit diese Schau irgendwann einmal zur Kenntnis jener gelange, die so bedeutende Dinge entscheiden, hat er sie ... dargestellt« (p. 707).

[46] Cf. *M. de Gandillac*, a.a.O., 202 u. a.; ferner *W. Dupré, Die Idee einer neuen Logik bei Nikolaus von Kues*, MFCG 4 (1964), 369 ff.

[47] Cf. auch *De coniecturis* II, 15, *Schr.* II, p. 165, 167. In gewandelter Form kann hier das in Anmerkung 39 Gesagte wiederholt werden.

[48] Zum Problem der Trinität bei N. v. Kues Cf. *R. Haubst, Das Bild des Einen und Dreieinen Gottes in der Welt nach Nikolaus von Kues*, Trierer Theologische Studien Bd. 4, Trier 1952.

gionen[49], da er in jedem religiösen Tun vorgängig, d. h. zumindest als Sinngestalt gegenwärtig ist. Die Formel: *una religio in rituum varietate* (p. 710) mündet also in einer universalen, d. h. katholischen Christologie, die grundsätzlich[50] keine Begrenzung kennt.
In eben demselben Licht werden auch die spezifisch »missiologischen« Fragen erörtert[51], wie sie sich bei einer »Christianisierung« aller Religionen möglicherweise ergeben, sofern jene nicht als koloniale Substitution, sondern als Umwandlung im Sinne der Verwandlung zu verstehen ist.
Cusanus ist sich des theoretischen Charakters dieser Überlegungen durchaus bewußt. Trotzdem läßt er die im »Himmel der Vernunft« beschlossene concordia religionum damit ausklingen, daß nach diesem Gespräch alle Weisen der Völker mit Vollmacht zurückkehren sollen, um sich »in Jerusalem, dem gemeinsamen Zentrum aller, zu versammeln und im Namen aller den einen Glauben anzunehmen und auf ihm den ewigen Frieden aufzubauen, damit der Schöpfer aller, der in Ewigkeit gepriesen sei, im Frieden verherrlicht werde« (p. 797).
Gewissermaßen als Appendix ist dem Dialog *De pace fidei* die Einleitung der Schrift *De cribratione Alchorani* beigegeben.
Diese Schrift (Cod. Cus. 219, fol. 67–106v), die Papst Pius II. gewidmet ist (p. 801), wurde 1461 verfaßt. Ihr Ziel ist es, den Koran in seinen positiven Momenten aufzuarbeiten. »Ich aber habe mein Denken drauf gerichtet, auch aus dem Koran das wahre Evangelium zum Vorschein kommen zu lassen« (p. 803).

Da eine solche Arbeit notwendigerweise in die Religionsgeschichte hinüberwechselt, wurde hier darauf verzichtet, das Werk in extenso zu bringen. Außerdem gibt es eine ausgezeichnete und mit dem hier unbedingt notwendigen, ausführlichen Kommentar versehene Über-

---

[49] Cf. *R. Haubst, Christologie*, a.a. O., Anm. 47.
[50] Mit anderen Worten heißt das: Christus ist weder der Zeit noch der Gesellschaft (Institution) nach festlegbar im Sinne absoluter Identifizierung. In jeder religiösen Erscheinung zwar gegenwärtig, kann er in seiner Wirklichkeit dennoch nur in ständigem Suchen und in ständiger Hingabe erreicht werden, durch die erst alle Schranken menschlicher Selbstgenügsamkeit durchbrochen werden.
[51] Dabei legt Cusanus impliciter die Grundlage für eine dogmatisch fundierte Missiologie, deren Ausarbeitung allerdings bis heute noch nicht geleistet worden ist.

setzung[52]. Es kommt hinzu, daß die philosophisch-theologisch relevanten Gedanken im bisherigen Werk, vor allem in *De pace fidei*, schon angeklungen sind. Die Einführung selbst wurde deshalb gebracht, weil sie sowohl manches interessante Detail zur Biographie des Autors beisteuert als auch die philosophisch-ontologische Grundlage anzeigt, auf der das Jagen nach der Weisheit im Umkreis der Ordnung besteht.

Es ist die Idee des Guten (p. 803 ff.), die mannigfach aufscheint und je nach Einsicht und Freiheit verwirklicht wird. »Da es aber viele Wege geben kann, die gut erscheinen, bleibt der Zweifel, welches jener wahre und vollkommene Weg ist, der uns mit Sicherheit zur Erkenntnis des Guten führt; dieses Gute nennen wir Gott, um einander zu verstehen, wenn wir über dies sprechen« (p. 805).
Die Idee des Guten führt also im menschlichen Miteinander zum Dialog mit Gott, der allein im letzten Verstand Maß und Sinn jeden mitmenschlichen Sprechens, damit aber auch jeden Philosophierens abgeben kann und abgibt. In diesem Bewußtsein zu Ende zu kommen, meint nichts anderes als in Anfang und Ursprung von Sein und Denken zu beginnen. Darum bedeutet auch die Philosophie des Nikolaus von Kues – wie er selbst es immer wieder betonte – nicht Abschluß, sondern Anfang, der den Willen zur Freiheit des Denkens nicht weniger verlangt als die Wahrhaftigkeit des Glaubens und den Optimismus der Hoffnung, welche letztlich nur im vollendeten Leben beheimatet sein können.

---

[52] *Sichtung des Alkorans* I von Paul Naumann, mit Anmerkung von G. Hölscher, Phil. Bibl. 221; Leipzig 1943, Hamburg [8]1948; Teil II, von G. Hölscher, Phil. Bibl. 222, Leipzig 1946.

DE BERYLLO

DER BERYLL

I.

Qui legerit ea, quae in variis scripsi libellis, videbit me in oppositorum coincidentia crebrius versatum, quodque nisus sum frequenter iuxta intellectualem visionem, quae excedit rationis vigorem, concludere. Unde ut quam clare legenti conceptum depromam, speculum et aenigma subiciam, quo se infirmus cuiusque intellectus in ultimo scibilium iuvet et dirigat, et graviores doctissimorum in difficilibus ponam paucas sententias et opiniones, ut applicato speculo et aenigmate visione intellectuali iudex fias, quantum quisque propinquius ad veritatem accedat.

Et quamvis videatur libellus iste brevis, tamen dat sufficientem praxim, quomodo ex aenigmate ad visionem in omni altitudine possit pertingi. Erit etiam in cuiusque potestate modum, qui subicitur, applicandi et extendendi ad quaeque indaganda. Causa autem, cur tam Plato[1] in epistolis quam Dionysius magnus Areopagita[2] prohibuerunt haec mystica his, qui elevationes intellectuales ignorant, propalari, est, quia illis nihil magis risu dignum quam haec alta videbuntur.

Animalis enim homo haec divina non percipit, sed exercitatum habentibus in his intellectum nihil desiderabilius occurrit. Si igitur tibi prima facie haec insipida deliramenta videbuntur, scias te deficere; et hoc si aliquantulum maximo sciendi desiderio continuaveris, meditationes et praxim ab aliquo, qui tibi aenigma declaret, acceperis, eo pervenies, quod nihil huic luci antepones et intellectualem thesaurum repperisse gaudebis; et hoc paucissimis diebus experieris.

---

[1] Plato, Briefe II, 314 a.
[2] Dionysius, Dionysiaca a. a. O., De div. nom. I, p. 56; De myst. theol. I, p. 567ff.

I.

Wer gelesen hat, was ich in meinen verschiedenen Büchern geschrieben habe, wird sehen, daß ich mich häufig mit dem Zusammenfall der Gegensätze beschäftigte und mich oft bemühte, mein Denken einer vernunfthaften Schau gemäß, die über die Kraft des Verstandes hinausgeht, zu entfalten. Um dem Lesenden einen möglichst deutlichen Begriff zu vermitteln, will ich ein Spiegelbild und Gleichnis zu Hilfe nehmen, damit dadurch jeder an der äußersten Grenze des Wißbaren Hilfe und Leitung für seinen schwachen Verstand finde. Auch will ich gewichtige Ansichten und Aussagen von Männern, die in schwierigen Fragen erfahren sind, hinzufügen, so daß man, wenn man Spiegel und Gleichnis angewendet hat, in vernunfthafter Schau ein Richter darüber wird, inwieweit sich jene der Wahrheit genähert haben.

Obwohl dieses Buch[1] kurz zu sein scheint, gibt es doch genügend Anleitung über das Verfahren, wie man vom Gleichnis zu umfassender und erhabener Schau gelangen kann. Es wird dabei in der Möglichkeit jedes einzelnen liegen, die zugrunde liegende Methode auf jedes Forschungsthema anzuwenden und zu erweitern. Der Grund aber, warum sowohl Platon in seinen Briefen, als auch der große Dionysios es verboten, solche Geheimnisse denjenigen, welchen geistige Erhebung unbekannt ist, mitzuteilen, war der, daß diese nichts lächerlicher finden als solche erhabenen Dinge.

Der dem Tierischen verhaftete Mensch erfaßt die göttlichen Geheimnisse nicht. Wessen Geist jedoch darin geübt ist, dem wird nichts Ersehnenswerteres begegnen. Wenn dir dies beim ersten Anblick als törichte Albernheiten erscheint, dann mußt du wissen, daß der Fehler an dir liegt. Wenn du aber in tiefstem Erkenntnisstreben ein wenig fortfährst und Meditation und praktisches Verfahren von jemandem annimmst, der dir das Gleichnis erklärt, dann gelangst du

[1] Zur näheren Charakterisierung dieser Schrift cf. MFCG 7, 1967.

Nunc ad rem descendens primum exponam, cur imposui libello nomen Beryllus et quid intendam.

II.

Beryllus lapis est lucidus, albus et transparens, cui datur forma concava pariter et convexa; et per ipsum videns attingit prius invisibile. Intellectualibus oculis si intellectualis beryllus, qui formam habeat maximam pariter et minimam, adaptatur, per eius medium attingitur indivisibile omnium principium. Quomodo autem hoc fiat, propono quanto clarius possum enodare, praemissis quibusdam ad hoc opportunis.

III.

Oportet te primum attendere unum esse primum principium, et id nominatur secundum Anaxagoram[1] intellectus, a quo omnia in esse prodeunt, ut se ipsum manifestet. Intellectus enim lucem suae intelligentiae delectatur ostendere et communicare. Conditor igitur intellectus, quia se finem facit suorum operum, ut scilicet gloria sua manifestetur, creat cognoscitivas substantias, quae veritatem ipsius videre possint; et illis se praebet ipse conditor modo, quo capere possunt, visibilem. Hoc scire est primum, in quo complicite omnia dicenda continentur.

IV.

Secundo scias, quomodo id, quod non est verum neque verisimile, non est. Omne autem, quod est, aliter est in alio

[1] Vgl. Anaxagoras, Diels[8], Fragmente der Vorsokratiker II, p. 37f., Frag. 11ff.

dahin, daß du diesem Licht nichts voranstellst und dich freust, einen geistigen Schatz gefunden zu haben. Und das wirst du in kürzester Zeit erfahren. Zur Sache kommend, will ich nun zuerst darlegen, warum ich dem Buch den Namen Beryll gegeben habe und was meine Absicht ist.

II.

Der Beryll ist ein leuchtender, weißer und durchscheinender Stein. Man schleift ihn zugleich konkav und konvex zu, und wenn dann jemand durchschaut, so sieht er Dinge, die ihm vorher unsichtbar waren. Wenn den geistigen Augen ein vernunfthafter Beryll angepaßt wird, der die größte und zugleich die kleinste Form hat, erreicht man mit seiner Hilfe den unteilbaren Ursprung aller Dinge. Wie dies geschieht, will ich mit größtmöglicher Klarheit entwickeln. Zuvor aber muß ich einige zweckdienliche Überlegungen vorausschicken.

III.

Zunächst achte darauf, daß das Eine der erste Ursprung ist. Nach Anaxagoras wird er Vernunft genannt. Aus ihr tritt alles ins Sein, auf daß sie sich selbst offenbare. Denn die Vernunft freut sich, das Licht ihrer Einsicht und ihres Vernehmens zu zeigen und mitzuteilen. Das gründende Denken, das sich zum Ziel seiner Werke macht — gleichsam, um in seiner Herrlichkeit offenbar zu werden — schafft erkennende Substanzen, die fähig sind, seine Wahrheit zu sehen. Ihnen verleiht und zeigt sich der Schöpfer in der Weise, in der sie ihn erfassen können. Dieses Wissen ist das erste, in dem eingefaltet alles enthalten ist, das gesagt werden kann.

IV.

An zweiter Stelle mußt du wissen, daß das, was weder wahr noch wahrähnlich ist, nicht ist. Alles aber, was ist, ist in

quam in se. Est enim in se ut in suo vero esse, in alio autem ut in suo esse verisimili; ut calidum in se est ut in suo vero esse, et in calefacto est per similitudinem suae caliditatis.

Sunt autem tres modi cognoscitivi, scilicet sensibilis, intellectualis et intelligentialis, qui dicuntur caeli secundum Augustinum[1]. Sensibile in sensu est per suam sensibilem speciem sive similitudinem, et sensus in sensibili per suam sensitivam speciem; sic intelligibile in intellectu per suam intelligibilem similitudinem, et intellectus in intelligibili per suam intellectivam similitudinem; ita intelligentiale in intelligentia et e converso. Illi termini te non turbent, quia aliquando intelligentiale nominatur intellectibile. Ego autem nomino sic propter intelligentias.

V.

Tertio notabis dictum Protagorae[2] hominem esse rerum mensuram. Nam cum sensu mensurat sensibilia, cum intellectu intelligibilia, et quae sunt supra intelligibilia in excessu attingit. Et hoc facit ex praemissis. Nam dum scit animam cognoscitivam esse finem cognoscibilium, scit ex potentia sensitiva sensibilia sic esse debere, sicut sentiri possunt; ita de intelligibilibus, ut intelligi possunt; excedentia autem ita, ut excedant. Unde in se homo reperit quasi in ratione mensurante omnia creata.

---

[1] Vgl. Augustinus, De Gen. ad litt. XII, 34, n. 67.

[2] Protagoras, Diels, a. a. O. II, p. 263, Frag. 1: πάντων χρημάτων μέτρον ἐστὶν ἄνθρωπος. Vgl. Platon Theaet. 151 c und 152 a.

einem Anderen anders als in sich selbst. In sich selbst ist es als in seinem wahren, in einem Anderen als in seinem wahr-ähnlichen Sein, so, wie das Warme in sich als in seinem wahren Sein ist, im Erwärmten aber durch die Ähnlichkeit seiner Wärme.

Es gibt drei Arten der Erkenntnis: die sinnliche, die verständige und die der Einsicht. Diese werden Augustinus zufolge Himmel genannt. Das Sinnliche ist im Sinn durch seine sinnliche Eigengestalt oder Ähnlichkeit und der Sinn im Sinnlichen durch seine sinnenhafte Eigengestalt. Ebenso ist das Verstehbare im Verstand durch seine verständige Ähnlichkeit und der Verstand im Verstehbaren durch seine verstandhafte Ähnlichkeit; genauso das Vernunft-Einsichtige in der Vernunft-Einsicht und umgekehrt. Diese Ausdrücke sollen dich nicht verwirren, da manchmal das Vernunft-Einsichtige auch das Verstehbare genannt wird. Ich nenne es wegen der Vernunft-Einsichten so.

V.

An dritter Stelle merke dir den Satz des Protagoras: der Mensch ist das Maß aller Dinge. Denn mit dem Sinn mißt er das Sinnliche, mit dem Verstehen das Verstehbare und das, was über dieses hinausgeht, erreicht er im Überstieg. Er tut dies auf Grund von Prämissen. Denn wenn er weiß, daß die erkennende Seele das Ziel des Erkennbaren ist, so weiß er auf Grund der sinnhaften Kraft, daß das Sinnliche so sein muß, wie es sinnlich aufgenommen werden kann. Ebenso verhält es sich mit dem Verstehbaren, damit es verstanden werden kann; und dem Überragenden, damit es überragt. Darum findet der Mensch in sich selbst gleichsam als der messenden Wesensbestimmung alles Geschaffene.

VI.

Quarto adverte Hermetem Trismegistum[1] dicere hominem esse secundum Deum. Nam sicut Deus est creator entium realium et naturalium formarum, ita homo rationalium entium et formarum artificialium; quae non sunt nisi sui intellectus similitudines, sicut creaturae Dei divini intellectus similitudines. Ideo homo habet intellectum, qui est similitudo divini intellectus in creando.

Hinc creat similitudines similitudinum divini intellectus, sicut sunt extrinsecae artificiales figurae similitudines intrinsecae naturalis formae. Unde mensurat suum intellectum per potentiam operum suorum et ex hoc mensurat divinum intellectum, sicut veritas mensuratur per imaginem. Et haec est aenigmatica scientia. Habet autem visum subtilissimum, per quem videt aenigma esse veritatis aenigma, ut sciat hanc esse veritatem, quae non est figurabilis in aliquo aenigmate.

VII.

Ad rem igitur his paucis praemissis descendentes incipiamus a primo principio. Deridebat enim eos Indus ille, quem Socrates interrogabat[2], qui sine Deo aliquid conabantur intelligere, cum sit omnium causa et auctor. Volumus autem ipsum ut principium indivisibile videre.

Applicemus beryllum mentalibus oculis, et videamus per maximum, quo nihil maius esse potest, pariter et minimum, quo nihil minus esse potest; et videamus principium ante

---

[1] Vgl. Hermes Trism. [ed. Thomas, Apulei Opera III] Asclepius I, 8.

[2] Vgl. Eusebius, De evangelica praeparatione VI, 3; Cod. Cus. 41. Vgl. De ven. sap., Bd. I, p. 50.

VI.

An vierter Stelle beachte den Ausspruch des Hermes Trismegistos zu: der Mensch ist ein zweiter Gott. Denn so wie Gott der Schöpfer der wirklichen Seienden und der natürlichen Formen ist, ist der Mensch der Schöpfer der Verstandesdinge und der künstlichen Formen. Diese sind nichts anderes als Ähnlichkeiten seines Denkens so wie die Geschöpfe Gottes Ähnlichkeiten des göttlichen Denkens sind. Demgemäß hat also der Mensch sein Vernunft-Denken, das eine Ähnlichkeit des göttlichen ist, im schöpferischen Tun.

Darum schafft er Ähnlichkeiten von den Ähnlichkeiten des göttlichen Denkens, in einer Weiße wie die äußerlichen künstlichen Figuren Ähnlichkeiten der inneren natürlichen Gestalten sind. Daher mißt er sein Denken durch die Mächtigkeit und Möglichkeit seiner Werke und gewinnt danach das Maß für das göttliche Denken in ähnlicher Weise, wie die Wahrheit durch ihr Bild gemessen wird. Und das ist gleichnishaftes Wissen. Der Mensch hat einen zutiefst dringenden Blick, mit dem er sieht, daß das Gleichnis ein Gleichnis der Wahrheit ist, so daß er weiß, daß das die Wahrheit ist, die nicht in irgendeinem Gleichnis darstellbar ist.

VII.

Nach diesen wenigen Vorbemerkungen wollen wir uns der Sache selbst zuwenden. Beginnen wir mit dem ersten Ursprung! Jener Inder, den Sacrates ausfragte, verlachte jeden, der versuchte, ohne Gott irgend etwas zu verstehen, da er doch der Grund und Urheber aller Dinge sei. Wir aber wollen ihn als den unteilbaren Ursprung sehen.

Wir wollen den Beryll an unser geistiges Auge halten und ihn als das Größte sehen, über das hinaus es nichts Größeres mehr geben kann und gleicherweise als das Kleinste,

omne magnum et parvum, penitus simplex et indivisibile omni modo divisionis, quo quaecumque magna et parva sunt divisibilia[1].

Ac si per beryllum intueamur inaequalitatem, erit aequalitas indivisibilis obiectum, et per absolutam similitudinem videbimus principium indivisibile omni modo divisionis, quo similitudo est divisibilis seu variabilis, scilicet veritatem. Nam nullum est aliud obiectum illius visionis nisi veritas, quae videtur per omnem similitudinem maximam pariter et minimam absolutum primum principium omnis suae similitudinis. Sic si per beryllum videmus divisionem, erit obiectum connexio indivisibilis: ita de proportione et habitudine et pulchritudine et talibus.

VIII.

Huius vide nostrae artis aenigma, et recipe calamum ad manus et plica in medio: et sit calamus AB et medium C. Dico principium superficiei et anguli superficialis esse lineam. Esto igitur, quod calamus sit ut linea et plicetur super C puncto CB mobilis et moveatur versus CA; in eo motu CB cum CA causat omnes formabiles angulos. Numquam autem erit aliquis ita acutus, quin possit esse acutior quousque CB iungetur CA, neque aliquis ita obtusus, quin possit esse obtusior, quousque CB erit cum CA una continua linea. Quando igitur tu vides per beryllum maximum pariter et minimum formabilem angulum, visus non terminabitur in angulo aliquo, sed in simplici linea, quae est principium angulorum, quae est indivisibile principium superficialium angulorum omni modo divisionis, quo anguli sunt divisibiles. Sicuti igitur hoc vides, ita per speculum in aenigmate videas absolutum primum principium.

---

[1] Anselm, Proslogion, ML 158, 3; 228 u. a.

über das hinaus es nichts Kleineres mehr geben kann. Wir werden den Ursprung sehen vor allem Großen und Kleinen, völlig einfach und unteilbar für jede Art von Teilung, mit der alles Große und Kleine teilbar ist.

Wenn wir durch den Beryll die Ungleichheit betrachten, dann wird die Gleichheit das unteilbare Objekt sein, und durch die absolute Ähnlichkeit sehen wir den Ursprung, unteilbar für jede Art von Teilung, mit der die Ähnlichkeit geteilt oder verändert werden kann, d. h. wir sehen die Wahrheit. Denn es gibt für jene Schau keinen anderen Gegenstand als die Wahrheit, die durch jede zugleich größte und kleinste Ähnlichkeit gesehen wird als der erste absolute Ursprung aller ihrer Ähnlichkeit. Ebenso wird der Gegenstand die unteilbare Verknüpfung sein, wenn wir die Teilung mit dem Beryll sehen. Genauso steht es mit Verhältnisbeziehung, Schönheit und dergleichen.

VIII.

Wenn du ein Gleichnis unserer Kunst sehen willst, dann nimm ein Schilfrohr zur Hand und knicke es in der Mitte ein. Das Rohr sei A—B, seine Mitte C. Ich sage, daß der Ursprung von Fläche und Winkel die Linie ist. Das Rohr sei also eine Linie, die in C abgewinkelt ist, C—B sei beweglich und werde gegen C—A bewegt. Bei dieser Bewegung bewirkt C—B mit C—A alle nur möglichen Winkel. Niemals aber wird einer so spitz sein, daß er nicht spitzer sein kann, solange bis CB mit CA verbunden ist und niemals so stumpf, daß er nicht noch stumpfer sein könnte, solange bis CB mit CA eine fortlaufende Linie bildet. Wenn du also durch den Beryll den Winkel siehst, der zugleich der größte und kleinste von allen bildbaren Winkeln ist, dann wird der Blick nicht in irgendeinem Winkel begrenzt, sondern in der einfachen Linie, die der Ursprung der Winkel ist, der unteilbare Ursprung der Flächenwinkel, unteilbar für jede Art von Teilung, durch die Winkel teilbar sind. So, wie du dies siehst, siehst du durch einen Spiegel im Gleichnis den absoluten ersten Ursprung.

IX.

Attente considera per beryllum ad indivisibile pertingi. Quamdiu enim maximum et minimum sunt duo, nequaquam vidisti per maximum pariter et minimum; neque enim maximum est maximum neque minimum minimum. Et hoc clare videbis, si feceris de C lineam CD egredi mobilem; quamdiu enim illa unum angulum cum CA et alium cum CB constituit, nullus est maximus aut minimus. Semper enim maior potest esse. In tantum maior, quantum alius existit, et ideo non prius unus maximus quam alius minimus; et hoc esse non potest, quamdiu sunt duo anguli. Si igitur dualitas cessare debet angulorum, non videbis nisi CD super lineam AB, et nullum videbis angulum. Et ita ante duo et post simplicem lineam esse debet angulus maximus pariter et minimus, sed non est signabilis. Solum igitur principium videtur maximum pariter et minimum, ut omne principiatum non possit esse nisi similitudo principii, cum nec maius nec minus eo esse possit, puta in angulis, ut nullus possit esse angulus adeo acutus, quin suam acutiem habeat a principio, nec possit esse aliquis ita obtusus, quin esse ipsum tale habeat a suo principio. Ideo necesse est, quod omni acuto dabili, cum possit esse acutior, in virtute principii sit creare acutiorem; et ita de obtuso. Sic videtur principium aeternum et inevacuabile per omnia principiata.

X.

Eleganter magnus Dionysius Apostoli Pauli discipulus in capitulo octavo de divinis nominibus ista compendiose dicit. Ait enim: „Nihil itaque alienum a nostro instituto facimus, si per exiles imagines ad auctorem omnium ascendentes purgatissimis et mundo superioribus oculis inspiciamus om-

IX.

Beachte aufmerksam, daß man durch den Beryll zum Unteilbaren vordringt. Solange das Größte und Kleinste zwei sind, hast du noch keineswegs durch das Größte und Kleinste zugleich gesehen, und das Größte ist nicht das Größte und das Kleinste nicht das Kleinste. Du siehst es deutlich, wenn du von C eine bewegliche Linie CD ausgehen läßt. Solange diese Linie einen Winkel mit CA und einen anderen mit CB bildet, ist keiner der größte oder der kleinste, denn er kann immer noch größer sein; er kann insoweit größer sein als der andere besteht, und darum ist ein Winkel nicht früher der größte, als der andere der kleinste ist. Und das kann nicht geschehen, solange es zwei Winkel sind. Wenn also die Zweiheit der Winkel aufhören soll, dann wirst du nichts anderes sehen als die Linie CD über der Linie AB, d. h. du wirst keinen Winkel sehen. Und so muß der größte und zugleich kleinste Winkel vor der Zwei und nach der einfachen Linie liegen. Aber er kann nicht aufgezeichnet werden. Einzig der Ursprung erscheint als das Größte und Kleinste zugleich, so daß alles Entsprungene nichts anderes sein kann als eine Ähnlichkeit des Ursprungs, da es nichts Größeres oder Kleineres geben kann als ihn. Bei den Winkeln z. B.: kein Winkel kann so spitz sein, daß er seine Spitze nicht von dem Ursprung hätte und keiner kann so stumpf sein, daß er sein Stumpfsein nicht vom Ursprung hätte. Und weil jeder mögliche spitze Winkel noch spitzer sein kann, muß es in der Kraft des Ursprungs liegen, einen noch spitzeren zu schaffen; und ebenso ist es mit dem stumpfen. So erscheint der Ursprung als das Ewige, das durch alles Entsprungene nicht auszuschöpfen ist.

X.

Der große Dionysios und Schüler des Apostels Paulus, faßt dies im achten Kapitel seines Buches „De divinis nominibus“ trefflich zusammen, indem er sagt: „Wir tun nichts, das unserer Anlage und Verfassung fremd ist, wenn wir mit Hilfe schwacher Bilder zum Urheber aller Dinge empor-

nia in omnium causa, et [ad] invicem contraria uniformiter [atque counite]. Est enim principium rerum, ex quo est ipsum esse et omnia, quae quomodolibet sunt, omne initium et omnis finis"[1]. Et post pauca subiungit: „Et alia quaeque ipso esse, cum sint quae sunt, omnia exculpunt"[2]. Idem de eodem principio affirmat, quod sit finis et infinitus, stans et progrediens, et quod neque sit stans neque se movens. Dicit enim omnia exemplaria rerum in una supersubstantiali coniunctione in sui et omnium causa ante subsistere concedendum. Ecce, quam lucide ibi et in variis aliis locis divinus vir ille quae praemisi sic esse affirmat.

XI.

Iam tibi ex aenigmate constat, quomodo id intelligere queas primum esse omnium mensuram. Omnia enim complicite est, quae esse possunt. Nam angulus maximus pariter et minimus est actus omnis formabilis anguli, nec maior nec minor, ante omnem quantitatem. Nemo enim adeo parvi sensus est, quin bene videat angulum simplicissimum maximum pariter et minimum in se omnes formabiles, sive magnos sive parvos, complicare, nec maiorem nec minorem quocumque dabili, cui non plus nomen unius quam omnium angulorum atque nullius convenit. Quare nec acutus nec rectus nec obtusus angulus nominari potest, cum non sit aliquis talis, sed simplicissima omnium causa. Recte igitur, ut Proclus[3] recitat in commentariis Parmenidis, Plato omnia de ipso principio negat. Sic et Dionysius noster negativam praefert theologiam affirmativae.

---

[1] Dionysius, a. a. O. De div. nom. V, p. 346ff. Die in eckige Klammern gesetzten Wörter sind nach dem Ambrosius-Text ergänzt. Statt atque counite hat Cod. Cus.: et coniuncte.
[2] Ibid. p. 349.
[3] Proclus, In Parm. V, ed. Cousin, opera ined. Paris 1864, p. 1027ff.

steigen und mit ganz reinen und über die Welt erhabenen Augen alles im Grund aller Dinge erschauen und die wechselseitigen Gegensätze eingestaltig und zusammen sehen. Denn es ist der Ursprung der Dinge, aus dem das Sein selbst und alles, das auf irgendeine Art ist, stammt. Er ist aller Anfang und jedes Ende." Kurz danach fährt er fort: alles übrige schuldet, da es ist, dem Sein alles, was es ist. Er versichert auch von demselben Ursprung, daß er Ende und unendlich, stehend und fortschreitend sei und daß er weder stehe noch sich bewege. Man müsse zugeben, sagt er, daß alle Urbilder der Dinge in einer einzigen übersubstantiellen Einung im Grund ihrer selbst und aller Dinge selbst zuvor bestehen. Siehe, wie dieser göttliche Mann hier und an verschiedenen anderen Stellen lichtvoll bestätigt, daß sich das Vorausgeschickte so verhält.

XI.

Schon auf Grund dieses Gleichnisses steht es fest, wie du den Satz verstehen mußt: das Erste ist das Maß von allem. Es ist nämlich eingefaltet alles, was sein kann. Der zugleich größte und kleinste Winkel ist als Wirklichkeit jeder gestaltbare Winkel. Er ist nicht größer und nicht kleiner und vor jeder Quantität. Denn niemand ist so verstandlos, daß er nicht sehr wohl einsähe, daß der schlechthin einfache Winkel, der der größte und kleinste zugleich ist, in sich alle möglichen, großen oder kleinen Winkel einschließt, da er weder größer noch kleiner ist als irgendein möglicher Winkel. Ihm kommt der Name eines Winkels nicht mehr als der aller Winkel oder keines zu. Darum kann man ihn weder spitz noch recht noch stumpf nennen, denn er ist nichts derartiges, sondern der einfachste Grund von allem. Darum lehnt Plato mit Recht alle Aussagen vom Ursprung selbst ab, wie Proklos im Parmenideskommentar berichtet. Und ebenso zieht unser Dionysios die negative Theologie der affirmativen vor.

XII.

Videtur autem ipsi Deo magis convenire ipsum unum quam aliud nomen. Ita vocat eum Parmenides. Similiter et Anaxagoras, qui aiebat „melius unum quam omnia simul“[1]. Non intelligas de uno numerali, quod monas seu singulare dicitur, sed de uno scilicet indivisibili omni modo divisionis, quod sine omni dualitate intelligitur. Post quod omnia sine dualitate nec esse nec concipi possunt, ut sit primo unum absolutum iam dictum; deinde unum cum addito, scilicet unum ens, una substantia; et ita de omnibus, ita quod nihil dici aut concipi possit ita simplex, quin sit unum cum addito, solum uno superexaltato excepto. Unde quomodo debeat omnium nominibus et nullo omnium nominum nominari, ut Hermes Mercurius de eo dicebat[2], et quaeque circa hoc vides clare in aenigmate figurari.

XIII.

Adhuc unum attendere velis, quomodo omnia creabilia non sunt nisi similitudo. Nam omnis dabilis angulus de seipso dicit, quod non sit veritas angularis; veritas enim non capit nec maius nec minus. Si enim posset esse maior aut minor veritas, non esset veritas. Quomodo esset veritas, quando non esset quod esse posset? Omnis igitur angulus dicit se non esse veritatem angularem, quia potest esse aliter quam est; sed dicit angulum maximum pariter et minimum, cum non posset esse aliter quam est, esse ipsam simplicissimam et necessariam veritatem angularem. Fatetur igitur omnis angulus se illius veri similitudinem, quia est angulus non ut in se, sed ut est in alio, scilicet in superficie;

---

[1] Anaxagoras, Diels, a. a. O. p. 37, Frag. 12; vgl. Arist. Met. XII, 2; p. 1069 b.

[2] Vgl. De docta ign. I, XXIV; Schriften, Bd. I, p. 278ff.

XII.

Es scheint aber Gott der Name des Einen mehr zu entsprechen als irgendein anderer Name. So nennt ihn Parmenides, ebenso auch Anaxagoras, der sagte, es sei besser ihn das Eine als „alles-zugleich" zu nennen. Das darf man aber nicht vom zahlenhaften Einen verstehen, das Monas oder das Einzelne genannt wird, sondern von dem für alle Arten von Teilung unteilbaren Einen, das ohne jede Zweiheit verstanden ist. Nach ihm können alle ohne die Zweiheit weder sein noch begriffen werden, so daß an erster Stelle das schon genannte absolute Eine steht. Ihm folgt das Eine mit Hinzufügung, wie z. B. das eine Seiende, der eine Grundbestand usw. Es verhält sich also mit allen so, daß nichts so einfach gesagt oder begriffen werden kann, daß es nicht doch ein Eines mit Hinzufügung ist, ausgenommen das hocherhabene Eine. Wie man darum Gott mit den Namen von allem und mit keinem von allen Namen benennen muß, wie Hermes Mercurius es von ihm sagt, und was sich sonst darauf bezieht, findest du deutlich im Gleichnis dargestellt.

XIII.

Weiter sollst du darauf achten, daß und wie alles, was erschaffen werden kann, nichts anderes ist als Ähnlichkeit. Jeder mögliche Winkel sagt von sich selbst, daß er nicht die Winkel-Wahrheit ist; denn die Wahrheit verträgt kein Mehr oder Weniger. Denn wenn die Wahrheit größer oder kleiner sein könnte, dann wäre sie nicht die Wahrheit. Wie wäre sie Wahrheit, wenn sie nicht das wäre, was sie sein kann? Jeder Winkel sagt, daß er nicht die Winkel-Wahrheit ist, weil er anders sein kann als er ist. Aber er sagt, daß der zugleich größte und kleinste Winkel, weil er nichts anderes sein kann als was er ist, die ganz einfache und notwendige Winkel-Wahrheit ist. Also bekennt jeder Winkel, daß

et ideo angulus verus in angulo creabili seu designabili est ut in sua similitudine. Recte beatus Augustinus[1] omnes dicit creaturas ad interrogationem, an sint Deus, respondere: „Non, quia non ipsi nos, sed ipse fecit nos."

XIV.

Nunc potes satis ex his videre, quam nunc, quando per speculum videmus in aenigmate, ut apostolus ait[2], de Deo notitiam habere possumus. Utique non aliam quam negativam, uti scimus quocumque angulo designato ipsum non esse simpliciter maximum pariter et minimum. In omni igitur angulo negative videmus maximum, quem scimus esse, sed non illum designatum; et scimus ipsum maximum pariter et minimum omnem totalitatem et perfectionem omnium formabilium angulorum, omnium ipsorum intimum centrum pariter et continentem circumferentiam. Sed conceptum non possumus de quidditate ipsius anguli maximi pariter et minimi facere, cum nec sensus nec imaginatio nec intellectus sentire, imaginari, concipere vel intelligere possint aliquid tale simile illi, quod est maximum pariter et minimum.

XV.

Sic dicit Plato[3] in epistulis apud omnium regem cuncta esse et illius gratia omnia eumque causam bonorum omnium. Et post pauca: „Humanus enim animus affectat qualia sint illa intelligere, aspiciens illa cognata genera, quorum nihil sufficienter se habet; sed in rege ipso nihil tale." Utique bene

---

[1] Augustinus, Confessiones X, 6, 9.
[2] 1 Kor. 13, 12.
[3] Plato, Brief 2, p. 213 c f.

er die Ähnlichkeit jenes wahren ist, da er nicht wie er in sich, sondern wie er in einem anderen, nämlich der Fläche, Winkel ist. Und darum ist der wahre Winkel in einem Winkel, der geschaffen oder gezeichnet werden kann, als in seiner Ähnlichkeit. Mit recht läßt der heilige Augustinus alle Geschöpfe auf die Frage, ob sie Gott seien, antworten: nein, denn nicht wir, sondern er hat uns geschaffen.

XIV.

Daraus kannst du genugsam erkennen, welche Erkenntnis Gottes wir haben können, wenn wir, wie der Apostel sagt, durch einen Spiegel im Gleichnis sehen. Es ist keine andere als eine negative; ebenso wissen wir, daß — welchen Winkel wir auch gezeichnet haben — dieser nicht der größte und kleinste zugleich ist. In jedem Winkel sehen wir also auf negative Weise den größten, von dem wir wissen, daß er jedoch nicht dieser gezeichnete ist, und wir wissen von diesem zugleich größten und kleinsten Winkel, daß er Ganzheit und Vollendung aller möglichen Winkel ist, und zugleich ihrer aller innerster Mittelpunkt und zusammenhaltender Umkreis. Aber wir können uns keinen Begriff von der Washeit des zugleich größten und kleinsten Winkels bilden, da Sinn, Vorstellungskraft und Vernunft-Denken nichts fühlen, vorstellen, begreifen oder denken können, das jenem ähnlich ist, das zugleich das Größte und Kleinste ist.

XV.

So schreibt Platon in seinen Briefen, daß alles bei dem Allherrscher sei, daß alles durch seine Gnade und er selbst der Grund alles Guten sei. Und wenig später: der menschliche Geist strebt danach, den Gehalt der Dinge zu verstehen, indem er die ihm verwandten und von Natur gegebenen Gat-

ibi scribit hoc teneri debere secretum. Non enim absque causa nominat primum principium omnium regem. Omnis enim res publica per regem et ad ipsum ordinata et per ipsum regitur et existit. Quae igitur in re publica reperiuntur distincta, prioriter et coniuncte in ipso sunt ipse et vita, ut addit Proclus: duces, comites, milites, iudices, leges, mensurae, pondera et quaeque talia omnia sunt in rege ut in publica persona; in qua omnia, quae possunt esse in re publica, actu existunt ipse. Lex eius in pellibus scripta est in ipso lex viva, et ita de omnibus, quorum ipse auctor est, et ab ipso omnia habent, quae habent tam esse quam nomen in re publica. Bene Aristoteles[1] in simili ipsum principem nominavit, ad quem omnis exercitus est ordinatus tamquam ad finem, et a quo habet exercitus quidquid est. Ecce sicut lex scripta in pellibus mortuis est lex viva in principe, sic in primo omnia sunt vita, tempus in primo est aeternitas, creatura creator.

XVI.

Dicebat Averroes[2] in XI. Metaphysicae omnes formas esse actu in primo motore, et in XII. metaphysicae, quomodo Aristoteles negando ideas Platonis ponit ideas et formas in primo motore. Idem Albertus[3] in commentariis super Dionysius asserit. Ait enim Aristotelem dicere primam causam tricausalem, scilicet efficientem, formalem et finalem, formalis est exemplaris, quodque ad illum intellectum non reprehendat Platonem.

---

[1] Arist. Met. XII, 10, p. 1075 a.

[2] Averroes, Met. XI und XII, Venetiis apud Juntas 1562—74 (Neudruck, Frankfurt 1963).

[3] Albertus, Com. in De div. nom., Cod. Cus. 96; vgl. L. Baur, Nicolaus Cusanus und Ps. Dionysius im Lichte der Zitate und Randbemerkungen der Cusanus. Heidelberg 1941.

tungen betrachtet, von denen sich keine hinlänglich und zureichend verhält. Bei seinem König jedoch gibt es nichts dergleichen. Sehr richtig schreibt Plato, daß dies geheimgehalten werden sollte. Nicht ohne Grund nennt er den ersten Ursprung den Allherrscher. Jeder Staat ist durch den König und auf ihn hingeordnet, wird durch ihn gelenkt und besteht durch ihn. Was sich im Staat getrennt findet, ist vorgängig und verbunden in ihm er selbst und das Leben. Wie Proklos sagt: Heerführer, Ritter, Soldaten, Richter, Gesetze, Maß, Gewicht und anderes derartige sind im König als in der öffentlichen Person, in der er alles, das im Staate sein kann, als Wirklichkeit darstellt. Sein auf Pergament geschriebenes Gesetz ist in ihm lebendes Gesetz; und so ist es mit allem, dessen Urheber er ist. Von ihm hat alles im Staate Sein und Namen. Richtig nennt ihm darum Aristoteles im Gleichnis den Herrscher, auf den das ganze Heer hingeordnet ist als auf sein Ziel, von dem es hat, was es ist. So wie das auf totes Pergament geschriebene Gesetz lebendiges Gesetz im Herrscher ist, ist im Ersten alles Leben; in ihm ist die Zeit die Ewigkeit, das Geschöpf der Schöpfer.

XVI.

Averroes sagt in seinem Kommentar zum elften Buch der Metaphysik, daß alle Formen als Wirklichkeit im ersten Beweger sind. Und im Kommentar zum zwölften sagt er, daß Aristoteles die Ideen Platons verneine und dadurch die Ideen und Formen in den ersten Beweger verlege. Dasselbe behauptet Albertus in seinen Kommentaren zu Dionysius. Er berichtet, Aristoteles hätte gesagt, der erste Grund sei ein dreifacher, nämlich ein Wirk-, Gestalt-, und Zielgrund; Gestaltgrund heißt urbildhafter Grund — und daß er hinsichtlich dieser Auffassung Platon nicht tadle.

Verum est autem, quod Deus omnium in se habet exemplaria. Exemplaria autem rationes sunt. Nominant autem theologi exemplaria seu ideas Dei volutatem, quoniam sicut voluit fecit ait propheta[1]. Voluntas autem, quae est ipsa ratio in primo intellectu, bene dicitur exemplar; sicut voluntas in principe ratione fulcita exemplar legis est; quod enim principi placuit legis habet vigorem. Neque haec omnia, quae aut Plato aut Aristoteles aut alius quisquam dicit, aliud sunt quam tibi beryllus et aenigma ostendit, scilicet veritatem per suam similitudinem omnibus tribuere esse.

Sic Albertus ubi supra affirmat dicens: oportet aliquo modo fateri, quod a primo fluat in omnia una forma, quae sit similitudo suae essentiae, per quam omnia esse ab ipso participant. Et attende, quod veritas, quae est id, quod esse potest, est imparticipabilis; sed in similitudine sua, quae potest secundum magis et minus recipi secundum dispositionem recipientis, est communicabilis. Avicebron[3] in Libro fontis vitae dicit variam reflexionem entis causare entium differentiam, quoniam vitam addit una reflexio super ens, intellectum duae reflexiones.

Quomodo hoc capi possit in aenigmate, ita velis imaginari. Esto igitur, quod AB sit linea similitudinis veritatis, inter primam veritatem et ipsum nihil cadens, B vero finis similitudinis circa nihil; et super C ipsum B plicetur motu complicatorio versus A figurans motum, quo Deus vocat de non esse ad esse. Tunc linea AB est fixa, ut egreditur a principio ut est AC, et mobilis, ut movetur super C complicatorie versus principium. In hoc motu CB cum CA causat varios angulos, et CB est per motum differentias similitudinis explicans. Primo in similitudine minus formali obtusum angulum causat ipsius esse, deinde magis formali

---

[1] Ps. 113, 3.

[2] Avencebrol, Fons vitae III, 54, ed. Baeumker, 1895.

Wahr ist, daß Gott die Urbilder aller Dinge in sich hat. Die Urbilder aber sind die Wesensbestimmungen. Die Theologen nennen aber Urbilder oder Ideen den Willen Gottes, denn „wie er wollte, so tat er", sagt der Prophet. Der Wille aber, der im ersten Denken die Wesenbestimmung selbst ist, wird sehr wohl das Urbild genannt; so wie der Wille im Herrscher durch die Wesensbestimmung gestützt, das Urbild des Gesetzes ist. Denn was dem Herrscher wohlgefällt, hat Gesetzeskraft. Alles dies, was Platon, Aristoteles oder irgendein anderer sagen, ist nichts anderes als was dir der Beryll und das Gleichnis zeigt, nämlich daß die Wahrheit durch ihre Ähnlichkeit allem das Sein verleiht.

So meint Albertus an der oben angeführten Stelle: irgendwie muß man zugeben, daß in alles vom Ersten eine einzige Gestalt fließt, die eine Ähnlichkeit seiner Seinsheit ist, durch die alles das von ihm abhängige Sein partizipiert. Ferner achte darauf, daß die Wahrheit, die ist, was sie sein kann, unpartizipierbar ist; in ihrer Ähnlichkeit aber kann sie in größerem oder geringerem Maße, gemäß der Verfassung der Aufnehmenden mitgeteilt werden. Avencebrol sagt im Buch von der Quelle des Lebens, daß der verschiedene Widerschein des Seienden die Verschiedenheit des Seienden bewirke. Ein einmaliger Widerschein erzeuge Leben, ein zweimaliger Denken.

Wie man dies verstehen kann, magst du dir im Gleichnis vorstellen: Die Linie AB sei ein Abbild der Wahrheit und stehe zwischen der ersten Wahrheit und dem Nichts. B sei das Ende des Ähnlichkeitsbildes gegenüber dem Nichts. B soll über C gefaltet werden in einer einfaltenden Bewegung gegen A und so die Bewegung darstellen, mit der Gott die Schöpfung vom Nicht-Sein ins Sein ruft. Die Linie AB ist fest, soweit sie aus dem Ursprung hervorgeht und CA ist, sie ist beweglich, sofern sie einschließend über C zum Ursprung hinbewegt wird. In dieser Bewegung bewirkt CB mit CA verschiedene Winkel, und CB entfaltet mittels

ipsius vivere, deinde maxime formali ex acuto ipsius intelligere. Acutus angulus plus de activitate anguli et simplicitate participat, et similior primo principio.

Et est in aliis angulis, scilicet vitali et ipsius esse, sic vitalis in angulo ipsius esse. Et quae sunt mediae differentiae ipsius esse et vitae ac ipsius intelligere, et quae explicari possunt sic in aenigmate videbis; AB enim similitudo veritatis omnia in se continet, quae possunt explicari; et per motum fit explicatio. Motus autem quomodo fiat, ubi simplex elementum de se explicat elementatum, sicut praemisi, in aenigmate figurantur. Simplicitas enim elementalis est ex mobili et immobili, sicut principium naturale est principium motus et quietis. Unde dum intellectus conditor sic movet CB, exemplaria, quae in se habet, explicat in sua similitudine, sicut mathematicus, dum lineam plicat in triangulum, ipsum triangulum explicat motu complicationis, quem intra se habet in mente. Unde habes lineam AB imaginari debere communicabilem veritatem, quae est incommunicabilis veritatis similitudo, per quam omnia vera sunt vera et non absoluta ut veritas, sed est in veris. Experimur autem ipsum esse verorum in trino gradu, in eo quod quaedam sunt tantum, alia vero veritatis gestant simpliciorem similitudinem, quorum esse est virtuosius, quia eo quod sunt vivunt. Alia adhuc simpliciorem, quae eo ipso quod sunt vivunt et intelligunt. Esse autem quanto simplicius, tanto virtuosius et potentius, ideo absoluta simplicitas seu veritas est omnipotens.

dieser Bewegung verschiedene Ähnlichkeitsbilder. Zuerst bildet sie in einer weniger gestalthaften Ähnlichkeit einen stumpfen Winkel, welcher ihr Sein ist; dann in einer gestalthafteren einen Winkel, der ihr Leben ist; im gestalthaftesten und spitzesten Winkel bewirkt sie ihr Verstehen. Der spitze Winkel hat mehr an der Aktivität des Winkels und seiner Einfachheit teil und ist dem ersten Ursprung ähnlicher.

Er ist in den anderen Winkeln, nämlich dem des Lebens und des Seins. Ebenso ist der Lebenswinkel in dem des Seins. Welche mittleren Unterschiede es zwischen Sein und Leben und Verstehen gibt und wie sie erklärt werden können, siehst du ebenfalls im Gleichnis. AB als Ähnlichkeitsbild der Wahrheit enthält nämlich alles in sich, das entfaltet werden kann und diese Entfaltung geschieht durch Bewegung. Wie aber die Bewegung zustande kommt, wo das einfache Element, wie vorausgeschickt, das aus ihm Gewordene entfaltet, wird ebenfalls im Gleichnis dargestellt. Die elementhafte Einfachheit besteht nämlich aus Beweglichem und Unbeweglichem, so wie der natürliche Ursprung der Ursprung der Bewegung und der Ruhe ist. Wenn der Gründer-Geist CB in dieser Weise bewegt, dann entfaltet er die Urbilder, die er in sich hat, in seiner Ähnlichkeit; so wie ein Mathematiker, wenn er eine Linie zum Dreieck faltet, in dieser Bewegung der Einfaltung das Dreieck ausfaltet, das er in sich selbst in seinem Geist besitzt. Daher weißt du, daß man sich die Linie AB als mitteilbare Wahrheit vorstellen muß, die ein Ähnlichkeitsbild der nicht mitteilbaren Wahrheit ist, durch die alles Wahre wahr ist und nicht absolut, wie die Wahrheit selbst, sondern wie sie im Wahren ist. Wir erfahren das Sein der wahren Dinge in einem dreifachen Grad; manche Dinge sind nur; andere tragen ein einfacheres Ähnlichkeitsbild, ihr Sein ist stärker, weil sie durch das, was sie sind, auch leben; andere sind noch einfacher. Dadurch, daß sie sind, leben und verstehen sie. Je einfacher aber das Sein ist, desto stärker und kräftiger ist es, und darum ist die absolute Einfachheit oder Wahrheit allmächtig.

XVII.

Adhuc alio aenigmate per doctrinam ut ad minima respiciamus quando maxima inquirimus. Unum seu monas est simplicius puncto. Puncti igitur indivisibilitas est similitudo indivisibilitatis ipsius unius. Esto igitur, quod unum sit ut indivisibilis et incommunicabilis veritas, quae se vult ostendere et communicare per suam similitudinem, et unum se signat seu figurat et oritur punctus. Punctus autem, communicabilis indivisibilitas in continuo, non sit unum. Sit igitur punctus communicatus modo, quo communicabilis est, et habetur corpus. Nam punctus est indivisibilis omni modo essendi continui et dimensionis; modi autem essendi continui sunt linea, superficies et corpus; modi autem dimensionis sunt longum, latum et profundum. Igitur linea participat indivisibilitatem puncti, quia est linealiter indivisibilis. Linea enim in non-lineam partiri nequit; nec est divisibilis secundum latum et profundum. Superficies participat indivisibilitatem puncti, quia in non-superficiem impartibilis. [Nec est divisibilis secundum profundum, quia nec sit corpus. Et corpus participat puncti indivisibilitatem] [1], quia in non-corpus secari nequit secundum profundum divisibilis.

In indivisibilitate puncti complicantur omnes illae indivisibilitates. Nihil igitur reperitur in his nisi explicatio indivisibilitatis puncti. Omne igitur, quod reperitur in corpore, non est nisi punctus seu similitudo ipsius unius. Et non reperitur punctus absolutus a corpore vel superficie aut linea, quia est principium intrinsecum dans indivisibilitatem. Linea autem plus participat simplicitatem puncti quam superficies, et superficies quam corpus, ut patuit. De hac consideratione puncti et corporis te eleva ad similitudinem veritatis et universi, et in clariore aenigmate facies dictorum coniecturam.

---

[1] Cod. Cus. hat an Stelle dieses Passus der Pariser Edition: Nec sit corpus, quia . . .

XVII.

Zu unserer Lehre, daß wir das Kleinste betrachten müssen, wenn wir das Größte suchen, noch ein anderes Gleichnis! Das Eine oder die Monas ist einfacher als ein Punkt. Die Unteilbarkeit des Punktes ist also ein Ähnlichkeitsbild für die Unteilbarkeit des Einen. Das Eine sei also die unteilbare und unmitteilbare Wahrheit, die sich mit Hilfe ihres Ähnlichkeitsbildes zeigen und mitteilen will. Das eine zeichnet, bildet und zeigt sich als Punkt. Der Punkt als die mitteilbare Unteilbarkeit im Kontinuum sei nicht das Eine. Er sei vielmehr auf die Weise, in der er mitgeteilt werden kann, mitgeteilt und habe einen Körper. Der Punkt nämlich ist unteilbar in jeder Seinsweise des Stetigen und der Dimension. Die Seinsweisen des Stetigen sind Linie, Fläche und Körper; die der Dimension sind das Lange, Breite und Tiefe. Die Linie hat also an der Unteilbarkeit des Punktes teil, denn sie ist linienhaft unteilbar: eine Linie kann nicht in Nicht-Linie geteilt werden. Sie ist auch nicht nach Breite und Tiefe teilbar. Die Fläche hat ebenfalls Anteil an der Unteilbarkeit des Punktes, denn sie ist nicht in Nicht-Fläche teilbar. Noch ist sie teilbar der Tiefe nach, da sie kein Körper ist. Auch der Körper partizipiert die Unteilbarkeit des Punktes, weil er gemäß seiner Tiefe nicht in Nicht-Körper geteilt werden kann.

In der Unteilbarkeit des Punktes sind alle diese Unteilbarkeiten eingefaltet. Also findet sich in ihnen auch nichts anderes als die Unteilbarkeit des Punktes. Alles also, das im Körper zu finden ist, ist nichts anderes als der Punkt oder das Ähnlichkeitsbild des Einen selbst. Auch wird der Punkt nicht vom Körper oder der Fläche oder der Linie getrennt gefunden, denn er ist das innerliche Prinzip, das die Unteilbarkeit gibt. Die Linie aber hat mehr an der Einfachheit des Punktes teil als die Fläche, und die Fläche mehr als der Körper. Das ist ja ganz offenkundig. Durch diese Betrachtung des Punktes und des Körpers erhebe dich nun zum Ähnlichkeitsbild der Wahrheit und des Gesamt, und bilde dir in einem deutlicheren Gleichnis eine Mut-Maßung von dem Gesagten.

XVIII.

Recipias veraciorem conceptum ex homine, qui omnia mensurat. In homine est intellectus supremitas rationis, cuius esse est a corpore separatum et per se verum, deinde est anima, deinde natura ac ultimo corpus. Animam dico, quae animat et dat esse animale. Intellectus, qui non est communicabilis aut participabilis propter suam simplicem universalitatem et indivisibilitatem, se in sua similitudine communicabilem reddit, scilicet in anima. Cognitio enim sensitiva animae ostendit se similitudinem intellectus esse. Per animam intellectus se communicat naturae et per naturam corpori. Anima in eo, quod similitudo intellectus, sentit libere, in eo, quod est unita naturae, animat. Ideo per naturam animat, per se sentit. Quae igitur anima operatur in corpore medio naturae, illa contracte operatur, sicut cognoscitiva in organo contracte secundum organum. Respiciamus ergo ad corpus et omnia eius membra formalia et ad cuiuslibet legem sive naturam, virtutem, operationem et ordinem, ut sit unus homo. Et quidquid reperimus explicite, illa reperimus in intellectu ut in causa, auctore et rege, in quo omnia sunt ut in causa efficiente, formali et finali.

Omnia enim anterioriter in potentia effectiva sunt, sicut in potentia imperatoris sunt dignitates et officia rei publicae. Omnia sunt formaliter in ipso, qui omnia format, ut formata in tantum sint, in quantum sunt suo conceptui conformia. Finaliter sunt omnia in eo, cum eius gratia sint, cum ipse sit finis et desiderium omnium. Nihil enim omnia membra appetunt nisi unionem inseparabilem cum ipso tamquam cum suo principio et bono ultimo et vita perenni. Quomodo autem anima, quae est similitudo intellectus, in se omnia vivificabilia complicet et vitam omnibus medio naturae communicet, et quomodo natura sit omnia ut instrumentum

XVIII.

Einen der Wahrheit näheren Begriff kann man vom Menschen her gewinnen, der alles mißt. Im Menschen ist das Vernunft-Denken die höchste Stufe seiner Wesensbestimmung; dessen Sein ist vom Körper getrennt und durch sich wahr; ihm folgt die Seele, dieser die Natur und als letztes der Körper. Seele nenne ich das, was beseelt und seelisches Sein verleiht. Das Vernunft-Denken, das wegen seiner einfachen Universalität und Unteilbarkeit weder mitgeteilt noch partizipiert werden kann, vermittelt sich in seiner mitteilbaren Ähnlichkeit, nämlich in der Seele. Die sinnliche Erkenntnis der Seele zeigt nämlich, daß sie die Ähnlichkeit des Vernunft-Denkens ist. Durch die Seele teilt sich das Denken der Natur mit und durch diese dem Körper. Darin, daß die Seele Ähnlichkeitsbild des Vernunft-Denkens ist, empfindet sie frei; darin daß sie der Natur verbunden ist, beseelt sie. Folglich beseelt sie durch die Natur, und empfindet durch sich selbst. Was die Seele also im Körper mittels der Natur vollzieht, das vollbringt sie verschränkt, so daß sie also, wenn sie in einem Organ erkennend tätig ist, diesem Werkzeug entsprechend verschränkt ist. Blicken wir also auf den Körper und alle seine gestaltbaren Glieder und auf das Gesetz oder die Natur, Kraft, Handlung und Ordnung eines jeden, so daß es ein einziger Mensch ist: was immer wir hier entfaltet finden, das finden wir im Vernunft-Denken als in seinem Grund, Urheber und Herrscher, in dem alles als in seinem Wirk-, Gestalt- und Zielgrund ist.

Alles ist nämlich vorgängig in seiner Mächtigkeit wirksam, so wie in der Mächtigkeit des Herrschers die Würden und Ämter des Staates sind. Alles ist der Gestalt nach in ihm, der alles gestaltet, so daß das Gestaltete insoweit ist, als es seinem Entwurf gleichgestaltig ist. Zielhaft ist alles in ihm, da er um seinetwillen da ist und er selbst Ziel und Sehnsucht von allem ist. Nichts anderes erstreben alle Glieder als untrennbare Einung mit ihm als mit ihrem Ursprung, dem höchsten Gut und dem immerwährenden Leben. Wie aber die Seele, die ein Ähnlichkeitsbild des Denkens ist, in sich alles Belebbare einfaltet und mittels der Natur allem das

complicans et in se omnem omnium membrorum motum et naturam praehabens: quis sufficienter enarrabit? Intellectus mediante sua similitudine, quae in homine est anima sensitiva, dirigit naturam et omnem naturalem motum, ut omnia suo verbo seu conceptui sive voluntati conformentur. Sic in universo, cui praesidet conditor intellectus, nihil penitus reperitur nisi similitudo sive conceptus ipsius conditoris. Sicut si conditor intellectus foret visus, volens suam virtutem videndi ostendere, omne visibile, in quo se ostendat, conciperet, eo ipso intra se omne visibile haberet et ad conformitatem singulorum visibilium in suo conceptu existentium cuncta visibilia formaret. In omnibus enim visibilibus nihil reperiretur nisi conformitas et ideo similitudo ipsius conditoris eorum intellectus.

XIX.

Varia valde ponunt sancti et philosophi aenigmata. Plato[1] in libro de re publica recipit solem et eius attendit in sensibilibus virtutem et ex conformitate illius se elevat ad lucem intelligentiae intellectus conditoris. Quem magnus Dionysius imitatur. Nam utique aenigma est gratum ob conformitatem lucis sensibilis et intelligibilis. Albertus aenigma rectitudinis recipit, ac si linealis rectitudo daret esse omni ligno, quae in nullo uti est potest participari et manet imparticipabilis et absoluta. Varie autem in contracto esse, scilicet in sua similitudine, in quolibet ligno participatur; quoniam unum nodose, aliud incurve, et ita de infinitis differentiis.

Etiam caliditatem fingit absolutam, et quomodo omnia calida illius similitudinem participant et habent esse suum ab illa, sic conceptum facit de conditore intellectu et creaturis.

[1] Plato, Staat VI, p. 508 a; VII, p. 517 a.

Leben mitteilt und wie die Natur einem alles zusammenschließenden Werkzeug gleicht, das zuvor jede Bewegung und die Natur aller Glieder hat — wer sollte das hinreichend darstellen? Das Denken lenkt mit Hilfe seines Ähnlichkeitsbildes, das im Menschen die sinnliche Seele ist, die Natur und jede natürliche Bewegung, so daß alles seinem Wort oder Begriff oder Willen gleichgestaltet wird. Ebenso wird im Gesamt, dem der gründende Geist vorsteht, gar nichts anderes gefunden als das Ähnlichkeitsbild oder der Begriff seines Gründers. Wenn der gründende Geist das Sehen wäre und seine Seh-Kraft zu zeigen wünschte, dann würde er alles Sichtbare entwerfen, um sich darin zu zeigen; und dadurch hätte er in sich selbst alles Sichtbare und würde sämtliches Sichtbare zur Gleichförmigkeit der einzelnen in seinem Entwurf bestehenden sichtbaren Dinge gestalten. In allem Sichtbaren wäre nichts anderes zu finden als Gleichförmigkeit, d. h. die Ähnlichkeit des gründenden Geistes.

XIX.

Heilige und Philosophen haben verschiedene Gleichnisse gegeben. Im Buch über den Staat nimmt Plato die Sonne und betrachtet ihre Kraft in den sinnlichen Dingen. Von ihrer Gleichgestaltigkeit erhebt er sich zum Licht der Einsicht des gründenden Geistes. Ihm folgt der große Dionysius, denn dieses Beispiel ist sehr angenehm wegen der Gleichgestaltigkeit des sinnlichen und vernünftigen Lichtes. Albertus nimmt das Gleichnis der Geradheit; so als ob die Liniengeradheit jedem Holz das Sein gäbe, und in keinem so partizipiert werden kann, wie sie ist, sondern unteilbar und absolut bleibt. Verschieden wird sie im verschränkten Sein, d. h. in ihrem Ähnlichkeitsbild, in jedem beliebigen Holzstück, partizipiert; denn das eine ist knorrig, das andere gekrümmt und so gibt es unendlich viele Unterschiede.

Auch die Wärme läßt er absolut sein. So wie alles Warme an ihrem Ähnlichkeitsbild teilhat und sein Sein von ihr erhält, bildet er sich einen Begriff vom gründenden Geist

Innumerabiles modi possunt concipi; multos alios in Docta Ignorantia et libellis aliis posui. Sed nullus praecisiorem attingere potest, cum divinus modus sit supra omnem modum. Et si applicas oculare et vides per maximum pariter et minimum modum omnis modi principium, in quo omnes modi complicantur et quem omnes modi explicare nequeunt, tunc facere poteris de divino modo veriorem speculationem.

XX.

Diceres forte usum berylli praesupponere essentiam recipere magis et minus; alioquin per maximum pariter et minimum non videretur eius principium. Respondeo, quod, quamvis essentia secundum se non videatur magis et minus recipere, tamen secundum comparationem ad esse et actus proprios speciei magis et minus participat secundum dispositionem materiae recipientis, adeo, ut dicit Avicenna[1], quod in quibusdam videtur Deus in hominibus, qui divinum habent intellectum et operationes.

Nec hic modus berylli penitus fuit absconditus Aristoteli[2], qui saepe discurrit reperiendo primum per hoc argumentum; ubi reperitur participatio unius secundum magis et minus in diversis, necesse est deveniri ad primum, in quo ipsum est primum; ut de calore, qui in diversis participatur, devenitur ad ignem, in quo primum est ut in fonte, a quo alia omnia calorem recipiunt.

Sic Albertus[3] illa regula utens quaerit primum, in quo est ratio fontalis entis omnium entitatem participantium, sic et

---

[1] Avicenna Met. X, 2, ed. Ven. 1508 (1961), fol. 108.

[2] Aristoteles, Met. I, 3 u. a.

[3] Albertus, De causis et processu universi I, tr. I c, 7 u. a.

und den Geschöpfen. Man kann unzählige Weisen des Begreifens entwerfen. Viele andere habe ich in der Docta ignorantia und anderen Büchern niedergelegt. Genauigkeit jedoch kann nicht erreicht werden, da der göttliche Modus über jedem Modus ist. Und wenn du das Augenglas nimmst und durch den zugleich größten und kleinsten Modus den Ursprung von jedem Modus siehst, in dem alle Modi eingefaltet sind und den alle Weisen nicht ausfalten können, dann kannst du dir ein wahreres Spiegelgleichnis des göttlichen Modus machen.

XX.

Vielleicht wirst du sagen, daß die Verwendung des Berylls eine Seinsheit voraussetzt, die Mehr oder Weniger aufnimmt; andernfalls würde sein Ursprung nicht durch das zugleich Größte und Kleinste gesehen. Ich antworte, daß die Seinheit sich selbst gemäß zwar nicht ein Mehr oder Weniger aufzunehmen scheint, im Vergleich zum Sein und den der Eigengestalt eigentümlichen Verwirklichungen gegenüber jedoch ein Mehr oder Weniger partizipiert entsprechend der Verfassung der Materie des Empfangenden. Dies kann in einer Weise der Fall sein, daß, wie Avicenna sagt, in manchen Gott erscheint: in jenen Menschen, die das göttliche Denken und Handeln haben.

Diese Anwendungsweise des Berylls war auch Aristoteles nicht ganz verborgen, der, um das Erste zu finden, oft mit diesem Argument vorgeht: wo man die Teilhabe an dem Einen dem Mehr und Weniger gemäß in Verschiedenem findet, muß man notwendigerweise zum Ersten kommen, so wie man bei der Wärme, die in Verschiedenem partizipiert wird, zum Feuer gelangt, in dem das Erste als in seiner Quelle ist und von dem alles andere seine Wärme erhält.

So sucht auch Albertus unter Verwendung jener Regel das Erste, in dem die quellenhafte Wesensbestimmung des Seins

principium cognoscendi, ubi ita dicit: cum intelligentia, anima rationalis et sensitiva communicent in veritate cognoscendi, oportet quod recipiant hanc naturam ab aliquo, in quo est primo sicut in fonte, et hic est Deus. Impossibile est autem, quod aequaliter recipiant ab eo, quia sic essent aeque propinquae principio et aequalis virtutis in cognoscendo. Unde primo recipitur in intelligentia, quae habet tantum de esse intelligentiae, quantum participat de radio divino. Similiter anima rationalis tantum participat de virtute cognoscitiva, quantum capit de radio intelligentiae, licet obumbretur in illa. Sic et anima sensibilis participat de cognitione, quantum imprimitur in ipsa radius rationalis animae, licet obumbretur in ipsa. Sed sensitiva est ultima, quae non influit ulterius virtutem cognoscitivam.

Sed, ut ait, anima rationalis non influit in sensum nisi sibi sit coniunctus; sic nec primum influit in secundum nisi ei coniunctum. Non intelligas intelligentiam creare animas aut animam sensum, sed quod radius in primo horum a sapientia aeterna receptus est exemplar et quasi seminale secundi. Et quia radius iste semper recipitur in virtute minoratus, ideo anima non recipit radium secundum esse intelligibile, nec vegetabilis ab anima sensitiva recipit radium cognitivum. Idem magnus Albertus in allegatis commentariis[1] assimilat illum divinum radium illuminantem naturam cognoscitivam radio solis, qui in se consideratus, antequam submittet aërem, est universalis et simplex, et in aëre recipitur in profundo ipsum penetrando et penitus illuminando. Deinde recipitur in superficie in corporibus terminatis, ubi secundum variam dispositionem varios causat colores, album et clarum, si est superficies clara; nigrum, si obscura; et medios colores secundum dispositionem mediam.

[1] Vgl. Albertus, De div. nom. cod. Cus. 96, fol. 83 und 106; vgl. L. Baur, Nicolaus Cusanus a. a. O. p. 97ff.

ist, an dem alle Seienden teilhaben. Ebenso ist es der Ursprung des Erkennens. Das ist ersichtlich, wenn er sagt: Sobald sich Einsicht, verständige und sinnliche Seele in der Wahrheit des Erkennens vereinen, müssen sie diese Natur von irgend einem haben, in dem sie zuerst ist, wie in einer Quelle und das ist Gott. Es ist aber unmöglich, daß sie sie in gleicher Weise von ihm erhalten, denn dann wären sie gleich nahe dem Ursprung und hätten die gleiche Kraft im Erkennen. Darum wird sie zuerst in der Einsicht empfangen, die soweit am Sein der Einsicht teilhat als sie am göttlichen Strahl partizipiert. In gleicher Weise hat die verständige Seele ebensoviel an der erkennenden Kraft teil, wie sie vom Strahl der Einsicht erfaßt, wenn dieser auch in ihr überschattet wird. Ebenso partizipiert die sinnliche Seele soweit an der Erkenntnis als der Strahl der verständigen Seele in sie eingesenkt wird, auch wenn dieser in ihr überschattet wird. Die sinnliche Seele aber ist die letzte und sie läßt die erkennende Kraft nicht weiterfließen.

Aber wie nach ihm die verständige Seele nur in den Sinn fließt, wenn er ihr verbunden ist, so fließt auch das Erste in das Zweite nur, wenn es ihm verbunden ist. Das ist nicht so zu verstehen, daß die Einsicht die Seelen erschafft oder die Seele den Sinn, sondern im ersten von ihnen wird der Strahl der ewigen Weisheit als Urbild und gleichsam als Samen des Zweiten empfangen. Und weil dieser Strahl immer mit verminderter Kraft empfangen wird, empfängt die Seele den Strahl nicht dem intelligiblen Sein entsprechend, noch empfängt die pflanzliche Seele den erkennenden Strahl von der sinnlichen Seele. Ferner vergleicht Albertus in den angeführten Kommentaren jenen göttlichen Strahl, der die erkennende Natur erleuchtet, mit dem Strahl der Sonne, der in sich selbst betrachtet, bevor er in die Luft eindringt, universal und einfach ist. Wenn er von der Luft aufgenommen wird, durchdringt er sie tief und erleuchtet sie völlig. Dann wird er in der Oberfläche von begrenzten Körpern aufgenommen, wo er gemäß der verschiedenen Verfassung verschiedene Farben verursacht. Er ist weiß und klar, wenn die Oberfläche klar ist, schwarz, wenn sie dunkel ist, und hat mittlere Farben, wenn sie in mittlerer Verfassung ist.

Sic principium primum, scilicet sapientia Dei seu divina cognitio, quae est essentia Dei manens et incommunicabilis, radio suo, qui est una forma cognoscitiva, se habet, quoniam quasdam naturas illuminat, ut cognoscant simplices quidditates rerum. Et haec cognitio est secundum maximum fulgorem, qui possibilis est recipi in creatura, et hoc in intelligentiis. In aliis recipitur, ubi non operatur talem cognitionem simplicium quidditatum, sed mixtarum cum continuo et tempore, sicut in hominibus. Ibis enim incipit cognitio a sensibus; ideo oportet, quod conferendo unum ad alterum perveniat ad simplex intelligibile.

Quare Isaac[1] dicebat, quod ratio oritur in umbra intelligentiae et sensus in umbra rationis, ubi occumbit cognitio. Unde anima vegetabilis oritur in umbra sensus et non participat de radio cognoscitivo, ita quod possit recipere speciem et ab appendiciis materiae separare, ut fiat simplex cognoscibile. Avicenna[2] vero suscipit aenigma in igne et vario eius essendi modo ab aethere deorsum, usque quo in lapide penitus obumbretur.

XXI.

Hi omnes et quotquot vidi scribentes caruerunt beryllo. Et ideo arbitror, si constanti perseverantia secuti fuissent magnum Dionysium, clarius vidissent omnium principium atque commentaria fecissent in ipsum secundum ipsius scribentis intentionem. Sed quando ad oppositorum coniunctionem perveniunt, textum magistri divini disiunctive interpretantur. Magnum est posse se stabiliter in coniunctione figere oppositorum. Nam etsi sciam ita fieri debere, tamen,

---

[1] Isaac ben Salomon Israeli; cf. De conj. I, 9; Schriften I, p. 83ff.

[2] Avicenna, Met. X, 1, a. a. O. fol. 108.

Ebenso verhält sich der erste Ursprung, die Weisheit Gottes oder die göttliche Erkenntnis, welche die bleibende Seinsheit Gottes ist und nicht mitgeteilt werden kann, in ihrem Strahl, der eine erkennende Gestalt ist, so, daß er manche Naturen erleuchtet, auf daß sie die einfachen Washeiten der Dinge erkennen. Diese Erkenntnis erfolgt dem größten Glanz gemäß, den Geschöpfe aufnehmen können, wie es bei den Vernunfteinsichten der Fall ist. Er wird in anderen Geschöpfen aufgenommen, wo er keine derartige Erkenntnis einfacher, sondern mit Raum und Zeit vermischter Washeiten bewirkt, so wie im Menschen. Dort nämlich beginnt die Erkenntnis bei den Sinnen, und darum muß man eines mit dem anderen vergleichen um zum Einfach-Verstehbaren zu gelangen.

Darum sagte Isaak, daß der Verstand im Schatten der Einsicht entstehe und der Sinn in welchem die Erkenntnis untergeht, im Schatten des Verstandes. Daher entsteht die pflanzliche Seele im Schatten des Sinnes und hat an dem erkennenden Strahl keinen Anteil, so daß sie Eigengestalt empfangen und vom Anhang der Materie trennen könnte, so daß eine einfache Erkennbarkeit entstünde. Avicenna wieder nimmt das Gleichnis vom Feuer und dessen verschiedenen Seinsweisen, die vom Äther herabkommen und bis dorthin gehen, wo es im Stein vollkommen verdunkelt wird.

XXI.

All diesen und den Schriftstellern, die ich sonst noch gelesen habe, fehlt der Beryll. Darum glaube ich, daß sie, wenn sie mit standhafter Ausdauer dem großen Dionysius gefolgt wären, den Ursprung aller Dinge klarer gesehen hätten und der Absicht des Schreibenden entsprechende Kommentare zu seinen Schriften verfaßt hätten. Aber wenn sie zur Verbindung der Gegensätze gelangen, erklären sie den Text des begnadeten Meisters abweichend. Es ist etwas Großes, an der Verbindung der Gegensätze beständig festzuhalten.

quando ad discursum rationis revertimur, labimur frequenter et visionis certissimae nitimur rationes reddere, quae est supra omnem rationem, et ideo tunc cadimus de divinis ad humana et instabiles atque exiles rationes adducimus. Hoc Plato[1] in epistolis, ubi de visione primae causae praemisit, omnibus accidere astruit. Tu igitur, si volueris aeternam sapientiam sive principium cognoscitivum videre, posito beryllo ipsum videas per maximum pariter et minimum cognoscibile. Et in aenigmate, quemadmodum de angulis, inquire acutas formales simplices et penetrativas naturas cognoscitivas, uti angulos acutos; alias obtusiores et demum obtussissimas, uti obtusos angulos. Et omnes gradus venari poteris possibiles; et quemadmodum de hoc sic dixi, ita de quibuscumque sic se habentibus.

XXII.

Dubitas fortassis, quomodo videtur principium unitrinum. Respondeo: omne principium est indivisibile omni divisione suorum effectuum seu principiatorum. Primum igitur principium est ipsa simplicissima atque perfectissima indivisibilitas. In essentia autem perfectissimae indivisibilitatis video unitatem, quae est fons indivisibilitatis, video aequalitatem, quae est indivisibilitas unitatis, et video nexum, qui est indivisibilitas unitatis et aequalitatis. Et capio aenigma, et intueor ACB angulum, et considero C punctum primum principium anguli, et lineas CA et CB secundum principium; C punctus principium est unitrinum, nam est principium CA lineae, quae est linea immobilis, et lineae CB quae est linea differentiativa formans. Et video C punctum utriusque nexum, et quod C punctus est intimius et proximius principium anguli, scilicet principium simul et terminus anguli; incipit enim in C puncto, et in eodem terminatur. Dum igitur intueor in C unitrinum principium, video ipsum esse

[1] Plato, II. Brief, p. 312c.

Denn obwohl wir wissen, daß dies geschehen muß, straucheln wir oft, wenn wir zur Methode des Verstandes zurückkehren; wir versuchen den Modus sicherster Schau, der jenseits jeden Verstandes ist, zu verrationalisieren. Und darum fallen wir vom Göttlichen zum Menschlichen und führen unbeständige und kraftlose Verstandesgründe ins Feld. Dies kann allen passieren, wie Platon in seinen Briefen versichert, wo er über die Schau des ersten Grundes spricht. Wenn du also die ewige Weisheit oder den erkennenden Ursprung sehen willst, so kannst du ihn mit Hilfe des Berylls durch das zugleich größte und kleinste Erkennbare sehen. Im Gleichnis, z. B. in dem von den Winkeln, kannst du feine, gestalthafte, einfache und tiefdringende Erkenntnisarten erforschen, so wie du die spitzen Winkeln, stumpfere und schließlich ganz stumpfe erforschst. Alle möglichen Stufen wirst du erjagen können. Und so wie ich hier darüber gesprochen habe, gilt es für alles, das sich so verhält!

XXII.

Du zweifelst vielleicht, daß der Ursprung als einigdreier gesehen wird. Ich erwidere darauf: jeder Ursprung ist unteilbar für jede Teilung, die bei dem von ihm Bewirkten oder aus ihm Entsprungenen möglich ist. Der erste Ursprung ist also die einfachste und vollkommenste Unteilbarkeit. In der Seinsheit der vollkommensten Unteilbarkeit aber sehe ich die Einheit, die Quelle der Unteilbarkeit, die Gleichheit, die die Unteilbarkeit der Einheit ist und die Verknüpfung, die die Unteilbarkeit der Einheit und Gleichheit ist. Ich nehme ein Gleichnis und betrachte den Winkel ACB und setze C als den ersten Ursprung des Winkels und AC und CB als zweiten Ursprung. Dann ist Punkt C der einigdreie Ursprung; er ist der Ursprung der Linie CA, die eine unbewegliche Linie ist und der Ursprung der Linie CB, die eine unterschiedbildende Linie ist. Ich sehe, daß Punkt C die Verknüpfung beider ist und daß er der innerste und nächste Ursprung des Winkels ist, nämlich Ursprung

fontem, unde primo emanat unitas seu necessitas omnia uniens et constringens. Deinde video ipsum principium, unde emanat aequalitas omnia quantumcumque varia formans seu adaequans, quocumque motu hoc fieri oporteat. Sic video ipsum C principium, unde emanat nexus et conservatio omnium constrictorum et formatorum. Video igitur ipsum principium simplicissimum unitrinum, ut sua indivisibilitas sit perfectissima et sit omnium causa, quae in sua indivisibili essentia sine terna indivisibilitate subsistere nequeunt.

XXIII.

Tetigerunt philosophi hanc trinitatem, quam viderunt in principio esse, a causato ad causam ascendendo. Anaxagoras et ante eum Hermotimus Clazomenius, ut vult Aristoteles[1], fuit primus, qui intellectuale vidit principium. Quem Plato extulit eius libros saepissime legens, quia visum sibi fuit, quod magistrum invenisset. Et quae Plato de eo dicit, illa et Aristoteles. Ipse enim Anaxagoras tam Platoni quam Aristoteli oculos aperuit. Nisus est autem unterque hoc principium per rationem reperire. Et Plato[2] principium, a quo omnia condita, nominavit conditorem intellectum et eius patrem Deum ac cunctorum causam.

Et ita primo apud primum omnia esse dixit, ut sunt in triplici causa efficienti, formali et finali. Secundo dixit omnia esse in conditore intellectu, quem primam dicit Dei creaturam, et asserit generationem eius a primo esse quasi filius a patre[3]. Hunc intellectum, quem etiam sacrae litterae

---

[1] Aristoteles, Met. I, 4, p. 984 b.
[2] Plato, Tim. 41 a.
[3] Vgl. Plotin, Enn. I, 8, 2; V, 4, 2 u. a.; auch Arist. Ethica Eud. VI, p. 1248 a u. a.

und Zielgrenze zugleich. Er beginnt in C und endet dort. Wenn ich in C den einigdreien Ursprung betrachte, dann sehe ich, daß er die Quelle ist, aus der zuerst die Einheit oder Notwendigkeit entspringt, die alles eint und zusammenhält. Dann sehe ich den Ursprung, aus dem die Gleichheit entspringt, die alles wie auch immer verschiedene gestaltet oder gleichmacht. Ich sehe auch mit welcher Bewegung dies geschehen muß. So sehe ich den Punkt C, aus dem Verknüpfung und Bewahrung alles Zusammengezogenen und Geformten entströmt. Ich sehe also den ganz einfachen, einigdreien Ursprung und finde, daß seine Unteilbarkeit ganz vollkommen und der Grund von allem ist, das in seiner unteilbaren Seinsheit ohne dreifache Unteilbarkeit nicht bestehen kann.

XXIII.

Die Philosophen haben diese Dreiheit, von der sie sahen, daß sie im Ursprung besteht, berührt, indem sie vom Begründeten zum Grund emporstiegen. Anaxagoras und vor ihm, wie Aristoteles berichtet, Hermotimos aus Klazomenai, waren die ersten, die den geistigen Ursprung sahen. Jenen lobte Platon. Er las oftmals seine Bücher, denn es schien ihm, er habe einen Meister gefunden. Und dasselbe sagte von ihm auch Aristoteles. Denn Anaxagoras hat sowohl Plato wie Aristoteles die Augen geöffnet. Beide mühten sich, diesen Ursprung mit Hilfe des Verstandes zu finden. Platon nannte den Ursprung, von dem alles gegründet ist, den Gründer-Geist und dessen Vater Gott und den Grund von allem.

Und so sagte er, daß zuerst alles bei dem Ersten sei, so daß es in einem dreifachen Wirk-, Gestalt- und Zielgrund ist. An zweiter Stelle führte er aus, daß alles im Gründer-Geist sei, den er das erste Geschöpf Gottes nannte und von dem er sagte, daß seine Zeugung vom Ersten wie die eines Sohnes

sapientiam ab initio et ante omnia saecula creatam et primogenitam omnis creaturae nominant[1], dicit conditorem quasi inter causam et causata sensibilia mediatorem, qui exsequitur imperium seu intentionem patris. Tertio vidit per universum diffundi spiritum seu motum cuncta, quae in mundo sunt, connectentem et conservantem. Apud igitur Deum omnia vidit primo modo essendi, primo et simplicissimo, sicut omnia sunt in potestate effectiva et omnipotenti. Secundo vidit omnia esse sicut in executore imperii sapientissimo. Et hunc essendi modum vocat secundum. Tertio vidit omnia esse ut in instrumento executoris, scilicet in motu; nam per motum quae fiunt ad effectum producuntur.

Et hunc essendi modum tertium animam mundi nominavit Aristoteles[2], licet non utatur terminis illis. Idem videtur dicere quoad Deum, scilicet quod omnia apud ipsum sint ut in causa unitrina, quodque omnes formae sint in intelligentia motrice caeli et in motu animato anima nobili. Ipse autem intelligentias plenas formis multiplicat secundum multitudinem orbium caeli, quia eas dicit motrices orbium. Tamen secundum regulam suam omnium intelligentiarum moventium ad primum motorem necessario deveniri oportere ostendit. Et hunc nominat principem seu primum intellectum.

Plato[3] autem considerans multitudinem intelligentiarum vidit intellectum, cuius participatione omnes intelligentiae sunt intelligentiae. Et quia vidit primum Deum absolutum, simplicissimum, imparticipabile et incommunicabile principium, ideo communicabilem intellectum in diis multis seu intelligentiis varie participatum et communicatum arbitrabatur primam creaturam. Ita etiam animam mundi, quae in omnibus animabus communicabiliter participatur, ante omnes

---

[1] Ecc. 24, 14.
[2] Arist. Met. XII, 7, p. 1072 a — vgl. Plato Tim. 34 c.
[3] Plato, Philebus 30 a/b.

vom Vater sei. Den Geist, den auch die heiligen Schriften die von Anfang und vor allen Zeiten geschaffene Weisheit und die Erstgeborene vor allen Geschöpfen nennen, bezeichnet er daher als den Gründer — gleichsam als den Mittler zwischen Grund und sinnlich Begründetem, der den Befehl oder die Absicht des Vaters ausführt. An dritter Stelle sieht er den durch das Gesamt ausgegossenen Geist oder die Bewegung, die alles, was in der Welt ist, verknüpft und bewahrt. Bei Gott sah er alles in der ersten Seinsweise; d. h. in der ersten und einfachsten, wo alles in der wirkenden und allmächtigen Kraft ist. An zweiter Stelle sah er alles im weisesten Ausführer der Befehle. Und diese Seinsweise nennt er die zweite. An dritter Stelle sah er alles wie in einem Werkzeug des Ausführenden, nämlich in der Bewegung. Durch die Bewegung wird nämlich alles, was wird, zur Vollendung geführt.

Diese dritte Seinsweise nennt Aristoteles die Weltseele, wenn er auch nicht jene Termini gebraucht. Und dasselbe scheint er in bezug auf Gott zu sagen, nämlich daß alles bei ihm ist als in seinem dreieinigen Grund und daß alle Gestalten in der himmelsbewegenden Einsicht seien und in der beseelten Bewegung der edlen Seele. Er vermehrt die von Formen erfüllten Einsichten entsprechend der Vielzahl der Himmelskreise, da er sie für die Beweger dieser Kreise hält. Dennoch zeigt er seiner Regel entsprechend, die sich auf alle bewegenden Einsichten erstreckt, daß man notwendigerweise zum ersten Beweger gelangen muß. Und diesen nennt er den Herrscher oder das erste Denken.

Platon aber, der die Vielzahl der Einsichten betrachtete, erblickte das Denken als das durch dessen Partizipation alle Einsichten Einsichten sind. Und weil er sah, daß Gott der erste, einfachste, unpartizipierbare und nicht mitteilbare Ursprung ist, glaubte er, daß das mitteilbare Denken, das in vielen Göttern oder Einsichten verschieden partizipiert und mitgeteilt wird, das erste Geschöpf sei. Ebenso glaubte er, daß die Weltseele, die in allen Seelen mitteilbar partizipiert

animas, quasi in qua prioriter omnes complicantur ut in suo principio, esse credidit. De his igitur tribus essendi modis prioriter, et quomodo sortiantur nomina fatorum, in Docta Ignorantia memor sum quaedam dixisse[1].

Solum autem notes non esse necessarium universalem esse creatum intellectum aut universalem mundi animam propter participationem, quae Platonem movit. Sed ad omnem essendi modum sufficit abunde primum principium unitrinum, licet sit absolutum et superexaltatum, cum non sit principium contractum ut natura, quae ex necessitate operatur, sed sit principium ipsius naturae et ita supernaturale, liberum, quod voluntate creat omnia. Illa vero, quae voluntate fiunt, in tantum sunt, in quantum voluntati conformantur, et ita eorum forma est intentio imperantis. Intentio autem est similitudo intendentis, quae est communicabilis et receptibilis in alio. Omnis igitur creatura est intentio voluntatis omnipotentis.

Istud ignorabant tam Plato quam Aristoteles. Aperte enim uterque credidit conditorem intellectum ex necessitate naturae omnia facere, et ex hoc omnis eorum error secutus est. Nam licet non operetur per accidens, sicut ignis per calorem, ut bene dicit Avicenna[2], nullum enim accidens cadere potest in eius simplicitatem — et per hoc videatur agere per essentiam: non tamen propterea agit quasi natura seu instrumentum necessitatum per superioris imperium, sed per liberam voluntatem, quae est et essentia eius. Bene vidit Aristoteles[3] in Metaphysica, quomodo omnia in principio primo sunt ipsum; sed non attendit voluntatem eius non esse aliud a ratione eius et essentia.

---

[1] Vgl. De docta ign. II, 9. Schriften, Bd. I, p. 370ff.
[2] Avicenna, Met. VI c, 2.
[3] Aristoteles, Met. XII, 7, p. 1072 a.

wird, vor allen Seelen sei und daß diese alle in ihr — gleichsam vorgängig — als in ihrem Ursprung eingefaltet seien. Ich erinnere mich, in De docta ignorantia einiges diesbezügliche gesagt zu haben; nämlich daß und wie diese drei Seinsweisen in ihrer Vorgängigkeit die drei Namen des Fatums erhalten haben.

Allein das mußt du festhalten, daß es der Teilhabe wegen — die Platon zu dieser Auffassung führte — nicht notwendig ist, daß es einen universalen geschaffenen Geist oder eine universale Weltseele gebe. Für jede Seinsweise ist vielmehr der erste dreieinige Ursprung mehr als genug. Allerdings ist er absolut und hoch erhaben, da er nicht ein verschränkter Ursprung ist wie die Natur, die aus Notwendigkeit handelt, sondern der Ursprung der Natur selbst ist, der darum übernatürlich und frei ist, weil er durch seinen Willen alles erschafft. Was aber durch seinen Willen ist, ist insoweit als es diesem gleichberechtigt ist. Und darum ist seine Gestalt der Wille des Herrschers. Das Wollen aber ist ein Ähnlichkeitsbild des Wollenden, welches einem anderen mitgeteilt und von diesem empfangen werden kann. Jedes Geschöpf ist also die Absicht des allmächtigen Willens.

Das wußten weder Platon noch Aristoteles. Denn ganz offenkundig glaubte jeder, daß der gründende Geist aus der Notwendigkeit der Natur alles machte. Daraus folgten alle ihre Irrtümer. Denn wenn er auch nicht wie das Feuer durch die Wärme zu-fällig handelt — wie Avicenna sehr gut bemerkt, denn kein Zufall kann zu seiner Einfachheit dazu kommen — und darum durch seine Seinsheit zu handeln scheint, handelt er darum dennoch nicht wie die Natur oder ein gezwungenes Werkzeug durch den Befehl eines Höheren, sondern durch den freien Willen, der auch seine Seinsheit ist. Aristoteles sah in der Metaphysik sehr wohl, daß alles im ersten Ursprung er selbst ist. Er beachtete jedoch nicht, daß sein Wille von seinem Bestimmungsgrund und seiner Wesenheit nicht verschieden ist.

XXIV.

Quomodo autem Plato habuerit de unitrino principio conceptum et quam propinque ad modum nostrae christianae theologiae, Eusebius[1] Pamphili in libro Praeparatoriorum evangelii ex libris Numenii, qui secreta Platonis conscripsit, et Plotini atque aliorum collegit. Aristoteles[2] etiam in sua Metaphysica, quam ipse theologiam appellat, multa conformia veritati ratione ostendit, scilicet principium esse intellectum penitus in actu, qui se ipsum intelligit, ex quo delectatio summa.

Hoc quidem et theologi nostri dicunt intellectum illum divinum se intelligendo de se et sua essentia et natura generare intelligibilem sui ipsius similitudinem adaequatissimam. Intellectus enim generat verbum, in quo est substantialiter, et ex hoc procedit delectatio, in qua est generantis et geniti consubstantialitas. Verum, si de hoc principio tu vis habere omnem possibilem scientiam, considera in omni principiato: quo est, quid est, et nexum; et per beryllum maximi pariter et minimi principiati respice in omnium principiatorum principium. In ipso principio perfectissime modo divino reperies trinitatem principium simplicissimum omnis creaturae unitrine. Et attende me in simplici conceptu principiati trinitatem unitatis essentiae exprimere per quo est et quid est et nexum; quae in sensibili substantia communiter nominantur forma, materia et compositum ut in homine anima, corpus et utriusque nexus.

---

[1] Eusebius, De praeparatione a. a. O. PG 21, 888 c, 1080.
[2] Aristoteles, Met. VI, 1, p. 1026 a u. a.

XXIV.

Welchen Begriff aber Platon von dem dreieinigen Ursprung hatte und wie nahe er an die Art und Weise unserer christlichen Theologie herankam, das zeigt Eusebius, Schüler des Pamphilus, in seinem Buch De praeparatione evangelica, das er aus den Büchern des Numenius, der die Geheimlehre Platons aufgeschrieben hat, und Plotins und anderen zusammengetragen hat. Auch Aristoteles zeigt in seiner Metaphysik, die er selbst Theologie nennt, viel Vernünftiges, das mit der Wahrheit übereinstimmt, z. B. daß der Ursprung Geist ist, der vollkommen wirklich ist, und sich selbst versteht. Daraus entfließt höchste Freude.

Auch unsere Theologen sagen, daß jenes göttliche Denken, indem es sich versteht, aus sich und seiner Seinsheit und Natur sein völlig gleiches geistiges Ähnlichkeitsbild zeugt. Denn das Denken zeugt das Wort, in dem es grundbestandlich ist und daraus entsteht die Freude, in der die Wesensgleichheit von Zeugendem und Gezeugtem ist. Wahrhaftig, wenn du über diesen Ursprung jedes mögliche Wissen haben willst, dann betrachte in jedem aus ihm Entsprungenen: woher es ist, was es ist und die Verknüpfung; und durch den Beryll des zugleich größten und kleinsten Entsprungenen blicke auf den Ursprung alles Entsprungenen. Im Ursprung selbst wirst du vollkommen und auf göttliche Weise die Dreieinigkeit als einfachsten Ursprung aller Geschöpfe in dreieiniger Weise finden. Und achte darauf, daß ich im einfachen Begriff des Entsprungenen die Dreiheit der Einheit der Seinsheit dadurch ausdrücke, daß ich feststelle, woher es ist, was es ist und was die Verknüpfung ist. Das wird in der sinnlichen Substanz allgemein als Form, Materie und Zusammengesetztes bezeichnet; im Menschen z. B. als Seele, Körper und ihre Verknüpfung.

XXV.

Aristoteles[1] concordando omnes philosophos dicebat principia, quae substantiae insunt, contraria. Et tria nominavit principia, materiam, formam et privationem. Arbitror ipsum, quamvis super omnes diligentissimus atque acutissimus habeatur discursor, atque omnes in uno maxime defecisse. Nam cum principia sint contraria, tertium principium utique necessarium non attigerunt, et hoc ideo, quia contraria simul in ipso coincidere non putabant possibile, cum se expellant. Unde ex primo principio, quod negat contradictioria simul esse vera, ipse philosophus ostendit similiter contraria simul esse non posse.

Beryllus noster acutius videre facit, ut videamus opposita in principio connexivo ante dualitatem, scilicet antequam sint duo contradictoria, sicut si minima contrariorum videremus coincidere, puta minimum calorem et minimum frigus, minimam tarditatem et minimam velocitatem, et ita de omnibus, ut haec sint unum principium, ante dualitatem utrisque contrarii, quemadmodum in libello De mathematica perfectione[2] de minimo arcu et minima chorda, quomodo coincidant, dixi. Unde sicut angulus minime acutus et minime obtusus est simplex angulus rectus, in quo minima contrariorum angulorum coincidunt, antequam acutus et obtusus sint duo anguli, ita est de principio connexionis, in quo simpliciter coincidunt minima contrariorum.

Quod si Aristoteles principium, quod nominat privationem, sic intellexisset, ut scilicet privatio sit principum ponens

---

[1] Arist. Met. XII, 2, p. 1069 b und Met. IV, 6, 1011 b.
[2] Nicolaus Cusanus, De mathematica perfectione, 1458. Vgl. ed. J. und J. E. Hofmann, Mathematische Schriften, Hamburg 1952, Phil. Bibl. 231.

XXV.

Indem Aristoteles alle Philosophen miteinander in Übereinstimmung brachte, sagte er, daß die Ursprünge, die den Substanzen innewohnen, gegensätzlich sind. Er nannte drei Ursprünge: Stoff, Gestalt und Beraubung. Ich glaube eher, daß er darin, obwohl er für den alle überragenden, sorgfältigsten und scharfsinnigsten Philosophen gehalten wird, ebenso wie alle anderen vollkommen in die Irre geht. Denn wenn die Ursprünge gegensätzlich sind, dann haben sie den unbedingt notwendigen dritten Ursprung nicht erreicht, und dies darum nicht, weil sie es nicht für möglich hielten, daß Gegensätze zugleich im Selben koinzidieren, da sie einander eben ausschlössen. Daher zeigt der Philosoph auf Grund des ersten Prinzips, das leugnet, daß kontradiktorische Gegensätze zugleich wahr sind, daß Gegensätze zugleich nicht sein können.

Unser Beryll läßt uns schärfer sehen, so daß wir die Gegensätze im verbindenden Ursprung vor der Zweiheit sehen, d. h. bevor sie zwei entgegengesetzte Dinge sind. So z. B. wenn wir die kleinsten Gegensätze zusammenfallen sehen, wie die geringste Kälte und die geringste Wärme, die kleinste Langsamkeit und die kleinste Schnelligkeit, usw., so daß diese ein einziger Ursprung vor der Zweiheit beider Gegensätze sind, wie ich es in dem Buch De mathematica perfectione beim Zusammenfall des kleinsten Kreisbogens und der kleinsten Kreissehne gezeigt habe. So wie der am wenigsten spitze und der am wenigsten stumpfe Winkel der einfache rechte Winkel sind, in dem die kleinsten der beiden entgegengesetzten Winkel zusammenfallen, bevor der spitze und der stumpfe zwei Winkel sind, so ist es mit dem Ursprung der Verknüpfung, in dem die kleinsten der Gegensätze zusammenfallen.

Wenn Aristoteles den Ursprung, den er Beraubung nennt, so verstanden hätte, daß diese Beraubung der Ursprung ist, der

coincidentiam contrariorum, et ideo privatum contrarietate utriusque tamquam dualitatem, quae in contrariis est necessaria, pracedens, tunc bene vidisset. Timor autem, ne contraria simul eidem inesse fateretur, abstulit sibi veritatem illius principii. Et quia vidit tertium principium necessarium et esse debere privationem, fecit privationem sine positione principium. Post hoc non valens bene evadere quandam videtur inchoationem formarum in materia ponere, quae si acute inspicitur, est in re nexus, de quo loquor. Sed sic non intelligit nec nominat. Et ob hoc omnes philisophi ad spiritum, qui est principium connexionis et est tertia persona in divinis secundum nostram perfectam theologiam, non attigerunt; licet de patre et filio plerique eleganter dixerint, maxime Platonici, in quorum libris sanctus Augustinus[1] evangelium Ioannis theologi nostri „in principio erat verbum", usque ad nomen Ioannis Baptistae et incarnationem se repperisse fatetur. In quo quidem evangelio de spiritu sancto nulla fit mentio.

XXVI.

Oportet te valde haec, quae dixi, de hoc tertio notare principio. Dicit Aristoteles[2], et bene, principia esse minima et indivisibilia quoad magnitudinem quantitatis, maxima quoad magnitudinem virtutis. Unde neque forma est divisibilis neque materia divisibilis, quia non est nec qualis nec quanta neque nexus divisibilis. Essentia igitur, quae in istis subsistit, est indivisibilis. Et quia intellectus noster, qui non potest concipere simplex, cum conceptum faciat in imaginatione, quae ex sensibilibus sumit principium seu subiectum

---

[1] Augustinus, Tract. in To. Ev. II, 1, n. 9; Conf. VII, 9, 13.

[2] Arist. De gen. animalium V, 7, p. 788 a; dazu vgl. ferner Arist. Met. VII, 3, p. 1029 a; De gen et corr. I, 3, p. 3.

den Zusammenfall der Gegensätze setzt, und so der Gegensätzlichkeit beraubt ist, weil sie der Zweiheit, die in Gegensätzen notwendig ist, vorausgeht, dann hätte er richtig gesehen. Die Scheu aber, zuzugeben, daß Gegensätze zugleich dem Selben innewohnen, enthielt ihm die Wahrheit dieses Ursprungs vor. Und weil er sah, daß ein dritter Ursprung notwendig sei und dieser Privation sein müßte, machte er die Beraubung ohne Setzung zum Ursprung. Daraufhin vermochte er, so scheint es, den Schwierigkeiten nicht anders zu entkommen als daß er den Anfang der Formen in die Materie verlegte. Wenn man jedoch genauer hinsieht, dann handelt es sich um jene Verknüpfung, über die ich spreche. Aber er hat es so weder erkannt, noch auch benannt. Aus diesem Grund sind alle Philosophen zum Geist, der der Ursprung der Verknüpfung ist und unserer vollendeten Theologie nach die dritte Person im Göttlichen, nicht vorgedrungen. Wohl sagten die meisten Schönes über den Vater und den Sohn. So vor allem die Platoniker, von denen der heilige Augustinus sagt, er habe in ihren Büchern das Evangelium unseres Theologen Johannes — „Im Anfang war das Wort" — bis auf den Namen Johannes des Täufers und die Fleischwerdung gefunden. Allerdings findet sich in diesem Evangelium keine Erwähnung des Heiligen Geistes.

XXVI.

Es ist sehr wichtig zu beachten, was ich über den dritten Ursprung gesagt habe. Aristoteles sagt mit recht, Ursprünge seien das Kleinste und unteilbar hinsichtlich der Größe der Ausdehnung, das Größte jedoch hinsichtlich der Kraft. Darum sind weder die Gestalt noch der Stoff teilbar, da sie weder Qualität noch Quantität haben. Und auch die Verknüpfung ist nicht teilbar. Also ist die Seinsheit, die in ihnen Grundbestand hat, unteilbar. Unser Denken kann das Einfache nicht erfassen, weil es sich den Begriff macht in der

imaginis suae seu figurae, hinc est quod intellectus essentiam rerum concipere nequit. Videt tamen eam supra imaginationem et conceptum suum indivisibile[m] triniter subsistere.

Unde dum sic attente advertit, videt substantiam corporalem ut substantiam indivisibilem, sed per accidens divisibilem. Ideo dum dividitur corpus, non dividitur substantia, quia non dividitur in non-corpus aut in partes substantiales, scilicet formam, materiam et nexum, quae proprius dicuntur principia quam partes, quia esset dividere indivisibile ab indivisibili, sicut punctum a puncto, quod non est possibile, sed continuum dividitur in continua. Potest enim eius subiectum, scilicet quantitas, recipere maius et minus. Posse autem dividi venit ab indivisibili materia, quae non est indivisibilis propter unitatem ut forma, seu parvitatem ut nexus, sed propter informitatem, sicut nondum-ens. Ideo, dum est ens per formam, quae se ei valde immergit et fit multum materialis, tunc propter materiam dividitur quantitas. Unde per aenigma poteris differentias talium formarum investigare, quae sunt multum materiales et immersae, et quae minus et quae valde simplices. Et quoniam omnis corruptio, mutabilitas et divisio est a materia, statim videbis causas generationum et corruptionum et quaeque talia.

XXVII.

Aristoteles[1], quando Politicam conscribere proposuit, ad minimum tam oeconomicae quam politicae se contulit, et in illo minimo, quomodo maximum se habere deberet, vidit

---

[1] Arist. Pol. I, 1, p. 1252 a; Met. I, 5, p. 986 a; Categor. 7, p. 7 b u. a.

Vorstellung, die aus dem Sinnlichen den Ursprung oder das Zugrundeliegende ihres Bildes oder ihrer Gestalt nimmt. Darum vermag das Denken die Seinsheit der Dinge nicht zu erfassen. Dennoch sieht es, daß sie über seiner Vorstellung und seinem Begriff dreifach besteht.

Wenn das Denken darum aufmerksam darauf achtet, sieht es, daß der körperliche Grundbestand als solcher unteilbar, durch das Hinzukommende jedoch teilbar ist. Wenn darum der Körper geteilt wird, wird nicht der Grundbestand geteilt, weil er nicht in Nicht-Körper oder in grundbestandliche Teile zerlegt werden kann, d. h. in Form, Materie und Verknüpfung, die genauer gesprochen eher Ursprünge denn Teile genannt werden, — denn das hieße Unteilbares von Unteilbarem wie Punkt von Punkt abteilen. Das ist nicht möglich. Das Stetige wird vielmehr in Stetiges geteilt. Das ihm Zugrundeliegende, d. h. die Quantität kann ein Mehr oder Weniger aufnehmen. Das Geteilt-werden-Können kommt von der unteilbaren Materie, die unteilbar ist, nicht wegen der Einheit, wie etwa die Form oder wegen der Kleinheit, wie etwa die Verknüpfung, sondern wegen der Un-förmigkeit als ein Noch-nicht-Seiendes. Wenn daher das Seiende durch die Gestalt ist, die sich ihm tief einprägt und gänzlich stofflich wird, wird die Quantität wegen der Materie geteilt. Darum wirst du durch das Gleichnis die Unterschiede solcher Formen untersuchen können, die in die Materie tief eingedrungen sind und solcher, die weniger tief in ihr sind und die sehr einfach sind. Und weil alle Vergänglichkeit, Wandelbarkeit und Teilung von der Materie stammen, siehst du auch sogleich die Ursachen von Zeugung, Vergänglichkeit und dem damit Zusammenhängenden.

XXVII.

Als Aristoteles daranging seine Politik zu schreiben, wandte er sich zum Kleinsten, auf dem Gebiet der Ökonomie sowohl als auch dem der Politik. In diesem Kleinsten sah er, wie

dicens sic in aliis similiter faciendum. In Metaphysica autem dicit curvum et rectum in natura contrariari, quare unum non posse converti in aliud.

In primo bene dixit et puto, quod, si quis maxima quaeque scire quaesierit et ad minimum oppositorum se converterit, utique secreta scibilia investigabit. In secundo, de curvo et recto, non bene consideravit: nam opponuntur et unum est utriusque minimum. Ipse forte haec sic dixit, ut ignorantiam suam de quadratura circuli, cuius mentionem saepe facit, excusaret. Habes autem superius principium esse indivisibile omni modo, quo divisio est in principiatis. Principiata igitur, quae contrarie dividuntur, habent principium eo modo indivisibile. Ideo contraria eiusdem sunt generis. Facies tibi scientiam mediante beryllo et aenigmate de principio oppositorum et differentia et omnibus circa illa attingibilibus; sic generaliter de scientia per principium scibilium et differentiis eorum, uti in simili audisti superius. Unus est enim in omnibus agendi modus.

Sic, si forte velis magnum Dionysium[1], qui Deo multa nomina tribuit, ampliando ad beneplacitum extendere, cum beryllo et aenigmate ad cuiuslibet nominis principium pergas, et quidquid humanitus dici potest Deo te semper dirigente videbis. Etiam causas in natura subtilius attinges, scilicet quare generatio unius est corruptio alterius[2]. Videndo enim per beryllum unum contrarium vides in eo esse principium alterius contrarii; puta dum vides per maximam pariter et minimam caliditatem principium caliditatis non esse nisi indivisibilitatem omni modo divisionis

[1] Dionysius, a. a. O. De divinis nominibus VII, p. 368ff.
[2] Arist. De gen. et corr. I, 3, p. 319 a.

sich das Größte verhalten mußte und sagte, daß man dies bei anderem ähnlich machen müsse. In der Metaphysik aber sagte er, daß das Gerade und Gekrümmte von Natur einander entgegengesetzt sei. Darum könnne eines nicht in das andere verkehrt werden.

Im ersten Fall sprach er richtig. Und ich glaube, daß, wenn jemand irgendetwas Größtes wissen will und er sich dem Kleinsten des Entgegengesetzten zuwendet, geheimes Wissen aufspüren wird. Im zweiten Fall, hinsichtlich des Geraden und Gekrümmten, hat er nicht gut überlegt. Denn sie sind entgegengesetzt und das eine ist das Kleinste des anderen. Vielleicht hat er das gesagt, um seine Unwissenheit hinsichtlich der Quadratur des Kreises, die er oft erwähnt, zu entschuldigen. Du weißt auf Grund des Erwähnten, daß der Ursprung unteilbar ist für jegliche Weise der Teilung, die im Entsprungenen möglich ist. Das Entsprungene, das gegensätzlich geteilt ist, hat einen Ursprung, der auf diese Weise nicht teilbar ist. Also ist das Gegensätzliche von der gleichen Gattung. Mit Hilfe von Beryll und Gleichnis kann man sich Wissen über den Ursprung der Gegensätze, ihren Unterschied und allem diesbezüglich Erreichbaren bilden. Und ganz allgemein: durch den Ursprung des Wißbaren kann man sich Wissen vom Wissen und dessen Unterschiede bilden, wie du es oben im Vergleich gehört hast. Denn für alles gilt die selbe Weise des Vorgehens.

Wenn du zum Beispiel die Ansichten des großen Dionysius, der Gott viele Namen zuteilt, erweitern und soweit ausdehnen willst wie es dir gefällt, dann kannst du durch Beryll und Gleichnis zum Ursprung jedes Namens vordringen und du wirst, wenn Gott dich ständig leitet, alles, was menschlich gesagt werden kann, sehen. Auch die Ursachen in der Natur wirst du gründlicher erfassen; z. B. warum das Entstehen des einen das Vergehen des anderen bedeutet. Wenn du durch den Beryll einen Gegensatz siehst, dann siehst du, daß in ihm der Ursprung des anderen Gegensatzes

caloris et ab omni calore separatum. Principium enim nihil est omnium principiatorum; principiata autem principii caloris sunt calida, non est igitur calidum caloris principium. Id autem, quod est eiusdem generis et non calidum, video in frigido; et ita de contrariis aliis. Cum ergo in uno contrario sit principium alterius, ideo sunt circulares transmutationes et commune utriusque contrarii subiectum.

Sic vides, quomodo passio transmutatur in actionem, sicut discipulus patitur informationem, ut fiat magister seu informator, et subiectum post passionem calefactionis mutatur in ignem calefacientem, et sensus patitur impressionem speciei obiecti, ut fiat actu sentiens, et materia impressionem formae, ut sit actu. Oportet autem, ut advertas, quando de contrariis dico, quomodo illa, quae sunt eiusdem generis et aeque divisibilia, denoto; tunc enim in uno est alterius principium.

XXVIII.

Videtur mihi utique te post haec quaerere quid ego aestimem ens esse, scilicet quaenam sit substantia. Volo tibi quantum possum satisfacere, quamvis superiora quae dicturus sum contineant.

Aristoteles[1] scribit: Hanc quaestionem antiquam omnes indagatores veritatis semper quaesierunt huius dubii solutionem et adhuc quaerunt, ut ait. Ipse autem resolvit a solutione

---

[1] Arist. Met. VII, 1, p. 1028 a ff.

liegt; z. B. wenn du durch die zugleich größte und geringste Wärme siehst, dann erkennst du, daß der Ursprung der Wärme nichts anderes ist als das für jede Art teilbarer Wärme Unteilbare, das von jeder Wärme getrennt ist. Der Ursprung ist ja nichts von allem Entsprungenen; das aus dem Ursprung der Wärme Entsprungene aber ist warm. Also ist das Warme nicht der Ursprung der Wärme. Das aber, was von der selben Art ist und nicht warm, sehe ich im Kalten, und ebenso steht es mit anderen Gegensätzen. Wenn also in dem einen Gegensatz der Ursprung des anderen liegt dann sind die Verwandlungen kreisförmig und beide Gegensätze haben eine gemeinsame Grundlage.

So siehst du, wie Leiden in Handeln übergeht. So wie der Schüler die Ausbildung erleidet um Lehrer oder Ausbildner zu werden, so wird das Zugrundeliegende, nachdem es die Erwärmung erlitten hat, in wärmendes Feuer umgewandelt. Und der Sinn erleidet den Eindruck der ihm entgegengestellten Eigengestalt, so daß er wirklich sinnlich empfindend wird. Ebenso erleidet die Materie den Eindruck der Form, um tatsächlich zu sein. Wenn ich von Gegensätzen spreche, ist es jedoch nötig zu beachten, daß ich dasjenige meine, was der selben Gattung angehört und in gleicher Weise teilbar ist. Dann nämlich ist in dem Einen der Ursprung des Anderen.

XXVIII.

Nach allen diesen Darstellungen wirst du, so scheint mir, fragen, was meiner Meinung nach das Seiende ist, bzw. was der Grundbestand sei. Ich will diesen deinen Wunsch befriedigen, soweit ich es vermag, obwohl das, was ich zu sagen im Begriff bin, das Tiefste beinhaltet.

Aristoteles schreibt: diese alte Frage haben alle Wahrheitssucher ständig gefragt und suchen noch heute die Lösung dieses Problems. Er selbst gelangt zu der Ansicht, daß von

illius dubii omnem scientiam dependere. Scire enim quid-erat-esse hoc est rem ideo hoc esse, puta domum, quia quod-erat-esse-domui hoc est, est attigisse altissimum scibile. Dum autem circa hoc sollicite quaereret, sursum deorsumque pergeret et repperisset nec materiam fieri substantialem, cum sit possibilitas essendi, quae si ab alio esset, id a quo possibilitatis essendi fuisset, cum nihil nisi possibile fieri fiat, ideo non est possibilitas a possibilitate; non ergo fit materia ab aliquo alio neque a nihilo, quia de nihilo nihil fit. Deinde ostendit formam non fieri. Oporteret enim, quod ab ente in potentia fieret; et sic de materia. Et exemplificat, quomodo rotundans aes non facit sphaeram aeneam, sed quae erat semper sphaera inducitur in materiam aeris. Compositum igitur fit tantum. Formam igitur, quae format actu in composito, nominat quod-erat-esse, et dum ipsam separatam conspicit, nominat speciem.

Quid autem sit illa substantia, quam nominat quod-erat-esse, dubitat; nescit enim, unde veniat aut ubi subsistat, et an sit ipsum unum aut ens aut genus, vel si sit ab idea, quae sit substantia in se subsistens, aut si educitur de potentia materiae, et si sic, quomodo hoc fiat. Oportet enim, quod omne ens in potentia per ens in actu perducatur in actum. Actus enim nisi prior foret potentia, quomodo potentia veniret in actum? Si enim se ipsam poneret in actu, esset in actu, antequam esset in actu. Et si est prius in actu, erit igitur species aut idea separata. Nec hoc videtur. Oporteret enim idem esse separatum et non separatum, cum non possit dici, quod sit alia species separata et alia substantia quod-erat-esse. Si enim alia, non est quod-erat-esse, et si sunt species separatae a sensibilibus, oportet illas esse vel ut numeros vel ut magnitudines separatas sive mathematicales formas. Sed cum illae dependeant a materia et subiecto, sine quo mathematicalia non habent esse, non sunt igitur

der Lösung dieser Frage alles Wissen abhängt. Denn zu wissen, was das Sein war, d. h. zu wissen, daß ein Ding eben dieses ist — z. B. ein Haus, da das, was das Sein des Hauses war, dieses ist — bedeutet, den Höhepunkt des Wissens erreicht zu haben. Als er sich eifrig damit beschäftigte und in Höhe und Tiefe forschte, fand er, daß auch die grundbestandliche Materie nicht werde, da sie die Möglichkeit des Seins ist. Wenn sie nämlich von einem anderen käme, dann müßte dieses, von dem sie wäre, die Möglichkeit des Seins gewesen sein, da nichts als nur das Mögliche werden kann. Also gibt es keine Möglichkeit von der Möglichkeit. Demnach entsteht die Materie nicht von einem Anderen noch aus dem Nichts, da aus dem Nichts nichts wird. Daraufhin zeigte er, daß die Form nicht wird. Es wäre sonst nötig, daß sie aus dem Sein in der Möglichkeit würde und so aus der Materie. Als Beispiel führt er an, daß nicht ein kreisendes Erz eine eherne Kugel bildet, sondern daß das, was schon immer Kugel war, in die Materie des Erzes eingeführt wird. Es entsteht nur das Zusammengesetzte. Die Form, die tatsächlich im Zusammengesetzten formt, nennt er das, was das Sein war. Und wenn er sie gesondert betrachtet, nennt er sie Spezies.

Was aber jene Substanz ist, die er „das was das Sein war" nennt, darüber ist er im Zweifel. Denn er weiß nicht, woher sie kommt oder wo sie ihren Grundbestand hat; ob sie das Eine selbst, oder das Seiende oder die Gattung ist, oder ob sie von der Idee stammt, die der in sich selbst bestehende Grundbestand ist, oder ob sie aus der Mächtigkeit der Materie herausgeführt wird und wie das geschieht, wenn es so wäre. Denn jedes in der Möglichkeit Seiende muß von dem als Wirklichkeit Seienden in die Wirklichkeit übergeführt werden. Wenn nämlich die Wirklichkeit nicht früher wäre als die Möglichkeit, wie sollte dann die Möglichkeit in die Wirklichkeit kommen? Denn wenn sie sich selbst in die Wirklichkeit setzen würde, dann wäre sie wirklich noch bevor sie wirklich wäre. Und wenn sie früher wirklich wäre, dann wäre die Eigengestalt oder die Idee getrennt. Und das scheint nicht so zu sein. Denn dann müßte dasselbe getrennt und nicht getrennt sein, da man ja nicht sagen kann, daß ein

separatae. Et si non sunt species separatae, non sunt universales, neque scientia de ipsis fieri potest.

Per talia multa subtilissime discurrit nec se plene, ut videtur, figere potuit propter dubium specierum et idearum. Etiam Socrates iuvenis et senex, ut Proculus[1] dicit, de hoc dubitavit; tamen magis elegit opinionem, scilicet quod, quamvis sint aliquae substantiae separatae a materia, tamen species non sunt separatae substantiae, sicut nec species artis, scilicet domus, non habet esse substantiale a materia separatum. Sed quaestionem illam saepius movens semper esse difficillimam conclusit.

XXIX.

Ego autem attendo, quomodo, etsi Aristoteles repperisset species aut veritatem circa illa, adhuc propterea non potuisset attigisse quid-erat-esse, nisi eo modo, quo quis attingit hanc mensuram esse sextarium, quia est quod-erat-esse-sextario; puta, quia sic est, ut a principe re ipublicae, ut sit sextarium, est constitutum. Cur autem sic sit et non aliter constitutum, propterea non sciret, nisi quod demum resolutus diceret, quod principi placuit, legis vigorem habet. Et ita dico cum sapiente, quod omnium operum Dei nulla est ratio: scilicet cur caelum caelum et terra terra et homo homo, nulla est ratio nisi quia sic voluit, qui fecit. Ulterius

[1] Proclus, In Parm. I, a. a. O. op. ined. p. 686ff.

anderes die getrennte Eigengestalt sei und ein anderes die Substanz, — „das was das Sein war“. Wenn es nämlich ein anderes ist, dann ist es nicht „was das Sein war“ und wenn die Eigengestalten vom Sinnlichen getrennt sind, dann müssen sie entweder als Zahlen oder als Größen getrennt sein oder als mathematische Formen. Wenn sie aber von der Materie und dem Zugrundeliegenden, ohne die das Mathematische das Sein nicht haben kann, abhängen, dann sind sie folglich nicht getrennt. Und wenn die Eigengestalten nicht getrennt sind, sind sie nicht universal und es gibt kein Wissen über sie.

Vieles derartiges dachte er sorgfältig durch und konnte sich, wie es scheint, wegen seiner Zweifel hinsichtlich Eigengestalten und Ideen nicht festlegen. Auch Sokrates hatte, wie Proklos berichtet, als Jüngling wie als Greis Zweifel darüber; dennoch neigte er mehr zu der Ansicht, daß die Eigengestalten, obwohl es manche von der Materie getrennte Substanzen gibt, dennoch nicht getrennte Substanzen sind, wie z. B. eine künstliche Eigengestalt, ein Haus, kein von der Materie getrenntes grundbestandliches Sein hat. Diese Frage hat ihn sehr häufig beschäftigt und er hielt sie stets für äußerst schwierig.

XXIX.

Ich mache aber darauf aufmerksam, daß Aristoteles, auch wenn er die Eigengestalten und die Wahrheit über sie gefunden hätte, trotzdem das „was das Sein war“ nicht hätte erreichen können, es sei denn auf die selbe Weise, nach der jemand findet, daß dieses Maß ein Sextar ist, weil es das ist, was für den Sextar das „was das Sein war“ ist. Es ist dies, da es vom Herrscher des Staates bestimmt wurde, ein Sextar zu sein. Deshalb wüßte er aber noch nicht, warum es so und nicht anders bestimmt ist, außer wenn er schließlich entschlossen sagte, weil es dem Herrscher gefiel, hat es Gesetzeskraft. Und so sage ich mit dem Weisen, daß es für all

investigare est fatuum, ut in simili dicit Aristoteles[1], velle inquirere primi principii quodlibet est vel non est demonstrationem. Sed dum attente consideratur omnem creaturam nullam habere essendi rationem aliunde, nisi quia sic creata est, quodque voluntas creatoris sit ultima essendi ratio, sitque ipse Deus creator simplex intellectus, qui per se creat, ita quod voluntas non sit nisi intellectus seu ratio, immo fons rationum, tunc clare videt, quomodo id, quod voluntate factum est, ex fonte prodiit rationis, sicut lex imperialis non est nisi ratio imperantis, quae nobis voluntas apparet.

XXX.

Est igitur, ut accedamus propius, adhuc considerandum, quomodo noster intellectus suum conceptum ab imaginatione, ad quam continuatur, nescit absolvere, et ideo in suis intellectualibus conceptibus, qui sunt mathematicales, ponit figuras, quas imaginatur ut substantiales esse formas, et in illis et numeris intellectualibus ponit considerationes, quia illa sunt simpliciora quam sensibilia, quia intelligibiles materiae. Et cum omnia hauriat per sensum, ideo in istis subtilioribus et incorruptibilibus figuris a qualitatibus sensibilibus absolutis fingit se omne attingibile posse similitudinarie saltem apprehendere. Quare quidam ponit substantiale elementum esse ut unum, et substantias ut numeros, alius ut punctum; et ita quae ex his sequuntur.

---

[1] Arist. De anima gen. II, 6, p. 742 b.

die Werke Gottes keine Verstandesbegründung gibt. Daß der Himmel Himmel und die Erde Erde und der Mensch Mensch ist, dafür gibt es keinen anderen Wesenssinn als den, daß er, der sie geschaffen hat, es so wollte. Weiter zu forschen ist töricht, wie es in ähnlicher Weise auch Aristoteles sagt; z. B. wenn man einen Erweis für das erste Prinzip „etwas ist oder ist nicht" suchen wollte. Wenn man aufmerksam betrachtet, daß kein Geschöpf von wo anders eine Wesensbestimmung des Seins hat, als daß es eben so geschaffen ist und daß der Wille des Schöpfers der letzte Wesenssinn des Seins ist und daß Gott der Schöpfer die einfache Vernunft ist, die durch sich selbst schafft, so daß sein Wille nichts anderes ist als sein Denken oder Wesen, ja die Quelle der Wesensbestimmung, dann erkennt man klar, daß das, was durch seinen Willen geschaffen wird, aus der Quelle der Wesensbestimmung hervorgeht, so wie das Gesetz des Herrschers nichts anderes ist als das Wesen des Herrschers, das uns als sein Wille erscheint.

XXX.

Wir müssen, um der Wahrheit näher zu kommen, auch noch bedenken, daß unser Denken seinen Begriff von der Einbildung, mit der es in ständiger Beziehung steht, nicht lösen kann und darum in seine Verstandesbegriffe, die mathematisch sind, Figuren hineinlegt, die es sich als substantiale Formen vorstellt. In ihnen und den Verstandeszahlen entfaltet es seine Betrachtungen, da jene einfacher sind als die sinnlichen, weil sie verstehbare Materien sind. Und da es alles durch den Sinn aufnimmt, glaubt es, in diesen feineren und unvergänglichen Figuren, die von der sinnlichen Qualität abgelöst sind, alles Erreichbare wenigstens im Gleichnis zu erfassen. Darum nimmt der eine Philosoph das substantiale Element als Eines und betrachtet die Substanzen als Zahlen, ein anderer betrachtet sie als Punkt und zieht daraus die entsprechenden Folgerungen.

Unde eo modo videtur secundum has intellectuales conceptiones quod indivisibilitas sit principium prius omnibus. Nam est ratio, cur unum et punctus et omne principium est principium: scilicet quia indivisibile. Et secundum intellectualem conceptum indivisibile est formalius et praecisius principium, quod tamen non potest nisi negative attingi; sed in omnibus divisibilibus attingitur, uti supra patuit. Sublata enim indivisibilitate constat nihil substantiae manere, atque ideo omnem subsistentiam tantum habere esse et substantiae quantum indivisibilitatis. Sed, ut bene dicit Aristoteles[1], haec negativa de principio scientia obscura est. Cognoscere enim substantiam non esse quantitatem, qualitatem aut aliud accidens, non est clara scientia sicut illa, quae positive ipsam ostendit.

Nos autem oculo mentis hic in aenigmate per speculum innominabilem indivisibilitatem nullo nomine per nos nominabili aut nullo conceptu formabili apprehensibilem cognoscentes, verissime eam videntes in excessu, non turbamur nostrum principium omnem claritatem et accessibilem lucem excedere, sicut plus gaudet, qui repperit thesaurum vitae suae innumerabilem et inexhauribilem quam numerabilem et consumptibilem.

XXXI.

Post haec ad memoriam revocemus ea, quae supra dixi de intentione, scilicet quomodo creatura est intentio conditoris; et consideremus intentionem esse verissimam quidditatem eius. Nam a simili, cum quis nobis loquitur, si nos quidditatem attingimus sermonis, non nisi intentionem loquentis attingimus. Sic cum per sensus species sensibiles haurimus, illas quantum fieri potest simplificamus, ut quidditatem rei videamus cum intellectu. Simplificare autem species est

[1] Arist. Met. VII, 3, p. 1029 c.

An Hand dieser Verstandesbegriffe wird sichtbar, daß die Unteilbarkeit der erste Ursprung vor allem Anderen ist. Denn sie ist die Wesensbestimmung dafür, warum das Eine und der Punkt und jeder Ursprung der Ursprung ist: weil er unteilbar ist. Dem Verstandesbegriff zufolge ist das Unteilbare der gestalthaftere und genauere Ursprung. Dennoch kann er nur negativ erreicht werden. Doch wird er, wie oben deutlich wurde, in allem Teilbaren erreicht. Es steht nämlich fest, daß nichts von der Substanz bleibt, wenn man die Unteilbarkeit entfernt, und darum hat alles Zugrundeliegende nur soviel Sein und Grundbestand wie es Unteilbarkeit hat. Doch ist, wie Aristoteles richtig sagte, dieses negative Wissen verdunkelt. Denn zu erkennen, daß die Substanz weder Quantität, noch Qualität, noch ein anderes Accidens ist, bedeutet noch kein klares Wissen, wie es jenes ist, das sich als positives zeigt.

Wir aber erkennen hier mit dem Auge des Geistes im Gleichnis und durch einen Spiegel die unnennbare Unteilbarkeit, die durch keinen Namen von uns genannt und in keinem Begriff, den wir bilden können, erreicht werden kann. Wir sehen sie am wahrsten im Überstieg und werden nicht dadurch verwirrt, daß unser Ursprung alle Klarheit und alles erreichbare Licht übersteigt; so wie jener sich mehr freut, der einen unzählbaren und unausschöpflichen Schatz für sein Leben gefunden hat als der, der einen zählbaren und erschöpflichen gefunden hat.

XXXI.

Wir wollen uns das ins Gedächtnis zurückrufen, was ich oben über die Absicht gesagt habe, nämlich daß das Geschöpf eine Beabsichtigung des Schöpfers ist, und betrachten, daß die Beabsichtigung seine wahrste Washeit ist. In einem Gleichnis: wenn jemand mit uns spricht und wenn wir die Washeit der Rede erfassen, dann erfassen wir nichts anderes als die Absicht des Sprechenden. Ebenso ist es, wenn wir durch die Sinne die sinnlichen Eigengestalten aufnehmen.

abicere accidentia corruptibilia, quae non possunt esse quidditas, ut in subtilioribus phantasmatibus discurrendo, quasi in sermone seu scriptura, ad intentionem conditoris intellectus perveniamus scientes, quod quidditas rei illius, quae in illis signis et figuris rei sensibilis sicut in scriptura aut sermone vocali continetur, est intentio intellectus, ut sensibile sit quasi verbum conditoris, in quo continetur ipsius intentio, qua apprehensa scimus quidditatem et quiescimus. Est autem intentionis causa manifestatio, intendit enim se sic manifestare ipse loquens seu conditor intellectus. Apprehensa igitur intentione, quae est quidditas verbi, habemus quod-erat-esse. Nam quod-erat-esse apud intellectum est in intentione apprehensum, sicut in perfecta domo est intentio aedificatoris apprehensa, quae erat apud eius intellectum.

XXXII.

Scias etiam me alium quendam in inquisitoribus veritatis, ut puto, defectum repperisse. Nam Plato[1] dicebat circulum, uti nominatur aut definitur, pingitur aut mente concipitur, considerari posse, quodque ex his natura circuli non habeatur, sed quod solo intellectu eius quidditas, quae sine omni contrario simplex et incorruptibilis existit, videatur. Ita quidem Plato de omnibus asseruit. Sed nec ipse nec alius, quem legerim, advertit ad ea, quae in quarto notabili praemisi. Nam si considerasset hoc, repperisset utique mentem nostram, quae mathematicalia fabricat, ea, quae sui sunt officii, verius apud se habere quam sint extra ipsam. Puta homo habet artem mechanicam et figuras artis verius habet in suo mentali conceptu quam ad extra sint figurabiles, ut domus quae ab arte fit, habet veriorem figuram in

---

[1] Plato, 7. Brief, p. 349ff.

Wir vereinfachen sie, soweit es möglich ist, um mit dem Denken die Washeit der Dinge zu sehen. Die Eigengestalt vereinfachen bedeutet aber nichts anderes als die vergänglichen Akzidentien abwerfen, welche nicht die Washeit sein können. Es ist so, wie wenn wir beim Durchstudieren feinerer Phantasiegebilde, bei einer Rede oder einer Schrift, zu der Absicht des Urhebers gelangen, und zwar in dem Wissen, daß die Washeit jener Sache, die in diesen Zeichen und Figuren des sinnlichen Dinges, in der Schrift oder der tönenden Rede, enthalten ist, eine Absicht des Denkens ist, so daß das Sinnliche gleichsam das Wort des Schöpfers ist, in dem seine Absicht enthalten ist. Und wenn wir sie erfaßt haben, wissen wir die Washeit und finden Ruhe. Auf Grund der Beabsichtigung gibt es Offenbarung. Denn der sprechende oder schöpferische Geist will sich offenbaren. Wenn wir die Absicht, welche die Washeit des Wortes ist, erfaßt haben, dann haben wir das, „was das Sein war". Denn beim Denken ist das „was das Sein war" in der Absicht erfaßt, so wie in einem vollkommenen Haus die Absicht des Erbauers erfaßt ist, die bei seinem Denken war.

XXXII.

Du sollst auch wissen, daß ich, wie ich glaube, unter den Wahrheitsforschern noch einen anderen als irrend erfunden habe. Platon sagte, man könne den Kreis, wie er genannt oder definiert, gezeichnet oder im Geist begriffen wird, zwar betrachten, habe daraus jedoch nicht die Natur des Kreises gewonnen. Nur durch das Denken werde seine Washeit, die ohne jeden Gegensatz einfach und unvergänglich besteht, geschaut. Und dasselbe gelte, so versichert er, für alles. Aber weder er noch ein anderer Autor, den ich gelesen habe, achtete auf das, was ich im vierten Merksatz vorausgeschickt habe. Denn wenn er das bedacht hätte, dann hätte er gefunden, daß unser Geist, der die mathematischen Dinge bildet, das, was seinem Wirkbereich angehört, in größerer Wahrheit bei sich hat, als es außerhalb von ihm

mente quam in lignis. Figura enim, quae in lignis fit, est mentalis figura, idea seu exemplar. Ita de omnibus talibus.

Sic de circulo, linea, triangulo atque de nostro numero et omnibus talibus, quae ex mentis conceptu initium habent et natura carent. Sed propterea domus, quae est in lignis aut sensibilis, non est verius in mente, licet figura eius verior sit ibi. Nam ad verum esse ipsius domus requiritur, quod sit sensibilis ob finem, propter quem est: ideo non potest habere speciem separatam, ut bene vidit Aristoteles[1]. Unde licet figurae et numeri et omnia talia intellectualia, quae sunt nostrae rationis entia et carent natura, sint verius in suo principio, scilicet humano intellectu, non tamen sequitur, quod propterea sensibilia omnia, de quorum essentia est, quod sint sensibilia, sint verius in intellectu quam in sensu. Ideo Plato non videtur bene considerasse, quando mathematicalia, quae a sensibilibus abstrahuntur, vidit veriora in mente, quod propterea illa adhuc haberent aliud esse verius supra intellectum. Sed bene potuisset dixisse Plato, quod, sicut formae artis humanae sunt veriores in suo principio, scilicet in mente humana, quam sint in materia, sic formae principii naturae, quae sunt naturales, sunt veriores in suo principio quam extra. Et si sic considerassent Pythagorici et quicumque alii, clare vidissent mathematicalia et numeros, qui ex nostra mente procedunt et sunt modo, quo nos concipimus, non esse substantias aut principia rerum sensibilium, sed tantum entium rationis, quarum nos sumus conditores.

[1] Arist. Phys. II, 2, p. 193 b; Met. VII, 6, p. 1031 b u. a.

ist. Stelle dir einen Menschen vor, der die mechanische Kunst beherrscht: die Figuren dieser Kunst hat er in größerer Wahrheit in seinem geistigen Begriff als sie nach außen hin gebildet werden können; so wie ein Haus, das durch Kunst entsteht, eine wahrere Gestalt im Geist als im Holz hat. Denn die Gestalt, die im Holz gestalt wird, ist eine geistige Gestalt, eine Idee oder ein Urbild. Und so steht es mit allem derartigen.

Ebenso verhält es sich mit Kreis, Linie, Dreieck, mit unserer Zahl und allem, das von einem Begriff des Geistes seinen Anfang nimmt und dem die Natur fehlt. Aber deshalb ist das Haus, das im Holz oder sinnlich ist, nicht wahrer im Geist, auch wenn seine Gestalt dort wahrer ist. Denn zum wahren Sein des Hauses ist es erforderlich, daß es um des Zweckes willen, zu dem es da ist, sinnlich ist. Darum kann es keine gesonderte Eigengestalt haben, wie Aristoteles sehr wohl sah. Wenn darum auch die Figuren und Zahlen und alles derartige Verstandesmäßige, das ein Sein unseres Verstandes ist und dem die Natur fehlt, in seinem Ursprung, dem menschlichen Denken, wahrer ist, folgt daraus dennoch nicht, daß alles Sinnliche, zu dessen Wesenheit es gehört, daß es eben sinnlich ist, im Denken wahrer ist als im Sinn. Aus diesem Grunde scheint Platon nicht richtig überlegt zu haben, wenn er das Mathematische, das vom Sinnlichen getrennt wird, im Geiste nur in relativ-größter Wahrheit sah und deshalb glaubte, es hätte noch oberhalb des Denkens ein anderes und wahreres Sein. Doch hätte Platon wohl auch sagen können, daß, ebenso wie die Formen der menschlichen Kunst wahrer in ihrem Ursprung, dem menschlichen Geist, als in der Materie sind, auch die Formen der Natur, die natürlich sind, in ihrem Ursprung wahrer sind als außerhalb. Und wenn die Pythagoräer und andere das bedacht hätten, dann hätten sie deutlich gesehen, daß die mathematischen Zeichen und Zahlen, die von unserem Geist hervorgebracht werden und der Weise unseres Begreifens angehören, nicht die Substanzen oder Ursprünge der sinnlichen Dinge sind, sondern nur der Verstandesdinge, deren Schöpfer wir sind.

Sic vides, quomodo ea, quae per artem nostram fieri non possunt, verius sunt in sensibilibus quam in nostro intellectu, ut ignis verius esse habet in sensibili substantia sua quam in nostro intellectu, ubi est in confuso conceptu sine naturali veritate. Ita de omnibus.

Sed verius esse habet ignis in suo conditore, ubi est in sua adaequata causa et ratione. Et licet non sit in divino intellectu cum sensilibus qualitatibus, quas nos in ipso sentimus, tamen propterea non minus vere est, sicut ducalis dignitas in regia dignitate verius est, licet cum exercitio ducali ibi non existat. Ignis enim in hoc mundo suas habet proprietates aliorum sensibilium respectu, mediantibus quibus suas in alias res exercet operationes, quas cum habeat aliorum respectu in hoc mundo, tunc non sunt simpliciter de essentia. Non habet igitur his opus, dum est ab hoc exercitio et de hoc mundo absolutus, neque eas appetit in mundo intelligibili, ubi nulla contrarietas, sicut Plato[1], et bene, de circulo dicebat, quomodo in pavimento descriptus esset plenus contrarietatibus et corruptibilis secundum conditiones loci, sed in intellectu de his absolutus.

XXXIII.

Videtur adhuc bonum adicere de speciebus, cum non fiant neque corrumpantur nisi per accidens et sint incorruptibiles, divini infiniti intellectus similitudines; quomodo hoc accipi possit, scilicet ipsum intellectum in omni specie resplendere; non enim modo, quo una facies in multis speculis, sed ut una infinita magnitudo in variis finitis magnitudinibus et in qualibet totaliter.

[1] Plato, 7. Brief, p. 342ff.

So siehst du, daß das, was nicht durch unsere Kunst werden kann, wahrer im Sinnlichen ist als in unserem Denken, so wie das Feuer wahreres Sein hat in seiner sinnlichen Substanz als in unserem Denken, wo es in verworrenem Begriff ohne natürliche Wahrheit ist. Und das gilt für alles.

Wahreres Sein hat das Feuer in seinem Urheber, wo es in seinem angemessenen Grund und seinem Wesenssinn ist. Und wenn es auch im göttlichen Denken nicht mit sinnlichen Qualitäten ist, die wir an ihm spüren, so ist es deshalb doch nicht weniger wahr. So ist die Würde eines Herzogs wahrer in der Königswürde, auch wenn das Amt des Herzogs hier nicht ausgeführt wird. In dieser Welt hat das Feuer hinsichtlich der anderen sinnlichen Dinge seine bestimmten Eigenheiten, mittels derer es seine Einflüsse auf andere Dinge ausübt. Und da es diese Eigenschaften in dieser Welt nur in Hinblick auf Anderes hat, gehören sie nicht einfachhin zu seiner Wesenheit. Es bedarf ihrer nicht, wenn es von dieser Tätigkeit und dieser Welt befreit ist. Er strebt auch nicht nach ihnen in der intelligiblen Welt, wo es keine Gegensätzlichkeit gibt, wie Platon es sehr gut von dem Kreis gesagt hat, der, wenn er auf dem Boden gezeichnet ist, voll von Gegensätzlichkeiten und gemäß der Verfassung des Ortes vergänglich, im Denken aber davon befreit ist.

XXXIII.

Es scheint mir sinnvoll, noch einiges über die Eigengestalten hinzuzufügen. Sie werden nicht und vergehen nicht, außer in bezug auf das Hinzukommende. Sie sind unvergänglich und Abbilder des unendlichen, göttlichen Denkens. Wie soll das nun verstanden werden, nämlich daß das Denken in jeder Eigengestalt widerstrahlt? Dies geschieht nicht in der Weise, wie ein Gesicht in vielen Spiegeln widerstrahlt, sondern wie eine unendliche Größe in verschiedenen endlichen Größen ist, und zwar in jeder ganz.

Dico autem hoc me sic concipere: omnem speciem finitam esse, uti triangulus quoad superficiales magnitudines. Nam est prima finita et terminata magnitudo, in qua infinitus angulus ex integro resplendet. Est enim maximus pariter et minimus angulus, ideo infinitus et immensurabilis, quia non recipit magis neque minus, et est omnium triangulorum principium. Non enim potest dici duos rectos angulos esse maiores vel minores maximo pariter et minimo angulo. Nam quamdiu maximus videtur minor duobus rectis, non est maximus simpliciter; omnis autem triangulus habet tres angulos aequales duobus rectis. Resplendet igitur in omni triangulo ex integro omnium angulorum principium infinitum. Et quia triangulus non habet angularem, rectilineam, terminatam superficiem unius aut duorum angulorum ante se, sed ipsa est prima terminata, ideo est ut species et prima substantia incorruptibilis. Triangulus enim in non-triangulum non est resolubilis; ideo nec in figuram quamcumque, cuius tres anguli sint minores vel maiores. Sed varii possunt esse trianguli, aliqui oxygonii, aliqui amblygonii, alii recti, et illi iterum varii. Sic erunt et species. Omnes autem species sunt perfectae et determinatae substantiae primae, quoniam in ipsis totum primum principium resplendet cum sua incorruptibilitate et magnitudine in modo finito et determinato.

Et ut tibi facias clarum ad hoc conceptum, respice per beryllum maximum pariter et minimum triangulum, et erit obiectum principium triangulorum, puta uti ante de angulis in aenigmate vidisti. Sit AB linea, de cuius medio egrediatur CD linea mobilis, ita quod de D semper continuetur linea ad B et ad A, quae claudant superficies. Quantumcumque varietur per motum CD, dum super C revolvitur, manifestum est unum triangulum numquam fieri maximum, quamdiu est aliquis alius triangulus. Et sic dum unus debet fieri maximus, oportet quod alius fiat minimus. Et hoc non videtur, antequam CD iaceat super CB et DA sit BA et ita sit una recta linea, quae est principium angulorum et trian-

Ich begreife dies so, daß jede Eigengestalt wie z. B. ein Dreieck hinsichtlich der Fläche begrenzt ist. Denn es ist die erste endliche und begrenzte Größe, in der der unendliche Winkel unversehrt widerstrahlt. Er ist nämlich der zugleich größte und kleinste Winkel, daher auch der unendliche und unmeßbare, da er weder Mehr noch Weniger aufnimmt. Er ist der Ursprung aller Dreiecke. Man kann nicht sagen, daß zwei rechte Winkel größer oder kleiner sind als der zugleich größte und kleinste Winkel. Denn solange der größte kleiner erscheint als zwei rechte Winkel, ist er nicht der einfachhin größte. Jedes Dreieck aber hat drei Winkel, die zwei rechten gleichkommen, also strahlt in jedem Dreieck unversehrt der unendliche Ursprung aller Winkel wider. Und weil das Dreieck keine winkelige, geradlinige und begrenzte Fläche mit einem oder zwei Winkeln vor sich hat, es selbst vielmehr die erste begrenzte Fläche ist, ist es als Eigengestalt und erste Substanz unvergänglich. Ein Dreieck nämlich kann nicht in ein Nicht-Dreieck aufgelöst werden, darum auch in keine andere Figur, deren drei Winkel größer oder kleiner sind. Aber es kann verschiedene Dreiecke geben: spitzwinkelige, stumpfwinkelige und rechtwinkelige, und diese können wiederum verschieden sein. So werden sich auch die Eigengestalten verhalten. Alle Eigengestalten aber sind vollkommen und bestimmte erste Substanzen, weil in ihnen der ganze erste Ursprung mit seiner Unvergänglichkeit und Größe in endlicher und begrenzter Weise widerstrahlt.

Um dir das klarzumachen, betrachte das zugleich größte und kleinste Dreieck durch den Beryll. Der Gegenstand deiner Schau wird dabei der Ursprung der Dreiecke sein, wie du ihn z. B. früher im Gleichnis von den Winkeln gesehen hast. Gegeben sei eine Linie AB. Aus ihrer Mitte soll eine bewegliche Linie CD entspringen, und zwar so, daß aus D immer eine Linie zu B und zu A geführt wird, welche die Fläche einschließen. Es ist klar, daß, soviel sich auch CD über C dreht, das eine Dreieck niemals das größte wird solange es ein anderes gibt. Wenn das eine also das größte sein soll, muß das andere das kleinste werden. Und das wird nicht der Fall sein, bevor nicht CD über DB liegt und DA

gulorum. In hoc igitur principio, quod video per maximum pariter et minimum angulum, et cum hoc maximum pariter et minimum triangulum, et est principium unitrinum, video omnes angulus pariter et triangulos complicari, ita quod quisque angulus, qui est unus et trinus, in ipso est ipsum principium; et ita unitrinum principium, quod est unum pariter et trinum, in quolibet triangulo finito, qui est unus pariter et trinus, resplendet meliori modo, quo infinitus unus pariter et trinus in finito potest resplendere. Et sic vides, quomodo species constituitur ex completa complicatione: quando scilicet reflectitur supra se ipsam complete finem principio connectendo, sicut AB linea super C primo plicatur in angulum; deinde CB super D plicatur, ut B redeat in A, per talem duplicem reflexionem oritur triangulus seu determinata species incorruptibilis, cuius principium et finis coincidunt.

XXXIV.

Considera hoc aenigma utique subtiliter manuducens ad conceptum specierum. Triangulus, sive parvus sive magnus quoad sensibilem quantitatem seu superficiem, est omni triangulo quoad angulorum trinitatem et simul ipsorum trium angulorum magnitudinem aequalis. Sic vides omnem speciem omni speciei aequalem in magnitudine. Quae utique non potest esse quantitas, cum illa recipiat magis et minus, sed est simplex substantialis magnitudo ante omnem quantitatem sensibilem. Quando igitur videtur triangulus in superficie, est videre speciem in subiecto, cuius est species, et ibi video substantiam, quae facta est, quae est hoc quod-erat-esse huius, scilicet est triangulus orthogonius, quia est quod-erat-esse trianguli orthogonii, totum hoc assequitur per speciem, quae dat hoc esse.

BA ist und so eine gerade Linie bildet, die der Ursprung der Dreiecke und Winkel ist. In diesem Ursprung, den ich durch den zugleich größten und kleinsten Winkel sehe und damit auch durch das zugleich größte und kleinste Dreieck, der der dreieinige Ursprung ist, sehe ich zugleich alle Winkel und Dreiecke eingefaltet, so daß jeder Winkel, der ein und drei ist, in ihm der Ursprung ist. Und so strahlt in jedem endlichen Dreieck, das zugleich eines und drei ist, der einigdreie Ursprung, der zugleich einer und drei ist, in der besten Weise wider, in der das unendliche drei und eine Dreieck im endlichen widerstrahlen kann. Und so siehst du, daß und wie die Eigengestalt auf Grund vollkommener Einfaltung gebildet wird, wenn man sie nämlich vollkommen über sich selbst zurückwendet und das Ende mit dem Anfang verknüpft, so wie die Linie AB zuerst über C gefaltet, zu einem Winkel wird; dann wird CB über D gefaltet, so daß B zu A zurückkehrt, und durch diese doppelte Zurückwendung entsteht das Dreieck oder die bestimmte, unvergängliche Eigengestalt, bei der Anfang und Ende zusammenfallen.

XXXIV.

Betrachte dieses Gleichnis, das dich sehr gut zum Begriff der Eigengestalten hinleitet. Ein Dreieck, ob es nun groß oder klein ist hinsichtlich sinnlicher Quantität oder Fläche, ist jedem anderen Dreieck gegenüber in bezug auf die Dreizahl der Winkel und deren Größe gleich. So siehst du, daß jede Eigengestalt jeder Eigengestalt in der Größe gleich ist. Dies kann allerdings nicht die Quantität sein, weil diese größer und kleiner werden kann, sondern sie ist einfache, grundbestandliche Größe und vor jeder sinnlichen Quantität. Wenn man also ein Dreieck in einer Fläche sieht, dann bedeutet es, daß man die Eigengestalt im Zugrundeliegenden sieht, dessen Eigengestalt es ist, und dort sehe ich die gewordene Substanz, die das ist, „was ihr Sein war“, d. h. ein rechtwinkeliges Dreieck etwa, weil sie das Was-das-Sein-war des rechtwinkeligen Dreiecks ist. Das Ganze erreicht sie durch die Eigengestalt, welche das So-Sein verleiht.

Et attende, quomodo non dat solum esse triangulare generale, sed esse triangulare orthogonicum aut oxygonicum, sive amblygonicum sive aliter differentiatum ex illis. Et ita species est specificatio generis per differentiam. Specificatio est nexus, qui nectit differentiam generi, et ita totum esse rei dat species. Unde species, quae est alia et alia, non est alia a subiecto, sed in se habet sua principia essentialia, per quae determinatur substantialiter, sicut figura suis continetur terminis, quemadmodum in harmonia aut numeris.

Species enim harmonicae sunt variae. Nam generalis harmonia per varias differentias varie specificatur, et nexus ille, quo differentia, puta acutum cum gravi, nectitur, quae est species, in se habet proportionatam harmoniam ab omni alia specie distincte determinatam per sua essentialia principia. Species igitur est quasi quadam harmonica habitudo, quae, etsi sit una, est tamen multis subiectis communicabilis. Habitudo enim sive proportionabilitas est incorruptibilis et dici potest species, quae non recipit magis neque minus; et dat speciem sive pulchritudinem subiecto, sicut proportio ornat pulchra. Similitudo etenim rationis aeternae seu divini conditoris intellectus resplendet in proportione harmonica seu concordanti. Et hoc experimur, quoniam proportio illa delectabilis et grata est omni sensui, dum sentitur.

XXXV.

Ecce, quam propinquum est aenigma, quod versatur circa numeros capiendo numeros pro proportione seu habitudine,

Beachte, daß sie nicht nur das allgemeine Dreieck-Sein gibt, sondern das Rechtwinkelige-dreieck-Sein oder das spitzwinkelige oder das stumpfwinkelige oder gleichwinkelige oder ein aus diesen in anderer Weise Zusammengesetztes. Und so ist die Eigengestalt Eigengestaltsbestimmung der Gattung durch Unterscheidung. Die Eigengestaltsbestimmung ist die Verknüpfung, die den Unterschied mit der Gattung verbindet. Und so gibt die Eigengestalt dem Ding das ganze Sein. Daher ist die Eigengestalt, die eine je andere ist, nicht eine andere dem Zugrundeliegenden gegenüber, sondern hat ihre wesenhaften Ursprünge in sich, durch die sie grundbestandlich bestimmt wird, so wie eine Figur durch ihre Umrißlinien zusammengehalten wird, z. B. durch Harmonie und Zahlen.

Die harmonischen Eigengestalten sind mannigfach. Die allgemeine Harmonie wird durch verschiedene Unterschiede verschieden gestaltet, und jene Verknüpfung, durch die z. B. ein tiefer Ton mit einem hohen verbunden wird und welche die Eigengestalt ist, hat in sich eine in ganz bestimmtem Verhältnis gestaltete Harmonie, die von jeder anderen Eigengestalt deutlich durch ihre wesenhaften Ursprünge abgegrenzt ist. Die Eigengestalt ist wie ein bestimmtes harmonisches Verhalten, das, wenn es auch eines ist, vielen Unterlagen mitgeteilt werden kann. Das Verhalten oder Verhältnis ist unvergänglich und kann als Eigengestalt bezeichnet werden, die kein Mehr oder Weniger aufnimmt. Sie verleiht dem Zugrundeliegenden Eigengestalt und Schönheit so wie ein Maßverhältnis Schönes ziert. Denn die Ähnlichkeit des ewigen Wesenssinnes oder des göttlichen Gründergeistes strahlt im harmonischen oder übereinstimmenden Verhältnis wider. Dies erfahren wir selbst, weil ein solches Verhältnis, wenn es empfunden wird, jedem Sinn erfreulich und willkommen ist.

XXXV.

Sieh wie treffend das Gleichnis ist, das sich mit den Zahlen beschäftigt, indem es sie als Verhältnis oder als Verhalten

quae habitudo in numeris fit sensibilis sicut triangulus in superficie seu quantitate. Et quanto quantitas discreta est simplicior quantitate continua, tanto species melius in aenigmate quantitatis discretae videtur quam continuae. Mathematica enim versatur circa intellectualem materiam, ut bene dixit Aristoteles[1]. Sed materia eius magnitudo est, sine qua nihil concipit mathematicus. Simplicior autem est magnitudo discreta quam continua et spiritualior atque speciei, quae penitus simplex est, similior, licet utique speciei simplicitas, quae est quidditas, sit ante simplicitatem illius discretae magnitudinis. Ideo concipi nequit, cum omnem magnitudinem, quae concipi potest, praecedat. Omnis enim intellectualis conceptio sine magnitudine fieri nequit et subtilior accedit usque ad dictam magnitudinem discretam, ab omni quantitate discreta sensibili abstractam. Ideo substantia prima, cuius simplicitas omnem modum accidentis, sive ut est in esse sensibili sive mathematico de sensibili abstracto, antecedit, non potest concipi per nostrum intellectum corpori seu quantitati quasi instrumento, cum quo concipit, alligatum. Videt tamen ipsam supra omnem conceptum.

Adhuc considera, quomodo in certo colore plus delectamur; sic et in voce seu cantu et ceteris sensibilibus. Ideo, quia sentire est vivere animae sensitivae, et consistit non in sentire hoc vel illud, sed in omni sensibili simul, et ideo plus in eo sensibili, in quo plus de obiecto apprehendit, in quo scilicet sensibilia sunt in quadam harmonica unione, ut cum color in se harmonice multos continet colores et harmonicus cantus multas vocum differentias, ita de aliis sensibus; sic de intelligibilibus, ubi in uno principio multas intelligibilium differentias. Et hinc est, quod intelligere primum principium, in quo omnis rerum ratio est, summa est vita intellectus et delectatio immortalis. Sic species est quoddam totum unius perfecti modi essendi divinae similitudinis, in se complicans omnes particulares contractiones, quae in

[1] Aristoteles, Met. VII, 10, p. 1036 a (ὕλη νοητή).

auffaßt. Dieses Verhältnis wird in den Zahlen sichtbar so wie das Dreieck in der Fläche oder der Quantität. Und so, wie die getrennte Quantität einfacher ist als die zusammenhängende, so wird auch die Eigengestalt besser sichtbar im Gleichnis der getrennten Quantität als in dem einer zusammenhängenden. Wie Aristoteles richtig sagte, beschäftigt sich die Mathematik mit der verständigen Materie. Diese ihre Materie ist die Größe, ohne die ein Mathematiker nichts begreift. Gesonderte Größe aber ist einfacher, geistiger und der Eigengestalt, die ganz einfach ist, ähnlicher als die zusammenhängende, wenngleich auch die Einfachheit der Eigengestalt, welche die Washeit ist, noch vor der Einfachheit jener getrennten Größe steht. Aus diesem Grund kann sie auch nicht begriffen werden, da sie jeder begreifbaren Größe vorangeht und kein verständiges Begreifen ohne sie möglich ist. Man kommt diesem näher, wenn man bis zu der erwähnten, getrennten Größe herangeht, die von jeder sinnlichen, getrennten Größe losgelöst ist. Darum kann die erste Substanz, deren Einfachheit jede Art des Akzidens, sowohl wie es im Sinnlichen ist als auch wie es in dem vom Sinnlichen losgelösten Mathematischen ist, vorangeht, von unserem Denken, das dem Körper oder der Quantität als einem Instrument verbunden ist, nicht erfaßt werden. Dennoch sieht es sie jenseits allen Begriffes.

Bedenke noch, wie wir an der einen Farbe größere Freude haben als an der anderen; ebenso steht es mit Stimme oder Gesang und den übrigen Sinnesempfindungen. Das ist deshalb so, weil Empfinden das Leben der sinnlichen Seele ist, das nicht darin besteht, dies oder jenes zu empfinden, sondern in allem Sinnlichen zugleich zu sein. Darum ist es mehr in jenem Sinnlichen, in dem es mehr vom Objekt erfaßt, in dem also das Sinnliche in einer gewissen harmonischen Einung ist, so wie wenn eine Farbe in sich viele Farben harmonisch enthält oder ein harmonischer Gesang viele unterschiedliche Stimmen. Ebenso ist es mit den anderen Sinnen. Dasselbe gilt vom Verständigen, wo in einem Ursprung vieles unterschiedliche Verstehbare ist. Darum bedeutet es für das Denken höchstes Leben und unsterbliches

subiecto ad hoc esse contrahitur. Videre igitur poteris per beryllum principium modo saepe dicto, et quam divinae sint omnes species ex substantiali seu perfecta aeternae rationis similitudine, ac quomodo in ipsis creator intellectus se manifestat, quodque ipsa species sit verbum seu intentio ipsius intellectus sic se specifice ostendentis, quae est quidditas omnis inidividui. Et ideo hanc speciem summe colit omne individuum, et ne perdat omnem curam adhibet et ipsam tenere est sibi dulcissimum et desideratissimum.

XXXVI.

Restat adhuc unum ut videamus, quomodo homo est mensura rerum.

Aristoteles[1] dicit Protagoram in hoc nihil profundi dixisse, mihi tamen magna valde dixisse videtur. — Et primum considero recte Aristotelem[2] in principio Metaphysicae dixisse, quomodo omnes homines natura scire desiderant, et declarat hoc in sensu visus, quem homo non habet propter operari tantum, sed diligimus ipsum propter cognoscere, quia multas nobis differentias manifestat. Si igitur sensum et rationem habet homo, non solum ut illis utatur pro hac vita conservanda, sed ut cognoscat, tunc sensibilia ipsum hominem pascere habent dupliciter, scilicet ut vivat et cognoscat. Est autem principalius cognoscere et nobilius, quia habet altiorem et incorruptibiliorem finem.

---

[1] Arist. Met. X, 1, p. 1053 a f.
[2] Ibid. I, 1, p. 980 a.

Entzücken, den ersten Ursprung, in dem der Wesenssinn aller Dinge ist, zu verstehen. Und so ist die Eigengestalt ein bestimmtes Ganzes der einen vollkommenen Seinsweise der göttlichen Ähnlichkeit, die in sich alle besonderen Verschränkungen einfaltet und im Zugrundeliegenden zum Dieses-sein verschränkt wird. Durch den Beryll kannst du in der oft genannten Weise den ersten Ursprung sehen und begreifen, wie göttlich alle Eigengestalten sind, die aus der grundbestandlichen oder vollkommenen Ähnlichkeit des ewigen Wesens kommen. Und du kannst verstehen, daß und wie in ihnen der Schöpfergeist sich offenbart und daß die Eigengestalt das Wort oder die Absicht dieses Geistes ist, der sich so eigengestaltlich zeigt; diese ist die Washeit jedes Individuums. Darum verehrt auch jedes Individuum diese Eigengestalt am meisten und wendet alle Sorgfalt an, damit sie nicht zugrunde gehe. An ihr festzuhalten ist seine süßeste Freude und höchste Sehnsucht.

XXXVI.

Es bleibt uns noch eines übrig: nämlich zu sehen, daß und wie der Mensch das Maß der Dinge ist.

Aristoteles sagt zwar, Protagoras habe damit nichts Tiefes gesagt. Mir jedoch scheint, daß er etwas sehr Großes damit ausgedrückt hat. Zuerst bedenke ich, daß Aristoteles am Anfang der Metaphysik gesagt hat, daß alle Menschen von Natur aus nach Wissen verlangen. Er erklärt das am Gesichtssinn, den der Mensch nicht nur hat um zu arbeiten. Wir freuen uns vielmehr seiner wegen des Erkennens, da er uns viele Unterschiede offenbart. Wenn der Mensch also Sinn und Verstand hat, dann nicht nur dazu, um sie zu verwenden und dieses sein Leben zu bewahren, sondern auch um zu erkennen. Dann nämlich lassen die Sinnendinge dem Menschen zweifache Nahrung zukommen, nämlich solche, daß er leben und solche, daß er erkennen kann. Bedeutender und edler ist jedoch das Erkennen, weil es ein höheres und unvergänglicheres Ziel hat.

Et quia superius praesuppositum est divinum intellectum omnia creasse, ut se ipsum manifestet, sicut Paulus Apostolus Romanis scribens[1] dicit in visibilibus mundi invisibilem Deum cognosci, sunt igitur visibilia, ut in ipsis cognoscatur divinus intellectus omnium artifex. Quanta igitur est virtus naturae cognoscitivae in humanis sensibus, qui de lumine rationis eis coniuncto participant, tanta est sensibilium diversitas. Sensibilia enim sunt sensuum libri, in quibus est intentio divini intellectus in sensibilibus figuris descripta, et est intentio ipsius Dei creatoris manifestatio. Si igitur dubitas de quacumque re, cur hoc sic vel sic sit vel se habeat, est una responsio: quia sensitivae cognitioni se divinus intellectus manifestare voluit, ut sensitive cognosc[er]etur; puta cur in sensibili mundo est tanta contrarietas, dices; ideo, quia opposita iuxta se posita magis elucescunt, et una est utriusque scientia.

Adeo parva est cognitio sensitiva, quod sine contrarietate differentias non apprehenderet. Quare omnis sensus vult obiecta contraria, ut melius discernat, ideo quae ad hoc requiruntur sunt in obiectis. Sic enim, si pergis per tactum, gustum, olfactum, visum et auditum et attente consideras, quam quisque sensus habeat cognoscendi virtutem, tu reperies omnia obiecta in mundo sensibili et ad servitium cognoscitivae ordinata. Sic contrarietas primarum qualitatum servit tactivae, colorum oculis, et ita de omnibus. In omnibus his adeo variis admirabilis est ostensio divini intellectus.

Postquam Anaxagoras[2] vidit intellectum esse principium et causam rerum et in motis dubiis alias causas quam intellectum assignaret, tam per Platonem[3] in Phaedone quam

---

[1] Röm. 1, 19f.
[2] Anaxagoras, vgl. Anm. 1, p. 4; dazu Arist. Met. I, 4, p. 984 b.
[3] Plato, Phaedo 98 c.

Oben haben wir schon festgestellt, daß der göttliche Geist alles schafft, um sich selbst zu offenbaren, wie der Apostel Paulus im Römerbrief schreibt: daß in den sichtbaren Dingen der Welt der unsichtbare Gott erkannt werde. Die sichtbaren Dinge sind also dazu da, daß in ihnen der göttliche Geist erkannt werde, der alles kunstvoll geschaffen hat. Wie groß die Kraft der erkennenden Natur in den menschlichen Sinnen ist, die am Licht des ihnen verbundenen Verstandes teilhaben, so groß ist die Verschiedenheit der Sinnendinge. Die Sinnendinge sind nämlich die Bücher der Sinne, in denen die Absicht des göttlichen Geistes in sinnlichen Figuren dargestellt ist. Und diese Absicht ist die Offenbarung des Schöpfers. Wenn du also bei irgendeiner Sache im Zweifel bist, warum sie sich so oder so verhält, dann gibt es nur eine Antwort: weil der göttliche Geist sich der sinnlichen Erkenntnis offenbaren wollte, um sinnlich erkannt zu werden. Wenn du z. B. fragst, warum in der sinnlichen Welt eine solche Gegensätzlichkeit ist, mußt du sagen: deshalb, weil die Gegensätze, nebeneinander gestellt, um so mehr hervorleuchten und es für beide nur ein Wissen gibt.

So gering ist nämlich die sinnliche Erkenntnis, daß sie ohne Gegensätzlichkeit die Unterschiede nicht erfaßte. Darum wünscht jeder Sinn gegensätzliche Objekte, um besser zu unterscheiden, und darum finden sich auch die dazu nötigen Eigenschaften bei den Objekten. Wenn du so mit Berührung, Geschmack, Geruch, Sehen und Hören fortfährst und aufmerksam bedenkst, welche Erkenntniskraft jeder Sinn hat, dann wirst du alle Objekte in der sinnlichen Welt finden und erfahren, daß sie auf das Erkennen hin geordnet sind. So dient die Gegensätzlichkeit der ersten Qualitäten dem Tastsinn, die der Farben dem Gesichtssinn usw. Es ist bewundernswürdig, wie sich in diesen so verschiedenen Dingen der göttliche Geist zeigt.

Nachdem Anaxagoras sah, daß der Geist der Ursprung und Grund der Dinge sei, in Zweifelsfällen jedoch noch andere Ursachen als den Geist anführte, wurde er darum sowohl

Aristotelem[1] in Metaphysica reprehenditur, quasi voluerit, quod intellectus sit principium universi et non singulorum. Miratus sum de ipsis principibus philosophorum, cum ipsi in hoc viderent Anaxagoram reprehensibilem et de principio secum concordarent, cur ipsi alias rationes indagarunt, et in eo, in quo Anaxagoram arguebant, similiter errasse reperiuntur. Sed hoc evenit eis ex malo praesupposito, quoniam necessitatem primae causae imposuerunt. Unde, si ipsi in omni inquisitione ad veram causam conditionis universi, quam praemisimus, respexissent, unam omnium dubiorum veram repperissent solutionem.

Puta quid sibi vult conditor, quando de spina tam pulchram et odoriferam motu caeli et instrumento naturae educit sensibilem rosam?

Quid aliud responderi potest, nisi quod admirandus ille intellectus in hoc verbo suo intendit se manifestare, quantae est sapientiae et rationis, et quae sunt divitiae gloriae suae, quando tam faciliter tantam pulchritudinem ita ornate proportionatam ponit medio sensibilis parvae rei in sensu cognoscitivo cum motu laetitiae et dulcissima harmonia omnem naturam hominis exhilarescente? Adhuc clariori modo se ostendit in vita vegetabili ipsa, a qua rosa progreditur. Adhuc clariori resplendentia in vita intellectiva, quae omnia sensibilia lustrat, et quam gloriosus sit ille imperator, qui per naturam tamquam legem omnibus imperat, omnia conservat in specie incorruptibili supra tempus et in individuis temporaliter, et quomodo omnia hac lege naturae oriuntur, moventur et operantur ea, quae lex naturae imperat, in qua lege non nisi intellectus ille viget ut omnium auctor.

---

[1] Arist. Met. I, 5, p. 985 a.

von Platon im Phaidon als auch von Aristoteles in der Metaphysik getadelt. So als habe er behauptet, daß der Geist zwar der Ursprung des Gesamt sei, jedoch nicht der Einzeldinge. Ich habe mich gewundert über die Philosophenfürsten, die erkannten, daß Anaxagoras darin zu tadeln sei, und bezüglich des Ursprungs miteinander übereinstimmen, und mich gefragt, warum sie selbst noch andere Gründe suchten und gerade in dem, was sie an Anaxagoras tadeln, einem ähnlichen Irrtum zu verfallen scheinen. Dies kommt jedoch von einer falschen Voraussetzung, nämlich, daß sie die Notwendigkeit in den ersten Grund hineinlegten. Wenn sie bei jeder Untersuchung auf den wahren Grund der Gründung des Gesamt, den wir erörtert haben, zurückgeblickt hätten, dann hätten sie die eine wahre Lösung der Zweifel gefunden.

Z. B.: was will der Schöpfer, wenn er durch die Bewegung des Himmels und mit der Natur als Instrument aus einem Dornbusch eine so schöne und duftende Rose hervorbringt?

Was anderes kann man antworten, als daß jener bewundernswürdige Geist in diesem seinem Wort sich offenbaren wollte; daß er zeigen wollte, wie groß seine Weisheit und sein Wesen und welches die Reichtümer seiner Herrlichlichkeit sind, wenn er so einfach solche Schönheit in so prächtigem Maße durch ein kleines sinnliches Ding im erkennenden Sinn entfaltet und damit in der Bewegung der Freude und süßesten Harmonie die ganze Natur des Menschen beglückt. Herrlich zeigt er sich im ganzen Pflanzenleben, aus dem die Rose hervorgeht. In noch herrlicherem Widerschein erscheint er im geistigen Leben, das alles Sinnliche erleuchtet. Wie herrlich ist jener Herrscher, der durch die Natur wie durch ein Gesetz alles beherrscht. In unvergänglicher Eigengestalt bewahrt er alles jenseits der Zeit und ist zeitlich in den Individuen. Und wir sehen, wie alles durch dieses Gesetz entsteht, sich bewegt und tut, was das Gesetz befiehlt, in dem nichts anderes gilt als jener Geist, der der Urheber aller Dinge ist.

XXXVII.

Vidit Aristoteles[1] id ipsum, scilicet semota sensitiva cognitione esse et sensibilia semota, quando dicit in Metaphysica, si animata non essent, sensus non esset neque sensibilia, et plura ibi de hoc.

Recte igitur dicebat Protagoras hominem rerum mensuram, qui ex natura suae sensitivae sciens sensibilia esse propter ipsam mensurat sensibilia, ut sensibiliter divini intellectus gloriam possit apprehendere. Sic de intelligibilibus, ea ad cognitionem referendo intellectivam, et demum ex eodem contemplatur naturam illam intellectivam immortalem, ut se divinus intellectus in sua immortalitate eidem ostendere possit. Et ita evangelica doctrina manifestior fit, quae finem creationis ponit, ut videatur Deus deorum in Sion[2] in maiestate gloriae suae, quae est ostensio patris, in quo est sufficientia omnis. Et promittit ille noster salvator, per quem Deus fecit et saecula, ipsum scilicet verbum Dei, quomodo in illa die se ostendet et quod tunc illi vivent vita aeterna[3].

Haec enim ostensio est concipienda, ac si quis unico contuitu videret intellectum Euclidis, et quod haec visio esset apprehensio eiusdem artis, quam explicat Euclides in suis Elementis. Sic intellectus divinus ars est omnipotentis, per quam fecit saecula et omnem vitam et intelligentiam. Apprehendisse igitur hanc artem, quando se nude ostendet in illa die, quando nudus et purus apparuerit coram eo intellectus, est acquisivisse Dei filiationem et hereditatem immortalis regni. Intellectus enim, si in se habuerit artem, quae est creativa vitae et laetitiae sempiternae, ultimam est assecutus scientiam et felicitatem.

---

[1] Aristoteles, Met. IV, 5, p. 1010 b.

[2] Ps. 83, 8.

[3] Jh. 11, 25 u. a.

XXXVII.

Auch Aristoteles sah, daß mit der Aufhebung der sinnlichen Erkenntnis auch die sinnlichen Dinge aufgehoben seien, wenn er in seiner Metaphysik sagt: wenn es nichts Beseeltes gäbe, gäbe es auch die Sinnlichkeit und das Sinnliche nicht. Dort steht noch mehr darüber.

Protagoras sagte also zu recht, daß der Mensch das Maß der Dinge sei. Aus der Natur seiner Sinneserkenntnis weiß er, daß das Sinnliche um der Erkenntnis willen da ist. Er mißt das Sinnliche, um in sinnlicher Weise den Ruhm des göttlichen Geistes erfassen zu können. Und ebenso macht er es mit dem Verständigen, indem er es auf die Verstandeserkenntnisse bezieht. Und zuletzt betrachtet er aus demselben Grunde jene unsterbliche, geistige Natur, damit der göttliche Geist sich ihm in seiner Unsterblichkeit zeigen könne. Und so wird die Lehre des Evangeliums immer offenbarer, die das Ziel der Schöpfung darin sieht, daß der Gott der Götter in Zion in der Majestät seiner Herrlichkeit gesehen werde. Dies ist die Offenbarung des Vaters, in der alles Genügen ist. Und unser Erlöser, durch den Gott die Zeit gemacht hat, das Wort Gottes, verspricht, daß er sich an jenem Tag zeigen wird und daß jene dann das ewige Leben leben werden.

Diese Offenbarung muß so verstanden werden, wie wenn jemand mit einem einzigen Blick den Verstand Euklids sähe, und daß diese Schau ein Erfassen der Kunst bedeute, die Euklid in seinen „Elementen“ entfaltet. So ist der göttliche Geist die Kunst des Allmächtigen, durch die er die Zeit und alles Leben und alle Einsicht geschaffen hat. Diese Kunst erfaßt zu haben, wenn sie sich offen zeigt an jenem Tag, an dem der Geist offen und rein bei ihm erscheinen wird, bedeutet, die Gotteskindschaft und die Erbschaft des unsterblichen Reiches erworben zu haben. Denn wenn der Geist die Kunst in sich haben wird, die Leben und immerwährende Freude schafft, dann hat er letztes Wissen und Glück erreicht.

XXXVIII.

Quomodo autem fiat cognitio per species particularium sensuum, quae generalem sentiendi virtutem specificant et determinant, et quomodo haec passio, scilicet impressionis specierum, fit actio in sensu, atque quomodo intelligentia est plena formis intelligibilibus, licet sit una simplex forma, cognoscis, si attendis, quomodo visus in se complicat omnium visibilium formas et quod ideo eas cognoscit, quando sibi praesentantur, ex sua natura per formam suam in se omnium visibilium formas complicantem.

Sic de intellectu, cuius forma est simplicitas intelligibilium formarum, quas ex propria natura cognoscit, quando nudae sibi praesentantur; et ita sursum ad intelligentias ascendendo, quae habent simplicitatem formae subtiliorem, et omnia vident etiam sine eo, quod eis in phantasmate praesententur; et demum, quomodo omnia in primo intellectu ita cognoscitive, quod cognitio dat esse cognitis sicut omnium formarum causativum exemplar se ipsum exemplificando; et cur sensus non attingit intelligibilia neque intellectus intelligentias et eo superiora, scilicet cum nulla cognitio possit in simplicius eo. Cognoscere enim mensurare est. Mensura autem est simplicior quam mensurabilia, sicut unitas mensura numeri. Quia haec omnia complicite in beryllo et aenigmate continentur et multi de hoc eleganter scripserunt, brevitatis causa non extendo.

Ego autem finem libello faciens dico cum Platone[1]: scientia brevissima est, quae sine omni scriptura melius communicaretur, si essent petentes atque dispositi. Illos autem Plato[2] putat dispositos, qui tanta cupiunt aviditate imbui, quod

[1] Plato, 7. Brief, p. 341ff.
[2] Plato, Phaedo p. 64 a.

XXXVIII.

Wie aber Erkenntnis durch die Eigengestalten der einzelnen Sinne entsteht, welche die allgemeine Kraft des Empfindens gestalten und bestimmen, und wie dieses Erleiden, der Eindruck der Eigengestalten, im Sinn Wirklichkeit wird, und wie die Einsicht voll von einsichtigen Gestalten ist, auch wenn sie eine einfache Gestalt ist, wirst du erkennen, wenn du darauf achtest, wie das Sehen die Formen alles Sichtbaren in sich einfaltet und sie darum, wenn sie ihm vorgestellt werden, aus seiner Natur und durch seine eigene Gestalt, die in sich die Gestalten alles Sichtbaren einfaltet, erkennt.

Ebenso ist es mit dem Denken, dessen Gestalt die Einfachheit der verstehbaren Gestalten ist, die es aus der eigenen Natur erkennt, wenn sie ihm offen vorgestellt werden. Und ebenso verhält es sich, wenn man zu den Einsichten emporsteigt, welche eine gründlichere Einfachheit der Gestalt besitzen, und alles, ohne daß es ihnen im Phantasiegebilde vorgestellt wird, sehen. Schließlich sehen wir, wie im ersten Geist alles dergestalt Erkenntnis ist, daß das Erkennen dem Erkannten das Sein gibt, gleichsam als das Grundurbild aller Formen, indem es sich selbst zum Vorbild macht. Wir begreifen auch, warum der Sinn nicht das Verständige und der Verstand nicht die Einsichten und das über sie Erhabene erfaßt; nämlich deshalb, weil keine Erkenntnis zu dem gelangen kann, das einfacher ist als sie. Erkennen ist nämlich Messen. Daß Maß aber ist einfacher als das Meßbare; es ist dies in der Weise, wie die Einheit das Maß der Zahl ist. Weil dies alles eingefaltet im Beryll und im Gleichnis enthalten ist und viele gut darüber geschrieben haben, will ich es der Kürze halber nicht weiter ausführen.

Ich will vielmehr das Buch mit einem Ausspruch Platos schließen: daß das Wissen äußerst einfach ist und besser ohne Schrift mitgeteilt würde, wenn jemand danach verlangte und dafür bereit und geeignet wäre. Platon hält jene

sibi potius moriendum esse putent quam carendum scientia, deinde qui a vitiis et deliciis abstinent corporalibus atque ingenii habent aptitudinem.

Dico ego illa omnia sic esse addens, quod cum hoc sit fidelis atque Deo devotus, a quo illuminari crebris et importunis obtineat precibus. Dat enim sapientiam firma fide, quantum saluti sufficit, petentibus. His iste quamquam minus bene digestus libellus dabit materiam cogitandi secretioraque inveniendi et altiora attingendi et in laudibus Dei, ad quem aspirat omnis anima, semper perseverandi, qui facit mirabilia solus et est in aevum benedictus[1].

---

[1] In Cod. Cus. folgt: Deo laus, 1458, XVIII. Augusti in castro sancti Raphaelis, alio vocabulo dicto Boechenstein.

für geeignet, die mit solcher Begierde danach verlangen, daß sie lieber sterben als der Weisheit entbehren. Für geeignet hält er jene, welche sich von körperlichen Lastern und Vergnügungen fernhalten und die geistigen Fähigkeiten dafür haben.

Ich stimme dem allen bei und füge noch hinzu, daß man auch gläubig sein muß und Gott ergeben und oft innig bitten muß, von ihm erleuchtet zu werden. Er gibt denen Weisheit, die in festem Glauben so viel bitten, als für ihr Heil genügt. Solchen Menschen wird dieses, wenn auch wenig durchgearbeitete, Büchlein Stoff geben zum Nachsinnen. Es wird sie anhalten, Geheimnisse aufzuspüren, Höheres zu erreichen und im Lobe Gottes, nach dem sich jede Seele sehnt, ständig zu verharren; Gott, der allein Wunder tut, und der gepriesen sei in Ewigkeit.

DE VISIONE DEI

DIE GOTTES-SCHAU

TRACTATUS REVERENDISSIMI IN CHRISTO PATRIS ET DOMINI DOMINI NICOLAI [DE CUSA] TITULI SANCTI PETRI AD VINCULA PRESBYTERI CARDINALIS EPISCOPI BRIXINENSIS AD ABBATEM ET FRATRES [TEGERNENSES] DE VISIONE DEI [SIVE DE ICONA LIBER]

Pandam nunc, quae vobis dilectissimis fratribus ante promiseram[1] circa facilitatem mysticae theologiae. Arbitror enim vos, quos scio zelo Dei duci, dignos quibus hic thesaurus aperiatur utique pretiosus valde et maxime fecundus, orans imprimis [omnipotentem ut mihi det verbum supernum atque sermonem][2], qui solum se ipsum pandere potest, ut pro captu vestro enarrare queam mirabilia, quae supra omnem sensibilem, rationalem et intellectualem visum revelantur. Conabor autem simplicissimo atque communissimo modo vos experimentaliter in sacratissimam obscuritatem manuducere. Ubi dum eritis inacessibilem lucem adesse sentientes quisque ex se tentabit modo quo sibi a Deo concedetur continue propius accedere et hic praegustare quodam suavissimo libamine cenam illam aeternae felicitatis ad quam vocati sumus in verbo vitae per evangelium Christi semper benedicti.

PRAEFATIO

Si vos humaniter ad divina vehere contendo similitudine quadam hoc fieri oportet. Sed inter humana opera non repperi imaginem omnia videntis proposito nostro convenientiorem, ita quod facies subtili arte pictoria ita se habeat quasi cuncta circumspiciat. Harum etsi multae reperiantur optime pictae uti illa sagittariae in foro Nurembergensi et Bruxellis Rogeri maximi pictoris in pretiosissima tabula, quae in praetorio habetur et Confluentiae in capella mea Veronicae et Brixinae in castro angeli

[1] Vgl. E. Vansteenberghe, Autour de la docte ignorance, Münster 1915, p. 111ff; Briefe des Kardinals vom 22. 9. 1452 und 14. 9. 1453; ferner MFCG 7, 1967.
[2] Cod. Cus.: mihi clari verbum supernum et sermonem omnipotentem.

ABHANDLUNG ÜBER DIE GOTTESSCHAU ODER DAS BILD, VERFASST VON DEM IN CHRISTUS VEREHRUNGSWÜRDIGEN VATER UND HERRN NIKOLAUS VON KUES, PRIESTER, KARDINAL VON ST. PETER IN KETTEN UND BISCHOF VON BRIXEN, AN DEN ABT UND DIE BRÜDER VON TEGERNSEE

Ich will euch jetzt, geliebte Brüder, meine Gedanken über einen leicht faßlichen Zugang zur mystischen Theologie darlegen, wie ich es schon früher versprochen habe. Ich weiß, daß euch der Eifer für Gott leitet und so halte ich euch für würdig, daß euch dieser so überaus kostbare und fruchtbare Schatz zugänglich gemacht werde. Vor allem bitte ich den Allmächtigen, daß er mir sein göttliches Wort schenke und jene Rede gebe, die allein sich selbst offenbaren kann, auf daß ich eurem Fassungsvermögen gemäß das Wunderbare darzulegen vermag, das sich uns über aller sinnlichen, verständigen und vernunfthaften Schau enthüllt. Ich werde versuchen, euch in ganz einfacher und allgemein begreiflicher Weise an der Hand zu nehmen und nach Art der Selbstbetätigung in das heilige Dunkel zu führen. Weilt ihr dort, so werdet ihr empfinden, daß das unzugängliche Licht gegenwärtig ist. Jeder muß dann aus sich selbst in einer Weise, in der es ihm Gott zugesteht, danach trachten, ihm immer näher zu kommen und in süßem Vorgeschmack hier schon jenes Mahl ewiger Glückseligkeit zu kosten, zu dem wir gerufen sind im Wort des Lebens durch die Frohbotschaft Christi, der immer gepriesen sei.

VORWORT

Trachte ich, euch in menschlicher Weise zum Göttlichen zu führen, so muß dies auf dem Weg des Gleichnisses geschehen. Unter den menschlichen Werken aber fand ich kein Bild, das unserem Vorhaben besser entspräche als das des Alles-Sehenden. Ich meine ein solches Bild, das durch außerordentliche Kunst der Malerei so wirkt, als ob es alles ringsherum überschaue. Es gibt viele ausgezeichnete Bilder dieser Art; z. B. das des Bogenschützen in Nürnberg, ferner ein sehr kostbares Bild im

arma ecclesiae tenentis et multae aliae undique. Ne tamen deficiatis in praxi, quae sensibilem talem exigit figuram, quam habere potui caritati verstrae mitto tabellam figuram cuncta videntis tenentem, quam iconam Dei appello. Hanc aliquo in loco puta in septentrionali muro affigetis circumstabitisque vos fratres pariter distantes ab ipsa intuebitisque ipsam et quisque vestrum experietur ex quocumque loco eandem inspexerit se quasi solum per eam videri. Videbiturque fratri, qui in oriente positus fueri faciem illam orientaliter respicere et qui in meridie meridionaliter et qui in occidente occidentaliter.

Primum igitur admirabimini quomodo hoc fieri possit quod omnes et singulos simul respiciat. Nam imaginatio stantis in oriente nequaquam capit visum iconae ad aliam plagam versum scilicet occasum vel meridiem. Deinde frater, qui fuit in oriente se locet in occasu et experietur visum in eo figi in occasu quemadmodum prius in oriente. Et quoniam scit iconam fixam et immutatam admirabitur mutationem immutabilis visus. Etsi figendo obtutum in iconam ambulabit de occasu ad orientem comperiet continue visum iconae secum pergere, etsi de oriente revertetur ad occasum similiter eum non deseret. Et admirabitur quomodo immobiliter movebatur neque poterit imaginatio capere, quod cum aliquo alio sibi contrario moto obviante similiter moveatur. Et dum hoc experiri volens fecerit confratrem intuendo iconam transire de oriente ad occasum, quando ipse de occasu pergit ad orientem et interrogaverit obviantem, si continue secum visus iconae voluatur et audierit similiter opposito modo moveri, credet ei. Et nisi crederet non caperet hoc possibile.

Et ita revelatione relatoris perveniet, ut sciat faciem illam omnes, etiam contrariis motibus, incedentes non deserere. Experietur igitur immobilem faciem moveri ita orientaliter quod et movetur simul occidentaliter et ita septentrionaliter quam et meridionaliter; et ita ad unum locum quod etiam ad omnia simul

Rathaus zu Brüssel, das von dem großen Maler Roger stammt; in Koblenz ist eines in meiner Veronikakapelle; ferner in der Burg von Brixen, d. h. der Engel, der das Wappen der Kirche trägt und viele andere. Damit ihr aber nun bei der tatsächlichen Betrachtung, die ein solches Bild erfordert, nicht versagt, schicke ich Euch, liebe Brüder, das Bild, das ich eben bekommen konnte. Es stellt einen Alles-Sehenden dar, und ich nenne es ein Bild Gottes. Befestigt es irgendwo, z. B. an einer Nordwand und stellt euch dann in gleichem Abstand von ihm auf. Schaut es an und jeder von Euch, von welcher Stelle er es auch betrachtet, wird erfahren, daß jenes Bild ihn gleichsam allein anblickt. Dem Bruder, der im Osten steht, scheint das Antlitz in östlicher Richtung zu blicken, dem im Süden, in südlicher und dem in Westen, in westlicher.

Zuerst werdet ihr euch darüber wundern, wie es geschehen kann, daß es alle und jeden einzelnen zugleich ansieht. Denn derjenige, welcher im Osten steht, kann sich in keiner Weise vorstellen, daß der Blick des Bildes auch in eine andere Richtung, nach Westen oder Süden, gerichtet ist. Nun mag der Bruder, der im Osten steht, sich nach Westen begeben und erfahren, daß der Blick hier ebenso auf ihn gerichtet ist wie vordem im Osten. Und da er weiß, daß das Bild fest hängt und unbeweglich ist, wird es sich über die Wandlung des unwandelbaren Blickes wundern. Auch wenn er seinen Blick fest auf das Bild heftet und von Osten nach Westen geht, wird er erfahren, daß der Blick des Bildes ununterbrochen mit ihm geht und, kehrt er von Westen nach Osten zurück, ihn auch dann nicht verläßt. Er wird sich wundern, wie dieser Blick sich unbeweglich bewegte. Und noch weniger wird sein Vorstellungsvermögen es fassen können, daß er sich mit einem anderen, der ihm selbst aus entgegengesetzter Richtung begegnet, in derselben Weise bewegt. Um dies zu erproben lasse er einen Mitbruder, den Blick auf das Bild geheftet, von Osten nach Westen gehen, während er selbst von Westen nach Osten wandert; sobald er ihm begegnet, mag er ihn fragen, ob der Blick des Bildes ständig mit ihm wandle, und ihm glauben, so er hört, daß der Blick des Bildes sich gleichermaßen mit ihm und entgegengesetzt bewegt. Sollte er nicht glauben, würde er nicht fassen, daß dies möglich ist.

So gelangt er durch die Mitteilung des Berichtenden zum Wissen, daß jenes Antlitz alle, auch die in entgegengesetzter Richtung wandernden nicht verläßt. Er erfährt, daß das unbewegliche Antlitz sich ebenso nach Osten wie nach Westen, ebenso nach Süden wie nach Norden bewegt, und ebenso zu

et ita ad unum respicere motum quam ad omnes simul. Et dum attenderit, quomodo visus ille nullum deserit videt, quod ita diligenter curam agit cuiuslibet quasi de solo eo, qui experitur se videri et nullo alio curet adeo quod etiam concipi nequeat per unum quem respicit quod curam alterius agat. Videbit etiam quod ita habet diligentissimam curam minimae creaturae, quasi maximae et totius universi. Ex hac tali sensibili apparentia vos fratres amantissimos per quandam praxim devotionis in mysticam propono elevare theologiam praemittendo tria ad hoc oportuna.

I.

Quod perfectio apparentiae verificatur de Deo perfectissimo

Primo loco praesupponendum esse censeo nihil posse apparere circa visum iconae Dei quin verius sit in vero visu Dei. Deus etenim qui est summitas ipsa omnis perfectionis et maior quam cogitari possit theos ab hoc dicitur, quia omnia intuetur. Quare si visus pictus apparere potest in imagine simul omnia et singula inspiciens, cum hoc sit perfectionis visus non poterit veritati minus convenire veraciter quam iconae seu apparentiae apparenter.

Si enim visus unus est acutior alio in nobis et unus vix propinqua, alius vero distantiora discernit et alius tarde, alius citius attingit objectum, nihil haesitationis est absolutum visum, a quo omnis visus videntium, excellere omnem acutiem, omnem celeritatem et virtutem omnem omnium videntium actu et qui videntes fieri possunt.

Si enim inspexero ad abstractum visum, quem mente absolvi ab omnibus oculis et organis atque consideravero quomodo ille visus abstractus in contracto esse suo prout videntes per ipsum visum vident, est ad tempus et plagas mundi ad obiecta singularia, et ceteras et conditiones tales contractus ac quod abstractus visus ab iis est conditionibus similiter abstractus et absolutus,

einem Ort wie zu allen und ebenso zu einer Bewegung wie zu allen hinblickt. Und während er darauf achtet, daß dieser Blick niemanden verläßt, wird er gewahr, daß er um jeden einzelnen so Sorge trägt, als ob er sich allein um ihn, der erkennt, daß er angeblickt wird, kümmern würde und um keinen anderen; und das so sehr, daß derjenige, den er anblickt, nicht zu begreifen vermag, daß er auch um einen anderen Sorge trägt. So wird er auch sehen, daß er dem geringsten Geschöpf die gleiche eifrige Sorge widmet wie dem größten und dem ganzen Gesamt. Durch solche sinnliche Erscheinungen möchte ich euch, geliebte Brüder, mittels einer Art Andachtsübung zur mystischen Theologie emporführen, wobei ich drei hierzu geeignete Dinge vorausschicken will.

I.

Die Vollkommenheit der Erscheinung wird in bezug auf den vollkommenen Gott bewahrheitet

An erster Stelle, so meine ich, muß man zugrunde legen, daß im Blick des Bildes Gottes nichts erscheinen kann, das im wahren Blick Gottes nicht wahrer wäre. Gott, die Höhe aller Vollkommenheit und größer als er gedacht werden kann, wird ja deshalb so, d. h. der Theos genannt, weil er alles schaut. Wenn daher ein gemalter Blick auf einem Bild so erscheinen kann, als betrachte er zugleich alles und jedes einzelne, dann kann dies, da es die Vollendung des Blickes ist, der Wahrheit nicht weniger wahrhaft zukommen als dem Abbild oder der Erscheinung erscheinungshaft zukommt.

Auch wenn bei uns das eine Sehen schärfer ist als ein anderes und eines nur das Nahe, ein anderes hingegen auch das Fernere unterscheidet, und eines einen Gegenstand schneller, ein anderes ihn langsamer erreicht, so gibt es keinen Zweifel, daß das absolute Sehen, von dem jedes Sehen der Sehenden herstammt, alle Schärfe, Schnelligkeit und Kraft aller tatsächlich Sehenden und aller, die zu Sehenden werden können, übertrifft.

Wenn ich das losgelöst Sehen, das ich im Geist von allen Augen und Organen abgelöst habe, betrachte und bedenke, daß dieses entbundene Sehen in seinem verschränkten Sein — dem gemäß eben die Sehenden durch das Sehen sehen — zu Zeit, Himmelsrichtungen, einzelnen Gegenständen und dergleichen Bedingungen verschränkt ist und daß das abstrakte Sehen von

bene capio de essentia visus non esse ut plus unum quam aliud respiciat obiectum, licet comitetur visum in contracto esse, quod dum respicit unum non possit respicere aliud aut absolute omnia. Deus autem ut est verus incontractus visus non est minor quam de abstracto visu per intellectum concipi potest sed improportionabiliter perfectior. Quare apparentia visus iconae minus potest accedere ad summitatem excellentiae visus absoluti quam conceptus. Id igitur, quod in imagine illa apparet, excellenter in visu esse absoluto, non est haesitandum.

II.

Quod visus absolutus complectitur omnes modos

Advertas post haec visum variari in videntibus ex varietate contractionis eius. Nam sequitur visus noster organi et animi passiones. Unde iam videt aliquis amorose et laete, post dolorose et iracunde, iam pueriliter post viriliter, deinde seriose et seniliter. Visus autem absolutus ab omni contractione simul et semel omnes et singulos videndi modos complectitur quasi adaequatissima visuum omnium mensura et exemplar verissimum. Sine enim absoluto visu non potest esse visus contractus. Complectitur autem in se omnes videndi modos et ita omnes quod singulos et manet ab omni varietate penitus absolutus. Sunt enim in absoluto visu omnes contractionum modi videndi incontracte. Omnis enim contractio est in absoluto, quia absoluta visio est contractio contractionum. [Haec][1] contractio enim est incontrahibilis. Coincidat igitur simplicissima contractio cum absoluto. Sine autem contractione nihil contrahitur. Sic absoluta visio in omni visu est, quia per ipsam est omnis contracta visio et sine ea penitus esse nequit.

---

[1] Konjektur.

diesen Bedingungen gleichermaßen gelöst und frei ist, dann begreife ich wohl, daß es nicht der Seinsheit des Sehens entspricht, ein Ding mehr zu betrachten als ein anderes, wenn es auch zum Sehen im verschränkten Sein gehört, daß es, während es das eine betrachtet, nicht das andere oder alles in absoluter Weise betrachten kann. Gott aber, da er das wahre, unverschränkte Sehen ist, ist nicht geringer als das, was die Vernunft vom entbundenen Sehen begreifen kann. Er ist vielmehr über jedes Vergleichsverhältnis hinaus vollkommener. Darum vermag auch die sichtbare Erscheinung des Bild-Blickes noch viel weniger als der Begriff der höchsten Vollendung des absoluten Sehens nahekommen. Darum dürfen wir nicht zweifeln, daß das, was in jenem Bild erscheint, im absoluten Sehen in überragendem Maße enthalten ist.

II.

Das absolute Sehen umfaßt alle Maßweisen des Sehens

Weiters achte darauf, daß das Sehen im Sehenden je nach der Verschiedenheit seiner Verschränkung verschieden ist. Unser Sehen folgt sowohl den Eindrücken körperlicher als auch seelischer Art. Darum sieht einer zuerst in Liebe und Freude, dann in Schmerz und Zorn, zuerst kindlich, dann männlich, ernst und greisenhaft. Das von aller Verschränkung losgelöste Sehen jedoch umfaßt zugleich und auf einmal alle und jede einzelne Weise des Sehens; gleichsam als das angemessene Maß und das wahrste Urbild alles Sehens. Denn ohne das absolute Sehen kann es kein verschränktes geben. Es umfaßt in sich alle Maßweisen des Sehens, und zwar so, daß es alle wie jede einzelne in sich begreift. Dennoch bleibt es von aller Verschiedenheit völlig frei. Im absoluten Sehen sind nämlich alle Blickweisen der Verschränkungen unverschränkt. Jede Verschränkung ist im Absoluten, weil das absolute Sehen die Verschränkung der Verschränkungen ist. Diese Verschränkung aber ist unverschränkbar. Die einfachste Verschränkung fällt daher mit dem Absolutem zusammen. Ohne Verschränkung aber wird nichts verschränkt. So ist die absolute Schau in jedem Sehen, weil durch sie jede verschränkte Schau ist und ohne sie in keiner Weise sein kann.

III.

Quodque de Deo dicuntur realiter non differunt

Consequenter attendas omnia quae de Deo dicuntur realiter ob summam Dei simplicitatem non posse differre, licet nos secundum alias et alias rationes alia et alia vocabula Deo attribuamus. Deus autem cum sit ratio absoluta omnium formabilium rationum in se [omnes][1] rationes complicat. Unde quamvis Deo visum, auditum, gustum, odoratum, tactum, sensum, rationem et intellectum et talia attribuamus secundum alias et alias cuiuslibet vocabuli significationum rationes, tamen in ipso videre non est aliud ab audire et gustare et odorare et tangere et sentire et intelligere. Et ita tota theologia in circulo posita dicitur, quia unum attributorum affirmatur de alio. Et habere Dei est esse eius et movere est stare et currere est quiescere et ita de reliquis attributis. Sic licet nos alia ratione attribuamus ei movere et alia stare, tamen quia ipse est absoluta ratio in qua omnis alteritas est unitas et omnis diversitas identitas, tunc rationum diversitas, quae non est identitas ipsa prout nos diversitatem concipimus in Deo esse nequit.

IV.

Quod visio Dei providentia, gratia et vita dicitur aeterna

Accede nunc tu frater contemplator ad Dei iconam et primum te loces ad orientem, deinde ad meridiem ac ultimo ad occasum. Et quia visus iconae te aeque undique respicit et non deserit quocumque pergas in te excitabitur speculatio provocaberisque et dices: Domine nunc in hac tua imagine providentiam tuam quadam sensibili experientia intueor. Nam si me non deseris qui sum vilissimus omnium, nusquam cuiquam deeris. Sic quidem ades omnibus et singulis sicut ipsis omnibus et singulis adest esse, sine quo non possunt esse.

---

[1] Cod. Cus.: omnium.

III.

Alle Aussagen über Gott sind in Wirklichkeit voneinander nicht verschieden

Ferner achte darauf, daß alles, was über Gott ausgesagt wird, wegen der höchsten Einfachheit Gottes voneinander nicht verschieden sein kann, auch wenn wir wegen dieser und jener Gründe Gott immer andere Namen beilegen. Gott als der absolute Wesenssinn eines jeden bildbaren Wesenssinnes schließt alle Wesensbestimmungen in sich ein. Obwohl wir daher Gott Sehen, Hören, Geschmack, Geruch, Gefühl, Sinn, Verstand und Vernunft und dergleichen beilegen, gemäß der je anderen Bedeutungen dieser Worte, ist dennoch in ihm das Sehen vom Hören, Schmecken, Riechen, Berühren, Empfinden und Verstehen nicht verschieden. Und darum sagt man, daß die ganze Theologie in der Kreisstruktur gegeben sei, weil die eine der Gott zugeschriebenen Eigenschaften durch die andere bestätigt wird. Bei Gott ist Haben Sein, Bewegung Stehen, Laufen Ruhen; und dasselbe gilt für die übrigen Attribute. Wenn wir ihm also auch nach der einen Betrachtungsweise die Aussage zuteilen, er bewege sich, und nach der anderen, er stehe, so kann es doch in Gott, als dem absoluten Wesenssinn, in dem alle Andersheit Einheit und alle Verschiedenheit Selbigkeit ist, die Verschiedenheit der Wesensgründe, als welche wir die Verschiedenheit verstehen, welche nicht die Selbigkeit ist, nicht geben.

IV.

Das Sehen Gottes wird Vorsehung, Gnade und ewiges Leben genannt

Tritt nun, Bruder und Betrachter, heran zum Bild Gottes; zuerst stelle dich im Osten auf, danach im Süden und zuletzt im Westen. Weil der Blick des Bildes dich überall gleichermaßen anschaut und nicht verläßt, wohin immer du auch wandern magst, so wird in dir die Betrachtung geweckt; du fühlst dich aufgerufen und wirst sprechen: Herr, ich schaue nun in Deinem Bild Deine Vorsehung in sinnlicher Erfahrung. Denn wenn Du mich, der ich der niedrigste von allen bin, nicht verläßt, dann wirst Du niemals irgendeinen verlassen. In gleicher Weise bist Du mit allen und jedem Einzelnen, so wie das Sein mit ihnen ist, ohne das sie nicht zu sein vermögen.

Ita enim tu, absolutum esse omnium, ades cunctis quasi non sit tibi cura de quoquam alio. Et ob hoc evenit quod nulla res est, quae esse suum non praeferat cunctis et modum essendi suum omnibus aliorum essendi modis[1]. Et ita esse suum tuetur, quod omnium aliorum esse potius sinat in perditionem ire quam suum. Ita enim tu Domine intueris quodlibet, quod est, ut non possit concipi per omne id, quod est, te aliam curam habere quam ut id solum sit meliori modo, quo esse potest atque quod omnia alia, quae sunt, ad hoc solum sint, ut serviant ad id, quod illud sit optime quod tu respicis. Nequaquam Domine me concipere sinis quacumque imaginatione, quod tu Domine aliud a me plus me diligas, cum me solum visus tuus non deserat. Et quoniam ibi oculus ubi amor, tunc te me diligere experior, quia oculi tui sunt supra me, servulum tuum, attentissime.

Domine, videre tuum est amare et sicut visus tuus adeo attente me prospicit quod numquam se a me avertit, et sic amor tuus. Et quoniam amor tuus semper mecum est et non est aliud amor tuus, Domine, quam tu ipse, qui amas me, hinc tu semper mecum es, Domine. Non me deseris, Domine. Undique me custodis, quia curam mei agis diligentissimam. Esse tuum, Domine, non derelinquit esse meum. In tantum enim sum, in quantum tu mecum es. Et cum videre tuum sit esse tuum, ideo ego sum, quia tu me respicis. Et si a me vultum tuum subtraxeris, nequaquam subsistam. Sed scio quod visus tuus est bonitas illa maxima, quae se ipsam non potest non communicare omni capaci[2]. Tu igitur numquam poteris me derelinquere, quamdiu ego tui capax fuero. Ad me igitur spectat ut quantum possum efficiar continue plus capax tui. Scio autem quod capacitas, quae unionem praestat, non est nisi similitudo. Incapacitas autem ex dissimilitudine. Si igitur ego me reddidero omni possibili modo bonitati tuae similem secundum gradus similitudinis ero capax veritatis.

Dedisti mihi, Domine, esse et id ipsum tale, quod se potest gratiae et bonitatis tuae continue magis capax reddere. Et haec

---

[1] Augustinus, De trin. X, 14; De civ. Dei XI, 26 u. a.

[2] Zur inhaltl. Beziehung von De visione und Bonaventura vgl. Fr. N. Caminiti, N. v. Kues und Bonaventura, MFCG 4, 129ff.

Du bist also als das absolute Sein von allem so bei sämtlichen Wesen, als ob du um nichts anderes Sorge trügest. Und darum gibt es kein Ding, das nicht sein Sein allem übrigen und seine Seinsweise allen anderen Seinsweisen vorzöge. Und so sehr blickt es auf sein Sein, daß es lieber zuläßt, daß das Sein aller anderen zugrunde geht als sein eigenes. Denn Du Herr, betrachtest alles, was ist, in einer Weise, daß man auch durch alles, das ist, nicht fassen kann, daß Du noch um etwas anderes Sorge trügest, als darum, daß nur es allein auf die bestmögliche Weise bestehe, nach der es bestehen kann, und daß alle anderen Dinge, die sind, allein dazu da sind, dem, welches Du ansiehst, so zu dienen, daß es auf die beste Weise sei. Du läßt mich in keiner Weise begreifen, Herr, daß Du etwas außer mir mehr als mich liebst, da mich Dein Blick nicht verläßt. Und weil das Auge dort ist, wo die Liebe weilt, erfahre ich, daß Du mich liebst; denn über mir, deinem geringen Diener, ruht Dein Auge in größter Aufmerksamkeit.

Dein Sehen, Herr, ist Lieben, und wie Dein Blick mich so aufmerksam betrachtet, daß er sich nie von mir abwendet, so auch Deine Liebe. Und weil Deine Liebe immer mit mir und sie nichts anderes ist als Du selbst, der mich liebt, darum bist Du immer mit mir, Herr, Du verläßt mich nicht. Von allen Seiten behütest Du mich, weil Du aufmerksamst Sorge für mich trägst. Dein Sein, Herr, verläßt mein Sein nicht. Soweit Du mit mir bist, soweit bin ich. Und da Dein Sehen Dein Sein ist, bin ich also, weil Du mich anblickst. Wendest Du Dein Antlitz von mir, so würde ich in keiner Weise weiter bestehen. Aber ich weiß, daß Dein Blick jene größte Güte ist, die nicht anders kann, als sich jedem Aufnahmefähigen mitzuteilen. Darum kannst Du mich nie verlassen, solange ich fähig bin, Dich aufzunehmen. An mir also liegt es, soviel ich nur vermag, mich immer empfänglicher für Dich zu machen. Ich weiß aber, daß diese Aufnahmefähigkeit, welche Vereinigung gewährt, nichts ist als Ähnlichkeit. Die Unfähigkeit aber stammt aus Unähnlichkeit. Wenn ich mich also in jeder nur möglichen Weise Deiner Gutheit ähnlich gemacht habe, werde ich gemäß dem Grad dieser Ähnlichkeit die Wahrheit empfangen können.

Du hast mir, Herr, das Sein gegeben; und zwar ein solches Sein, das sich Deiner Gnade und Güte ständig mehr empfänglich machen kann. Diese Kraft, die ich von Dir erhalten habe und in der ich ein lebendiges Abbild der Kraft Deiner Allmacht be-

vis, quam a te habeo, in qua virtutis omnipotentiae tuae vivam imaginem teneo, est libera voluntas, per quam possum aut ampliare aut restringere capacitatem gratiae tuae. Ampliare quidem per conformitatem quando nitor esse bonus, quia tu bonus, quando nitor esse iustus, quia tu iustus, quando nitor esse misericors, quia tu misericors. Quando omnis conatus meus non est nisi ad te conversus, quia omnis conatus tuus est ad me conversus, quando solum ad te attentissime respicio et numquam oculos mentis averto, quia tu me continua visione amplecteris, quando amorem meum ad te solum converto, quia tu, qui caritas es, ad me solum conversus es.

Et quid est Domine vita mea nisi amplexus ille, quo tua dulcedo dilectionis me adeo amorose amplecticur? Diligo supreme vitam meam, quia tu es dulcedo vitae meae. Contemplor nunc in speculo in icona in aenigmate vitam aternam, quia non est nisi visio beata, qua quidem visione tu me amorosissime usque ad intima animae meae numquam videre [desinis][1]. Et non est videre tuum nisi vivificare nisi dulcissimum amorem tui continue immittere, me ad tui amorem per immissionem amoris inflammare et inflammando pascere et pascendo disideria ignire et igniendo rore laetitiae potare et potando fontem vitae immittere et immittendo augere et perennare et tuam immortalitatem communicare caelestis et altissimi atque maximi regni gloriam inaccessibilem condonare, hereditatis illius, quae solius filii est participem facere et aeternae felicitatis possessorem constituere. Ubi est ortus deliciarum omnium, quae desiderari poterunt; quo nihil melius non solum per omnem hominem aut angelum excogitari, sed nec omni essendi modo esse potest. Nam est ipsa absoluta maximitas omnis desiderii rationalis, quae maior esse nequit.

[1] Cod. Cus.: dimittis.

sitze, ist der freie Wille, durch den ich die Aufnahmsfähigkeit für Deine Gnade vergrößern oder verringern kann. Ich kann sie vergrößern durch Angleichung, wenn ich mich bemühe, gut zu sein, weil Du gut bist, gerecht zu sein, weil Du gerecht bist und barmherzig zu sein, weil Du barmherzig bist; ich kann es tun, wenn mein ganzes Bemühen auf Dich hin gerichtet ist, weil all Dein Bemühen mir zugewandt ist; wenn ich Dich allein mit ganzer Aufmerksamkeit betrachte und meine Augen nie abwende, weil Du mich in ständiger Schau umfängst; wenn ich meine Liebe allein auf Dich richte, da Du, der Du die Liebe bist, allein mir zugewandt bist.

Und was ist, Herr, mein Leben, wenn nicht jene Umarmung, in der die süße Freude Deiner Liebe mich so liebevoll umschließt? Aufs höchste liebe ich mein Leben, da Du die Süßigkeit meines Lebens bist. Ich betrachte nun im Spiegel, Bild und Gleichnis das ewige Leben, das nichts anderes ist als die selige Schau, in der Du mich ohne Unterlaß in voller Liebe bis in das Innerste meiner Seele anblickst. Und nichts anderes ist Dein Sehen als Lebendigmachen; es ist nichts anderes als Deine süße Liebe ständig in mich einströmen zu lassen, und durch dieses Einströmenlassen der Liebe die Liebe zu Dir zu entflammen und durch dieses Entflammen zu nähren; durch das Nähren meine Sehnsucht zu entzünden, im Entzünden mich mit dem Tau der Freude zu tränken und damit den Quell des Lebens mit einströmen zu lassen, und in diesem Einfließen zu vergrößern und ewig zu machen. Es ist nichts anderes als Deine Unsterblichkeit mitzuteilen, die unerreichbare Herrlichkeit des erhabenen und gewaltigen himmlischen Reiches zu schenken, und mich an jenem Erbe teilhaben zu lassen, das dem einzigen Sohne gehört; es ist nichts anderes als den Besitz der ewigen Seligkeit zu begründen. In ihr ist der Ursprung aller Freuden, die wir ersehnen können. Besseres als sie könnte nicht nur kein Mensch oder Engel erdenken, sondern es könnte es auch in keiner Seinsweise geben. Sie ist die absolute Erfüllung alles wesensmäßigen Verlangens, über die hinaus es keine größere geben kann.

V.

Quod videre sit gustare, quaeri, miserari et operari

Quae magna mulitudo dulcedinis tuae, quam abscondisti timentibus te[1]! Nam est thesaurus inexplicabilis, gaudiosissimae laetitiae. Gustare enim ipsam dulcedinem tuam est apprehendere experimentali contactu suavitatem omnium delectabilium in suo principio, est rationem omnium desiderabilium attingere in tua sapientia. Videre igitur rationem absolutam, quae est omnium ratio, non est aliud quam mente te, Deum, gustare, quoniam es ipsa suavitas esse, vitae et intellectus.

Quid aliud, Domine, est videre tuum, quando me pietatis oculo respicis quam [te] a me videri? Videndo me, das te a me videri, qui es Deus absconditus. Nemo te videre potest nisi inquantum tu das ut videaris. Nec est aliud te videri quam quod tu videas videntem te. Video in hac imagine tua quam pronus es Domine ut faciem tuam ostendas omnibus quaerentibus te[2]. Nam numquam claudis oculos, numquam aliorsum vertis et licet ego me a te avertam quando ad aliud me penitus converto, tu tamen ob hoc non mutas oculos nec visum. Si me non respicis oculo gratiae causa est mea, quia divisus sum a te per aversionem et conversionem ad aliud quod tibi praefero. Non tamen adhuc[3] avertis te penitus, sed misericordia tua sequitur me, an aliquando velim reverti ad te, ut sim capax gratiae. Quod enim me non respicis est quia te non respicio, sed respuo et contemno.

O pietas infinita, quam infelix est omnis peccator, qui te venam vitae derelinquit et quaerit te non in te, sed in eo, quod in se nihil est et nihil mansisset si tu non vocasses ipsum de nihilo! Quam fatuus est, qui te quaerit, qui es bonitas et dum te quaerit a te recedit et oculos avertit? Quaerit igitur omnis quaerens non nisi bonum et omnis, qui quaerit bonum

[1] Ps. 30, 20.
[2] Ps. 79, 4 u. 9, 11.
[3] Cod. Cus.: adhuc non.

V.

Sehen ist Kosten, Suchen, Erbarmen und Wirken

Wie groß ist die Fülle Deiner Süßigkeit, die Du für jene verborgen hältst, die Dich fürchten. Sie ist ein unerschöpflicher Schatz ganz erfüllt von Freude und Fröhlichkeit. Deine Süßigkeit zu kosten, bedeutet in erfahrungshafter Berührung die Wonne alles Ergötzlichen ursprünglich zu erfassen; heißt den Wesenssinn alles Ersehnbaren in Deiner Weisheit berühren. Denn den absoluten Wesenssinn, den Wesenssinn aller Dinge, zu sehen, bedeutet nichts anderes als Dich, o Gott, im Geiste zu verkosten; Dich, der Du die Süßigkeit des Seins, des Lebens und des Verstehens bist.

Was anderes ist Dein Sehen, Herr ,wenn Du mich mit liebendem Auge betrachtest, als daß ich Dich sehe: indem Du mich ansiehst, läßt Du, der verborgene Gott, Dich von mir erblicken. Jeder vermag Dich nur soweit zu sehen, als Du es ihm gewährst. Nichts anderes ist es Dich zu sehen, als daß Du den Dich Sehenden ansiehst. In diesem Deinem Bild, o Herr, sehe ich, wie sehr Du geneigt bist, Dein Antlitz allen denen zu zeigen, welche Dich suchen. Denn niemals schließt Du Deine Augen, niemals wendest Du Dich ab, mag auch ich mich von Dir fort- und gänzlich einem anderen zuwenden. Du wendest deshalb weder Auge noch Blick von mir. Blickst Du mich nicht mit dem Auge der Gnade an, so liegt es an mir, der ich von Dir getrennt bin, weil ich mich von Dir ab- und einem anderen zugewandt habe, das ich Dir vorziehe. Dennoch wendest Du Dich nicht völlig von mir ab. Dein Erbarmen folgt mir, harrend, ob ich wohl einmal empfänglich für Deine Gnade zu Dir zurückkehren möchte. Daß Du mich nicht betrachtest, ist deshalb der Fall, weil ich Dich nicht betrachte, sondern abweise und geringschätze.

O unendliche Güte und Liebe, wie unselig ist jeder Sünder, der Dich, die Quelle des Lebens, verläßt und nicht in Dir sucht, sondern in dem, das in sich selbst nichts ist und nichts geblieben wäre, wenn Du es nicht aus dem Nichts gerufen hättest. Wie töricht ist der, welcher Dich, der Du die Gutheit bist, sucht und während er Dich sucht, von Dir abweicht und seine

et a te recedit ab eo recedit, quod quaerit. Omnis igitur peccator a te errat et longius abit. Quando autem ad te reveritur sine mora tu ei occurris et antequam te respiciat, tu paterno affectu in eum oculos misericordiae inicis. Nec est aliud tuum misereri quam tuum videre. Subsequitur igitur omnem hominem misericordia tua quamdiu vivit quocumque pergat, sicut nec visus tuus quemquam deserit. Quamdiu igitur homo vivit non cessas eum subsequi et dulci atque interna monitione incitare ut ab errore cesset et convertatur ad te ut feliciter vivat.

Tu, Domine, es socius peregrinationis meae, quocumque pergo oculi tui super me sunt semper. Videre autem tuum est movere tuum. Moveris igitur mecum et non cessas umquam a motu quamdiu moveor. Si quiesco et tu mecum es, si ascendero, ascendis, si descendero, descendis. Quocumque me verto ades. Nec me deseris in tempore tribulationis. Quotiens te invoco prope es, nam invocare te est me convertere ad te. Non potes illi deesse, qui se ad te convertit, nec potest quis ad te converti nisi adsis prius. Ades antequam ad te convertar. Nisi enim adesses et sollicitares me te penitus ignorarem et ad te quem ignorarem, quomodo converterer?

Tu igitur es Deus meus, qui omnia vides et videre tuum est operari. Omnia igitur operaris. Non nobis igitur Domine non nobis, sed nomini tuo magno, quod est Theos, gloriam cano sempiternam[1]. Nihil enim habeo, quod tu non das. Nec tenerem id, quod dedisti, nisi tu ipse conservares. Tu igitur ministras mihi omnia. Tu es Dominus potens et pius, quia omnia donas. Tu es minister, qui omnia ministras, tu es provisor et curam habens atque conservator. Et haec omnia uno simplicissimo intuitu tuo operaris, qui es in saecula benedictus.

---

[1] Cf. Ps. 113, 1.

Augen abwendet? Jeder der sucht, sucht ja nichts anderes als das Gute, und jeder der das Gute sucht und von Dir abweicht, weicht von dem ab, das er sucht. So geht jeder Sünder irre und weicht immer weiter von Dir ab. Sobald er jedoch zu Dir zurückkehrt, eilst Du ohne Zögern ihm entgegen und bevor er Dich noch erblickt hat, richtest Du schon die Augen voll väterlicher Liebe mitleidig auf ihn. Dein Erbarmen ist nichts anderes als Dein Sehen. Daraus folgt also, daß Dein Erbarmen keinen Menschen, solange er lebt und wohin er auch immer wandern mag, verläßt; ebenso wie Dein Blick niemanden verläßt. Solange also ein Mensch lebt, läßt Du nicht davon ab, ihm zu folgen und ihn mit süßer innerer Mahnung anzutreiben, von seinem Irrtum abzulassen und zu Dir zurückzukehren, um glücklicher zu leben.

Du, Herr, bist der Gefährte meiner Pilgerfahrt. Wohin ich auch wandere, Deine Augen sind immer über mir. Dein Sehen aber ist Dein Bewegen. Du bewegst Dich also mit mir und läßt von dieser Bewegung nicht ab, solange ich mich bewege. Ruhe ich, so bist Du mit mir, steige ich hinan, so steigst auch Du hinan und steige ich hinab, so steigst Du auch hinab. Wohin ich mich wende, Du bist mit mir. Du verläßt mich nicht in Zeiten der Trübsal. Sooft ich Dich anrufe, bist Du mir nahe; denn Dich anrufen bedeutet mich zu Dir zu wenden. Du kannst dem nicht fern sein, der sich zu Dir wendet, und niemand vermöchte sich Dir zuzuwenden, wenn Du nicht vorher schon zugegen wärest. Du bist gegenwärtig noch bevor ich mich zu Dir wende; denn wärest Du nicht zugegen und würdest mich nicht anregen, so wüßte ich gar nichts von Dir. Und wie sollte ich mich Dir zuwenden, den ich gar nicht kennte?

Du also, der Du alles siehst, bist mein Gott. Dein Sehen bedeutet Wirken. Du wirkst alles. Nicht uns, Herr, nicht uns, sondern Deinen großen Namen, der Du der Theos bist, singe ich ewigen Ruhm. Nichts habe ich ja, das Du nicht gibst. Und nichts könnte ich behalten, wenn Du es nicht bewahrtest. Du gewährst mir alles. Mächtig und gütig bist Du, Herr, weil Du mir alles schenkst. Du bist der Verwalter, der für alles sorgt. Du bist es, der vorsieht, der Sorge trägt und der bewahrt. Und dies alles wirkst Du in einem einfachen Hinsehen. Gepriesen seist Du in Ewigkeit.

VI.

De visione faciali

Quanto ego Domine Deus meus diutius intueor vultum tuum, tanto mihi apparet quod acutius in me inicias aciem oculorum tuorum. Agit autem intuitus tuus, ut considerem quomodo haec imago faciei tuae eapropter est sic sensibiliter depicta, quia depingi non potuit facies sine colore, nec color sine quantitate existit. Sed video non oculis carneis, qui hanc iconam tuam inspiciunt, sed mentalibus et intellectualibus oculis veritatem faciei tuae invisibilem, quae in umbra hic contracta significatur. Quae quidem facies tua vera est ab omni contractione absoluta. Neque enim ipsa est quanta, neque qualis, neque temporalis, neque localis. Ipsa enim est absoluta forma, quae est facies facierum[1].

Quando igitur attendo quomodo facies illa est veritas et mensura adaequatissima omnium facierum ducor in stuporem. Non est enim facies illa, quae est veritas omnium facierum, quanta quare nec maior nec minor, nec tamen est aequalis cuiquam, quia non est quanta, sed absoluta et superexaltata. Est igitur veritas, quae est aequalitas ab omni quantitate absoluta. Sic igitur comprehendo vultum tuum Domine antecedere omnem faciem formabilem et esse exemplar ac veritatem omnium facierum et omnes facies esse imagines faciei tuae incontrahibilis et imparticipabilis. Omnis igitur facies, quae in tuam potest intueri faciem nihil videt aliud aut diversum a se, quia videt veritatem suam. Veritas autem exemplaris non potest esse alia aut diversa, sed illa accidunt imagini, ex eo, quia non est ipsum exemplar.

Sicut igitur dum hanc faciem pictam orientaliter inspicio similiter apparet, quod sic ipsa me respiciat; et dum occidentaliter aut meridionaliter ipsa pariformiter. Sic qualitercumque faciem meam muto videtur facies ad me conversa. Ita est facies tua ad omnes facies te intuentes conversa.

Visus tuus Domine est facies tua, qui igitur amorosa facie te intuetur non reperiet nisi faciem tuam se amorose intuentem. Et quanto studebit te amorosius inspicere tanto reperiet similiter

[1] Cf. R. Haubst, Die Christologie des Nikolaus von Kues, Freiburg 1956.

VI.

Die Schau von Angesicht

Je länger ich Dein Antlitz betrachte, mein Herr und Gott, desto schärfer scheint mir, richtest Du den Blick Deiner Augen auf mich. Und dieses Schauen läßt mich bedenken, daß und wie dieses Abbild Deines Antlitzes deshalb sinnenfällig abgebildet ist, weil ein Antlitz ohne Farbe nicht abgebildet zu werden vermag und Farbe ohne Quantität nicht existiert. Aber ich sehe — nicht mit meinen leiblichen Augen, die dieses Dein Bild betrachten, sondern mit geistigen und vernünftigen Augen — die unsichtbare Wahrheit Deines Gesichtes, für welche dieses verschränkte Schattenbild ein Zeichen ist. Jene Wahrheit hat weder Quantität, noch Qualität, noch Zeit, noch Ort. Sie ist die absolute Gestalt, das Angesicht der Angesichte.

Wenn ich bedenke, daß jenes Angesicht die Wahrheit und das angemessenste Maß aller Angesichter ist, gerate ich in tiefes Staunen. Dieses Angesicht, das die Wahrheit aller Angesichter ist, ist nicht Quantität. Darum ist es auch nicht größer und nicht kleiner, noch ist es irgendeinem gleich, weil es eben nicht quantitativ, sondern absolut und überaus erhaben ist. Es ist also die Wahrheit, welche die von jeder Quantität losgelöste Gleichheit ist. So verstehe ich, daß Dein Antlitz, Herr, jedem formbaren Antlitz vorausgeht und das Urbild und die Wahrheit aller Angesichter ist; und daß alle Gesichter Abbilder Deines unverschränkbaren und unpartizipierbaren Antlitzes sind. Darum sieht jedes Antlitz, das in Deines blickt, nichts sich selbst gegenüber Anderes und Verschiedenes, da es seine Wahrheit sieht. Die Wahrheit des Urbildes aber kann nicht anders oder verschieden sein. Derartiges kommt nur dem Abbild zu, weil es eben nicht das Urbild selbst ist.

Wenn ich dieses gemalte Gesicht von Osten her betrachte, so scheint mir, daß es mich in gleicher Weise betrachtet; dasselbe geschieht, wenn ich von Süden oder Westen komme. Wie immer ich also mein Gesicht bewege, Dein Antlitz erweist sich als mir zugekehrt. So ist Dein Angesicht allen zugewandt, die Dich betrachten.

Dein Blick Herr ist Dein Angesicht. Wer Dich also mit liebevollem Gesicht betrachtet, findet nichts anderes, als daß Dein Gesicht ihn liebevoll ansieht; und je mehr er sich bemüht, Dich mit größerer Liebe anzublicken, umso liebevoller wird er Deinen Blick finden. Wer Dich feindselig ansieht, wird Dein

faciem tuam amorosiorem. Qui te indignanter inspicit, reperiet similiter faciem tuam talem. Qui te laete intuetur, sic reperiet laetam tuam faciem, quemadmodum est ipsius te videntis. Sicut enim oculus iste carneus per vitrum rubeum intuens omnia, quae videt rubea iudicat et si per vitrum viride omnia viridia; sic quisque oculus mentis obvolutus contractione et passione iudicat te qui es mentis obiectum secundum naturam contractionis et passionis.

Homo non potest iudicare nisi humaniter. Quando enim homo tibi faciem attribuit extra humanam speciem illam non quaerit, quia iudicium suum est infra naturam humanam contractum. Et huius contractionis passionem in iudicando non exit. Sic si leo faciem tibi attribueret non nisi leoninam iudicaret et bos bovinam et aquila aquilinam[1].

O Domine quam admirabilis est facies tua, quam si iuvenis concipere vellet iuvenilem fingeret et vir virilem et senex senilem. Quis hoc unicum exemplar verissimum et adaequatissimum omnium facierum ita omnium et singulorum et ita perfectissime cuiuslibet quasi nullius alterius concipere posset? Oporteret illum omnium formabilium facierum formas transilire et omnes figuras. Et quomodo conciperet faciem quando transcenderet omnes facies et omnes omnium facierum similitudines et figuras et omnes conceptus, qui de facie fieri possunt et omnem omnium facierum colorem et ornatum et pulchritudinem?

Qui igitur ad videndam faciem tuam pergit quamdiu aliquid concipit longe a facie tua abest. Omnis enim conceptus de facie minor est facie tua Domine et omnis pulchritudo, quae concipi potest, minor est pulchritudine faciei tuae. Omnes facies pulchritudinem habent et non sunt ipsa pulchritudo. Tua autem facies Domine habet pulchritudinem et hoc habere est esse. Est igitur ipsa pulchritudo absoluta, quae est forma dans esse omni formae pulchrae. O facies decora nimis, cuius pulchritudinem admirari non sufficiunt omnia, quibus datur ipsam intueri. In omnibus faciebus videtur facies facierum velate et in aenigmate. Revelate autem non videtur quamdiu super omnes facies non intratur in quoddam secretum et occultum silentium, ubi nihil est de scientia et con-

---

[1] Vgl. Xenophanes, Diels, Frag. a. a. O. 21 B.

Antlitz ebenfalls so sehen. Wer Dich fröhlich betrachtet, wird Dein Antlitz von Freude erfüllt sehen, so wie es das seine ist, das Dich anblickt. So glaubt das leibliche Auge, das durch ein rotes Glas blickt, daß alles rot sei, was es sieht, oder alles grün, wenn es durch ein grünes blickt. Genauso beurteilt jedes geistige Auge, das in Verschränkung und Leidenschaft verstrickt ist, Dich, den Gegenstand des Geistes, der Natur seiner Verschränkung und seiner Leidenschaften entsprechend.

Der Mensch kann nicht anders als nur menschlich urteilen. Wenn er Dir ein Antlitz zuspricht, so sucht er es nicht außerhalb der menschlichen Eigengestalt, da sein Urteil innerhalb der menschlichen Natur verschränkt ist. Und das Gebundensein an diese Verschränkung verläßt er nicht beim Urteilen. Genauso würde auch ein Löwe, wenn er Dir ein Gesicht zuschriebe, es für nichts anderes als ein löwenartiges, ein Rind für das eines Rindes und ein Adler für das eines Adlers halten.

O Herr, wie bewundernswert ist Dein Antlitz, das ein Jüngling, wollte er es erfassen, sich als das eines Jünglings, ein Mann als das eines Mannes und ein Greis als das eines Greises vorstellen würde. Wer könnte dieses einzige, wahrste und genaueste Urbild aller Gesichter erfassen, das ebenso das aller wie das jedes einzelnen ist und das das Urbild in so vollkommener Weise jedes einzelnen ist, als ob es das keines anderen sein könnte. Er müßte über die Gestalten aller gestaltbaren Gesichter und Figuren hinausgehen. Und wie sollte er das Antlitz erfassen, wenn er alle Angesichter und die Ähnlichkeit aller Gesichter, aller Gestalten und aller Begriffsvorstellungen, welche man von einem Gesicht bilden kann, alle Farbe, Schmuck und Schönheit aller Gesichter hinter sich ließe?

Wer ausgeht, Dein Antlitz zu schauen, ist solange noch weit von ihm entfernt, solange er irgendeinen Begriff hat. Denn jede Begriffsvorstellung eines Gesichtes ist geringer als Dein Gesicht und alle Schönheit, die vorgestellt werden kann, geringer als die Schönheit Deines Angesichtes. Alle Gesichter haben Schönheit und sind nicht selbst Schönheit. Dein Angesicht jedoch, o Herr, hat die Schönheit und dieses Haben ist Sein. Es ist die absolute Schönheit, die Form, die jeder schönen Form das Sein verleiht. O herrliches Antlitz, dessen Schönheit alle Dinge, denen es vergönnt ist, Dich zu schauen, nicht genug bewundern können. In allen Gesichtern ist das Angesicht der Angesichter sichtbar, verschleiert und im Rätsel. Unverhüllt aber wird

ceptum faciei. Haec enim caligo, nebula, tenebra seu ignorantia in quam faciem tuam quaerens subintrat quando omnem scientiam et conceptum transilit, est infra quam non potest facies tua nisi velate reperiri. Ipsa autem caligo revelat ibi esse faciem supra omnia velamenta.

Sicuti dum oculus noster lucem solis, quae est facies eius, quaerit videre primo ipsam velate inspicit in stellis et coloribus et omnibus lucem eius participantibus. Quando autem revelate intueri ipsam contendit omnem visibilem lucem transilit, quia omnis talis minor est illa quam quaerit. Sed quia quaerit videre lucem, quam videre non potest, hoc scit, quod quamdiu aliquid videt non esse id, quod quaerit, oportet igitur omnem visibilem lucem transilire. Qui igitur transilire debet omnem lucem necesse est, quod id, quod subintrat careat visibili luce. Et ita est oculo, [ut sic dicam], tenebra. Et cum est in tenebra illa, quae est caligo, tunc si scit se in caligne esse, scit se ad faciem solis accessisse. Oritur enim ex excellentia lucis solis illa caligo in oculo. Quanto igitur scit caliginem maiorem tanto verius attingit in caligine invisibilem lucem. Video Domine sic et non aliter inaccessibilem lucem et pulchritudinem et splendorem faciei tuae revelate accedi posse.

VII.

Quis fructus facialis visionis et quomodo habebitur

Tanta est dulcedo illa, qua nunc Domine pascis animam meam, ut se qualitercumque iuvet cum iis, quae experitur in hoc mundo et per eas quas tu inspiras similitudines gratissimas. Nam cum tu sis vis illa Domine seu principium ex quo omnia et facies tua sit vis illa et principium ex quo omnes facies id sunt, quod sunt, tunc me converto ad hanc arborem nucum magnam et excelsam, cuius quaero videre principium. Et video ipsam oculo sensibili magnam, extensam, coloratam, oneratam ramis, foliis

es nicht gesehen, solange wir nicht über alle Gesichter hinaus in ein geheimnisvolles und verborgenes Schweigen eintreten, in dem nichts mehr ist vom Wissen und von der Begriffsvorstellung eines Antlitzes. Solange der Suchende nicht in dieses Dunkel, diesen Nebel und diese Finsternis oder Unwissenheit eingeht, indem er alles Wissen und jede Begriffsvorstellung überschreitet, vermag er Dein Antlitz nicht anders denn nur verhüllt zu finden. Das Dunkel selbst jedoch enthüllt, daß es hier ein Angesicht gibt, das über allen Verhüllungen steht.

Wenn unser Auge das Licht der Sonne, welches ihr Antlitz ist, zu sehen sucht, so erblickt es dies zuerst verhüllt in den Sternen, den Farben und allen Lichtern, die an ihm teilhaben. Strebt es aber danach, es selbst unverhüllt zu schauen, dann überschreitet es alles sichtbare Licht, weil alles derartige Licht geringer ist als jenes, das es sucht. Weil es aber das Licht sehen will, das es nicht sehen kann, weiß es, daß, solange es irgendetwas sieht, dies nicht das ist, was es sucht und daß es eben deshalb alles sichtbare Licht überschreiten muß. Wer aber jedes Licht überschreiten muß, tritt notwendigerweise in etwas ein, das kein sichtbares Licht mehr in sich birgt. Und das bedeutet daher, um es so zu sagen, Finsternis dem Auge. Und wenn es sich in jener Finsternis befindet, welche Dunkel ist und weiß, daß es in der Dunkelheit ist, dann weiß es auch, daß es sich dem Angesicht der Sonne nähert. Jene Dunkelheit im Auge entsteht nämlich aus dem alles überstrahlenden Licht der Sonne. Je tiefer es also die Dunkelheit erkennt, in umso größerer Wahrheit erreicht es in der Dunkelheit das unsichtbare Licht. So und nicht anders Herr, kann man zu dem unerreichbaren Licht, der Schönheit und dem Glanz Deines Antlitzes in Enthüllung gelangen.

VII.

Der Ertrag der Antlitz-Schau und wie man ihn erlangt

So groß ist jene Süßigkeit, mit der Du nun, o Herr, meine Seele nährst, daß sie sich in jeglicher Weise mit dem hilft, was sie in dieser Welt erfährt und Dir näher zu kommen trachtet durch willkommene Gleichnisse, welche Du ihr eingibts. Denn da Du jene Kraft bist, Herr, oder der Ursprung, aus dem alles kommt, und Dein Angesicht jene Kraft und jener Ursprung ist, auf Grund dessen alle Angesichter sind, was sie sind, wende ich mich jetzt z. B. jenem großen und hohen Nußbaum zu,

et nucibus. Video inde oculis mentis arborem illam fuisse in semine non modo quo eam hic inspicio, sed virtualiter. Attente adverto illius seminis admirabilem virtutem, in qua arbor tota ista et omnes nuces et omnis vis seminis nucum et omnes arbores in virtute seminum nucum fuerunt. Et video quomodo vis illa non est ullo umquam tempore motu caeli ad plenum explicabilis, sed vis illa seminis quamquam inexplicabilis est tamen contracta, quia non nisi in hac specie nucum virtutem habet. Quare licet in semine videam arbor non tamen nisi in contracta virtute.

Considero deinde, Domine, omnium arborum diversarum specierum seminariam virtutem contractam ad cuiuslibet speciem et in ipsis seminibus video arbores in virtute. Si igitur omnium virtutum seminum talium virtutem volo videre absolutam, quae sit virtus, quae et principium dans virutem omnibus seminibus, necesse est me transilire omnem seminalem virtutem, quae sciri et concipi potest et subintrare ignorantiam illam in qua nihil penitus maneat virtutis aut vigoris seminalis et tunc in caligine reperio stupendissimam virtutem nulla virtute, quae cogitari potest accessibilem. Quae est principium dans esse omni virtuti seminali et non seminali. Quae quidem virtus absoluta et superexaltata, cum det cuilibet virtuti seminali virtutem talem, in qua complicat virtualiter arborem cum omnibus, quae ad arborem sensibilem requiruntur et esse arboris consequuntur, tunc principium illud et causa in se habet complicite et absolute ut causa quicquid dat effectui.

Et sic video virtutem illam esse faciem seu exemplar omnis faciei arboreae et cuiuslibet arboris; ubi video arborem illam nucum non ut in contracta virtute sua seminali, sed ut in causa et [vi] conditrice illius virtutis seminalis. Et ideo video arborem illam quandam explicationem virtutis seminalis et semen quandam explicationem omnipotentis virtutis. Et video quod sicut arbor in semine non est arbor, sed vis seminis et vis illa seminis

dessen Ursprung ich erblicken möchte. Mit meinem sinnlichen Auge sehe ich, daß er groß ist, weit ausgebreitet, farbig, mit Zweigen, Blättern und Nüssen beladen. Mit den Augen des Geistes sehe ich alsdann, daß jener Baum im Samen nicht in der Weise enthalten ist, wie ich ihn hier erblicke, sondern der Kraft nach. Aufmerksam bedenke ich die bewundernswürdige Kraft dieses Samens, in welchem dieser ganze Baum, alle seine Nüsse, die gesamte Samenkraft dieser Nüsse und alle Bäume, die in der Samenkraft dieser Nüsse enthalten sind, beschlossen waren. Ich sehe auch, daß diese Kraft zu keiner Jahreszeit und durch keine Himmelsbewegung gänzlich ausgeschöpft werden kann; wie unentfaltbar sie aber auch sein mag, sie ist dennoch verschränkt, da sie nur in dieser Eigengestalt der Nüsse Kraft hat. Mag ich darum auch im Samen den Baum sehen, so sehe ich ihn doch nur in verschränkter Wirkkraft.

Daraufhin betrachte ich, o Herr, die Samenkraft der verschiedenen Eigengestalten aller Bäume, verschränkt zu der Eigengestalt jedes einzelnen, und sehe in diesen Samen die Bäume der Kraft nach. Will ich nun die Wirkkraft aller dieser Samenkräfte losgelöst betrachten und sehen, welches die Macht ist, die als Ursprung allen Samen Kraft verleiht, dann muß ich alle Samensmöglichkeiten, die man wissen und erfassen kann, überschreiten und in jene Unwissenheit eintreten, in der von der Kraft und Stärke des Samens gar nichts mehr bleibt; dann finde ich in der Dunkelheit die eine Kraft, welche mich in höchstes Staunen versetzt, und die durch keine Möglichkeit, die gedacht werden kann, erreichbar ist. Sie ist der Ursprung, der jeder Samenkraft und jeder anderen Kraft das Sein verleiht. Da diese absolute und überaus erhabene Kraft jeder Samensmöglichkeit die Wirkkraft verleiht, in welcher dem Vermögen nach der Baum mit allem, das zu einem sinnlichen Baum erforderlich ist und das dem Sein des Baumes folgt, eingefaltet ist, enthält jener Ursprung und Grund eingefaltet und losgelöst — eben weil er der Grund ist — alles, was er dem von ihm Bewirkten verleiht.

Und so sehe ich, daß jene Kraft das Aussehen oder das Urbild jedes Baum-Aussehens und jedes beliebigen Baumes ist. In ihr sehe ich jenen Nußbaum nicht in seiner verschränkten Samenkraft, sondern im Grund und in der Begründungskraft jener Samenkraft. Und daher sehe ich jenen Baum als eine Art Entfaltung der Samenkraft und den Samen als eine Art Entfaltung der allmächtigen Kraft. Und so wie der Baum im Samen nicht

est ex qua explicatur arbor ita quod nihil est reperibile in arbore quod non procedat ex virtute seminis, ita virtus seminalis in causa sua, quae est virtus virtutum, non est virtus seminalis, sed virtus absoluta. Et ita arbor est in te, Deo meo, tu ipse Deus meus et in te est veritas et exemplar sui ipsius. Similiter et semen arboris in te est veritas et exemplar sui ipsius et arboris et seminis.

Tu Deus es veritas et exemplar. Et vis illa seminis, quae est contracta, est vis naturae speciei, quae est ad speciem contracta et ei inest tamquam contractum principium. Sed tu Deus meus es vis absoluta et ob hoc natura naturarum omnium. O Deus quorsum me perduxisti, ut videam faciem tuam absolutam esse faciem naturalem omnis naturae, esse faciem, quae est absoluta entitas omnis esse, esse artem et scientiam omnis scibilis. Qui igitur faciem tuam videre meretur omnia aperte videt et nihil sibi manet occultum. Omnia hic scit. Omnia habet Domine, qui te habet, omnia habet, qui te videt. Nemo enim te videt nisi qui te habet, nemo potest te accedere, quia inaccessibilis [es]. Nemo igitur te capiet nisi tu te dones ei.

Quomodo habeo te Domine, qui non sum dignus ut compaream in conspectu tuo? Quomodo ad te pervenit oratio mea, qui es omni modo inaccessibilis? Quomodo petam te? Nam quid absurdius quam petere ut tu te dones mihi, qui es omnia in omnibus? Et quomodo dabis tu te mihi si non pariter dederis mihi caelum et terram et omnia, quae in eis sunt? Immo quomodo dabis tu te mihi si etiam me ipsum non dederis mihi? Et cum sic in silentio contemplationis quiesco tu Domine intra praecordia mea respondes dicens: sis tu tuus et ego ero tuus.

O Domine, suavitas omnis dulcedinis posuisti in libertate mea, ut sim, si voluero mei ipsius. Hinc nisi sim mei ipsius tu non es meus. Necessitares enim libertatem, cum tu non possis esse meus nisi et ego sim mei ipsius et quia hoc posuisti in libertate mea, non me necessitas, sed expectas, ut ego eligam mei ipsius esse. Per me igitur stat non per te Domine, qui non contrahis

der Baum ist, sondern die Samenkraft und jene Samenkraft es ist, aus der der Baum entfaltet wird, und zwar dergestalt, daß nichts sich im Baum findet, das nicht aus der Kraft des Samens hervorginge, sehe ich, daß die Samenkraft in ihrem Grund, welcher die Kraft der Kräfte ist, nicht Samenkraft ist, sondern absolute, losgelöste Kraft. So ist der Baum in Dir, mein Gott, Du selbst. In Dir ist er Wahrheit und das Urbild seiner selbst. Gleichermaßen ist auch der Samen des Baumes in Dir Wahrheit und Urbild seiner selbst, des Baumes und des Samens.

Du, o Gott, bist die Wahrheit und das Urbild. Und jene Kraft des Samens, welche verschränkt ist, ist die Kraft der Natur der Eigengestalt, welche zur Eigengestalt verschränkt ist und ihr gleichsam als verschränkter Ursprung innewohnt. Aber Du mein Gott, bist die absolute Kraft und darum die Natur aller Naturen. Mein Gott, Du hast mich dahin geführt zu sehen, daß Dein absolutes Aussehen das natürliche Aussehen jeder Natur ist; daß es das Angesicht ist, das die absolute Seiendheit jedes Seins ist; daß es die Kunst und Wissenschaft alles Wißbaren ist. Wem es also vergönnt ist, Dein Angesicht zu schauen, sieht alles offen und nichts bleibt ihm verborgen. Er weiß alles. Alles hat jener, o Herr, der Dich hat, und alles hat der, der Dich sieht. Denn niemand sieht Dich als nur derjenige, der Dich besitzt; niemand vermag sich Dir zu nahen, da Du unnahbar bist. Niemand also wird Dich erfassen, außer Du schenkst Dich ihm.

Wie aber habe ich Dich, o Herr, der ich nicht wert bin, vor Deinem Angesicht zu erscheinen? Wie gelangt mein Gebet zu Dir, der Du auf keine Weise erreichbar bist? Wie soll ich Dich bitten? Denn was ist sinnloser, als zu bitten, Du mögest Dich mir schenken, da Du doch alles in allem bist. Und wie wirst Du Dich mir geben, wenn Du mir nicht zugleich Himmel und Erde gibst und alles, was in ihnen ist? Ja, noch mehr: wie wirst Du Dich mir geben, wenn Du mich nicht mir selbst gibst? Und wenn ich so im Schweigen der Betrachtung verstumme, antwortest Du mir, Herr, tief in meinem Herzen und sagst: Sei du dein und ich werde dein sein.

O Herr, Du Wonne aller Süßigkeit, Du hast es in meine Freiheit gelegt, daß ich mein sein kann, wenn ich es nur will. Gehöre ich darum nicht mir selbst, so gehörst auch Du nicht mir. Du machst die Freiheit notwendig, da Du nicht mein sein kannst, wenn ich nicht mein bin. Und weil Du das in meine freie Entscheidung gelegt hast, zwingst Du mich nicht, sondern

bonitatem tuam maximam, sed largissime effundis in omnes capaces. Tu autem Domine es bonitas tua.

Quomodo autem ero mei ipsius nisi tu Domine docueris me? Hoc autem tu me doces, ut sensus oboediat rationi et ratio dominetur. Quando igitur sensus servit rationi sum mei ipsius. Sed non habet ratio unde dirigatur nisi per te, Domine, qui es verbum et ratio rationum.

Unde nunc video si audiero verbum tuum quod in me loqui non cessat et continue lucet in ratione ero mei ipsius liber et non servus peccati. Et tu eris meus et dabis videre faciem tuam et tunc salvus ero.

Benedictus sis igitur Deus in donis tuis, qui solus potens es consolari animam meam et erigere, ut speret te ipsum assequi et te frui, uti suo proprio dono et omnium desiderabilium thesauro infinito.

VIII.

Quomodo visio Dei est amare, causare, legere et in se omnia tenere

Non quiescit cor meum Domine, quia amor tuus ipsum inflammavit desiderio tali, quod non nisi in te solo quiescere potest[1]. Incepi orare dominicam orationem et tu inspirasti mihi, ut attenderem, quomodo tu es pater noster. Amare tuum est videre tuum. Paternitas tua est visio [tua], quae nos omnes amplectitur paterne. Dicimus enim pater noster. Es enim universalis pater et singularis, quisque enim dicit quia tu es pater noster. Paternus amor omnes et singulos filios comprehendit. Ita enim diligit omnes pater, quod singulos, quia ita omnium pater, quod singulorum. Ita unumquemque filiorum diligit quod quisque filiorum se omnibus praeferri concipit.

---

[1] Vgl. Augustinus, Confessiones I, 1.

erwartest, daß ich mein eigenes Sein erwähle. Es steht also bei mir und nicht bei Dir, Herr, der Du Deine übergroße Güte nicht einschränkst, sondern reichlich ausgießt in alle, die sie aufnehmen können. Du aber, o Herr, bist Deine Güte.

Wie aber soll ich mir selbst gehören, wenn nicht Du Herr, es mich lehrst? Du lehrst mich, daß der Sinn dem Verstand gehorchen und der Verstand herrschen soll. Wenn also die Sinnlichkeit dem Verstand dient, dann gehöre ich mir selbst. Der Verstand aber hat nichts, das ihn leitet, es sei denn Dich, o Herr, der Du das Wort und der Verstand des Verstandes bist.

Daraus ersehe ich nun, daß ich, wenn ich Dein Wort, das unaufhörlich in mir spricht und ständig in meinem Verstand leuchtet, höre, mir selbst als Freier und nicht als Sklave der Sünde gehöre. Und Du wirst mein sein und mich Dein Angesicht schauen lassen. Dann werde ich gerettet sein.

Sei darum gepriesen, o Gott, in Deinen Gaben, der Du allein mächtig bist, meine Seele zu trösten und aufzurichten, so daß sie hofft, Dich zu erreichen und sich Deiner als des ihr bestimmten Geschenkes und dem unendlichen Schatz alles dessen, das wir nur ersehnen können, lebendig zu erfreuen.

VIII.

Die Schau Gottes bedeutet Lieben, Begründen, Lesen und Alles-in-sich-Halten

Mein Herz, o Herr, findet keine Ruhe, weil Deine Liebe es mit solcher Sehnsucht entflammt, daß es nirgends als in Dir allein zu ruhen vermag. Beginne ich das Gebet des Herrn, so gibst Du mir ein, darauf zu achten, daß und wie Du unser Vater bist. Dein Lieben ist Sehen. Dein Vater-Sein ist Dein Blick, der uns alle väterlich umfaßt. Wir sagen ja: Vater unser. Du bist der Vater aller und jedes einzelnen. Dies sagt jeder, der Dich unseren Vater nennt. Die väterliche Liebe umfaßt alle und jeden einzelnen Sohn. Ein Vater liebt ja alle Kinder so wie jedes einzelne, weil er ebenso der Vater aller ist wie jedes einzelnen. Er liebt jedes einzelne seiner Kinder so, daß jedes meint, es werde allen vorgezogen.

Si igitur tu es pater et noster pater nos igitur tui filii. Praevenit autem paterna dilectio filialem. Quamdiu nos tui filii te ut filii intuemur, tu non cessas nos paterne respicere. Eris igitur provisor noster paternus curam de nobis habens paternam. Visio tua providentia est. Quod si nos filii tui abdicamus te patrem desinimus esse filii. Nec sumus tunc liberi filii in nostra potestate, sed imus in regionem longinquam separantes nos a te et tunc subimus servitutem gravem sub principe, qui tibi Deo adversatur.

Sed tu pater, qui ob concessam nobis libertatem, quia filii tui sumus, qui es ipsa libertas, quamquam sinas nos abire et libertatem et substantiam optimam consumere secundum sensuum corrupta desideria, tamen non penitus nos deseris, sed continue sollicitando ades. Et in nobis loqueris et nos revocas, ut ad te redeamus, paratus semper respicere nos priori paterno oculo, si reversi ad te conversi fuerimus.

O pie Deus respice in me, qui [conpunctus] de misero servitio lubricae feditatis porcorum, ubi fame defeci nunc revertor, ut in domo tua qualitercumque pasci queam[1].

Pasce me visu tuo Domine et doce quomodo visus tuus videt omnem visum videntem et omne visibile et omnem actum visionis et omnem virtutem videntem et omnem virtutem visibilem et omne ex ipsis exurgens videre, quia videre tuum est causare. Omnia vides, qui omnia causas. Doce me Domine quomodo unico intuitu simul et singulariter discernas. Cum aperio librum ad legendum video confuse totam chartam. Et si volo discernere singulas litteras, syllabas et dictiones, necesse est, ut me singulariter ad singula seriatim convertam et non possum nisi successive unam post aliam litteram legere et unam dictionem post aliam et passum post passum. Sed tu, Domine, simul totam chartam respicis et legis sine mora temporis.

Et si duo nostrum legunt idem, unus citius alter tardius, cum utroque legis et videris in tempore legere, quia legis cum legentibus et supra tempus omnia vides et legis simul. Videre enim tuum est legere tuum. Omnes libros scriptos et qui scribi

[1] Vgl. Lukas 15, 11ff.

Wenn Du also Vater bist, und zwar unser Vater, dann sind wir Deine Kinder. Die väterliche Liebe geht aber der kindlichen voran. Solange wir, Deine Kinder, Dich als Kinder betrachten, hörst Du nicht auf, uns väterlich anzusehen. Du bist es, der väterlich auf uns sieht und väterliche Sorge für uns trägt. Dein Blick ist Für-Sorge. Wenn jedoch wir, Deine Kinder, uns von Dir unserem Vater lossagen, hören wir auf, Deine Kinder zu sein. In unserer eigenen Gewalt sind wir dann nicht frei, sondern wandern, wenn wir uns von Dir trennen, in ein fernes Land und geraten in schwere Knechtschaft unter einen Herrscher, der Dir, o Gott, widersteht.

Du Vater, läßt uns, da Du uns die Freiheit zugestanden hast, weil Du selbst die Freiheit bist und wir Deine Kinder sind, wohl fortgehen und unsere Freiheit und unseren besten Besitz den verderbten Wünschen unserer Sinne gemäß verschwenden; dennoch verläßt Du uns nicht gänzlich, sondern bist uns vielmehr in ständiger Unruhe nahe. Du sprichst in uns und rufst uns zu, zu Dir zurückzukehren, immer bereit, uns wie früher mit väterlichem Blick zu betrachten, wenn wir umkehren und uns wieder Dir zuwenden.

O gütiger Gott, blicke auf mich, der ich zerknirscht aus elender Knechtschaft und von der Nahrung der Schweine, wo ich vor Hunger beinahe zugrunde ging, zurückkehre, um in Deinem Hause Nahrung zu finden, wie immer sie auch sein mag.

Nähre mich mit Deinem Blick, o Herr, und lehre mich, wie Dein Blick jeden sehenden Blick und alles Sichtbare und jedes Wirken des Sehens und jede sehende Kraft und alles aus ihnen entstehende Sehen sieht, denn Dein Sehen ist Begründen. Alles siehst Du, der Du alles begründest. Lehre mich, Herr, wie Du mit einem einzigen Blick zugleich alles und jedes einzelne wahrnimmst. Wenn ich ein Buch öffne, um es zu lesen, sehe ich die Seite als Ganzes nur verworren. Will ich die einzelnen Buchstaben, Silben und Worte unterscheiden, so ist es notwendig, daß ich mich der Reihe nach jedem einzelnen zuwende und ich kann nicht anderes als nach und nach die Buchstaben lesen und die Worte Schritt für Schritt aufnehmen. Du aber Herr überblickst zugleich die ganze Seite und liest sie ohne jede Verzögerung.

Wenn zwei von uns dasselbe lesen, einer schneller und der andere langsamer, dann liest Du mit beiden und scheinst in der Zeit zu lesen, weil Du mit den Lesenden liest. Dennoch siehst Du alles über der Zeit und liest zugleich. Dein Sehen

possunt simul et semel supra moram temporis ab aeterno vidisti et legisti simul et cum hoc cum omnibus legentibus eosdem legis seriatim.

Nec aliud legis in aeternitate et aliud in tempore cum legentibus, sed idem eodem te modo habens, quia non es mutabilis cum sis fixa aeternitas. Aeternitas autem quia non deserit tempus, cum tempore moveri videtur, licet motus in aeternitate sit quies.

Domine tu vides et habes oculus. Es igitur oculus, quia habere tuum est esse. Ob hoc in te ipso omnia specularis. Nam si in me visus esset oculus sicut in te Deo meo, tunc in me omnia viderem. Cum oculus sit specularis et speculum quantumcumque parvum in se figurative recipiat montem magnum et cuncta, quae in eius montis superficie existunt. Et sic omnium species sunt in oculo speculari. Tamen, quia visus noster non videt per medium oculi specularis nisi id particulariter ad quod se convertit, quia vis eius non potest nisi particulariter determinari per obiectum, ideo non videt omnia, quae in speculo oculi capiuntur.

Sed visus tuus, cum sit oculus seu speculum vivum, in se omnia videt. Immo quia causa omnium visibilium. Hinc omnia in causa et ratione omnium, hoc est in se ipso complectitur et videt. Oculus tuus Domine sine flexione ad omnia pergit. Quod enim oculus noster se ad obiectum flectit, ex eo est, quod visus noster per angulum quantum videt. Angulus autem oculi tui Deus non est quantus, sed est infinitus, qui est et circulus, immo et sphaera infinita, quia visus [tuus] est oculus sphaericitatis et perfectionis infinitae. Omnia igitur in circuitu et sursum et deorsum simul videt.

O quam admirandus est visus tuus, qui est theos (Deus), omnibus ipsum perscrutantibus! Quam pulcher et amabilis est omnibus te diligentibus! Quam terribilis est omnibus, qui dereliquerunt tu Domine Deus meus! Visu enim vivificas Domine omnem spiritum et laetificas omnem beatum et fugas omnem maestitiam. Respice igitur in me misericorditer et salva facta est anima mea.

ist nämlich Dein Lesen. Alle geschriebenen Bücher und alle die geschrieben werden können, hast Du zugleich und mit einem Mal und jenseits zeitlicher Verzögerung von Ewigkeit her gesehen und gelesen und liest sie zugleich mit allen Lesenden der Reihe nach.

Du liest auch nicht etwas anderes in der Ewigkeit und etwas anderes in der Zeit mit den Lesenden, sondern dasselbe, da Du Dich in derselben Weise verhältst. Du bist nicht veränderlich, da Du die feststehende Ewigkeit bist. Weil die Ewigkeit aber die Zeit nicht verläßt, scheint sie sich mit der Zeit zu bewegen, wenngleich auch die Bewegung in der Ewigkeit Ruhe ist.

Du siehst, o Herr, und hast Augen. Du bist also diese Augen, denn Dein Haben ist Sein. Darum betrachtest Du alles in Dir selbst. Wäre in mir das Sehen das Auge, wie es bei Dir ist, mein Gott, dann würde ich in mir alles sehen. Denn das Auge ist spiegelhaft und ein Spiegel. Wie klein er auch sein mag, er nimmt als Abbild einen hohen Berg in sich auf und alles, was sich auf der Oberfläche dieses Berges befindet. So sind alle Eigengestalten im spiegelhaften Auge vorhanden. Weil indes unser Sehen mittels des spiegelhaften Auges in Besonderheit nur das sieht, dem es sich zuwendet, und weil seine Kraft nur in Besonderheit durch einen Gegenstand eingegrenzt und bestimmt werden kann, sieht es nicht alles, das im Spiegel des Auges aufgefangen wird.

Dein Sehen aber, das Dein Auge oder ein lebendiger Spiegel ist, sieht in sich alles. Es ist ja der Grund alles Sichtbaren. Darum umfaßt und sieht es alles im Grund und in der Ursache aller Dinge, d. h. in sich selbst. Dein Auge, Herr, gelangt zu allem ohne sich ihm zuwenden zu müssen. Daß unser Auge sich einem Gegenstand zuwendet, kommt daher, daß unser Sehen nur in einem Winkel von bestimmter Größe sieht. Der Winkel Deines Auges hingegen, o Herr, ist nicht von bestimmter Größe, sondern unendlich, das heißt ein Kreis, ja eine unendliche Kugel, weil Dein Blick das Auge der Kugelhaftigkeit und der unendlichen Vollkommenheit ist. Es erblickt also zugleich alles sowohl im Umkreis wie aufwärts und abwärts.

Wie wunderbar ist Dein Blick, der Du Theos bist, für alle, die ihn erforschen. Wie schön und liebenswert bist Du für alle, die Dich lieben; wie schrecklich für alle, die Dich verlassen haben, mein Gott. Mit Deinem Blick belebst Du o Herr, jeden Geist, erfreust jeden Glücklichen und verscheuchst alle Traurigkeit. Blicke barmherzig auf mich hernieder und meine Seele wird gerettet sein.

IX.

Quomodo est universalis pariter et particularis et quae via ad visionem Dei

Admiror Domine postquam tu simul omnes et singulos respicis, uti haec etiam picta figurat imago, quam intueor; quomodo coincidat in virtute tua visiva universale cum singulari. Sed attendo quod propterea non capit imaginatio mea, quomodo hoc fiat, quia quaero in virtute visiva mea visionem tuam, quae cum non sit ad organum sensibile contracta sicut mea, ideo decipior in iudicio.

Visus tuus Domine est essentia tua. Si igitur ad humanitatem, quae est simplex et una in omnibus hominibus respexero, reperio ipsam in omnibus et singulis hominibus. Et quamvis in se non sit nec orientalis, nec occidentalis, nec meridionalis, nec septemtrionalis, tamen in hominibus orientalibus est in oriente et in occidentalibus est in occidente. Et sic quamvis de essentia humanitatis non sit motus, nec quies, movetur tamen cum moventibus hominibus et quiescit cum quiescentibus et stat cum stantibus simul et semel pro eodem nunc, quia non deserit homines humanitas sive moveantur sive non moveantur, sive dormiant sive quiescant.

Unde haec natura humanitatis, quae est contracta et non reperitur extra homines, si illa sic se habet, quod non plus uni homini adest quam alteri et ita perfecte uni quasi nulli alteri, multo altius humanitas incontracta, quae est exemplar et idea istius contractae naturae, et quae est ut forma et veritas istius formae humanitatis contractae. Nam humanitatem contractam in individuis numquam deserere potest. Est enim forma dans esse ipsi naturae formali. Non igitur sine ipsa esse potest specifica forma, cum per se non habeat esse. Est enim ab illa, quae per se est ante quam non est alia. Forma igitur illa, quae dat esse speciei est absoluta forma. Et tu es illa Deus, qui es formator caeli et terrae et omnium.

IX.

Das Sehen Gottes als allgemeines und teilartiges zugleich und der Weg, der zur Schau Gottes führt

Da Du, o Herr, zugleich alle und jeden einzelnen anblickst — genauso, wie dieses gemalte Bild, das ich vor Augen habe — sehe ich voll Bewunderung, wie in der Kraft Deines Sehens das Allgemeine mit dem Einzelnen zusammenfällt. Aber ich merke, daß meine Einbildung nicht zu fassen vermag, wie das geschieht, weil ich Dein Sehen mit meiner Sehkraft suchen muß; und da jene nicht so wie meine in ein sinnliches Organ verschränkt ist, ist mein Urteil getäuscht.

Dein Sehen, Herr, ist Deine Seinsheit. Blicke ich auf die Menschheit, die in allen Menschen eine einfache und eine ist, so finde ich sie in allen und in den einzelnen Menschen. Und wie wohl sie in sich weder östlich, noch westlich, noch südlich, noch nördlich ist, ist sie doch in den östlichen Menschen im Osten und in den westlichen Menschen im Westen. Und wie wohl in der Seinsheit der Menschheit weder Bewegung, noch Ruhe ist, bewegt sie sich doch mit den sich bewegenden Menschen und ruht mit den ruhenden, steht mit den Stehenden zugleich und auf einmal im selben Augenblick; denn die Menschheit verläßt die Menschen nicht, ob sie sich bewegen oder nicht bewegen, ob sie nun schlafen oder ruhen.

Wenn sich also schon die Natur des Menschseins, welche verschränkt ist und sich nicht außerhalb der Menschen findet, so verhält, daß sie mit dem einen Menschen nicht mehr verbunden ist als mit einem anderen, und dem einen in so vollkommener Weise, als ob sie keinem anderen verbunden wäre, so muß es sich in viel erhabener Weise mit jenem unverschränkten Menschsein, dem Urbild und der Idee jener verschränkten Natur, welche Gestalt und Wahrheit jener verschränkten Gestalt des Menschseins ist, verhalten. Denn niemals kann es das in einem Einzelwesen verschränkte Menschsein verlassen. Es ist die Gestalt, die der gestalthaften Natur das Sein gibt. Ohne sie kann es keine eigengestaltliche Form geben, da diese ihr Sein nicht durch sich hat. Sie stammt von jener, die durch sich selbst ist und vor der es keine andere gibt. Die Form, die der Eigengestalt das Sein gibt, ist die absolute Form. Und Du, Herr, der Du der Bildner des Himmels und der Erde und aller Dinge bist, bist jene Form.

Quando igitur respicio ad humanitatem contractam et per illam ad absolutam scilicet videndo in contracto absolutum ut in effectu causam et in imagine veritatem et exemplar, occuris tu mihi Deus meus quasi exemplar omnium hominum et homo per se, hoc est absolutus. Quando autem similiter in cunctis speciebus me ad formam formarum converto in omnibus tu mihi ut idea et exemplar occurris. Et quia tu es absolutum exemplar et simplicissimum, non es compositus ex pluribus exemplaribus, sed es unum exemplar simplicissimum, infinitum ita quod omnium et singulorum, quae formari possunt es verissimum et adaequatissimum exemplar.

Es igitur essentia essentiarum dans contractis essentiis ut id sint, quod sunt. Extra te igitur, Domine, nihil esse potest. Si igitur essentia tua penetrat omnia, igitur et visus tuus, qui est essentia tua. Sicut igitur nihil omnium, quae sunt, potest fugere ab esse suo proprio, ita nec ab essentia tua, quae dat esse essentiae omnibus, quare nec visum tuum. Omnia igitur et singula simul tu Domine vides et cum omnibus, quae moventur moveris et cum stantibus stas et quia reperiuntur, qui aliis stantibus moventur, tunc tu, Domine, stas simul et moveris, progrederis simul et quiescis, Si enim moveri reperitur simul tempore cum quiescere in diversis contractum et nihil extra te esse potest, nec motus extra te est, nec quies. Omnibus illis simul et semel et cuilibet totus ades, Domine. Nec tamen moveris, nec quiescis, quia es superexaltatus et absolutus ab omnibus illis, quae concipi aut nominari possunt.

Stas igitur et progrederis et neque stas, neque progrederis simul. Facies haec depicta mihi ostendit id ipsum. Nam si moveor apparet visus eius moveri, quia me non deserit. Si me movente alius, qui faciem intuetur stat, similiter eum visus non deserit, sed stat cum stante. Tamen proprie non potest faciei absolutae ab his respectibus convenire quod stet et moveatur, quia est supra omnem stationem et motum in simplicissima et absolutissima infinitate. Post quam quidem infinitatem est motus et quies oppositio et quicquid dici aut concipi potest.

Betrachte ich das verschränkte Menschsein und durch es hindurch das absolute, so sehe ich im verschränkten das absolute in ähnlicher Weise wie ich in der Wirkung die Ursache und im Abbild die Wahrheit und das Urbild sehe. Dann trittst Du mir, Herr, entgegen, gleichsam als Urbild aller Menschen und als der Mensch-durch-sich, d. h. als der absolute Mensch. Wende ich mich gleichermaßen bei allen Eigengestalten zur Form der Formen, dann begegnest Du mir als ihre Idee und ihr Urbild. Und weil Du das absolute und ganz einfache Urbild bist, bist Du nicht zusammengesetzt aus vielen Urbildern, sondern bist dies dergestalt, daß Du das wahrste und angemessenste Urbild für alle Dinge bist, die gebildet werden können.

Du bist also die Wesenheit der Wesenheiten, welche den verschränkten Wesenheiten verleiht, daß sie sind, was sie sind. Außerhalb Deiner, Herr, vermag darum nichts zu sein. Wenn also Deine Wesenheit alles durchdringt, dann durchdringt es auch Dein Blick, der Deine Wesenheit ist. So wie nichts von allem, das ist, seinem ihm eigenen Sein entfliehen kann, so kann es auch nicht Deiner Wesenheit entfliehen, welche allen Wesenheiten das Sein ihrer Wesenheit verleiht; und ebensowenig Deinem Blick. Du siehst, o Herr, alles und das einzelne zugleich, Du bewegst Dich mit allem, das sich bewegt und stehst mit allem, das steht; und da es Dinge gibt, welche sich bewegen, während andere stille stehen, stehst Du, Herr, zugleich und bewegst Dich, schreitest fort und ruhst zugleich. Da sich Bewegen und Ruhen in Verschiedenem zur selben Zeit verschränkt findet, und nichts außerhalb Deiner zu sein vermag, so gibt es weder Bewegung, noch Ruhe außerhalb Deiner. Allen diesen Dingen bist Du zu ein und derselben Zeit gänzlich gegenwärtig. Und dennoch bewegst Du Dich nicht und ruhst nicht, weil Du hocherhaben und losgelöst von allem bist, was begriffen oder benannt werden kann.

Du stehst also und schreitest fort und stehst doch nicht und schreitest nicht zur selben Zeit. Dieses gemalte Antlitz zeigt mir es. Denn wenn ich mich bewege, scheint sich sein Blick zu bewegen, weil er mich nicht verläßt. Wenn aber ein anderer still steht, während ich mich bewege, so verläßt ihn gleicherweise der Blick nicht, sondern steht still mit dem Stehenden. Dennoch kommt es dem von solcher Art des Betrachtens frei gemachten und entrückten Antlitz in seinem eigentlichen Wesen nicht zu, daß es steht oder sich bewegt, da es ja über allem Stehen und Bewegen erhaben in der ganz einfachen und losgelösten Unendlichkeit ist. Erst nach dieser Unendlichkeit gibt es Bewegung, Ruhe und Gegensätzlichkeit und was sonst immer sich sagen oder erfassen läßt.

Unde experior, quomodo necesse est me intrare caliginem et admittere coincidentiam oppositorum super omnem capacitatem rationis et quaerere ibi veritatem ubi occurrit impossibilitas, et supra illam omnem etiam intellectualem altissimum ascensum quando pervenero ad id, quod omni intellectui est incognitum et quod omnis intellectus iudicat remotissimum a veritate, ibi es tu, Deus meus, qui est absoluta necessitas.

Et quanto impossibilitas illa caliginosa cognoscitur magis obscura et impossibilis, tanto verius necessitas relucet et minus velate adest et appropinquat. Quapropter tibi gratias ago Deus meus, quia patefacis mihi, quod non est via alia ad te accendendi nisi illa, quae omnibus hominibus etiam doctissimis philosophis, videtur penitus inaccessibilis et impossibilis, quoniam tu mihi ostendisti te non posse alibi videri quam ubi impossibilitas occurrit et obviat.

Et animasti me Domine, qui es cibus grandium, ut vim mihi ipsi faciam, quia impossibilitas coincidit cum necessitate. Et repperi locum, in quo revelate reperieris, cinctum contradictorium coincidentia. Et ista est murus paradisi, in quo habitas; cuius portam custodit spiritus altissimus rationis, qui nisi vincatur non patebit ingressus. Ultra igitur coincidentiam contradictoriorum videri poteris et nequaquam citra. Si igitur impossibilitas est necessitas in visu tuo Domine nihil est, quod visus tuus non videat.

X.

Quomodo videtur Deus ultra coincidentiam contradictoriorum et quomodo videre est esse

Sto coram imagine faciei tuae, Deus meus, quam oculis sensibilibus respicio et nitor oculis interioribus intueri veritatem, quae in pictura signatur. Et occurrit mihi Domine, quod visus tuus loquatur. Nam non est aliud loqui tuum quam videre tuum, cum non differant realiter in te, qui es ipsa simplicitas absoluta. Tunc clare experior, quod tu simul omnia vides et singula, quia ego simul et semel dum praedico ecclesiae loquor congregatae et singulis in ecclesia existentibus; unum verbum loquor et in illo unico singulis loquor. Id, quod mihi est ecclesia, hoc

Daraus erfahre ich, daß ich in die Dunkelheit eintreten muß; den Zusammenfall der Gegensätze über alle Fassungsvermögen des Verstandes hinaus zugestehen und die Wahrheit dort suchen muß, wo mir die Unmöglichkeit entgegentritt; über dieser Unmöglichkeit, die über jedem, auch dem höchsten Vernunftaufstieg hinaus liegt, wenn ich zu dem gelangt bin, das für alle Vernunft unerkannt ist, und von dem jede Vernunft meint, es sei von der Wahrheit am weitesten entfernt, finde ich Dich. Dort bist Du, mein Gott, der Du die absolute Notwendigkeit bist.

Und je mehr diese finstere Unmöglichkeit als verborgen und unmöglich erkannt wird, desto wahrer strahlt die Notwendigkeit wider und desto weniger verhüllt ist sie zugegen und nähert sich. Darum danke ich Dir, mein Gott, der Du mir offenbarst, daß es keinen anderen Weg gibt, um zu Dir zu gelangen, als jenen, welcher allen Menschen, sogar den gelehrtesten Philosophen völlig unersteigbar und unmöglich erscheint. Du hast mir ja gezeigt, daß Du nirgends anders zu sehen bist als dort, wo uns die Unmöglichkeit entgegentritt und uns den Weg verstellt.

Du, Herr, Speise der Starken, hast mir den Mut gegeben, mir selbst Gewalt zu tun, weil die Unmöglichkeit mit der Notwendigkeit zusammenfällt. Ich habe den Ort gefunden, in dem man Dich unverhüllt zu finden vermag. Er ist umgeben von dem Zusammenfall der Gegensätze. Dieser ist die Mauer des Paradieses, in dem Du wohnst. Sein Tor bewacht höchster Verstandesgeist. Überwindet man ihn nicht, so öffnet sich nicht der Eingang. Jenseits des Zusammenfalls der Gegensätze vermag man Dich zu sehen; diesseits aber nicht. Wenn also in Deinem Blick, o Herr, die Unmöglichkeit die Notwendigkeit ist, dann gibt es nichts, das Dein Blick nicht sähe.

X.

Gott wird jenseits des Zusammenfalls der Gegensätze gesehen und sein Sehen ist Sein

Ich stehe vor dem Abbild Deines Angesichts, mein Gott, das ich mit meinen leiblichen Augen betrachte und mühe mich, mit den inneren Augen die Wahrheit zu schauen, welche in dem Gemälde zeichenartig angedeutet ist. Und es kommt mir der Gedanke, daß Dein Blick spricht. Dein Sprechen ist ja nichts anderes als Dein Sehen, da sich beide in Dir, der absoluten Einfachheit, der Sache nach nicht unterscheiden. Daß Du zugleich alles und das einzelne siehst, erfahre ich deutlich, wenn ich zugleich und auf einmal der versammelten Gemeinde und den einzelnen Gemeindemitgliedern

tibi Domine est totus hic mundus et singulae creaturae, quae sunt aut esse possunt. Sic igitur singulis loqueris et ea quibus loqueris vides.

Domine, qui es summa consolatio in te sperantium inspiras, ut te laudem ex me. Nam dedisti mihi faciem unam sicut voluisti et illa per omnes quibus praedico singulariter et simul videtur. Videtur itaque facies mea unica per singulos et sermo simplex meus integre a singulis auditur. Ego autem non possum simul omnes loquentes discrete audire, sed unum post unum, neque omnes simul discrete videre, sed unum post unum. Sed si in me esset tanta vis, quod audiri cum audire coinciderent, sic et videri et videre, sic et loqui et audire uti in te, Domine, qui es summa virtus, tunc omnes et singulos simul audirem et viderem. Et sicut singulis simul loquerer ita etiam in eodem tunc quando loquerer omnium et singulorum responsa viderem et audirem.

Unde in ostio coincidentiae oppositorum, quod angelus custodit in ingressu paradisi constitutus te Domine videre incipio. Nam ibi es, ubi loqui videre, audire, gustare, tangere, ratiocinari, scire, et intelligere sunt idem, et ubi videre coincidit cum videri et audire cum audiri et gustare cum gustari et tangere cum tangi et loqui cum audire et creare cum loqui.

Si ego viderem sicut visibilis sum non essem creatura. Et si tu Deus non videres sicut visibilis es non esses Deus omnipotens. Ab omnibus creaturis es visibilis et omnes vides. In eo enim, quod omnes vides videris ab omnibus. Aliter enim esse non possunt creaturae, quia visione tua sunt. Quod si te non viderent videntem a te non caperent esse. Esse creaturae est videre tuum pariter et videri.

Loqueris verbo tuo omnibus, quae sunt et vocas ad esse, quae non sunt. Vocas igitur ut te audiant et quando te audiunt, tunc sunt. Quando igitur loqueris omnibus loqueris et omnia te audiunt, quibus loqueris. Loqueris terrae et vocas eam ad

predige: ich spreche ein einziges Wort und in diesem einen Wort spreche ich zu allen einzelnen. Das, was für mich die Gemeinde ist, ist für Dich Herr, diese ganze Welt und die einzelnen Geschöpfe, die sind oder sein können. Denn genauso sprichst Du zu den einzelnen und siehst sie, zu denen Du sprichst.

Herr, Du höchster Trost derer, die auf Dich hoffen, Du gibst mir ein, Dich von mir her gesehen zu loben. Du hast mir ein Antlitz gegeben, so wie Du es wolltest, und dieses Antlitz wird von allen, denen ich predige einzeln und zugleich gesehen. Mein eines Gesicht wird also von den einzelnen gesehen und meine einfache Rede wird unverkürzt von den einzelnen gehört. Ich vermag jedoch nicht alle Sprechenden zugleich getrennt zu hören, sondern nur einen nach dem anderen, und nicht alle zugleich zu sehen, sondern nur einen nach dem anderen. Wäre aber in mir solche Macht, daß Gehört-werden mit Hören zusammenfiele, Gesehen-werden mit Sehen und Sprechen und Hören wie in Dir, o Herr, der Du die höchste Mächtigkeit bist, dann würde ich zugleich alle und die einzelnen hören und sehen. Und ebenso, wie ich dann zu den einzelnen zugleich spräche, würde ich auch in dem selben Augenblicke, in dem ich spräche, die Antworten aller und jedes einzelnen zugleich sehen und hören.

So beginne ich an der Schwelle des Zusammenfalls der Gegensätze, welche der Engel hütet, d. h. am Eingang des Paradieses, Dich zu schauen, o Herr. Denn Du bist da, wo Sprechen, Sehen, Hören, Schmecken, Berühren, Überlegen, Wissen und Verstehen das selbe sind; wo Sehen mit Gesehen-werden zusammenfällt, Hören mit Gehört-werden, Schmecken mit Geschmeckt-werden, Berühren mit Berührt-werden, Sprechen mit Hören und Schaffen mit Sprechen.

Sähe ich so, wie ich sichtbar bin, so wäre ich nicht Geschöpf. Und wenn Du, o Gott, nicht sähest wie Du sichtbar bist, wärest Du nicht Gott, der Allmächtige. Allen Geschöpfen bist du sichtbar und alle siehst Du. Denn eben dadurch, daß Du alle siehst, wirst Du auch von allen gesehen. Anders nämlich können die Geschöpfe nicht sein, da sie durch Deinen Blick sind. Wenn sie nicht Dich, den Sehenden sähen, empfingen sie nicht das Sein von Dir. Das Sein des Geschöpfes ist zugleich Dein Sehen und Gesehen-werden.

Du sprichst in Deinem Wort zu allen, die sind, und rufst ins Sein, die nicht sind. Du rufst sie, auf daß sie Dich hören und wenn sie Dich hören, sind sie. Wenn Du sprichst, sprichst Du zu allen und alle, zu denen Du sprichst, vernehmen Dich. Du

humanam naturam. Et audit te terra et hoc audire eius est fieri hominem. Loqueris nihilo quasi sit aliquid et vocas nihil ad aliquid et audit te nihil, quia fit aliquid, quod fuit nihil[1].

O vis infinita! Concipere tuum est loqui. Concipis caelum et est uti concipis. Concipis terram et est ut concipis. Dum concipis vides et loqueris et operaris et quicquid dici potest. Sed admirabilis es, Deus meus! Semel loqueris, semel concipis, quomodo ergo non sunt omnia simul, sed successive multa? Quomodo tot sunt diversa ex unico conceptu?

Tu me in limine ostii constitutum illustras, quia conceptus tuus est ipsa aeternitas simplicissima. Nihil est autem possibile fieri post aeternitatem simplicissimam. Ambit igitur infinita duratio, quae est ipsa aeternitas omnem successionem. Omne igitur, quod nobis in successione apparet nequaquam est post tuum conceptum, qui est aeternitas. Unicus enim conceptus tuus, qui est et verbum tuum, omnia et singula complicat. Verbum tuum aeternum non potest esse multiplex nec diversum nec variabile nec mutabile, quia simplex aeternitas.

Sic video, Domine, post tuum conceptum nihil esse, sed sunt omnia, quia concipis. Concipis autem in aeternitate. Successio autem in aeternitate est sine successione ipsa aeternitas, ipsum verbum tuum Domine Deus. Rem aliquam, quae nobis temporaliter apparet non prius concepisti quam est. In aeternitate enim, in qua concipis, omnis successio temporalis in eodem nunc aeternitas coincidit. Nihil igitur praeteritum vel futurum, ubi futurum et praeteritum coincidunt cum praesenti Sed quod res in hoc mundo secundum prius et posterius existunt est, quia tu prius res tales ut essent non concepisti. Si prius concepisses, prius fuissent. Sed in cuius conceptu potest cadere prius et posterius, ut prius unum concipiat et postea aliud, non est omnipotens. Ita quia tu es Deus omnipotens es intra murum in paradiso. Murus autem est coincidentia illa, ubi posterius coincidit cum priore, ubi finis coincidit cum principio, ubi alpha et omega sunt idem.

---

[1] Cf. Ps. 49, 1; 146, 4; 148, 8.

sprichst zur Erde und berufst sie zur menschlichen Natur. Und die Erde hört Dich und dieses ihr Hören ist das Mensch-Werden. Du sprichst zum Nichts, als ob es Etwas wäre, und berufst das Nichts zum Etwas und das Nichts hört Dich, weil das Etwas wird, was Nichts war.

O unendliche Kraft! Dein Entwerfen ist Reden. Du ersinnst den Himmel und er ist, wie Du ihn ersonnen hast. Du erdenkst die Erde und sie ist wie Du sie erdacht hast. Wenn Du denkst, siehst Du und sprichst und wirkst und was immer man sagen kann. Erstaunlich jedoch bist Du mein Gott! Einmal sprichst Du, einmal erdenkst Du. Wie geschieht es da, daß nicht alles auf einmal ist, sondern vieles aufeinander folgt? Wie entsteht soviel Verschiedenes aus einem einzigen Entwurf?

Du machst mir, der ich auf der Schwelle des Eingangstores Bestand erhalten habe, klar, daß Dein Begreifen die einfache Ewigkeit ist. Nichts aber kann nach der ganz einfachen Ewigkeit werden. Die unendliche Dauer, welche die Ewigkeit ist, umfaßt jede Aufeinanderfolge. Alles, was uns in der Aufeinanderfolge erscheint, entspricht in keiner Weise Deinem Denken, das die Ewigkeit ist. Dein einziger Begriff, welcher Dein Wort ist, faltet alles und jedes einzelne ein. Dein ewiges Wort kann nicht vielfältig sein, noch verschieden, veränderlich oder wandelbar, denn es ist die einfache Ewigkeit.

So sehe ich, Herr, daß nichts nach Deinem Denken mehr kommt; alle Dinge sind vielmehr, weil Du sie denkst. Du entwirfst jedoch in der Ewigkeit. In der Ewigkeit aber ist die Aufeinanderfolge ohne jede Aufeinanderfolge die Ewigkeit selbst, Dein Wort, Herr und Gott. Ein Ding, das uns in zeitlicher Weise erscheint, hast Du nicht früher gedacht als es ist. In der Ewigkeit, in der Du denkst, fällt ja jede zeitliche Aufeinanderfolge mit dem Jetzt der Ewigkeit zusammen. Und dort, wo Zukünftiges und Vergangenes mit dem Gegenwärtigen zusammenfallen, gibt es nichts Vergangenes oder Zukünftiges. Daß jedoch die Dinge in dieser Welt dem „früher und später" gemäß existieren, kommt daher, daß Du es nicht zuvor entworfen hast, daß die Dinge als solche sind. Wenn Du sie früher gedacht hättest, wären sie früher gewesen. Jemand hingegen, in dessen Denken es ein Früher und Später nicht gibt, sodaß er zuerst eines denkt und später ein anderes, ist nicht allmächtig. Du bist Gott, der Allmächtige, und darum bist Du innerhalb der Mauer im Paradies. Die Mauer aber ist jene Koinzidenz, wo das Frühere mit dem Späteren und das Ende mit dem Anfang zusammenfällt, wo Alpha und Omega dasselbe sind.

Semper igitur res sunt, quia tu dicis, ut sint. Et non sun prius, quia non dicis prius. Et quando ego lego Adam ante to annos fuisse et hodie talem natum, videtur impossibile, quoc Adam tunc fuit, quia tunc voluisti et similiter hodie natus quia nunc voluisti et quod tamen non prius voluisti Adam esse quam hodie natum. Sed illud, quod videtur impossibile est ipsa necessitas. Nam nunc et tunc sunt post verbum tuum. Et ideo accedenti ad te occurrunt in muro, qui circumdat locum, ubi habitas in coincidentia. Coincidit enim nunc et tunc in circulo muri paradisi. Tu vero Deus meus ultra nunc et tunc existis et loqueris, qui es aeternitas absoluta.

XI.

Quomodo videtur in Deo successio sine successione

Experior bonitatem tuam, Deus meus, quae me miserum peccatorem non solum non spernit, sed quodam desiderio dulciter pascit. Inspirasti similitudinem mihi gratam circa unitatem verbi mentalis seu conceptus tui et varietatem eiusdem in successive apparentibus. Nam simplex conceptus horologii perfectissimi me ducit, ut sapidius rapiar ad visionem conceptus et verbi tui.

Conceptus enim simplex horologii complicat omnem successionem temporalem. Et esto quod horologium sit conceptus, tunc licet prius audiamus sonum sextae horae quam septimae non tamen auditur septima nisi quando iubet conceptus. Neque sexta est prius in conceptu quam septima aut octava, sed in unico conceptu horologii nulla hora est prior aut posterior alia, quamvis horologium nunquam horam sonet nisi quando conceptus iubet. Et verum est dicere quando audimus sextam sonare, quod tunc sexta sonat, quia conceptus magistri sic vult.

Et quia horologium in conceptu Dei est conceptus tunc aliquantulum videtur quomodo successio in horologio est sine

Die Dinge sind also immer, weil Du sagst, daß sie sein sollen. Und sie sind nicht früher, weil Du es nicht früher sagst. Und wenn ich lese, daß Adam vor so vielen Jahren gewesen sei, und daß heute ein ebensolcher Mensch geboren worden ist, so scheint es unmöglich, daß Adam damals war, weil Du damals gewollt hast und daß er gleichermaßen heute geboren ist, weil Du es jetzt gewollt hast und daß Du dennoch gewollt hast, daß Adam nicht früher geboren werde als der heute Geborene. Aber das, was unmöglich scheint, ist die Notwendigkeit selbst. Denn Jetzt und Damals kommen nach Deinem Worte. Dem, der sich Dir nähert, begegnen sie an der Mauer, welche die Stätte umgibt, wo Du innerhalb der Koinzidenz wohnst. Jetzt und Damals fallen ja im Kreis der Paradiesesmauer zusammen. Du aber, mein Gott, bist und sprichst jenseits von Jetzt und Damals. Du bist die absolute Ewigkeit.

XI.

In welcher Weise Aufeinanderfolge in Gott ohne Aufeinanderfolge ist

Ich erfahre Deine Güte, mein Gott, die mich armen Sünder nicht nur nicht verachtet, sondern in meinem Sehnen aufs köstlichste ernährt. Du gibst mir ein willkommenes Gleichnis für die Einheit des geistigen Wortes oder Deines Begriffes ein und dafür, wie derselbe unterschiedlich ist im nacheinander Erscheinenden. Denn der einfache Begriff der vollkommensten Uhr führt mich dazu, daß ich weiser zur Schau Deines Begriffes und Wortes fortgerissen werde.

Der einfache Begriff der Uhr umfaßt alle zeitliche Aufeinanderfolge in sich. Wenn sich nun die Uhr genau mit ihrer Begriffsvorstellung deckt, so hören wir zwar den Stundenschlag der sechsten Stunde früher als den der siebenten, aber den der siebenten nur dann, wenn es der Begriff der Uhr gebietet. Und in diesem Begriff ist die sechste nicht früher als die siebente oder die achte. In dem einzigen Begriff der Uhr ist vielmehr keine Stunde früher oder später als eine andere, obwohl die Uhr niemals die Stunde schlägt, wenn es nicht ihr Begriff gebietet. Und wenn wir hören, daß es die sechste Stunde schlägt, dann ist es auch wahr zu sagen, daß es darum sechs schlägt, weil es der Gedanke des Meisters so will.

Und weil die Uhr im Denken Gottes dieses Denken ist, erhalten wir eine Ahnung davon, daß und wie die Aufeinanderfolge in der

successione in verbo seu conceptu et quod in simplicissimo illo conceptu complicantur omnes motus et soni et quicquid in successione experimur; et quod omne illud, quod succesive evenit non exit quovismodo conceptum, sed est explicatio conceptus ita, quod conceptus dat esse cuilibet, et quod propterea nihil prius fuit quam eveniat, quia prius non fuit conceptum ut esset.

Sit igitur conceptus horologii quasi ipsa aeternitas, tunc motus in horologio est successio. Complicat igitur aeternitas successionem et explicat. Nam conceptus horologii, qui est aeternitas, complicat pariter et explicat omnia.

Benedictus [igitur] sis Domine Deus meus, qui me lacte similitudinum pascis et nutris, quousque solidiorem tribuas mihi cibum. Deduc me Domine Deus per has semitas ad te, quia nisi me duxeris subsistere in via nequeo, propter fragilitatem naturae corruptibilis et futilis vasis[1], quod circumfero. Redeo iterum confisus adiutorio tuo Domine, ut te ultra murum coincidentiae complicationis et explicationis reperiam. Et cum per hoc ostium verbi et conceptus tui intro et exeo simul pascua reperio dulcissima, cum te reperio virtutem complicantem omnia, intro; cum te reperio virtutem explicantem, exeo. Cum te reperio virtutem complicantem pariter et explicantem intro pariter et exeo.

Intro de creaturis ad te creatorem de effectibus ad causam, exeo de te creatore ad creaturam de causa ad effectus. Intro et exeo simul, quando video quomodo exire est intrare et intrare exire simul; sicut qui numerat explicat pariter et complicat. Explicat virtutem unitatis et complicat numerum in unitatem. Exire enim creaturae a te est creaturam intrare et explicare est complicare[2]. Et quando video te Deum in paradiso, quam illic murus coincidentiae oppositorum cingit, video te nec complicare nec explicare disiunctive vel copulative. Disiunctio enim pariter et coniunctio est murus coincidentiae, ultra quam existis absolutus ab omni eo, quod aut dici aut cogitari potest.

---

[1] 2 Kor. 4, 7.

[2] Vgl. Scotus Eriugena, De divisione naturae III, 17ff u. a.; cf. p. 144.

Uhr ohne Aufeinanderfolge im Wort oder Begriff ist und daß in jenem allereinfachsten Begriff alle Bewegungen und Töne, und was immer sonst wir in Aufeinanderfolge erfahren, eingefaltet sind; daß alles, was in Aufeinanderfolge geschieht, nicht irgendwie aus jenem Denken heraustritt, sondern die Entfaltung jenes Gedankens in einer Weise ist, daß dieser einem jeden das Sein gibt. Und wir sehen, daß deshalb nichts gewesen ist, bevor es noch zum Vorschein kam, weil früher nicht gedacht worden war, daß es sei.

Der Begriff der Uhr möge für die Ewigkeit selbst stehen, die Bewegung in der Uhr ist dann die Aufeinanderfolge. Die Ewigkeit faltet die Aufeinanderfolge also ein und aus. Denn der Begriff der Uhr, welcher die Ewigkeit ist, faltet gleichermaßen alles ein und aus.

Gepriesen seiest Du, Herr, mein Gott, der Du mich solange mit der Milch des Gleichnisses nährst und weidest, bis Du mir stärkere Speise reichst. Führe mich, Herr und Gott, durch diese Pfade zu Dir. Führst Du mich nicht, so vermag ich wegen der Schwachheit meiner vergänglichen Natur und des zerbrechlichen Gefäßes, das ich trage, nicht auf dem Wege zu bleiben. Vertrauend auf Deine Hilfe, o Herr, komme ich wiederum, um Dich jenseits der Mauer des Zusammenfalls von Einfaltung und Ausfaltung zu finden. Da ich durch diese Pforte Deines Wortes und Gedankens sowohl ein- wie ausgehe, finde ich die süßesten Weiden. Finde ich Dich als die Kraft, die alles einfaltet, so trete ich ein, finde ich Dich als die Kraft, die ausfaltet, so gehe ich heraus. Finde ich Dich als die Kraft, welche zugleich einfaltet und ausfaltet, so gehe ich zugleich hinein und heraus.

Ich trete ein von den Geschöpfen zu Dir, dem Schöpfer, vom Bewirkten zum Wirkgrund, ich gehe hinaus vom Schöpfer zum Geschöpf, vom Wirkgrund zum Bewirkten. Zugleich gehe ich aus und ein, wenn ich sehe, wie Herauskommen Hineingehen und Hineingehen Herauskommen ist. Jemand, der zählt, faltet zugleich ein und aus; er faltet die Mächtigkeit der Einheit aus und faltet die Zahl in die Einheit ein. Daß die Schöpfung von Dir ausgeht, bedeutet, daß sie eintritt; sie auszufalten bedeutet sie einzufalten. Wenn ich Dich, o Gott, im Paradies sehe, das diese Mauer des Zusammenfalles der Gegensätze umgibt, sehe ich Dich weder trennend, noch verbindend ausfalten oder einfalten. Trennung und Verbindung zugleich ist die Mauer des Zusammenfalles, und jenseits von ihr bist Du, losgelöst von allem, das gesagt oder gedacht werden kann.

XII.

Quomodo ubi invisibilis videtur increatus creator

Apparuisti mihi Domine aliquando ut invisibilis ab omni creatura, quia es Deus absconditus infinitus. Infinitas autem est incomprehensibilis omni modo comprehendendi. Apparuisti deinde mihi, ut ab omnibus visibilis, quia in tantum res est, in quantum tu eam vides. Et ipsa non esset actu nisi te videret. Visio enim praestat esse, quia est essentia tua. Sic Deus meus es invisibilis pariter et visibilis. Invisibilis es uti tu es, visibilis es uti creatura est, quae in tantum est, in quantum te videt.

Tu igitur Deus meus invisibilis ab omnibus videris et in omni visu videris. Per omnem videntem in omni visibili et omni actu visionis videris, qui es invisibilis et absolutus ab omni tali et superexaltatus in infinitum. Oported igitur me Domine murum illum invisibilis visionis transilire, ubi tu reperieris. Est autem murus omnia et nihil simul. Tu enim qui occuris quasi sis omnia et nihil omnium simul, habitas intra murum illum excelsum, quem nullum ingenium sua virtute scandere potest. Occurris mihi aliquando, ut cogitem te videre in te omnia, quasi speculum vivum in quo omnia relucent. Et quia videre tuum est scire, tunc occurrit mihi te non videre in te omnia, uti speculum vivum, quia sic scientia tua oriretur a rebus. Deinde occurris mihi ut videas in te omnia quasi virtus se intuendo, uti virtus seminis arboris si se intueretur in se arborem videret in virtute, quia virtus seminis est arbor virtualiter. Et post hoc occurrit mihi quod non videas te et in te omnia, uti virtus. Nam videre arborem in potentia virtutis differet a visione, qua arbor videtur in actu. Et tunc reperio, quomodo virtus tua infinita est ultra specularem et seminalem et coincidentiam radiationis et reflexionis causae et causati pariter et quod illa absoluta virtus est visio absoluta, quae est ipsa perfectio et est super omnes videndi modo.

XII.

Wo der unsichtbare, ungeschaffene Schöpfer gesehen wird

Manchmal, o Herr, erscheinst Du mir als für jedes Geschöpf unsichtbar, da Du der verborgene unendliche Gott bist. Die Unendlichkeit ist ja für jede Weise des Begreifens unbegreiflich. Dann wiederum erscheinst Du mir als für alle sichtbar, weil ein Ding nur insoweit ist, als Du es siehst und es nicht wirklich wäre, wenn es Dich nicht sähe. Deine Schau nämlich, verleiht das Sein, weil sie Deine Seinsheit ist. So bist Du, mein Gott, zugleich sichtbar und unsichtbar. Unsichtbar bist Du, wie Du bist, sichtbar, wie Du für das Geschöpf bist, das nur insoweit ist, als es Dich sieht.

Du, mein Gott, der Du unsichtbar bist, wirst von allen und in jeder Schau geschaut. Von jedem Sehenden wirst Du in allem Sichtbaren und in jedem Akt der Schau gesehen; Du, der Du unsichtbar und von allem derartigen losgelöst und unendlich hocherhaben bist. Ich muß also, o Herr, jene Mauer der unsichtbaren Schau überspringen, um dorthin zu gelangen, wo Du gefunden wirst. Diese Mauer jedoch ist alles und nichts zugleich. Du nämlich, der Du mir entgegentrittst, als wärest Du alles und nichts zugleich, wohnst innerhalb jener hohen Mauer, die kein Menschengeist aus eigener Kraft ersteigen kann. Manchmal trittst Du mir so entgegen, daß ich glaube, Du siehst alles in Dir, einem lebendigen Spiegel gleich, in dem alles widerstrahlt. Weil indes Dein Sehen Wissen ist, wird mir deutlich, daß Du doch nicht alles in Dir siehst, so als wärest Du ein lebendiger Spiegel, weil dann Dein Wissen von den Dingen ausginge. Dann wieder trittst Du mir entgegen, als sähest Du in Dir alles, einer Kraft gleich, die sich selbst betrachtet, so wie die Kraft im Samen eines Baumes, wenn sie sich selbst betrachtete, in sich den Baum ihrer Möglichkeit nach sähe. Die Kraft des Samens ist ja Baum in der Möglichkeit. Aber dann wird mir klar, daß Du Dich und in Dir alles nicht so siehst als wärest Du eine Kraft. Denn den Baum in der Möglichkeit seiner Kraft zu sehen ist verschieden von der Schau, in der er in der Wirklichkeit gesehen wird. Und schließlich finde ich, daß Deine unendliche Kraft jenseits spiegelartiger und samenhafter Beispiele steht und daß sie jenseits des Zusammenfalls von Strahlung und Widerschein, von Grund und Begründetem liegt; daß jene absolute Kraft die absolute Schau ist, die Vollendung, welche über allen Weisen des Sehens steht.

Omnes enim modi, qui perfectionem visionis explanant sine modo sunt visio tua, quae est essentia tua, Deus meus. Sed sine, Domine piissime, ut adhuc vilis factura loquatur ad te. Si videre tuum est creare tuum et non vides aliud a te, sed tu ipse es obiectum tui ipsius — es enim videns et visibile atque videre — quomodo tunc creas res alias a te? Videris enim creare te ipsum sicut vides te ipsum. Sed consolaris me vita spiritus mei, quoniam etsi occurrat murus absurditatis, qui est coincidentiae ipsius creare cum creari, quasi impossibile sit quod creare coincidat cum creari — videtur enim quod hoc admittere sit affirmare rem esse antequam sit, quando enim creat est et non est, quia creatur — tamen non obstat. Creare enim tuum est esse tuum.

Nec est aliud creare pariter et creari quam esse tuum omnibus communicare, ut sis omnia in omnibus et ab omnibus tamen maneas absolutus. Vocare enim ad esse, quae non sunt, est communicare esse nihilo. Sic vocare est creare, communicare est creari. Et ultra hanc coincidentiam creare cum creari es tu Deus absolutus et infinitus, neque creans neque creabilis licet omnia id sint, quod sunt, quia tu es.

O altitudo divitiarum, quam incomprehensibilis es[1]! Quamdiu concipio creatorem creantem adhuc sum citra murum paradisi. Sic quamdiu concipio creatorem creabilem[2] nondum intravi, sed sum in muro, sed absolutam cum te video infinitatem, cui nec nomen creatoris creantis nec creatoris creabilis competit, tunc revelate te inspicere incipio et intrare hortum deliciarum, quia nequaquam es aliquid tale, quod dici aut concipi potest, sed in infinitum super omnia talia absolute superexaltatus. Non es igitur creator, sed plus quam creator in infinitum, licet sine te nihil fiat aut fieri possit. Tibi laus et gloria per saecula infinita.

---

[1] Röm. 11, 33.
[2] Vgl. Scotus E., De div. nat. I, 12f; II, 2 u. a.; cf. p. 140

Denn alle Maßweisen, welche die Vollendung der Schau erklären, sind, vom Maß befreit, Deine Schau, die Deine Seinsheit ist, mein Gott. Aber dulde gütigster Herr, daß Dein geringes Geschöpf zu Dir spricht. Wenn Dein Sehen Dein Schaffen ist, und Du nichts siehst, daß Dir gegenüber ein Anderes ist, sondern Du selbst der Gegenstand Deiner selbst bist — Du bist ja der Sehende, das Sichtbare und das Sehen — wie schaffst Du Dinge, die Dir gegenüber etwas Anderes sind? Du scheinst Dich selbst zu erschaffen, so wie Du Dich selbst siehst. Aber Du tröstest mich, Leben meines Geistes. Wohl stellt sich mir die Mauer der Widersinnigkeit des Zusammenfalls von Schaffen mit Geschaffenwerden so entgegen, als sei es unmöglich, daß Schaffen mit Geschaffenwerden zusammenfällt — denn wenn man dies zugibt, scheint man zu behaupten, daß ein Ding sei, bevor es ist; weil es nämlich schafft, ist es und weil es geschaffen wird, ist es nicht — und dennoch ist sie kein Hindernis. Denn Dein Schaffen ist Dein Sein.

Erschaffen und Erschaffenwerden zugleich ist nichts anderes als daß Du Dein Sein allen mitteilst, so daß Du alles in allen bist und doch von allem frei bleibst. Dinge zum Sein zu rufen, die nicht sind, bedeutet das Sein dem Nichts mitteilen. So ist Rufen Schaffen, und Mitteilen Geschaffenwerden. Und jenseits dieses Zusammenfalls von Schaffen mit Geschaffenwerden bist Du, o Gott, absolut und unendlich, weder schaffend noch schaffbar, obwohl alle Dinge das sind, was sie sind, weil Du bist.

O Tiefe des Reichtums, wie unfaßbar bist Du! Solange ich einen erschaffenden Schöpfer begreife, bin ich noch diesseits der Mauer des Paradieses. Auch wenn ich einen schaffbaren Schöpfer erfasse, bin ich noch nicht eingetreten, sondern nur gerade an der Mauer. Sehe ich Dich aber als die absolute Unendlichkeit, der weder der Name des schaffenden Schöpfers, noch des schaffbaren Schöpfers angemessen ist, dann beginne ich Dich unverhüllt zu betrachten und in den Garten allen Entzückens einzutreten. Du bist ja in keiner Weise etwas, das gesagt oder begriffen werden kann, sondern in absoluter Weise über dies alles unendlich weit erhaben. Du bist darum nicht Schöpfer, sondern unendlich mehr als Schöpfer, wenn auch ohne Dich nichts wird oder werden kann. Dir sei Lob und Ehre in alle Ewigkeit.

XIII.

Quomodo Deus videtur absoluta infinitas

Domine Deus, adiutor te quaerentium, video te in horto paradisi et nescio quid video, quia nihil visibilium video. Et hoc scio solum, quia scio me nescire, quid video et numquam scire posse. Et nescio te nominare, quia nescio, quid sis. Et si quis mihi dixerit, quod nomineris hoc vel illo nomine, eo ipso quod nominat scio, quod non est nomen tuum. Terminus enim omnis modi significandi nominum est murus ultra quem te video.

Et si quis expresserit conceptum aliquem quo concipi possis, scio illum conceptum non esse conceptum tui[1]. Omnis enim conceptus terminatur in muro paradisi. Et si quis expresserit aliquam similitudinem et dixerit secundum illam te concipiendum, scio similiter illam similitudinem non esse tuam. Sic si intellectum tui quis enarraverit volens modum dare ut intelligaris, hic longe adhuc a te abest. Separaris enim per altissimum murum ab omnibus his. Separat enim murus omnia, quae dici aut cogitari possunt a te, quia tu es ab his omnibus absolutus, quae cadere possunt in conceptum cuiuscumque.

Unde dum altissime elevor infinitatem te video, ob hoc [es] inaccessibilis, incomprehensibilis, innominabilis, imultiplicabilis et invisibilis. Et ideo oportet ad te accedentem super omnem terminum et finem et finitum ascendere. Sed quomodo ad te perveniet, qui es finis ad quem tendit, si ultra finem ascendere debet? Qui ultra finem ascendit nonne hic subintrat in indeterminatum et confusum et ita quoad intellectum ignorantiam et obscuritatem, quae sunt confusionis intellectualis?

Oportet igitur intellectum ignorantem fieri et in umbra constitui, si te videre velit. Sed quid est, Deus meus, intellectus et ignorantia nonne docta ignorantia? Non igitur accedi potes Deus, qui es infinitas nisi per illum cuius intellectus est in ignorantia, qui scilicet scit se ignorantem tui.

---

[1] Cod. Cus.: tuum.

XIII.

Gott erscheint als die absolute Unendlichkeit

Herr und Gott, Helfer derer, die Dich suchen, ich schaue Dich im Garten des Paradieses und ich weiß nicht, was ich sehe, denn ich sehe nichts Sichtbares. Ich weiß allein, daß ich weiß, daß ich nicht weiß, was ich sehe und daß ich es nie wissen kann. Ich weiß nicht, wie ich Dich benennen soll, weil ich nicht weiß, wer Du bist. Und wenn irgend jemand mir sagte, Du würdest mit diesem oder jenem Namen genannt, dann wüßte ich schon dadurch, daß er einen Namen nennt, daß dies nicht Dein Name ist. Die Mauer, jenseits welcher ich Dich schaue, ist die Grenze für jede Weise einer Namens-Bezeichnung.

Legte irgend jemand eine Begriffsbildung dar, mit dem Du begriffen werden solltest, dann wüßte ich, daß dies nicht ein Begriff für Dich ist: jeder Begriff findet seine Grenze an der Mauer des Paradieses. Und wenn jemand irgendein Gleichnisbild darlegte und behauptete, man müsse Dich danach erfassen, dann wüßte ich gleichermaßen, daß dies kein Gleichnis für Dich ist. Genauso: wenn jemand eine Vernunfterkenntnis von Dir berichtete, und damit ein Mittel geben wollte, Dich zu erkennen, dann wäre dieser Mann noch weit von Dir entfernt. Von allem diesem bist Du durch eine hohe Mauer getrennt. Sie trennt alles, was gesagt oder gedacht werden kann, von Dir, weil Du von allem dem, das in das Begriffsvermögen irgend eines Menschen fällt, losgelöst und frei bist.

Erhebe ich mich ganz hoch, so sehe ich Dich als die Unendlichkeit. Als diese bist Du unerreichbar, unerfaßbar, unnennbar, unvermehrbar und unsichtbar. Darum muß der, welcher sich Dir nähert, sich über jede Grenze, jedes Ende und Endliche erheben. Aber wie soll er zu Dir, dem End-Ziel, auf das er zustrebt, gelangen, wenn er sich über das Ende erheben muß? Tritt nicht der, der sich über das Ende erhebt, in das Unbegrenzte und Unbestimmte, d. h. — hinsichtlich der Vernunfterkenntnis — in Unwissenheit und Verdunklung, die der vernunfthaften Unbestimmtheit eigen sind?

Das Vernunft-Denken muß unwissend und ins Dunkel gestellt werden, wenn es Dich sehen will. Indes — was anderes, mein Gott, ist diese Unwissenheit der Vernunft als die wissende Unwissenheit? Kein anderer kann zu Dir herankommen, o Gott, der Du die Unendlichkeit bist, als nur derjenige, dessen Vernunft in Unwissenheit ist, d. h. jener, der weiß, daß er von Dir nichts weiß.

Quomodo potest intellectus te capere, qui es infinitas? Scit se intellectus ignorantem et te capi non posse, quia infinitas es. Intelligere enim infinitatem est comprehendere incomprehensibile. Scit intellectus se ignorantem te, quia scit te sciri non posse nisi sciatur non scibile et videatur non visibile et accedatur non-accessibile.

Tu, Deus meus, es ipsa infinitas absoluta, quam video esse finem infinitum. Sed capere nequeo, quomodo finis sit finis sine fine. Tu Deus es tui ipsius finis, quia es quicquid habes. Si habes finem es finis. Es igitur finis infinitus, quia tui ipsius finis, quia finis tuus est essentia tua, essentia finis non terminatur seu finitur in alio a fine, sed in se.

Finis igitur, qui est sui ipsius finis est infinitus et omnis finis, qui non est sui ipsius finis est finis finitus. Tu Domine, qui es finis omnia finiens, ideo es finis, cuius non est finis et sic finis sine fine seu infinitus, quod aufugit omnem rationem. Implicat enim contradictionem. Quando igitur assero esse sic finitum finem admitto tenebram lucem ignorantiam scientiam impossibile necessarium. Et quia admittimus finem finiti esse, necessario infinitum admittimus seu finem ultimum seu finem sine fine. Sed non possumus non admittere entia finita, ita non possumus non admittere infinitum. Admittimus igitur coincidentiam contradictoriorum super quam est infinitum.

Coincidentia autem illa est contradictio sine contradictione, sicut finis sine fine. Et tu mihi dicis Domine, quod sicut alteritas in unitate est sine alteritate, quia unitas, sic contradictio in infinitate est sine contradictione, quia infinitas. Infinitas est ipsa simplicitas omnium, quae dicuntur, contradictio sine alteratione non est. Alteritas autem in simplicitate sine alteratione est, quia ipsa simplicitas. Omnia enim, quae dicuntur de absoluta simplicitate coincidunt cum ipsa, quia ibi habere est esse, oppositio oppositorum est oppositio sine appositione sicut finis finitorum est finis sine fine.

Wie kann die Vernunft Dich fassen, da Du doch die Unendlichkeit bist? Sie weiß, daß sie unwissend ist und Dich nicht fassen kann, eben, weil Du die Unendlichkeit bist. Die Unendlichkeit zu verstehen heißt ja das Unfaßbare erfassen. Die Vernunft weiß, daß sie Dich nicht kennt, weil sie weiß, daß Du nicht gewußt werden kannst; es sei denn in dem Sinne, daß man das Nicht-Wißbare weiß, das Nicht-Sichtbare sieht und das Nicht-Erreichbare erreicht.

Du mein Gott, bist die absolute Unendlichkeit, die ich als das unendliche Ende sehe. Aber ich vermag nicht zu begreifen, auf welche Weise das Ende ein Ende ohne Ende ist. Du, o Gott, bist das Ende Deiner selbst, weil Du bist, was Du hast. Wenn Du das Ende hast, bist Du das Ende. Du bist das unendliche Ende, weil Du das Ende Deiner selbst bist, weil Dein Ende Deine Wesenheit ist; und die Wesenheit des Endes wird nicht in einem dem Ende gegenüber Anderen begrenzt oder beendet, sondern in sich selbst. Das Ende also, welches das Ende seiner selbst ist, ist unendlich; jedes Ende, das nicht das Ende seiner selbst ist, ist ein endliches Ende. Da Du, o Herr, das Ende bist, das alles beendet, bist Du das Ende, welches kein Ende hat, und darum Ende ohne Ende, oder unendliches Ende, das sich jedem Verstand entzieht; es schließt ja einen Widerspruch ein. Stimme ich zu, daß es das unendliche Ende gibt, dann räume ich auch ein, daß das Dunkel Licht ist, die Unwissenheit Wissen und das Unmögliche das Notwendige ist. Und weil wir zugeben, daß es ein Ende des Endlichen gibt, geben wir notwendigerweise auch das Unendliche zu, oder das letzte Ende oder das Ende ohne Ende. Es ist unmöglich, nicht zuzugeben, daß das Seiende endlich ist; darum können wir auch nicht das Unendliche nicht zulassen. Also geben wir die Koinzidenz der Widersprüche zu, über der das Unendliche steht.

Jene Koinzidenz aber ist in derselben Weise ein Widerspruch ohne Widerspruch wie ein Ende ohne Ende. Du sagst mir, Herr, daß genauso wie die Andersheit in der Einheit ohne Andersheit ist, weil sie Einheit ist, auch der Widerspruch in der Unendlichkeit ohne Widerspruch ist, weil er Unendlichkeit ist. Unendlichkeit ist Einfachheit alles Sagbaren. Widerspruch hingegen kann nicht ohne Änderung sein. In der Einfachheit aber ist die Andersheit ohne Andersheit, weil sie eben die Einfachheit selbst ist. Alles, was von der absoluten Einfachheit gesagt wird, fällt mit ihr zusammen, weil dort Haben Sein ist; der Gegensatz der Gegensätze ist der Gegensatz ohne Gegensatz, so wie das Ende des Endlichen das Ende ohne Ende ist.

Es igitur tu Deus oppositio oppositorum, quia es infinitus et quia es infinitus es ipsa infinitas. In infinitate est oppositio oppositorum sine oppositione. Domine Deus meus fortitudo fragilium video te ipsam infinitatem esse. Ideo nihil est tibi alterum vel diversum vel adversum. Infinitas enim non compatitur secum alteritatem, quia cum sit infinitas nihil est extra eam. Omnia enim includit et omnia ambit infinitas absoluta. Ideo quando foret infinitas et aliud extra ipsam non foret infinitas neque aliud. Infinitas enim non potest esse nec maior nec minor. Nihil igitur est extra eam nisi[1] omne esse includeret in se infinitas non esset infinitas. Quod si non foret infinitas, neque tunc foret finis, neque tunc aliud, nec diversum, quae sine alteritate finium et terminorum non possunt esse. Sublato igitur infinito nihil manet. Est igitur infinitas et complicat omnia et nihil potest esse extra eam. Hinc nihil ei alterum vel diversum. Infinitas igitur sic omnia est, quod nullum omnium.

Infinitati nullum nomen convenire potest. Omne enim nomen potest habere contrarium. Infinitati autem innominabili nihil potest esse contrarium. Neque infinitas est totum, cui pars opponitur, neque esse potest pars; neque est magna infinitas, neque parva, neque quicquam omnium, quae sive in caelo, sive in terra nominari possunt. Supra omnia illa est infinitas.

Infinitas nulli est maior nec minor nec aequalis. Sed dum infinitatem considero non esse maiorem vel minorem cuicumque dabili, dico ipsam esse mensuram omnium, cum nec sit maior nec minor. Et sic concipio eam aequalitatem essendi. Talis autem aequalitas est infinitas et ita non est aequalitas modo, quo aequalitati opponitur inaequale, sed ibi inaequalitas est aequalitas. Inaequalitas enim in infinitate est sine inaequalitate, quia infinitas. Sic et aequalitas est infinitas in infinitate.

Infinita aequalitas est finis sine fine. Unde licet non sit nec maior nec minor non tamen propterea est aequalitas modo, quo

[1] Cod. Cus.: nisi eius . . .

Du, o Gott, bist der Gegensatz der Gegensätze, weil Du unendlich bist; und weil Du unendlich bist, bist Du die Unendlichkeit. In der Unendlichkeit ist der Gegensatz der Gegensätze ohne Gegensatz. Herr, mein Gott, Stärke der Schwachen, ich sehe, daß Du die Unendlichkeit selbst bist. Darum ist Dir gegenüber nichts anders oder verschieden oder entgegengesetzt. Die Unendlichkeit duldet neben sich keine Andersheit, denn da sie die Unendlichkeit ist, ist nichts außer ihr. Die absolute Unendlichkeit schließt alles ein und umfaßt alles. Gäbe es Unendlichkeit und außerhalb ihrer ein Anderes, dann gäbe es weder Unendlichkeit noch das Andere. Die Unendlichkeit kann nicht größer oder kleiner sein. Nichts ist außerhalb ihrer; schlösse die Unendlichkeit nicht jedes Sein in sich ein, dann wäre sie nicht die Unendlichkeit. Gäbe es keine Unendlichkeit, dann gäbe es auch kein Ende, kein Anderes und kein Verschiedenes, denn dies kann ohne die Andersheit von Enden und Grenzen nicht sein. Nimmt man das Unendliche hinweg, so bleibt nichts. Es gibt also die Unendlichkeit. Sie schließt alles ein und nichts kann außerhalb ihrer sein. Aus diesem Grund gibt es für sie nichts Anderes oder Verschiedenes. So ist die Unendlichkeit ebenso alles wie nichts von allem.

Kein Name vermag der Unendlichkeit zu entsprechen, denn jeder Name kann sein Gegenteil haben. Für die unnennbare Unendlichkeit kann es keinen Gegensatz geben. Sie ist auch nicht das Ganze, dem der Teil entgegengesetzt wird, noch kann sie Teil sein; sie ist nicht groß und nicht klein, sie ist nichts von allem, das sich im Himmel oder auf Erden benennen läßt. Die Unendlichkeit steht über alledem.

Die Unendlichkeit ist weder größer als etwas, noch kleiner, noch gleich. Wenn ich aber bedenke, daß die Unendlichkeit weder größer noch kleiner ist als irgend etwas, das gegeben werden kann, dann sage ich, daß sie das Maß aller Dinge ist, da sie nicht größer und nicht kleiner ist. Und so verstehe ich sie als die Gleichheit des Seins. Solche Gleichheit aber ist Unendlichkeit und darum ist sie nicht in der Weise Gleichheit, daß ihr das Ungleiche entgegengesetzt wäre; hier ist Ungleichheit vielmehr Gleichheit. Die Ungleichheit in der Unendlichkeit ist nämlich ohne Ungleichheit, weil sie Unendlichkeit ist. Genauso ist die Gleichheit in der Unendlichkeit Unendlichkeit.

Die unendliche Gleichheit ist ein Ende ohne Ende. Wenn sie auch weder größer noch kleiner ist, so ist sie deshalb doch nicht

capitur aequalitas contracta, sed est infinita aequalitas, quae non capit magis nec minus. Et ita non est magis aequalis uni quam alteri, sed ita aequalis uni quod omnibus, ita omnibus quod nulli omnium.

Infinitum enim non est contrahibile, sed manet absolutum. Si esset contrahibile ab infinitate non esset infinitum. Non est igitur contrahibile ad aequalitatem finiti, licet non sit alicui inaequale. Inaequalitas enim quomodo conveniret infinito, cui non convenit nec magis nec minus? Infinitum ergo nec est dato quocumque aut maius aut minus aut inaequale. Nec propter hoc est aequale finito, quia est supra omne finitum, hoc est per se ipsum, tunc infinitum est absolutum penitus et incontrahibile.

Ơ quam excelsus es, Domine, supra omnia et cum hoc humilis, quia in omnibus. Si infinitas esset contrahibilis ad aliquod nominabile ut est linea aut superficies aut species, ad se attraheret id, ad quod contraheretur. Et ita implicat [contradictionem][1] infinitum esse contrahibile, quia non contraheretur sed attraheret. Si enim dixero infinitum contrahi ad lineam, ut cum dico infinitam lineam, tunc linea attrahitur in infinitum. Desinit enim linea esse linea, quando non habet quantitatem et finem. Infinita linea non est linea, sed linea in infinitate est infinitas. Et sicut nihil addi potest infinito, ita infinitum non potest ad aliquid contrahi, ut sit aliud quam infinitum.

Infinita bonitas non est bonitas, sed infinitas. Infinita quantitas non est quantitas, sed infinitas. Et ita de omnibus. Tu es Deus magnus cuius magnitudinis non est finis. Et ideo video te immensurabilem omnium mensuram, sicut infinitum omnium finem. Es igitur Domine, quia infinitus sine principio et fine, es principium sine principio et finis sine fine, es principium sine fine et finis sine principio et ita principium, quod finis, et ita finis quod principium et necque principium necque finis, sed supra principium et finem ipsa absoluta infinitas semper benedicta.

---

[1] Konjektur.

so Gleichheit, wie wir die verschränkte Gleichheit fassen, sondern unendliche Gleichheit, welche weder Mehr noch Weniger annimmt. Und so ist sie nicht dem einen mehr gleich als einem anderen; sie ist vielmehr dem einen ebenso gleich wie allem, und allem so wie keinem von allem.

Das Unendliche ist nicht verschränkbar, sondern bleibt absolut. Könnte man es von der Unendlichkeit weg verschränken, dann wäre es nicht das Unendliche. Darum ist es nicht zur Gleichheit mit dem Endlichen verschränkbar, wenn es auch keinem ungleich ist. Wie käme denn die Ungleichheit dem Unendlichen zu, dem weder Größer noch Kleiner zukommt? Das Unendliche ist also keinem Ding, das gegeben werden kann, gegenüber größer, kleiner oder ungleich. Deshalb ist es aber nicht dem Endlichen gleich; es steht über allem Endlichen, das heißt, es ist durch sich selbst. Darum ist das Unendliche vollkommen absolut und unverschränkbar.

Wie hoch erhaben über alles bist Du, Herr, und wie demütig, da Du in allem bist. Könnte die Unendlichkeit zu irgendetwas Benennbarem verschränkt werden, wie Linie, Fläche oder Eigengestalt, dann zöge sie das an sich heran, zu dem sie verschränkt wäre. Es würde einen Widerspruch einschließen zu sagen, daß das Unendliche verschränkbar sei, da es nicht verschränkt würde, sondern an sich zöge. Wenn ich sage, daß das Unendliche zur Linie verschränkt wird — z. B., wenn ich sage: die unendliche Linie —, dann wird die Linie an das Unendliche herangezogen. Denn, wenn sie keine Quantität und kein Ende hat, hört die Linie auf, Linie zu sein. Die unendliche Linie ist keine Linie, denn die Linie in der Unendlichkeit ist die Unendlichkeit selbst. Ebenso wie zum Unendlichen nichts hinzugefügt werden kann, so vermag das Unendliche nicht zu irgend etwas verschränkt werden, so daß es etwas anderes als das Unendliche wäre.

Die unendliche Güte ist nicht Güte, sondern Unendlichkeit. Die unendliche Quantität ist nicht Quantität, sondern Unendlichkeit. Dies gilt für alles. Du bist der große Gott, dessen Größe kein Ende hat. — Daher sehe ich, daß Du das unmeßbare Maß und das unendliche Ende aller Dinge bist. Als der Unendliche ohne Ursprung und Ende, bist Du, Herr, der Ursprung ohne Ursprung und das Ende ohne Ende. Du bist der Ursprung ohne Ende und das Ende ohne Ursprung, und so der Ursprung, daß Du das Ende und so das Ende, daß Du der Ursprung bist; Du bist weder Ursprung noch Ende, sondern über Ursprung und Ende erhaben, die absolute Unendlichkeit, die in Ewigkeit gepriesen sei.

XIV.

Quomodo Deus omnia complicat sine alteritate

Video Domine ex infinitate misericordiae tuae te infinitatem omnia ambientem. Non est igitur extra [te] quicquam. Omnia autem in te non sunt aliud a te. Doces me Domine, quomodo alteritas, quae in te non est, etiam in se non est, nec esse potest. Nec facit alteritas, quae in te non est, unam creaturam esse alteram ab alia, quamvis una non sit alia. Caelum enim non est terra, licet verum sit caelum esse caelum et terram [esse] terram.

Si igitur quaesiero alteritatem, quae necque in te necque extra te est, ubi reperiam? Et si non est, quomodo terra est alia creatura quam caelum? Nam sine alteritate non potest hoc concipi. Sed loqueris in me Domine et dicis alteritatis non esse positivum principium et ita non est. Nam quomodo alteritas esset sine principio, nisi ipsa foret principium et infinitas?

Non est autem principium essendi alteritas. Alteritas enim dicitur a non esse. Quod enim unum non est aliud, hinc dicitur alterum. Alteritas igitur non potest esse principium essendi, quia dicitur a non esse. Neque habet principium essendi, cum sit a non esse. Non est igitur alteritas aliquid. Sed quod caelum non est terra, est, quia caelum non est infinitas ipsa, quae omne esse ambit.

Unde quia infinitas est infinitas absoluta, inde evenit unum non posse esse aliud. Sicut essentia Socratis ambit omne esse socraticum, in quo simplici esse socratico nulla est alteritas seu diversitas. Nam omnium, quae sunt in Socrate est esse Socratis unitas individualis, ita quod in eo unico esse complicatur omnium, quae in Socrate sunt, esse, in ipsa scilicet individuali simplicitate, ubi nihil reperiatur alterum seu diversum[1]. Sed in illo esse unico omnia, quae esse habent socraticum sunt et complicantur et extra illud nec sunt, nec esse possunt, licet cum hoc in eo esse simplicissimo oculus non sit auris et caput non

[1] Cod. Cus.: divisum.

XIV.

Gott faltet alles ohne Andersheit in sich ein

Durch die Unendlichkeit Deines Erbarmens sehe ich Dich als die alles umfassende Unendlichkeit. Nichts gibt es außerhalb Deiner. Alles in Dir ist Dir gegenüber nichts anderes. Du lehrst mich, Herr, daß die Andersheit, die in Dir nicht ist, auch in sich selbst nicht ist und nicht sein kann. Auch läßt nicht die Andersheit, die in Dir nicht ist, das eine Geschöpf anders sein als das andere, obwohl das eine nicht das andere ist. Der Himmel indes ist nicht die Erde, wenn es auch wahr ist, daß der Himmel Himmel ist und die Erde Erde.

Wenn ich nun die Andersheit suche, die weder in Dir ist, noch außerhalb Deiner, wo soll ich sie finden? Ist sie aber nicht — wieso ist dann die Erde ein anderes Geschöpf als der Himmel? Ohne Andersheit läßt sich das nicht begreifen. Du sprichst in mir, Herr und sagst: Das Prinzip der Andersheit ist kein positives und darum ist sie nicht. Denn wie sollte die Andersheit ohne Ursprung sein, wenn sie nicht selbst der Ursprung und die Unendlichkeit wäre?

Die Andersheit ist aber nicht der Ursprung des Seins. Andersheit bezeichnet nämlich ein Nicht-Sein. Weil das Eine nicht das Andere ist, wird es ein Anderes genannt. Die Andersheit kann also nicht der Ursprung des Seins sein, weil sie vom Nicht-Sein ausgesagt wird. Auch hat sie keinen Seins-Ursprung, da sie vom Nicht-Sein stammt. Die Andersheit ist also nicht Etwas. Die Tatsache, daß der Himmel nicht die Erde ist, kommt daher, daß der Himmel nicht die Unendlichkeit selbst ist, welche alles Sein umgibt.

Daher, daß die Unendlichkeit die absolute Unendlichkeit ist, kommt es, daß das Eine nicht das Andere sein kann. So umgibt das Sein des Sokrates das gesamte sokratische Sein und in diesem einfachen sokratischen Sein ist keine Andersheit oder Verschiedenheit. Das Sein des Sokrates ist die individuelle Einheit für alles, was zu Sokrates gehört; und zwar so, daß in diesem einzigen Sein das Sein von allem, das in Sokrates ist, eingefaltet ist; in dieser individuellen Einfachheit, in der nichts Anderes oder Verschiedenes zu finden ist. In diesem einzigen Sein ist alles, was sokratisches Sein besitzt; es wird aus ihm entfaltet und außerhalb seiner ist es nicht und kann es nicht sein. Wenn auch in diesem ganz einfachen Sein das Auge nicht das Ohr ist,

sit cor et visus non sit auditus et sensus non sit ratio. Neque hoc evenit ex aliquo principio alteritatis, sed posito simplicissimo esse socratico evenit caput non esse pedes, quia caput non est ipsum simplicissimum esse socraticum. Hinc esse eius non ambit omne esse socraticum. Et ita video, te Domine illustrante, quod quia esse simplex socraticum est incommunicabile penitus et incontrahibile ad esse cuiscumque membri, inde esse unius membri non est esse alterius, sed esse illud simplex socraticum est esse omnium membrorum Socratis, in quo omnis essendi varietas et alteritas, quae membris evenit est simplex unitas, sicut pluralitas formarum partium in forma totius est unitas.

Sic se habet aliqualiter Deus tuum esse, quod est infinitas, absolute ad omnia, quae sunt. Sed absolute dico, ut absoluta essendi forma omnium formarum contractarum. Unde manus Socratis, quando separatur a Socrate, licet post abscisionem non sit amplius manus Socratis, manet tamen adhuc in aliquo esse cadaveris. Hoc ex eo est, quia forma Socratis, quae dat esse, non dat simpliciter esse, sed esse contractum scilicet socraticum, a quo esse manus est separabilis et quod nihilominus sub alia forma maneat. Sed si semel separetur manus ab esse incontracto penitus, quod est infinitum et absolutum, totaliter desineret esse, quia ab omni esse foret separata.

Gratias tibi ago Domine Deus meus, qui te mihi quantum capere possum largiter ostendis, quomodo tu es ipsa infinitas esse omnium complicans simplicissima virtute, quae non foret infinita nisi infinite unita. Virtus enim unita fortior. Quae igitur virtus ita est unita, quod magis uniri nequit est infinita et omnipotens. Tu es Deus omnipotens, quia absoluta simplicitas, quae est infinitas absoluta.

[1] Cod. Cus.: divisum.

das Haupt nicht das Herz, das Sehen nicht das Hören und der Sinn nicht der Verstand, so kommt das nicht aus irgendeinem Prinzip der Andersheit. Ist das einfache sokratische Sein gesetzt, so folgt daraus, daß das Haupt nicht der Fuß ist, weil das Haupt nicht das ganz einfache sokratische Sein ist. Darum umfaßt sein Sein nicht das gesamte sokratische Sein. Weil Du, o Herr, mich erleuchtest, erkenne ich, daß das Sein jedes einzelnen Gliedes nicht das eines anderen ist, weil das einfache sokratische Sein in keiner Weise dem Sein eines Gliedes mitgeteilt oder zu ihm verschränkt werden kann; jenes einfache sokratische Sein ist vielmehr das Sein aller Glieder des Sokrates; alle Verschiedenheit und Andersheit, welche den Gliedern zuteil wird, ist in ihm die einfache Einheit; ebenso wie die Vielheit der Formen der Teile in der Gestalt des Ganzen die Einheit ist.

Dein Sein, o Herr, das die Unendlichkeit ist, verhält sich irgendwie in absoluter Weise zu allen Dingen, die sind. Ich sage: absolut; d. h. als die absolute Seinsgestalt aller verschränkten Gestalten. Aus diesem Grunde bleibt die Hand des Sokrates, wenn sie von Sokrates abgetrennt wird, doch in irgendeiner Art Sein-des-toten-Körpers, wenn sie auch nicht weiterhin die Hand des Sokrates ist, nachdem sie abgeschnitten wurde. Dies kommt daher, daß die Form des Sokrates, die ihr das Sein gibt, nicht das Sein schlechthin gibt, sondern ein verschränktes sokratisches Sein, von dem das Sein der Hand abgetrennt werden kann, und doch unter einer anderen Form weiter besteht. Würde die Hand aber einmal von dem ganz unverschränkten Sein abgetrennt, das unendlich und absolut ist, dann würde sie vollständig aufhören zu sein, sie wäre ja von jedem Sein getrennt.

Ich danke Dir, Herr, mein Gott, daß Du mir, soweit ich es zu fassen vermag, in reichem Maße offenbarst, wie Du die Unendlichkeit bist, welche das Sein aller Dinge in ihrer ganz einfachen Kraft einfaltet; diese Deine Kraft wäre nicht unendlich, wenn sie nicht in unendlicher Weise geeint wäre. Geeinte Kraft ist ja stärker. Eine Kraft, die so sehr geeint ist, daß sie nicht stärker geeint werden kann, ist darum unendlich und allmächtig. Du bist der allmächtige Gott, weil Du die absolute Einfachheit bist, welche die absolute Unendlichkeit ist.

XV.

Quomodo actualis infinitas est unitas, in qua figura est veritas

Sustine adhuc servulum utique insipientem nisi quantum concesseris ut loquatur ad te, Deum suum. Video in hac picta facie figuram infinitatis. Nam visus est interminatus ad obiectum vel locum et ita infinitus. Non enim plus est conversus ad unum quam alium, qui intuetur eam. Et quamvis visus eius sit in se infinitus, videtur tamen per quemlibet respicientem terminari, quia ita quemlibet respicit determinate, qui intuetur eam, quasi solum eum et nihil aliud. Videris igitur mihi Domine quasi posse esse absolutum et infinitum formabile et terminabile per omnem formam.

Dicimus enim potentiam materiae formabilem esse infinitam, quia numquam penitus finietur. Sed respondes in me, lux infinita, absolutam potentiam esse ipsam infinitatem, quae ultra murum est coincidentiae, ubi posse fieri coincidit cum posse facere, ubi potentia coincidit cum actu. Materia prima, etsi sit in potentia ad infinitas formas, non tamen actu illas habere potest, sed per unam terminatur potentia, qua sublata terminatur per aliam. Si igitur posse esse materiae coincideret cum actu ipsa esset sic potentia quod actus. Et sicut fuit in potentia ad infinitas formas, ita actu esset infinities formata. Infinitas autem actu est sine alteritate et non potest esse infinitas quin sit unitas. Non possunt igitur esse infinitae formae actu, sed actualis infinitas est unitas.

Tu igitur Deus, qui es ipsa infinitas es ipse unus Deus, in quo video omne posse esse esse actu. Nam absolutum posse ab omni potentia contracta ad materiam primam seu quamcumque passivam potentiam est absolutum esse. Quicquid enim in infinito esse est, est ipsum esse infinitum simplicissimum. Ita posse esse omnia in infinito esse est ipsum infinitum esse. Similiter et actu esse omnia in infinito esse est ipsum infinitum esse. Quare

XV.

Die wirkende Unendlichkeit ist die Einheit, in welcher die Darstellung die Wahrheit ist

Dulde wenigstens noch weiter Deinen geringen Diener, der voll Torheit ist, sofern Du ihm nicht gewährst zu Dir, seinem Gott zu sprechen! In diesem gemalten Antliz sehe ich eine Darstellung der Unendlichkeit. Denn sein Blick ist nicht auf einen Gegenstand oder einen Ort hin begrenzt, und darum unendlich. Er wendet sich nicht einem Betrachter mehr zu als einem anderen, und obwohl sein Blick in sich unendlich ist, scheint er doch durch jeden beliebigen Schauenden begrenzt zu werden, weil er jeden so bestimmt anblickt, als ob er ihn allein und nichts anderes sähe. Du erscheinst mir, Herr, als absolutes und unendliches Können-Sein, daß durch jede Gestalt gestaltet und begrenzt werden kann.

Wir sagen ja, die Möglichkeit der Materie geformt zu werden, sei unendlich, weil sie niemals gänzlich ausgeschöpft wird. Du antwortest in mir, unendliches Licht, daß die absolute Möglichkeit und Mächtigkeit die Unendlichkeit selbst ist, welche jenseits der Mauer des Zusammenfalls liegt, wo Werden-können mit Machen-können und die Möglichkeit mit der Wirklichkeit koinzidiert. Wenn sich auch die erste Materie in der Möglichkeit zu unendlich vielen Formen befindet, so vermag sie diese doch nicht als Wirklichkeit zu haben; die Möglichkeit wird vielmehr durch eine einzige Form begrenzt. Wird diese hinweggenommen, wird sie durch eine andere bestimmt. Fiele das Können-Sein der Materie mit ihrem Wirklich-Sein zusammen, dann wäre sie so Möglichkeit, daß sie Wirklichkeit wäre. Und so wie sie sich in der Möglichkeit zu unendlich vielen Formen befand, so wäre sie auch als Wirklichkeit in unendlicher Zahl geformt. Die Unendlichkeit als Wirklichkeit hingegen ist ohne Andersheit; und sie kann nicht Unendlichkeit sein ohne auch Einheit zu sein. Daher können nicht unendlich viele Formen als Wirklichkeit sein, vielmehr ist die wirkliche Unendlichkeit die Einheit.

Du, o Gott, der Du die Unendlichkeit bist, bist der eine Gott, in dem ich alles Können-Sein als Wirklich-Sein sehe. Denn das absolute Können, das von jeder Möglichkeit losgelöst ist, die zur ersten Materie oder irgendeiner passiven Möglichkeit verschränkt ist, ist das absolute Sein. Was immer im unendlichen Sein enthalten ist, ist dieses unendliche ganz einfache Sein. Das Alles-Können-Sein ist im unendlichen Sein das unendliche Sein selbst,

posse esse absolutum et actu esse absolutum in te Deo meo non sunt nisi tu Deus meus infinitus.

Omne posse esse tu es Deus meus. Posse esse materiae [primae][1] est materiale et ita contractum et non absolutum, sic et posse esse sensibile vel rationale contractum est, sed penitus incontractum posse cum absoluto simpliciter, hoc est infinito, coincidit.

Quando igitur tu Deus meus occurris mihi quasi prima materia formabilis quia recipis formam cuiuslibet te intuentis, tunc me elevas ut videam, quomodo intuens te non dat tibi formam, sed in te intuetur se, quia a te recipit id, quod est. Et ita id, quod videris ab intuente recipere, hoc donas, quasi sis speculum aeternitatis vivum, quod est forma formarum. In quod speculum dum quis respicit, videt formam suam in forma formarum, quae est speculum. Et iudicat formam quam videt in speculo illo esse figuram formae suae, quia sic est in speculo materiali polito; licet contrarium illius sit verum, quia id, quod videt in illo aeternitatis speculo non est figura, sed veritas, cuius ipse videns est figura. Figura igitur in te Deus meus est veritas et exemplar omnium et singulorum, quae sunt aut esse possunt.

O Deus, [qui es] omni mente admirandus, videris aliquando quasi sis umbra, qui es lux. Nam dum video, quomodo ad mutationem meam videtur visus iconae tuae mutatus et facies tua videtur mutata, quia ego mutatus, occuris mihi quasi sis umbra, quae sequitur mutationem ambulantis. Sed quia ego sum viva umbra et tu veritas, iudico ex mutatione umbrae veritatem mutatam. Es igitur Deus meus sic umbra, quod veritas, sic es imago mea et cuiuslibet quod exemplar.

---

[1] Konjektur.

gleicherweise ist das Alles-Wirklich-Sein im unendlichen Sein das Unendliche Sein. Darum sind das absolute Können-Sein und das absolute Wirklich-Sein in Dir, mein Gott, nichts anderes als Du, unendlicher Gott, selbst.

Alles Können-Sein bist Du, mein Gott. Das Können-Sein der ersten Materie ist materienhaft, darum verschränkt und nicht absolut; ebenso ist auch das sinnliche oder verständige Können-Sein verschränkt. Das gänzlich unverschränkte Können hingegen fällt mit dem einfachen Absoluten, das heißt mit dem Unendlichen, zusammen.

Wohl trittst Du, mein Gott, mir entgegen als wärest Du erste formbare Materie, weil Du die Form eines jeden Dich Betrachtenden annimmst; dann bringst Du mich jedoch dahin, zu sehen, daß nicht der Dich Betrachtende Dir die Form gibt, sondern in Dir sich selbst schaut, weil er von Dir das erhalten hat, was er ist. Und so verschenkst Du, was Du vom Betrachter zu erhalten scheinst; so als seist Du ein lebender Spiegel der Ewigkeit, d. h. die Gestalt der Gestalten. Blickt jemand in diesen Spiegel, so sieht er seine Gestalt in der Gestalt der Gestalten, die der Spiegel ist. Und er glaubt, die Gestalt, die er im Spiegel sieht, sei die Darstellung seiner eigenen Gestalt. So nämlich verhält es sich bei einem Spiegel aus poliertem Metall. Doch das Gegenteil davon ist wahr. Was er in jenen Spiegel der Ewigkeit sieht ist nicht Darstellung, sondern die Wahrheit, deren Darstellung er, der Sehende, selbst ist. Also ist die Darstellung in Dir, mein Gott, die Wahrheit, und das Urbild von allem und allem einzelnen, das ist oder sein kann.

O Gott, jeder Menschengeist muß Dich bewundern! Manchmal erscheinst Du als wärest Du Schatten und bist doch Licht. Denn, wenn ich sehe, wie der Blick Deines Bildes sich meinen geänderten Bewegungen entsprechend zu ändern scheint und mir Dein Antlitz verwandelt vorkommt, weil ich mich gewandelt habe, dann scheinst Du wie ein Schattten zu sein, der den sich wandelnden Bewegungen des Gehenden folgt. Weil ich ein lebender Schatten bin und Du die Wahrheit, schließe ich aus der Veränderung des Schattens, daß sich die Wahrheit verändert hat. Mein Gott, Du bist so der Schatten, daß Du die Wahrheit bist, und so das Abbild von mir und jedem anderen, daß Du das Urbild bist.

Domine Deus illustrator cordium facies mea vera est facies, quia tu eam mihi dedisti, qui es veritas. Est et facies mea imago, quia non est ipsa veritas, sed veritatis absolutae imago. Complico igitur in conceptu meo veritatem et imaginem faciei meae et video in ea coincidere imaginem cum veritate faciali ita, quod in quantum imago in tantum vera. Et tunc ostendis mihi, Domine, quomodo ad mutationem faciei meae facies tua est pariter mutata et immutata. Mutata, quia non deserit veritatem faciei meae, immutata, quia non sequitur mutationem imaginis.

Unde sicut facies tua non deserit faciei meae veritatem, sic etiam non sequitur mutationem alterabilis imaginis. Absoluta enim veritas est inalterabilitas. Veritas faciei meae est mutabilis, quia sic veritas quod imago. Tua autem immutabilis, quia sic imago, quod veritas. Veritatem faciei meae absoluta veritas deserere non potest. Si enim desereret eam absoluta veritas non posset subsistere ipsa facies mea, quae est veritas mutabilis. Sic videris tu Deus propter bonitatem tuam infinitam mutabilis, quia non deseris creaturas mutabiles. Sed quia es absoluta bonitas non es mutabilis, quia non sequeris mutabilitatem.

O altitudo profundissima Deus meus, qui non deseris et simul non sequeris creaturas. O inexplicabilis pietas, offers te intuenti te quasi recipias ab eo esse et conformas te ei, ut eo plus te diligat, quo appares magis similis ei. Non enim possumus odisse nos ipsos. Hinc diligimus id, quod esse nostrum participat et comitatur. Et similitudinem nostram amplectimur, quia repraesentamur nos in imagine, in qua nos ipsos amamus.

Ostendis te Deus quasi creaturam nostram ex infinitae bonitatis tuae humilitate, ut sic nos trahas ad te. Trahis enim nos ad te omni possibili trahendi modo, quo libera rationalis creatura trahi potest. Et coincidit in te Deus creari cum creare. Similitudo enim, quae videtur creari a me est veritas, quae creat me, ut sic saltem capiam quantum tibi astringi debeam, cum in te amari coincidat cum amare.

Herr, Erleuchter der Herzen, mein Angesicht ist ein wahres Angesicht, weil Du, der Du die Wahrheit bist, es mir gegeben hast. Und es ist ein Abbild, weil es nicht die Wahrheit selbst ist, sondern ein Abbild der absoluten Wahrheit. Ich schließe also in meinem Begriff die Wahrheit und das Abbild meines Gesichtes ein und sehe, daß in ihr das Abbild mit der Wahrheit des Gesichtes in der Weise zusammenfallen, daß es insoweit wahr ist, als es Abbild ist. Dann zeigst Du mir, Herr, daß in Bezug auf die Veränderung meines Gesichtes Dein Antlitz zugleich verwandelt und ungewandelt ist. Gewandelt, weil es die Wahrheit meines Gesichtes nicht verläßt, ungewandelt aber, weil es den Wandlungen des Abbildes nicht folgt.

Aus demselben Grunde, nach dem Dein Angesicht die Wahrheit meines Gesichtes nicht verläßt, folgt es auch nicht den Wandlungen des veränderlichen Abbildes. Die absolute Wahrheit ist Unveränderlichkeit. Die Wahrheit meines Gesichtes ist wandelbar, weil sie so Wahrheit ist, daß sie Bild ist. Deine Wahrheit jedoch ist unwandelbar, weil sie so Bild ist, daß sie Wahrheit ist. Die absolute Wahrheit kann die Wahrheit meines Gesichtes nicht verlassen. Verließe sie es, so könnte mein Gesicht, die wandelbare Wahrheit, nicht bestehen bleiben. So erscheinst Du, o Gott, wegen Deiner unendlichen Güte wandelbar, weil Du die wandelbaren Geschöpfe nicht verläßt. Aber Du bist die absolute Güte und darum bist Du nicht wandelbar, weil Du der Wandelbarkeit nicht folgst.

O unergründliche Erhabenheit, mein Gott, der Du zugleich die Geschöpfe nicht verläßt und ihnen nicht folgst. O unerklärbare Liebe, Du bietest Dich dem Betrachter an, als empfingest Du von ihm das Sein und gestaltest Dich ihm gleich, auf daß er Dich umso mehr liebe, je mehr Du ihm gleich erscheinst. Wir können ja uns selbst nicht hassen. Darum lieben wir das, was an unserem Sein teilhat und es begleitet. Wir umfassen voll Liebe unsere Ähnlichkeit, weil wir uns in einem Bild darstellen, in dem wir uns lieben.

In der Herablassung Deiner unendlichen Güte, o Gott, zeigst Du Dich gleichsam als unser Geschöpf, um uns so an Dich zu ziehen. Auf jede mögliche Weise, in der ein freies und verständiges Geschöpf herangezogen werden kann, ziehst Du uns an Dich. In Dir, O Gott, fällt Geschaffen-werden mit Schaffen zusammen. Die Ähnlichkeit, die von mir geschaffen zu werden scheint, ist die Wahrheit, die mich schafft; so wenigstens möchte ich es fassen, wie eng ich an Dich gebunden sein sollte, da in Dir Geliebt-werden mit Lieben zusammenfällt.

Si ego enim me in te similitudine mea diligere debeo et tunc maxime ad hoc constringor quando video te me diligere ut creaturam et imaginem tuam. Quomodo pater non potest diligere filium, qui sic est filius quod pater? Et si multum est diligibilis, qui est aestimatione filius et cognitione pater, nonne tu maxime, qui aestimatione excedis filium et cognitione patrem? Tu Deus voluisti filialem dilectionem in aestimatione constitui et vis similior filio aestimari et intimior patre cognosci, quia es amor complicans tam filialem quam paternalem dilectionem. Sis ergo [tu, qui es] dulcissimus amor meus, Deus meus, in aeternum benedictus.

XVI.

Quomodo nisi Deus esset infinitus non foret finis desiderii

Non cessat ignis ab ardore neque amor desiderio, qui fertur ad te Deus, qui es forma omnis desiderabilis et veritas illa, quae in omni desiderio desideratur. Unde quia cepi ex tuo mellifluo dono degustare incomprehensibilem suavitatem tuam, quae tanto mihi fit gratior, quanto infinitior apparet, video quod ob hoc tu Deus es omnibus creaturis incognitus, ut habeant in hac sacratissima ignorantia maiorem quietem quasi in thesauro innumerabili et inexhauribili. Multo enim maiori gaudio perfunditur ille, qui reperit thesaurum talem, quem scit penitus innumerabilem et infinitum quam qui reperit numerabilem et finitum. Hinc haec sacratissima ignorantia magnitudinis tuae est pascentia intellectus mei desiderabilissima, maxime quando talem reperio thesaurum in meo agro ita, quod thesaurus sit meus.

O fons divitiarum! Vis comprehendi possessione mea et manere incomprehensibilis et infinitus, quia es thesaurus deliciarum, quarum nullus potest finem appetere. Quomodo appetitus posset appetere non esse? Sive enim appetat esse, sive appetat non esse voluntas, ipse appetitus quiescere nequit, sed fertur in infinitum. Descendis Domine, ut comprehendaris et manes innumerabilis et infinitus et nisi maneres infinitus non esses finis

Wenn ich mich in Dir, meiner Ähnlichkeit, lieben soll, fühle ich mich dann am stärksten dazu bewegt, wenn ich sehe, daß Du mich als Dein Geschöpf und Abbild liebst. Wie könnte ein Vater einen Sohn nicht lieben, der so Sohn ist, daß er Vater ist? Und wenn der sehr liebenswert ist, der durch Wertschätzung Sohn und durch Erkennen Vater ist, mußt nicht Du, der Du in der Wertschätzung den Sohn und im Erkennen den Vater übertriffst, am meisten geliebt werden? Dein Wille war es, o Herr, daß die kindliche Liebe in der Wertschätzung begründet werde, und Du willst in größerer Ähnlichkeit als ein Sohn betrachtet und in größerer Innigkeit als ein Vater erkannt werden. Denn Du bist die Liebe, die sowohl die kindliche wie die väterliche Zuneigung in sich einschließt. Du, meine beseligende Liebe, mein Gott, sei in Ewigkeit gepriesen.

XVI.

Wäre Gott nicht unendlich, könnte er nicht Ziel der Sehnsucht sein

Das Feuer läßt nicht ab von der Glut und die Liebe nicht von der Sehnsucht, die zu Dir hinträgt, o Gott, der Du die Gestalt alles Ersehnenswerten bist und jene Wahrheit, die in jeder Sehnsucht ersehnt wird. Daher habe ich begonnen, aus Deinem honiggleichen Geschenk die unfaßbare Süßigkeit Deiner Liebe zu kosten, die mir umso teurer wird, je unendlicher sie erscheint. Aus diesem Grund erkenne ich, daß Du darum allen Geschöpfen unbekannt bist, o Gott, auf daß sie wie in einem unzählbaren und unerschöpflichen Schatz in dieser heiligen Unwissenheit umso größere Ruhe finden. Weitaus größere Freude erfüllt ja einen Mann, der einen Schatz findet, von dem er weiß, daß er unzählbar und unendlich ist, als einen, der einen zählbaren und endlichen findet. Darum ist das heilige Nichtwissen Deiner Größe die ersehnteste Nahrung meiner Vernunft; vor allem deshalb, weil ich diesen Schatz in meinem Acker finde, sodaß er mein eigen ist.

O Quelle des Reichtums! Du willst als mein Eigentum erfaßt werden und zugleich unfaßlich und unendlich bleiben, weil Du ein Schatz voll von solcher Wonne bist, daß niemand nach deren Ende verlangen kann. Wie könnte das Verlangen verlangen nicht zu sein? Ob der Wille verlangt, zu sein oder nicht zu sein, das Verlangen selbst vermag nicht zu ruhen, sondern geht weiter ins Unendliche. Du läßt Dich herab, o Herr, um

desiderii. Es igitur infinitus, ut sis finis omnis desiderii. Desiderium enim intellectuale non fertur in id, quod potest esse maius nec desiderabilius. Omne autem citra infinitum potest esse maius. Finis igitur desiderii est infinitus.

Tu igitur Deus es ipsa infinitas, quam solum in omni desiderio desidero, ad cuius quidem infinitatis scientiam non possum propius accedere, quamquod scio eam esse infinitam. Quanto igitur te, Deum meum, comprehendo magis incomprehensibilem, tanto[1] plus attingo te, quia plus attingo finem desiderii mei.

Igitur quicquid mihi occurrit, quod te comprehensibilem ostendere nititur, hoc abicio, quia seducit. Desiderium meum, in quo tu reluces, me ad te ducit, quia omne, quod finitum et comprehensibile abicit. In his enim quiescere nequit, quia per te ducitur ad te. Tu autem es principium sine principio et finis sine fine. Ducitur igitur desiderium per principium aeternum, a quo habet, quod est desiderium, ad finem sine fine. Et hic est infinitus. Quod igitur ego homuncio non contentarer de te Deo meo si scirem te comprehensibilem est, quia ducor per te ad te incomprehensibilem et infinitum.

Video te Domine Deus meus in raptu quodam mentali, quoniam si visus non [satiatur] visu, nec auris auditu, tunc minus intellectus intellectu. Non igitur id, quod intelligit, satiat intellectum seu est finis eius[2]. Neque id satiare potest, quod penitus non intelligit, sed solum id, quod non intelligendo intelligit. Intelligibile enim, quod cognoscit, non satiat, nec intelligibile satiat, quod penitus non cognoscit. Sed intelligibile, quod cognoscit adeo intelligibile, quod numquam possit ad plenum intelligi, hoc solum satiare potest. Sicut habentem insaturabilem famem non satiat cibus brevis quem deglutire potest, nec cibus, qui ad eum non pervenit, sed solum ille cibus, qui ad eum pervenit, et licet continue deglutiatur, tamen numquam ad plenum potest deglutiri, quoniam talis est, quod deglutiendo non imminuitur, quia infinitus.

---

[1] Cod. Cus.: ac tanto.

[2] Konjektur; Cod. Cus.: Non igitur id, quod satiat intellectum, sed quod est finis eius, est id, quod intelligit.

begriffen zu werden und bleibst doch unzählbar und unendlich; bliebest Du nicht unendlich, so wärest Du nicht das Ziel der Sehnsucht. Du bist ja unendlich, um das Ziel jeder Sehnsucht zu sein. Das vernunfthafte Sehnen bezieht sich ja nicht auf etwas, das größer oder begehrenswerter zu sein vermag. Alles aber, das diesseits des Unendlichen liegt, vermag größer zu sein. Das Ziel der Sehnsucht ist also unendlich.

Du bist, o Gott, die Unendlichkeit, die allein ich in jeder Sehnsucht ersehne. Dem Wissen um diese Unendlichkeit kann ich mich nicht mehr nähern als soweit, daß ich weiß, sie ist unendlich. Je besser ich also erfasse, mein Gott, daß Du unerfaßlich bist, desto besser erreiche ich Dich, weil ich dem Ziel meiner Sehnsucht näher komme.

Was immer mir entgegentritt, das Dich als erfaßbar zu beweisen bemüht ist, verwerfe ich, da es mich auf Irrwege führt. Meine Sehnsucht, in der Du widerstrahlst, führt mich zu Dir, weil sie das Endliche und Begrenzte verwirft. In ihm vermag sie keine Ruhe zu finden, da sie von Dir zu Dir geführt wird. Du aber bist der Ursprung ohne Ursprung und das Ende ohne Ende. Die Sehnsucht wird also vom ewigen Ursprung, von dem sie hat, daß sie Sehnsucht ist, zu dem Ende ohne Ende geführt. Und dieses ist unendlich. Daß ich geringer Mensch nicht zufrieden wäre in Dir, wenn ich wüßte, daß ich Dich erfassen kann, kommt daher, daß ich von Dir in das Unfaßbare und Unendliche geführt werde.

Ich sehe Dich, mein Gott, in einer Art geistiger Entrückung; denn wenn schon das Auge nicht im Sehen Genüge findet, und das Ohr nicht im Hören, so noch weniger die Vernunft in dem, was sie einsieht. Denn nicht das, was die Vernunft einsieht, sättigt sie oder ist ihr Ziel. Aber auch nicht das, was sie durchaus nicht versteht, vermag sie zu sättigen, sondern vielmehr das, was sie durch Nicht-Einsehen erkennt. Weder das Einsichtige, das sie erkennt noch das Einsichtige, das sie gar nicht erkennt, sättigt sie; vielmehr vermag ihr nur dasjenige Einsichtige, das sie als so sehr einsichtig erkennt, daß sie es niemals völlig einsehen kann, Sättigung zu bringen. Wer an unersättlichem Hunger leidet, den vermag weder ein wenig Speise, die er hinunterschlucken kann, noch Speise, die gar nicht zu ihm hingelangt, zu sättigen, sondern allein jene Speise, die zu ihm kommt, und die, auch wenn er ständig von ihr zehrt, doch nie völlig verzehrt werden kann, da sie von solcher Art ist, daß sie sich durch das Verzehrtwerden nicht verringert, weil sie unendlich ist.

XVII.

Quomodo Deus non nisi unitrinus videri perfecte potest

Ostendisti, Domine, te mihi adeo amabilem, quod magis amabilis esse nequis. Es enim infinite amabilis, Deus meus. Numquam igitur poteris a quoquam amari sicut amabilis es, nisi ab infinito amante. Nisi enim esses infinite amans non esses infinite amabilis. Amabilitas enim tua, quae est posse in infinitum amari, est, quia est posse in infinitum amare. A posse in infinitum amare et posse in infinitum amari oritur amoris nexus infinitus ipsius infiniti amantis et infiniti amabilis. Non est autem infinitum multiplicabile.

Tu igitur Deus meus, qui es amor, es amor amans et amor amabilis et [amor] amoris amantis et amabilis nexus. Video in te Deo meo amorem amantem [et amabilem] et ex eo, quia video in te amorem amantem et amorem amabilem, video utriusque amoris nexum. Et hoc non est aliud quam illud, quod video in absoluta unitate tua, in qua video unitatem unientem, unitatem unibilem et utriusque unionem. Quicquid autem in te video, hoc es tu Deus meus. Tu es igitur amor ille infinitus, qui sine amante et amabili et utriusque nexu non potest per me naturalis et perfectus amor videri. Quomodo enim possum concipere perfectissimum et naturalissimum amorem sine amante et amabili et unione utriusque? Quod enim amor sit amans et amabilis et nexus utriusque experior in contracto amore esse de essentia perfecti amoris. Id autem, quod est de essentia perfecti amoris contracti non potest deesse absoluto amori, a quo habet contractus amor quicquid perfectionis habet.

Quanto autem amor simplicior, tanto perfectior. Tu autem Deus meus es amor perfectissimus et simplicissimus. Tu igitur es ipsa essentia perfectissima et simplicissima et naturalissima amoris. Hinc in te amore non est aliud amans et aliud amabile et aliud utrisque nexus, sed idem, tu ipse Deus meus. Quia igitur in te coincidit amabile cum amante et amari cum amare, tunc nexus coincidentiae est nexus essentialis. Nihil enim in te est quod non sit ipsa essentia tua.

XVII.

Gott kann nur als einigdreier vollkommen erschaut werden

Du hast Dich mir als so liebenswert gezeigt, o Herr, daß Du nicht liebenswerter sein kannst. Du bist ja unendlich liebenswert, mein Gott. Niemals aber kannst Du von irgendjemandem so geliebt werden, wie Du liebenswert bist, außer von einem unendlich Liebenden. Würdest Du nicht unendlich lieben, wärest Du auch nicht unendlich liebenswert. Dein Liebenswert-Sein, welches das Unendlich-Geliebt-Werden-Können ist, kommt davon, weil es zugleich das Unendlich-Lieben-Können ist. Aus dem Unendlich-Lieben-Können und dem Unendlich-Geliebt-Werden-Können entsteht die unendliche Liebensverknüpfung des Unendlich-Liebenden und das Unendlich-Liebenswerten. Das Unendliche aber kann nicht vervielfältigt werden.

Du, mein Gott, der Du die Liebe bist, bist die liebende Liebe und die liebenswerte Liebe und die Liebensverknüpfung von Liebendem und Liebenswertem. In Dir, mein Gott, sehe ich die liebende und die liebenswerte Liebe; und aus dem, daß ich in Dir die liebende und die liebenswerte Liebe sehe, sehe ich die Verknüpfung beider. Und das ist nichts anderes, als das, was ich in Deiner absoluten Einheit sehe, in der ich die einigende Einheit, die einbare Einheit und die Einung beider sehe. Was immer ich aber in Dir sehe, das bist du, mein Gott. Du bist jene unendliche Liebe, die ich nicht ohne Liebenden, Liebenswerten und die Verknüpfung beider als natürliche und vollkommene Liebe sehen kann. Wie sollte ich denn die ganz vollkommene und natürliche Liebe ohne Liebenden, Liebenswerten und ihre Verknüpfung sehen? Daß die Liebe liebend, liebenswert und die Verknüpfung beider ist, das erfahre ich, muß in der verschränkten Liebe aus der Seinsheit der vollkommenen Liebe kommen. Das aber, was die verschränkte Liebe aus der Seinsheit der vollkommenen Liebe hat, kann der absoluten Liebe nicht fehlen, von der die verschränkte Liebe alle Vollkommenheit hat, die ihr eigen ist.

Je einfacher die Liebe ist, desto vollkommener ist sie. Du, mein Gott, bist die vollkommenste und einfachste Liebe. Du bist die vollkommenste, einfachste und natürlichste Seinsheit der Liebe. Darum ist in Dir, der Liebe, die liebende Liebe, die liebenswerte Liebe und die Verknüpfung beider nicht etwas jeweils anderes, sondern das selbe, Du selbst, mein Gott. Weil in Dir Liebenswertes mit Liebendem und Geliebt-werden mit Lieben zusammenfällt, ist die Verknüpfung des Zusammenfalles eine wesenhafte Verknüpfung. In Dir ist ja nichts, das nicht Deine Seinsheit selbst ist.

Illa igitur, quae occurrunt mihi tria esse, scilicet amans, amabilis et nexus, sunt ipsa simplicissima essentia absoluta. Non sunt igitur tria, sed unum. Illa essentia tua Deus meus, quae occurrit mihi esse simplicissima et [ut sic dicam], unissima, non est naturalissima et perfectissima sine tribus praenominatis. Est igitur essentia trina et tamen non sunt tria in ea, quia simplicissima. Pluralitas igitur trium praenominatorum est ita pluralitas quod unitas, et unitas est ita unitas, quod pluralitas. Pluralitas trium est pluralitas sine numero plurali. Nam pluralis numerus non potest esse simplex unitas, quia est numerus pluralis.

Non igitur est trium numeralis distinctio, quia illa est essentialis. Numerus enim a numero essentialiter distinguitur. Et quia unitas est trina non est unitas numeri singularis. Unitas enim numeri singularis non est trina.

O admirabilissimus Deus, qui neque es numeri singularis neque numeri pluralis, sed super omnem pluralitatem et singularitatem unitrinus et triunus. Video igitur in muro paradisi ubi es Deus meus pluralitatem coincidere cum singularitate et te ultra habitare perquam remote. Doce me Domine, quomodo possim concipere id possibile, quod video necessarium. Occurrit enim mihi impossibilitas, quod trium pluralitas sine quibus concipere te nequeo perfectum et naturalem amorem sit pluralitas sine numero.

Quasi quis dicat unum, unum, unum, dicit ter unum, non dicit tria, sed unum et hoc unum ter. Non potest autem dicere unum ter sine tribus, licet non dicit tria. Nam cum dicit unum ter, replicat idem et non numerat. Numerare enim est unum alterare, sed unum et idem triniter replicare est plurificare sine numero. Unde pluralitas, quae in te Deo meo per me videtur est alteritas sine alteritate, quia est alteritas, quae identitas. Quando enim video amantem non esse amabilem et nexum[1] esse nec amantem nec amabilem, non sic video amantem non esse amabilem, quasi amans sit unum et amabilis aliud, sed video distinctionem amantis et amabilis intra murum coincidentiae unitatis et alteritatis esse.

---

[1] Cod. Cus.: nexum non esse.

Was mir als dreierlei entgegentritt, als Liebender, Liebenswerter und die Verknüpfung, ist die ganz einfache absolute Seinsheit; nicht drei, sondern eines. Diese Deine Seinsheit, mein Gott, die mir als ganz einfach, und um es so zu sagen, ganz eins entgegentritt, ist nicht die natürlichste und vollkommenste ohne die drei Genannten. Sie ist eine dreifache Wesenheit und doch sind nicht drei in ihr, weil sie die einfachste ist. Die Vielheit der drei Genannten ist so Vielheit, daß sie Einheit ist, und die Einheit ist so Einheit, daß sie Vielheit ist. Die Einheit der drei ist Vielheit ohne vielfache Zahl. Eine vielfache Zahl kann eben deshalb, weil sie eine vielfache Zahl ist, nicht die einfache Einheit sein.

Diese drei haben also keine zahlenmäßige Unterscheidung, denn eine solche ist wesenhaft. Eine Zahl unterscheidet sich nämlich von einer Zahl wesenhaft. Und weil jene Einheit dreifach ist, ist sie nicht die Einheit einer einzelnen Zahl. Die Einheit einer einzelnen Zahl ist nämlich nicht dreifach.

O wunderbarer Gott, Du bist weder von einfacher noch von vielfacher Zahl, sondern über jeder Vielzahl und Einzigkeit einigdrei und dreieinig. In der Mauer des Paradieses, in dem Du weilst, mein Gott, sehe ich die Vielheit mit der Einzigkeit zusammenfallen, und Dich selbst weit jenseits wohnen. Lehre mich Herr, wie ich das, was ich als notwendig erkenne, auch als möglich erfasse. Es scheint mir eine Unmöglichkeit zu sein, daß die Vielheit der Drei, ohne die ich Dich nicht als die vollkommene und natürliche Liebe begreifen kann, eine Vielheit ohne Zahl ist.

Sagt jemand: eins, eins, eins, dann sagt er dreimal eins; sagt aber nicht drei, sondern eins und das dreimal. Denn wenn er dreimal eins sagt, dann wiederholt er dasselbe und zählt nicht. Zählen bedeutet, eines zum anderen machen; ein und dasselbe dreimal wiederholen aber ist vervielfachen ohne Zahl. Darum ist die Vielheit, die in Dir, o Gott, von mir erschaut wird, eine Andersheit ohne Andersheit, denn sie ist eine Andersheit, die Selbigkeit ist. Sehe ich auch, daß der Liebende nicht das Liebenswerte ist, und die Verknüpfung weder der Liebende, noch das Liebenswerte, so sehe ich doch nicht in der Weise, daß der Liebende nicht das Liebenswerte ist, als ob er eines und das Liebenswerte ein anderes wäre, sondern ich sehe vielmehr, daß die Unterscheidung von Liebendem und Liebenswertem in der Mauer des Zusammenfalls von Einheit und Andersheit ist.

Unde distinctio illa, quae est intra murum coincidentiae, ubi distinctum et indistinctum coincidunt, praevenit omnem alteritatem et diversitatem, quae intelligi potest. Claudit enim murus potentiam omnis intellectus, licet oculus ultra in paradisum respiciat. Id autem, quod videt nec dicere, nec intelligere potest. Est enim amor eius secretus thesaurus et absconditus, qui inventus manet absconditus. Reperitur enim intra murum coincidentiae absconditi et manifesti.

Sed non possum retrahi a suavitate visionis, quin adhuc aliquo modo mihi ipsi referam revelationem distinctionis amantis, amabilis et nexus. Nam dulcissima degustatio eius aliqualiter videtur praegustabilis in figura. Tu enim sic das, Domine, quod in me video amorem, quia video me amantem. Et quia video me amare me ipsum, video me amabilem. Et naturalissimum nexum me esse video utriusque. Ego sum amans, ego sum amabilis, ego sum nexus. Unus est igitur amor sine non posset aliquod trium esse. Ego unus sum, qui sum amans, et ille idem, qui sum amabilis et ille idem, qui sum nexus exsurgens ex amore quo me amo. Ego sum unus et non sum tria.

Esto igitur, quod amor meus sit essentia mea, uti in Deo meo. Tunc in unitate essentiae meae esset trium praedictorum unitas. Et in trinitate trium praedictorum essentiae unitas. Essentque cuncta in mea essentia contracte modo, quo in te video veraciter et absolute existere. Deinde amor amans non foret amor amabilis nec nexus. Et hoc experior hac praxi. Nam per amorem amantem, quem ad rem aliam extra me extendo, quasi ad amabile extrinsecum essentiae meae, sequitur nexus, quo illi rei astringor quantum ex me est. Quae res mihi non iungitur eo nexu, quia me [forte] non amat. Unde licet eam amem ita, quod amor meus amans se extendat super ipsam, tamen non trahit secum amor amans meus amorem amabilem meum. Non enim fio amabilis sibi. De me enim non curat, licet ipsam valde amem, sicut filius aliquando de matre non curat, quae ipsum tenerrime diligit. Et ita experior amorem amantem non esse amorem amabilem, nec nexum, sed distingui video amantem ab amabili et nexu. Quae quidem distinctio non est in essentia amoris, quia non possum amare, sive me, sive rem aliam a me, sine amore.

Diese Unterschiedenheit in der Mauer der Koinzidenz, in der Unterschiedenes und Nicht-Unterschiedenes zusammenfallen, geht jeder erkennbaren Andersheit und Verschiedenheit voraus. Die Mauer verschließt die Möglichkeit jeder Vernunft, wenn auch das Auge darüber hinaus in den Paradiesgarten blickt. Denn das was es sieht, vermag es weder zu sagen noch einzusehen. Seine Liebe ist ein geheimer und verborgener Schatz, der verborgen bleibt, auch wenn er gefunden ist. Er wird in der Mauer des Zusammenfalls von Verborgenem und Offenbarem gefunden.

Ich vermag mich von der Süßigkeit der Schau nicht zurückzuziehen, ohne mir noch in irgendeiner Weise die Enthüllung des Unterschiedes von Liebendem, Liebenswertem und ihrer Verknüpfung klarzumachen. Denn ein wenig scheint man ihren süßen Geschmack in einem Gleichnis im voraus kosten zu können. Du verleihst mir, o Herr, daß ich in mir die Liebe sehe, weil ich mich als Liebenden sehe. Und weil ich sehe, daß ich mich selbst liebe, sehe ich, daß ich liebenswert bin. Und ich sehe, daß ich die natürliche Verknüpfung zwischen beiden bin. Ich bin Liebender, ich bin Liebenswerter, ich bin die Verknüpfung. Die Liebe, ohne die keines dieser drei sein kann, ist eines. Ich bin einer, der ich liebe, ebenderselbe, der ich liebenswert bin, und ebenderselbe, der ich die Verknüpfung bin, die aus der Liebe entsteht, mit der ich mich liebe. Ich bin einer und nicht drei.

Nehmen wir an, daß meine Liebe meine Wesenheit wäre, wie es in Dir der Fall ist, mein Gott. Dann wäre in der Einheit meiner Wesenheit die Einheit der drei Genannten; und in der Dreiheit der drei Genannten die Einheit der Wesenheit. Und alle wären in mir verschränkt in derselben Weise, in der ich sie in Dir wahr und absolut bestehen sehe. Ferner: die liebende Liebe sei nicht die liebenswerte Liebe und nicht die Verknüpfung. Dies erfahre ich in folgender Art: durch die liebende Liebe, die ich auf eine außerhalb von mir liegende Sache ausbreite, gleichsam als auf das Liebenswerte außerhalb meiner Wesenheit — folgt die Verknüpfung, durch die ich mit jenem Ding verknüpft werde, soweit es an mir liegt. Diese Sache wird mir aber durch diese Verknüpfung nicht verbunden, weil sie mich zufällig nicht liebt. Mag ich sie daher auch so sehr lieben, daß sich meine liebende Liebe über sie ausbreitet, so zieht meine liebende Liebe doch nicht meine liebenswerte Liebe mit sich; denn ich werde ihr nicht liebenswert. Sie kümmert sich nicht um mich, auch wenn ich sie sehr liebe; so wie sich manchmal ein Sohn nicht

Sic amor est de essentia trium. Et sic video trium praedictorum simplicissimam essentiam, licet inter se distinguantur.

Expressi, Domine, aliqualem praegustationem naturae tuae in similitudine. Se parce, misericors, quia nitor infigurabilem gustum dulcedinis tuae figurare. Si enim dulcedo pomi incogniti manet omni pictura et figura infigurabilis et omni verbo inexpressibilis, quis sum ego miser peccator, qui nitor te inostensibilem ostendere, et te invisibilem visibilem figurare et illam infinitatem et penitus inexpressibilem dulcedinem tuam sapidam facere praesumo, quam numquam adhuc gustare merui. Et per ea, quae exprimo, eam potius parvam quam magnam facio. Sed tanta est bonitas tua Deus meus, quod etiam sinis caecos de lumine loqui et eius laudes praeconisare, de quo nihil sciunt, nec scire possunt nisi eis revelatur.

Revelatio autem gustum non attingit. Auris fidei non attingit dulcedinem degustabilem. Hoc autem tu Deus revelasti mihi, quia nec auris audiuit, nec in cor hominis descendit infinitas dulcedinis tuae, quam praeparasti diligentibus te. Revelavit nobis hoc Paulus[1] magnus apostolus tuus, qui ultra murum coincidentiae raptus est in paradisum, ubi solum revelate potes videri, qui es fons delicarium.

Conatus sum me subicere raptui confisus de infinita bonitate tua, ut viderem te invisibilem et visionem revelatam irrevelabilem. Quo autem perveni tu scis. Ego autem nescio et sufficit mihi gratia tua, qua me certum reddis te incomprehsensibilem esse et erigis in spem firmam, quod ad fruitionem tui te duce perveniam.

---

[1] Vgl. 2 Kor. 12, 2.

um seine Mutter kümmert, auch wenn sie ihn zärtlich liebt. Auf diese Weise erfahre ich, daß die liebende Liebe nicht die liebenswerte Liebe ist, und auch nicht die Verknüpfung. Ich sehe, daß der Liebende vom Liebenswerten und der Verknüpfung unterschieden ist; doch liegt dieser Unterschied nicht in der Wesenheit der Liebe, weil ich weder mich, noch ein anderes Ding ohne Liebe lieben kann. So ist die Liebe von der Wesenheit dreifacher Liebe und ich sehe die ganz einfache Wesenheit der drei Genannten, wenn sie sich auch voneinander unterscheiden.

Ich habe eine Art Vorgeschmack Deiner Natur, o Herr, in diesem Gleichnis ausgedrückt. Vergib mir, Barmherziger, daß ich versuche, den undarstellbaren Wohlgeschmack Deiner Süßigkeit darzustellen. Wenn schon der Geschmack einer unbekannten Frucht durch kein Bild und keine Darstellung dargestellt werden kann, und durch kein Wort auszudrücken ist, wer bin ich dann, ich armer Sünder, der ich mich erkühne, Dich, den Unzeigbaren zu zeigen, den Unsichtbaren sichtbar darzustellen und Deine unendlich unbeschreibliche Süßigkeit schmackhaft zu machen, die zu kosten ich doch niemals verdient habe. Durch das, was ich sage, erniedrige ich sie eher, als das ich sie ehre. Aber Deine Güte ist so groß, mein Gott, daß Du auch Blinde vom Licht reden und das Lob dessen verkünden läßt, von dem sie nichts wissen und nichts wissen können, wenn es ihnen nicht geoffenbart wird.

Eine Offenbarung aber reicht nicht an den Wohlgeschmack heran. Das Ohr des Glaubens erreicht nicht die Süßigkeit des Wohlgeschmackes. Daß aber, Herr, hast Du mir geoffenbart, daß die Unendlichkeit Deiner Süßigkeit, die Du denen bereitet hast, die Dich lieben, kein Ohr vernommen hat, und in das Herz keines Menschen gedrungen ist. Paulus, Dein großer Apostel, hat uns dies geoffenbart; er, der über die Mauer des Zusammenfalles ins Paradies entrückt wurde, wo Du allein durch Offenbarung geschaut werden kannst; Du, der Du der Quell der Freuden bist.

Im Vertrauen auf Deine unendliche Güte, habe ich versucht, mich der Entrückung hinzugeben, um Dich, den Unsichtbaren und die unenthüllbare Schau enthüllt zu sehen. Wohin ich vorgedrungen bin, weißt Du. Ich aber weiß es nicht und mir genügt Deine Gnade, durch die Du mir Gewißheit darüber schenkst, daß Du unerfaßbar bist und zur sicheren Hoffnung aufrichtest, unter Deiner Führung dahin zu gelangen, mich Deiner ganz zu erfreuen.

XVIII.

Quomodo nisi Deus trinus esset non esset felicitas

Utinam Domine aperirent oculos mentis omnes, qui eos tuo dono sunt assecuti et mecum viderent quomodo tu Deus zelotes[1], quia tu, amor amans, nihil odire potes. In te enim, Deo amabili, omnia amabilia complicanti omne amabile amas, ut sic viderent mecum, quo foedere aut nexu sis omnibus unitus. Diligis tu, Deus amans, ita omnia, quod singula, expandis amorem tuum ad omnes.

Multi autem te non diligunt, qui tibi praeferunt aliud a te. Si autem amor amabilis non esset distinctus ab amore amante, esses omnibus adeo amabilis, quod nihil praeter te amare possent et omnes rationales spiritus necessitarentur ad tui amorem. Sed tam nobilis es Deus meus, ut velis in libertate esse rationalium animarum te diligere vel non. Quapropter ad amare tuum non sequitur, quod ameris.

Tu igitur, Deus meus, amoris nexu omnibus unitus es, quia expandis amorem tuum super omnem creaturam tuam. Sed non omnis rationalis spiritus est unitus tibi, quia amorem suum non in tuam amabilitatem proicit, sed in aliud, cui unitur et nectitur. Desponsasti omnem animam rationalem amore tuo amante, sed non omnis sponsa te sponsum amat, sed saepissime alium, cui adhaeret. Sed quomodo posset attingere finem suum sponsa tua, Deus meus, anima humana, nisi tu fores diligibilis, ut sic te diligibilem diligendo ad nexum ac unionem felicissimam pertingere posset? Quis igitur negare potest te Deum trinum, quando videt, quod neque tu nobilis, neque naturalis et perfectus Deus esses, nec spiritus liberi arbitrii esset, nec ipse ad tui fruitionem et felicitatem suam pertingere posset, si non fores trinus et unus?

---

[1] Vgl. 2 Mos. 34, 14.

XVIII.

Wäre Gott nicht dreieinig, so gäbe es keine Seligkeit

Daß doch, o Herr, alle die Augen ihres Geistes öffneten, die sie als Dein Geschenk bekommen haben und mit mir erkennten, daß Du der eifernde Gott bist, da Du, die liebende Liebe, nichts hassen kannst. In Dir, dem liebenswerten Gott, der alles Liebenswerte in sich einfaltet, liebst Du jedes Liebenswerte. Sie sollen also mit mir sehen, durch welchen Bund oder durch welche Verknüpfung Du mit allen geeint bist. Du liebst, liebender Gott, alles ebenso wie jedes einzelne und verleihst allem Deine Liebe.

Viele aber lieben Dich nicht, sondern ziehen Dir etwas Dir gegenüber anderes vor. Wäre die liebenswerte Liebe nicht von der liebenden Liebe unterschieden, dann wärest Du allen so liebenswert, daß sie nichts außer Dir lieben könnten und alle verständigen Geister wären genötigt, Dich zu lieben. Doch Du, mein Gott, bist so großzügig, daß Du es der Freiheit der verständigen Seelen überlassen willst, Dich zu lieben oder nicht. Darum folgt aus Deinem Lieben nicht, daß Du auch geliebt wirst.

Du, mein Gott, bist durch die Verknüpfung der Liebe mit allem geeint, weil Du Deine Liebe über jedes Deiner Geschöpfe erstreckst. Aber nicht jeder verständige Geist ist mit Dir geeint, weil er seine Liebe nicht auf Dein Liebenswert-Sein richtet, sondern auf etwas anderes, mit dem er geeint und verknüpft ist. Durch Deine liebende Liebe hast Du Dich jeder verständigen Seele bräutlich verbunden, doch nicht jede Braut liebt Dich als ihren Bräutigam, sondern oft einen anderen, dem sie anhängt. Aber wie könnte Deine Braut, mein Gott, die menschliche Seele, ihr Ziel erreichen, wenn Du nicht liebenswert wärest, so daß sie auf diese Weise Dich, den Liebenswerten, liebend erwählt und dadurch zur Verknüpfung und seligen Einung gelangen kann? Wer könnte leugnen, daß Du, o Gott, dreieinig bist, wenn er sähe, daß Du dann weder der großzügige, natürliche und vollkommene Gott wärest, und daß es dann keinen Geist mit freiem Willen gäbe, noch er selbst, wärest Du nicht dreifach und einfach, dahin gelangen könnte, Dich zu kosten und selig zu sein.

Nam quia es intellectus intelligens et intellectus intelligibilis et utriusque nexus, tunc intellectus creatus in te Deo suo intelligibili unionem tui et felicitatem assequi potest. Sic cum sis amor amabilis, potest creata voluntas amans in te Deo suo amabili unionem et felicitatem assequi. Qui enim recipit te Deum lucem receptibilem rationalem, ad talem usque tui unionem pervenire poterit, ut sit tibi unitus ut filius patri.

Video Domine, te illustrante, naturam rationalem non posse unionem tui assequi nisi quia amabilis et intelligibilis. Unde natura humana non est unibilis tibi Deo amanti, sic enim non es obiectum eius, sed est tibi unibilis ut Deo suo amabili, cum amabile sit amantis obiectum. Sic pariformiter intelligibile est obiectum intellectus.

Dicimus autem hoc veritatem, quod obiectum. Quare tu, Deus meus, quoniam es veritas intelligibilis, tibi uniri potest intellectus creatus. Et sic video humanam rationalem naturam tuae divinae naturae intelligibili et amabili tantum unibilem et quod homo te Deum receptibilem capiens transit in nexum, qui ob sui strictitudinem filiationis nomen sortiri potest. Nexu enim filiationis non cognoscimus strictiorem. Quod si hic nexus unionis est maximus, quo maior esse nequit, hoc evenire necesse erit, quia tu Deus amabilis plus diligi non potes ab homine, tunc nexus ille usque ad perfectissimam filiationem pervenit, ut filiatio illa sit perfectio complicans omnem possibilem filiationem, per quam omnes filii ultimam felicitatem et perfectionem assequuntur. In quo altissimo filio filiatio est ut ars in magistro aut lux in sole. In aliis vero ut ars in discipulis aut lux in stellis.

XIX.

Quomodo Iesus [est] unio Dei et hominis

Ago ineffabiles gratias tibi Deo vitae et luci animae meae. Nam video nunc fidem, quam revelatione apostolorum tenet catholica

Da Du die erkennende und die erkennbare Vernunft und die Verknüpfung beider bist, kann die erschaffene Vernunft in Dir, ihrem erkennbaren Gott, die Vereinigung mit Dir und ihre Seligkeit erreichen. Ebenso vermag, weil Du die liebenswerte Liebe bist, der erschaffene liebende Wille in Dir, seinem liebenswerten Gott, Einung und Seligkeit erreichen. Denn wer Dich, o Gott, das empfängliche und verständige Licht aufnimmt, der vermag zu einer so engen Einung mit Dir zu gelangen, daß er mit Dir geeint ist, wie der Sohn mit dem Vater.

Da Du mich erleuchtest, Herr, sehe ich, daß die verständige Natur nur deshalb die Einung mit Dir erreichen kann, weil Du liebenswert und erkennbar bist. Daher kann also die menschliche Natur nicht mit Dir ihrem liebenden Gott, vereint werden, denn als solcher bist Du nicht ihr Gegenüber; sie kann vielmehr mit Dir als ihrem liebenswerten Gott vereint werden, da das Liebenswerte das Gegenüber des Liebenden ist. Ebenso ist das Verstehbare Gegenüber und Gegenstand der Vernunft.

Wir nennen das Wahrheit, was uns Gegenüber und Gegenstand ist. Weil du, mein Gott, die verstehbare Wahrheit bist, kann die geschaffene Vernunft mit Dir vereint werden. So sehe ich, daß die verständige menschliche Natur Deiner erkennbaren und liebenswerten göttlichen Natur so eng vereint werden kann, daß ein Mensch, der Dich, den empfänglichen Gott aufnimmt, in eine Verbindung eingeht, die wegen ihrer Innigkeit den Namen Kindschaft erlangen kann. Wir kennen ja keine engere Verbindung als die der Kindschaft. Wenn diese vereinigende Verknüpfung die engste ist, über die hinaus es keine größere mehr gibt, so folgt notwendigerweise, daß jene Sohnschaft — wenn Du, der liebenswerte Gott, vom Menschen nicht mehr stärker geliebt werden kannst; wenn jene Verknüpfung zur vollkommenen Kindschaft gelangt — die Vollendung ist, welche alle mögliche Kindschaft in sich einfaltet, und durch welche alle Kinder die höchste Seligkeit und Vollendung erreichen. In diesem höchsten Sohn ist die Kindschaft wie die Kunst im Meister oder das Licht in der Sonne. In den anderen aber ist sie wie die Kunst in den Schülern oder das Licht in den Sternen.

XIX.

Jesus ist Einung von Gott und Mensch

Unsagbarer Dank sei Dir Gott, Leben und Licht meiner Seele. Von hier aus sehe ich nämlich jetzt den Glauben, den die

ecclesia: quomodo scilicet tu Deus amans de te Deum generas amabilem atque quod tu Deus genitus amabilis es absolutus mediator. Per te enim est omne id, quod est et esse potest. Tu enim Deus volens seu amans in te Deo amabili complicas omnia. Omne enim, quod tu Deus vis aut concipis est in te Deo amabili complicatum. Non enim esse potes quicquam nisi illud velis esse. Omnia igitur in conceptu tuo amabili causam seu rationem habent essendi. Neque est alia rerum omnium causa nisi quia sic tibi placet. Nihil placet amanti ut amanti nisi amabile.

Tu igitur Deus amabilis es filius Dei amantis patris. In te enim est omnis complacentia patris. Ita omne esse creabile complicatur in te Deo amabili. Tu igitur Deus amans, cum ex te sit amabilis Deus uti filius e patre, in hoc, quod es Deus pater amans, Dei amabilis filii tui, es pater omnium, quae sunt. Nam conceptus tuus est filius, et omnia in ipso. Et unio tui et tui conceptus est actus et operatio exsurgens, in qua est omnium actus et explicatio. Sicut igitur ex te Deo amante generatur Deus amabilis, quae generatio est conceptio, ita procedit ex te Deo amante et conceptu tuo amabili a te genito, actus tuus et tui conceptus, qui est nexus nectans, et Deus uniens te et conceptum tuum, quemadmodum amare unit amantem et amabile in amore. Et hic nexus spiritus nominatur. Spiritus enim est ut motus procendens a movente et mobili. Unde motus est explicatio conceptus moventis. Explicatur igitur omnia in te Deo spiritu sancto, sicut concipiuntur in te Deo filio. Video igitur quia tu Deus sic me illustras, quomodo omnia in te Deo filio Dei patris sunt ut in ratione, conceptu, causa, seu exemplari et quomodo filius est medium omnium, quia ratio. Mediante enim ratione et sapientia tu Deus pater omnia operaris. Et spiritus seu motus ponit conceptum rationis in effectu, sicut experimur arcam in mente artificis poni mediante virtute motiva, quae inest manibus in effectu.

katholische Kirche durch die Offenbarung der Apostel bewahrt: daß Du, liebender Gott aus Dir den liebenswerten Gott zeugst, und daß Du, gezeugter und liebenswerter Gott, der absolute Vermittler bist. Durch Dich nämlich ist alles, was ist und was sein kann. Du wollender oder liebender Gott schließt nämlich in Dir, dem liebenswerten Gott, alles ein. Denn alles, was Du o Gott, willst oder entwirfst, ist in Dir dem liebenswerten Gott eingefaltet. Nichts kann sein, es sei denn Du willst, daß es sei. In Deinem liebenswerten Gedanken hat alles den Grund und die Ursache seines Seins; noch gibt es einen anderen Grund für alle Dinge als den, daß es Dir so gefällt. Dem Liebenden als Liebenden gefällt nur das Liebenswerte.

Du liebenswerter Gott, bist der Sohn des liebenden Gottes, des Vaters. In Dir ist alles Wohlgefallen des Vaters beschlossen. Und darum ist alles erschaffbare Sein in Dir, dem liebenswerten Gott, eingefaltet. Weil aus Dir, liebender Gott, der liebenswerte Gott wie der Sohn aus dem Vater ist, bist Du dadurch, daß Du der liebende Gott und Vater Deines liebenswerten Gott-Sohnes bist, der Vater aller Dinge, die sind. Dein Entwurf ist der Sohn und alles ist in ihm. Die Einung von Dir und Deinem Gedanken-Entwurf ist die wirkende Wirklichkeit und die aus ihr entstehende Tätigkeit, in der alle Wirklichkeit und alle Entfaltung ist. Wie aus Dir, dem liebenden Gott, der liebenswerte Gott gezeugt wird — welche Zeugung Entwerfen bedeutet —, so geht aus Dir, dem liebenden Gott und dem von Dir gezeugten liebenswerten Entwurf Deine Wirklichkeit und Dein Entwurf hervor; und dies ist die verknüpfende Verknüpfung, der Gott, der Dich und Deinen Gedanken so eint wie das Lieben den Liebenden und das Liebenswerte in der Liebe. Und diese Verknüpfung wird Geist genannt. Der Geist ist gleichsam eine Bewegung, die von einem Bewegenden und einem Beweglichen ausgeht. Daher ist Bewegung die Entfaltung des Gedankens vom Bewegenden. Alles wird in Dir, Gott heiliger Geist, entfaltet, so wie es in Dir, Gott-Sohn, entworfen wird. Da Du mich so erleuchtest, o Gott, sehe ich, daß und wie alles in Dir, Gott-Sohn Gottes des Vaters enthalten ist als im Wesensinn, Entwurf, Grund oder Urbild und daß der Sohn die Vermittlung von allem ist, da er der Wesenssinn ist. Durch die Vermittlung von Wesensgrund und Weisheit bewirkst Du, Gott Vater, alles. Und der Geist oder die Bewegung bringt den Entwurf des Wesensgrundes zur Ausführung; so wir wir erfahren, daß die Truhe im Geist des Künstlers durch die Vermittlung der bewegenden Kraft, welche in seinen Händen liegt, zur Ausführung kommt.

Video deinde Deus meus filium tuum esse medium unionis omnium, ut cuncta in te mediante filio tuo quiescant. Et video Iesum benedictum hominis filium filio tuo unitum altissime et quod filius hominis non potuit tibi Deo patri uniri nisi mediante filio tuo mediatore absoluto.

Quis non altissime rapitur haec attentius prospiciens? Aperis enim tu Deus meus mihi misero tale occultum, ut intuear hominem non posse te patrem intelligere[1] nisi in filio tuo, qui est intelligibilis et mediator, et quod te intelligere est tibi uniri. Potest igitur homo tibi uniri per filium tuum, qui est medium unionis. Et natura humana altissime tibi unita, in quocumque homine hoc fuerit, non potest plus medio uniri quam unita est. Sine enim medio tibi uniri nequit. Unitur igitur medio maxime non tamen fit medium.

Unde quamvis non possit fieri medium, cum sine medio non possit tibi uniri, sic tamen iungitur medio absoluto, quod inter ipsam et filium tuum, qui est medium absolutum nihil mediare potest. Si enim aliquid mediare posset inter naturam humanam et medium absolutum, tunc tibi altissime non uniretur.

O Iesu bone, video in te naturam humanam altissime iungi Deo patri per unionem altissimam, qua iungitur Deo filio mediatori absoluto. Filiatio igitur humana, quia tu filius hominis, filiationi divinae in te Iesu altissime unita est, ut merito dicaris filius Dei et hominis. Quoniam in te nihil mediat inter filium hominis et filium Dei.

In filiatione absoluta, quae est filius Dei, omnis complicatur filiatio, cui filiatio humana tua Iesu est super me unita. Subsistit igitur humana filiatio tua in divina non solum complicite, sed ut attractum in attrahente et unitum in uniente et substantiatum in substantiante. Non est igitur possibilis separatio filii

[1] Cf. Jh. 14, 6.

Weiters sehe ich, mein Gott, daß Dein Sohn Mittel und Vermittlung der Einung von allem ist, sodaß alles durch die Vermittlung Deines Sohnes in Dir zur Ruhe kommt. Und ich sehe, daß Jesus, der hochgelobte Menschensohn, aufs höchste Deinem Sohn geeint ist, und daß der Menschensohn mit Dir, Gott dem Vater, nur vereint werden konnte durch die Vermittlung Deines Sohnes, des absoluten Mittlers.

Wer würde nicht zutiefst bewegt, wenn er dies mit ganzer Aufmerksamkeit betrachtet? Du, mein Gott offenbarst mir Armen solch verborgenes Geheimnis, so daß ich schaue, daß der Mensch Dich, den Vater, nicht erkennen kann außer in Deinem Sohn, der erkennbar ist und Mittler. Dich erkennen aber bedeutet mit Dir geeint werden. Darum kann der Mensch durch Deinen Sohn mit Dir geeint werden, der das Mittel der Einung ist. Und die menschliche Natur, die Dir am tiefsten geeint ist, vermag — in welchem Menschen dies auch geschehen mag — durch kein Mittel weiter geeint zu werden als sie ist. Denn ohne die Vermittlung kann sie nicht mit Dir geeint werden. Durch die Vermittlung wird sie also aufs engste geeint, doch sie wird nicht selbst die Vermittlung.

Obwohl sie also nicht die Vermittlung werden kann, da sie ohne Vermittlung eben nicht mit Dir geeint werden kann, wird sie doch durch die absolute Vermittlung so verbunden, daß zwischen ihr und Deinem Sohn, der diese absolute Vermittlung ist, nichts zu vermitteln vermag. Könnte nämlich zwischen der menschlichen Natur und der absoluten Vermittlung noch etwas vermitteln, dann wäre die menschliche Natur Dir nicht aufs innigste geeint.

O guter Jesus, in Dir sehe ich die menschliche Natur durch die allertiefste Verbindung am tiefsten dem Vater verbunden; in dieser ist sie Gott dem Sohn, dem absoluten Mittler verbunden. In Dir, Jesus, ist die menschliche Sohnschaft — Du bist ja der Menschensohn — der göttlichen Sohnschaft ganz tief geeint, so daß Du mit Recht Sohn Gottes und des Menschen genannt wirst, da in Dir zwischen dem Sohn des Menschen und dem Sohn Gottes nichts vermittelt.

In der absoluten Sohnschaft, die der Sohn Gottes selbst ist, ist jede Sohnschaft eingefaltet; dieser ist Deine menschliche Kindschaft, o Jesus, in höchstem Maß geeint. Deine menschliche Kindschaft besteht also in der göttlichen nicht nur in eingefalteter Weise, sondern wie ein Angezogenes im Anziehenden, ein Geeintes im Einenden und etwas, dem Bestand verliehen ist in dem, was ihn verleiht. Eine Trennung des Menschensohnes

hominis a filio Dei in te Iesu. Nam separabilitas evenit ex hoc, quod unio potuit esse maior. Ubi autem unio non potest esse maior, nihil mediare potest. Separatio igitur non habebit ibi locum, ubi nihil mediare potest inter unita. Ubi autem unitum non subsistit in uniente, unio non est altissima. Maior [namque] est unio, ubi unitum subsistit in uniente, quam ubi unitum separatim subsistit. Separatio enim est remotio ab unione maxima. Sic video in te Iesu meo, quomodo filiatio humana, qua es filius hominis, subsistit in filiatione divina, qua es filius Dei, sicut in maxima unione unitum in uniente. Tibi gloria Deus in saecula.

XX.

Quomodo intelligitur Iesus copulatio divinae et humanae naturae

Ostendis mihi lux indeficiens maximam unionem, qua natura humana in Iesu meo est tuae divinae naturae unita non esse quovismodo infinitae unioni similem.

Unio enim, qua unione tu Deus pater es unitus Deo filio tuo est Deus spiritus sanctus. Et ideo est infinita unio. Pertingit enim in identitatem absolutam et essentialem.

Non sic, ubi natura humana unitur divinae. Nam humana natura non potest transire in unionem cum divina essentialem, sicut finitum non potest infinito infinite uniri. Transiret enim in identitatem infiniti et sic desineret esse finitum, quando de eo verficaretur infinitum. Quapropter haec unio, qua natura humana est naturae divinae unita, non est nisi attractio naturae humanae ad divinam in altissimo gradu, ita quod natura ipsa humana ut talis elevatius attrahi nequit. Maxima igitur est unio eius naturae humanae ut humanae ad divinam, quia maior esse nequit. Sed non est simpliciter maxima et infinita ut est unio divina.

vom Gottessohn ist also in Dir, Jesus, nicht möglich. Die Möglichkeit der Trennung kommt nur daher, daß eine Einung inniger gewesen sein könnte. Dort aber, wo die Einung nicht enger sein kann, vermag nichts zu vermitteln. Darum hat die Trennung da keinen Platz, wo zwischen dem Vereinten nichts mehr vermitteln kann. Dort hingegen, wo das Geeinte nicht im Einenden seinen Bestand hat, ist die Einung nicht die höchste. Denn jene Einung, bei der das Geeinte im Einenden besteht, ist größer als jene, wo das Geeinte getrennt besteht. Die Trennung nämlich ist Abrücken von der größten Einung. So sehe ich in Dir, mein Jesus, wie die menschliche Sohnschaft, durch welche Du der Menschensohn bist, in der göttlichen Sohnschaft, durch die Du der Sohn Gottes bist, so grundbesteht, wie das Geeinte im Einenden in der größten Einung. Dir, o Gott, sei Ehre in Ewigkeit.

XX.

Jesus als Verbindung der göttlichen und menschlichen Natur

Du zeigst mir, nie erlöschendes Licht, daß die größte Einung, durch welche die menschliche Natur in meinem Jesus Deiner göttlichen Natur geeint ist, in keiner Weise der unendlichen Einung ähnlich ist.

Die Einung, durch die Du, Gott Vater, Gott Deinem Sohn, geeint bist, ist Gott der heilige Geist. Darum ist es eine unendliche Einung. Sie greift aus zur absoluten und wesenhaften Selbigkeit.

Wo aber die menschliche Natur mit der göttlichen geeint wird, verhält es sich nicht so. Denn die menschliche Natur vermag nicht in eine wesenhafte Einung mit der göttlichen überzugehen, so wie das Endliche dem Unendlichen nicht in unendlicher Weise geeint werden kann. Dann nämlich würde es in Selbigkeit mit dem Unendlichen übergehen und auf diese Weise aufhören Endliches zu sein, da es als Unendliches von diesem Wahrheit erhielte. Darum ist die Einung, in der die menschliche Natur der göttlichen geeint ist, nichts anderes als der höchste Grad der Anziehung der menschlichen Natur an die göttliche; dies in einer Weise, daß die menschliche Natur als solche nicht weiter angezogen werden kann. Die Einung seiner menschlichen Natur als menschliche mit der göttlichen ist darum die größte, da sie nicht größer sein kann. Aber sie ist nicht schlechthin die größte und unendliche, wie es die göttliche ist.

Video igitur ex benignitate gratiae tuae in te Iesu filio hominis filium Dei et in te filio Dei patrem. In te autem filio hominis filium Dei video, quia ita es filius hominis quod [et] filius Dei. Et in natura attracta finita video naturam attrahentem infinitam. Video in filio absoluto patrem absolutum. Filius enim non potest ut filius videri nisi pater videatur.

Video in te, Iesu, filiationem divinam, quae est veritas omnis filiationis et pariter altissimam humanam filiationem, quae est propinquissima imago absolutae filiationis. Sicut igitur imago inter quam et exemplar non potest mediare perfectior imago propinquissime subsistit in veritate, cuius est imago, sic video naturam tuam humanam in divina natura subsistentem. Omnia igitur in natura humana tua video, quae et video in divina, sed humaniter illa esse video in natura humana, quae sunt ipsa divina veritas in natura divina. Quae humaniter video esse in te Iesu similitudo sunt divinae naturae. Sed similitudo est sine medio iuncta exemplari ita, quod magis similis nec esse, nec cogitari potest.

In natura humana seu rationali video spiritum rationalem humanum spiritui divino, qui est absoluta ratio strictissime unitum et sic intellectum humanum intellectui divino et omnia in intellectu tuo Iesu.

Intelligis enim omnia Iesu ut Deus et hoc intelligere est esse omnia. Intelligis omnia ut homo et hoc intelligere est esse similitudinem omnium. Non enim res intelligitur per hominem nisi in similitudine. Lapis non est in intellectu humano ut in causa vel ratione propria eius, sed ut in specie et similitudine[1]. Est igitur in te Iesu unitum intelligere humanum ipsi intelligere divino, sicut perfectissima imago veritati exemplari. Ac si in mente artificis considerarem formam arcae idealem et speciem arcae perfectissime per magistrum ipsum secundum ideam factae, quomodo tunc forma idealis est veritas speciei et unita ei ut veritas imagini in uno magistro. Ita in te Iesu magistro

[1] Vgl. Aristoteles, De anima III, 8, p. 431 b.

Durch Deine Huld und Gnade sehe ich in Dir Jesus, dem Sohn des Menschen, den Sohn Gottes und in Dir, dem Sohn Gott, Deinen Vater. In Dir als dem Sohn des Menschen sehe ich den Sohn Gottes, weil Du so der Sohn des Menschen bist, daß Du auch der Sohn Gottes bist. Und in der angezogenen endlichen Natur sehe ich die Dich anziehende unendliche Natur. Im absoluten Sohn sehe ich den absoluten Vater. Der Sohn vermag nämlich nicht als Sohn gesehen zu werden, wenn nicht der Vater gesehen wird.

Ich sehe in Dir, Jesus, die göttliche Kindschaft, welche die Wahrheit jeder Kindschaft ist. Zugleich sehe ich die höchste menschliche Kindschaft, welche das nächste und genaueste Abbild der absoluten Kindschaft ist. So also wie ein Abbild, das zwischen sich und dem Urbild kein vollkommeneres Abbild mehr zuläßt, am angemessensten in der Wahrheit, deren Abbild es ist, Grundbestand hat — so sehe ich —, hat Deine menschliche Natur in der göttlichen Natur Bestand. Ich sehe daher alles in Deiner menschlichen Natur, was ich auch in der göttlichen sehe; doch sehe ich, daß in der menschlichen Natur das in menschlicher Weise ist, was in der göttlichen die göttliche Wahrheit selbst ist. Was ich in Dir, Jesus, auf menschliche Weise sehe, ist Ähnlichkeit und Abbild der göttlichen Natur. Aber dieses Abbild ist ohne Vermittlung dem Urbild in der Weise verknüpft, daß es weder ähnlicher sein noch gedacht werden kann.

Ich sehe, daß in der menschlichen oder verständigen Natur der verständige, menschliche Geist dem göttlichen Geist, welcher der absolute Verstand ist, ganz eng verbunden ist, und daß ebenso die menschliche Vernunft und überhaupt alles in Deiner Vernunft, o Jesus, mit der göttlichen geeint ist.

Als Gott erkennst Du, o Jesus, alles und dieses Erkennen ist Alles-Sein. Du erkennst alles als Mensch und dieses Erkennen bedeutet Ähnlichkeit-von-allem-sein. Der Mensch erkennt ein Ding nur in Ähnlichkeit. Ein Stein ist im menschlichen Denken nicht als in seinem eigentlichen Grund und Wesenssinn, sondern in Eigengestalt und Ähnlichkeit. In Dir, Jesus, ist das menschliche Erkennen mit dem göttlichen so geeint, wie das vollkommene Abbild der Wahrheit seines Urbildes. Betrachten wir z. B. die Idee und Form einer Truhe im Geist des Künstlers und die Eigengestalt der vollkommensten Truhe, die derselbe Meister der Idee entsprechend gebildet hat, dann sehen wir, wie die

magistrorum video absolutam ideam rerum omnium pariter et speciem similitudinariam earundem altissime uniri.

Video Iesu bone te intra murum paradisi, quoniam intellectus tuus est veritas pariter et imago. Et tu es Deus pariter et creatura, infinitus pariter et finitus, et non est possibile, quod citra murum videaris. Es enim copulatio divinae creantis naturae et humanae creatae naturae.

Hoc autem inter tuum humanum intellectum et alterius cuiuslibet hominis interesse video, quod nemo hominum scit omnia, quae per hominem sciri possunt, quia nullius hominis intellectus est ita coniunctus exemplari rerum omnium ut similitudo veritatis, quin possit propinquius coniungi et magis in actu constitui. Et ideo non tot intelligit, quin plura intelligere posset per accessum ad exemplar rerum, a quo habet actualitatem omnem actu existens.

Tuus autem intellectus actu omnia per hominem intelligibilia intelligit, quia in te natura humana est perfectissima et exemplari suo conicunctissima. Ob quam quidem unionem intellectus tuus humanus omnem creatum excedit intellectum in perfectione intelligendi. Omnes igitur rationales spiritus longe sunt infra te, quorum omnium tu Iesu magister et lux existis. Et tu es perfectio et plenitudo omnium et per te ad absolutam veritatem tamquam per mediatorem accedunt. Tu enim es via ad veritatem pariter et ipsa veritas. Tu es via ad vitam intellectus pariter et vita ipsa. Tu es odor cibi laetitiae pariter et gustus laetificans. Sis igitur dulcissime Iesu semper benedictus.

XXI.

Quomodo sine Iesu non sit possibilis felicitas

Iesu finis universi[1], in quo quiescit tamquam in ultimo perfec-

[1] Kol. 1, 15ff.

Idealgestalt die Wahrheit der Eigengestalt ist und dieser als der Wahrheit des Abbildes in dem einen Meister verbunden ist. Genauso sehe ich, ist in Dir, Jesus, dem Meister aller Meister, die absolute Idee aller Dinge und ihre Ähnlichkeitsgestalt zugleich in höchster Weise geeint.

Ich sehe Dich, guter Jesus, innerhalb der Mauer des Paradieses, weil Deine Vernunft zugleich Wahrheit und Abbild ist. Du bist zugleich Gott und Geschöpf, unendlich und endlich, und es ist nicht möglich, Dich diesseits der Mauer zu sehen. Du bist die Verbindung der göttlichen Schöpfernatur und der menschlichen Geschöpfnatur.

Folgenden Unterschied aber sehe ich zwischen Deiner menschlichen Vernunft und der jedes anderen Menschen: kein anderer Mensch weiß alles, was ein Mensch wissen kann, weil jedes Menschen Vernunft dem Urbild aller Dinge so verbunden ist wie das Abbild der Wahrheit, und nicht so, daß sie ihm nicht noch enger verbunden werden und noch mehr in Wirklichkeit versetzt werden könnte. Darum erkennt sie nicht soviel, daß sie nicht noch mehr erkennen könnte, wenn sie sich dem Urbild der Dinge näherte, von dem das Wirkliche alle Wirklichkeit hat.

Deine Vernunft hingegen erkennt tatsächlich alles, was der Mensch erkennen kann, weil in Dir die menschliche Natur ganz vollkommen und ihrem Urbild gänzlich verbunden ist. In Folge dieser Einung übertrifft Deine menschliche Vernunft jede geschaffene Vernunft in der Vollkommenheit ihres Erkennens. Alle vernunfthaften Geister stehen weit unter Dir. Du, o Jesus, bist ihrer aller Meister und ihr Licht. Du bist die Vollkommenheit und Fülle aller und durch Dich als den Mittler gelangen sie zur absoluten Wahrheit. Du bist zugleich der Weg zur Wahrheit und die Wahrheit selbst. Du bist zugleich der Weg zum Leben der Vernunft und das Leben selbst. Du bist zugleich der Duft der Freuden-Speise und ihr beseligender Geschmack. Sei stets gepriesen, süßester Jesus!

XXI.

Ohne Jesus ist keine Seligkeit möglich

Jesus, Du Ziel des Gesamt, in dem als in seiner letzten Vollendung jedes Geschöpf ruht, Du bist allen Weisen dieser Welt gänzlich unbekannt. Denn wir versichern von Dir, daß die

tionis omnis creatura tu es omnibus huius mundi sapientibus penitus ignotus, quia de te contradictoria verissima affirmamus, cum sis creator pariter et creatura, attrahens pariter et attractum, finitum pariter et infinitum. Stultitiam asserunt id credere possibile. Fugiunt igitur nomen tuum et lucem tuam, qua nos illuminasti, non capiunt. Sed cum se putent sapientes stulti et ignorantes et caeci manent in aeternum. Si autem crederent, quod tu es Christus Deus et homo et verba evangelii ut tanti magistri reciperent et tractarent, clarissime tandem conspicerent omnia in comparatione illius lucis in simplicitate verborum tuorum ibi occultatae penitus esse densissima tenebra et ignorantia.

Soli igitur parvuli creduli hanc consequuntur gratiosissimam et vivificam revelationem. Est enim in tuo sacratissimo evangelio, qui cibus est caelestis uti in manna omnis dulcedo desiderii abscondita, quae non potest degustari nisi per credentem et manducantem. Si quis vero credit et accipit, experitur verissime[1], quia tu de caelo descendisti et solus es magister veritatis.

O Iesu bone, tu es arbor vitae in paradiso deliciarum. Nemo enim poterit cibari vita desiderabili nisi ex fructu tuo. Es cibus prohibitus Iesu omnibus filiis Adae, qui de paradiso expulsi, in terra, in qua laborant, quaerunt unde vivant. Oportet igitur omnem hominem exuere veterem praesumptionis hominem et induere novum humilitatis hominem, qui secundum te est, si intra paradisum deliciarum vitae cibum sperat desgustare. Una est natura novi et veteris Adam[2], sed est in veteri Adam animalis, in te novo Adam spiritualis, quia in te Iesu est unita Deo, qui spiritus est. Oportet igitur omnem hominem sicut per communem naturam humanam sui ipsius et tui ita et in uno spiritu tibi Iesu uniri, ut sic in sua natura tibi Iesu communi accedere possit ad Deum patrem, qui est in paradiso.

Videre igitur Deum patrem et te Iesum filium eius est esse in paradiso et gloria sempiterna. Quia extra paradisum constitutus non potest talem habere visionem, cum nec Deus pater,

[1] Vgl. Johannes 3, 21.
[2] Cod. Cus.: ... novi et veteris hominis, ...

Gegensätze völlig wahr sind, bist Du doch zugleich Schöpfer und Geschöpf, Anziehendes und Angezogenes, endlich und unendlich. Jene behaupten, daß es Torheit sei, dies für möglich zu halten. Sie fliehen darum Deinen Namen und nehmen Dein Licht, mit dem Du uns erleuchtet hast, nicht auf. Doch obwohl sie sich für weise halten, bleiben sie töricht, unwissend und blind in Ewigkeit. Würden sie glauben, daß Du, Christus, Gott und Mensch bist, und würden sie die Worte des Evangeliums als die eines so großen Meisters aufnehmen und bedenken, dann würden sie schließlich in voller Klarheit erkennen, daß im Vergleich zu dem Licht, welches in der Einfachheit Deiner Worte verborgen ist, alles übrige dichteste Finsternis und Unwissenheit ist.

Nur die gläubigen Kleinen erreichen diese gnadenvolle und belebende Offenbarung. In Deinem hochheiligen Evangelium, der Himmelsspeise, ist wie im Manna alle ersehnte Süßigkeit verborgen, und nur der, welcher glaubt und sie aufnimmt, kann sie kosten. Wer glaubt und empfängt, erfährt als volle Wahrheit, daß Du vom Himmel herabgestiegen bist und der einzige Lehrer der Wahrheit bist.

O guter Jesus, Du bist der Baum des Lebens im Paradies alles Entzückens. Niemand vermag mit ersehnenswertem Leben genährt zu werden, es sei denn durch Deine Frucht. Du, Jesus, bist die Speise, die allen Söhnen Adams verwehrt ist, die, aus dem Paradies vertrieben, von der Erde zu leben suchen, die sie bebauen. Jeder der hofft, im Paradies des Entzückens die Speise des Lebens zu essen, muß den alten Menschen des Hochmutes ablegen und den neuen Menschen der Demut anziehen, der nach Dir gebildet ist. Die Natur des alten und des neuen Adam ist dieselbe. Im alten jedoch ist sie tierhaft, in Dir, dem neuen Adam, ist sie geistig, da sie in Dir, o Jesus, mit Gott vereint ist, der Geist ist. So wie jeder Mensch mittels der ihm und Dir gemeinsamen menschlichen Natur mit Dir, o Jesus, geeint ist, so muß er auch durch den einen Geist mit Dir verbunden sein, auf daß er so in der Natur, die er mit Dir gemeinsam hat, zu Gott, dem Vater gelangen kann, der im Paradiese weilt.

Gott den Vater und Dich, Jesus, seinen Sohn zu sehen, bedeutet im Paradiese zu sein und in der ewigen Herrlichkeit. Wer außerhalb des Paradieses steht, vermag eine solche Schau nicht

nec tu Iesu sis extra paradisum reperibilis. Omnis igitur homo felicitatem assecutus est, qui tibi Iesu ut membrum capiti unitus est. Nemo potest venire ad patrem nisi per patrem attractus[1]. Tuam Iesu humanitatem per filium suum pater attraxit et per te Iesu omnes attrahit pater homines. Sicut igitur humanitas tua Iesu est filio Dei patris unita tamquam medio, per quod pater ipsam attraxit, ita cuiuslibet hominis humanitas tibi Iesu tamquam unico medio, per quod pater omnes attrahit homines est unita.

Es igitur Iesu, sine quo impossibile est quemquam felicitatem assequi. Es Iesu revelatio patris. Nam pater est omnibus hominibus invisibilis et tibi filio solum visibilis et illi post te, qui per te et tua revelatione ipsum videre merebitur.

Tu es igitur uniens omnem felicem et omnis felix in te subsistit, sicut unitum in uniente. Nullus sapientum huius mundi felicitatem veram capere potest, quando te ignorat. [Nemo felix videre potest patrem][2] nisi tecum Iesu intra paradisum. De felice verificantur contradictoria, sicut de te Iesu, cum tibi in rationali naturali et uno spiritu sit unitus. Subsistit enim omnis spiritus felicis in tuo sicut vivificatus in vivificante. Videt omnis spiritus felix invisibilem Deum et unitur in te Iesu inaccessibili et immortali Deo. Et sic finitum in te unitur infinito et inunibili. Et capitur incomprehensibilis fruitione aeterna, quae est felicitas gaudiosissima numquam consumptibilis.

Miserere Iesu miserere et da mihi revelate videre te et salva facta est anima mea[3].

---

[1] Joh. 6, 44.

[2] Cod. Cus.: Nemo felicem videre potest pater.

[3] Ps. 21, 6.

zu haben, da weder Gott, der Vater, noch Du, Jesus, außerhalb des Paradieses zu finden bist. Jeder Mensch, der Dir, o Jesus, wie ein Glied mit dem Haupt geeint ist, hat die Seligkeit erreicht. Niemand vermag zum Vater zu gelangen, wenn er nicht vom Vater angezogen ist. Durch seinen Sohn zog der Vater Deine Menschheit, o Jesus, zu sich heran und durch Dich, Jesus, zieht der Vater alle Menschen an sich. So wie Deine Menschheit, Jesus, mit dem Sohn Gottes des Vaters geeint ist als mit einem Mittel, durch das der Vater sie an sich zieht, so ist die Menschheit jedes einzelnen Menschen mit Dir, Jesus, als mit dem einzigen Mittel, durch welches der Vater alle Menschen an sich zieht, geeint.

Du bist es, o Jesus, ohne den es unmöglich ist, irgendwelche Glückseligkeit zu erreichen. Du bist die Offenbarung des Vaters. Der Vater ist allen Menschen unsichtbar. Nur Dir, dem Sohn ist er sichtbar und nach Dir dem, welcher durch Dich und Deine Offenbarung gewürdigt wird, ihn zu sehen.

Du bist es, der jeden Seligen eint, und jeder Selige hat in Dir wie das Geeinte im Einenden seinen Grundbestand. Keiner der Weisen dieser Welt vermag die wahre Seligkeit zu fassen, solange er Dich nicht kennt. Kein Seliger vermag den Vater zu sehen, es sei denn, mit Dir im Paradies. In bezug auf den Seligen werden — ebenso wie im Hinblick auf Dich — die einander ausschließenden Gegensätze bewahrheitet, da er mit Dir in der verständigen Natur und dem einen Geist geeint ist. Jeder selige Geist hat in Dir wie der Belebte im Belebenden Grundbestand. Jeder selige Geist sieht den unsichtbaren Gott; er wird in Dir, Jesus, mit dem unnahbaren und unsterblichen Gott geeint. Und so wird in Dir das Endliche mit dem Unendlichen und Unvereinbaren geeint. Der Unfaßbare wird in ewigem Genuß erfaßt, der nichts anderes als das überschwengliche und unaufhörliche Glück ist.

Erbarme Dich, Jesus, erbarme Dich und gewähre mir, Dich unverhüllt zu schauen; dann wird meine Seele gerettet und geheiligt sein.

XXII.

Quomodo Iesus videat et operatus sit

Non potest oculus mentis satiari videndo te, Iesum, quia [tu] es complementum omnis mentalis pulchritudinis. Et in hac icona conicio mirabilem valde ac stupendum visum tuum, Iesu superbenedicte. Nam tu, Iesu, dum in hoc sensibili mundo ambulares carneis nobis similibus oculis utebaris, cum illis enim non secus quam nos homines unum et unum videbas. Erat enim in oculis tuis spiritus quidam, qui erat organi forma quasi sensibilis anima in corpore animalis. In eo spiritu erat vis nobilis discretiva, per quam videbas, Domine, distincte et discrete hoc coloratum sic et aliud aliter, atque adhuc altius ex figuris faciei et oculorum hominum, quos videbas, verus eras iudex passionum animae, irae, laetitiae et tristitae, atque adhuc subtilius ex paucis signis comprehendebas id, quod in hominis mente latebat. Nihil enim in mente concipitur, quod non in facie et maxime in oculis aliquo modo signetur[1], cum sit cordis nuntius.

Multo enim in his omnibus indiciis verius attingebas interiora animae quam quisque creatus spiritus. Ex uno enim aliquo licet parvo valde signo totum videbas hominis conceptum, uti intelligentes ex paucis verbis omnem longum praevident explicandum sermonem praeconceptum, et bene docti dum parvo tempore iniciunt oculos in librum totum ac si legissent recitant scriptoris intentum.

Excellebas Iesu in hoc visionis genere omnes omnium hominum praeteritorum, praesentium et futurorum perfectiones, velocitates ac acuties et haec visio humana erat, quae sine carnali oculo non perficiebatur. Fuit tamen stupenda et admirabilis. Nam si homines reperiuntur qui longa et subtili discussione mentem scribentis sub tunc noviter fictis et characteribus et in visis signis legunt, tu Iesu sub omni signo et figura omnia videbas. Si aliquando homo repertus legitur, qui cogitationem

[1] Cod. Cus.: non signetur.

XXII.

Jesu Sehen und Tun

Das Auge des Geistes kann nicht satt werden, Dich, o Jesus, zu betrachten, denn Du bist die Erfüllung aller geistigen Schönheit. In diesem Bild nun stelle ich Mut-Maßungen an über Deinen wunderbaren und überwältigenden Blick, hochgepriesener Jesus. Als Du, o Jesus, in dieser sinnlich-sichtbaren Welt wandeltest, gebrauchtest Du körperliche Augen, die den unseren gleich sind. Mit ihnen sahst Du nicht anders als wir Menschen, eines nach dem andern. In Deinen Augen war nämlich ein bestimmter Geist, der gleich der sinnlichen Seele im Körper des Lebewesens die Gestalt des Organs war. In diesem Geist war eine edle Unterscheidungskraft, mittels derer Du, o Herr, deutlich und unterschieden sahst, daß ein Ding diese Farbe hat und ein anderes eine andere; ferner warst Du, auf Grund von Gesichtsausdruck und dem Bilde der Augen urteilend, ein wahrer Richter der Leidenschaften der Seele, des Zorns, der Freude und der Trauer. Gründlichst erfaßtest Du aus wenigen Zeichen das, was in der Seele der Menschen verborgen war. Denn der Geist begreift ja nichts, das nicht im Gesicht und vor allem in den Augen, den Boten der Seele, zeichenhaft sichtbar würde.

Viel wahrer als irgend ein geschaffener Geist berührtest Du durch diese Zeichen die inneren Tiefen der Seele. Aus dem geringsten Zeichen sahst Du den Gesamt-Entwurf des Menschen; so wie intelligente Menschen auf Grund weniger Worte eine ganze lange Rede vorhersehen können, die im Voraus entworfen wurde und dargelegt werden soll; und wie Menschen — die darin gut geübt sind — ihre Augen nur kurz in ein Buch werfen und die Absicht des Verfassers wiedergeben, so als ob sie es ganz gelesen hätten.

In dieser Art der Schau hast Du, o Jesus, alle Vollkommenheit, Schnelligkeit und Scharfsinnigkeit aller vergangenen, gegenwärtigen und zukünftigen Menschen übertroffen. Und doch war es eine menschliche Schau, die ohne das körperliche Auge nicht zu vollziehen gewesen wäre. Gleichwohl war sie erstaunlich und bewundernswürdig. Manchmal findet man Menschen, die durch lange und sorgfältige Erwägung die Geistigkeit eines Schreibenden aus neugebildeten Schriftzügen und zuvor noch nicht ge-

interrogantis eum videt ex quibuscumque oculi signis, etiam si metrum aliquod in mente cantabat, melius omnibus tu Iesu ex omni nutu oculorum omnem conceptum deprehendebas.

Vidi ego mulierem surdam, quae ex motu labiorum filiae suae, quem vidit, omnia ac si audivisset intellexit. Si hoc ex consuetudine longa sic est possibile in surdis et mutis et religiosis, qui per signa sibi loquuntur, perfectius tu Iesu, qui omne scibile actu sciebas quasi magister magistrorum in minimis et nobis invisibilibus mutationibus et signis verum de corde et eius conceptu faciebas iudicium.

Sed erat huic tuae humanae prfectissimae, licet finitae visioni ad organum contractae absoluta et infinita visio unita, per quam quidem visionem omnia pariter et singula ut Deus videbas, tam absentia quam praesentia, tam praeterita quam futura. Videbas igitur Iesu oculo humano accidentia visibilia, sed visu divino absoluto rerum substantiam. Nemo umquam in carne constitutus praeter te Iesu substantiam vidit aut rerum quidditatem. Tu solus animam et spiritum et quicquid in homine erat vidisti verissime. Nam sicut vis intellectiva in homine unita est virtuti animali visivae, ut homo non solum videat ut animal, sed etiam discernat et iudicet ut homo, ita visus absolutus unitus est in te, Iesu, virtuti humanae intellectuali, quae est discretio in visu animali. Vis visiva animalis in homine, non in se, sed in anima rationali tamquam in forma totius subsistit. Sic vis visiva intellectualis non in se, sed in te Iesu, in virtute visiva absoluta, subsistit.

O admirabilis visus tuus, Iesu dulcissime! Experimur aliquotiens, quomodo praetereuntem oculo deprehendimus, sed quia non fuimus intenti, ut discerneremus quis esset, nescimus interrogati nomen noti praetereuntis, licet sciamus aliquem prae-

sehenen Zeichen ablesen. Du aber, Jesus, sahst alles unter jedem Zeichen und jeder Figur. Wenn man manchmal von einem Menschen liest, der die Gedanken eines Menschen, der ihn etwas fragt, aus irgendwelchen Anzeichen des Auges, auch wenn er nur eine Melodie im Geiste singt, deutet, so hast Du, Jesus, demgegenüber aus jeder Regung der Augen besser als alle Menschen jeden Gedanken erfaßt.

Ich selbst habe einmal eine taube Frau gesehen, die, wenn sie auf die Bewegung der Lippen ihrer Tochter schaute, alles so verstand, als ob sie es gehört hätte. Wenn so etwas durch lange Gewöhnung bei Tauben, Stummen und auch bei Ordensleuten möglich ist, die allein durch Zeichen miteinander sprechen, dann hast Du, o Jesus, der Du alles Wißbare tatsächlich gewußt hast — Du der Meister aller Meister —, aus den geringsten und unscheinbarsten Zeichen und Veränderungen ein wahres Urteil über das Herz des betreffenden Menschen und seine Gedanken gebildet.

Diesem Deinem vollkommenen menschlichen Schauen, das indes endlich und zu einem Organ verschränkt war, war die absolute und unendliche Schau geeint, durch welche Du — als Gott — alles zugleich und einzeln sahst, das Abwesende wie das Gegenwärtige, das Vergangene wie das Zukünftige. Mit dem menschlichen Auge, o Jesus, sahst Du die sichtbaren Akzidentien, mit der göttlichen und absoluten Schau hingegen den Grundbestand der Dinge. Kein im Fleisch wandelnder Mensch außer Dir, o Jesus, hat je den Grundbestand oder die Washeit der Dinge gesehen. Du allein sahst in voller Wahrheit die Seele und den Geist und was immer im Menschen war. Denn so, wie im Menschen die erkennende Kraft der lebendigen Sehkraft geeint ist, sodaß der Mensch nicht nur als Lebewesen sieht, sondern auch als Mensch unterscheidet und urteilt, so ist das abolute Sehen in Dir, Jesus, mit der menschlichen Erkenntniskraft geeint, welche das Unterscheidungsvermögen im lebendigen Schauen darstellt. Die Sehkraft des Lebewesens besteht im Menschen nicht in sich, sondern in der verständigen Seele als der Gestalt des Ganzen. Ebenso hat die vernunfthafte Sehkraft in Dir, Jesus, nicht in sich selbst, sondern in der absoluten Sehkraft Grundbestand.

O wie wunderbar ist Dein Sehen, süßester Jesus! Manchmal geschieht es, daß wir einen Vorübergehenden wohl mit dem Auge erfassen; weil wir jedoch nicht darauf geachtet haben, zu erkennen, wer es sei, wissen wir, wenn man uns fragt, daß

teriisse. Vidimus igitur illum animaliter, sed non vidimus humaniter, quia vim discretivam non applicavimus. Ex quo comperimus naturas virium et si sint unitae in una forma hominis, manent tamen distinctae et distinctas habent operationes. Sic in te uno Iesu video simili quodam modo humanam intellectualem naturam divinae naturae unitam et quod pariformiter ut homo operatus es plurima atque ut Deus mirabilia multa supra hominem. Video, Iesu piissime, intellectualem naturam esse in respectu sensibilis absolutam et nequaquam uti sensibilis [est] finitam et ad organum alligatam, quemadmodum vis visiva sensibilis est oculo alligata, sed improportionabiliter absolutior est vis divina supra intellectualem. Nam intellectus humanus ut ponatur in actu opus habet phantasmatibus et phantasmata sine sensibus haberi nequeunt. Et sensus sine corpore non subsistunt. Ob hoc vis humani intellectus est contracta et parva indigens praenarratis. Divinus vero intellectus est ipsa necessitas non dependens, nec indigens aliquo, sed omnia eo indigent, sine quo non possunt esse.

Attentius considero, quomodo alia est vis discursiva, quae ratiocinando discurrit et quaerit, alia quae iudicat et intelligit. Videmus enim canem discurrere et quaerere dominum suum et discernere illum et audire vocationem eius. Hic quidem discursus est in natura animalitatis in gradu specificae perfectionis caninae. Adhuc alia reperiuntur animalia lucidioris discursus secundum perfectiorem speciem et hic discursus in homine proxime accedit ad virtutem intellectualem, ut sit supremitas perfectionis sensibilis, multos gradus perfectionis et innumerabilis sub intellectuali [continens] prout species animalium nobis patefaciunt. Nulla enim species est, quae gradum perfectionis proprium sibi non sortiatur.

Est etiam quisque graduum latitudinem habens intra quam videmus individua speciei varie speciem participare. Intellectualis vero natura pariformiter sub divina gradus habet innumerabiles. Unde sicut [in] intellectuali complicantur omnes gradus

jemand vorübergegangen ist; wir wissen jedoch nicht seinen Namen, auch wenn es ein Bekannter war. Wir haben ihn der beseelten Kraft nach gesehen, nicht jedoch in menschlicher Art, weil wir unsere Unterscheidungskraft nicht angewendet haben. Daraus machen wir die Erfahrung, daß die Naturen der Kräfte, auch wenn sie in der einen Gestalt des Menschen vereint sind, doch verschieden sind und in verschiedener Weise wirksam werden. So sehe ich in Dir, dem einen Jesus, in ähnlicher Weise die menschliche vernunfthafte Natur mit der göttlichen Natur vereint und erkenne, daß Du gleichermaßen als Mensch Großes getan und als Gott weit über jeden Menschen hinaus Wunderbares gewirkt hast. Gütigster Jesus, ich sehe, daß die vernunfthafte Natur im Verhältnis zur sinnlichen Natur absolut und nicht — wie diese — begrenzt und an ein Organ gebunden ist, so wie z. B. die sinnliche Sehkraft an das Auge. Die göttliche Kraft ist über jedes Verhältnis hinaus absoluter als die Kraft der Vernunft. Denn die menschliche Vernunft bedarf um in Tätigkeit gesetzt zu werden, Phantasievorstellungen und diese vermag man ohne Sinne nicht zu haben. Die Sinne wiederum bestehen nicht ohne Körper. Deshalb ist die Kraft der menschlichen Vernunft gering und verschränkt und auf jene angewiesen. Die göttliche Vernunft hingegen ist die Notwendigkeit selbst, die weder von etwas abhängt, noch etwas bedarf. Vielmehr bedarf alles ihrer und vermag nicht ohne sie zu sein.

Man beachte sehr genau, daß und wie die abwägende Kraft, die sich im Verstandesdenken bewegt und sucht, eine andere ist und wieder eine andere diejenige, welche urteilt und nochmals eine andere diejenige, die erkennt. Wir sehen, wie ein Hund herumläuft, seinen Herrn sucht, ihn erkennt und seinen Ruf hört. Dieser Lauf liegt in der Natur des Tier-seins und entspricht der eigengestaltlichen Vollkommenheit der Hunde. Es gibt andere Tiere, bei denen sich dieses laufende Suchen noch besser findet, da ihre Eigengestalt vollkommener ist. Beim Menschen kommt dieses ganz nahe an die geistige Erkenntniskraft heran, sodaß es den Gipfel sinnlicher Vollkommenheit darstellt. Diese Bewegung nimmt unzählig viele Stufen unterhalb der geistigen Erkenntnis ein, wie uns dies die einzelnen Arten der Lebewesen zeigen. Es gibt ja keine Art, der nicht ein ihr eigentümlicher Grad der Vollkommenheit zuteil wurde.

Jede dieser Stufen hat eine bestimmte Weite und wir sehen, daß die Einzelwesen einer bestimmten Eigengestalt innerhalb dieser Weite verschieden an der Eigengestalt teilhaben. Wie daher in der vernunfthaften alle Stufen sinnlicher Vollkommenheit ein-

sensibilis perfectionis, sic in divina omnes gradus intellectualis perfectionis sic et sensibilis et omnium. Ita in [te Iesu meo] video perfectionem omnem. Nam cum sis homo perfectissimus in te video intellectum virtuti rationali seu discursivae, quae est supremitas sensitivae uniri. Et sic video intellectum in ratione quasi in loco suo, ut locatum in loco, quasi candelam in camera, quae illuminat cameram et omnes parietes et totum aedificium secundum tamen gradus distantiae plus et minus.

Video deinde intellectui in sua supremitate uniri divinum verbum atque intellectum ipsum locum esse, ubi verbum capitur, uti in nobis experimur intellectum locum esse, ubi verbum magistri capitur, quasi lux solis iungatur candelae praelibatae. Illuminat enim verbum Dei intellectum sicut lumen solis hunc mundum. In te igitur Iesu meo video vitam sensibilem illuminatam lumine intellectuali, vitam intellectualem lumen illuminans atque illuminatum et vitam divinam illuminantem tantum. Nam et fontem luminis in lumine illo intellectuali video, verbum scilicet Dei, quod est veritas illuminans omnem intellectum. Tu igitur solus altissimus omnium creaturarum, quia ita creatura, quod [et] creator benedictus.

XXIII.

Quomodo Iesus mortuus fuit unione cum vita manente

O Iesu mentis sapidissimus cibus, quando intra paradisi murum te intueor admirabilis mihi occurris. Verbum enim Dei es humanatum et homo es deificatus. Non es tamen quasi compositus ex Deo et homine. Inter componentia proportio est necessaria, sine qua non potest esse compositio. Finiti ad infinitum nulla est proportio. Neque es coincidentia creaturae et creatoris modo, quo coincidentia facit unum esse aliud. Nam natura humana non est divina aut e converso. Divina enim natura non est mutabilis aut alterabilis in aliam naturam, cum sit ipsa aeternitas; neque natura quaecumque propter unionem

gefaltet sind, so in der göttlichen alle Stufen der vernunfthaften, der sinnlichen und aller anderen Eigengestalten. So sehe ich in Dir, mein Jesus, alle Vollkommenheit. Da Du der vollkommenste Mensch bist, sehe ich, daß in Dir die Vernunft mit der Verstandeskraft oder der diskursiven Kraft, welche die äußerste Vollendung der sinnlichen darstellt, vereint ist. Und ebenso sehe ich die Vernunft im Verstand gleichsam wie an ihrem Platz — so wie das im Raum-Seiende im Raum ist; wie eine Kerze in einem Zimmer das Zimmer, alle Wände und das ganze Haus erleuchtet, jedoch dem Grad der Entfernung entsprechend mehr oder weniger.

Ich sehe ferner, daß die Vernunft in ihrer letzten Vollendung mit dem göttlichen Wort vereint ist, und daß die Vernunft selbst der Ort ist, in dem das Wort empfangen wird; genauso, wie wir in uns erfahren, daß die Vernunft der Ort ist, wo das Wort eines Meisters aufgenommen wird — so wie wenn sich das Licht der Sonne der erwähnten Kerze verbindet. Denn das Wort Gottes erleuchtet die Vernunft so wie das Licht der Sonne diese Welt. In Dir, meinem Jesus, sehe ich das sinnliche Leben durch das vernunfthafte Licht erleuchtet. Das vernunfthafte Leben sehe ich als erleuchtendes und zugleich erleuchtetes Licht und das göttliche Leben nur als erleuchtendes Licht allein. Denn ich sehe die Quelle des Lichtes in jenem vernunfthaften Licht, dem Wort Gottes, welches die Wahrheit ist, die jede Vernunft erleuchtet. Du allein bist der Höchste von allen Geschöpfen, da Du so Geschöpf bist, daß Du zugleich auch der Schöpfer bist, gepriesen sei er.

XXIII.

Der gestorbene Jesus verharrte in Einung mit dem Leben

O Jesus, Du köstlichste Nahrung des Geistes, wann immer ich Dich innerhalb der Mauer des Paradieses betrachte, trittst Du mir bewundernswürdig entgegen. Du bist das menschgewordene Wort Gottes und der gottgewordene Mensch. Dennoch bist Du nicht aus Gott und Mensch zusammengesetzt. Zwischen den Teilen einer Zusammensetzung ist ein bestimmtes Verhältnis nötig, ohne das es eine Zusammensetzung nicht geben kann. Das Endliche hat zum Unendlichen kein Verhältnis. Du bist aber auch nicht der Zusammenfall von Geschöpf und Schöpfer auf eine Weise, in der durch den Zusammenfall das eine das andere

ad divinam transit in aliam naturam, sicut cum imago unitur suae veritati. Ipsa enim non potest dici tunc alterari, sed potius recedere ab alteritate, quia unitur veritati suae propriae, quae est ipsa inalterabilitas.

Neque [enim], Iesu dulcissime, dici potes media inter naturam divinam et humanam, cum inter illas non possit poni quaedam media natura participans utramque. Natura enim divina non est participabilis, quia penitus absolute simplicissima. Nec tunc tu, Iesus benedicte, fores vel Deus vel homo, sed video te, Domine Iesu, super omnem intellectum unum suppositum, quia unus Christus es, modo, quo video unam tuam humanam animam, in qua uti in cuiuslibet hominis anima video corruptibilem sensibilem fuisse naturam, et in intellectuali incorruptibili natura subsistere; neque anima illa composita fuit ex corruptibili et incorruptibili, neque coincidit sensibilis cum intellectuali. Video autem animam intellectualem uniri corpori per virtutem sensibilem vivificantem corpus.

Et quando anima intellectiva cessaret a vivificatione corporis sine eo, quod a corpore separaretur, tunc homo ille mortuus foret, quia vita cessaret. Nec tamen a vita esset corpus separatum, cum intellectus sit vita eius, sicut cum homo, qui intente inquisivit medio visus discernere venientem et tamen eo aliis considerationibus raptus cessat postea attentio circa illam inquisitionem, oculis non minus in ipsum coniectis, tunc non separatur oculus ab anima, licet ab attentione discretiva animae separatus existat, quod si raptus ille non solum cessaret a vivificatione discretiva, sed etiam a vivificatione sensitivia, oculus ille mortuus foret, quia non vivificaretur. Nec tamen propterea esset a forma intellectiva separatus, quae est forma dans esse, sicut manus arida manet unita formae, quae unit corpus totum.

wird. Die menschliche Natur ist ja nicht göttlich oder umgekehrt. Die göttliche Natur kann nicht zu einer anderen Natur verwandelt oder verändert werden, denn sie ist die Ewigkeit selbst. Es geht auch nicht die eine Natur wegen der Vereinigung mit der göttlichen in eine andere über; so wie es der Fall ist, wenn das Abbild mit seiner Wahrheit vereint wird. Man kann ja dann nicht sagen, daß dieses sich ändert, sondern eher, daß das Bild von der Andersheit abläßt, da es mit seiner eigentlichen Wahrheit vereint wird, welches die Unveränderlichkeit selbst ist.

Auch kann man Dich, süßester Jesus, nicht eine mittlere Natur zwischen der göttlichen und der menschlichen nennen, da zwischen diese keine mittlere Natur gesetzt zu werden vermag, die an beiden teilhätte. Die göttliche Natur ist nämlich nicht partizipierbar, weil sie die in vollkommen absoluter Weise einfachste ist. Auch bist Du nicht, viel gepriesener Jesus, entweder Gott oder Mensch. Ich sehe Dich vielmehr, Herr Jesus, über jeder Vernunft als die eine grundgelegte Voraussetzung, da Du der eine Christus bist; in derselben Weise, wie ich Deine eine menschliche Seele sehe. In ihr war, so sehe ich, wie in der Seele jedes beliebigen Menschen eine vergängliche sinnliche Natur, welche in der unvergänglichen vernunfthaften Natur ihren Grundbestand hat. Doch diese Seele war nicht aus Vergänglichem und Unvergänglichem zusammengesetzt und das Sinnliche fiel nicht mit dem Vernunfthaften zusammen. Ich sehe vielmehr, daß die vernunfthafte Seele dem Körper durch die sinnliche Kraft, welche den Körper lebendig macht, geeint wird.

Wenn die vernunfthafte Seele aufhörte, den Körper lebendig zu machen, ohne von ihm getrennt zu werden, dann wäre der betreffende Mensch dennoch gestorben, weil das Leben aufhörte. Der Körper wäre aber nicht vom Leben getrennt, da die Vernunft sein Leben ist. Es wäre wie bei einem Menschen, der gespannt versucht, mittels seines Sehens einen Herankommenden zu erkennen und plötzlich von anderen Überlegungen abgelenkt von diesem Forschen abläßt, wiewohl seine Augen weiterhin auf jenen gerichtet sind. In diesem Fall ist das Auge nicht von der Seele getrennt, wenn auch von der unterscheidenden Aufmerksamkeit. Hätte jener geistig abgelenkte Mensch nicht nur von der unterscheidenden Belebung, sondern auch von der sinnlichen Belebung abgelassen, dann wäre sein Auge tot, weil es nicht belebt würde. Deshalb wäre es aber trotzdem nicht von der vernunfthaften Gestalt abgetrennt, welche das Sein verleiht; wie auch eine verdorrte Hand mit der Form vereint bleibt, welche den ganzen Körper eint.

Reperiuntur homines, qui sciunt retrahere spiritum vivificantem et apparent mortui et non sentientes, ut beatus recitat Augustinus[1]. Eo enim casu intellectualis natura unita maneret corpori, quod quidem corpus non esset sub alia forma, quod prius. Immo haberet eandem formam et maneret idem corpus. Neque vis vivificandi desineret esse, sed maneret in unione cum intellectuali natura, licet actu non extenderet se in corpus. Video hominem illum veraciter mortuum, quia caret vita vivificante, mors enim est carentia vivificantis, et tamen non foret corpus illud mortuum a vita sua, quae est anima eius separatum.

Eo modo, Iesu clementissime, intueor absolutam vitam, quae Deus est humano intellectui tuo et per illum corpori tuo inseparabiliter unitam. Nam unio illa talis est, quod maior esse nequit. Separabilis igitur unio multo inferior est unioni, quae maior esse nequit. Numquam igitur fuit verum, neque erit, umquam divinam naturam ab humana tua separatum. Ita nec ab anima, nec a corpore, quae sunt sine quibus natura humana non potest esse. Quamvis verissimum sit animam tuam desiisse corpus vivifivare et te veraciter mortem subiisse, et tamem numquam a veritate vitae separatum.

Si sacerdos ille, de quo meminit Augustinus, aliqualem habuit protestatem tollere vivificationem de corpore, attrahendo eam in animam, quasi si candela cameram illuminans foret viva, et attraheret radios, per quos cameram illuminavit, ad centrum lucis suae, sine eo quod separetur a camera, et hoc attrahere non est nisi desinere influere, quid mirum si tu Iesu potestatem habuisti, cum sis lux viva liberrima, vivificantem animam ponendi et tollendi? Et quando tollere voluisti passus es mortem et quando ponere[2] voluisti propria virtute resurrexisti.

Dicitur autem intellectualis natura humana anima, quando vivificat seu animat corpus. Et dicitur anima tolli, quando

---

[1] Augustinus, De civ. Dei XIV, 24, 2.

[2] Cf. N. v. Kues: Quod resurgit, numquam fuit separatum a persona resurgentis, ed. R. Haubst, in: Die Christologie, a. a. O. p. 320—328.

Es gibt, wie der heilige Augustinus berichtet, Menschen, welchen die Fähigkeit eigen ist, den belebenden Geist zurückzuziehen und tot und empfindungslos zu erscheinen. In diesem Fall bleibt die vernunfthafte Natur mit dem Körper vereint, der nicht unter einer anderen Form erscheint als früher; er hat dieselbe Form und bleibt derselbe Körper. Mir scheint, daß ein solcher Mensch wahrhaftig gestorben ist, denn ihm fehlt das belebende Leben und der Tod ist eben das Fehlen des Belebenden. Trotzdem wäre dieser gestorbene Körper nicht von seinem Leben, das seine Seele ist, getrennt.

Auf diese Weise, gütigster Jesus, schaue ich, daß das absolute Leben, das Gott ist, mit Deiner menschlichen Vernunft und mittels derer mit Deinem Körper untrennbar geeint ist. Dies ist eine solche Einung, daß sie nicht größer sein kann. Eine trennbare Einung ist darum viel geringer als diese größte mögliche. Es war also niemals, noch wird es jemals wahr sein, daß Deine göttliche Natur von der menschlichen getrennt war. Darum war sie auch weder von der Seele, noch vom Körper getrennt, die das sind, ohne welches die menschliche Natur nicht sein kann. Hingegen ist es vollkommen wahr, daß Deine Seele aufgehört hat, den Körper zu beleben, und Du wahrhaftig den Tod erduldet hast; doch niemals warst Du von der Wahrheit des Lebens abgetrennt.

Wenn schon dieser von Augustinus erwähnte Priester irgendwie die Fähigkeit hatte, seinem Körper die Belebung zu entziehen, und sie in seine Seele hineinzuziehen — so als wäre eine Kerze, welche ein Zimmer beleuchtet, lebendig und zöge ihre Strahlen, mit denen sie das Zimmer beleuchtet, zum Mittelpunkt ihres Lichtes, ohne aber selbst von dem Zimmer getrennt zu werden; — dieses Ansichziehen ist nichts anderes als ein Aufhören des Ausströmenlassens — was ist dann erstaunlich daran, daß Du, o Jesus, der Du das lebendigste und freieste Licht bist, die Mächtigkeit hattest, die belebende Seele gleichsam zu geben und zu nehmen? Als Du sie ablegen wolltest, erlittest Du den Tod, und als Du gewillt warst, sie wieder zu nehmen, erstandest Du aus eigener Kraft.

Die vernunfthafte Natur wird menschliche Seele genannt, weil sie den Körper belebt und beseelt. Man sagt, „die Seele wird hinweggenommen“, wenn der vernunfthafte Geist aufhört zu beleben. Wenn die Vernunft diese Tätigkeit des Belebens beendet und sich vom Körper trennt, so ist sie deshalb doch noch nicht

cessat intellectus humanus vivificare. Quando enim intellectus ab officio vivificandi cessat et quoad hoc se separat a corpore, propterea simpliciter non est separatus. Haec inspiras Iesu ut te mihi indignissimo, quantum capere possum, ostendas et in te contempler humanam naturam mortalem induisse immortalitatem, ut omnes homines eiusdem humanae naturae in te resurrectionem et divinam vitam assequi possint.

Quid igitur dulcius, quid iocundius quam hoc cognoscere? Quoniam in te Iesu omnia in nostra natura reperimus, qui solus omnia potes et das liberalissime et non improperas. O pietas et misericordia inexpressibilis! Tu Deus, qui es ipsa bonitas, non potuisti satisfacere infinitae clementiae et largitati tuae nisi te nobis donares, nec hoc convenientius nobis recipientibus possibilius fieri potuit quam quod nostram assumeres naturam, qui tuam accedere non potuimus. Ita venisti ad nos et nominaris Iesus salvator semper benedictus.

XXIV.

Quomodo Iesus sit verbum vitae

Contemplor tuo dono utique optimo atque maximo te Iesum meum praedicantem verba vitae et largiter divinum semen in corda audientium seminantem et video eos abire, qui non perceperunt ea, quae spiritus sunt, sed manentes video discipulos, qui iam gustare ceperunt dulcedinem doctrinae animam vivificantis. Pro quibus omnibus princeps ille atque summus omnium apostolorum Petrus[1] confessus est, quomodo tu, Iesus, haberes verba vitae et vitam quaerentes admiratus est a te abire. Paulus[2] a te Iesu verba vitae in raptu audivit et tunc neque persecutio neque gladius neque fames corporis eum a te separere potuit. Nemo omnium umquam te deserere potuit, qui verba vitae gustavit. Quis potest ursum separare a melle, postquam dulcedinem eius degustavit?

Quanta est dulcedo veritatis quae vitam praestat delectabilissimam ultra omnem corporalem dulcedinem? Absoluta enim dulcedo est, unde manat omne, quod omni gustu appetitur. Quid fortius amore ex quo omne amabile habet, quod ametur? Si

---

[1] Jh. 6, 69. [2] 2 Kor. 12, 4.

schlechthin von diesem getrennt. Dies gibst Du mir ein, o Jesus, um Dich mir, dem Unwürdigsten zu zeigen, soweit ich es zu fassen vermag. In Dir soll ich betrachten, daß die sterbliche menschliche Natur die Unsterblichkeit angezogen hat, sodaß alle Menschen, denen dieselbe menschliche Natur eigen ist, in Dir die Auferstehung und das göttliche Leben erlangen können.

Was ist süßer und willkommener als diese Erkenntnis, da wir in Dir, o Jesus, alles finden, das zu unserer Natur gehört; der Du allein alles vermagst, überreich schenkst und nicht zurückweist. O unaussprechliche Liebe und Erbarmen! Du, o Gott, der Du die Güte selbst bist, konntest Deiner unendlichen Milde und Großmut nur genugtun, indem Du Dich selbst uns schenktest, und dies konnte in keiner besseren Weise geschehen, als daß Du unsere Natur annahmst, da wir der Deinen nicht näher kommen konnten. So kamst Du zu uns und wurdest Jesus genannt, der ewig gepriesene Erlöser.

XXIV.

Jesus ist das Wort des Lebens

Durch Dein großes und herrliches Geschenk betrachte ich Dich, mein Jesus, wie Du die Worte des Lebens verkündest, und den göttlichen Samen reichlich in die Herzen der Hörer säst. Ich sehe, daß jene fortgehen, die nicht aufgenommen haben, was des Geistes ist; daß aber jene Jünger bleiben, welche schon begonnen haben, die Süßigkeit Deiner seelenbelebenden Lehre zu kosten. Für alle diese bekannte der erste und oberste der Apostel, Petrus, daß Du Jesus, Worte des Lebens hast, und verwunderte sich, wie solche, die das Leben suchen, Dich verlassen können. Paulus in seiner Entrückung hörte von Dir Worte des Lebens; von da an konnte weder Verfolgung, noch Schwert, noch leiblicher Hunger ihn von Dir trennen. Niemand, der die Worte des Lebens gekostet hat, vermag Dich je zu verlassen. Wer kann einen Bären vom Honig abbringen, nachdem er dessen Süßigkeit gekostet hat?

Wie groß und weit über jede körperliche Süßigkeit hinaus ist die Süßigkeit der Wahrheit, die ergötzlichstes Leben gewährt. Denn die absolute Süßigkeit ist es, der alles entströmt, was in jedem Wohlgeschmack erstrebt wird. Was ist stärker als die Liebe, aus der alles Liebenswerte das hat, um dessentwillen es geliebt wird? Wenn schon die Verknüpfung der verschränkten

contracti amoris nexus aliquando tantus est, quod timor mortis eum rumpere nequit, qualis tunc est nexus gustati illius amoris, a quo omnis amor? Nihil miror ego crudelitatem poenarum pro nihilo habitam ab aliis militibus tuis Iesu, quibus te vitam praegustabilem praebuisti.

O Iesu, amor meus seminasti semen vitae in agro credentium et testimonio sanguinis irrigasti. Morte corporali ostendisti veritatem esse vitam spiritus rationalis. Crevit semen in terra bona et fecit fructum. Ostende mihi, Domine, quomodo anima mea est spiraculum vitae, quoad corpus in quod vitam spirat et influit et non est vita, quoad te Deum, sed quasi potentia ad vitam[1]. Et quia non potes non concedere, quae petuntur, si attentissima fide petantur, influis mihi in puero esse animam, quae habet vim vegetativam in actu. Crescit enim puer, habet et vim sensitivam in actu, sentit enim puer, habet et vim imaginativam, sed nondum in actu, habet et vim ratiocinativam, cuius actus est adhuc distantior, habet et vim intellectivam, sed in remotiori potentia.

Ita animam unam experimur quoad potentias inferiores esse in actu prius et postea quoad superiores, ut prius sit animalis homo quam spiritualis. Sic experimur vim quandam mineralem, quae et spiritus dici potest in visceribus terrae esse, et illum in potentia esse, ut fiat minera lapidis aut in potentia esse, ut fiat minera salis, et alium, ut fiat minera metalli, et varios esse tales spiritus secundum varietatem lapidum, salium et metallorum. Unum tamen esse spiritum minerae auri, qui ex influentia solari seu caeli continue plus et plus depuratus tandem figitur in aurum tale, quod non est per aliquod elementum corruptibile. Et in eo plurimum caelistis incorruptibilis lucis resplendet. Multum enim corporali luci solis assimilatur.

Sic quidem de spiritu vegatabili et sensibili experimur. Nam spiritus sensibilis in homine multum se conformat virtuti caelesti

[1] Aristoteles, De anima II, 1ff.

Liebe so ist, daß Todesfurcht sie nicht zu zerreissen vermag, wie gewaltig ist dann erst die Verknüpfung mit jener Liebe — sofern wir sie gekostet haben — von der alle Liebe stammt? Es erstaunt mich nicht, daß manche Deiner Streiter, o Jesus, denen Du Dich als Leben zuvor dargeboten hast, die grausamsten Strafen nicht geachtet haben.

O Jesus, meine Liebe, Du hast den Samen des Lebens in den Acker der Gläubigen ausgesät, und mit dem Zeugnis des Blutes begossen. Durch Deinen körperlichen Tod hast Du gezeigt, daß die Wahrheit das Leben des vernünftigen Geistes ist. Der Samen wuchs in der guten Erde und brachte Frucht. Zeige mir, o Herr, daß meine Seele in bezug auf meinen Körper Lebensatem ist und Leben in ihn haucht und einströmen läßt. Nicht aber ist sie Leben in bezug auf Dich, sondern gleichsam nur Möglichkeit zum Leben. Und weil Du es nicht vermagst, nicht zu gewähren, um was Du gebeten wirst, sofern es in zuversichtlichem Glauben geschieht, läßt Du mich sehen, daß im Knaben eine Seele ist, welche die vegetative Kraft als Wirklichkeit hat. Der Knabe wächst; er hat die sinnliche Kraft als Wirklichkeit, denn er hat sinnenhafte Empfindungen; er hat auch die Einbildungskraft, jedoch noch nicht als Wirklichkeit; ebenso hat er die Kraft verstandesmäßigen Überlegens, deren Verwirklichung in noch weiterer Entfernung liegt. Schließlich hat er auch die Kraft der Vernunft, aber in ganz entfernter Mächtigkeit.

So erfahren wir, daß die eine Seele in bezug auf die niedrigeren Mächtigkeiten früher und in bezug auf die höheren später in Wirklichkeit tritt, sodaß der Mensch als körperliches Lebewesen früher da ist denn als geistiges. In ähnlicher Weise machen wir die Erfahrung, daß es eine bestimmte erdhafte Kraft gibt, die man als Geist im Innern der Erde bezeichnen kann. Er befindet sich in der Mächtigkeit, Stein zu werden, oder Salz oder Metall. Diese Geistarten sind wieder verschieden gemäß den verschiedenen Steinen, Salzen und Metallen. Dennoch ist ein einziger der Geist des Minerals Gold, das durch das Einwirken der Sonne oder des Himmels ständig mehr und mehr gereinigt, zuletzt zu so reinem Gold wird, daß es durch kein anderes Element zersetzt werden kann. In ihm strahlt das unvergängliche Licht des Himmels in reichstem Maße wider, da es dem körperlichen Licht der Sonne stark angeglichen ist.

Dieselben Erfahrungen machen wir in bezug auf den belebenden und sinnlichen Geist. Denn der sinnliche Geist im Menschen paßt

motivae et influentiali et sub caeli influentia capit successive augmentum usque quo ponatur in perfecto actu. Educitur autem de potentia corporis; ideo cessat perfectio eius deficiente perfectione corporis a qua dependet.

Est deinde spiritus intellectualis, qui in actu perfectionis non dependet a corpore, sed unitur ei mediante virtute sensitiva. Hic spiritus quia non dependet a corpore, non subest influentiae corporum caelestium, nec dependet a spiritu sensibili, sic non dependet a virtute motiva caeli, sed sicut motores orbium[1] caelestium subsunt primo motori, sic et hic motor, qui est intellectus. Sed quia unitus est corpori per medium sensitivae, tunc sine sensibus non perficitur. Omne enim quod ad eum pervenit de mundo sensibili, per medium sensuum ad ipsum pergit. Unde nihil tale potest esse in intellectu, quod prius non fuerit in sensu. Quanto autem sensus fuerit purior et perfectior et imaginatio clarior et discursus melior, tanto intellectus in suis intellectualibus operationibus minus impeditus, [perspicacior][2] existit.

Pascitur autem intellectus per verbum vitae, sub cuius influentia constituitur sicut motores orbium. Differenter tamen, uti etiam spiritus, qui subsunt influentiis caeli differenter perficiuntur. Et non perficitur nisi per accidens a sensibili spiritu, sicut imago non perficit, licet excitet ad inquirendum veritatem exemplaris velut imago crucifixi non influit devotionem, sed excita memoriam, ut influatur devotio.

Et quoniam non necessitatur per influentiam caeli spiritus intellectualis, sed est penitus liber, tunc nisi se influentiae verbi Dei per fidem subiciat, non perficitur, sicut discipulus liber, qui sui iuris est, nisi se verbo magistri subiiciat per fidem, non perficitur. Oportet enim, quod confidat et audiat magistrum.

---

[1] Cf. Avicenna, Metaphysica IX.
[2] Cod. Cus.: promptior.

sich weithin der ihn bewegenden und ihn beeinflussenden Kraft des Himmels an. Unter dem Einfluß des Himmels erfährt er sein allmähliches Wachstum, bis er in vollkommene Wirklichkeit gebracht wird. Er erwächst indes aus der Mächtigkeit des Körpers; daher schwindet seine Vollkommenheit, wenn die des Körpers, von dem er abhängt, schwindet.

Ferner gibt es den vernunfthaften Geist, der in der Wirklichkeit seiner Vollkommenheit nicht vom Körper abhängt, sondern durch Vermittlung der sinnenhaften Kraft mit diesem vereint wird. Da dieser Geist nicht vom Körper abhängt, unterliegt er nicht dem Einfluß der Himmelskörper, ist auch nicht vom sinnlichen Geist abhängig, und darum auch nicht von der Bewegungskraft des Himmels. Wie vielmehr die Beweger der Himmelskreise dem ersten Beweger unterstehen, so auch dieser Beweger, der die Vernunft ist. Weil sie aber mittels der Sinnenkraft dem Körper geeint ist, ist sie ohne die Sinne nicht vollendet. Alles, was von der sinnlichen Welt zu ihm gelangt, kommt durch die Vermittlung der Sinne zu ihm. Darum vermag in der Vernunft nichts dergleichen zu sein, das nicht vorher in der Sinnlichkeit war. Je reiner aber und vollkommener diese war, je klarer Einbildungskraft und je besser forschende Überlegung wirkten, desto weniger ist die Vernunft in ihren vernunfthaften Handlungen gehindert und besteht in umso unmittelbarer Klarheit.

Die Vernunft wird mit dem Wort des Lebens genährt, unter dessen Einfluß sie ebenso steht wie die Beweger der Himmelskreise; allerdings in verschiedener Weise, genauso wie auch die Geister, die hinter den Einflüssen des Himmels stehen, verschieden vollendet werden. Vom sinnlichen Geist wird sie nur nach außen hin vollendet, so wie ein Abbild nicht vollendet, sondern dazu aufruft, nach der Wahrheit des Bildes zu fragen; genauso wie ein Abbild des Kreuzes nicht Andacht vermittelt, sondern die Erinnerung wachruft, auf daß die Andacht einströme.

Weil der vernunfthafte Geist nicht durch den Einfluß des Himmels genötigt wird, sondern vollständig frei ist, gelangt er nur dann zur Vollendung, wenn er sich durch den Glauben dem Einfluß des Gotteswortes unterwirft; so wie ein freier und selbständiger Schüler die Vollendung nicht erreicht, wenn er sich nicht im Glauben dem Wort des Meisters unterwirft, dem er vertrauen und auf den er hören muß.

Perficitur autem intellectus per verbum Dei et crescit et fit continue capacior et aptior atque verbo similior. Et haec perfectio, quae venit sic a verbo, a quo habuit esse, non est perfectio corruptibilis, sed est deiformis, sicut perfectio auri non est corruptibilis, sed caelestiformis.

Oportet autem omnem intellectum per fidem verbo Dei se subicere et attentissime internam illam summi magistri doctrinam audire. Et audiendo quid in eo loquatur Dominus perficietur. Quapropter tu Iesu, magister unice, praedicasti fidem esse omni accedenti ad vitae fontem necessariam et secundum gradum fidei adesse influxum virtutis divinae ostendisti.

Duo tantum docuisti, Christe salvator, fidem et dilectionem. Per fidem accedit intellectus ad verbum, per dilectionem unitur ei. Quantum accedit tantum in virtute augetur. Et quantum diligit, tantum figitur in luce eius. Verbum autem Dei intra ipsum est et non est opus, ut quaerat extra se, quia intus reperiet et accedere poterit per fidem. Et ut propius accedere possit, poterit precibus obtinere, nam verbum adaugebit fidem per communicationem luminis sui.

Tibi Iesu gratias ago, quoniam ad hoc tuo lumine perveni. In lumine enim tuo video lumen vitae meae, quo modo tu verbum influis omnibus credentibus vitam et perficis omnes te diligentes. Quae umquam brevior et efficacior doctrina tua Iesu bone? Non persuades nisi credere et non praecipis nisi amare. Quid facilius quam credere Deo? Quid dulcius, quam ipsum amare? Quam suave est iugum tuum et quam leve est onus tuum praeceptor unice!

Promittis hanc doctrinam servantibus omne desideratum. Nihil enim astruis credenti difficile et nihil amanti denegabile. Talia sunt praemissa, quae tuis discipulis spondes. Et verissima sunt, quia tu es veritas, qui non nisi vera promittere potes. Immo non nisi te ipsum promittis, qui es perfectio omnis perfectibilis. Tibi laus, tibi gloria, tibi gratiarum actio per aeterna saecula.

Die Vernunft wird durch das Wort Gottes vollendet, sie wächst, und wird ständig umfassender, fähiger und dem Worte ähnlicher. Diese Vollendung, die ihr so vom Wort zukommt, von dem sie das Sein hat, ist keine vergängliche, sondern gottgestaltige Vollendung, die so wie die Vollkommenheit des Goldes nicht vergänglich, sondern himmelsförmig ist.

Jede Vernunft muß sich darum im Glauben dem Wort Gottes unterwerfen und voll Aufmerksamkeit auf die innere Belehrung des höchsten Meisters hören. Und dadurch, daß sie hört, was der Herr in ihr spricht, wird sie vollkommen. Darum hast Du, Jesus, einziger Lehrer, uns gelehrt, daß der Glaube für jeden, welcher der Lebensquelle nahekommen will, nötig ist, und gezeigt, daß die göttliche Kraft dem Grad des Glaubens entsprechend in uns einströmt.

Zwei Dinge hast Du uns gelehrt, Christus, unser Erlöser: den Glauben und die Liebe. Durch den Glauben nähert sich die Vernunft dem Wort, durch die Liebe wird sie mit ihm vereint. Je näher sie kommt, umso mehr wächst ihre Kraft, und je mehr sie liebt, desto mehr wird sie im Licht des Wortes gestärkt. Das Wort Gottes aber ist in ihr und es ist nicht nötig, daß sie es draußen sucht, da sie es in sich finden und durch den Glauben zu ihm herankommen kann. Durch Gebet vermag sie zu erreichen, daß sie immer näher zu ihm kommen kann, denn das Wort läßt den Glauben wachsen, indem es sein Licht mitteilt.

Ich danke Dir, o Jesus, daß ich in Deinem Licht bis hierher gelangt bin. In Deinem Licht sehe ich das Licht meines Lebens; ich sehe, wie Du, das Wort, in alle Glaubenden das Leben einströmen läßt und alle zur Vollendung führst, die Dich lieben. Gab es je eine kürzere und wirksamere Lehre als die Deine, guter Jesus? Du überredest uns nicht, es sei denn zum Glauben und schreibst nichts vor als zu lieben. Was ist leichter als Gott zu glauben? Was süßer als ihn zu lieben? Wie wonnevoll ist Dein Joch und wie leicht ist Deine Last, einziger Lehrer!

Jenen, die Deine Lehre befolgen, verheißest Du alles, was sie ersehnen. Nichts, so versicherst Du, ist dem Glaubenden schwer und nichts kann dem Liebenden verweigert werden. Solche Verheißungen gibst Du Deinen Jüngern. Sie sind völlig wahr, weil Du die Wahrheit bist, die nur Wahres versprechen kann. Ja, Du verheißt nichts anderes als Dich selbst, der Du die Vollendung von allem bist, das vollendet werden kann. Dir sei Lob und Ehre und Dank in alle Ewigkeit.

XXV.

Quomodo Iesus sit consummatio

Sed quid est hoc Domine, quod immittis in spiritum hominis, quem perficis? Nonne spiritum tuum bonum, qui penitus est in actu virtus omnium virtutum et perfectio perfectorum? Quoniam ille est, qui omnia operatur. Sicut enim vis solaris descendens in spiritum vegetabilem movet ipsum, ut perficiatur, et fit gratissima et naturalissima decoctione caelestialis caloris fructus bonus medio bonae arboris, ita spiritus tuus Deus venit in spiritum intellectualem boni hominis et calore divinae caritatis decoquit virtualem potentiam, ut perficiatur et fiat sibi gratissimus fructus.

Experimur Domine simplicem spiritum tuum virtute infinitum capi multipliciter. Capitur enim aliter in uno, ubi efficit spiritum propheticum, aliter in alio, ubi peritum efficit interpretem et in alio, [ubi] docet scientiam; ita in aliis aliter. Varia enim sunt dona eius. Et illae sunt perfectiones intellectualis spiritus, sicut idem calor solaris in variis arboribus varios perficit fructus.

Video Domine spiritum tuum nulli spiritui desse posse, quia spiritus [est] spirituum et motus motuum et est replens omnem orbem[1]. Sed disponit omnia, quae non habent spiritum intellectualem per naturam intellectualem, quae movet caelum et per eius motum omnia, quae ei subsunt. Dispositionem vero atque dispensationem in natura intellectuali non nisi sibi ipsi reservavit. Desponsavit enim sibi hanc naturam, in qua elegit quiescere tamquam in modo mansionis et caelo veritatis. Nullibi enim capi potest veritas per se, nisi in intellectuali natura.

Tu Domine, qui omnia propter temet ipsum operaris, universum hunc mundum creasti propter intellectualem naturam, quasi pictor, qui diversos temperat colores, ut demum se ipsum depingere possit ad finem, ut habeat sui ipsius imaginem, in

[1] Sap. 1, 7; Is. 6, 3.

XXV.

Jesus die Vollendung

Was ist es, Herr, das Du in den Geist des Menschen hineinsenkst, den Du vollendest? Ist es nicht Dein guter Geist, der gänzlich als Wirklichkeit die Kraft aller Kräfte und die Vollendung des Vollkommenen ist? Er ist es ja, der alles wirkt. So wie die Kraft der Sonne in das Wachstum herabsteigt und es dazu bringt, sich zu vollenden und mittels eines guten Baumes durch die schöne und natürliche Reife der himmlischen Wärme eine gute Frucht wird, so gelangt Dein Geist, o Gott, in den vernunfthaften Geist eines guten Menschen und läßt durch die Wärme der göttlichen Liebe die Tugendkraft reifen, daß sie sich vollende und zu einer ihm willkommenen Frucht werde.

Wir erfahren, Herr, daß Dein einfacher, in seiner Kraft unendlicher Geist in vielfacher Weise aufgenommen wird. Anders wird er von einem aufgenommen, in dem er einen prophetischen Geist bewirkt, anders in einem anderen, den er zu einem erfahrenen Ausleger macht, wieder anders in einem, den er Wissenschaft lehrt; und so ist er in allen anders. Seine Gaben sind verschieden. Sie sind Vollendungen des vernunfthaften Geistes; der Sonne vergleichbar, die in derselben Wärme bei verschiedenen Bäumen verschiedene Früchte zur Reife bringt.

Ich sehe Herr, daß Dein Geist keinem Geist fehlen kann, denn er ist der Geist der Geister und die Bewegung der Bewegungen. Er erfüllt den ganzen Erdkreis. Alles, das nicht den vernunfthaften Geist hat, ordnet er mit Hilfe der Vernunftnatur, die den Himmel bewegt und durch dessen Bewegung alles, das ihm unterstellt ist. Die Ordnung und Verwaltung in der vernunfthaften Natur hat er sich jedoch selbst vorbehalten. Diese Natur hat er sich angelobt, er hat sie erwählt, um in ihr zu ruhen als in einer Stätte des Bleibens und dem Himmel der Wahrheit. Denn die Wahrheit an sich vermag nirgends sonst erfaßt zu werden als nur in der vernunfthaften Natur.

Du Herr, der Du alles um Deiner Selbst willen wirkst, hast diese ganze Welt um der vernunfthaften Natur willen geschaffen; wie ein Maler, der verschiedene Farben mischt, um sich selbst abbilden zu können in der Absicht, sein eigenes Bild zu haben, an dem sich seine Kunst freut und in dem sie ruht. Weil er, der eine, nicht vervielfältigt werden kann, soll er wenigstens in größter

qua delicietur ac quiescat ars sua. Et cum ipse unus sit immultiplicabilis saltem modo quo fieri potest in propinquissima similitudine multiplicetur. Multas autem figuras facit, quia virtutis suae infinitae similitudo non potest nisi in multis perfectiori modo explicari. Et sunt omnes intellectuales spiritus cuilibet spiritui opportuni. Nam nisi forent innumerabiles non posses tu Deus infinitus meliori modo cognosci.

Quisque enim intellectualis spiritus videt in te Deo meo aliquid, quod nisi aliis revelaretur, non attingerent te Deum suum meliori quo fieri posset modo. Revelant [igitur] sibi mutuo secreta sua amoris pleni spiritus. Et augetur ex hoc cognitio amati et desiderium ad ipsum et gaudii dulcedo inardescit. Neque adhuc Domine Deus sine Iesu filio tuo, quem prae consortibus suis unxisti qui Christus est, complementum operis tui perfecisses.. In cuius intellectu quiescit perfectio creabilis naturae, nam est ultima et perfectissima immultiplicabilis Dei similitudo. Et non potest esse nisi una suprema talis. Omnes autem alii spiritus intellectuales sunt illo spiritu mediante similitudines. Et quanto perfectiores, tanto huic similiores.

Et quiescunt omnes in illo spiritu, ut in ultimo perfectionis imaginis Dei, cuius imaginis assecuti sunt similitudinem et gradum aliquem perfectionis. Habeo igitur dono tuo, Deus meus, totum hunc visibilem mundum et omnem scripturam et omnes administratorios spiritus in adiutorium, ut proficiam in cognitione tui. Omnia me excitant, ut ad te convertam. Non aliud scripturae omnes facere nituntur nisi te ostendere, neque omnes intellectuales spiritus aliud habent exercitii nisi ut te quaerant et quantum de te repererint, revelent.

Dedisti mihi super omnia Iesum magistrum, viam, vitam et veritatem[1], ut penitus mihi nihil deesse possit. Confortas me spiritu sancto tuo. Inspiras per eum electiones vitae desideria sancta. Allicis per praegustationem dulcedinis vitae gloriosae, ut te bonum infinitum amen. Rapis me, ut sim supra me ipsum et praevideam locum gloriae ad quem me invitas. Multa mihi saporosissima fercula odore suo optimo me attrahentia ostendis thesaurum divitiarum vitae, gaudii et pulchritudinis vi-

---

[1] Joh. 14, 6.

Ähnlichkeit auf eine Weise, in der es möglich ist, vervielfältigt werden. Er macht indes viele Bilder, weil die unendliche Ähnlichkeit seiner Kraft nur in vielen Bildern in der vollkommensten möglichen Weise entfaltet werden kann. Alle vernunfthaften Geister sind für jeden einzelnen Geist gut und nützlich. Wären sie nicht unzählbar, dann könntest Du, unendlicher Gott, nicht auf die bestmögliche Weise erkannt werden.

Jeder vernunfthafte Geist sieht in Dir, mein Gott, etwas; würde dies nicht den anderen enthüllt, so könnten sie Dich, ihren Gott, nicht auf die beste mögliche Weise erkennen. Die von Liebe erfüllten Geister enthüllen sich gegenseitig ihre Geheimnisse. Damit wird die Erkenntnis des Geliebten vergrößert, und die Sehnsucht nach ihm und die Süßigkeit der Freude entbrennt immer mehr. Doch Du, Herr und Gott, hättest Dein Werk noch nicht zur Vollendung geführt ohne Jesus, Deinen Sohn; Christus, den Du vor seinen Gefährten gesalbt hast. In seiner Vernunft kommt die Vollendung der schaffbaren Natur zur Ruhe. Denn er ist das letzte und vollkommenste und unvermehrbare Bild Gottes. Ein derartiges höchstes Abbild kann es nur einmal geben. Alle anderen vernunfthaften Geister sind Abbilder nur durch die Vermittlung dieses Geistes. Und je vollkommener sie sind, umso mehr sind sie ihm ähnlich.

Sie alle ruhen in jenem Geist als in der letzten Vollendung des Bildes Gottes, sofern sie die Ähnlichkeit mit diesem Abbild und einen bestimmten Grad der Vollendung erreicht haben. Als Dein Geschenk, mein Gott, habe ich diese gesamte sichtbare Welt, die ganze Schrift und alle dienstbaren Geister zur Hilfe bekommen, um in der Erkenntnis Deiner selbst fortschreiten zu können. Alles ruft mich auf, mich Dir zuzuwenden. Alle Schriften streben nach nichts anderem, als danach, Dich zu zeigen, und alle vernunfthafen Geister üben sich in keinem anderen Dienst, als Dich zu suchen und zu zeigen, was sie von Dir erfahren.

Vor und über allem anderen hast Du mir Jesus, den Meister, gegeben, den Weg, die Wahrheit und das Leben, damit mir gar nichts fehlen kann. Du stärkst mich mit Deinem heiligen Geist. Durch ihn erleuchtest Du mich, das Leben zu erwählen und Heiliges zu erstreben. Du läßt mich im Voraus die Süßigkeit des seligen Lebens kosten und lockst mich dadurch an, Dich, das unendliche Gut zu lieben. Du reißt mich hin, daß ich gleichsam über mir selbst stehe und im voraus den Ort der Herrlichkeit

dere sinis, fontem, ex quo effluit omne desiderabile, tam in natura quam arte discooperis. Nihil secreti tenes. Venam amoris non occultas, neque pacis, neque quietis. Omnia offers mihi miserrimo, quem de nihilo creasti.

Quid igitur moror, cur non curro in odore unguentorum Christi[1] mei? Cur non intro in gaudium Domini mei? Quid me tenet? Si tenuit me ignorantia tui Domine, et vacua sensibilis mundi delectatio, amplius non tenebit. Volo enim Domine, quia tu das, ut velim, ista linquere, quae huius mundi sunt, quia me linquere vult mundus. Propero ad finem, cursum pene consummavi. Pervenio licentiare ipsum, quia anhelo ad coronam. Trahe me, Domine, quia nemo pervenire poterit ad te nisi a te tractus[2], ut attractus absolvar ab hoc mundo et iungar tibi Deo absoluto in aeternitate vitae gloriosae. Amen[3].

---

[1] Eph. 5, 2.

[2] Jh. 14, 6.

[3] Cod. Cus.: Reverendissimi Domini Nicolai Cardinalis Sancti Petri ad Vincula Brixinensis Episcopi liber de Visione Dei explicit.

schaue, zu dem Du mich einlädst. Du zeigst mir viele wohlschmeckende Gerichte, die mich mit ihrem wunderbaren Duft anziehen. Du läßt mich den Schatz aller Reichtümer des Lebens, der Freude und der Schönheit sehen. Du öffnest mir die Quelle, aus der alles Ersehnenswerte in Natur und Kunst entströmt. Nichts hälts Du geheim. Du verbirgst mir nicht den Quell der Liebe, des Friedens und der Ruhe. Alles bietest Du mir Armen dar, den Du aus dem Nichts erschaffen hast.

Was zögere ich? Warum eile ich nicht im Salbenduft meines Christus dahin? Warum trete ich nicht ein in die Freude meines Herrn? Was hält mich? Wenn mich bis jetzt die Unkenntnis Deiner, o Herr, und leeres Vergnügen an der sinnlichen Welt festhielt, es soll mich nicht weiterhin halten. Da du mir die Kraft gibst zu wollen, will ich verlassen, was dieser Welt angehört, da mich die Welt verlassen will. Ich eile dem Ziel zu, habe den Lauf fast vollendet. Ich bin dahin gelangt ihr Lebewohl zu sagen, da ich nach der Krone des Lebens strebe. Ziehe mich Herr — denn niemand vermag zu Dir zu kommen, wenn er nicht von Dir gezogen wird — damit ich von Dir an Dich gezogen, von dieser Welt erlöst werde und mit Dir, dem freien Gott in der Ewigkeit des seligen Lebens verbunden werde. Amen

DIALOGUS DE LUDO GLOBI
LIBER PRIMUS

DAS KUGEL-SPIEL
ERSTES BUCH

LIBER PRIMUS

INTERLOCUTORES: NICOLAUS CARDINALIS TITULI SANCTI PETRI AD VINCULA ET JOANNES DUX BAVARIAE

Ioannes: Cum te videam ad sedem retractum, forte fatigatum ex ludo globi, tecum, si gratum viderem, de hoc ludo conferrem.

Cardinalis: Gratissimum.

I: Admiramur omnes hunc novum iocundumque ludum, forte quia in ipso est alicuius altae speculationis figuratio, quam rogamus explanari.

C: Non male movemini. Habent enim aliquae scientiae instrumenta et ludos, arithmetica rithmatiam, musica monochordum, nec ludus [latrunculorum seu] scacorum caret mysterio moralium[1]. Nullum enim puto honestum ludum penitus disciplina vacuum. Hoc enim tam iocundum globi exercitium nobis non parvam puto repraesentare philosophiam.

I: Aliquid igitur rogamus dicito.

C: Timeo subintrare laborem quem magnum video et prius longa meditatione depurandum.

I: Non cuncta profundari petimus, sed paucis nobis satisfacies.

C: Iuventus quamvis avida et fervens, cito tamen saturatur. Faciam igitur et seminabo in nobilibus mentibus vestris aliqua scientiarum semina, quae si intra vos receperitis et custodieritis magnae discretionis circa sui ipsius desideratissimam notitiam lucis fructum generabunt.

Primum igitur attente considerabis globum et eius motum, quoniam ex intelligentia procedunt. Nulla enim bestia globum et eius motum ad terminum producit. Haec igitur opera hominis ex virtute superante cetera mundi huius animalia fieri videtis.

---

[1] Zur näheren Beschreibung der genannten Spiele vgl. Nikolaus von Kues, Vom Globusspiel, hrsg. von Gerda von Bredow, Hamburg 1952 (Phil. Bibl. 233), p. 98.

ERSTES BUCH

GESPRÄCHSTEILNEHMER SIND NIKOLAUS, KARDINAL VON ST. PETER IN KETTEN, UND JOHANNES, HERZOG VON BAYERN

Johannes: Da ich sehe, daß du dich wahrscheinlich vom Kugelspiel ermüdet, in den Sessel zurückgezogen hast, möchte ich mir erlauben, mit dir über dieses Spiel zu sprechen, wenn es dir angenehm ist.

Cardinal: Sehr gerne.

I: Wir bewundern alle dieses neue und unterhaltsame Spiel; wohl deshalb, weil es irgendeine tiefergehende Betrachtung zur Darstellung bringt. Diese bitten wir dich, uns darzulegen[1].

C: Ihr seid auf keiner schlechten Spur. Denn verschiedene Wissenschaften besitzen Instrumente und Spiele, — so die Arithmetik das Zahlenspiel, die Rithmatia, die Musik das Monochord; auch dem Brett- oder Schachspiel fehlt nicht ein moralisches Geheimnis. Ich bin der Meinung, daß kein ehrliches Spiel völlig ohne Lehrgehalt ist. Diese Beschäftigung mit dem so angenehmen Kugelspiel aber, so meine ich, vergegenwärtigt uns keine geringe Philosophie.

I: Bitte, sage uns etwas dazu.

C: Ich fürchte mich, eine Arbeit anzugehen, die, wie ich sehe, sehr groß ist und zuvor durch ausführliche Betrachtung vorbereitet werden muß.

I: Wir bitten dich nicht, auf alles einzugehen. Mit wenigem wirst du uns schon zufrieden stellen.

C: Obwohl die Jugend begierig und feurig ist, läßt sie sich doch bald zufriedenstellen. Ich will es also tun und in eure edlen Gemüter einige Samenkörner der Wissenschaft säen. Wenn ihr diese in euch aufnehmt und sie bewahrt, werden sie Licht-Frucht tiefen Verständnisses in der so ersehnten Selbsterkenntnis hervorbringen.

Betrachtet zunächst aufmerksam die Kugel und ihre Bewegung; sie entspringen dem Einsichtsvermögen. Denn kein Tier bringt eine Kugel und ihre zielbestimmte Bewegung hervor. Ihr seht also, daß diese Werke des Menschen aus einer Kraft entstehen, welche den übrigen Lebewesen dieser Welt überlegen ist.

---

[1] Vgl. dazu MFCG 7, 1967.

I: Utique sic esse scimus ut dicis.

C: Sed cur globus arte tornatili cepit illam mediae sphaerae figuram aliquantulum concavam non vos ignorare puto. Non enim faceret motum quem videtis elicum seu spiralem aut curvae involutum nisi talem teneret figuram. Pars enim globi, quae est perfectus circulus in rectum moveretur, nisi pars ponderosior et corpulenta motum illum retardaret et centraliter ad se retraheret. Ex qua diversitate figura motui est apta, qui nec est penitus rectus nec penitus curvus uti est in circuli circumferentia ab eius centro aeque distante. Unde primo causam figurae globi attendite, in quo videtis superficiem convexam medietatis maioris sphaerae et superficiem concavam medietatis minoris sphaerae et inter illas corpus globi contineri. Ac quod globus infinitis modis secundum variam habitudinem dictarum superficierum potest variari et semper ad alium et alium motum adaptari.

I: Sane haec capimus. Scimus enim si armilla posset esse circulus sine omni latitudine circumferentiae et volveretur super aequali plana superficie, puta super glaciem, ipsa non nisi rectam lineam [de]scriberet. Ideo cum hic ad armillam globosam videmus additam corpulentiam ideo recta linea non describitur sed curva varia curvitate secundum varium globum.

C: Recte. Sed oportet etiam considerare lineas descriptionis motus unius et eiusdem globi variari et numquam eandem describi sive per eundem vel alium impellatur, quia semper varie impellitur. Et in maiori impulsu descripta linea videtur rectior et secunda minorem curvior. Quare in principio motus, quando impulsus est recentior, lineae motus sunt rectiores quam quando motus tepescit. Non enim impellitur globus nisi ad rectum motum. Unde in maiori impulsu globus a sua natura magis violentatur ut contra naturam etiam quantum fieri potest recte moveatur. In minore vero impulsu violentatur ad motum et naturalis minus violentatur, sed aptitudinem naturalem formae suae motus sequitur.

I: Wir wissen, daß es durchaus so ist, wie du sagst.

C: Ich glaube nicht, daß euch unbekannt ist, warum die Kugel durch die Kunst des Drechslers diese Gestalt erhielt; eine Halbkugel, die ein wenig ausgehöhlt ist. Hätte sie sie nicht, dann würde sie nämlich nicht diese schneckenförmig eindrehende oder spiralige oder nach innen gekrümmte Bewegung machen, die ihr seht. Der Teil der Kugel nämlich, der ein vollkommener Kreis ist, würde sich geradeaus bewegen, wenn nicht der schwerere und dickere Teil diese Bewegung verzögern und als einer Art Mittelpunkt zu sich hinzöge. Auf Grund dieser Unterschiedenheit ist die Figur einer Bewegung fähig, die weder ganz gerade noch völlig gekrümmt ist, wie es der Umfang des Kreises ist, der von seinem Mittelpunkt gleichweit entfernt ist. Beachtet darum zuerst die Ursache für die Gestalt der Kugel; ihr erblickt an ihr die gewölbte Oberfläche der größeren Halbkugel und die hohle Oberfläche der kleineren Halbkugel und zwischen ihnen ist der Körper der Kugel enthalten. Ferner seht ihr, daß die Kugel gemäß dem verschiedenen Verhältnis der besagten Oberflächen in unendlich vielen Weisen variieren und stets auf eine andere Bewegung abgestimmt werden kann.

I: Wir begreifen das wohl. Wir wissen nämlich, daß ein Armreifen, wenn er ein Kreis ohne jede Breite des Umfanges sein könnte und über eine völlig ebene Oberfläche, z. B. über eine Eisfläche rollte, nur eine Gerade beschreiben würde. Wenn wir daher den Kugel-Ring hier sehen, dem die Körperlichkeit hinzugefügt ist, so wird keine gerade Linie beschrieben, sondern den jeweils verschiedenen Kugeln entsprechend eine gekrümmte mit verschiedener Einbiegung.

C: Richtig. Man muß aber auch betrachten, daß sich die Linien, die die Bewegung ein und derselben Kugel beschreibt, ändern, und daß von ihr niemals dieselbe Linie beschrieben wird, sei es, daß sie von dem selben, sei es, daß sie von einem anderen angestoßen wird; sie wird ja stets verschieden in Bewegung versetzt. Die bei größerem Anstoß beschriebene Linie wird gerader und die bei geringerem Anstoß beschriebene wird gekrümmter sein. Darum sind auch zu Beginn der Bewegung die Linien dieser Bewegung gerader, da der Antrieb noch frischer ist als später, wenn die Bewegung nachläßt. Die Kugel erhält nämlich nur zu gerader Bewegung einen Anstoß. Daher wird bei einem stärkeren Anstoß die Kugel weiter von ihrer Natur fort gezwungen, so daß sie sich, soweit es möglich ist, gegen ihre Natur gerade bewegt. Bei einem schwächeren Anstoß dagegen folgt die Bewegung mehr der natürlichen Neigung der Kugelgestalt.

I: Haec clare sic esse experimur. Numquam enim globus movetur una vice sicut alia. Oportet igitur ex alia et alia impulsione aut vario medio hoc evenire.

C: Dum quis globum proiicit nec una vice sicut alia ipsum in manu tenet aut emittit aut in plano ponit aut aequali virtute pellit. Nihil enim bis aequaliter fieri possibile est. Implicat enim contradictionem esse duo et per omnia aequalia sine omni differentia. Quomodo enim plura possent esse plura sine differentia? Unde quamvis peritior semper nitatur eodem modo se habere; non est tamen hoc praecise possibile licet differentia non semper videatur.

I: Multa sunt, quae varietatem inducunt etiam pavimenti diversitas et lapillorum interceptio cursum impedientium et saepe suffocantium atque globi faeculentia immo fissura superveniens et talia multa.

C: Haec omnia considerari necesse est, ut deveniamus ex istis ad speculationem philosophicam, quam venari proponimus. Deficit enim motio aliquando subito cadente globo super planam suam superficiem. Impeditur ob medii globi atque circumstantis variationem naturaliterque deficit dum super polo seu medio curvae superficiei successive in ipso motus minuitur. Haec et multa alia puto subtiliter annotanda propter similitudinem artis et naturae. Ars enim naturam cum imitetur, ab iis, quae in arte subtiliter reperimus, ad naturae vires accedimus.

I: Quid intendis dicere per circumstantis variationem?

C: Caeli stellarum et äeris atque temporis mutationem. Haec omnia immutata immutant illa, quae circumstant et continent.

I: Aiebas globum semisphaericam habere superficiem. Possetne habere minorem aut maiorem sive integrae sphaerae rotunditatem?

C: Globum posse habere superficiem maiorem aut minorem aut integrae sphaerae non nego, si de visibili figura seu rotunditate loquimur, quae nequaquam est vera aut perfecta. Nam rotun-

I: Wir erfahren deutlich, daß es sich so verhält. Denn niemals bewegt sich die Kugel das einemal wie das anderemal. Dies muß also von dem jeweils anderen Anstoß oder dem verschiedenen Spielgrund kommen.

C: Wenn jemand die Kugel wirft, hält er sie das eine Mal nicht so in der Hand wie das nächste Mal, noch bringt oder setzt oder stößt er sie mit der gleichen Kraft auf die Fläche. Es ist ja nicht möglich, daß etwas zweimal in gleicher Weise geschieht. Denn es schließt einen Widerspruch ein zu behaupten, daß es ohne jeden Unterschied zwei in allem gleiche Dinge gibt. Denn wie könnten viele sein ohne den Unterschied? Und obwohl der Erfahrenere stets versucht, sich auf dieselbe Weise zu verhalten, so ist dies dennoch nicht genau möglich, wenn auch der Unterschied nicht immer wahrgenommen wird.

I: Es gibt vieles, das Verschiedenheit herbeiführt: die Unterschiedlichkeit des Bodens, das Dazwischenkommen von Steinchen, die den Lauf behindern und oft zum Stillstand bringen, die Beschmutzung der Kugel, vor allem, wenn sie einen Spalt bekommt, und dergleichen mehr.

C: Dies alles zu bedenken ist notwendig, damit wir von hier aus zur philosophischen Betrachtung gelangen, die zu erjagen wir uns vorgenommen haben. Die Bewegung hört mitunter plötzlich auf, wenn die Kugel auf ihre ebene Oberfläche fällt. Sie wird behindert wegen der Schwankungsbreite in Kugel und Umgebungsbedingungen und läßt von Natur aus nach, wenn sie sich nach und nach im Pol, der Mitte der gekrümmten Oberfläche, vermindert. Dieses und vieles andere, meine ich, muß man wegen der Ähnlichkeit von Kunst und Natur genau beachten. Denn da die Kunst die Natur nachahmt, gelangen wir durch das, was wir in der Kunst durch genaue Untersuchung finden, zu den Aufbaukräften der Natur.

I: Was meinst du mit dem Ausdruck: Schwankungsbreite der Umgebungsbedingungen?

C: Ich meine damit die Veränderungen des Himmels, der Sterne, der Luft und des Wetters. Wenn diese alle sich ändern, dann ändern sie auch das, was sie umgeben und einschließen.

I: Du sagst, die Kugel habe eine halbkugelige Oberfläche. Könnte sie nicht eine kleinere oder größere oder die Rundung der vollständigen Kugel haben?

C: Ich leugne nicht, daß die Kugel dies haben kann, wenn wir von der sichtbaren Gestalt oder Rundung, die niemals wahr oder vollkommen ist, sprechen. Denn die Rundung, die nicht mehr

ditas, quae rotundior esse non posset, nequaquam est visibilis. Cum enim superficies a centro sphaerae undique aeque distet extremitas rotundi in indivisibili puncto terminata manet penitus nostris oculis invisibilis. Nihil enim nisi divisibile et quantum a nobis videtur.

I: Ultima igitur mundi sphaerica rotunditas, quam puto perfectissimam, nequaquam est visibilis.

C: Nequaquam. Immo nec divisibilis mundi rotunditas cum in puncto consistat indivisibili et immultiplicabili. Non enim rotunditas ex punctis potest esse composita. Punctus enim cum sit indivisibilis et non habeat aut quantitatem aut partes sive ante et retro et alias differentias, cum nullo alio puncto est componibilis. Ex punctis igitur nihil componitur. Punctum enim puncto addere perinde resultat acsi nihil nihilo jungas. Non est igitur extremitas mundi et punctis composita, sed eius extremitas est rotunditas, quae in puncto consistit. Nam cum una sit altitudo rotunditatis, quae undique est aeque distans a centro et non possint esse plures lineae praecise aequales, erit una tantum aeque distans rotunditatis altitudo, quae in puncto terminatur.

I: Mira dicis. Nam intelligo has omnes varias visibiles formas in mundo inclusas esse et tamen si possibile foret [ali]quem extra mundum constitui mundus foret illi invisibilis ad instar indivisibilis puncti.

C: Optime cepisti. Et sic concipis mundum quo nulla quantitas maior in puncto quo nihil minus contineri et centrum atque circumferentiam eius non posse videri. Nec esse plura diversa puncta, cum punctus non sit plurificabilis. In pluribus enim atomis non est nisi unus et idem punctus, sicut in pluribus albis una albedo. Unde linea est puncti evolutio. Evolvere vero est punctum ipsum explicare. Quod nihil aliud est quam punctum in atomis pluribus ita quod in singulis coniunctis et continuatis esse.

I: Nonne sic extremitas anguli cum sit punctus est invisibilis?

runder sein kann, ist niemals sichtbar. Da die Oberfläche an jeder Stelle vom Mittelpunkt der Kugel gleich weit absteht, bleibt die im unsichtbaren Punkt zielbestimmte äußerste Grenze des Runden unseren Augen völlig unsichtbar. Denn wir sehen nur das Teilbare und Ausgedehnte.

I: Die letzte kugelartige Rundung der Welt, die ich für die vollkommenste halte, ist also in keiner Weise sichtbar.

C: Keineswegs. Darum ist die Rundung der Welt auch nicht teilbar, da sie in einem unteilbaren und nicht vervielfältigbaren Punkt besteht. Denn die Rundung kann nicht aus Punkten zusammengesetzt sein. Da der Punkt unteilbar ist, hat er weder Ausdehnung noch Teile, weder vorne noch hinten, noch andere Unterschiede, er kann mit keinem anderen Punkt zusammengesetzt werden. Aus Punkten wird also nichts zusammengesetzt. Denn wenn ich dem Punkt einen Punkt hinzufüge, dann kommt dasselbe heraus, wie wenn ich das Nichts mit dem Nichts verbinde. Also ist die äußerste Grenze der Welt nicht aus Punkten zusammengesetzt, sondern die Rundung, die im Punkt besteht, ist ihre äußerste Grenze. Da die Höhe der Rundung nur eine ist, die allseits vom Mittelpunkt gleich weit entfernt ist, und es auch nicht mehrere Linien geben kann, die genau gleich sind, kann es nur eine gleich weit abstehende Rundungshöhe geben, die im Punkt beschlossen wird.

I: Wunderbares sagst du. Denn ich erkenne, daß alle diese verschiedenen sichtbaren Gestalten in der Welt eingeschlossen sind; und doch: wäre es möglich, jemanden außerhalb der Welt zu setzen, so wäre diese für ihn unsichtbar gleich dem unteilbaren Punkt.

C: Du hast es bestens begriffen. Und so erfaßt du, daß die Welt, über die hinaus keine Ausdehnung größer sein kann, im Punkt, über den hinaus nichts kleiner sein kann, zusammengehaltenhalten wird und daß ihr Mittelpunkt und Umfang nicht gesehen werden kann; und Du verstehst, daß es nicht mehrere verschiedene Punkte gibt, da der Punkt nicht wiederholbar ist. In mehreren Atomen nämlich gibt es nur einen und denselben Punkt, so wie es in mehreren weißen Dingen nur eine weiße Farbe gibt. Daher ist die Linie die Entwicklung des Punktes. Die Entwicklung aber bedeutet den Punkt entfalten. Das ist nichts anderes, als daß der Punkt in vielen Atomen so enthalten ist, daß er in den verbundenen und aneinandergereihten einzelnen Atomen ist.

I: Ist nicht auch die äußerste Grenze des Winkels, weil sie ein Punkt ist, unsichtbar?

C: Immo. Sed si angulus non esset nisi extremitas sicut est rotunditas rotundi extremitas, certum est totum angulum non esse visibilem.

I: Intelligo et ita est ut ais. Ideo nec summum nec imum rotundi videri potest, cum sit idem atomus. Quicquid autem in sphaera vel rotundo est, est summum et imum. Ideo nec rotunditas nec aliqua pars eius videri potest. Non tamen dico quod res rotunda videri nequeat, sed ipsa rotunditas rei est invisibilis. Nec secundum veram rotunditatem quicquam est visibile. Quare cum visus iudicat aliquid esse rotundum in eo non est vera rotunditas. Hoc quidem mihi videt te velle dicere scilicet iudicium visus de rotundo verum non esse.

C: Haec dicere intendo. Nihil enim videtur nisi in materia. Vera autem rotunditas non potest esse in materia sed veritatis tantum imago.

I: Sic nulla forma est vera in materia sed veritatis tantum imago verae formae, cum veritas formae sit ab omni materia separata.

C: Quamvis platonice verum dicas, tamen refert inter rotunditatem et aliam formam. Quoniam si etiam possibile foret rotunditatem esse in materia, tamen adhuc non foret visibilis. Secus de ceteris formis si in materia essent, quoniam videri possent. Non tamen rotunditas nec rotundum secundum eam videretur. Solum enim longum et latum videri potest, sed in rotunditate nihil longum aut latum seu directum sed circumductio quaedam et circumducta quaedam de puncto ad punctum convexitas, cuius summum est ubique. Et est atomus sua parvitate invisibilis.

I: Nonne plures atomi sunt plura rotunditatis summa et facere possunt lineam quandam convexam, quae videri potest et sic quaedam pars rotunditatis videtur?

C: Hoc esse non potest, cum quicquid est in rotunditate sit summum. Atomus autem summitatem rotunditatis cum teneat, unde initium videndi rotunditatem sumeret oculus? Non ab atomo, cum sit invisibilis, nec ab alio quam a summo rotunditatis oculus recipere posset initium videndi rotunditatem. Summum enim est quicquid in rotunditate est. Summum autem

C: Gewiß. Wenn aber der Winkel nichts anderes wäre als äußerste Grenze, wie die Rundung die äußerste Grenze des Runden ist, dann wäre es sicher, daß der ganze Winkel nicht sichtbar wäre.

I: Ich sehe dies ein und es ist so, wie du sagst. Folglich kann weder das Höchste noch das Tiefste des Runden gesehen werden, da es das Atom selbst ist. Was aber in der Kugel oder im Runden ist, ist das Höchste und Tiefste zugleich. Folglich kann weder die Rundung noch sonst ein Teil davon gesehen werden. Ich sage indes nicht, daß ein rundes Ding nicht gesehen werden könnte, sondern nur, daß die Rundung des Dinges selbst unsichtbar ist. Und hinsichtlich der wahren Rundung ist überhaupt nichts sichtbar. Wenn daher der Gesichtssinn urteilt, etwas sei rund, dann ist in diesem noch nicht die wahre Rundung. Das nämlich scheinst du mir sagen zu wollen: das Urteil des Gesichtssinnes über das Runde ist nicht wahr.

C: Dies möchte ich sagen. Denn nichts wird gesehen, es sei denn im Stoff. Im Stoff kann aber nicht die wahre Rundung sein, sondern nur ein Abbild der Wahrheit.

I: So ist also im Stoff keine Gestalt wahr, sondern nur das Abbild der Wahrheit der wahren Gestalt, da die Wahrheit der Gestalt von allem Stoff getrennt ist.

C: Obwohl du als Platoniker richtig sprichst, so ist dennnoch ein Unterschied zu machen zwischen der Rundung und einer anderen Gestalt. Denn wenn es auch möglich wäre, daß die Rundung im Stoff wäre, so wäre sie darum dennoch nicht sichtbar. Anders steht es mit den übrigen Gestalten: diese könnten, wenn sie im Stoff wären, gesehen werden, nicht aber die Rundung und das Runde im Hinblick auf den Stoff. Nur das Lange und Breite kann gesehen werden. In der Rundung jedoch gibt es nichts Langes oder Breites oder Gerades, sondern eine Art Umkreisung und eine gewisse von Punkt zu Punkt geführte Wölbung, deren Gipfel überall ist. Und das Atom ist durch seine Kleinheit unsichtbar.

I: Sind nicht viele Atome viele Gipfel der Rundung? Und können sie nicht eine gewölbte Linie bilden, die gesehen werden kann? Und wird nicht auf diese Weise ein Teil der Rundung gesehen?

C: Das ist nicht möglich; was immer an der Rundung ist, ist das Höchste. Da aber das Atom die Höchstheit der Rundung innehat, wo sollte da das Auge beginnen, die Rundung zu sehen? Es könnte weder beim Atom anheben, da es unsichtbar ist, noch bei irgend etwas anderem als dem Gipfel der Rundung, um die Rundung zu sehen. Alles nämlich, was an der Rundung

atomus est. Nonne si poneretur quod a summo rotunditatis inciperet visus oporteret ipsum duci a summo ad summum?

I: Certum est hoc fieri oportere, cum nihil in ea sit nisi summum.

C: Summum autem atomus est, qui non est visibilis. Patet igitur Mercurium[1] recte dixisse, mundum ex se non esse visibilem, quia rotundus est. Et nihil de eo vel in eo videtur nisi rerum formae in eo contentae.

I: Mundi rotunditas cum sit in materia et propter adiunctionem ad materiam sit imago rotunditatis, quare illa rotunditatis imago in materia videri non potest?

C: In tantum illa rotunditatis imago ad veram rotunditatem accedit quod visum et omnem sensum subterfugit.

I: Ideo mundum non videmus nisi in quantum per partes rerum formas videmus, quibus subtractis nec mundum nec eius formam videremus.

C: Bene dicis. Nam mundi forma rotunditas est invisibilis. Visibilibus igitur formis subtractis unus manet in toto orbe vultus scilicet essendi possibilitas, sive materia invisibilis, in qua dicitur esse rerum universitas. Et satis philosophice concedi potest, quod propter perfectionem ibi sit rotunditas.

I: Haec meum excedunt conceptum; licet videam in mente te vera dicere, admiror tamen, quod nec in mundo vera est rotunditas, sed tantum imago rotunditatis veritati propinqua.

C: Non mireris. Nam cum unum rotundum sit perfectius alio in rotunditate numquam reperitur rotundum, quod sit ipsa rotunditas seu quo non possit dari magis rotundum. Et haec regula est universaliter[2] vera, quoniam in omnibus recipientibus maius aut minus non devenitur ad maximum aut minimum simpliciter quo maius aut minus esse non possit.

---

[1] Mercurius, vgl. Hermes Trismeqistus, ed. Thomas, Apuleius von Madaura, Opera III, Asclepius I.

[2] Paris: verisimiliter.

ist, ist das Höchste. Dieses aber ist das Atom. Angenommen, daß der Gesichtssinn vom Höchsten der Rundung begänne, müßte er nicht vom Höchsten zum Höchsten geführt werden?

I: Gewiß müßte dies geschehen, da nichts in ihr ist außer das Höchste.

C: Das Höchste aber ist das Atom, das unsichtbar ist. Es hat also Mercurius offenbar richtig gesagt, daß die Welt von sich aus nicht sichtbar sei, weil sie rund ist. Und daß außer den Gestalten der Dinge, die in ihr enthalten sind, von ihr oder in ihr nichts gesehen wird.

I: Da nun aber die Rundung der Welt im Stoff ist und wegen dieser Verbindung mit ihm ein Bild der Rundung ist, warum kann dann dieses Bild der Rundung im Stoff nicht gesehen werden?

C: Dieses Bild der Rundung kommt der wahren Rundung so nahe, daß es sich dem Gesichtsinn und jedem Sinnesvermögen entzieht.

I: Wir sehen also die Welt nur insoweit, als wir vermittels der Teile die Gestalten der Dinge erblicken. Würden diese hinweggenommen, sähen wir weder die Welt noch ihre Gestalt.

C: Du drückst es trefflich aus. Denn die Rundungsgestalt der Welt ist unsichtbar. Nimmt man also die sichtbaren Gestalten fort, so bleibt im ganzen Weltkreis ein einziges Bildnis, nämlich die Möglichkeit des Seins oder der unsichtbare Stoff, in dem man die Gesamtheit der Dinge annnimmt. Und man kann es als philosophisch hinreichend begründet zugestehen, daß um der Vollkommenheit willen dort Rundung ist.

I: Das geht über mein Begreifen; wenn ich auch im Geist einsehe, daß du Wahres sagst, wundere ich mich doch, daß es in der Welt keine wahre Rundung gibt, sondern nur das der Wahrheit angenäherte Bild der Rundung.

C: Wundere dich nicht. Weil das eine Runde in seiner Rundung vollkommener ist als das andere, wird niemals das Runde gefunden, das die Rundung selbst wäre oder über das hinaus es nichts Runderes mehr geben könnte. Diese Regel ist allgemeinhin wahr, da man in allem, das mehr oder weniger aufnimmt, nicht zum schlechthin Größten oder Kleinsten gelangt, über das hinaus nichts größer oder kleiner sein könnte.

Nam posse esse maius aut minus non sunt de natura eorum, quae non possunt esse maius aut minus; sicut mutabile non est de natura immutabilis et divisibile de natura indivisibilis et visibile de natura invisibilis et temporale de natura intemporalis et corporale de natura incorporalis et ita de similibus.

Rotunditas igitur, quae visu attingitur, magis et minus recipit, quoniam unum rotundum est alio rotundius. Igitur rotunditas invisibilis non est de illa natura. Non est igitur per corpus participabilis sicut visibilis. Ideo nullum corpus potest esse adeo rotundum quin possit esse rotundius.

Corporalis igitur mundus licet sit rotundus tamen illa rotunditas est alterius naturae quam sit rotunditas cuiuscumque alterius rotundi corporis. Sed cum non omne corpus sit visibile, sed requiritur certa magnitudo ut videatur, sic etiam rotunditas atomi non est visibilis, quando atomus non videtur. Mundus igitur in sua rotunditate est invisibilis, quia id, quod se visui offert de rotunditate mundi atomus est.

I: Clare declarasti et in paucis multa explanasti. Sed scire cupio, quomodo intelligis perfecti mundi rotunditatem esse imaginem, quae videtur semper posse esse perfectior?

C: Scio rotunditatem unius rotundi rotundiorem alia et ideo in rotundis deveniri oportere ad rotundum maximae rotunditatis, qua nulla maior est, quoniam non potest in infinitum procedi. Et haec est mundi rotunditas, participatione cuius omne rotundum est rotundum. Haec est enim participabilis rotunditas in omnibus mundi huius rotundis, quae gerunt imaginem rotunditatis mundi. Sed mundi rotunditas licet sit maxima, qua nulla maior actu est, non est tamen ipsa absoluta verissima rotunditas. Ideo est imago rotunditatis absolutae.

Rotundus enim mundus non est ipsa rotunditas qua maior [esse nequit][1], sed qua maior non est actu. Absoluta vero rotunditas non est de natura rotunditatis mundi, sed eius causa et exemplar, cuius rotunditas mundi est imago. In circulo enim, ubi non est principium nec finis, cum nullus punctus in eo sit,

---

[1] Cod. Kr.

Denn das Größer-oder-kleiner-Sein-Können ist nicht von der Natur dessen, was nicht größer oder kleiner sein kann: so wie das Veränderliche nicht von der Natur des Unveränderlichen, das Teilbare von der Natur des Unteilbaren, das Zeitliche von der Natur des Nichtzeitlichen, das Körperliche von der Natur des Unkörperlichen usw. ist.

Die Rundung, die vom Sehen erreicht wird, nimmt mehr oder weniger an, da das eine Runde runder als ein anderes ist. Folglich ist die unsichtbare Rundung nicht von jener Natur; ein Körper kann nicht an ihr teilhaben wie an der sichtbaren. Daher kann kein Körper so rund sein, daß er nicht noch runder sein könnte.

Wenn nun auch die körperliche Welt rund ist, so ist diese ihre Rundung doch von anderer Natur, als es die Rundung irgendeines anderen runden Körpers ist. Da aber nicht jeder Körper sichtbar ist, ist eine bestimmte Größe erforderlich, daß er gesehen wird. So ist die Rundung des Atoms nicht sichtbar, weil wir das Atom nicht sehen. Die Welt ist also in ihrer Rundung unsichtbar, weil das, was sie dem Auge von der Rundung der Welt entgegenbringt, das Atom ist.

I: Du hast uns eine deutliche Erklärung gegeben und in wenigen Worten vieles dargelegt. Doch möchte ich wissen, wie du es verstehst, daß die Rundung der vollständigen Welt ein Abbild ist, das, wie es scheint, immer noch vollkommener werden kann?

C: Ich weiß, daß die Rundung des einen Runden runder ist als eine andere. Also muß man im Runden zu jenem Runden gelangen, das die größte Rundung hat, über die hinaus es keine größere gibt, da man nicht ins Unendliche fortschreiten kann. Und dies ist die Rundung der Welt; durch die Teilhabe an ihr ist jedes Runde rund. Es ist die partizipierbare Rundung, die in jedem Runden dieser Welt ist, das das Bild der Weltrundung trägt. Diese Weltrundung indes, auch wenn sie die größte ist, über die hinaus keine tatsächlich größer sein kann, ist dennoch nicht die absolute und ganz wahre Rundung. Also ist sie das Bild der absoluten Rundung.

Die runde Welt ist nämlich nicht die Rundung selbst, über die hinaus nichts größer sein kann, sondern über die hinaus nichts tatsächlich größer ist. Die absolute Rundung dagegen ist nicht von der Natur der Weltrundung, sondern deren Grund und Urbild. Und die Weltrundung ist ihr Abbild. Im Kreis nämlich,

qui potius sit principium quam finis, video imaginem aeternitatis. Quare et rotunditatem imaginem assero aeternitatis, cum sit idem.

I: Placent haec, sed quaero, nonne sicut mundus dicitur rotundus potest etiam dici aeternus? Videtur enim, cum aeternitas et rotunditas illa absoluta sint idem, ita et aeternum sit idem cum rotundo.

C: Non puto intelligentem negare mundum esse aeternum licet non sit aeternitas. Solus enim omnium creator sic est aeternus, quod aeternitas. Si quid aliud dicitur aeternum hoc habet non quia est ipsa aeternitas, sed quia eius participatione seu ab ipsa est.

Aeternitas enim omnia aeterna praecedit nisi sit aeternum illud, quod idem est cum aeternitate. Aeternitas igitur mundi, cum sit mundi aeternitas, est ante mundum etiam aeternum. Ab ea enim habet, quod est aeternus sicut album ab albedine, [quod est album]. Aeternitas igitur mundi, cum habeat id, quod est absoluta aeternitas, constituit mundum aeternum, scilicet numquam finibilem sive perpetuum, qui dicitur aeternus. Quoniam numquam verum fuit dicere aeternitas est, quin etiam verum fuit dicere mundus est, licet mundus ab ipsa sit id, quod est[1].

I: Si recte intelligo tunc non potest esse nisi unus mundus maxime rotundus et aeternus.

C: Bene cepisti. Nam cum in rotundis ad unum maximum actu necesse sit devenire sicut inter calida ad ignem, qui est maxime calidus, erit igitur unus tantum mundus. Et hic tantum habet rotunditatis, quod ad ipsam rotunditatem aeternam maxime accedit. Et hinc etiam invisibilis. Quare etiam aeternus dici potest.

---

[1] Vgl. dazu und zum folgenden Scotus Eriugena, De divisione naturae I. In Cod. Adelit. 11035 bemerkt Cusanus auf fol. 80r (PL 122, 517 C): . . . deum prius non fuisse antequam omnia faceret, quia facere et esse dei unum sunt. Vgl. Mitteilungen und Forschungsbeiträge der Cusanus-Gesellschaft, 3, Mainz 1963, p. 98.

wo es weder Anfang noch Ende gibt, da in ihm kein Punkt ist, der eher Ursprung als Ziel wäre, sehe ich das Bild der Ewigkeit. Darum behaupte ich, daß auch die Rundung Bild der Ewigkeit sei, da beide dasselbe sind.

I: Das sagt mir zu. Ich frage jedoch, ob die Welt nicht auch, wie sie rund genannt wird, ewig genannt werden kann. Da die Ewigkeit und jene absolute Rundung dasselbe sind, scheint es nämlich, daß das Ewige mit dem Runden ebenfalls identisch ist.

C: Ich glaube nicht, daß der Einsichtige leugnen kann, daß die Welt ewig sei, wenn sie auch nicht die Ewigkeit ist. Denn nur der Schöpfer von allem ist so ewig, daß er die Ewigkeit ist. Wenn etwas anderes ewig genannt wird, dann kommt ihm dies nicht deshalb zu, weil es die Ewigkeit selbst ist, sondern weil es durch die Teilhabe an ihr oder weil es von ihr ist.

Die Ewigkeit geht jedem Ewigen voraus, das nicht jenes Ewige ist, das mit der Ewigkeit identisch ist. Die Ewigkeit der Welt ist also, da sie der Welt Ewigkeit ist, auch vor der ewigen Welt. Von jener kommt es ihr zu, daß sie ewig ist, so wie es dem Weißen von der Weißheit zukommt, daß es weiß ist. Die Ewigkeit der Welt begründet und baut demnach, da sie das besitzt, was die absolute Ewigkeit ist, die ewige Welt bzw. die niemals begrenzbare oder immerwährende Welt, die ewig genannt wird. Darum ist es niemals wahr gewesen zu sagen: die Ewigkeit ist, ohne daß es wahr gewesen ist zu sagen, die Welt ist, wenn auch die Welt von ihr her das ist, was sie ist.

I: Wenn ich richtig verstehe, kann es nur eine im größten Maß runde und ewige Welt geben.

C: Du hast es wohl begriffen. Denn da man im Runden notwendigerweise zu einem als Wirklichkeit Größten gelangen muß, so wie beim Warmen zum Feuer, das am meisten warm ist, kann es nur eine Welt geben. Und diese besitzt so viel Rundung, daß sie der ewigen Rundung selbst am nächsten kommt; daher ist sie auch unsichtbar. Aus diesem Grund kann sie auch ewig genannt werden.

Dicente Apostolo Paulo[1], quae non videntur aeterna sunt, non quod propterea aeternus dicatur, quia sine initio, sed quia numquam fuit verum dicere aeternitas est quin etiam fuit verum dicere mundus est. Mundus enim non incepit in tempore. Non enim tempus praecessit mundum, sed sola aeternitas. Sic et tempus aliquando dicitur aeternum, ut propheta[2] ait de aeterno tempore, cum tempus non habuerit initium in tempore. Tempus enim non praecessit tempus, sed aeternitas.

Dicitur igitur aeternum tempus, quia ab aeternitate fluit. Sic et mundus aeternus, quia est ab aeternitate et non a tempore. Sed mundo magis convenit nomen, ut dicatur aeternus, quam tempori, quia mundi duratio non dependet a tempore. Cessante enim motu caeli et tempore, quod est mensura motus, non cessat esse mundus. Sed mundo penitus deficiente deficeret tempus. Magis igitur convenit mundo quod dicatur aeternus quam tempori.

Aeternitas igitur mundi creatrix Deus est, qui ut voluit cuncta fecit[3]. Mundus enim non est sic perfecte creatus, quod in eius creatione Deus omne, quod potuit facere fecerit, licet mundus factus sit ita perfectus sicuti fieri potuit. Quare perfectiorem et rotundiorem mundum atque etiam imperfectiorem et minus rotundum potuit facere Deus, licet factus sit ita perfectus sicut esse potuit. Hoc enim est factus, quod fieri potuit, et fieri posse ipsius factum est.

Sed hoc fieri posse eius quod factum est non est ipsum facere posse absolutum omnipotentis. Dei. Licet in Deo posse fieri et posse facere sint idem, non tamen fieri posse cuiuscumque est idem cum facere posse Dei. Ex hoc videtur Deum mundum ut voluit creasse. Quare perfectus valde, quia secundum Dei optimi liberrimam factus est voluntatem. Quae quia in aliis locis[4] luculenter scripta legi possunt, nunc de hoc sufficiat.

---

[1] 2 Kor. 4, 18. [2] Baruch 3, 32. [3] Ps. 113, 11 u. a.
[4] Vgl. De docta ign. II, 13 u. a.

Entsprechend den Worten des Apostel Paulus ist ewig, was nicht gesehen wird. Die Welt wird nicht deshalb ewig genannt, weil sie ohne Anfang ist, sondern weil es niemals wahr war zu sagen, die Ewigkeit ist, ohne daß auch wahr gewesen wäre zu sagen: die Welt ist. Die Welt nämlich beginnt nicht in der Zeit. Nicht die Zeit ging ihr voran, sondern allein die Ewigkeit. Darum nennt man auch die Zeit mitunter ewig. So spricht zum Beispiel der Prophet von der ewigen Zeit, weil diese keinen Anfang in der Zeit hatte. Der Zeit geht nämlich nicht die Zeit voraus, sondern die Ewigkeit.

Die Zeit wird also ewig genannt, weil sie aus der Ewigkeit fließt. So wird auch die Welt ewig genannt, weil sie von der Ewigkeit stammt und nicht von der Zeit. Der Welt jedoch kommt dieser Name — daß man sie ewig nennt — eher zu als der Zeit, da die Dauer der Welt nicht von der Zeit abhängt. Wenn die Bewegung des Himmels und die Zeit, die das Maß der Bewegung ist, aufhört, hört doch die Welt nicht auf zu sein. Dagegen verschwindet die Zeit, wenn die Welt völlig vergeht. Darum kommt es der Welt also mehr zu, ewig genannt zu werden, als der Zeit.

Die Ewigkeit, die Schöpferin der Welt, ist also Gott, der, da er es wollte, alles machte. Die Welt ist nämlich nicht in der Weise vollkommen geschaffen, daß Gott in ihrer Schöpfung alles gemacht hätte, was er machen konnte, wenn sie auch so vollkommen gemacht ist, wie sie werden konnte. Darum konnte Gott eine vollkommenere und rundere, aber auch eine unvollkommenere und weniger runde Welt machen, wenn sie auch so vollkommen gemacht ist, wie sie sein konnte. Es ist nämlich gemacht worden, was werden konnte, und auch dessen Werden-Können ist geworden.

Aber dieses Werden-Können dessen, das geworden ist, ist nicht das absolute Machen-Können des allmächtigen Gottes. Wenngleich in Gott Werden-Können und Machen-Können dasselbe sind, so ist doch nicht das Werden-Können von irgendetwas identisch mit dem Machen-Können Gottes. Daraus ist ersichtlich, daß Gott die Welt so, wie er wollte, geschaffen hat. Aus diesem Grund ist sie sehr vollkommen, weil sie nach dem völlig freien Willen des besten Gottes geworden ist. Da dieses andernorts ausführlicher dargelegt ist und nachgelesen werden kann, mag es jetzt genügen.

I: Revertere igitur ad ludum nostrum et de motu globi aliquid adicias.

C: Multa dicenda restant, si, quae occurrunt, referrem. Primum noto dum de motu globi a puncto ubi statur ad signum medium signati circuli globum proiicio, quomodo per lineam rectam hoc fieri nequit, ut si punctus A sit statio et BD circulus, cuius centrum C et E globus. Volo de A proiicere ad C. Hoc per lineam motus globi fieri necesse est, quae non sit recta, cuiuscumque etiam figurae fuerit globus.

I: Videtur quod si sphaericus fuerit fieri posset motus per lineam rectam ut est A C linea. Non enim video cur sphaera per A C moveri non possit et in C quiescere.

C: Facile capies te errare, si attendis unam lineam rectiorem esse alia. Et ideo ad verissime et praecisissime rectam per supra datam doctrinam nequaquam perveniri. Ideo non est possibile etiam perfectissimam sphaeram de A in C per praecisam rectam pergere, esto etiam quod pavimentum sit perfectissime planum et globus rotundissimus. Nam talis globus non tangeret planitiem nisi in atomo. Ex motu non nisi invisibilem lineam describeret et nequaquam rectissimam inter A et C puncta cadentem, neque umquam in C quiesceret. Quomodo enim super atomum quiesceret? Perfecte igitur rotundus, cum eius summum sit etiam imum et sit atomus postquam incepit moveri, quantum in se est numquam cessabit, cum varie se habere nequeat. Non enim id, quod movetur aliquando, cessaret nisi varie se haberet uno tempore et alio. Ideo sphaera in plana et aequali superficie se semper aequaliter habens, semel mota semper moveretur. Forma igitur rotunditatis ad perpetuitatem motus est aptissima. Cui si motus advenit naturaliter numquam cessabit. Ideo si super se movetur ut sit centrum sui motus, perpetue movetur et hic est motus naturalis, quo motu ultima sphaera movetur sine violentia et fatiga; quem motum omnia naturalem motum habentia participant.

I: Kehre bitte wieder zu unserem Spiel zurück und füge etwas über die Bewegung der Kugel hinzu.

C: Es bliebe noch viel zu sagen übrig, wenn ich erörtern wollte, was sich mir hier darbietet. Zum ersten halte ich hinsichtlich der Kugelbewegung fest: Wenn ich die Kugel von dem Punkt, an dem ich stehe, zum bezeichneten Mittelpunkt des gezeichneten Kreises werfe, kann dies nicht auf einer geraden Linie geschehen. Es sei Punkt A die Ausgangsstellung und BD der Kreis, dessen Mittelpunkt C, und E sei die Kugel. Diese will ich von A nach C werfen. Dies muß auf einer Bewegungslinie der Kugel stattfinden, die nicht gerade ist, welche Gestalt die Kugel auch haben mag.

I: Es scheint, daß dies, wenn die Kugel sphärisch wäre, über eine gerade Linie geschehen könnte, wie es die Linie A—C ist. Ich sehe nämlich nicht ein, warum sich die Kugel nicht über A—C bewegen und in C ruhen könnte.

C: Du wirst leicht begreifen, daß du dich irrst, wenn du beachtest, daß die eine Linie gerader ist als die andere, und daß man folglich gemäß der oben gegebenen Lehre niemals zur wahrsten und genauesten Geraden gelangen kann. Also ist es nicht möglich, auch die vollkommenste Kugel von A nach C auf einer genauen Geraden zu bringen, wäre auch der Estrich vollkommen eben und die Kugel völlig rund. Denn eine solche Kugel würde die Unterlage nur in einem Atom berühren. Sie beschriebe auf Grund der Bewegung nur eine unsichtbare Linie und niemals die völlige Gerade, die zwischen A und C fällt, noch würde sie jemals in C ruhen. Denn wie sollte sie über dem Atom ruhen? Wenn also die vollkommen runde Kugel sich zu bewegen beginnt, dann hört sie, da das Höchste von ihr auch das Tiefste und das Atom ist, soweit es an ihr liegt, niemals auf, sich zu bewegen, da sie sich nicht verschieden verhalten kann. Denn das, was sich irgendwann einmal bewegt, würde in der Bewegung nicht nachlassen, wenn es sich nicht zu der einen und anderen Zeit verschieden verhielte. Also bewegt sich die Kugel, die sich auf einer ebenen und gleichen Oberfläche immer gleich verhält, wenn sie einmal bewegt wurde, ständig weiter. Die Form der Rundung ist also für die unaufhörliche Bewegung am besten geeignet. Wenn die Bewegung auf natürliche Weise ihr zukommt, wird sie niemals aufhören. Wenn sie sich darin um sich selbst bewegt, so daß sie der Mittelpunkt ihrer Bewegung ist, dann bewegt sie sich unaufhörlich. Dies ist die natürliche Bewegung, durch die sich die äußerste Sphäre des Himmels ohne Heftigkeit und Ermüdung bewegt. An dieser Bewegung haben alle Dinge teil, denen eine natürliche Bewegung eigen ist.

I: Quomodo concreavit Deus motum ultimae sphaerae?

C: In similitudine quomodo tu creas motum globi. Non enim movetur sphaera illa per Deum creatorem aut per spiritum Dei sicut nec globus movetur per te quando ipsum vides discurrere nec per spiritum tuum, licet posueris ipsum in motu exequendo per iactum manus voluntatem impetum in ipsum faciendo, quo durante movetur.

I: Sic forte et de anima dici posset, quo existente in corpore homo movetur.

C: Non est propinquius fortasse exemplum intelligendi creationem animae, quam sequitur motus in homine. Non enim Deus est anima aut spiritus Dei movet hominem. Sed creatus est in te motus se ipsum movens secundum Platonicos[1], qui est anima rationalis movens se et cuncta sua.

I: Vivificare animae convenit. Est igitur motus.

C: Utique vivere motus quidam est.

I: Placet valde. Nunc enim video hoc sensibili exemplo multos errasse circa animae considerationem.

C: Attende motum globi deficere et cessare manente globo sano et integro, quia non est motus, qui globo [in]est naturalis sed accidentalis et violentus. Cessat igitur impetu, qui impressus est ei, deficiente. Sed si globus ille foret perfecte rotundus, ut praedictum est, quia illi globo rotundus motus esset naturalis ac nequaquam violentus, numquam cessaret.

Sic motus vivificans animal numquam cessat corpus vivificare quamdiu vivificabile et sanum est, quia est naturalis. Et licet motus vivificandi animal cesset deficiente sanitate corporis, tamen non cessat motus intellectualis animae humanae, quem sine corpore habet et exercet. Ideo motus ille se ipsum intellectualiter movens est in se subsistens et substantialis. Motus enim, qui non est se ipsum movens, accidens est, sed se ipsum movens substantia est. Non enim illi accidit motus, cuius natura est motus, uti de natura intellectus, qui non potest esse intellectus sine motu intellectuali per quem est actu. Ideo intellectualis motus est substantialis se ipsum movens. Numquam igitur deficit.

---

[1] Vgl. Platon, Timaios 306.

I: Wie schuf Gott mit der äußersten Sphäre zugleich deren Bewegung?
C: Ähnlich wie du die Bewegung der Kugel schaffst. Diese Sphäre wird weder vom Gott-Schöpfer noch vom Geist Gottes bewegt, wie auch die Kugel nicht von dir bewegt wird, wenn du sie rollen siehst, noch durch deinen Geist, wenngleich du sie in Bewegung gesetzt hast, indem du ihr einen Impuls gabst, durch den sie, solange er dauert, bewegt wird.
I: So kann es wohl auch von der Seele gesagt werden, durch die der Mensch, solange sie im Körper existiert, bewegt wird.
C: Es gibt vielleicht kein treffenderes Beispiel, um die Erschaffung der Seele zu verstehen, der die Bewegung im Menschen folgt. Denn weder ist Gott die Seele, noch bewegt der Geist Gottes den Menschen. Vielmehr ist in dir eine sich — nach den Platonikern — selbst bewegende Bewegung geschaffen; sie ist die vernünftige Seele, die sich und alles, was zu dir gehört, bewegt.
I: Der Seele kommt es zu, zu beleben. Dies ist also Bewegung.
C: Gewiß ist das Leben eine bestimmte Bewegung.
I: Sehr schön. Ich sehe nämlich jetzt an diesem sichtbaren Beispiel, daß sich viele in der Betrachtung der Seele geirrt haben.
C: Beachte, daß die Bewegung der Kugel nachläßt und aufhört, während die Kugel ganz und unversehrt bleibt, denn es ist nicht eine Bewegung, die der Kugel von Natur aus eigen ist, sondern zufällig und erzwungen. Sie kommt also zur Ruhe, wenn der Anstoß aufhört, der ihr eingegeben ist. Wäre diese Kugel jedoch vollkommen rund, wie es oben gesagt wurde, dann würde die runde Bewegung niemals aufhören, weil dieser Kugel die Bewegung natürlich und niemals erzwungenermaßen eigen wäre.

So hört die das Lebewesen belebende Bewegung niemals auf, den Körper zu beleben, solange er lebensfähig und gesund ist, weil sie natürlich ist. Und wenn auch die Bewegung, welche den Lebewesen das Leben gibt, aufhört, sobald die Gesundheit des Körpers schwindet, so hört dennoch nicht die geistige Bewegung der menschlichen Seele auf, die diese ohne Körper besitzt und ausübt. Also ist jene Bewegung, die sich in vernunfthaft-geistiger Weise selbst bewegt, in sich beständig und grundbestandlich. Die Bewegung nämlich, die sich nicht selbst bewegt, ist etwas Hinzukommendes; die sich selbst bewegende Bewegung aber ist Grundbestand. Denn zu dem, dessen Natur Bewegung ist, tritt nicht Bewegung hinzu; dies gilt von der Natur des Vernunftdenkens, da dieses nicht ohne die geistige Bewegung, durch die es Wirklichkeit ist, Vernunftdenken sein kann. Also ist die geistige Bewegung, die sich selbst bewegt, grundbestandlich. Demnach hört sie niemals auf.

Vivificatio vero est motus vitae, qui accidit corpori, quod de sua natura non est vivum. Sine vita enim corpus verum corpus est. Potest igitur ille motus, qui corpori accidit, cessare. Sed propter hoc non cessat motus substantialis se ipsum movens. Nam virtus illa, quae et mens dicitur, corpus deserit, quando cessat in ipso vivificare, sentire et imaginari. Has enim habet operationes virtus in corpore, quas etiam dum non exercet, nihilominus manet in perpetuum, licet etiam localiter separaretur a corpore. Virtus enim illa licet in loco circumscribatur ut non sit nisi ibi, non tamen occupat locum, cum sit spiritus. Propter eius enim praesentiam non distenditur aër aut locus occupatur, ut minus capiat de corpore quam prius.

I: Valde placet similitudo globi ad corpus et motus eius ad animam. Homo facit globum et eius motum, quem impetu ei imprimit, et est invisibilis, indivisibilis, non occupans locum sicut anima nostra; sed quod anima nostra sit motus substantialis libenter melius intelligerem.

C: Deus dator [est] substantiae, homo accidentis seu similitudinis substantiae. Forma globi data ligno per hominem addita est substantiae ligni. Sic et motus additus est formae substantiali. Deus autem [est] creator substantiae. Multa motum participant, ut moveantur ex participatione motus. Devenitur igitur ad unum, quod per se movetur. Et illi non accidit ex participatione motus ut moveatur, sed ex sua essentia. Et est anima intellectiva.

Intellectus enim se ipsum movet. Et ut clarius hoc capias, attende, quomodo in rotunditate est aptitudo ad motum. Facilius enim movetur magis rotundum. Quare si rotunditas foret maxima, qua etiam maior esse non posset, utique per se ipsam moveretur et esset movens pariter et mobile. Motus igitur, qui anima dicitur, est concreatus corpori et non impressus ei ut in globo, sed per se motus corpori adiunctus et taliter, quod separabilis ab ipso, ideo substantia.

Die Belebung aber ist Lebensbewegung, die zum Körper hinzukommt, der seiner Natur nach nicht lebendig ist .Denn ohne Leben ist der Körper wahrhaft Körper. Also kann jene Bewegung, die zum Körper hinzukommt, aufhören. Deshalb hört jedoch nicht die grundbestandliche, sich selbst bewegende Bewegung auf. Denn jene Kraft, die auch Geist genannt wird, verläßt den Körper, wenn sie aufhört, in ihm zu beleben, sinnlich wahrzunehmen und vorzustellen. Dieses Tätigkeitsvermögen besitzt die Kraft im Körper, und auch wenn sie jene nicht ausübt, bleibt sie nichtsdestoweniger immerwährend, auch wenn sie räumlich von ihm getrennt wird. Denn diese Kraft okkupiert den Raum nicht, wenngleich sie in ihm begrenzt wird, so daß sie nur dort ist; sie ist ja Geist. Seiner Gegenwart wegen wird weder die Luft geteilt noch der Raum in Beschlag genommen, so daß dieser weniger als früher vom Körper aufnähme.

I: Mir gefällt der Vergleich der Kugel mit dem Körper und ihrer Bewegung mit der Seele sehr gut. Der Mensch macht die Kugel und deren Bewegung; diese drückt er ihr im Anstoß ein, und sie ist unsichtbar, unteilbar und nimmt keinen Raum ein, wie unsere Seele. Doch daß unsere Seele grundbestandliche Bewegung ist, möchte ich gern besser einsehen.

C: Gott gibt den Grundbestand, der Mensch das diesem Hinzukommende oder Ähnliche. Die Kugelgestalt, die dem Holz vom Menschen gegeben wurde, ist dem Grundbestand des Holzes hinzugefügt. Ebenso ist die Bewegung der grundbestandlichen Gestalt hinzugefügt. Gott aber ist der Schöpfer des Grundbestandes. Viele Dinge haben an der Bewegung teil, so daß sie sich auf Grund der Teilhabe an ihr bewegen. Man gelangt also zu einem, das sich durch sich bewegt. Und diesem kommt seine Bewegung nicht auf Grund der Teilhabe an einer Bewegung, sondern auf Grund seiner Wesenheit zu. Und dies ist die geistige Seele.

Das Vernunftdenken nämlich bewegt sich selbst. Damit du das deutlicher begreifst, beachte, daß in der Rundung die Bereitschaft zu Bewegung ist. Je runder nämlich etwas ist, desto leichter bewegt es sich. Wenn daher die Rundung die größte ist, über die hinaus keine größer sein kann, würde sie sich durchaus durch sich selbst bewegen und wäre gleicherweise bewegend und beweglich. Die Bewegung also, die Seele genannt wird, ist dem Körper mitgeschaffen und ihn nicht eingedrückt wie der Kugel. Sie ist vielmehr Bewegung-durch-sich und dem Körper verbunden, und zwar dergestalt, daß sie von ihm trennbar ist. Daher ist sie Grundbestand.

I: Igitur bene dicitur quod virtus illa, quam animam dicis intellectivam patiatur aut praemietur.

C: Certissime hoc verum credas. Sicut enim in corpore affligitur affectionibus corporis, ita etiam extra corpus affligitur ira, invidia, et ceteris afflictionibus gravata adhuc sorde corporea nec corporis oblita. Etiam affligitur igne materiali ad hoc praeparato, ita ut ardoris laesionem sentiat. Nostro enim igne non posset affligi. Similiter etiam virtus illa, hoc est anima, salvatur, hoc est in quiete est, et nullis tormentis affligitur.

I: Intelligo te nunc dicere, quod anima est substantia incorporea et virtus diversarum virtutum. Nam ipsa est sensualitas. Est etiam ipsa imaginatio. Eadem etiam est ratio et intelligentia. Sensualitatem et imaginationem exercet in corpore. Rationem et intelligentiam extra corpus exercet. Una est substantia sensualitatis, imaginationis, rationis et intelligentiae, licet sensus non sit imaginatio, nec ratio nec intellectus. Ita nec imaginatio, aut ratio, aut intellectus aliquid aliorum. Sunt enim diversi modi apprehendendi in anima, quorum unus alius esse non potest. Sic puto te dicere velle.

C: Utique sic dicere volo.

I: Tu etiam videris dicere animam in corpore esse simul in diversis locis.

C: Sic dico. Nam cum sit virtus et quaelibet pars virtutis de toto verificetur secundum veram philosophiam, tunc vivifcatio animae anima est. Ipsa autem anima diversa corporis membra, quae in diversis locis sunt, vivificat. Igitur ibi est, ubi vivificat. Tota igitur animae substantia dum est in corpore in diversis locis est. Sed dum est extra corpus non est in diversis locis, sicut nec angelus, qui non vivificat. In corpore igitur est tota anima in qualibet parte corporis, sicut eius creator in qualibet parte mundi.

I: Retrahitne se anima, dum digitus abscinditur?

I: So sagt man also richtig, daß jene Kraft, die du vernunfthaft-denkende Seele nennst, leide oder lohne.

C: Sei von der Wahrheit dieser Aussage überzeugt. Genau so nämlich, wie die Seele im Körper durch die Affekte des Körpers bedrängt wird, so wird sie auch außerhalb des Körpers von Zorn, Neid und den übrigen Leidenschaften bedrängt, da sie noch mit dem körperlichen Schmutz beschwert ist und den Körper nicht vergessen hat. Auch von stofflichem Feuer wird sie bedrängt, das eigens zu dem Zweck bereitet ist, daß sie den Schmerz der Hitze spürt. Durch unser Feuer nämlich kann sie nicht gequält werden. Ähnlich wird auch jene Kraft, die Seele, geheilt, d. h. sie ist in Ruhe und wird von keiner Qual gepeinigt.

I: Ich sehe nun ein, daß du sagst, die Seele sei unkörperlicher Grundbestand und Kraft verschiedener Kräfte. Denn sie ist die Sinnlichkeit; sie ist aber auch die Einbildung, und Verstand und Vernunfteinsicht ist sie ebenfalls. Sinnlichkeit und Einbildung übt sie im Körper aus, Verstand und Vernunfteinsicht außerhalb des Körpers. Aber der Grundbestand der Sinnlichkeit, der Einbildung, des Verstandes und der Einsicht ist ein einziger, auch wenn Sinnlichkeit nicht Einbildung noch Verstand noch Vernunft ist. Ebenso ist auch weder Einbildung noch Verstand noch Vernunft etwas vom andern. Es gibt eben verschiedene Weisen des Begreifens in der Seele, von denen die eine nicht die andere sein kann. So glaube ich, wolltest du sagen.

C: Gewiß wollte ich es so ausdrücken.

I: Du scheinst auch zu sagen, daß die Seele im Körper an verschiedenen Orten zugleich sei.

C: So sage ich! Denn da sie die Kraft ist und jeglicher Teil der Kraft nach der wahren Philosophie vom Ganzen seine Wahrheit erhält, ist die Belebung der Seele die Seele. Die Seele selbst aber belebt die verschiedenen Glieder des Körpers, die an verschiedenen Orten sind. Sie ist also dort, wo sie belebt. Der ganze Grundbestand der Seele ist darum, während sie im Körper ist, an verschiedenen Orten. Wenn sie dagegen außerhalb des Körpers ist, ist sie nicht an verschiedenen Orten, wie es auch ein Engel nicht ist, der ja nicht belebt. Im Körper also ist die ganze Seele in jedem Teil des Körpers, so wie ihr Schöpfer in jedem Teil der Welt ist.

I: Zieht sich die Seele zurück, wenn der Finger abgeschnitten wird?

C: Nequaquam, sed desinit digitum vivificare. Non enim retrahit se, quia non transit de una corporis particula ad aliam, cum sit simul in omnibus et singulis.

I: Adhuc unum rogo iterum circa animae motum declares, quando ais animam se ipsam movere, dicito, qua specie motus se perpertuo movet?

C: Nulla specie ex omnibus sex speciebus motus[1] se movet anima, sed aequivoce. Movet enim se ipsam anima, id est discernit, abstrahit, dividit et colligit. Ratiocinari virtus est animae, igitur et anima. Aliqua est ratio perpetua et immutabilis, ut quod quattuor non sint duo, quia quattuor in se habent tria, quae non habent duo, igitur quattuor non sunt duo. Haec ratio est immutabilis. Anima igitur est immutabilis. Dum autem ratio sic discurrit ratiocinando, utique ille discursus ratonalis est. A se igitur rationalis anima ratiocinando movetur. Adhuc anima est vis inventiva artium et scientiarum novarum. In motu igitur illo inventivo novi non nisi a se ipsa moveri potest. Sic dum se facit similitudinem omnium cognoscibilium a se movetur, ut dum in sensu se facit similitudinem sensibilium, in visu visibilium, in auditu audibilium et ita de omnibus.

Ideo anima ex eodem et diverso dicitur constare propter comprehendi motum universalem omnium et particularem diversorum. Sic ex individuo et dividuo, quia se conformat divisibili et mutabili. Unde anima vis est illa, quae se omnibus rebus potest conformare, et facit se causam motus corporis, scilicet manus aut pedis. Sed non semper ex discretione, quoniam et a natura est motus, ut in motu nervorum et pulmonis. In pueris vero propter debilitatem non facit se similitudinem rerum. Sed post annos discretionis corpore firmato adiuncta discretione et maxime si doctrina exercetur. Est enim in pueris adhuc informis, quoad usum rationis natura subiecta, ut fiat fortis et perfectus homo. Et eius informitas ad perfectionem movetur doctrina et exercitio. Potest autem dici animam se movere dupliciter; aut cum se facit causam motuum corporis, quod etiam facit dormiendo; aut cum

[1] Vgl. Arist. Categ. 14, 15 a.

C: Keineswegs. Aber sie hört auf, den Finger zu beleben. Sie zieht sich nämlich nicht zurück, weil sie nicht von dem einen Körperteil zum andern übergeht, da sie zugleich in allen und in jedem ist.

I: Ich bitte jetzt noch um das eine, daß du nochmals die Bewegung der Seele erklärst. Wenn du sagst, daß die Seele sich selbst bewege, dann sage bitte auch, in welcher Art der Bewegung sie sich ständig bewegt.

C: Nach keiner der sechs Eigengestalten der Bewegung bewegt sich die Seele, sondern aequivok dazu. Die Seele bewegt sich selbst, bedeutet: sie scheidet, zieht ab, teilt und sammelt. Schlußfolgern ist eine Kraft der Seele, folglich ist es auch die Seele. Manche Denkbestimmung ist immerwährend und unveränderlich, wie z. B. daß vier nicht zwei sind, weil vier drei in sich enthält, was zwei nicht hat: also sind vier nicht zwei. Diese Bestimmung ist unveränderlich. Folglich ist die Seele auch unbeweglich. Wenn aber der Verstand schlußfolgernd sich bewegt, so ist auch jene Bewegung wesensbestimmt. Von sich aus bewegt sich also die verständige Seele in verständiger Überlegung. Ferner ist die Seele die erfinderische Kraft neuer Künste und Wissenschaften. In dieser Erfindungsbewegung des Neuen kann sie nur von sich selbst bewegt werden. So wird sie, wenn sie sich zur Ähnlichkeit von allem Erkennbaren macht, von sich selbst bewegt, wie sie auch von sich selbst bewegt wird, wenn sie sich in der Sinnlichkeit zur Ähnlichkeit des Sinnlichwahrnehmbaren, im Sehen zur Ähnlichkeit des Sehbaren, im Hören zur Ähnlichkeit des Hörbaren usw. macht.

Darum sagt man von der Seele, sie bestünde aus dem Selben und Verschiedenen wegen ihrer allgemeinen Bewegung des Begreifens von allem und der besonderen des Begreifens des Verschiedenen. Ebenso besteht sie aus Ungeteiltem und Geteiltem, da sie sich dem Teilbaren und Veränderlichen gleichgestaltet. Daher ist die Seele jene Kraft, die sich allen Dingen gleichgestalten kann. Sie macht sich selbst zum Grund der Bewegung des Körpers, wie zum Beispiel der Hand und des Fußes. Sie tut dies jedoch nicht immer auf Grund von Willensbestimmung, denn es gibt ja auch von Natur aus Bewegung, wie die Bewegung der Nerven und der Lunge. Bei den Kindern macht sich die Seele wegen ihrer Schwachheit noch nicht zur Ähnlichkeit und zum Gleichnis der Dinge. Sie tut dies erst nach Jahren unterscheidender Willensbestimmung, wenn der Körper stark geworden und die Unterscheidung gewon-

se facit similitudinem rerum, quod extra corpus humanum. Vivere etiam videtur esse se movere. Unde anima verius vivit, quia ex se movetur, quam homo, qui movetur ab anima.

I: Hinc puto, quod Deus verius vivat quam anima.

C: Recte putas; non quod Deus se moveat aut faciat similitudinem rerum, quod facit anima, licet in eo sint omnia, in quadam simplicitate, sed quia ipse verum esse rerum est et vita vitarum. Sic enim ait: ego sum resurrectio et vita[1].

I: Multum placent, quae de inventione novi supra memorasti. In eo enim actu anima clare videtur se ipsam movere. Vellum ut ad ludum applicares.

C: Cogitavi invenire ludum sapientiae. Consideravi quomodo illum fieri oporteret. Deinde terminavi ipsum sic faciendum ut vides. Cogitatio, consideratio et determinatio virtutes sunt animae nostrae. Nulla bestia talem habet cogitationem inveniendi ludum novum. Quare nec considerat aut determinat circa ipsum quicquam. Hae virtutes sunt vivae rationis, quae anima dicitur. Et sunt vivae, quia sine motu vivae rationis non possunt esse.

In illa enim cogitatione motum spiritus rationalis quisque apprehendit, qui advertit cogitare esse quoddam discurrere sic et considerare atque determinare, in quo opere corpus nihil praestat adiutorii. Ideo quantum potest se retrahit anima a corpore, ut melius cogitet, consideret, et determinet. Nam penitus vult esse in sua libertate, ut libere operetur. Haec autem vis libera, quam animam rationalem dicimus, tanto est fortior, quanto a corporalibus contractionibus absolutior. Non igitur plus vivit anima in corpore quam extra, nec dissolvitur dissolutione harmoniae seu tem-

---

[1] Jh. 11, 25.

nen ist, und vor allem, wenn sie durch Lehre und Studium geübt wird. Sie ist nämlich beim Kind, was den Gebrauch des Verstan-anbelangt, noch ungebildet und der Natur unterworfen, auf daß es ein starker und vollkommener Mensch werde. Und ihre Ungeformtheit wird mit Hilfe der Wissenschaft und der Übung zur Vollendung gebracht. Man kann aber auch sagen, daß sich die Seele in doppelter Weise bewegt: einmal, wenn sie sich zum Grund der Körperbewegung macht — was sie auch im Schlaf tut —, dann, wenn sie sich zum Gleichnis und zur Ähnlichkeit der Dinge macht, was sie außerhalb des Körpers tut. Das Leben scheint ein Sichbewegen zu sein. Daher lebt die Seele, weil sie sich aus sich bewegt, wahrhaftiger als der Mensch, der von der Seele bewegt wird.

I: Daher meine ich, daß Gott wahrhaftiger lebt als die Seele.

C: Ganz richtig; nicht daß Gott sich bewegt oder zum Gleichnis der Dinge macht; das tut die Seele; auch wenn in ihm alles in einer gewissen Einfachheit ist; sondern deshalb, weil er selbst das wahre Sein der Dinge und das Leben alles Lebens ist. So sagt er nämlich: ich bin die Auferstehung und das Leben.

I: Sehr gut gefällt mir, was du oben über die Erfindung des Neuen in Erinnerung gebracht hast. In diesem Tun nämlich erkennt man deutlich, daß die Seeles sich selbst bewegt. Ich möchte, daß du dies auf das Spiel anwendest.

C: Ich hatte im Sinn, ein Weisheitsspiel zu erfinden. Ich bedachte, wie dies geschehen müsse. Danach legte ich fest, daß es so zu machen sei, wie du siehst. Besinnung, Überlegung und Bestimmung sind Kräfte unserer Seele. Kein Tier hat die überlegende Absicht, ein neues Spiel zu finden. Darum bedenkt oder bestimmt es auch nichts in bezug darauf. Diese Kräfte sind dem lebendigen Wesenssinn eigen, der Seele genannt wird. Und sie sind lebendig, weil sie ohne die Bewegung des lebendigen Wesenssinnes nicht sein können.

Bei einer solchen Überlegung nämlich begreift jeder die Bewegung des vernünftigen Geistes, der darauf achtet, daß Überlegen, ebenso auch Durchdenken und Bestimmen, eine Art Hin- und Herlaufen ist, bei dem der Körper keine Hilfe leistet. Folglich zieht sich die Seele, soweit sie kann, vom Körper zurück, damit sie besser überlegt, sinnt und beschließt. Denn sie will ganz in ihrer Freiheit sein, um frei zu handeln. Diese freie Kraft aber, die wir vernünftige Seele nennen, ist um so stärker, je mehr sie von den körperlichen Verschränkungen befreit ist. Die Seele lebt

peramenti corporis, cum ipsa non dependeat a temperamento, sicut sanitas corporis, sed e converso, ipsa temperatio dependet ab anima, qua non existente non est temperatio. Anima est vita, quia ratio, quae vivus motus est. Dum igitur cogito, considero et determino quid aliud fit quam quod rationalis spiritus, qui est vis cogitativa, considerativa et determinativa se ipsum movet?

Et dum quaero determinationem animae, quid sit anima, nonne cogito et considero? Et in hoc reperio animam movere se ipsam motu circulari, quia supra se ipsum ille motus revertitur. Quando enim cogito de cogitatione, motus est circularis et se ipsum movens. Et hinc motus animae, qui vita est, perpetuus est, quia circularis supra se ipsum reflexus.

I: Capio sane, quae dicis et gratissimum est audisse tres illas virtutes animae intellectivae, quarum una non est alia, quia prima cogitatio, deinde consideratio, ultima determinatio. Cogitatio generat considerationem et determinatio procedit ab illis. Et non sunt nisi unus vivus motus se ipsum perfecte movens. Et in hoc video animam intellectivam unitrinam virtutem de necessitate, si debet perfecte vivere seu moveri.

C: Adde adhuc ipsam esse perfectiorem, quia magis in ipsa vis illa infinita et perfectissima, quae Deus est, relucet. Ideo sicut Deus aeternus, ita ipsa perpetua. In perpetuo enim aeternitas melius relucet quam in temporali.

I: Volo haec, quae praecipis libertissime addere, nec adhuc unum dimittere mihi gratissimum.

C: Quid hoc?

I: Si ad perfectionem spiritus nostri necessario requiritur, quod sit unitrinus ut optime declarasti profecto ignorantes reputandi sunt, qui spiritum perfectissimum, qui Deus est, negant unitrinum.

also im Körper nicht mehr als außerhalb des Körpers, noch wird sie aufgelöst durch die Auflösung der Harmonie oder der Gestimmtheit des Körpers; denn sie selbst hängt nicht wie die Gesundheit des Körpers davon ab, sondern umgekehrt; die Stimmung hängt von der Seele ab. Wenn diese nicht existiert, gibt es keine Gestimmtheit. Die Seele ist Leben, weil sie Wesenssinn ist, der lebendige Bewegung ist. Wenn ich also überlege, sinne und bestimme, was geschieht dann anderes, als daß der vernünftige Geist, der die überlegende, sinnende und bestimmende Kraft ist, sich selbst bewegt?

Und wenn ich nach der Bestimmung der Seele frage, was die Seele sei, besinne ich mich und überlege ich dann nicht? Und darin finde ich, daß die Seele sich selbst in kreisförmiger Bewegung bewegt, da jene Bewegung über sich selbst zurückkehrt. Denn wenn ich mich über die Besinnung besinne, ist die Bewegung kreisförmig und sich sebst bewegend. Und daher ist die Bewegung der Seele, die Leben ist, dauernd, weil sie kreisförmig über sich selbst zurückgewendet ist.

I: Ich begreife wohl, was du sagst, und es ist mir sehr angenehm, von diesen drei Kräften der vernunfthaften Seele, von denen die eine nicht die andere ist, weil zuerst die Besinnung, dann die Überlegung und zuletzt die Bestimmung kommt, gehört zu haben. Die Besinnung zeugt die Überlegung und die Bestimmung geht aus jenen beiden hervor. Und sie sind nur eine einzige lebendige Bewegung, die sich selbst vollkommen bewegt. Und darin siehst du, daß die verstehende und einsehende Kraft notwendig dreieinig ist, wenn sie vollkommen leben oder sich bewegen soll.

C: Füge noch hinzu, daß sie um so vollkommener ist, weil in ihr jene unendliche und vollkommenste Kraft, die Gott ist, in größerem Maße widerstrahlt. Denn so wie Gott ewig, ist sie immerwährend. Im Immerwährenden nämlich strahlt die Ewigkeit stärker zurück als im Zeitlichen.

I: Ich will diese Belehrung sehr gerne hinzufügen, dabei aber eines nicht übergehen, das mir sehr lieb ist.

C: Was ist das?

I: Wenn es zur Vollkommenheit unseres Geistes ein notwendiges Erfordernis ist, daß er dreieinig sei, wie du es auf das beste erklärt hast, dann sind wahrlich jene zu den Unwissenden zu rechnen, die leugnen, daß der vollkommenste Geist, Gott, dreieinig sei.

C: Utique signum est ignorantiae de Deo non affirmare id, quod simplicitatis et perfectionis est. Unitas autem quanto magis uniens, tanto simplicior et perfectior. Hinc unitrina perfectior, quae sic est una, quod etiam in tribus personis, quarum quae libet est una, ipsa est una. Et non esset alias perfectissima unitas. Careret enim natura et iis, quae ad eius perfectissimam essentiam sunt necessaria. Sed haec altiora sunt iis, quae nunc inquirimus.

I: Caute videris dixisse, hanc cogitationem ludi et considerationem atque determinationem non esse in brutis, non negans etiam bruta in nidificatione, venationibus et aliis, quae experimur, cogitare, considerare et determinare. Quomodo igitur ostendes illa non esse rationabilia?

C: Quia carent libera virtute, quae in nobis est. Nam cum ego hunc ludum invenirem, cogitavi, consideravi et determinavi, quae alius nec cogitavit, nec consideravit, nec determinavit; quia quisque hominum liber est cogitare quaecumque voluerit; similiter considerare atque determinare. Quare non omnes idem cogitant, quando quisque habet liberum proprium spiritum. Bestiae vero non sic. Ideo impelluntur ad ea, quae agunt per naturam et eiusdem speciei similes faciunt venationes et nidos.

I: Non sine ratione haec fiunt.

C: Natura movetur intelligentia[1]. Sed sicut conditor legis motus ratione legem sic ordinavit, quae movet subditos non ratio legis, quae est eis incognita, sed imperium superioris, quod necessitat, ita brutum movetur imperio naturae necessitante ipsum, non inductione rationis, quam ignorat. Ideo in uno motu specifico videmus omnia eiusdem speciei tamquam ex indita lege naturae compelli et moveri. Hac coactione non stringitur spiritus noster regius et imperialis. Alias nihil inveniret, sed solum impulsum naturae exequeretur.

I: Cum videam araneas unam legem in telis et venatione servare et hirundines in nidificatione et innumera talia, bene com-

[1] Vgl. De ven. sap. I, Schriften, Bd. I, p. 8.

C: Es ist gewiß ein Zeichen der Unwissenheit, von Gott nicht das zu bejahen, was der Einfachheit und Vollkommenheit zukommt. Je mehr die Einheit eint, um so einfacher und vollkommener ist sie. Daher ist die dreieine Einheit, die so eine ist, daß sie auch in drei Personen, von denen jede eine ist, selbst eine ist, vollkommener. Andernfalls wäre sie nicht die vollkommenste Einheit. Sie würde nämlich der Natur und dessen, was zu ihrer vollkommensten Wesenheit notwendig ist, entbehren. Doch ist dies tiefer als die Frage, die wir jetzt erforschen.

I: Mit Vorsicht scheinst du gesagt zu haben, daß diese Besinnung auf ein Spiel und die Überlegung und Bestimmung bei den Tieren nicht vorhanden sei. Du leugnetest aber nicht, daß die Tiere beim Nestbau, beim Jagen und dem übrigen, was wir an ihnen erfahren, sich besinnen, überlegen und bestimmen. Wie also zeigst du, daß diese nicht verständig sind?

C: Weil sie der freien Kraft, die in uns ist, entbehren. Denn da ich dieses Spiel erfinden wollte, besann ich mich, überlegte und beschloß das, was ein anderer weder besonnen noch bedacht noch bestimmt hatte, weil jeder Mensch frei ist, sich auf das zu besinnen, was immer er möchte; ähnlich ist er auch frei, zu überlegen und zu beschließen. Daher sinnen nicht alle über dasselbe nach, weil jeder seinen ihm eigenen freien Geist hat. Bei den Tieren aber ist es nicht so. Sie werden darum zu dem getrieben, was sie von Natur aus tun, und sie machen ähnliche Jagden und Nestbauten, sofern sie derselben Art angehören.

I: Sie tun dies aber nicht ohne Verstand?

C: Die Natur bewegt sich durch Vernunfteinsicht. Wie jedoch der Gesetzgeber in vernünftiger Bewegung das Gesetz so einrichtete, daß nicht der Wesenssinn des Gesetzes, der den Untertanen unbekannt ist, diese bewegt, sondern der Befehl der Oberen, der sie nötigt, so bewegt sich auch das Tier auf Grund des nötigenden Naturbefehls und nicht durch Einfluß des Wesenssinnes, den es nicht kennt. So sehen wir, daß in einer einzigen eigengestaltlichen Bewegung alle, die derselben Eigengestalt angehören, gleichsam auf Grund eines eingegebenen Naturgesetzes gezwungen und bewegt werden. Durch keinen solchen Zwang wird unser königlicher und herrscherlicher Geist in Zaum gehalten. Ansonsten würde er nichts erfinden, sondern nur den Anstoß der Natur ausführen.

I: Wenn ich sehe, daß die Spinnen dasselbe Gesetz beim Gespinst und der Jagd befolgen und ebenso die Schwalben beim Nest-

prehendo uno motu singula moveri eiusdem speciei. Et hunc esse impulsivum. Contentor igitur.

C: Quando advertis in nobis aliqua naturaliter cogitari, considerari et determinari, quae nostra animalitas deposcit et alia, quae sine corpore, spiritui tamen conveniunt, ut illa praedicta experimentaliter cognoscis in primis nos [non][1] libere moveri, sed ex necessitate naturae sensibilis et corporeae. Sed in aliis libere, cum liber se ipsum moveat. Natura vero spiritui nostro nullam umquam necessitatem imponere potest, sed bene spiritus naturae, ut patet in bono, in abstinentiis et castitate et in malo, quando contra naturam peccamus et desperati in se ipsos manus iniiciunt et se interimunt.

I: Unum restat, quod clarius cuperem intelligere, quomodo se habeat differenter vis sensitiva et vegatitiva in homine et brutis. Unam enim dixisti esse substantiam, quam animam appellamus et ipsam esse virtutem multarum virtutum scilicet vegetativae et quae in vegetativa complicantur et sensitivae et quae in sensitiva continentur atque etiam intellectivae et quae ipsius sunt.

Certum est autem hanc substantiam secundum virtutem intellectivam non requirere corpus. Ideo tota substantia animae cum non dependeat a corpore est per se stans sine corpore, licet alias virtutes scilicet sensitivam et vegetativam non exerceat nisi in corpore. Non est igitur minoris virtutis extra corpus quam in corpore, licet esset exercitatio virtutum corpus requirentium. Sed cum anima bruti sit substantia et virtus corpus requirens, quia sine corpore nihil habet exercitii, videtur quod deficiente corpore deficiat. Atque cum sit substantia, quae in homine est intellectualis et virtus indeficiens videtur numquam deficere. Substantia enim essentia est, quae non est corruptibilis secundum Dionysium[2] et potest esse perpetua, quoniam in anima hominis perpetua est.

---

[1] Cod. Kr.; Cod. Cus.: tamen.
[2] Dionysius, a. a. O. De divinis nom. IV, p. 230ff.

bau usw., dann begreife ich wohl, daß die einzelnen Tiere derselben Art durch eine einzige Bewegung bewegt werden und daß diese triebhaft ist. Ich bin also zufrieden.

C: Wenn du darauf achtest, dann merkst du, daß es in uns manches gibt, das in natürlicher Art bedacht, überlegt und bestimmt wird: das, was unsere Tierhaftigkeit fordert; und anderes, das nicht dem Körper, sondern dem Geist zukommt, wie es jene vorerwähnten Dinge sind. Dann erkennst du durch Erfahrung in diesem, daß wir uns nicht frei bewegen, wenn auch auf Grund der Notwendigkeit der sinnlichen und körperlichen Natur. Im andern jedoch sind wir frei, da der freie Geist sich selbst bewegt. Die Natur jedoch kann unserem Geist niemals eine Notwendigkeit auferlegen, wohl aber der Geist der Natur, wie es sich in dem Guten, der Enthaltung, der Keuschheit und dem Übel, wenn wir gegen die Natur sündigen und wenn Verzweifelte Hand an sich selbst legen und sich vernichten, offenbart.

I: Eines möchte ich noch deutlicher einsehen: in welcher Art sich sinnliche und belebende Kraft beim Menschen und bei den Tieren verschieden verhält. Du hast nämlich gesagt, daß der Grundbestand, den wir Seele nennen, ein einziger sei und daß diese die Kraft vieler Kräfte sei; nämlich: der belebenden und dessen, was in ihr eingeschlossen ist; der sinnlichen und dessen was in ihr enthalten ist; und auch der einsichtigen und dessen, was ihr eigen ist.

Es ist aber gewiß, daß dieser Grundbestand hinsichtlich der vernunfthaft-einsichtigen Kraft den Körper nicht erfordert. Also ist der ganze Grundbestand der Seele, da er nicht vom Körper abhängt, durch sich ohne Körper bestehend, wiewohl er auch die übrigen Kräfte, d. h. die sinnliche und belebende, nicht ohne den Körper ausübt. Er ist außerhalb des Körpers nicht von geringerer Wirkmächtigkeit als im Körper, auch wenn die Ausübung der Kräfte, die den Körper fordern, aufhört. Da jedoch die Seele des Tieres ein Grundbestand und eine Kraft ist, die den Körper fordert, weil sie ohne ihn nichts ausführen kann, erkennt man, daß sie schwindet, wenn der Körper verschwindet. Und da sie im Menschen vernunfthaft-einsichtiger Grundbestand und unverlierbare Kraft ist, erkennt man, daß sie niemals vergeht. Der Grundbestand ist nämlich eine Wesenheit, die nach Dionysius nicht auflösbar ist und ständig sein kann. Daher ist er in der Seele des Menschen immerwährend.

C: Subtiliter movens differentiam exquireris sensitivae et vegativae in homine et brutis. Et primum advertendum puto, quod virtutes illae scilicet vegetativa, sensitiva et imaginativa, sunt in virtute intellectiva hominis sicut trigonus in tetragono, ut bene dicebat Aristoteles[1]. Sed trigonus in tetragono non habet suam trigoni formam sed tetragoni. In brutis vero habet trigonus trigoni formam. Alterius igitur naturae est trigonus, alterius tetragonus. Sic et virtutes vegativae, sensitivae et imaginativae, quae trigonum illum, quae anima bruti dicitur constituunt, sunt imperfectioris naturae quam in homine, ubi cum virtute intellectuali nobilissima et perfectissima tetragonum illum, qui anima hominis dicitur, constituunt. Inferiora enim in superioribus sunt secundum naturam superioris, ut vivere nobilius est in sensitiva quam vegetativa, et adhuc nobilius in intellectiva; sed nobilissime in divina natura, quae est vita viventium.

Non mirum igitur, si vires illae in trigono non sunt naturae virium illarum in tetragono, ubi in substantialem identitatem, cum incorruptibili virtute intellectiva perveniunt. Sicut enim vegetativa, sensitiva, imaginativa et intellectiva in divina natura, quae est ipsa aeterna aeternitas, sunt aeterna, ita vegetativa, sensitiva et imaginativa in intellectuali natura, quae est perpetua, sunt perpetua. Et licet illa in bruto non sint perpetua perpetuitate naturae intellectualis, non tamen puto aliquid de illis in substantia ex corporis varietate variari. Sicut enim in homine dum manus eius arescit substantia animae vegetativae et sensitivae non arescit, sed manet semper, quia virtus animae hominis incorruptibilis licet desinat vegetatio et sensatio manus, sic forte per mortem bruti et arefactionem arboris non perit substantia illa, quae dicitur anima sensitiva aut vegetativa, licet non exerceat operationem ut ante.

I: Quomodo igitur manet?

C: Non possumus negare hominem dici microcosmum, hoc est parvum mundum qui habet animam. Sic et magnum mundum animam habere [ferunt], quam naturam quidam dicunt, alii

[1] Arist. De anima II, 3, p. 414 b.

C: Scharfsinnig arbeitest du den Unterschied von sinnlicher und belebender Kraft bei Mensch und Tier heraus. Ich halte dafür, daß man zunächst beachten muß, daß jene Grundkräfte, d. h. die belebende, sinnliche und einbildendvorstellende, in der einsichtig-geistigen Kraft des Menschen so enthalten sind wie das Dreieck im Viereck, wie es Aristoteles trefflich sagte. Das Dreieck jedoch hat im Viereck nicht seine Dreiecksgestalt, sondern die des Vierecks. In den Tieren also hat das Dreieck Dreiecksgestalt. Nun ist aber das Dreieck von anderer Natur als das Viereck. So sind auch jene belebenden, sinnlichen und einbildenden Kräfte, die jenes Dreieck, das die Seele des Tieres genannt wird, begründen und bilden von unvollkommenerer Natur als im Menschen; dort, wo sie mit der einsichtig-geistigen, vornehmsten und vollkommensten Kraft jenes Viereck bilden, das Seele des Menschen genannt wird. Das Niedere nämlich ist im Höheren nach der Natur des Höheren. Darum ist das Leben edler in der sinnlichen Natur als in der belebenden und noch edler in der einsichtig-geistigen, am edelsten jedoch in der göttlichen Natur, die das Leben der Lebenden ist.

Kein Wunder also, wenn jene Grundkräfte im Dreieck nicht von der Natur jener im Viereck sind, wo sie zu grundbestandlicher Selbigkeit mit der unauflösbaren einsichtig-geistigen Grundkraft gelangen. Wie nämlich das Belebende, Sinnliche, Einbildende und Geistige in der göttlichen Natur, die die ewige Ewigkeit selbst ist, ewig ist, so ist das Belebende, Sinnliche und Einbildende auch in der einsichtig-geistigen Natur, die dauernd ist dauernd. Und wenn sie auch beim Tier nicht immerwährend nach der Dauerhaftigkeit der einsichtig-geistigen Natur sind, so glaube ich dennoch nicht, daß eine von diesen Kräften auf Grund der Veränderlichkeit des Körpers im Grundbestand sich verändert. Wie nämlich im Menschen der Grundbestand der belebenden und sinnlichen Seele nicht verdorrt, wenn seine Hand verdorrt, vielmehr immer bleibt, weil die Kraft der Menschenseele unauflöslich ist, auch wenn die Belebung und das Empfinden der Hand vergeht, so geht vielleicht auch durch den Tod des Tieres und das Verdorren des Baumes jener Grundbestand, der sinnliche oder belebende Seele genannt wird, nicht zugrunde, auch wenn er seine Tätigkeit nicht mehr wie zuvor ausübt.

I: Auf welche Weise also bleibt er bestehen?

C: Wir können nicht leugnen, daß der Mensch Mikrokosmos, d. h. kleine Welt, genannt wird, die eine Seele besitzt. So sagt man auch, daß die große Welt eine Seele habe. Diese nennen einige

spiritum universorum, qui omnia intus alit, unit, connectit, fovet et movet[1]. Vis enim illa mundi, quae se ipsam et omnia movet, de qua diximus, est perpetua, quia motus rotundus et circularis omnem in se habens motum, sicut circularis figura omnem figuram in se complicat. Dicitur etiam haec anima necessitas complexionis a plerisque. Ab aliis [autem] fatum [appellatur] in substantia, omnia ordinate explicans. Ad quam se habet totus corporalis mundus sicut corpus hominis [se habet] ad animam. Illa est sensitiva anima in sensitivis, vegetativa in vegetativis [et] elementativa in elementis, quae si desinit vegetare arborem aliquam aut vivificare brutum non tamen propterea desinit esse, ut de anima hominis dictum est.

I: Non ergo est alia anima unius bruti aut arboris et alia alterius?

C: Hoc secundum substantiam hac via concedi oportet, quoniam non est nisi una omnium anima; sed per accidens omnes differunt; sicut [enim] vis visiva in homine secundum substantiam non differt a virtute auditiva, quia una est anima, quae est vis visiva et auditiva. Per accidens autem differunt, quia accidit virtuti visivae esse in oculo et non in aure et in uno oculo magis apto quam in alio ad operationem suam exequendam.

I: Secundum hanc opinionem concedi potest, quod triplex est mundus: parvus, qui homo, maximus, qui est Deus, magnus, qui universum dicitur. Parvus est similitudo magni, magnus similitudo maximi. Sed dubito, cum homo sit mundus parvus, si etiam sit pars mundi magni.

C: Utique homo sic est mundus parvus, quod et pars magni. In omnibus autem partibus relucet totum, cum pars sit pars totius, sicut totus homo relucet in manu ad totum proportionata. Sed tamen in capite perfectiori modo tota perfectio hominis relucet. Sic universum in qualibet eius parte relucet. Omnia enim ad universum suam tenent habitudinem et proportionem. Plus tamen relucet in ea parte, quae homo dicitur, quam in alia quacumque. Perfectio igitur totalitatis universi, quia plus relucet in homine, ideo et homo est perfectus mundus, licet parvus et pars mundi

[1] Hierzu und zum folgenden vgl. De docta ign. II, 9, Schriften, Bd. I, p. 370ff.

Natur, andere Gesamtgeist, der alles von innen nährt, eint, verknüpft, wärmt und bewegt. Jene Kraft der Welt nämlich, die sich selbst und alles bewegt, von der wir gesprochen haben, ist immerwährend, weil sie eine runde und kreisförmige Bewegung ist, die alle Bewegung in sich enthält, so wie die Kreisgestalt jede Gestalt in sich einschließt. Diese Seele wird von vielen auch Notwendigkeit der Beschaffenheit genannt. Von anderen aber wird sie als Schicksal im Grundbestand bezeichnet, das alles geordnet entfaltet. Zu ihr verhält sich die ganze körperliche Welt wie der Menschenkörper zur Seele. Sie ist sinnliche Seele im Sinnlichen, belebende Seele im Belebten und elementare Seele in den Elementen. Wenn sie aufhört, den Baum zu beleben oder dem Tier das Leben zu geben, dann hört sie dennoch nicht auf zu sein, so wie es von der Seele des Menschen gesagt worden ist.

I: Dann ist also die Seele des einen Tieres oder Baumes keine andere als die des anderen?

C: In bezug auf den Grundbestand müssen wir dies in diesem Gedankengang zugestehen, da es nur eine Seele von allem gibt. In dem, was hinzukommt, unterscheiden sie sich jedoch alle. So unterscheidet sich im Menschen die Sehkraft hinsichtlich des Grundbestandes nicht von der Hörkraft, denn die Seele, die Seh- und Hörkraft ist, ist eine einzige. Durch das Hinzukommende jedoch unterscheiden sie sich, da es der Sehkraft zukommt, im Auge und nicht im Ohr zu sein; und auch in dem einen Auge, das zur Ausübung ihrer Tätigkeit besser geeignet ist, mehr als in einem anderen.

I: Nach dieser Meinung kann man zugeben, daß die Welt dreifach ist: Es ist die kleine Welt, die der Mensch ist, die größte, die Gott ist, und die große, die das Gesamt ist. Die kleine ist die Ähnlichkeit und das Gleichnis der großen, die große die der größten. Da der Mensch jedoch die kleine Welt ist, zweifle ich daran, ob er auch ein Teil der großen Welt sei.

C: Der Mensch ist durchaus so die kleine Welt, daß er auch Teil der großen ist. In jedem Teil scheint ja das Ganze wider, denn der Teil ist Teil des Ganzen, wie auch der ganze Mensch in der Hand, die auf das Ganze bezogen ist, widerstrahlt. Dennoch leuchtet die Vollkommenheit des Menschen im Haupt in vollkommener Weise wider. So strahlt auch das Gesamt in jedem seiner Teile wider. Alles nämlich hat zum Gesamt sein Verhältnis und seinen Bezug. Mehr jedoch als in irgendeinem andern strahlt es in jenem Teil wider, der Mensch heißt. Weil also die Vollendung der Ganzheit des Gesamt im Menschen stärker wider-

magni. Unde, quae universum habet universaliter, habet et homo particulariter, proprie et discrete. Et quia non potest esse nisi unum universum et plura particularia et discreta esse possunt, ideo unius perfecti universi plures particulares et discreti homines speciem gestant et imaginem, ut stabilitas unitatis magni universi in tam varia pluralitate multorum parvorum fluidorum mundorum sibi invicem succedentium perfectius explicetur.

I: Si recte capio, tunc sicut universum est unum regnum magnum, sic et homo est regnum, sed parvum in regno magno, sicut regnum Bohemiae in regno Romanorum seu universali imperio.

C: Optime. Homo enim est regnum simile regno universi, fundatum in parte universi. Dum enim est embryo in utero matris nondum est regnum proprium, sed creata anima intellectuali, quae creando imponitur, regnum fit, regem habens proprium et homo dicitur. Recedente vero anima desinit esse homo et regnum. Corpus autem sicut ante adventum animae intellectivae fuit de universali regno magni mundi, ita et revertitur ad illud. Sicut Bohemia erat de imperio antequam haberet proprium regem, sic et manebit proprio rege sublato.

Homo igitur immediate suo proprio regi, qui in ipso regnat, subest, sed mediate subest tunc regno mundi. Quando autem nondum habet regem aut esse desinit immediate subest regno mundi. Quare vegetativam virtutem in embryone natura seu mundi anima exercet, sicut in aliis vitam vegetativam habentibus. Et etiam continuat hoc exercitium in nonnullis mortuis, quibus capilli et ungues crescunt. Et ea facit in illis, sicut in aliis corporibus proprio rege carentibus. Quomodo vero homo sit regnum proprium, liberum et nobile, alibi latius tractavi[1]. Et pulchra est speculatio, per quam homo se ipsum cognoscens, in suo regno licet parvo omnia abunde sine defectu reperiens, felicem se videns si velit, optime contentatur. Haec nunc ut tempus dedit tacta sint.

---

[1] Vgl. Cusanus, De quaer. Deum, Schr. II, p. 576ff u. a.

strahlt, ist auch der Mensch eine vollkommene Welt, wenn auch eine kleine und Teil der großen. Was daher das Gesamt in seiner Gesamtheit besitzt, das besitzt der Mensch in seiner Besonderheit eigentümlich und gesondert. Und weil es nur ein Gesamt geben kann, aber mehrere besondere und gesonderte Dinge, tragen auch mehrere besondere und gesonderte Menschen die Gestalt und das Bild des einen vollkommenen Gesamt, so daß die feste Einheit des großen Gesamt in der mannigfachen Vielheit vieler kleiner und fließender Welten, die einander folgen, in möglichster Vollkommenheit entfalten wird.

I: Wenn ich richtig verstehe, dann ist der Mensch ebenso wie das Gesamt, das ein großes Königreich ist, ein Königreich, jedoch ein kleines im großen, so wie es Böhmen im römischen, dem allgemeinen Kaiserreich ist.

C: Sehr gut. Der Mensch ist ein dem Gesamtreich ähnliches Königreich, das in einem Teil des Gesamt begründet ist. Wenn er noch ein Embryo im Mutterschoß ist, ist er noch kein eigenes Reich. Wenn aber die geistige Seele geschaffen und dabei in ihn eingesetzt wird, dann wird er ein Reich, das seinen eigenen König hat, und wird Mensch genannt. Wenn aber die Seele ihn verläßt, hört das Mensch-Sein und das Reich auf. Der Körper jedoch kehrt so, wie er vor der Ankunft der geistigen Seele dem allgemeinen Reich der großen Welt zugehörig war, zu diesem zurück. Wie nämlich Böhmen dem Imperium zugehörte, bevor es einen eigenen König hatte, so wird es dies auch bleiben, wenn der eigene König nicht mehr da ist.

Der Mensch also ist seinem eigenen König, der in ihm regiert, unmittelbar untertan, mittelbar indes dem Königreich der Welt. Solange er jedoch noch keinen König besitzt oder zu sein aufhört, ist er dem Königreich der Welt unmittelbar unterstellt. Daher übt die Natur oder Weltseele im Embryo die belebende Kraft aus, wie sie es auch in allem andern tut, das belebendes Leben besitzt. Sie setzt diese Wirkung auch in manchen Toten fort, denen die Haare und Nägel wachsen. Und sie tut es in diesen so, wie sie es in den anderen Körpern tut, die des eigenen Königs entbehren. Auf welche Weise aber der Mensch ein eigenes, freies und edles Königreich ist, habe ich andernorts weiter ausgeführt. Und es ist eine schöne Betrachtung, durch die der Mensch, sich selbst erkennend und in seinem, wenn auch kleinen Königreich alles im Überfluß ohne Makel findend, wenn er nur will, sich glücklich sieht und aufs beste zufrieden ist. Dies haben wir nun, soweit die Zeit reicht, berührt.

I: Non prigriteris istis pulcherrime dictis adicere, quomodo maximus mundus, qui Deus est, in universali relucet.

C: Alta petis, nescio si sufficiam. Iuvabo me tamen ex globo quantum potero. Nam globus visibilis est invisibilis globi, qui in mente artificis fuit, imago. Attende igitur adesto mentem in se fingendi virtutem habere. In se ipsa enim mens concipiendi liberam habens facultatem artem repperit pandendi conceptum, quae nunc fingendi vocetur magisterium. Quam artem habent figuli, statuarii, pictores, tornatores, fabri, textores et [tales] similes artifices. Esto igitur quod [ipse] figulus velit ollas, patellas, urceos et quaeque talia, quae mente concipit exprimere et visibiliter ostendere ad finem, ut cognoscatur magister: primum studet possibilitatem inducere seu materiam aptam facere ad capiendam formam artis, qua habita videt sine motu non posse hanc possibilitatem in actum deducere, ut habeat formam, quam mente concepit. Et rotam facit, cuius motu educat de possibilitate materiae formam praeconceptam.

Et quia una materia est aptior alia nulla possibilitas perfectissima esse potest. Ideo in nulla materia immaterialis et mentalis forma potest veraciter fingi uti est. Sed similitudo et imago manebit omnis visibilis forma verae et invisibilis formae, quae in mente mens ipsa existit. Sic igitur in mente tornatoris globus iste mens ipsa existens, dum mens se in ea forma, quam concepit et cui conceptui se assimilavit visibilem facere vellet, adaptavit materiam scilicet lignum, ut illius formae capax esset. Deinde tornatili motu formam in ligno introduxit.

Fuit igitur globus in mente et ibi globus archetypus mens est. Fuit in rudi ligno possibiliter et ibi fuit materia. Fuit in motu dum de potentia ad actum deduceretur et ibi fuit motus. Et producta est possibilitas eius ad actum, ut sit actu per determinationem et definitionem possibilitatis, quae actu est sic determinata, ut sit visibilis globus. Habes igitur ex hac similitudine humanae artis, quomodo artem divinam creativam ali-

I: Laß es dich nicht verdrießen, zu dem, was du so schön dargelegt hast, hinzuzufügen, wie die größte Welt, die Gott ist, in der allgemeinen widerstrahlt.

C: Du erbittest Hohes und ich weiß nicht, ob ich genügen kann. Ich werde mir indes am Beispiel der Kugel helfen, soweit ich kann. Die sichtbare Kugel ist ein Bild der unsichtbaren, die im Geist des Künstlers war. Beachte also aufmerksam, daß der Geist in sich die Kraft des Bildens hat. Der Geist nämlich, der in sich selbst die freie Fähigkeit besitzt, Grundgedanken zu fassen, hat in sich die Kunst gefunden, die Grundgedanken auszubreiten. Diese Kunst heiße nun Meisterschaft des Bildens. Sie ist den Töpfern, den Bildhauern, den Malern, den Drehern, den Schmieden, Webern und ähnlichen Künstlern eigen. Angenommen, jeder Töpfer möchte die Töpfe, Schalen, Krüge usw., die er im Geiste konzipiert, ausdrücken und sichtbar zeigen, daß er als Meister erkannt werde: zunächst bemüht er sich, die Möglichkeit herbeizuführen bzw. den Stoff zur Aufnahme der künstlerischen Form geeignet zu machen. Auf Grund dieser Verhältnisse erkennt er, daß er diese Möglichkeit nicht ohne Bewegung in die Wirklichkeit führen kann, auf daß sie die Gestalt besitzt, die er im Geiste konzipierte. Und er macht eine Drehscheibe, um mit deren Bewegung die vorgefaßte Gestalt aus der Möglichkeit des Stoffes herauszuführen.

Und weil ein Stoff geeigneter ist als der andere, kann keine die vollkommenste Möglichkeit sein. Also kann die unstoffliche und geistige Gestalt in keinem Stoff wahrhaft, wie sie ist, gebildet werden. Vielmehr wird jede sichtbare Gestalt Ähnlichkeit und Bild der wahren unsichtbaren bleiben, die im Geist als der Geist selbst existiert. So existiert also jene Kugel im Geist des Drechslers als der Geist selbst. Weil nun der Geist sich in jener Gestalt, die er entworfen und deren Entwurf er sich angepaßt hatte, sichtbar machen wollte, machte er die Materie, d. h. das Holz fähig, jene Gestalt aufzunehmen. Dann führte er durch drechselnde Bewegung die Gestalt ins Holz ein.

Es war also die Kugel im Geist. Dort ist die Kugel in ihrer Urgestalt der Geist. Sie war im unbearbeiteten Holz der Möglichkeit nach und war dort Stoff. Sie war in der Bewegung, während sie aus der Möglichkeit in die Wirklichkeit geführt wurde, und war dort Bewegung. Und ihre Möglichkeit ist zur Wirklichkeit hervorgeführt worden, daß sie durch Bestimmung und Begrenzung der Möglichkeit wirklich sei; und diese ist tat-

qualiter conicere poteris, licet inter creare Dei et facere hominis tantum intersit, sicut inter creatorem et creaturam.

Mens igitur divina mundum in se concipiens, qui conceptus est mens ipsa aequalis conceptui, mundus dicitur archetypus. Voluit autem Deus pulchritudinem conceptus sui manifestare et visibilem facere. Creavit possibilitatem seu posse fieri mundum pulchrum et motum per quem de possibilitate duceretur, ut fieret hic mundus visibilis, in quo possibilitas essendi mundum est sic ut Deus voluit et fieri potuit actu determinata.

I: Intelligisne per posse fieri possibilitatem seu materiam aliquid de quo factus est mundus, ut de ligno globus?

C: Nequaquam. Sed quod mundus de modo, qui possibilitas seu posse fieri aut materia dicitur, ad modum, qui actu esse dicitur, transivit. Nihil enim fit actu, quod fieri non potuit. Impossibile enim fieri quomodo fieret? Materia vero, si aliquid actu esset, utique ipsa aeternitas esset aut aeternitatis factura. Non potest dici quod sit aeternitas, quia aeternitas Deus est, qui est omne id, quod esse potest; sic non est materia, quae est possibilitas seu fieri posse sive variabilitas; nec aeternitatis factura, nam si facta esset, fieri potuisset. Tunc fieri posse scilicet materia de materia facta esset; et sic de ipsa, quod est impossibile. Non est igitur aliquid actu materia. Sed res, quae fit, dicitur ex materia fieri, quia fieri potuit. Non enim foret mens divina omnipotens, si non nisi de aliquo aliquid facere posset, quod mens creata nequaquam omnipotens quotidie facit.

I: Non negas posse fieri licet non sit aliquid esse posse fieri aliquid. Non est igitur penitus nihil, cum de nihilo nihil fiat. Et cum non sit Deus, nec aliquid actu nec de aliquo nec nihil, ideo

sächlich so bestimmt, daß sie sichtbare Kugel ist. Aus diesem Gleichnis der menschlichen Kunst gewinnt man also ein Mittel, mit dessen Hilfe man irgendwie die göttliche Schöpferkunst mutmaßen kann, wenngleich zwischen dem Schaffen Gottes und dem Machen des Menschen ein so großer Abstand ist wie zwischen Schöpfer und Geschöpf.

Der göttliche Geist also, der die Welt, jenen Grundbegriff, welcher der dem Grundbegriff gleiche Geist ist, in sich konzipierte, wird urgestaltliche Welt genannt. Gott wollte aber die Schönheit seines Gedankens offenbaren und sichtbar machen. Er schuf nämlich die Möglichkeit oder das Schöne-Welt-Werden-Können und die Bewegung, durch die sie von der Möglichkeit dahin geleitet wurde, daß diese sichtbare Welt entstand; in ihr ist die Möglichkeit des Welt-Seins als Wirklichkeit bestimmt, so wie Gott es wollte und sie werden konnte.

I: Verstehst du unter Werden-Können der Möglichkeit oder des Stoffes etwas, aus dem die Welt so gemacht wurde wie die Kugel aus Holz?

C: Keineswegs. Ich verstehe vielmehr darunter, daß die Welt aus der Weise, die Möglichkeit oder Werden-Können oder Stoff genannt wird, zu jener, die Tatsächlich-Sein genannt wird, überging. Denn nichts wird tatsächlich, das nicht werden konnte. Wie sollte das werden, was unmöglich werden kann? Die Materie aber wäre, wenn sie als Wirklichkeit etwas wäre, durchaus die Ewigkeit selbst oder Ewigkeitswerk. Es kann nicht gesagt werden, daß sie die Ewigkeit sei, denn diese ist Gott, der alles das ist, was sein kann. So ist sie nicht der Stoff, der Möglichkeit oder Werden-Können oder Veränderlichkeit ist. Es kann auch nicht gesagt werden, sie sei Ewigkeitswerk. Denn wenn sie gemacht worden wäre, hätte sie werden können. Dann wäre das Werden-Können, d. h. die Materie, von der Materie gemacht worden, also von sich selbst, und das ist unmöglich. Etwas Tatsächliches und Wirkliches ist also die Materie nicht. Vom Ding, das wird, sagt man vielmehr, es werde aus der Materie, weil es werden konnte. Der göttliche Geist wäre nämlich nicht allmächtig, wenn er nur aus etwas etwas machen könnte, wie es der geschaffene Geist, der keineswegs allmächtig ist, tagtäglich macht.

I: Du leugnest nicht, daß das Werden-Können, auch wenn es nicht irgendein Sein ist, etwas werden kann. Es ist also nicht völlig nichts, da aus dem Nichts nichts wird. Und da es nicht

quicquid est, de nihilo est. Non ex se ipsa, cum se de nihilo creare nequeat. Dei igitur creatura videtur.

C: Optime concludis. Hoc enim sic concedi debere viva ratio necessitat, licet quomodo hoc concipi possit non reperiat. Sicut enim conceptus de Deo omnem excellit conceptum, sic de materia omnem fugit conceptum.

I: Latent ne formae in materia ut globus latuit in ligno?

C: Nequaquam. Nam dum tornator globum facit abscindendo partes ligni usque quo perveniat ad formam globi, possibilitas, quam vidit tornator in ligno, quando se conformat cum globo mentis, transivit de possibili modo essendi ad actu esse. Cuius causa materialis est lignum et efficiens artifex et formalis exemplar in mente artificis et finalis ipse artifex, qui propter se ipsum operatus est. Tres igitur causae concurrunt in artifice et quarta est materialis.

Ita Deus est tricausalis, efficiens, formalis et finalis omnis creaturae et ipsius materiae, quae causat aliquid, cum non sit aliquid. Sed sine ipsa id, quod fit, fieri non posset. Nam cum id, quod est in mente Dei sit Deus, qui est aeternitas, utique id fieri non potest, neque fit aliquid, quod non est in mente et conceptu Dei. Oportet igitur, quod veritas omnis rei, quae fit, non sit nisi exemplar eius, quae mens Dei est. Ideo quod fit, erit imago exemplaris formae, nam imaginis veritas non est imago, sed exemplar. Si igitur non est veritas, sed eius imago, tunc necesse est id, quod fit, cum descendat a stabili aeternitate in variabili subiecto recipi, ubi non recipitur uti est in aeternitate, sed uti fieri potest.

I: Si bene cuncta capio, omnia sunt in Deo. Et ibi sunt veritas, quae nec est plus, nec minus. Sunt ibi complicite et inevolute, sicut circulus in puncto. Omnia sunt in motu, sed ibi sunt ut evolvuntur, sicut cum punctus unius pedis circini super alio evolvitur. Tunc enim punctus ille explicat circulum prius complicatum. Omnia in posse fieri sicut circulus in materia, quae in cir-

Gott ist noch etwas Wirkliches noch von etwas ist noch nichts, so ist also alles, was ist, vom Nichts. Es ist nämlich nicht aus sich selbst, da es sich nicht aus dem Nichts schaffen kann. Man sieht also, daß es eine Schöpfung Gottes ist.

C: Du schließt sehr gut. Denn dies so zuzugeben, wird das lebendige, verständige Denken gezwungen, auch wenn es nicht ersinnen kann, wie dies begriffen werden könnte. Denn wie die Begriffsvorstellung Gottes jede Begriffsvorstellung überragt, so entzieht sich die Begriffsvorstellung von der Materie jeder Begriffsvorstellung.

I: Sind die Gestalten nicht in der Materie verborgen wie die Kugel im Holz?

C: Keineswegs. Denn wenn der Drechsler die Kugel dadurch macht, daß er die Holzteile so lange abspaltet, bis er zu ihrer Gestalt gelangt, geht die Möglichkeit, die er im Holz sieht, sobald sie sich mit der Kugel des Geistes gleichgestaltet, aus der möglichen Seinsweise zum Tatsächlich-Sein über. Ihr Stoffgrund ist das Holz und ihr Wirkgrund der Künstler. Ihr Gestaltgrund ist das Urbild im Geist des Künstlers und ihr Zielgrund der Künstler selbst, der seinetwegen gewerkt hat. Drei Ursachen also treffen im Künstler zusammen. Die vierte ist dem Stoff zugehörig.

So ist auch Gott dreiursächlich: er ist Wirk-, Gestalt- und Ziel-Grund eines jeden Geschöpfes und der Materie, die, während sie nicht Etwas ist, das Etwas verursacht. Ohne sie aber könnte das, was wird, nicht werden. Denn weil das, was in Gottes Geist Gott, die Ewigkeit ist, kann das nicht werden; ebensowenig wird irgendetwas, das nicht in Geist und Gedanke Gottes ist. Also muß die Wahrheit eines jeden Dinges, das wird, nichts anderes sein als sein Urbild, das der Geist Gottes ist. Folglich wird das, was wird, Bild der Urgestalt sein, denn die Wahrheit des Bildes ist nicht das Bild, sondern das Urbild. Wenn es also nicht die Wahrheit, sondern deren Bild ist, dann ist es notwendig, daß das, was wird, da es von der stehenden Ewigkeit herabsteigt, in einem veränderlichen Träger aufgenommen wird. Dort wird es nicht so, wie es in der Ewigkeit ist, aufgenommen, sondern so, wie es werden kann.

I: Wenn ich alles recht begreife, ist alles in Gott. Und dort ist es die Wahrheit, die nicht mehr und auch nicht weniger ist. Es ist dort in eingefalteter und unentwickelter Weise wie der Kreis im Punkt. Alles ist in Bewegung, aber es ist darin so, wie es entwickelt wird, ähnlich, wie es der Fall ist, wenn der Punkt des einen Zirkelendes um das andere im Kreis entwickelt wird;

culum duci potest. Et omnia sunt in possibilitate determinata, sicut circulus actu descriptus.

C: Satis summarie haec resumpsisti, quae nescio quomodo et extra propositum in sermonem pervenerunt. Igitur revertamur nunc ad ludum nostrum et intentum brevissime pandam.

I: Nisi te viderem abunde et amplius quam speravimus satisfecisse et doctrinam pandisse magnae speculationi congruam, pro magno nostro audiendi desiderio te quamvis fatigatum sollicitarem, ut haec, quae incepisti in longos tractatus extenderes. Sed nunc ut proponis facito. Quaeremus libros tuos, quos his apicibus refertos speramus.

C: Credo me saepius ista et alia et dixisse et scripsisse melius forte quam modo, cum amplius vires deficiant et memoria tarde respondeat. Fuit autem propositum meum hunc ludum noviter inventum, quem passim omnes facile capiunt et libenter ludunt, [propter crebrum risum, qui ex vario et numquam certo cursu contingit][1] et numquam certo cursu contingit in ordinem proposito utilem redigere. Et feci signum, ubi stamus globum iacentes et circulum in medio plani, in cuius medio est sedes regis, cuius regnum est regnum vitae, intra circulum inclusum et in circulo novem alios. Lex autem ludi est, ut globus intra circulum quiescat a motu. Et propinquior centro plus acquirat iuxta numerum circuli ubi quiescit. Et qui citius 34 acquisiverit, qui sunt anni Christi, victor sit.

Iste, inquam, ludus significat motum animae nostrae de suo regno ad regnum vitae, in quo est quies et felicitas aeterna. In cuius centro rex noster et dator vitae Christus Iesus praesidet. Qui cum similis nobis esset personae suae globum sic movit, ut in medio vitae quiescat. Nobis exemplum relinquens[2], ut quemadmodum fecit faciamus. Et globus noster suum sequatur, licet impossibile sit, quod alius globus in eodem centro vitae, in quo globus Christi quiescit, quietem attingat. Intra circulum enim sunt

---

[1] Cod. Kr.
[2] 1 Petr. 2, 21.

dann nämlich entfaltet jener Punkt den Kreis, der zuvor eingefaltet war. Alles ist im Werden-Können wie der Kreis in der Materie, die in diesen geführt werden kann. Und alles ist in der Möglichkeit bestimmt, wie der tatsächlich ausgezeichnete Kreis.

C: In großen Zügen hast du es zusammengefaßt, was, ich weiß nicht wie, außerhalb des vorgenommenen Themas in die Unterhaltung gelangt ist. Kehren wir also jetzt zu unserem Spiel zurück. Ich will meine Absicht so kurz wie möglich darlegen.

I: Wenn ich nicht sähe, daß du uns reichlicher und mehr, als wir erwartet haben, zufriedengestellt und eine Lehre dargelegt hast, die höchster Betrachtung angemessen ist, möchte ich dich, obwohl du ermüdet bist, dazu bewegen, daß du um unserer Sehnsucht willen, darüber zu hören, das Begonnene in breiter Ausführung darlegst. Jetzt tue jedoch so, wie du vorhast. Wir werden deine Bücher befragen, die hoffentlich ausführlich über diese Höhepunkte der Theorie berichten.

C: Ich glaube, daß ich dieses und anderes wiederholt gesagt und wohl auch besser als in dieser Weise geschrieben habe, da die Kräfte in größerem Umfang nachlassen und das Gedächtnis zögernd antwortet. Meine Absicht aber war, dieses jüngst erfundene Spiel, das nunmehr alle leicht begreifen und gerne spielen, weil man wegen des veränderlichen und niemals sicheren Laufs oft lachen muß, in eine Ordnung zu lenken, die unserem Vorhaben nützlich ist. Ich habe ein Zeichen gemacht, wo wir stehen, wenn wir die Kugel werfen, und einen Kreis in der Mitte des Feldes. Im Kreismittelpunkt ist der Sitz des Königs, dessen Reich das Reich des Lebens ist, das im Kreise eingeschlossen ist, und in diesem Kreis sind noch neun andere Kreise. Die Regel des Spieles aber ist die, daß die Kugel innerhalb des Kreises von der Bewegung zur Ruhe kommt. Und je näher sie dem Mittelpunkt kommt, um so mehr gewinnt sie, entsprechend der Nummer des Kreises, auf dem sie ruht. Und wer als erster 34 Punkte, d. h. die Anzahl der Jahre Christi, erreicht hat, ist Sieger.

Dieses Spiel, sage ich, bedeutet die Bewegung unserer Seele aus ihrem Reich zu dem des Lebens, in dem Ruhe und ewiges Glück herrscht. In dessen Mittelpunkt präsidiert unser König und Geber des Lebens, Jesus Christus. Als dieser uns ähnlich war, hat er die Kugel seiner Person so bewegt, daß sie in der Mitte des Lebens ruhte. Er hinterließ uns ein Beispiel, daß auch wir so tun, wie er getan hat. Und unsere Kugel folgt der seinen, wenn es auch unmöglich ist, daß eine andere Kugel in derselben

infinita loca et mansiones[1]. Quiescit enim [globus][2] cuiusque in puncto et atomo suo proprio, quem nullus umquam attingere poterit. Neque duo globi possunt aeque distare a centro, sed semper unus plus, alius minus.

Oportet igitur quemlibet Christianum cogitare, quomodo quidam non habent spem alterius vitae et ii globum suum movent in his terrenis; alii spem habent felicitatis, sed suis propriis viribus et legibus sine Christo contendunt pervenire ad vitam illam et ii globum suum sequendo ingenii vires et suorum prophetarum et magistrorum praecepta ad alta currere faciunt et horum globi ad regnum vitae non perveniunt. Sunt tertii, qui viam quam Christus Dei unigenitus filius praedicavit et ambulavit amplectuntur. Ii se ad medium, ubi est sedes regis virtutum mediatorisque Dei et hominum convertunt et globum suum insequendo vestigia Christi mediocri cursu impellunt, qui solum in regno vitae mansionem acquirunt. Solus enim Dei filius de caelo descendens scivit viam vitae, quam verbo et opere credentibus patefecit.

I: Dicis credentibus; qui sunt ii?

C: Qui credunt ipsum Dei filium et evangelium esse per ipsum praedicatum; illi de veritate evangelii certi sunt, quia filius Dei non mentitur. Ideo praeferunt promissa evangelii huius vitae. Gaudent hic mori, ut intrent cum Christo in vitam aeternam. Moriendum omnino est. Mori igitur propter fidem filii Dei habet retributionem vitae aeternae. Quomodo enim Deus, qui est iustus et pius fidelitatem pro ipsius Dei gloria morientis non remuneraret? Aut quam daret remunerationem nisi vitae ei, qui pro eo vitam dedit? Estne Deus nobilior homine nobili fidelitatem servi abunde remunerante usque ad consortium regni? Etsi fidelis pro gloria filii Dei eligit pati etiam aeternam mortem, quomodo dabitur ei retributio nisi vitae, ubi semper et aeternaliter se sciat veraciter vivere et laetari?

---

[1] Vgl. Jh. 14, 2.
[2] Cod. Kr.; Cod. Cus.: locus.

Lebensmitte, in der die Kugel Christi ruht, zur Ruhe gelangt. Innerhalb des Kreises gibt es nämlich unendlich viele Orte und Wohnstätten. Denn eines jeden Kugel ruht in ihrem eigenen Punkt und Atom, das kein anderer jemals erreichen kann. Auch können keine zwei Kugeln im gleichen Abstand vom Mittelpunkt sein, sondern immer ist die eine mehr und die andere weniger weit entfernt.

Es tut also not, daß sich jeder Christ darauf besinnt, wie manche keine Hoffnung auf ein anderes Leben haben; diese bewegen ihre Kugel im Irdischen. Andere besitzen die Hoffnung auf das Glück, versuchen aber mit eigenen Kräften und Gesetzen ohne Christus zu jenem Leben zu gelangen. Sie lassen ihre Kugel weiter zur Höhe laufen, indem sie den Kräften des Geistes und den Geboten ihrer Propheten und Lehrer folgen, aber diese kommen nicht bis zum Reich des Lebens. Es gibt eine dritte Gruppe, die den Weg, den Christus, Gottes eingeborener Sohn, lehrte und ging, erkennend umfassen. Diese wenden sich zur Mitte, wo der Thron des Königs der Kräfte und des Mittlers zwischen Gott und den Menschen steht. Indem sie den Spuren Christi folgen, bringen sie ihre Kugel auf einen maßvollen mittleren Lauf. Diese allein erlangen Bleibe im Reiche des Lebens. Denn nur der Gottes-Sohn, der vom Himmel herabstieg, wußte den Weg des Lebens, den er in Wort und Tat den Glaubenden eröffnete.

I: Du sagst den Glaubenden. Wer sind diese?

C: Es sind jene, die glauben, daß er der Sohn Gottes und daß die Frohbotschaft durch ihn verkündet worden sei. Diese sind sich der Wahrheit der Frohbotschaft sicher, da der Sohn Gottes nicht lügt, und folglich ziehen sie ihre Verheißungen denen dieses Lebens vor. Sie freuen sich, hier zu sterben, um mit Christus ins ewige Leben einzugehen. Sterben muß man auf jeden Fall. Aber das Sterben um des Glaubens an den Sohn Gottes willen hat den Lohn des ewigen Lebens. Wie nämlich sollte Gott, der gerecht und väterlich ist, nicht die Gläubigkeit des Sterbenden, der für Gottes Herrlichkeit stirbt, vergelten? Welchen Lohn sollte er geben, wenn nicht den des Lebens für den, der für ihn das Leben gab? Ist Gott nicht edler als der edle Mensch, der die Gläubigkeit seines Dieners überreich bis zur Gemeinschaft im Königreich vergilt? Und wenn der Gläubige es auf sich nimmt, für die Herrleichkeit des Sohnes auch den ewigen Tod zu erleiden, wie sollte er ihm vergelten, wenn nicht mit dem Leben, wo er sich immer und ewiglich bewußt ist, in Wahrheit zu leben und sich zu erfreuen?

I: Non ergo sunt veri christiani, qui non moriuntur ut Christus pro gloria Dei.

C: Ille christianus est, qui praefert gloriam Dei propriae vitae et gloriae et taliter praefert, quod si probaretur in persecutione talis inveniretur. In illo vivit Christus et ipse non vivit[1]. Contemptor igitur huius mundi et vitae est. In quo per fidem est spiritus filii Dei Iesu Christi. Qui mortuus mundo vivit in Christo.

I: Tu vides quam difficile est dirigere globum curvum, ut sequatur viam Christi, in quo fuit spritus Dei, qui ipsum deduxit in centrum et fontem vitae.

C: Facile valde est habenti veram fidem, ut praedixi. Igitur si globus personae tuae spiritu fidei impellitur, firma spe ducitur et caritate Christo astringitur, qui te ducet secum ad vitam. Sed impossibile [est] infideli.

I: Certissimum hoc esse video. Qui non credit Christo uti Dei filio, mundo adhaeret et meliorem vitam non expectat. Sed fidelis in adversitate gaudet, quia scit mortem gloriosam praestare immortalem vitam. Videtur tamen vix possibile, quod globus secundum naturam suam inclinatus deorsum non sic moveatur et incurvetur et unus plus quam alius.

C: Haec est summa mysteriorum huius ludi, ut discamus has inclinationes et naturales incurvationes taliter rectificare virtuoso exercitio, ut tandem post multas variationes et instabiles circulationes et incurvationes quiescamus in regno vitae. Vides enim quod unus impellit globum uno modo, alius alio, manente eadem curvitate in globo. Secundum varium impulsum varie movetur et quiescit et numquam certum est ante quietem, ubi demum quiescat. Videns igitur globum impulsum per aliquem attingisse prope centrum, cogitat sequi velle illius modum et pluries attentat et proficit.

---

[1] Vgl. Gal. 2, 20.

I: Jene sind also keine wahren Christen, die nicht, wie Christus, für die Herrlichkeit Gottes sterben?

C: Jener ist ein Christ, der die Herrlichkeit Christi dem eigenen Leben und der eigenen Ehre vorzieht, und zwar solcherart vorzieht, daß er, wenn er in der Verfolgung geprüft würde, als ein solcher befunden würde. In ihm lebt Christus und er selbst lebt nicht. Ein Verächter dieser Welt und dieses Lebens ist der, in dem durch den Glauben der Geist Jesu Christi, des Sohnes Gottes, ist. Dieser Welt gestorben, lebt er in Christus.

I: Du siehst aber, wie schwierig es ist, die gerundete Kugel so zu leiten, daß sie dem Wege Christi folgt, in dem der Geist Gottes war, der ihn zum Mittelpunkt und zur Quelle des Lebens führte.

C: Es ist, wie ich schon gesagt habe, sehr leicht für den, der den wahren Glauben hat. Wenn also die Kugel deiner Person durch die Geistesmacht des Glaubens angestoßen wird, wird sie in fester Hoffnung geführt und durch die Liebe mit Christus fest verbunden. Dieser führt dich mit sich zum Leben. Dem Ungläubigen indes ist es unmöglich.

I: Ich sehe, daß dies völlig gewiß ist. Wer Christus als dem Gottessohn nicht glaubt, hängt der Welt an und erwartet kein besseres Leben. Der Gläubige dagegen freut sich in der Widerwärtigkeit, weil er weiß, daß ein Sterben in Herrlichkeit unsterbliches Leben verleiht. Dennoch scheint es kaum möglich, daß die Kugel, die ihrer Natur nach erdwärts geneigt ist, sich nicht auch so bewegt und nach innen abgebogen wird, und zwar die eine mehr als die andere.

C: Dies ist das höchste der Geheimnisse dieses Spieles: wir sollen lernen, die Neigungen und natürlichen Einkrümmungen durch unaufhörliche Übung so zu leiten, daß wir nach vielen schwankenden und unbeständigen Umläufen und Einkrümmungen endlich im Reich des Lebens ruhen. Wir sehen nämlich, daß der eine die Kugel auf eine bestimmte Weise anstößt, der andere auf andere Weise, während die Krümmungsverhältnisse an der Kugel dieselben bleiben. Je nach verschiedenem Anstoß bewegt sie sich verschieden und kommt verschieden zur Ruhe, und niemals ist es vor ihrer Ruhestellung sicher, wo sie endlich zur Ruhe gelangen wird. Und wenn man also sieht, daß die von irgendjemandem angestoßene Kugel nahe an den Mittelpunkt herangekommen ist, denkt man nach und will dessen Art und Weise befolgen und versucht öfters und kommt voran.

I: Quisque est proprius globus [et] aliter quam alius incurvus. Igitur non potest unus alium sequi.

C: Verum est. Nullus alterius semitam praecise sequi potest. Sed necesse est, ut quisque dominetur inclinationibus globi sui et passionibus se ipsum exercitando. Demum taliter moderatus studeat viam invenire, in qua curvitas globi non impediat, quominus ad circulum vitae perveniat. Haec est vis mystica ludi virtuoso exercitio posse etiam curvum globum regulari, ut post instabiles flexiones motus in regno vitae quiescat.

I: Negare nequeo una globi gibbositate stante secundum diversum impetum cuiusque ipsum proiicientis differenter semper moveri. Posseque eundem globum per quemquam iuxta libitum varie impelli, ita quod licet curva revolutio semper maneat, tamen motus eius variatur. Dicimus tamen, cum non semper in centro circuli quiescat, ubi quisque ludens ipsum ponere intendit, et inter ludentes unus nunc ipsum in propinquo centre locat et postea eandem ut prius habens intentionem globus remote a centro declinat, videri, quod non secundum pellentis intentionem, sed etiam fortunam moveatur.

C: Fortuna potest dici id, quod praeter intentionem evenit. Et cum quisque ludens petat centrum circuli, non est fortuna si tetigerit. Neque est in potestate nostra, quod voluntas nostra perficiatur. Dum enim globus currit attenti sumus ut videamus, si ad centrum accedit. Et vellemus iuvare ipsum, si possemus, ut tandem ibi quiesceret. Sed quia non posuimus eum in via nec impetum adhibuimus ad hoc necessarium, ideo cum intentione superveniente cursum, quem impressimus, moderari nequimus; sicut qui de monte currere incepit, dum est in veloci motu, etiam si vellet non potest se continere.

Oportet igitur circa principium motus attentum esse. Quare mala consuetudo, quae motus est non sinit [ali]quem benefacere, nisi ipsa deposita virtutis motum in bona consuetudine ponat. Non habent igitur male currentes, etiam si in cursu poeniteant, alicui dispositioni, quae aut fatum aut mala fortuna nominari consuevit imputare, si male cursum terminant, sed sibi ipsis, qui inconsulte se praecipitarunt. Bene vides, quod globum quando vis et

I: Jede Kugel hat ihre Eigenheit und ist anders gekrümmt als die andere. Demnach kann die eine nicht der andern folgen.

C: Das ist wahr. Niemand kann dem Pfad eines andern genau folgen. Es ist jedoch notwendig, daß jeder die Neigungen seiner Kugel und ihre Leidenschaften beherrscht, indem er sich selbst übt. Solcherart endlich gemäßigt, mag er dann versuchen, seinen Weg zu finden, auf dem die Krümmungsverhältnisse der Kugel nicht zum Hindernis werden, näher zum Kreis des Lebens zu gelangen. Das ist die geheimnisvolle Kraft des Spieles, daß durch allseitige Übung auch die gekrümmte Kugel geregelt werden kann, so daß sie nach unsicheren Bewegungsschwankungen im Reich des Lebens zur Ruhe kommt.

I: Ich kann nicht leugnen, daß sich die selbe Kugel, während ihre Krümmung gleichbleibt, nach dem Anstoß dessen, der sie wirft, stets verschieden bewegt. Auch kann dieselbe Kugel von jedem nach Belieben verschieden angestoßen werden, so daß sich ihre Bewegung verändert, auch wenn der gekrümmte Umlauf stets bleibt. Trotzdem sagen wir, es scheine, daß sich die Kugel nicht nach der Absicht des Werfenden, sondern auch nach dem Zufall bewege; denn sie ruht nicht immer im Kreismittelpunkt, wo sie jeder Spieler hinzubringen beabsichtigt, und wenn sie einer von den Spielenden jetzt in der Nähe des Mittelpunktes hinsetzt, so weicht sie später, obwohl er dieselbe Absicht hat wie zuvor, erheblich von der Mitte ab.

C: Zufall kann das genannt werden, was entgegen der Absicht zutrifft. Und da jeder Spieler den Mittelpunkt des Kreises erstrebt, ist es nicht Zufall, wenn er ihn erreicht hat. Auch liegt es nicht in unserer Macht, daß unser Wille erfüllt wird. Während die Kugel läuft, sind wir gespannt zu sehen, ob sie an den Mittelpunkt herankommt. Und wir möchten ihr helfen, wenn wir könnten, damit sie endlich dort zur Ruhe käme. Weil wir sie jedoch nicht auf den Weg gebracht noch ihr den dazu nötigen Anstoß verliehen haben, können wir auch nicht mit der hinzukommenden Absicht ihren Lauf mäßigen; ebenso wie einer, der vom Berg hinunterzulaufen begonnen hat, im vollen Lauf, auch wenn er wollte, nicht einhalten kann.

Man muß also auf den Ursprung der Bewegung achten. Daher läßt es eine schlechte Gewohnheit, die eine Bewegung ist, nicht zu, daß einer Gutes tut, außer er legt sie ab und beginnt den Lauf der Tugend in guter Gewohnheit. Es steht also denen, die schlecht laufen — auch wenn sie während des Laufes Reue empfinden —, nicht zu, daß sie irgendeinem Umstand, den man Schicksal oder unglückliches Geschick zu nennen pflegt, die Schuld

quomodo vis in motu ponis. Etiam si constellatio caeli haberet globum fixum debere persistere, non tenebit caeli influxus manus tuas, quin si velis, globum moveas. Regnum enim cuisque liberum est, sicut et regnum universi, in quo et caeli et astra continentur, quae in minori mundo etiam sed humaniter continentur.

I: Secundum hoc igitur nemo nisi sibi ipsi adversos etiam casus imputare debet.

C: Ita est in moralibus atque iis operibus, quae sunt hominis ut hominis. Nemo enim vitiosus nisi sua culpa.

I: Quomodo tunc [dicunt][1] fortunam omnipotentem?

C: Hoc poeta dicebat sciens sic philosophos Platonicos affirmare. Hi enim fortunam aiunt ordinem et dispositionem rerum omnium in suo proprio esse. Et illam vocant necessitatem complexionis, quia nihil illi dispositioni resistere potest. Nec adversa nec prospera dicitur dispositio seu fortuna illa, nisi quantum ad nos et secundum explicationem rerum actu et opere. Puta dispositio et ordo essendi hominem sic se habet, ut sic fiant omnia, sicut fiunt alioquin non fieret homo. Est ergo inevitabilis necessitas, cui nihil resistere potest. Ideo omnipotens. Cum autem Socrates et Plato actu homines sint dispares, hoc non evenit, quia fortuna seu ordo et dispositio sint prospera et adversa, nisi quantum ad istos homines, quorum unus assequitur prospera respectu alterius.

Sed neque haec fortuna, quae anima mundi supra nominatur, in nostro regno disponit illa, quae hominis sunt. Quisque enim homo liberum habet arbitrium, velle scilicet et nolle, cognoscens vitutem et vitium, quid honestum, quid inhonestum, quid iustum et quid iniustum, quid laudabile, quid vituperabile, quid glori-

---

[1] Cod. Cus.: dicitur.

geben, wenn sie den Lauf schlecht beenden; sie müssen vielmehr sich selbst beschuldigen, da sie sich unbesonnen hineinstürzten. Du siehst also wohl, daß du die Kugel, wann und wie du willst, in Bewegung setzt. Auch wenn die Konstellation des Himmels sich so verhielte, daß ihr zufolge die Kugel an einem festen Punkt verharren müßte, so wird sein Einfluß dennoch nicht deine Hände halten, daß du nicht trotzdem, wenn du willst, die Kugel bewegst. Das Reich eines jeden ist frei so wie das des Gesamt, in dem sowohl der Himmel als auch die Sterne enthalten sind; diese sind in der kleineren Welt, wenn auch auf menschliche Weise.

I: Danach darf also der Mensch auch die Unglücksfälle nur sich selbst anrechnen.

C: So verhält es sich mit der Moral und mit jenen Werken, die dem Menschen als Menschen eigen sind. Niemand ist lasterhaft außer durch eigene Schuld.

I: Wie kommt man dann dazu zu sagen, das Geschick sei allmächtig?

C: Dies sagte ein Dichter, der wußte, daß die Platoniker dies behaupten. Sie sagen nämlich, daß das Geschick die Ordnung und die Einrichtung aller Dinge in ihrem eigenen Sein sei. Und sie nennen es die Notwendigkeit der Beschaffenheit, weil nichts jener Anordnung Widerstand leisten kann. Diese Beschaffenheit oder dieses Geschick wird weder widrig noch günstig genannt außer in Bezug auf uns und hinsichtlich der Entfaltung der Dinge in Tat und Werk. So verhält sich zum Beispiel die Einrichtung und Ordnung zum Mensch-Sein so, daß alles so wird, wie es zu werden pflegt, da sonst kein Mensch entstünde. Es ist also eine unvermeidliche Notwendigkeit, der nichts widerstehen kann. Folglich ist sie allmächtig. Wenn aber Sokrates und Plato tatsächlich unterschiedliche Menschen sind, dann kommt das nicht daher, weil das Geschick oder weil Ordnung und Einrichtung günstig oder widerwärtig sind, außer in Bezug auf jene Menschen, von denen der eine im Hinblick auf den andern Glück erlangt.

Aber auch nicht dieses Geschick, das oben Weltseele genannt wurde, bestimmt in unserem Reiche das, was des Menschen ist. Jeder Mensch nämlich hat den freien Willen, zu wollen bzw. auch nicht zu wollen, da er Tugend und Laster erkennt und weiß, was ehrbar und was unehrbar, was gerecht und was un-

osum, quid scandalosum. Et quod bonum eligi debeat et malum sperni, habens intra se regem et iudicem horum; quae [omnia], cum haec bruta ignorent, ideo sunt hominis ut hominis. Et in his est nobile regnum nequaquam universo aut alteri creaturae subiectum, non in his extrinsecis bonis, quae fortuita dicuntur, de quibus non potest homo quantum vellet, quoniam libere voluntati non subsunt sicut bona praefata immortalia, quae voluntati subiiciuntur.

Nam si vult reperit et eligit libere virtutes immortales immortalis anima, propriae vitae suae cibum immortalem, sicut vegetativa corporis pastum sibi aptum corporalem. Et licet sit impossibile dum globus movetur praescire, in quo puncto quiescat, neque propterea semper in circulo quiescit, quia circulum aliquotiens subintrat, non minus tamen ex consuetudine et continuata practica praevideri poterit coniectura verisimili in circulo globum quietem accepturum.

Difficilius tamen in quo ordine per circulos distincto et penitus impossibile, in quo puncto. Terreno igitur homini et eius peregrinationi globus habens ponderosum corpus et in latus terrenum inclinatum et eius motus, quia per hominis fit impulsum, aliqualiter similatur. Non enim potest in rectitudine persistere motus humanus. Cito declinat propter terrestreitatem inconstanter et varie semper fluctuans. Qui nihilominus potest exercitio virtutis revolutionem in circulo terminare. Et bonam et perseverantem intentionem adiuvat Deus, qui in motu quaeritur et perficit bonam voluntatem. Ipse enim est, qui fidelem dirigit et ad perfectum producit et [qui] impotentiam in ipsum sperantis sua omnipotenti supplet clementia.

Christianus igitur, qui facit omnia, quae in ipso sunt, licet sentiat globum suum inconstanter currere, in Deo tamen confidens non confundetur, qui non derelinquit in ipsum sperantes[1]. Et hoc

---

[1] Ps. 16, 7; 17, 31; 21, 1 u. a.

gerecht, was lobenswert und was tadelnswert, was rühmlich und was schändlich ist, und daß man das Gute wählen und das Böse verachten muß. In sich hat er den König und Richter über diese Dinge. Da die Tiere all dies nicht kennen, ist es dem Menschen als Menschen eigen. Und darin ist das edle Reich keineswegs dem Gesamt oder einem anderen Geschöpf unterworfen. Nicht so verhält es sich mit den äußeren Gütern, die man als durch Zufall gegeben bezeichnet. Über sie vermag der Mensch nicht so zu verfügen, wie er will, da sie dem freien Willen nicht unterstehen wie die genannten unsterblichen Güter, die dem Willen unterworfen sind.

Denn wenn sie will, findet und erwählt die unsterbliche Seele in Freiheit die unsterblichen Kräfte und Tugenden zur unsterblichen Speise ihres eigenen Lebens, so wie die belebende Seele des Körpers die ihr zukommende, körperliche Speise erwählt. Und wenn es auch unmöglich ist vorauszusagen, in welchem Punkt die Kugel, während sie sich bewegt, zur Ruhe kommt und sie deshalb, weil sie den Kreis irgendwann einmal betritt, noch nicht immer im Kreis zur Ruhe gelangt, so wird man dennoch aus Gewohnheit und fortwährender Tätigkeit in wahrscheinlicher Mutmaßung voraussagen können, daß sie zum Stillstand kommen wird.

Trotzdem wird es schwierig sein zu wissen, in welcher bestimmten Ordnung sie durch die Kreise laufen, und völlig unmöglich, in welchem Punkt sie zur Ruhe kommen wird. Da die Kugel einen schweren Körper und eine erdhaft geneigte Seite hat und weil ihr Lauf durch den Antrieb von Seiten des Menschen entsteht, wird sie irgendwie dem irdischen Menschen und dessen Pilgerschaft ähnlich. Denn die menschliche Bewegung kann nicht in Geradheit verharren. Schnell neigt sie sich ihrer Erdhaftigkeit wegen zur Seite, unbeständig und verschieden schwankt sie immer hin und her. Nichtsdestoweniger kann sie durch Übung der Tugend die Umdrehung im Kreis zum Ziele führen. Und Gott, der in der Bewegung gesucht wird, hilft der guten und beharrlichen Absicht und vollendet den guten Willen. Er selbst ist es, der den Gläubigen leitet und zur Vollendung führt und der das Unvermögen dessen, der auf ihn hofft, in seiner allmächtigen Güte ergänzt.

Der Christ also, der alles tut, was in ihm ist, wird, auch wenn er spürt, daß seine Kugel unbeständig läuft, und er dennoch auf Gott vertraut, nicht enttäuscht. Gott verläßt die nicht, die

est huius ludi mysterium satis nunc pro tam brevi hora declaratum, ut de his paucis multa elicias et proficias in motu, ut tandem quietem simul in regno vitae cum Christo rege nostro feliciter assequamur, eo praestante, qui solus potens est[1] et in saecula saeculorum benedictus. Amen[2].

---

[1] 1 Tim. 6, 15.
[2] Cod. Cus.: Globi ludus et liber explicit. Incipiunt versus facti de laude eius. In Cod. Cus. folgen nun die versus de laude libri; die jedoch nicht von Cusanus selbst stammen und dem Gedanken auch nichts Neues hinzufügen.

auf ihn hoffen. Und das ist dieses Spieles Geheimnis, das für eine so kurze Stunde zur Genüge erklärt worden ist, damit du aus diesem wenigen vieles erwählst und in der Bewegung fortschreitest, damit wir endlich in gleicher Weise die Ruhe im Reiche des Lebens mit Christus unserem König glücklich erreichen, wenn der uns beisteht, der allein mächtig ist und der gepriesen ist von Ewigkeit zu Ewigkeit. Amen.

DIALOGUS DE LUDO GLOBI
LIBER SECUNDUS

DAS KUGEL-SPIEL
ZWEITES BUCH

LIBER SECUNDUS

DIALOGI DE LUDO GLOBI SECUNDUS INCIPIT LIBER. INTERLOCUTORES: ALBERTUS ADOLESCENS DUX BAVARIAE ET NICOLAUS CARDINALIS

Albertus: Tu nosti, pater, me advenisse summa fiducia, ut papae nostro Pio atque tibi et aliis cardinalibus notior fierem et proficerem. Cum nunc illustrem ducem Ioannem consanguineum meum carissimum in hac urbe reperirem et inter nos post communia amicorum colloquia ipsum vacare viderem lectioni libelli de ludo globi admiratus tam de ludo quam de libello, nisus sum comprehendere aliquid iuxta meam iuvenilem capacitatem. Sed non est mihi visum te circulorum regionis vitae mysticam sententiam explanasse. Rogo igitur tuam pietatem ne in me despicias tanti mysterii incapacitatem. Dabitur ut doctior rememorem, quae audivero et Dei dono proficiam.

Cardinalis: Multo gaudio te cum fratre Wolfgango hoc loco vidi. Pater enim tuus Albertus, illustris comes Palatinus et Bavariae dux, multis annis me singulariter amavit et hoc ostendit. Videre tantum amicum vivere in illustribus et optime nobiliterque compositis et eruditis filiis mihi periocundum est. Et hinc quaeque possibilia libens impartiar.

De ludo globi inquiris ea, quae dum audieris non poteris, aetate obstante, fortasse discutere. Admiraberis tamen, et violentia quadam incorporabis altissima, quae te habilem reddent, ut ad cuncta scibilia melius volare queas. Oportet autem, ut mentis oculum aperias et visum illum totaliter eleves, ut quae dicturus sum potius videas quam audias.

A: Faciam omnia, quantum natura et ingenium concesserint.

C: Circulorum mysticationem, quam ut capias infige tuae memoriae propositionem, quae sequitur. Eo quod in omnibus et in quo omnia nihil maius aut minus esse potest. Quare omnium exemplar.

ZWEITES BUCH

GESPRÄCHSTEILNEHMER SIND ALBERT, DER JUNGE HERZOG VON BAYERN UND DER KARDINAL NIKOLAUS

Albert: Du weißt, Vater, daß ich in größtem Vertrauen darauf, unserem Papste Pius und dir und den anderen Kardinälen bekannter zu werden und um Fortschritte zu machen, hierher gekommen bin. Als ich jetzt den erlauchten Herzog Johann, meinen lieben Verwandten, in dieser Stadt traf und ihn nach gemeinsamen Freundesgesprächen zwischen uns sich der Lektüre des Büchleins über das Kugelspiel widmen sah, habe ich mich sowohl über das Spiel als auch über das Buch gewundert. Ich habe versucht, es entsprechend meiner jugendlichen Fähigkeit zu begreifen. Es schien mir aber nicht, daß du den geheimnisvollen Sinn der Lebenskreise erklärt hast. Ich bitte dich also in deiner väterlichen Güte, du wollest mich nicht wegen meines Unverständnisses für ein so großes Geheimnis verachten. Es mag geschehen, daß ich, weiser geworden, mich an das erinnere, was ich gehört habe, und mit Gottes Beistand Fortschritte mache.

Cardinal: Mit großer Freude habe ich dich mit deinem Bruder Wolfgang an dieser Stätte gesehen. Dein Vater nämlich, der erlauchte Pfalzgraf und Herzog von Bayern, hat mich während vieler Jahre ganz besonders geliebt und dies gezeigt. Es ist mir eine besondere Freude, einen so großen Freund in erlauchten, bestens und edel ausgestatteten und erzogenen Söhnen weiterleben zu sehen. Und daher will ich gerne, was möglich, mitteilen.

Im Zusammenhang mit dem Kugel-Spiel fragst du nach etwas, was du wahrscheinlich nicht wirst erfassen können, wenn du es gehört hast, da dem deine Jugend entgegensteht. Du wirst staunen und dir mit einer Art Zwang höchste Dinge einverleiben, die dich dazu fähig machen, daß du zu allem Wißbaren besser vorstoßen kannst. Dazu ist es aber erforderlich, daß du das Auge des Geistes öffnest und jenen Blick vollständig erhebst, damit du das, was ich sagen werde, eher schaust denn hörst.

A: Ich will alles tun, soweit Natur und Geisteskraft es zulassen.

C: Um das Geheimnis der Kreise zu verstehen, präge deinem Gedächtnis folgenden Satz ein: Es kann nichts Größeres oder Kleineres geben als das, was in allem und in dem alles ist. Daher ist es das Urbild von allem.

A: Habeo iam hanc in memoria fixam propositionem. Sed ut mens eius videat veritatem declaratione opus habet.

C: Parva sufficiet. Nam quomodo foret aliquid minus eo, quod in omnibus aut quomodo maius eo in quo omnia? Si igitur nihil omnium est aut minus aut maius eo necesse est omnia illius unius exemplaris esse exemplata.

A: Brevissime declarasti. Nam certissime video, cum exemplatum nihil habeat nisi ab exemplari sitque unum omnium exemplar, quod in omnibus et in quo omnia, clara est ostensio, postquam videro unitatem exemplaris omnium variorum exemplatorum, me ad altam contemplationem deduxisti.

C: Tu bene mente conspicis exemplatum non posse esse nisi in ipso sit exemplar.

A: Certissime.

C: Sed quomodo est exemplatum nisi sit in eodem suo exemplari? Nam exemplatum si est extra suum exemplar, quomodo manet exemplatum?

A: Nihil obest, quominus hoc videam. Nam necesse est utique exemplatum in exemplari suo contineri, alias non est verum exemplatum. Ideo perfecte intueor exemplar necessario esse in exemplato et exemplatum contineri seu esse in exemplari.

C: Exemplar igitur est in omnibus exemplatis et in quo omnia exemplata. Nullum igitur exemplatum est minus aut maius eo. Quare exemplata omnia sunt unius exemplaris exemplata.

A: Verissime sic esse video.

C: Nec est necesse propter pluralitatem exemplatorum esse plura exemplaria, cum unum infinitis sufficiat. Praecedit enim naturaliter exemplar exemplatum, et ante omnem pluralitatem unitas, quae est omnis exemplatae multitudinis exemplar. Ideo et si forent plura exemplaria necesse foret unitatem exemplarem illam pluralitatem praecedere. Non essent igitur illa plura exemplaria aeque prima exemplaria, sed unius primi exemplaris exemplata. Non potest igitur esse nisi unum primum exemplar, quod est in omnibus exemplatis et in quo omnia exemplata.

A: Ich habe diesen Satz schon in meinem Gedächtnis festgehalten. Damit jedoch der Geist seine Wahrheit erblickt, hat er eine Erklärung nötig.

C: Eine kurze Erklärung genügt. Denn wie könnte etwas kleiner sein als das, was in allen ist, oder wie könnte etwas größer sein als das, in dem alles ist? Wenn also nichts von allem kleiner oder größer ist als dies, ist es notwendig, daß alles das Abbild dieses einen Urbildes ist.

A: Du hast es ganz kurz erklärt. Denn da das Abgebildete nichts besitzt, das nicht von seinem Urbild stammt, sehe ich ganz deutlich, daß dieses in allen Dingen ist und alle Dinge in ihm; der Beweis ist deutlich; nachdem ich die Einheit des Urbildes aller verschiedenen Abbilder gesehen habe, hast du mich zu einer erhabenen Betrachtung geführt.

C: Im Geist verstehst du sehr wohl, daß das Abgebildete nur sein kann, wenn das Urbild in ihm ist.

A: Ganz gewiß.

C: Auf welche Weise aber ist das Abgebildete, wenn es nicht in diesem seinem Urbild ist? Denn wenn das Abgebildete außerhalb seines Urbildes wäre, wie bliebe es dann Abgebildetes?

A: Nichts hindert mich, dies einzusehen. Denn es ist durchaus notwendig, daß das Abgebildete in seinem Urbild enthalten ist, ansonsten wäre es kein wahres Abbild. Also sehe ich vollkommen ein, daß das Urbild notwendig im Abgebildeten und das Abgebildete im Urbild eingeschlossen ist oder in ihm ist.

C: Das Urbild also ist in jedem Abgebildeten und alles Abgebildete in ihm. Kein Abbild ist demnach kleiner oder größer als es. Darum sind alle Abbilder Abbilder eines einzigen Urbildes.

A: Ich sehe, daß es so völlig wahr ist.

C: Es ist auch nicht notwendig, daß wegen der Vielzahl der Abbilder mehrere Urbilder sein müssen; das Eine genügt für unendlich viele. Es geht nämlich das Urbild dem Abbild, die Einheit, die das Urbild jeder abgebildeten Vielheit ist, jeder Vielheit von Natur voraus. Folglich müßte es, wenn es mehrere Urbilder gäbe, eine urbildliche Einheit geben, die jener Vielheit vorausginge. Jene Vorbilder wären also nicht in gleicher Weise erste Urbilder, sondern die Abbilder des einzigen, ersten Urbildes. Es kann also nur ein erstes Urbild geben, das in allen Abbildern ist und in dem alle Abbilder sind.

A: Ostendisti nunc mihi, quae videre concupivi. Nam nihil mihi restistit, quin videam omnis multitudinis unitatem principium; ex quo intueor unitatem exemplaris omnium exemplatorum.

C: Dixi unitatem esse exemplaris omnium numerorum seu omnis pluralitatis aut multitudinis. In omni enim numero vides unitatem et omnem numerum in unitate contineri. Omnis enim numerus est unus, binarius, ternarius, denarius et ita de omnibus, quisque est unus numerus. Nec esse posset quisque unus, si in eo non foret unitas et nisi ipse in unitate contineretur.

A: Hactenus non adverti ad haec, quando mihi visum fuit denarium maiorem unitate et ideo in unitate non contineri. Sed nunc video denarium, cum sit unus denarius, non posse hoc esse nisi in unitate contineatur.

C: Attendas etiam oportet quomodo unitas non potest esse nec minor nec maior. Quod non minor statim admittis, quod non maior etiam vides, quando advertis id, quod esse maius uno non esse unum. Ac quod sic est de denario, qui sive videas ipsum minoratum sive auctum non vides denarium. Hoc autem habet omnis numerus ab unitate, quia numerus est exemplatum exemplaris unitatis.

A: Propositio quam praemisisti clavis esse videtur ad intrandum intelligentiam absconditorum, quando ipsam quaerens recte applicat.

C: Nec est applicatio difficilis. Nam si te interrogo seriatim, sola interrogatione duceris ad visionem veri. Puta interrogo te, an cuncta quae vides putas aliquid existere? Credo dices cuncta existere.

A: Cum sint aliquid oportet existere.

C: In existentibus est ne ipsum esse?

A: Utique, alias si non esset in ipsis ipsum esse quomodo existerent?

C: Nonne quae existunt in ipso esse existunt?

A: Extra esse ipsum utique non existerent.

C: Esse igitur omnium in omnibus existentibus est et omnia existentia in ipso esse existunt.

A: Nihil certius video quam quod et esse ipsum simplicissimum est omnium existentium exemplar.

A: Du hast mir jetzt gezeigt, was ich zu sehen verlangte. Denn nichts hindert mich zu sehen, daß die Einheit Ursprung jeder Vielheit ist. Daraus erkenne ich, daß die Einheit das Urbild aller Abbilder ist.

C: Ich habe gesagt, die Einheit sei das Urbild aller Zahlen bzw. jeder Mehrheit oder Vielheit. In jeder Zahl nämlich sieht man die Einheit und in der Einheit jede Zahl enthalten. Jede Zahl ist Einer, Zweier, Dreier, Zehner usw. Jeder ist eine Zahl. Auch könnte nicht jeder Einer sein, wenn in ihm nicht die Einheit wäre und wenn er selbst nicht in der Einheit enthalten wäre.

A: Darauf habe ich bis jetzt nicht geachtet, da mir schien, daß der Zehner größer sei als die Einheit und also in ihr nicht enthalten sei. Aber jetzt sehe ich, daß der Zehner, weil er eben als Zehner Einer ist, dies nicht sein könnte, wenn er nicht in der Einheit enthalten wäre.

C: Auch mußt du darauf achten, daß die Einheit weder kleiner noch größer sein kann. Daß sie nicht kleiner sein kann, hast du soeben zugegeben, daß sie auch nicht größer sein kann, siehst du, wenn du darauf achtest, daß das, was größer als das Eine ist, nicht Eines ist. Und ebenso verhält sich dies beim Zehner, bei dem man sieht, daß er kein Zehner mehr ist, wenn er verringert oder vergrößert ist. Das aber hat jede Zahl von der Einheit, weil sie das Abbild der urbildhaften Einheit ist.

A: Der Satz, den du vorausgeschickt hast, scheint mir, wenn der Suchende ihn richtig anwendet, der Schlüssel zu sein, um zur Einsicht in das Verborgene zu gelangen.

C: Die Anwendung ist nicht schwer. Denn wenn ich dich Punkt für Punkt frage, wirst du durch das Fragen allein zur Schau des Wahren geführt. So frage ich dich z. B., ob du von allem, das du siehst, der Meinung bist, daß es existiert? Ich glaube, du wirst sagen, daß es existiert.

A: Wenn etwas ist, muß es existieren.

C: Ist im Existierenden das Sein selbst?

A: Gewiß! Denn wie sollte es sonst existieren, wenn in ihm nicht das Sein selbst wäre?

C: Existiert nicht das, was existiert, im Sein selbst?

A: Außerhalb des Seins selbst würde es bestimmt nicht existieren.

C: Das Sein aller Dinge ist also in jedem Existierenden und jedes Existierende existiert im Sein selbst.

A: Ich sehe nichts Sichereres, als daß auch das Sein selbst das einfachste Urbild jedes Existierenden ist.

C: Hoc est esse absolutum, quod creatorem omnium, quae sunt credimus.

A: Quis non videret haec, quae dixisti, ita se habere?

C: Sic vides in animato animam et simul ipsum animatum in anima, et in iusto iustitiam et ipsum in ea, sicut in albo albedinem et ipsum in ea et generaliter in contracto absolutum et ipsum contractum in absoluto, humanitatem in homine et ipsum in humanitate.

A: Video certe ista omnia necessaria, sed imaginatio non capit quomodo hoc fiat. Quis enim conciperet unum esse in alio et id aliud in eodem uno?

C: Hoc est ideo inimaginabile, quoniam haec virtus imaginativa in quanto terminatur. Nam non-quantum imaginatio non attingit. Unde quod continens sit in contento, quando imaginatio ad locum se convertit qui quantus est, non capit. Videtur sibi ac si diceret quis, quod esse-aliquem-in-domo sit esse-domum-in-ipso. Sed oculus mentis ad intelligibilia, quae supra imaginationem sunt, respiciens non potest negare quin videat in esse ipso, quod est supra imaginationem omnia etiam imaginationem ipsam contineri et nisi in contentis foret hoc verum non esset.

A: Utique haec vera video. Et occurrit mihi manifestum exemplum. Omnia, quae sensu et imaginatione attinguntur sunt citra substantiam, quae accidentia dicuntur, quae nisi continerentur per substantiam non subsisterent. Necesse est igitur continens illa accidentia esse intra accidentia et substare, ut in ipsa illa subsistant. Substantia igitur intelligibilis naturae supra sensum et imaginationem existens omnia accidentia continet et in contentis existit. Nec est aliud accidentia esse in subiecto, quod est substantia, quam substantiam in accidentibus. Et hoc potissimum verum video, quia accidentia non sunt in subiecto seu substantia quasi in loco, cum locus non sit substantia sed accidens.

C: Dies ist das absolute Sein, von dem wir glauben, daß es der Schöpfer von allem ist, was ist.

A: Wer würde nicht einsehen, daß sich das, was du gesagt hast, so verhält?

C: So sieht man im Beseelten die Seele und zugleich das Beseelte in der Seele, und im Gerechten die Gerechtigkeit und ihn in ihr wie im Weißen die Weißheit, und es in ihr, und ganz allgemein im Verschränken das Absolute und das Verschränkte im Absoluten, die Menschheit im Menschen und ihn in der Menschheit.

A: Ich sehe, daß dies alles notwendig so ist. Die Vorstellung jedoch begreift nicht, wie dies geschieht. Wer sollte begreifen, daß das Eine im Andern und dieses Andere im selben Einen sei?

C: Das ist deshalb unvorstellbar, weil die Kraft der Vorstellung im quantitativ Ausgedehnten ihre Zielgrenze erhält. An das Nicht-Ausgedehnte reicht die Vorstellung nicht heran. Wenn sie sich daher dem Raum, der ausgedehnt ist, zuwendet, begreift sie nicht, daß das Enthaltende im Enthaltenen sei. Es würde ihr scheinen, wenn jemand sagte, daß irgendjemand im Hause sei, als ob dies bedeuten solle, das Haus sei in ihm. Das Auge des Geistes jedoch, das zum Vernünftigen blickt, das über der Einbildung steht, kann nicht leugnen, daß es im Sein selbst, das über der Einbildung steht, alles, auch die Einbildung selbst enthalten sieht und daß das Enthaltene, wenn es nicht in ihm wäre, nicht wahrhaft wäre.

A: Ich sehe, daß dies durchaus wahr ist. Es kommt mir gerade ein eindrucksvolles Beispiel in den Sinn. Alles, was von Sinnlichkeit und Einbildung erreicht wird, ist das, was diesseits des Grundbestandes ist und was Hinzukommendes, Akzidens, genannt wird. Wäre dieses nicht durch den Grundbestand zusammengehalten, würde es nicht von Grund her bestehen. Es ist also notwendig, daß das, was das Hinzukommende zusammenhält, innerhalb des Hinzukommenden sei und Grundbestand habe, so daß dieses in ihm besteht. Der Grundbestand, die einsichtig-geistige Natur, existiert jenseits von Sinnlichkeit und Einbildung und enthält alles Hinzukommende und existiert im Enthaltenen. Daß das Hinzukommende im Zugrundeliegenden, dem Grundbestand, ist, das bedeutet nichts anderes, als daß der Grundbestand im Hinzukommenden ist. Und ich sehe ganz besonders, daß dies wahr ist, weil das Hinzukommende nicht im Zugrundeliegenden oder im Grundbestand ist wie im Raum, denn dieser ist nicht Grundbestand, sondern Hinzukommendes.

C: Gaudeo te sanum mentis visum habere. Et quando hanc speculationem extendis ad animam rationalem, quae est substantia omnium virium et potentiarum suarum, tu vides ipsam illas continere et in omnibus suis viribus et potentiis esse.

A: Incipio gustare hanc scientiam sapidissimam. Exercitabo me in ipsa ut habitum acquiram. Sed ne te nimium in hac necessaria mihi digressione teneam amplius pergere poteris ad institutum.

C: Nunc puto facile capis hanc regionem vivorum. Nam in omni vivente necesse est esse vitam et vivens in ipsa. Vita igitur christiformium eorum omnium scilicet, qui in regione sunt viventium, sic se habet, quod vita, quae Christus est, qui aiebat[1], ego sum vita, est in omnibus ibi viventibus et ipsi omnes viventes in vita, quae Christus est. Et ideo vita Christi est forma exemplaris omnium ibi viventium, qui sunt huius formae exemplata.

A: Bene video oportere viventem christianum sic se habere ut ais. Nam oportet in ipso esse vitam Christi et ipsum in eadem ipsa vita.

C: Figuratur haec vita regionis viventium in figura, quam rotundam vides. Et ut circuli omnes habent idem centrum, circuli sunt figurae rotunditatis. Rotunditas circulatio est motus vitae perpetuae et infinibilis. In omni rotundo necesse est esse rotunditatem, in qua sit ipsum rotundum. Unde sicut nec notitia nec essentia rotundi seu perpetui sciri aut haberi potest nisi a centro super quo volvitur motus perpetuus, ita quod eo non existente non potest nec perpetuitas nec motus vitae perpetuae, qui in aequalitate ad identitatem centri refertur, aut nosse aut esse, sic se habet centrum, quod Christus est, ad omnes circulationes.

Circuli igitur hic motum vitae figurant. Et vivaciores motus designatur per circulos centro, quod vita est, propinquiores, quoniam vita quod centrum est, quo nec maior nec minor dari potest. In ipso enim continetur omnis motus vitalis, qui extra vitam esse nequit. Nisi enim sit in omni motu vitali vita

[1] Vgl. Jh. 11, 25; 14, 6.

C: Ich freue mich, daß du einen gesunden Geistesblick hast. Und wenn du diese Überlegung auf die vernünftige Seele, welche der Grundbestand aller ihrer Kräfte und Möglichkeiten ist, ausdehnst, siehst du, daß sie jene enthält und in allen ihren Kräften und Fähigkeiten ist.

A: Ich beginne den Wohlgeschmack dieser Wissenschaft zu kosten. Ich werde mich in ihr üben, um sie mir zu eigen zu machen. Damit ich jedoch dich nicht zu sehr bei dieser mir notwendigen Abschweifung aufhalte, könntest du weiter zum festgesetzten Ziel fortfahren.

C: Ich glaube, daß du diese Region der Lebenden jetzt leicht begreifst. Denn in jedem Lebenden muß notwendigerweise das Leben sein und dieses in ihm. Das Leben also aller dieser Christus-Ähnlichen, d. h. jener, die in der Region der Lebendigen sind, verhält sich so, daß das Leben — Christus, der sagt, ich bin das Leben — in allen dort Lebenden ist und alle dort Lebenden im Leben, das Christus ist. Und also ist das Leben Christi die urbildliche Gestalt aller dort Lebenden, welche die Abbilder dieser Gestalt sind.

A: Ich sehe sehr wohl, daß der lebende Christ sich so verhalten muß, wie du sagst. Denn in ihm muß das Leben Christi sein und er in ebendiesem Leben.

C: Dieses Leben der Region der Lebenden wird in dieser Gestalt, die, wie du siehst, rund ist, dargestellt. Und wie alle Kreise denselben Mittelpunkt haben, so sind sie die Gestalten der Rundung. Die Rundung ist eine Kreisbewegung immerwährenden und unendlichen Lebens. In jedem Runden muß die Rundung sein, damit dieses Runde in ihm ist. Wie daher weder der Begriff noch das Wesen des Runden oder Immerwährenden von etwas anderem her gewußt oder besessen werden kann als vom Mittelpunkt, um den herum sich die dauernde Bewegung bewegt, so daß, wenn er nicht existiert, weder Dauerhaftigkeit noch immerwährende Lebensbewegung, die in der Gleichheit zur Selbigkeit des Mittelpunktes ihren Bezug erhält, gekannt oder sein kann, so verhält sich auch der Mittelpunkt, der Christus ist, zu allen Umkreisungen.

Die Kreise also stellen diese Lebensbewegung dar. Und die lebendigeren Bewegungen werden durch die Kreise, die dem Mittelpunkt, der das Leben ist, näher sind, bezeichnet; denn es ist das Leben, das das Zentrum ist, und mit ihm verglichen, kann es nichts Größeres und Kleineres geben. In ihm ist nämlich

nequaquam vitalis erit. Est autem circularis et centralis motus, qui vita est viventium. Quanto autem circulus centro est propinquior, tanto citius cicumvolvi potest. Igitur qui sic est circulus, quod et centrum in nunc instanti circumvolvi potest. Erit igitur motus infinitus. Centrum autem punctus fixus est, erit igitur motus maximus seu infinitus et pariter minimus, ubi idem est centrum et circumferentia. Et vocamus ipsum vitam viventium in sua fixa aeternitate omnem possibilem vitae motum complicantem.

A: Intelligo te dicere velle parvitatem circulorum velociorem seu vivaciorem motum vitae figurare, quoniam ad centrum, quod est vita viventium propius accedunt. Sed dicito cur novem circulos figurasti?

C: Scimus aliquos in rationis motu veloces, alios tardos sed differentes, ut ex varietate ingeniorum experimur. Quorum quidam tanta gaudent vivacitate, ut brevissime discurrant. Alii tardius et vix umquam in aliquo proficiunt. Christus, qui est vita, est et sapientia, hoc est sapida scientia. Scientia in eo quia sapida ostenditur viva apprehensio. Et vita intellectualis est apprehensio sapientiae seu sapidae scientiae. Omnis igitur motus vivus rationalis est ut suae vitae causam videat et tali sapientia immortaliter pascatur, quod si ad hoc non pervenerit non vivit, quando suae vitae causam ignorat.

Deus autem est dator vitae, quem nisi Christus Dei filius ostendat nemo videbit. Ostendere enim solum ad ipsum spectat, quia non potest patrem ut patrem ostendere, nisi filius. Unus est autem pater Christi et nostri, qui est ipsa paternitas, quae est in omnibus patribus et in qua omnes patres sunt et continentur[1]. Sed ut clarius videas ipsum ostensorem patris, adverte quia ipse est veritas. Dicebat[2] enim se viam et ostium, vitam et veritatem. Ostensio certa et vera non nisi per veritatem fieri potest. Falsitas vero errat et deviat, quae mendaci diabolo seductori tribuitur.

---

[1] Vgl. Eph. 3, 16.
[2] Jh. 10, 1; 14, 6.

jede Lebensbewegung, die nicht außerhalb der Bewegung sein kann, enthalten. Denn wenn nicht in jeder Lebensbewegung das Leben ist, kann sie niemals lebendig sein. Die Kreis- und Mittelpunktsbewegung aber ist es, die das Leben der Lebenden bedeutet. Je näher der Kreis dem Mittelpunkt ist, um so schneller kann er umkreist werden. Was also so Kreis ist, daß es auch Mittelpunkt ist, kann in stehendem Jetzt umkreist werden. Dies wird demnach die unendliche Bewegung sein. Das Zentrum aber ist ein fester Punkt: die größte und unendliche Bewegung wird also auch gleicherweise die geringste sein; in ihr sind Zentrum und Umfang dasselbe. Und wir nennen sie das Leben der Lebenden, das in seiner feststehenden Ewigkeit jede mögliche Lebensbewegung in sich entfaltet.

A: Ich verstehe, daß du sagen willst, daß die Kleinheit der Kreise die schnellere oder lebendigere Lebensbewegung darstellt, weil diese dem Mittelpunkt, der das Leben der Lebenden ist, näher kommen. Aber sage, warum hast du neun Kreise dargestellt?

C: Wir wissen, daß manche im Denken wendig, andere schwerfällig oder jedenfalls verschieden sind, wie wir es auf Grund der unterschiedlichen Begabung erfahren. Manche von ihnen erfreuen sich einer so großen Wendigkeit, daß sie in kürzester Zeit den Gedanken durchlaufen. Andere sind schwerfälliger und kommen kaum irgendwann weiter. Christus, der das Leben ist, ist auch die Weisheit, d. h. schmackhaftes Wissen. Darin, daß das Wissen schmackhaft ist, zeigt es sich als lebendiges Ergreifen. Das geistig-vernünftige Leben ist das Ergreifen der Weisheit, des schmackhaften Wissens. Jede Lebensbewegung ist so wesensbestimmt, daß sie ihres Lebens Grund in den Blick bekommt und sich durch solche Weisheit unsterblich nährt; daß sie, wenn sie nicht dazu gelangt, nicht lebt, weil sie ihren Lebensgrund nicht kennt.

Gott aber ist der Geber des Lebens. Niemand würde ihn sehen, wenn ihn nicht Christus, der Sohn Gottes, offenbart. Dieses Zeigen kommt allein ihm zu, da nur der Sohn den Vater als Vater zeigen kann. Ein einziger aber ist der Vater Christi und unser Vater, der die Vaterschaft selbst ist, die in allen Vätern ist und in der alle Väter sind und zusammengehalten werden. Damit du indes den Offenbarer des Vaters deutlicher siehst, beachte, daß er selbst die Wahrheit ist. Er sagte nämlich, daß er Weg und Tor, Leben und Wahrheit sei. Gewisses und

Filiatio Dei in Christo se ipsam, quia veritas ostendit. Et qui Christum vere videt in eo patrem et ipsum in patre videt[1]. Circuli igitur sunt visionis gradus. In omni circulo videtur centrum omnibus commune propinquius in propinquioribus, remotius in remotioribus. Extra quem, cum centrum videri nequeat, quod non nisi in circulo videtur [extra visionis aeternae gradus et sine Christo] non videtur vita viventium seu lux luminum intellectualium.

Ideo in tenebra et umbra mortis[2] sic carent vita, sicut oculus integer in tenebris caret vita, quia videre est sibi vivere. In carentia autem lucis nihil videre potest licet sit oculus sanus. Ita anima licet incorruptibilis luce carens ostensiva, quae Christus est, non videt, nec intellectuali vita vivere potest. Sicut enim sensibilis visio ut sit vera et viva sensibili luce indiget ostensiva, ita et intellectualis visio intellectuali veritatis luce opus habet, si videre seu vivere debet. Et quia in denario terminatur omnis numerus, per novem circulos in decimum, quia sic circulus, quod centrum figuravi ascensum.

A: Cuncta competenter, quae dixisti etsi non cepi in gustu intelligentiae vidi tamen vera esse. Solum admiror postquam infinitas centralis lucis liberalissime se diffundit, quomodo gradus oriantur.

C: Haec lux non se diffundit per corporalia loca ut quasi lux corporea quae proximiora loca plus illuminat. Sed est lux, quae nec loco clauditur nec obstaculo impeditur sicut nec mentis nostrae cogitatio. Sed quae illuminantur non possunt nisi varia esse, quia multa et plura sine varietate nec multa nec plura essent alias idem essent. Receptio igitur lucis varia est in variis mentibus, sicut receptio unius lucis sensibilis in variis oculis varie capitur, in uno veriori et lucidiori modo quam in alio iuxta suam capacitatem, quae non potest esse aequalis in diversis. Recipiunt igitur christiformes lucem gloriae sufficienter omnes, sed dif-

---

[1] Vgl. Jh. 10, 30 u. a.

[2] Ps. 87, 7.

wahres Zeigen kann nur durch die Wahrheit geschehen. Die Falschheit dagegen, die dem lügenhaften Teufel, dem Verführer, zugeschrieben wird, irrt und weicht vom Wege ab. Die Gottessohnschaft zeigt sich selbst in Christus, weil er die Wahrheit ist. Und wer Christus wahrhaft sieht, sieht in ihm den Vater und ihn im Vater. Die Kreise sind also die Stufen der Schau. In jedem Kreis sieht man das allen gemeinsame Zentrum, näher sieht man es im näheren, enfternter im entfernteren. Außerhalb des Kreises und außerhalb der Stufen der ewigen Schau und ohne Christus kann, da man das Zentrum, das nur im Kreis gesehen wird, nicht zu sehen vermag, das Leben der Lebenden oder das Licht der geistigen Lichter nicht gesehen werden.

Also entbehren sie in Finsternis und Todesschatten so des Lebens, wie das unversehrte Auge im Dunkel des Lebens entbehrt, weil ihm Sehen Leben bedeutet. Beim Fehlen des Lichtes aber kann es nicht sehen, auch wenn das Auge gesund ist. Ebenso sieht die Seele nicht, noch kann sie in geistigem Leben leben, wenn sie des offenbarenden Lichtes entbehrt, das Christus ist, wiewohl sie unvergänglich ist. Wie nämlich die sinnliche Schau, um wahr und lebendig zu sein, des sichtbarmachenden, sinnlichen Lichtes bedarf, so hat auch die geistige Schau das geistige Licht der Wahrheit nötig, wenn sie sehen oder leben soll. Und weil im Zehner jede Zahl zu Ende kommt, habe ich den Aufstieg durch neun Kreise zum zehnten, der so Kreis ist, daß er auch Mittelpunkt ist, dargestellt.

A: Alles, was du gesagt hast, hast du in angemessener Weise gesagt. Und wenn ich es auch nicht in geistiger Verkostung erfaßt habe, so habe ich dennoch eingesehen, daß es wahr ist. Nur wundere ich mich darüber, wie Stufungen entstehen, nachdem sich die Unendlichkeit des zentralen Lichtes in höchster Freiheit ausbreitet.

C: Dieses Licht breitet sich nicht durch körperliche Räume wie das körperliche Licht aus, das nähergelegene Räume stärker erleuchtet. Es ist vielmehr ein Licht, das weder im Raum eingeschlossen, noch durch ein Hindernis behindert wird; so wie auch das Denken unseres Geistes nicht behindert wird. Was aber erleuchtet wird, kann nur Verschiedenes sein, weil Viele und Mehrere ohne Verschiedenheit weder Viele noch Mehrere, sondern das Selbe wären. Die Aufnahme des Lichtes also ist in den verschiedenen Geistern verschieden, so wie die Aufnahme einer einzigen sinnlichen Lichtquelle sich in verschiedenen Augen ver-

ferenter secundum capacitatem cuiusque. Sicut dum praedicator evangelicus lucem unam aeque ad singulos auditores diffundit, non tamen aeque ab omnibus capitur, cum non sint eiusdem mentis et capacitatis.

A: Cum nemo nisi beatus sit in regione vivorum, sitque solus ille beatus qui id habet, quod appetit, sitque unicum solum quies desideriorum scilicet meliori et perfectiori modo quo id fieri potest videre centrum vitae suae, ideo miror de eo, quod quosdam propius ad centrum accedere figurasti, cum remotiores non comprehendant meliori modo quo hoc fieri potest.

C: Figuratur fruitio beata in potatione fontis vitae, estque idem videre et bibere. Unus est fons vivus totam regionem viventium implens, de quo quantum quisque sitit et desiderat bibit. Non possunt duo aequaliter sitire et desiderare potum. Ideo licet omnes sufficientissime bibant quantum appetunt non tamen aequaliter quando aequaliter non sitiunt. Facit caritas sitire, quae in diversis diversa est. Sic Christus[1] figurabat regnum nuptiis ubi ipse ministrat cuique id, quod appetit. Saturantur igitur omnes quantum desiderant et famescunt, licet alii plus alii minus capiant[1].

A: Placent haec et video non esse novem circulos gloriae sed innumerabiles, quando quisque beatus proprium habet.

C: Licet sic sit quod tota latitudo regni vitae sit a centro ad circumferentiam et haec latitudo possit ad instar lineae quae in se infinitas habet lineas similes a centro ad circumferentiam concipi, unumque sit commune omnium centrum et circumferentia singulorum, tamen illa innumerabilis multitudo circumferentiam in novem gradus partitur ut gradatim per regnum illud pulcherrimo decoratum ordine nos ducamur, ubi idem est centrum commune et particularis circumferentia scilicet ad Christum.

---

[1] Vgl. Mt. 22, 1ff; Lk. 14, 16ff.

schieden vollzieht; in dem einen auf eine wahrere und lichthaftere Weise als in dem andern entsprechend der Aufnahmefähigkeit, die in Verschiedenem nicht gleich sein kann. Es nehmen also alle Christusförmigen das Licht der Herrlichkeit zur Genüge auf, jedoch in verschiedener Weise entsprechend der Fähigkeit eines jeden. Ebenso wird, wenn der Verkünder des Evangeliums über die einzelnen Hörer das eine gleiche Licht ausgießt, dieses Licht dennoch nicht von allen gleich vernommen, da sie nicht denselben Geist und dieselbe Fassungskraft besitzen.

A: Da nur ein Seliger in der Region der Lebenden ist und nur der selig ist, der das hat, was er begehrt, und es nur eine einzige Ruhe für alle Sehnsucht gibt — nämlich auf die relativ beste und vollkommenste Weise, in der dies geschehen kann, den Mittelpunkt seines Lebens zu sehen —, wundere ich mich darüber, daß du einige in der Darstellung näher ans Zentrum herankommen ließest; dann begreifen es ja die Entfernteren nicht auf die relativ beste Weise, nach der es geschehen kann.

C: Das glückliche Genießen wird im Trank aus der Lebensquelle dargestellt. Und Sehen und Trinken ist dasselbe. Eine einzige lebendige Quelle erfüllt die ganze Region der Lebenden; von ihr trinkt jeder, soviel ihn dürstet und er begehrt. Es können nicht zwei in gleicher Weise dürsten und Trank begehren. Wenn nun auch alle zur vollen Genüge, und soviel sie verlangen, trinken, so tun sie es dennoch nicht in der geichen Weise, da sie nicht in gleicher Weise dürsten. Die Liebe, die bei verschiedenen verschieden ist, läßt durstig sein. So stellte Christus das Reich im Bilde einer Hochzeit dar, wo er selbst jeden mit dem bedient, das er will. Es werden also alle gesättigt werden, soweit sie wollen und hungrig sind, auch wenn die einen mehr, die andern weniger nehmen.

A: Dies gefällt mir. Und ich sehe, daß es nicht neun Kreise der Herrlichkeit gibt, sondern ungezählte, da jeder Selige seinen eigenen hat.

C: Wenn es auch so ist, daß sich die ganze Breite des Lebensreiches vom Mittelpunkt bis zum Umkreis erstreckt und diese Breite wie eine Linie verstanden werden kann, die in sich unendlich viele ähnliche Linien vom Mittelpunkt bis zum Umkreis hat, und allen einzelnen das Zentrum und der Umkreis gemeinsam ist, so ist dennoch die unzählbare Vielheit der Umkreise in neun Stufen geteilt, damit wir stufenweise durch dieses mit der schönsten Ordnung geschmückte Reich dorthin geführt werden, wo das gemeinsame Zentrum und der Umkreis der Einzelnen das Selbe ist, nämlich zu Christus.

Ibi enim idem est centrum vitae creatoris et circumferentia creaturae. Christus enim Deus et homo est creator et creatura; quarum omnium beatarum creaturarum ipse est centrum. Et attente advertas circumferentiam ipsius esse naturae circumferentialis omnium circumferentiarum scilicet creaturarum rationabilium. Et cum sit idem identitate personali cum centro omnium, scilicet creatore, omnes beati per circumferentiam circulorum figurati in circumferentia Christi, quae est similis creatae naturae, quiescunt et finem attingunt propter circumferentiae naturae creatae cum increata natura, hypostaticam unionem, qua nulla maior esse potest. Ex quo vides Christum omnibus beatificandis adeo necessarium, quod sine ipso nemo felix esse potest, quoniam ipse est unicus mediator per quem accessus haberi potest ad viventem vitam.

A: Magna et pulchra dixisti, quae utinam adversarii christianorum considerarent. Mox [enim] pacem cum Christo et christianis inirent. Et ut parum ante de substantia et accidentibus dixi, ita mihi occurrit per novem circumferentiales designationes ad centrum attingi, uti per novem accidentia ad substantiam.

C: Numerus discretio est, quae est unius ab alio. Et hoc per unum aut per [alterum][1] aut tertium et ita consequenter usque ad denarium, ubi sistitur. Quare et omnis numerus ibi terminatur. Sic et accidentia novem generibus generalissimis distinguuntur et ad notitiam quidditatis seu substantiae conferunt, nam aut per unum accidens aut duo aut tria aut quattuor aut quinque aut sex aut septem aut octo aut novem, ubi impletur numerus, qui in denarii unitate complicatur. Numerare discernere est. Res autem maxime per substantiam discernuntur, et substantiae per quantitatem, qualitatem et alia accidentia, quae in novem generibus accidentium complicantur. Ob plenam igitur discretionem denotandam talem feci figurationem.

A: Audivi et angelos novem choris distingui[2].

---

[1] Cod. Cus.: aliud.
[2] Vgl. Dionysius, De caelesti hierarchia II, a. a. O. p. 727.

Dort nämlich ist der Lebensmittelpunkt des Schöpfers und der Umfang des Geschöpfes das Selbe. Christus ist Gott und Mensch, ist Schöpfer und Geschöpf, und er selbst ist der Mittelpunkt aller seligen Geschöpfe. Beachte aufmerksam, daß sein Umkreis die umkreishafte Natur aller Umkreise, nämlich der vernunfthaften Geschöpfe, hat. Und da er in personaler Selbigkeit identisch ist mit dem Mittelpunkt von allem, nämlich dem Schöpfer, finden alle Seligen, die im Umkreis der Kreise dargestellt sind, im Umkreis Christi, der dem der geschaffenen Natur ähnlich ist, ihre Ruhe und erreichen ihr Ziel auf Grund der hypostatischen Einung des Umkreises der geschaffenen mit der ungeschaffenen Natur. Größer als diese kann keine sein. Daraus ersiehst du, daß Christus für alle, die selig werden wollen, so notwendig ist, daß ohne ihn niemand glücklich sein kann; er ist ja der einzige Mittler, durch den man Zugang zum lebendigen Leben erlangen kann.

A: Großes und Schönes hast du gesagt; möchten das doch die Gegner der Christen bedenken! Bald nämlich würden sie mit Christus und den Christen Frieden schließen. Und wie ich wenig zuvor von Grundbestand und dem Hinzukommenden gesprochen habe, so kommt mir jetzt der Gedanke, daß man durch die neun Umkreisbezeichnungen ebenso zum Zentrum gelangen kann wie durch die neun Arten des Hinzukommenden zum Grundbestand.

C: Die Zahl ist die Unterscheidung, die das eine vom andern sondert; durch das erste oder zweite oder dritte usw. bis zum zehnten, wo sie anhält. Darum wird auch jede Zahl dort beschlossen. Ebenso wird auch das Hinzukommende durch neun ganz allgemeine Arten unterschieden, welche zum Begriff der Washeit oder des Grundbestandes beitragen, nämlich durch ein Hinzukommendes, durch zwei, drei, vier, fünf, sechs, sieben, acht oder neun Hinzukommende. Dort wird die Zahl erfüllt, die in der Einheit des Zehners zusammengeschlossen wird. Zählen ist Unterscheiden. Die Dinge werden am meisten durch den Grundbestand geschieden, und dieser durch Quantität, Qualität und die übrigen Hinzukommenden, die in neun Arten des Hinzukommenden zusammengeschlossen werden. Um die vollständige Unterscheidung zu bezeichnen, habe ich also eine derartige Darstellung gegeben.

A: Ich habe gehört, daß auch die Engel in neun Chöre unterschieden werden.

C: Angeli intelligentiae sunt et quia varii sunt oportet intelligentiales eorum visiones et discretiones per ordines et gradus ab infimo usque ad supremum, qui Christus et magni consilii angelus[1] dicitur, intellectualiter distingui. Ex qua [distinctione] tres ordines et in quolibet tres chori reperiuntur. Et terminus centrum est, ut denarius terminus novem articulorum. Primus ordo est centralior et intelligibilium spirituum, qui simplici intuitu in centrum seu omnipotens exemplar omnia sine successione sive temporali sive naturali et simul omnia comprehendunt. Qui divinae maiestati assistunt, a qua habent, ut sic videre omnia possint. Nam sicut Deus a se habet hanc discretionem, ut in sua simplicitate omnia simul intueatur, quia intelligens causa, sic dat illis assistentibus spiritibus, ut in divina simplicitate simul omnia videant. Qui etiam ideo licet creati sint aeterni dicuntur, quia omnia simul cmprehendunt.

Alius [autem] ordo est intelligentium, quia omnia simul comprehendunt, sed non sine naturali secussione, scilicet ut alia ex aliis habent naturaliter provenire. Et licet sine successione temporali intelligant, quia tamen sine naturali ordine non possunt intelligere. Ideo subintrat in ipsis quaedam cognitionis debilitatio. Ideo non dicuntur aeterni ut intellectibiles, sed perpetui, quia in naturali ordine et successione intelligunt.

Tertius ordo rationalis dicitur, quia, licet certa sit eorum comprehensio, minus tamen perfecte intelligunt, quam alii.

Primus ordo tres habet choros, qui voluntaten divinam in Deo licet differenter intuentur et eius discretionem imitantur. Sed tres chori intelligibiles in intellectibilibus divinam voluntatem comprehendunt. Et tres chori rationales in intelligibilibus voluntatem divinam intuentur. Novem igitur sunt ordines et Deus in se omnia includens et continens, quasi denarius figuratur. Habet igitur quisque novem ordinum suam theophaniam sive divinam apparitionem et Deus decimam, a qua omnes emanant. Decem itaque sunt diversa genera discretionum, scilicet illa divina, quae

---

[1] Is. 9, 6.

C: Die Engel sind geistige Einsichten, und weil sie verschieden sind, muß man ihre geistigen Schauungen und Sonderungen durch Ordnungen und Stufen von den untersten bis zur höchsten — diese ist Christus und Bote des großen Ratschlusses genannt — in geistiger Weise unterscheiden. Auf Grund dieser Unterscheidung findet man drei Ordnungen und in jeder dieser Ordnungen drei Chöre. Und die Zielgrenze ist der Mittelpunkt, so wie der Zehner Zielgrenze der neun Teile ist. Die erste Ordnung ist mittelpunktsnäher und besteht aus einsichtig-vernünftigen Geistern, die mit einem einfachen Blick ins Zentrum, oder in das allmächtige Urbild, alles ohne Aufeinanderfolge, sei sie zeitlich oder natürlich, zugleich begreifen. Sie dienen der göttlichen Majestät, von der sie die Fähigkeit besitzen, alles so schauen zu können. Denn wie Gott, da er der einsehende Grund ist, von sich aus diese Sonderung besitzt, daß er in seiner Einfachheit alles zugleich schaut, so verleiht er auch jenen dienenden Geistern die Gabe, in der göttlichen Einfachheit alles zu wissen. Obgleich geschaffen, werden sie daher auch ewig genannt, denn sie begreifen alles zugleich.

Eine andere Ordnung ist die der Einsichtigen, die alles zugleich begreifen, jedoch nicht ohne natürliche Abfolge, so nämlich, wie das eine aus dem andern der Natur nach hervorgeht. Und wenn sie auch ohne zeitliche Abfolge einsehen, so können sie dennoch nicht ohne natürliche Ordnung einsehen. Daher erfahren sie eine Art Schwächung ihrer Erkenntnis. Folglich kann man sie nicht ewig nennen wie die direktschauenden Einsichten, wohl aber immerwährend, weil sie in natürlicher Ordnung und Reihenfolge einsehen.

An dritter Stelle wird die verstandesbestimmte Ordnung genannt, weil sie, obwohl ihre Erkenntnis gewiß ist, weniger als die andern, aber dennoch vollkommen einsehen.

Die erste Ordnung hat drei Chöre, die den göttlichen Willen in Gott, wenn auch unterschiedlich, erblicken und dessen Sonderung nachahmen. Die drei einsichtigen Chöre dagegen begreifen den göttlichen Willen in den direkt schauenden Einsichten, und die drei verstandesbestimmten Chöre sehen ihn in den Einsichtigen. Es sind also neun Ordnungen. Und Gott ist, alles in sich einschließend und zusammenhaltend, gleichsam als Zehner dargestellt. Jede der neun Ordnungen besitzt also ihre Theophanie, d. h. göttliche Erscheinung, und Gott ist die zehnte,

in centro figuratur et in causa omnium et aliae novem in novem choris angelorum. Et non sunt plures nec numeri nec discretionis. Hinc patet cur sic regnum vitae figuraverim et centrum luci solari conformaverim et tres proximos circulos ingneos, alios aetheoros et tres quasi aqueos, qui in nigro terreno desinunt depinxerim.

A: Cum denarius sit omnem discretionem complicans, cur in quaternario sistit progressio? Nam non nisi quattuor dicuntur causae seu rerum rationes et quattuor elementa et quattuor anni tempora et ita de multis.

C: A maximo exteriori circulo usque ad minimum interiorem et centralem si numeras dicendo primo semel unum et deinde numando bis unum, deinde ter unum et postea quater unum terminabitur quaternarius in centro. Sic vides unum et duo et tria et quattuor simul facere decem. Quare progressio in quaternario terminatur, cum non sit discretio sive numerus, qui in ipso non reperiatur. Non tamen vides nisi unum in omni numero. Nec est aut esse potest nisi unum unum. Plura non sunt unum. Sicut in omnibus circulis non vides nisi circulum unius rationis licet circumferentia unius plus distet a centro quam alterius, hoc necessario contingit in pluribus, cum plures circumferentias ab eodem centro aeque distare non sit possibile. Sequitur igitur alteritas pluralitatem. Quare etsi in omnibus entibus non sit nisi una entitas et omnia entia in ipsa, quae Deus est, ita quod non sit opus ad discernendum omnia entia, ut entia sunt, nisi habere unius entitatis descretionem, tamen, cum multitudinem sequatur alteritas, ad discretionem omnium entium, ut multa sunt, numerus alteritatis discretor est necessarius, sine quo unum ab altero discerni non potest.

A: Non igitur cognoscit Deus entia? Cognitio disretio est, quae sine numero non videtur possibilis.

C: Cognoscere Dei est esse. Esse Dei est entitas. Cognoscere Dei est entitatem divinam in omnibus entibus esse. Non sic est mens nostra in iis, quae cognoscit, sicut Deus, qui cognoscendo creat et format. Sed mens nostra cognoscendo creata discernit, ut sua notionali virtute omnia ambiat. Sicut Deus omnium exemplaria in

von der die andern ausgehen. Es gibt also zehn verschiedene Gattungen von Sonderung, nämlich die göttliche, die sich im Mittelpunkt und Ursprungsgrund der andern darstellt, und die andern neun, dargestellt in neun Chören der Engel. Und es sind nicht mehr, weder der Zahl noch der Sonderung nach. Daraus wird offenkundig, warum ich das Reich des Lebens so dargestellt habe und den Mittelpunkt dem Sonnenlicht angeglichen, die drei nächsten Kreise feurig, die nächsten drei luftig und die letzten drei, die im erdhaften Dunkel aufhören, gleichsam wäßrig gezeichnet habe.

A: Wenn der Zehner alle Sonderung zusammenschließt, warum verharrt dann der Fortgang im Vierer? Denn man zählt nur vier Ursachen oder Bestimmungsgründe auf und nennt vier Elemente, vier Jahreszeiten usw.

C: Wenn du vom größten äußersten Kreis bis zum kleinsten inneren und zentralen zählst und wenn du zuerst einmal eins, dann zweimal eins und dann dreimal eins und danach viermal eins zählst, wird der Vierer als Ziel im Mittelpunkt erreicht. So erkennst du, daß eins und zwei und drei und vier zusammen zehn sind. Darum erhält der Fortschritt im Vierer seine Zielgrenze, da es keine Sonderung oder Zahl gibt, die in ihm nicht gefunden würde. Dennoch erkennt man in jeder Zahl nur die Eins. Auch ist oder kann nur das eine Eines sein. Mehrere sind nicht Eines. Und wie man in allen Kreisen nur den Kreis eines einzigen Wesenssinnes erkennt — auch wenn der Umfang des einen vom Zentrum weiter entfernt ist als der des andern —, so trifft dies notwendig auch im Vielen zu, da es nicht möglich ist, daß mehrere Umkreise von demselben Mittelpunkt gleichen Abstand haben. Es folgt also die Andersheit der Vielheit. Wohl ist in allen Seienden nur eine Seiendheit, und alle Seienden sind in ihr, die Gott ist; darum ist es zur Sonderung aller Seienden als Seiende nur notwendig, die Besonderung der einen Seiendheit zu haben. Dennoch ist die Zahl, das Sonderungsprinzip der Andersheit, ohne den das Eine vom Andern nicht gesondert werden kann, nötig zur Sonderung aller Seienden, da die Andersheit der Vielheit folgt.

A: Gott erkennt also das Seiende nicht? Die Erkenntnis ist eine Sonderung, die ohne Zahl nicht möglich zu sein scheint.

C: Das Erkennen Gottes ist Sein. Das Sein Gottes ist die Seiendheit. Das Erkennen Gottes bedeutet, daß die göttliche Seiendheit in jedem Seienden ist. Unser Geist ist in dem, was er erkennt, nicht so wie Gott, der im Erkennen schafft und bildet. Unser Geist scheidet vielmehr im Erkennen das Geschaf-

se habet ut omnia formare possit, ita mens omnium exemplaria in se habet, ut omnia cognoscere possit.

Deus vis est creativa secundum quam virtutem facit omnia veraciter esse id, quod sunt, quoniam ipse est entitas entium. Mens nostra vis est notionalis secundum quam virtutem facit omnia notionaliter esse. Unde veritas est eius obiectum, cui suum conceptum si assimilat omnia in notitia habet et entia rationis dicuntur. Lapis enim in notitia mentis non est ens reale sed rationis[1].

Vides igitur Deum non indigere numero ut discernat, sed mens nostra sine numero non discernit rerum alteritates et differentias.

A: Nonne creator creat etiam alteritatem? Si sic, utique cum non creet, quod non intelligit, alteritas autem sine numero non intelligitur, per numerum igitur discernit.

C: Omnia creat Deus, etiam alterabilia et mutabilia et corruptibilia. Tamen alteritatem et mutabilitatem corruptionemve non creat. Cum [ipse] sit ipsa entitas non creat interitum, sed esse. Quod autem intereant aut alterentur non habent a creante, sed sic contingit. Deus est causa efficiens materiae, non privationis et carentiae, sed opportunitatis seu possibilitatis, quam carentia sequitur, ita quod non sit opportunitas absque carentia, quae contingenter se habet. Malum igitur et posse peccare et mori et alterari non sunt creaturae Dei, qui [est] entitas. De essentia igitur cuiuscumque non potest esse alteritas, cum in ipsa non sit entitas nec ipsa in entitate. Nec est de essentia binarii alteritas, licet eo ipso, quod est binarius, contingat adesse alteritatem. Sicut enim plura pisa unica proiectione super planum pavimentum proiecta sic se habent, quod nullum pisum aut moveatur aut quiescat aequaliter cum alio et alius sit locus et motus cuiuslibet, tamen illa alteritas et variatio non est a proiiciente omnia simul aequaliter, sed ex contingenti, quando non est possibile ipsa aequaliter moveri aut eodem in loco quiescere.

---

[1] Vgl. Aristoteles, De anima III, 8, p. 431 b.

fene, so daß er in seiner begreifenden Kraft alles umfaßt. Wie Gott die Urbilder aller Dinge in sich hat, so daß er alles gestalten kann, so hat der Geist aller Dinge Urbild in sich, daß er alles erkennen kann.

Gott ist die schöpferische Kraft; ihr gemäß läßt er alles in Wahrheit so sein, daß es das ist, was es ist, da er selbst die Seiendheit der Seienden ist. Unser Geist ist begriffliche Kraft. Dieser Kraft entsprechend, läßt er alles begrifflich sein. Daher ist die Wahrheit sein Gegenstand. Wenn er ihr seine Grundbegriffe angleicht, hat er alles im Begriff, und die Dinge werden Gedankendinge genannt. Der Stein nämlich ist im Begriff des Geistes kein wirkliches, sondern ein gedankliches Seiendes.

Du siehst also, daß Gott zur Sonderung nicht der Zahl bedarf. Unser Geist dagegen unterscheidet ohne die Zahl nicht die Andersheiten und Unterschiede der Dinge.

A: Erschafft der Schöpfer nicht die Andersheit? Wenn dem so ist und er nichts schafft, was er nicht versteht, die Andersheit aber ohne Zahl nicht verstanden wird, dann sondert er also doch durch die Zahl.

C: Gott erschafft alles, auch das Veränderliche, Wandelbare und Auflösbare. Dennoch schafft er nicht Veränderlichkeit, Wandelbarkeit und Auflösbarkeit. Da er die Seiendheit selbst ist, schafft er nicht Untergang, sondern Sein. Daß aber die Seienden zugrundegehen oder sich verändern, haben sie nicht vom Schaffenden, sondern es trifft so zu. Gott ist der Wirkgrund der Materie, nicht der Beraubung und des Fehlens, sondern der Gelegenheit oder Möglichkeit, der das Fehlen folgt, so daß es keine Gelegenheit ohne Fehlen gibt, das sich nach der Weise des Hinzukommenden verhält. Das Böse also und das Sündigen-Können, das Sterben und Sich-Wandeln, sind keine Geschöpfe Gottes, welcher die Seiendheit ist. Auf Grund der Wesenheit irgendeines Dinges kann es keine Andersheit geben, da weder in dieser Seiendheit, noch sie in der Seiendheit ist. Auch stammt die Andersheit nicht aus der Wesenheit des Zweiers, obgleich es sich auf Grund dessen, daß es den Zweier gibt, ergibt, daß Andersheit da ist. So verhalten sich zum Beispiel mehrere Erbsen, die man mit einem Wurf auf eine ebene Fläche wirft, dergestalt, daß keine sich in gleicher Weise wie eine andere bewegt oder zur Ruhe kommt und Ort und Bewegung einer jeden anders ist; dennoch kommt diese Andersheit und Verschiedenheit nicht von dem, der alle zugleich und in gleicher Weise wirft, sondern auf Grund der Umstände, da es nicht möglich ist, daß diese sich in gleicher Weise bewegen oder am selben Ort zur Ruhe gelangen.

A: Nonne entitatis est unire et connectere?

C: Utique.

A: Illa autem varia et alia atque divisa esse oportet, quae connecti debent.

C: Licet Deus non sit causa divisionis, qui est nexus, tamen omnium variorum et diversorum creator [est]. Nexus autem est ante divisionem, quoniam divisio unionem praesupponit. Connectit igitur unitas, quae entitas, diversa [et] divisa in unam concordantem harmoniam. Plura enim ut plura non habent esse nisi ut sunt connexa. Connexio ab unitate et aequalitate procedit. Plura igitur entia ab unitate seu entitate non habent, [quod sunt][1] plura. Sed cum non possint esse multa nisi et altera et divisa, ideo ut in unitate subsisterent per entitatem, quae Deus est connexa sunt connexione, quae est prior natura quam divisio. Si igitur acute inspicis vides entitatem esse ipsam unitatem, quae de se generat aequalitatem, a quibus procedit nexus, qui unitatis et aequalitatis nexus est. Aequalitas autem non potest esse nisi diversarum aequalium hypostasum ante omnem inaequalitatem et alteritatem.

Quare si ad pluralitatem creaturarum unius universi respicimus in ipsis reperimus unitatem, quae est omnium entitas et aequalitatem unitatis. Aequaliter enim omnia entitatem habent, cum unum ens non sit neque plus neque minus ens quam aliud. In quibus omnibus et singulis tota entitas est in aequalitate. Suntque ideo ad unum connexa, quia in omnibus et singulis est entitas et [entitas][2] aequalitatis [et] nexus ab unitate et aequalitate procedens. Sic vides primam causam unam, quia prima, et trinam, quia est unitas, aequalitas et nexus. Et nisi hoc verum esset non esset causa ipsa entitas entium. Deus igitur, quia creator, non potest esse nisi trinus et unus. Est igitur mundus creatus, ut in ipso videatur creator trinus et unus, qui pater dicitur, cum sit unitas, quae entitas, et filius, quia aequalitas unitatis. Gignit enim unitas, quae entitas, aequalitatem, quae est essendi aequalitas; et

---

[1] Cod. Kr.,; Cod. Cus.: quod non sunt.
[2] Konjektur.

A: Kommt es der Seiendheit nicht zu, zu einen und zu verknüpfen?

C: Gewiß.

A: Was aber verknüpft werden soll, muß verschieden, anders und getrennt sein.

C: Wenn auch Gott, der die Verknüpfung ist, nicht der Grund der Trennung ist, so ist er dennoch der Schöpfer alles Verschiedenen und Getrennten. Die Verbindung aber ist vor der Trennung, da diese die Einung voraussetzt. Es verbindet also die Einheit, die die Seiendheit ist, das Verschiedene und Getrennte zu einer zusammenstimmenden Harmonie. Mehrere nämlich haben als Mehrere nur insofern Sein, als sie verbunden sind. Die Verbindung geht aus der Einheit und Gleichheit hervor. Mehreren Seienden kommt es also nicht von der Einheit oder Seiendheit zu, daß sie mehrfaches Sein sind. Da sie nur viele sein können, wenn sie auch andere und getrennte sind, sind sie durch die Seiendheit, die Gott ist, verbunden, damit sie in der Einheit bestehen, und die Verbindung ist der Natur nach früher als die Trennung. Wenn man genau hinsieht, erkennt man, daß die Seiendheit die Einheit selbst ist. Diese erzeugt von sich die Gleichheit. Aus ihnen geht die Verbindung hervor, die die Verbindung von Einheit und Gleichheit ist. Die Gleichheit kann nur die Gleichheit getrennter Hypostasen sein, die vor aller Ungleichheit und Andersheit steht.

Wenn wir daher auf die Vielheit der Geschöpfe des einen Gesamt blicken, finden wir in ihnen die Einheit, die die Seiendheit von allem ist, und die Gleichheit der Einheit. In gleicher Weise nämlich besitzen alle die Seiendheit, da das eine Seiende nicht mehr noch weniger Seiendes ist als das andere. In allen und jedem einzelnen ist die ganze Seiendheit in Gleichheit. Sie sind also zu Einem verbunden, weil in allem und jedem die Seiendheit ist und die Einheit der Gleichheit, und die Verknüpfung, die aus Einheit und Gleichheit hervorgeht. So erkennt man, daß der erste Grund, weil er eben erster Grund ist, einer ist und daß er dreifach ist, weil er Einheit, Gleichheit und Verbindung ist. Wäre dies nicht wahr, dann wäre der Grund selbst nicht die Seiendheit der Seienden. Weil Gott der Schöpfer ist, kann er nur ein Dreier-und-Einer sein. Die Welt ist dazu

spiritus sanctus, quia nexus seu amor unitatis et aequalitatis, prout hoc alibi[1] latius declaravimus.

A: Haec saepius repeti expetit, quia utilia et rara, quae spero in futurum melius degustabo. Nunc ad centrum simplicissimum me convertens video ipsum principium medium et finem omnium circulorum. Nam eius simplicitas est indivisibilis et aeterna, omnia in sua indivisibili et strictissima unitate complicans. Est initium aequalitatis. Nisi enim omnes lineae a centro ad circumferentiam sint aequales, utique non est centrum circuli. Indivisibilitas centri est simplex initium aequalitatis. Et nisi punctalis simplicitas cum aequalitate sit connexa, utique non potest esse centrum circuli, de cuius essentia est aequedistantia a circumferentia. Sic video unitatem, aequalitatem et utriusque nexum in centrali puncto.

C: Acute intras et postquam advertis dictum sapientis, qui aiebat Deum circulum, cuius centrum est undique, tunc vides, quod sicut punctus in omni quanto undique reperitur, ita Deus in omnibus. Non tamen propterea sunt plura puncta, quia mens punctum undique in quanto reperit. Sic nec plures sunt dii, licet in singulis videatur.

A: Non bene capio hoc. Declara quaeso, quomodo punctus non est multiplicatus, ut sint plura puncta, licet undique in quanto videatur?

C: Si chartam unam scribendo impleres nihil nisi li unum undique scribendo, utique licet undique videres unum esse scriptum, non esset propterea veraciter plus quam unum unum undique scriptum. Tu enim licet pluries scribas unum in diversis locis non tamen propterea unum est mutatum et plurificatum.

---

[1] Vgl. De docta ignorantia I, 7, Schriften, Bd. I, p. 214ff.

geschaffen, daß in ihr der drei und eine Schöpfer gesehen werde; weil er die Einheit ist, welche Seiendheit ist, wird er Vater genannt, und weil er die Gleichheit der Einheit ist, Sohn — es zeugt nämlich die Einheit, welche die Seiendheit ist, die Gleichheit, welche die Gleichheit des Seins ist — und heiliger Geist, weil er die Verbindung oder die Liebe der Einheit und Gleichheit ist, wie wir dies andernorts ausführlich dargelegt haben.

A: Es ist gut, dies öfters zu wiederholen, da es Nützliches und Seltenes ist. Ich hoffe dies in Zukunft besser zu verkosten. Wenn ich mich jetzt zum einfachsten Mittelpunkt wende, erkenne ich, daß er Ursprung, Mitte und Ziel aller Kreise ist. Denn seine Einfachheit ist unteilbar und ewig. Er schließt in seiner unteilbaren und ganz geschlossenen Einheit alles zusammen. Er ist der Anfang der Gleichheit. Wenn nämlich nicht alle Linien vom Mittelpunkt zum Umkreis gleich wären, wäre er in keiner Weise der Mittelpunkt des Kreises. Die Unteilbarkeit des Mittelpunktes ist der einfache Anfang der Gleichheit. Und wenn die punkthafte Einfachheit nicht mit der Gleichheit verknüpft wäre, könnte sie in keiner Weise der Kreismittelpunkt sein, zu dessen Wesenheit der gleiche Abstand zum Umkreis gehört. So sehe ich Einheit, Gleichheit und beider Verbindung im Mittelpunkt.

C: Du dringst scharfsinnig ein. Und wenn du den Ausspruch jenes Weisen beachtest, der sagte, daß Gott ein Kreis sei, dessen Mittelpunkt überall ist, dann siehst du, daß Gott so in allem gefunden wird, wie der Punkt in jedem quantitativ Ausgedehnten überall gefunden wird. Dennoch gibt es deswegen nicht mehrere Punkte, weil der Geist den Punkt überall im Ausgedehnten findet. So gibt es auch nicht mehrere Götter, obgleich Gott im Einzelnen zu sehen ist.

A: Dies begreife ich nicht recht. Erkläre bitte, wieso der Punkt nicht vervielfältigt wird, so daß es mehrere Punkte gibt, obwohl er im quantitativ Ausgedehnten überall erblickt wird?

C: Wenn du ein Blatt vollschreiben würdest, indem du nichts als nur „eins“ überall schriebest, dann wäre, obwohl du überall nur „eins“ geschrieben sähest, deshalb gewiß nicht mehr als ein „eins“ geschrieben. Denn wenn du auch vielfach an verschiedenen Orten eins schreibst, so ist deshalb die Eins doch noch nicht verändert und vervielfältigt.

A: Certum est me multiplicasse unius scripturam non unum ipsum.

C: Uti[que] in omnibus albis mens videt albedinem non tamen ideo sunt plures albedines. Ita in omnibus atomis videt punctum, tamen ideo non non sunt plura puncta, quod clarius intelliges, quando consideras unum simplicissimum in se complicare omnem multitudinem. Ideoque esse immultiplicabile, cum sit complicatio omnis multiplicationis seu multitudinis. Quare in omni multitudine videtur, quia non est multitudo nisi explicatio unitatis. Sic de puncto, qui est complicatio magnitudinis pariformiter dicendum vides.

A: Haec sic esse intueor.

C: Consequenter aperi mentis obtutum et videbis Deum in omni multitudine esse, quia est in uno, et in omni magnitudine, quia est in puncto. Ex quo constat, quod divina simplicitas subtilior est uno et puncto, quibus dat virtutem complicativam multitudinis et magnitudinis. Quare Deus est virtus magis complicativa quam unius et puncti.

A: Utique maior est Dei simplicitas quam unius et puncti.

C: Igitur et magis complicativa, nam vis complicativa est in simplicitate, quae quanto magis unita, tanto magis simplex et complicativa. Ideo Deus qui est vis, qua nulla maior esse potest, est vis maxime unita et simplex. Quare maxime potens et complicans. Igitur est complicatio complicationum.

A: Verissima profers.

C: Esto igitur ens esse omnium existentium complicationem, tunc cum nullum ens sit, nisi in ipso sit entitas, certissimum esse vides Deum eo ipso, quod entitas est in ente, esse in omnibus. Et licet ens ipsum in omnibus, quae sunt videatur, non est tamen nisi unum ens sicut de uno et puncto dictum est. Nec aliud est dicere Deum esse in omnibus, quam quod entitas est in ente omnia complicante. Sic optime ille vidit qui dixit[1], quia Deus est, omnia sunt.

A: Placeret illius conclusio nisi obstaret Deum ab aeterno fuisse et creaturas incepisse.

[1] Cf. Scotus Er., De div. nat. III, 17ff.

A: Es ist gewiß, daß ich das Schriftzeichen der Eins vervielfältigt habe, nicht die Eins selbst.

C: So sieht der Geist in jedem Weißen das Weißsein. Dennoch gibt es deshalb nicht mehrere Weißsein. Ebenso sieht er in jedem Atom den Punkt, darum gibt es aber nicht viele Punkte. Dies sieht man deutlicher ein, wenn man bedenkt, daß das einfachste Eine in sich alle Vielheit einschließt und daher nicht vervielfältigt werden kann, weil es die Einfaltung jeder Vervielfachung oder Vielheit ist. Es wird darum in jeder Vielheit gesehen, denn diese ist nichts anderes als die Ausfaltung der Einheit. Du siehst nun, daß man in gleicher Weise vom Punkt sprechen muß, der die Einfaltung der Größe ist.

A: Ich sehe ein, daß es sich so verhält.

C: Öffne folgerichtig das Auge des Geistes. Du wirst sehen, daß Gott in jeder Vielheit ist, weil er im Einen ist, und in jeder Größe, weil er im Punkt ist. Daher steht fest, daß die göttliche Einfachheit feiner ist als das Eine und der Punkt, denen sie die Kraft der Zusammenfaltung von Vielheit und Größe verleiht. Daher ist Gott eine stärker zusammenfaltende Kraft als die des Einen und des Punktes.

A: Gewiß ist Gottes Einfachheit größer als die des Einen und des Punktes.

C: Folglich schließt sie auch mehr zusammen. Denn die zusammenschließende Kraft ist in der Einfachheit, die, je mehr sie geeint ist, um so einfacher und zusammenschließender ist. Darum ist Gott, der jene Kraft ist, über die hinaus keine größer sein kann, die am meisten geeinte und einfache Kraft. Darum ist er der Mächtigste und am meisten Zusammenschließende. Er ist also der Zusammenschluß der Zusammenschlüsse.

A: Sehr wahr!

C: Angenommen, ein Seiendes sei der Zusammenschluß alles Existierenden. Dann erkennt man, daß es, da es kein Seiendes gibt, außer es sei die Seiendheit in ihm, ganz sicher ist, daß Gott dadurch, daß er die Seiendheit im Seienden ist, in allen Dingen ist. Und wenn auch das Seiende selbst in jedem, das ist, gesehen wird, so ist es doch nur ein einziges Seiendes, so wie es vom Einen und vom Punkt gesagt wurde. Zu sagen, Gott sei in allem bedeutet nichts anderes, als wenn man sagt, die Seiendheit ist im Seienden, das alles zusammenschließt. So sah jener sehr gut, der sagte: weil Gott ist, sind alle anderen Dinge.

A: Eine derartige Schlußfolgerung würde mir gefallen, wenn dem nicht entgegenstünde, daß Gott von Ewigkeit her gewesen ist, die Geschöpfe aber begonnen haben.

C: Tu deciperis. Imaginaris enim ante mundi creationem Deum fuisse et non creaturas. Sed dum attendis, [Deum prius non fuisse antequam omnia faceret, quia facere et esse Dei unum sunt][1], [vides][2] quod numquam verum fuit dicere Deum fuisse quin et creaturae essent. Fuisse enim aliquid tempore nondum existente non est possibile, cum fuisse sit praeteriti temporis. Tempus creatura aeternitatis; non enim est aeternitas, quae tota simul est, sed eius imago, cum sit in successione.

A: Cur dicitur tempus imago aeternitatis?

C: Nos aeternitatem non concipimus sine duratione. Durationem nequaquam imaginari possumus sine successione. Hinc successio, quae est temporalis duratio se offert, quando aeternitatem concipere nitimur. Sed mens dicit absolutam durationem, quae est aeternitas, naturaliter procedere durationem successivam. Et ita in successiva tamquam in imagine videtur duratio in se a successione absoluta sicut in imagine veritas.

A: Imaginatio igitur adiuvat mentem sibi coniunctam.

C: Certissimum est intelligentem ex phantasmatibus incorruptibilium haurire speculationem. Sunt autem phantasmata, quae offert imaginatio. Hinc subtiles imaginationes citius succurrunt rationcinanti et veritatem quaerenti. Nisi enim mens nostra indigeret adiutorio imaginationis, ut ad veritatem, quae imaginationem excedit, quam solum quaerit, perveniat, quasi saltator fossati baculo, non esset in nobis imaginationi coniuncta. De his nunc sic dictum sit.

A: Alibi ut fertur latius haec scripsisti[3]. Nunc revertentes ad circulares descriptiones ludi nostri dicito si quid mysterii restet.

C: Tanta sunt quae satis exprimi non possunt. Nam sicut de hierarchicis ordinibus bonorum spirituum dictum est, ita et [de] malis apostaticis spiritibus et eorum casu speculator multa

[1] Konjektur nach De divisione naturae I, zu der Cusanus die p. 236, Anm. 1, zitierte Randbemerkung geschrieben hat.
[2] Konjektur.
[3] Vgl. Idiota de mente, Schriften, Bd. III, p. 504ff.

C: Du täuschst dich. Du stellst dir nämlich vor, vor der Weltschöpfung sei Gott gewesen und die Geschöpfe nicht. Wenn du aber beachtest, daß Gott nicht gewesen ist, bevor er alles geschaffen hat, da Schaffen und Sein Gottes eines sind, wirst du sehen, daß es niemals wahr gewesen ist zu sagen, Gott sei gewesen, ohne daß die Geschöpfe gewesen seien. Daß nämlich etwas gewesen wäre, bevor es noch die Zeit gab, ist nicht möglich, weil das Gewesensein der vergangenen Zeit angehört. Die Zeit ist das Geschöpf der Ewigkeit. Sie ist nicht die Ewigkeit, die alles zugleich ist, sondern ihr Bild, da sie in Aufeinanderfolge besteht.

A: Warum nennt man die Zeit das Bild der Ewigkeit?

C: Wir begreifen die Ewigkeit nicht ohne Dauer. Die Dauer können wir uns in keiner Weise ohne Aufeinanderfolge vorstellen. Daher bietet sich uns die Aufeinanderfolge, die zeitliche Dauer ist, an, wenn wir versuchen, die Ewigkeit zu begreifen. Aber der Geist sagt, daß die absolute Dauer, welche die Ewigkeit ist, von Natur der aufeinanderfolgenden Dauer vorausgehe. Und so erblickt man in der aufeinanderfolgenden Dauer gleichsam wie im Bild die Dauer in sich, die von der Aufeinanderfolge abgelöst ist wie im Abbild die Wahrheit.

A: Die Einbildungskraft hilft also dem ihr verbundenen Geist.

C: Es ist ganz gewiß, daß der Einsehende aus den Vorstellungsbildern seine Betrachtung von dem Unvergänglichen schöpft. Die Vorstellungsbilder sind aber das, was die Einbildung darbietet. Daher kommen genaue Einbildungen dem Schlußfolgernden und dem, der die Wahrheit sucht, eher zu Hilfe. Denn wenn unser Geist nicht der Hilfe der Einbildung bedürfte, um zur Wahrheit, die die Einbildung übersteigt und die allein er sucht, zu gelangen, so wie einer mit Hilfe eines Stockes über einen Graben springt, wäre er nicht in uns mit der Einbildung verbunden. Soweit dieses Problem.

A: Wie man sagt, hast du andernorts ausführlicher darüber geschrieben. Wenn wir nunmehr wieder zur Kreisbeschreibung unseres Spieles zurückkehren, sage mir bitte, ob noch etwas vom Geheimnis aussteht.

C: Es ist so viel, daß man es gar nicht voll ausdrücken kann. Denn ebenso, wie es von der hierarchischen Ordnung der guten Geister gesagt wurde, findet der Betrachter auch viel

inveniet, quia de quolibet ordine et choro quidam transgressores ceciderunt et eorum casus est a certitudine scientiae in incertitudinem ruisse. Possunt et caelorum discretiones aliqualiter venari. Nam caelum visibile et caelum intelligibile et caelum intellectuale quidam sancti esse comprehenderunt et in quolibet trinam distinctionem, ut novenarius caelorum in denario, ubi est sedes Dei super cherubim, perficiatur.

A: Non dubito numeri discretionem esse et in denario comprehendi omnem numerum et discretionem. Ea vero, quae numerantur et discernuntur per hominem ab ipsa discretione non habent esse sed discerni. Nisi enim essent, quomodo discernerentur? Quare circa virtutem discretivam, quae est post essentiativam, pulchra videtur speculatio, quam rogo adiicias.

C: Tangam aliquid, ut paream nobili tuo desiderio. Vis illa discretiva rationalis anima in nobis appellatur. Ratione quidem discernit. Ratiocinatio supputatio et numeratio est. Nam licet anima visu visibilia, auditu audibilia et generaliter sensu sensibilia capiat, non tamen discernit nisi ratione. Quando enim audimus concinentes voces sensu attingimus. Sed differentias et concordantias ratione et disciplina mensuramus. Quam vim in brutis non reperimus. Non enim habent vim numerandi et proportionandi. Et ideo incapaces sunt disciplinae musicae, licet sensu voces nobiscum attingant et moveantur concordantia vocum ad delectatationem.

Anima igitur nostra rationalis merito dicitur, quia est vis ratiocinativa seu numerativa [sive discretiva ac proportionativa][1] in se complicans cuncta, sine quibus perfecta discretio fieri nequit. Quando enim sensu auditus movetur ad motum delectationis ob dulcem harmonicam concordantiam, et intra sé invenit rationem concordantiae in numerali proportione fundari disciplinam ratiocinandi de musicis concordantiis per numerum invenit. Videtur

[1] Cod. Kr.

über die abtrünnigen Geister und deren Fall, da von jeder Ordnung und jedem Chor einige Übertreter stürzten. Ihr Fall besteht darin, daß sie von der Gewißheit des Wissens in die Ungewißheit gestürzt sind. Man kann auch durch die Sonderung der Himmel ein wenig erfahren. Denn manche Heilige haben begriffen, daß es einen sichtbaren, einen einsichtigen und einen geistig-vernünftigen Himmel gibt und in jedem eine dreifache Unterscheidung, so daß die neunfache Zahl der Himmel im Zehner, wo der Thron Gottes über den Cherubim steht, vollendet wird.

A: Ich zweifle nicht, daß es eine Unterscheidung der Zahl gibt und daß jede Zahl und Unterscheidung im Zehner einbegriffen ist. Das aber, was vom Menschen gezählt und unterschieden wird, hat von der Unterscheidung selbst nicht das Sein, sondern das Unterschieden-Werden. Denn wenn sie nicht wären, wie könnten sie dann unterschieden werden? Daher scheint es mir eine schöne Betrachtung zu geben über die sondernde Kraft, die nach der Kraft kommt, welche das Sein verleiht. Ich bitte dich, diese anzufügen.

C: Ich will etwas davon streifen, um deinem edlem Verlangen zu entsprechen. Jene sondernde Kraft wird in uns verständige Seele genannt. Mit dem Verstand nämlich sondert und unterscheidet sie. Die verständige Schlußfolgerung ist Berechnung und Zählung. Denn wenn auch die Seele mit dem Gesicht das Sichtbare, mit dem Gehör das Höbare und ganz allgemein mit der Sinnlichkeit das sinnlich Wahrnehmbare begreift, so sondert und unterscheidet sie dennoch nur mit dem Verstand. Wenn wir nämlich hören, berühren wir die zusammenklingenden Töne mit dem Sinn. Die Unterschiede jedoch und die Übereinstimmungen messen wir mit dem Verstand und der Wissenschaft. Diese Kraft finden wir in den Tieren nicht. Sie haben nicht die Fähigkeit, zu zählen und zu vergleichen. Und daher sind sie des Musikverständenisses nicht fähig, wenngleich sie vermittels der Sinnlichkeit die Töne aufnehmen wie wir und durch deren Zusammenklang in Entzücken geraten.

Mit Recht also wird unsere Seele verständige Seele genannt, da sie die schlußfolgernde, zählende, unterscheidende und ins Verhältnis setzende Kraft ist, die in sich alles zusammenschließt, ohne das es keine vollkommene Sonderung geben kann. Wenn der Gehörsinn sie durch süßen, harmonischen Zusammenklang in entzückte Bewegung bringt und sie in sich entdeckt, daß der Wesenssinn des Zusammenklangs im zahlenmäßigen Verhältnisbezug be-

igitur anima esse viva illa unitas numeri, principium in se omnem discretivum numerum complicans, quae de se ipsa numerum explicat, ut discretivae lucis viva scintilla se ipsam expandens super illa, quae discernere cupit et se ipsum ab iis, quae scire non cupit, retrahens, sicut visum sensibilem ad visibile, quod videre cupit, convertit et a visibili, quod respuit, avertit.

A: Haec audire concupivi. Sed cum supra Deum dixeris unitatem, et modo animam unitatem appelles, quomodo haec intelligere debeam dicito.

C: Deus est unitas illa, quae et entitas, omnia ut esse possunt complicans. Anima vero rationalis est unitas omnia ut nosci seu discerni possunt complicans. In unitate, quae Deus est, complicatur unitas animae rationalis ut esse possit id, quod est, scilicet ut est anima in se omnia notionaliter complicans. In unitate igitur, quae Deus est, omnia ut esse et cognosci possunt complicantur, cum idem sit in Deo unitas et entitas. Ideo ibi esse et cognosci similiter idem sunt. Unitas autem, quae est anima rationalis, non est idem cum ipsa entitate, quae est essendi forma, per quam habet et ipsa anima, quod est. Sed bene convertitur unitas animae cum sua propria entitate, licet non cum absoluta entitate, quia nec unitas animae est absoluta, sed est ipsius animae propria sicut et sua entitas.

Unde anima rationalis est vis complicativa omnium notionalium complicationum. Complicat enim complicationem multitudinis et complicationem magnitudinis scilicet unius et puncti. Nam sine illis scilicet multitudine et magnitudine nulla fit discretio. Complicat complicationem motuum, quae complicatio quies dicitur. Nihil enim in motu nisi quies videtur. Motus est enim de quiete in quietem. Complicat etiam complicationem temporis, quae nunc seu praesentia dicitur. Nihil enim in tempore nisi nunc reperitur. Et ita de omnibus complicationibus dicendum scilicet quod anima rationalis est simplicitas omnium complicationum notionalium. Complicat enim vis subtilissima animae rationalis in sua simplicitate omnem complicationem sine qua perfecta discretio fieri non potest. Quapropter ut multitudinem discernat

gründet ist, dann hat sie die Wissenschaft gefunden, mit Hilfe der Zahl musikalische Zusammenklänge zu berechnen und zu beurteilen. Die Seele erscheint also als jene lebendige Einheit, als der Ursprung der Zahl, der jede Unterscheidung gebende Zahl in sich einfaltet und aus sich entfaltet. Gleich einem lebendigen Funken unterscheidenden Lichtes breitet sie sich aus über das, was sie zu unterscheiden begehrt, und zieht sich zurück von dem, was sie nicht zu wissen begehrt, so wie sie das sinnliche Sehen auf das Sichtbare, das sie zu sehen wünscht, wendet und vom Sichtbaren, das sie verachtet, abkehrt.

A: Dies wollte ich hören. Aber da du oben gesagt hast, Gott sei die Einheit, und gerade soeben die Seele Einheit nennst, so sage mir bitte wie ich dies verstehen soll!

C: Gott ist jene Einheit, die auch die Seiendheit ist, die alles in sich zusammenschließt, damit es sein kann. Die verständige Seele dagegen ist jene Einheit, die alles in sich zusammenschließt, damit es erkannt oder unterschieden werden kann. In der Einheit, die Gott ist, ist die Einheit der wesensbestimmten Seele eingeschlossen, damit sie das sein kann, was sie ist; daß sie nämlich Seele ist, die alles begrifflich in sich einschließt. In der Einheit also, die Gott ist, ist alles eingefaltet, damit es sein und erkannt werden kann, da in Gott Einheit und Seiendheit das Selbe ist. Folglich sind dort Sein und Erkanntwerden in ähnlicher Weise das Selbe. Die Einheit aber, die die verständige Seele ist, ist nicht mit der Seiendheit identisch; diese ist die Gestalt des Seins, durch die auch die Seele selbst hat, daß sie ist. Wohl aber kann die Einheit der Seele mit ihrer eigenen Seiendheit gleichgesetzt werden, wenn auch nicht mit der absoluten Seiendheit; denn die Einheit der Seele ist nicht absolut, sondern ist dieser eigentümlich genauso wie ihre Seiendheit.

Daher ist die verständige Seele die zusammenschließende Kraft und Fähigkeit aller begrifflichen Zusammenschlüsse. Denn sie schließt den Zusammenschluß der Vielheit und der Größe, nämlich des Einen und des Punktes, zusammen. Denn ohne diese, d. h. Vielheit und Größe, gibt es keine Sonderung. Sie schließt den Zusammenschluß der Bewegung, der Ruhe genannt wird, zusammen. Denn nichts als nur die Ruhe wird in der Bewegung erkannt. Die Bewegung geht nämlich von der Ruhe zur Ruhe. Sie schließt auch den Zusammenschluß der Zeit, der Jetzt oder Gegenwart genannt wird, zusammen. Denn nichts findet man in der Zeit außer dem Jetzt. Und so gilt es von allen Zusammenschlüssen, daß die verständige Seele die Einfachheit aller begrifflichen Zusammenschlüsse ist. Die feinste Kraft und Fähig-

unitati seu complicationi numeri se assimilat et ex se notionalem multitudinis numerum explicat. Sic se puncto assimilat qui complicat magnitudinem, ut de se notionales lineas superficies et corpora explicet. Et ex complicatione illorum [vel illarum] scilicet unitatis et puncti mathematicales explicat figuras, circulares et polygonias, quae sine multitudine et magnitudine simul explicari nequeunt.

Sic se assimilat quieti, ut motum discernat. Et praesentiae seu ipsi nunc, ut tempus discernat. Et cum hae omnes complicationes sint in ipsa unitae [ipsa] tamquam complicatio complicationum explicatorie omnia discernit et mensurat et tempus et motum et agros et quaeque quanta.

Et invenit disciplinas scilicet arithmeticam, geometricam, musicalem et astronomicam et illas in sua virtute complicari experitur. Sunt enim illae disciplinae per homines inventae et explicatae. Et cum sint incorruptibilis et semper eodem modo manentes et vere videt anima se ipsam incorruptibilem, semper vere permanentem, quoniam non sunt illae mathematicae disciplinae nisi in ea et in eius virtute complicatae et per eius virtutem explicatae, adeo quod ipsa anima rationali non existente illae nequaquam esse possent. Unde et decem praedicamenta in eius vi notionali complicantur, similiter et quinque universalia et quaeque logicalia et alia ad perfectam notionem necessaria, sive illa habeant esse extra mentem sive non, quando sine ipsis non potest discretio et notio perfecte per animam haberi.

A: Quantum mihi placet intellexisse tempus, quod est mensura motus, sublata rationali anima non posse aut esse aut cognosci, cum sit ratio seu numerus motus. Et quod notionalia ut notionalia sunt ab anima hoc habent, quae est notionalium creatrix sicut Deus essentialium.

keit der verständigen Seele schließt in ihrer Einfachheit jeden Zusammenschluß, ohne den keine vollkommene Unterscheidung zustande kommen kann, zusammen. Aus diesem Grund, nämlich die Vielheit zu sondern, verähnlicht sie sich der Einheit oder dem Zusammenschluß der Zahl und entfaltet aus sich die begriffliche Zahl der Vielheit. Ebenso gleicht sie sich dem Punkt an, der die Größe einfaltet, um von sich die begrifflichen Linien, Oberflächen und Körper auszufalten. Und aus dem Zusammenschluß jener, nämlich der Einheit und des Punktes, entfaltet sie die mathematischen Gebilde, die Kreise und Vielecke, die ohne Vielheit und Größe zugleich nicht entfaltet werden können.

Ebenso gleicht sie sich der Ruhe an, damit sie die Bewegung unterscheide. Und auch der Gegenwart oder dem Jetzt, damit sie die Zeit unterscheide. Und da alle diese Zusammenschlüsse in ihr vereint sind, sondert sie gleichsam als Zusammenschluß der Zusammenschlüsse alles in Ausfaltung und mißt sowohl Zeit als auch Bewegung als auch Felder und jegliches quantitativ Ausgedehnte.

Sie erfindet die Wissenschaften, nämlich Arithmetik, Geometrie, Musik und Astronomie, und erfährt, daß sie in ihrer Kraft und Fähigkeit eingefaltet sind. Jene Wissenschaften sind nämlich vom Menschen erfunden und entfaltet. Und da sie unvergänglich sind und immer in derselben Weise bleiben, sieht die Seele in der Tat, daß sie selbst unzerstörbar ist und auch immer in derselben Weise wahrhaft dauert. Denn diese mathematischen Wissenschaften sind nur in ihr und in ihrer Kraft zusammengefaltet und durch ihre Kraft entfaltet, und zwar so sehr, daß sie, würde die verständige Seele nicht existieren, in keiner Weise sein könnten. Daher werden auch die zehn Kategorien in ihrer begrifflichen Kraft zusammengeschlossen. Ebenso die fünf Universalien, jedbesitzt oder nicht, da ohne sie die Unterscheidung und das Begreifen notwendig ist, sei es, daß es außerhalb des Geistes Sein besitzt oder nicht, da ohne sie die Unterscheidung und das Begreifen von der Seele nicht in vollkommener Weise vollzogen werden kann.

A: Ich bin sehr glücklich, eingesehen zu haben, daß die Zeit, die das Maß der Bewegung ist, weder sein noch erkannt werden kann, wenn man die wesensbestimmte Seele wegnimmt, da sie der Wesenssinn oder die Zahl der Bewegung ist; und daß die Tatsache, daß das Begriffliche als Begriffliches ist, von der Seele kommt, die die Schöpferin des Begrifflichen ist wie Gott der Schöpfer des Seienden.

C: Creat anima sua inventione nova instrumenta ut discernat et noscat, ut Ptolemäeus astrolabium et Orpheus lyram et ita de multis. Neque ex aliquo extrinseco inventores crearunt illa sed ex propria mente. Explicarunt enim in sensibili materia conceptum. Sic annus, mensis, horae sunt instrumenta mensurae temporis per hominem creatae. Sic tempus, cum sit mensura motus, mensurantis animae est instrumentum.

Non igitur dependet ratio animae a tempore, sed ratio mensurae motus, quae tempus dicitur, ab anima rationali dependet. Quare anima rationalis non est tempori subdita, sed ad tempus se habet anterioriter sicut visus ad oculum, qui licet sine oculo non videat, tamen non habet ab oculo, quod est visus, cum oculus sit organum eius. Ita anima rationalis licet non mensuret motum sine tempore non tamen propterea ipsa subest tempori; sed potius e converso, cum utatur tempore pro instrumento et organo ad discretionem motuum faciendam. Nullo igitur tempore motus discretionis animae mensurari potest, ideo nec tempore finibilis, quare perpetuus.

A: Clarissime video motum animae rationalis discretivum omnem motum et quietem cum tempore mensurantem, non posse cum tempore mensurari. Artes et disciplinae immutabiles tempore, quid aliud sunt quam ratio? Quis dubitat rationem circuli supra tempus esse et omnem circularem motum naturaliter anteire, ideo a tempore penitus absolutam? Et ubi ratio circuli videtur non extra rationem? Ubi ratio nisi in anima rationali? Si igitur in se ipsa rationalis anima videt rationem circuli, quae est supra tempus, sive igitur anima rationalis sit ipsa ratio, seu disciplina seu ars aut scientia sive non sit, utique constat ipsam necessario supra tempus esse. Et haec satisfaciunt mihi, ut sciam rationalem animam non posse ullo tempore deficere aut interire. Sed cum videam aliquem hominem ratione carentem licet sensu vigeat dubito an anima illius ut alterius bruti sit aestimanda?

C: Die Seele schafft durch ihre Erfindung neue Instrumente, damit sie sondere und erkenne, so wie Ptolemäus das Astrolabium, Orpheus die Lyra usw. Die Erfinder schufen dies auch nicht aus etwas Äußerlichem, sondern aus dem eigenen Geist. Im sinnlichen Stoff entfalteten sie ihren Gedankenentwurf. So sind Jahr, Monat, Stunden vom Menschen geschaffene Werkzeuge, um die Zeit zu messen. Ebenso ist die Zeit, da sie das Maß der Bewegung ist, das Instrument der messenden Seele.

Denn nicht ist der Wesenssinn der Seele von der Zeit abhängig, sondern der Wesenssinn des Bewegungsmaßes, der Zeit genannt wird, hängt von der wesensbestimmten verständigen Seele ab. Darum ist diese Seele nicht der Zeit unterstellt, sondern sie verhält sich vorgängig zur Zeit wie der Gesichtssinn zum Auge: wiewohl er ohne Auge nicht sieht, hat er es doch nicht vom Auge, daß er Gesichtssinn ist, denn das Auge ist sein Werkzeug. Ebenso untersteht die sinnbestimmte Seele, auch wenn sie die Bewegung nicht ohne die Zeit mißt, deshalb doch nicht der Zeit; sondern eher umgekehrt, da sie die Zeit als Instrument und Werkzeug zur unterscheidenden Bestimmung der Bewegung gebraucht. Die Sonderungsbewegung der Seele kann also durch keine Zeit gemessen werden. Folglich ist sie auch nicht durch die Zeit begrenzbar und darum immerwährend.

A: Ich sehe ganz deutlich, daß die unterscheidende Bewegung der sinnbestimmten Seele, die jede Bewegung und Ruhe mit der Zeit mißt, selbst nicht mit der Zeit gemessen werden kann. Denn was sind die der Zeit nach unwandelbaren Künste und Wissenschaften anderes als der Wesenssinn? Wer zweifelt daran, daß der Wesenssinn des Kreises über der Zeit steht und aller Kreisbewegung von Natur vorausgeht, folglich von der Zeit völlig losgelöst ist? Und wo erblickt man den Wesenssinn des Kreises, wenn nicht in der sinnbestimmten Seele? Wenn also die verständig-sinnbestimmte Seele in sich selbst den Wesenssinn des Kreises, der über der Zeit steht, erblickt — sei es, daß die sinnbestimmte Seele der Wesenssinn selbst ist oder die Wissenschaft oder Kunst oder das Wissen, oder daß sie es nicht ist — dann steht jedenfalls durchaus fest, daß sie selbst notwendig über der Zeit steht. Und es stellt mich zufrieden zu wissen, daß die sinnbestimmte Seele zu keiner Zeit aufhören oder zugrundegehen kann. Aber wenn ich sehe, daß ein Mensch, obwohl er in der Sinnlichkeit gesund ist, des Verstandes entbehrt, zweifle ich, ob dessen Seele nicht so wie die eines anderen Tieres einzuschätzen sei.

C: Anima hominis una est et rationalis dicitur licet cum brutis sensitiva sit. Nam ut alias me recolo duci Ioanni in priori colloquio dixisse de trigono in tetragono vis sensitiva in homine non est brutalis animae sed rationalis. Quod in exemplo per beatum Augustinum in quarto decimo libro De civitate Dei de Restituto presbytero manifestum factum est[1].

A: Quomodo?

C: Refert quomodo hic presbyter Restitutus Calamensis dioecesis quando ei placebat aut rogabatur ut faceret ad imitatas quasi cuiuslibet lamentantis hominis voces ita se auferebat a sensibus et iacebat simillimus mortuo, ut non solum vellicantes atque pungentes minime sentiret, sed aliquando etiam igne ureretur admoto sine ullo doloris sensu et tamquam in defuncto nullus inveniebatur anhelitus. Hominum tamen voces clarius cum loquerentur tamquam de longinquo se audire postea referebat. Hoc autem voluntate factum ostendit animam rationalem se a corpore retraxisse ita etiam ut nihil sentiret. Ex quo patet animam rationalem voluntate separatam esse et sensitivam et vim rationalem dominari potentiae sensitivae. Una igitur est anima rationalis et sensitiva in homine.

Et licet non appareat in aliquo homine exercitium rationis manifestum, non tamen anima est brutalis. Sicut si corpus adeo foret attenuatum aut minoratum, quod videri aut tangi non bene posset, non tamen propterea corpus esse desinit cum in noncorpus resolvi non possit. Neque est possibile hominem penitus ratione semel habita in infusione rationalis animae posse postea spoliari licet non videatur aliquis rationis usus. Nam hic usus in uno est clarior, in alio obscurior. Ideo numquam potest esse minimus et penitus nullus, etiamsi adeo parvus, quod discerni ab aliis non posset. Hoc ex regula doctae ignorantiae constat, quae habet, quod in recipientibus magis et minus non est devenire ad maximum et minimum simpliciter.

---

[1] Vgl. Augustinus, De civ. Dei XIV, 24, 2.

C: Die Seele des Menschen ist eine und wird wesensbestimmt und verständig genannt, auch wenn sie wie die der Tiere sinnenhaft ist. Denn wie ich mich erinnere, habe ich anderswo, im ersten Gespräch, zu Herzog Johann über das Dreieck und Viereck gesprochen und gesagt, die sinnenhafte Kraft kommt im Menschen nicht der Tier-Seele, sondern der verständigen Seele zu. Dies ist am Beispiel des Priesters Restitutus im 14. Buch des Gottesstaates vom heiligen Augustinus offenbar gemacht worden.

A: Wie?

C: Er berichtet, auf welche Weise dieser Priester Restitutus aus der Diözese Calamis, wenn es ihm gefiel oder er gebeten wurde, es zu tun, sich bei den nachgeahmten Klagerufen irgendeines Menschen so von seinen Sinnen entfernte und einem Toten völlig ähnlich da lag, so daß er nicht nur Kneifen und Stechen nicht im geringsten spürte, sondern auch, wenn er mit Feuer verbrannt wurde, ohne jede Schmerzempfindung blieb. Und wie bei einem Toten fand man keinen Atem. Dennoch berichtete er nachher, daß er die Stimmen der Menschen, wenn sie etwas lauter sprachen, wie von Ferne gehört habe. Dies wurde durch den Willen bewirkt und zeigt, daß die sinnbestimmte Seele sich vom Körper zurückgezogen hatte, so daß sie nichts spürte. Daraus geht hervor, daß die verständige Seele von der sinnlichen Seele durch den Willen getrennt ist und daß die verständige Kraft die sinnenhaften Fähigkeiten beherrscht. Die verständige und die sinnenhafte Seele sind also im Menschen eins.

Und wenn auch bei irgendeinem Menschen keine sichtbare Ausübung der verständigen Seele aufscheint, so ist die Seele dennoch nicht tierhaft. Auch wenn ein Körper so sehr geschwächt oder verkleinert wäre, daß er nur schwer gesehen oder berührt werden könnte, so würde er deshalb doch nicht aufhören zu sein, da er nicht in einen Nicht-Körper aufgelöst werden kann. Auch ist es nicht möglich, daß ein Mensch, nachdem er einmal durch die Eingießung der verständigen Seele den Verstand besessen hat, seiner später völlig beraubt wird, auch wenn man keinerlei Vernunftgebrauch sieht. Denn dieser Gebrauch ist bei dem einen deutlicher, beim anderen verdunkelter, so daß er niemals der geringste und völlig nichtig sein kann, auch wenn er so klein ist, daß er von keinem anderen unterschieden werden kann. Dies steht auf Grund der Regel der „wissenden Unwissenheit“ fest, die besagt, daß es in dem, was Mehr und Weniger annimmt, kein Zum-schlechthin-Größten-und-Kleinsten-Gelangen gibt.

A: Cum stultitia quam in multis experimur hominibus ingerat dubium an sit in ipsis ratio videtur per simile hoc dubium solvi posse hoc modo. Habent quidam integros oculos et nihil discernunt, non tamen propterea virtute visiva carent, sed usu, qui ut appareat meliorem organi exigit dispositionem. Et sicut aliquando oculus recipit meliorem dispositionem et tunc usus videndi apparet, aliquando manet indispositus et non advenit. Ita de stultitia, quae sanitate organi adveniente sine quo usus rationis non potest adesse usu rationis apparente cessat et non cessat defectu organi non sublato. Hoc verum aestimo quod sicut numquam reperitur oculus adeo indispositus quin aliquam lucem sentiat licet nihil discernat, ita de stulto asserendum. Et nec haec sic sint ut asseris, restant tamen adhuc quaedam, quae me turbant. Cum anima sit causa motus corporis quomodo hoc fieri possit sine mutatione? Etsi movendo mutatur anima utique temporalis est. Omne enim quod mutatur instabile et nequaquam perpetuum esse potest.

C: Oportet ut dicamus anima movere et non mutari, uti Aristoteles[1] dicebat Deum ut desideratum movere. Manet enim in se fixum illud bonum ab omnibus desideratum et ad se omnia movet, quae bonum desiderant. Anima rationalis suam operationem intendit producere. Intentione firma persistente movet manus et instrumenta dum dolat lapidem statuarius. Intentio videtur in anima immutabiliter persistere et movere corpus et instrumenta. Sic natura, quam mundi animam quidam appellant, stante immobili et instabili intentione exequendi imperium creatoris omnia movet. Et creator stante aeterna immobili et immutabili intentione omnia creat. Et quid est intentio nisi conceptus seu verbum rationale, in quo omnia rerum exemplaria? Est enim formalis terminus infinitatem omnis posse fieri determinans.

[1] Aristoteles, Met. XII, 7, p. 1081 a ff.

A: Die Beschränktheit, die wir bei vielen Menschen erfahren, läßt uns zweifeln, ob in ihnen Verstand sei. Aber dieser Zweifel scheint durch ein Gleichnis auf folgende Weise gelöst werden zu können. Manche besitzen unversehrte Augen und unterscheiden doch nichts. Darum fehlt ihnen aber nicht die Sehkraft, sondern der Gebrauch, der eine bessere Beschaffenheit des Organs erfordert, um in Erscheinung zu treten. Und so, wie manchmal das Auge eine bessere Beschaffenheit annimmt und dann der Gebrauch der Sehkraft erscheint, bleibt es manchmal auch indisponiert und der Sehgebrauch kommt nicht zustande. Ebenso ist es mit der Beschränktheit, die schwindet, während der Verstandesgebrauch erscheint und die Gesundheit des Organs kommt, ohne die der Gebrauch der Vernunft unmöglich ist, und die nicht schwindet, wenn der Fehler des Organs nicht behoben wird. Ich glaube aber, daß ebenso, wie man niemals ein Auge findet, daß so indisponiert ist, daß es nicht irgendwie Licht wahrnimmt, auch wenn es nicht sondert, man auch in ähnlicher Weise vom Beschränkten sprechen muß. Und wenn sich dies so verhält, wie du behauptest, so bleibt dennoch einiges, was mich verwirrt. Da die Seele der Grund der Körperbewegung ist, frage ich, wie dies ohne Veränderung geschehen kann? Und wenn bei der Bewegung die Seele verändert wird, so ist sie durchaus zeitlich. Alles nämlich, was sich ändert, ist unbeständig und kann niemals immerwährend sein.

C: Wir müssen sagen, daß die Seele bewegt und nicht verändert wird. So wie Aristoteles sagte, daß Gott, als Ersehnter, in Bewegung versetzte. Dieses von allen ersehnte Gut bleibt in sich beständig, und es bewegt alle Dinge zu sich, die das Gut begehren. Die verständige sinnbestimmte Seele ist bestrebt, ihre Tätigkeit ans Licht zu bringen. Ihre Absicht steht fest und sie bewegt die Hände und Werkzeuge des Bildhauers, wenn er den Stein bearbeitet. Man erkennt, daß die Absicht in der Seele unwandelbar besteht und Körper und Werkzeuge bewegt. So steht die Natur, die einige Weltseele nennen, unbeweglich und in der beständigen Absicht, den Befehl des Schöpfers zu vollziehen, und bewegt alles. Und der Schöpfer, der in ewig unbeweglicher und unwandelbarer Absicht steht erschafft alles. Und was ist die Absicht anderes als der Gedanke oder das sinnbestimmte Wort, in dem die Urbilder aller Dinge sind? Sie ist nämlich die Ziel-Grenze, welche die Unbestimmtheit allen Werden-Könnens bestimmt.

Una igitur aeterna et simplicissima Dei intentio stans et permanens causa est omnium. Sic in anima rationali una est perpetua et finalis intentio acquirere scientiam Dei, hoc est in se habere notionaliter hoc bonum, quod omnia appetunt. Numquam enim illam mutat rationalis anima ut rationalis est. Sunt et aliae secundae intentiones, quae quando ab illa prima intentione deviant mutantur primo desiderio firmo permanente. Et ob mutationem intentionum talium non mutatur anima rationalis, quia in prima intentione fixa permanet. Et immutabilitas illius primae intentionis causa est mutationis talium secundarum intentionum.

A: Duxisti me paucis ut videam intentione in Deo et anima rationali, per quam et secundum quam operantur et movent, stabiliter permanente omnia fieri et moveri. Nec est haesitatio si intentio firma persistit Deum et animam rationalem movere et non moveri nec mutari. Stante enim intentione, utique stat intendens, qui ab intentione non movetur. Nec in Deo aliud est intentio quam Deus intendens. Sic nec in rationali anima intentio est aliud quam intendens anima. Et id quod de secundis intentionibus dixisti valde necessarium est adverti et tollit plura dubia.

C: Dum intendo videre visibile admoveo oculos. Dum intendo audire admoveo aures, et dum intendo ambulare admoveo pedes. Et generaliter dum intendo sentire, admoveo sensum. Dum intendo videre, quae sensi, admoveo imaginationem seu memoriam. Ad omnia igitur corporalia mediante organo corporeo pergo. Sed dum ad incorporea me convertere volo, removeo me ab istis corporeis et quanto verius illa speculari intendo, tanto verius me a corporeis retraho. Ut dum volo videre animam meam, quae non est obiectum visus sensibilis, melius clausis sensibilibus oculis ipsam videbo. Et facio animam instrumentum incorporea videndi. [Ut] dum disciplinas comprehendere intendo, ad virtutem animae intelligentialem me converto.

Die eine ewige und ganz einfache Absicht Gottes, die steht und ständig bleibt, ist der Grund von allem. Ebenso ist in der sinnbestimmten Seele eine einzige immerwährende zielgerichtete Absicht, das Wissen von Gott zu erlangen, d. h. dieses Gut, das alle erstreben, in begrifflicher Weise in sich zu besitzen. Sofern die sinnbestimmte Seele sinnbestimmt ist, ändert sie diese Absicht niemals. Es gibt aber auch andere, zweite Absichten; wenn sie von jener ersten Absicht abweichen, ändern sie sich, während das erste feste Begehr bestehen bleibt. Der Wandlungen dieser Absichten wegen ändert sich die sinnbestimmte Seele nicht, weil sie in der ersten festen Absicht verharrt. Und die Unwandelbarkeit dieser ersten Absicht ist der Grund für die Wandlungen dieser zweiten Absichten.

A: Mit wenigen Worten hast du mich dazu geführt, zu sehen, wie durch die Absicht in Gott und der sinnbestimmten Seele, durch die und nach der beide handeln und bewegen, alles wird und sich bewegt, während die Absicht in Festigkeit besteht. Auch gibt es keinen Zweifel, daß Gott und die sinnbestimmte Seele, wenn die Absicht fest besteht, in Bewegung versetzen, aber selbst nicht bewegt noch verändert werden. Wenn nämlich die Absicht feststeht, dann steht gewiß auch der Beabsichtigende fest, der von der Absicht nicht bewegt wird. Auch ist in Gott die Absicht nichts anderes als der beabsichtigende Gott. So ist auch in der sinnbestimmten Seele die Absicht nichts anderes als die beabsichtigende Seele. Und das, was du von den Zweit-Absichten gesagt hast, ist überaus wichtig zu beachten und beseitigt viele Zweifel.

C: Wenn ich das Sichtbare zu sehen beabsichtige, bewege ich die Augen. Wenn ich zu hören beabsichtige, bewege ich das Gehör, und wenn ich zu gehen beabsichtige, bewege ich die Füße. Und ganz allgemein, wenn ich beabsichtige, etwas sinnlich wahrzunehmen, bewege ich die Sinne. Wenn ich zu sehen begehre, was ich früher wahrgenommen habe, bewege ich die Einbildung oder das Gedächtnis. Zu allem Körperlichen also gelange ich vermittels des körperlichen Organs. Wenn ich mich dem Unkörperlichen zuwenden will, wende ich mich vom Körperlichen ab, und je wahrhaftiger ich zu betrachten beabsichtige, um so wahrhaftiger ziehe ich mich vom Körperlichen zurück. Wenn ich meine Seele sehen will, die kein Gegenstand des sinnenhaften Sehens ist, werde ich sie besser sehen, wenn ich meine sinnenhaften Augen geschlossen habe. Und ich mache die Seele zum Werkzeug, das Unkörperliche zu sehen. Wenn ich die Wissenschaften zu begreifen beabsichtige, wende ich mich zur vernünftigen Kraft der Seele.

Et dum intendo videre omnium rerum rationem et causam, ad intellectibilem animae simplicissimam fortissimamque me converto virtutem. Unde anima melius videt incorporalia quam corporalia, quia corporalia ad se ingrediens videt, corporalia vero a se egrediens. Et nihil in omnibus his nisi unum intendit, scilicet omnium et sui causam per suam rationalem fortitudinem videre et comprehendere ut dum omnium et sui ipsius causam et rationem in sua viva ratione esse sentit, summo bono, pace perpetua et delectatione fruatur. Rationalis enim spiritus natura scire desiderans, quid aliud quaerit quam omnium causam et rationem? Nec quiescit nisi se ipsam sciat, quod fieri nequit, nisi suum sciendi desiderium, scilicet rationis suae aeternam causam in se ipsa scilicet virtute rationali videat et sentiat.

A: Magna dicis et certa. Supremo cum feratur desidero anima rationalis ut discernat et sciat, quando ad id pervenit, ut causam tanti desiderii in se ipsa scilicet discretiva videat virtute, utique in se habet scientiam datoris desiderii. Et nihil appetere potest, quod non in se ipsa videat. Quid enim amplius desiderari posset per scire desiderantem, quando causatum suae causae scientiam in se intuetur? Tunc enim suae creationis rationem et artem habet, quae est omnis desiderii sciendi perfectio et complementum, quo nihil rationali naturae scientiae avidissimae beatius feliciusque advenire potest. Omnium enim scibilium artium habere peritiam modicum est respectu artis omnium artium creativae. Solum mihi difficile videtur creaturam quantumcumque rationalem et docilem creativam artem capere posse, quam solus Deus habet.

C: Ars creativa, quam felix anima assequetur, non est ars illa per essentiam, quae Deus est, sed illius artis communicatio et participatio. Sicut acquirere albedinem participatione albedinis absolutae per essentiam talis et non acquisitae, non est transmutatio albi in ipsam albedinem, sed conformatio acquisitae cum non acquisita, ubi acquisita nihil ex se potest nisi in virtute non

Und wenn ich den Bestimmungsgrund und die Ursache aller Dinge zu sehen beabsichtige, wende ich mich der vernünftig-einsichtigen, einfachsten und mächtigsten Kraft der Seele zu. Darum sieht die Seele Unkörperliches besser als Körperliches; denn das Unkörperliche erblickt sie, wenn sie in sich hineingeht, das Körperliche dagegen, wenn sie aus sich hinausgeht. In all diesem beabsichtigt sie nur das eine, nämlich durch ihre verständige Kraft und Fähigkeit den Grund aller Dinge und ihrer selbst zu sehen und zu begreifen, auf daß sie sich, wenn sie spürt, daß der Grund und Wesenssinn aller Dinge und ihrer selbst in ihrem eigenen lebendigen Wesenssinn ist, des höchsten Gutes, dauerhaften Friedens und Wohlbefindens erfreue. Denn was sucht der sinnbestimmte Geist, der von Natur zu wissen begehrt, anderes als den Grund und Wesenssinn von allem? Und die Seele kommt nur dann zur Ruhe, wenn sie sich selbst kennt, was nur möglich ist, wenn sie ihr Verlangen nach Wissen bzw. den ewigen Grund ihres Wesenssinnes in sich selbst, d. h. in ihrer verständigen Kraft und Fähigkeit, sieht und wahrnimmt.

A: Großes sagst du und Gewisses. Da die sinnbestimmte Seele mit größtem Verlangen dazu getrieben wird, zu sondern und zu wissen, hat sie, wenn sie dorthin gelangt, daß sie die Ursache eines so großen Verlangens in sich selbst, d. h. in ihrer sondernden Kraft, erblickt, das Wissen vom Urheber dieses Verlangens in sich selbst. Und sie kann nichts erstreben, was sie nicht in sich selbst sieht. Was nämlich könnte von dem, der zu wissen verlangt, noch begehrt werden, wenn das Verursachte das Wissen seiner Ursache in sich erblickt? Dann nämlich besitzt es den Wesenssinn und die Kunst seiner Schöpfung. Dies ist die Vollendung und Erfüllung jedes Wißbegehrens. Darüber hinaus kann der sinnbestimmten, nach Wissen ganz begierigen Natur nichts Besseres und Beglückenderes zukommen. Das Wissen aller wißbaren Künste zu besitzen ist ein Geringes gegenüber der Schöpferkunst aller Künste. Nur scheint es mir schwer zu sein, daß ein Geschöpf, wie sinnbestimmt und gelehrig auch immer, die Schöpfungskunst begreifen kann, die Gott allein besitzt.

C: Die schöpferische Kunst, die die glückselige Seele erlangen wird, ist der Wesenheit nach nicht jene Kunst, die Gott ist, sondern deren Mitteilung und Teilhabe. Ebenso ist auch das Erlangen des Weißseins durch die Teilhabe am absoluten Weißsein — durch das Wesen dieses, nicht aber des erworbenen — keine Umwandlung des Weißen in das Weißsein selbst, sondern

acquisitae. Non enim album dealbat nisi in virtute albedinis, a qua habet, ut sit album aut conforme albedini alba formanti.

A: Placent haec dicente scriptura de filio Dei, cum apparuerit in gloria similes ei erimus[1]; non ait, quod erimus ipse. Sed quia dixisti de sensu animae rationalis, quomodo intelligis sensum esse in intellectuali natura?

C: Saepe praetereuntes non sentimus nec visu nec auditu, quia non sumus ad hoc attenti, sed quando sumus attenti, sentimus. Nos in anima nostra rationem et scientiam scibilium virtualiter possidemus. Non tamen actu sentimus huius veritatem nisi attente ad hoc videndum conversi fuerimus. Licet enim musicae scientiam habeam, tamen cum geometriae vaco non sentio me musicum. Attenta igitur cogitatio me sentire facit intelligibilia, quae non senseram. Sicut enim centrum omnium circulorum est in profundo occultatum, in cuius simplicitate vis est omnia complicans, sic in centro animae rationalis complicantur omnia in ratione comprehensa, sed non sentiuntur nisi attenta cogitatione vis illa concitetur et explicetur.

A: Optime ad omnia et gratissime respondes. Nunc ut video ad finem properas. Aliquid quaeso circa occultum et patulum adicias. Videtur enim ex figura descriptionis vim omnem in centro occultari.

C: Deum [esse] absconditum ab oculis omnium sapientum scribitur[2] et omne invisibile in visibili occultatur. Visibile est oculis manifestum et invisibile ab oculis remotum. Principia minima, dicit Aristoteles[3], quantitate et maxima virtute. Virtus spiritualis et invisibilis est. Et tantae potentiae est virtus scintillae ignis, quan-

---

[1] Vgl. 1 Jh. 3, 2.
[2] Vgl. Mt. 11, 25; Luc. 10, 21.
[3] Aristoteles, De gen. animae V, 7, p. 788 a.

die Angleichung des erworbenen mit dem nichterworbenen, wobei das erworbene Weißsein nichts aus sich, sondern nur in der Kraft des nicht-erworbenen Weißseins etwas vermag. Denn das Weiße weißt nur in der Kraft des Weißseins, von dem es hat, daß es Weißes oder an das Weißes bildende Weißsein angeglichen ist.

A: Dies gefällt mir; denn auch die Schrift sagt in Bezug auf den Sohn Gottes, daß wir ihm, wenn er in seiner Herrlichkeit erscheinen wird, ähnlich sein werden. Sie sagt nicht, daß wir er selbst sein werden. Aber da du über die Sinnlichkeit der wesensbestimmten Seele gesprochen hast, möchte ich wissen, wie du es verstehst, daß die Sinnlichkeit in der vernünftig-einsichtigen Natur ist?

C: Oft gehen Leute an uns vorbei und wir nehmen sie weder mit dem Sehen noch Hören wahr, weil wir nicht darauf achten. Wenn wir aber aufmerksam sind, nehmen wir sie wahr. Wir besitzen in unserer Seele den Wesengrund und das Wissen des Wißbaren der Kraft nach. Dennoch nehmen wir dessen Wahrheit als Wirklichkeit nur wahr, wenn wir aufmerksam darauf hingerichtet waren, dieses zu sehen. Obgleich ich das Wissen von der Musik besitze, fühle ich mich dennoch nicht als Musiker, wenn ich mich der Geometrie widme. Die aufmerksame Besinnung also läßt mich das Verstehbare, das ich nicht vernommen hatte, vernehmen. Wie der Mittelpunkt aller Kreise, in dessen Einfachheit jene Kraft ist, die alles einfaltet, in der Tiefe verborgen ist, so wird auch im Mittelpunkt der sinnbestimmten Seele alles im Wesenssinn Inbegriffene eingefaltet. Aber es wird nur wahrgenommen, wenn in aufmerksamer Besinnung jene Kraft angeregt und entfaltet wird.

A: Du antwortest auf alles sehr gut und ganz so, wie es mir lieb ist. Wie ich sehe, eilst du jetzt auf das Ende hin. Doch bitte ich dich, daß du noch etwas über das Verborgene und Offenbare hinzufügst. Auf Grund der Darstellung scheint nämlich alle Kraft im Mittelpunkt verborgen zu werden.

C: Es steht geschrieben, daß Gott vor den Augen aller Weisen verborgen sei. Und jedes Unsichtbare ist in Sichtbarem verborgen. Das Sichtbare ist den Augen offenbar, das Unsichtbare ist ihnen entrückt. Die Prinzipien, sagt Aristoteles, sind der Ausdehnung nach am kleinsten und der Kraft nach am größten.

tae totus ignis. Tanta virtus in uno modico grano sinapis quanta in multis granis immo et in omnibus, quae esse possunt. Finis manifesti est occultum et extrinseci intrinsecum. Pelles et cortices propter carnes et medullas et ille propter intrinsecam vitalem invisibilem virtutem. Elementativa virtus in chaos occultatur et in vegetativa occultatur sensitiva et in illa imaginativa et in illa logistica seu rationalis; in rationali intelligentialis, in intelligentiali intellectibilis, in intellectibili virtus virtutum.

Haec in figura circulorum mystice legas. Circulus circumdans et extrinsecus figurat ipsum confusum chaos, secundus virtutem elementativam, quae est proxima ipsi chao, tertius mineralem. Et hi tres circuli terminantur in quarto, qui est circulus vegetativam figurans. Post illum est quintus circulus sensitivam figurans. Deinde sextus imaginativam sive phantasticam figurans. Et hi tres circuli scilicet quartus, quintus, et sextus in [sequenti] quarto terminantur scilicet logisticam seu rationalem figurante et septimus est. Deinde est octavus, figurans intelligentialem, et nonus figurans intellectibilem. Et hi tres, scilicet septimus, octavus et nonus, in [sequenti] quarto, qui est decimus, terminantur.

A: Pulchra nunc recitasti, quomodo de confuso ad discretum fit progressio. Et quia hac consideratione de omni imperfecto ad perfectum ascenditur, de confusa tenebra ad discretam lucem, de insipido ad sapidum per medios sapores, de nigro ad album per medios colores, ita de odoribus et cunctis, in quibus ad perfectum devenitur atque in per te posito exemplo de corporali natura ad spiritualem, cuius experientiam homo in se ipso reperit et cur microcosmos nominetur, invenit. Ideo de ratione huius progressionis adeo mirabilis et fecundae ad omne scibile applicabili non pigriteris adhuc pauca saltem subiungere.

Die Kraft ist geistig und unsichtbar. Die Kraft des Feuerfunkens ist so mächtig wie das ganze Feuer. Und die Kraft in einem bescheidenen Senfkorn ist so groß, wie sie in vielen Körnern, ja, darüber hinaus in allen, die sein können, ist. Die Ziel-Grenze des Offenbaren ist das Verborgene und die des Äußeren das Innere. Die Haut und die Rinde sind des Fleisches und des Markes wegen da, und dieses der inneren, unsichtbaren Lebenskraft wegen. Die elementhafte Kraft ist im Chaos verborgen; in der belebenden ist die sinnenhafte, in dieser die einbildungsartige und in dieser die logische oder verständige Kraft verborgen. In der verständigen Kraft ist die einsichtige, in der einsichtigen die einsichtig-schauende, in der einsichtig-schauenden die Kraft der Kräfte verborgen.

In geheimnisvoller Weise kannst du das in der Darstellung der Kreise lesen. Der Umkreis und äußere Kreis stellt das gestaltlose Chaos dar; der zweite Kreis die elementhafte Kraft, die dem Chaos am nächsten ist, der dritte die mineralhafte. Und diese drei Kreise werden im vierten beschlossen, der jener Kreis ist, der die belebende Kraft darstellt. Nach ihm stellt der fünfte Kreis die sinnenhafte Kraft dar. Dann stellt der sechste die einbildungshafte oder phantasiehafte dar. Und diese drei Kreise, d. h. der vierte, fünfte und sechste, werden in einem folgenden vierten beschlossen, nämlich in jenem, der die logische oder verstandesmäßige Kraft darstellt. Es ist der siebente Kreis. Dem schließt sich der achte an, der einsichtige, und der neunte, der die einsichtig-schauende Kraft darstellt. Und diese drei Kreise, d. h. der siebente, achte und neunte, werden in einem folgenden vierten, welcher der zehnte ist, beschlossen.

A: Schönes hast du jetzt darüber vorgebracht, wie der Fortschritt vom Gestaltlosen zum Unterschiedenen stattfindet. Und weil man durch diese Betrachtung von jedem Unvollkommenen zum Vollkommenen aufsteigt, vom undifferenzierten Dunkel zum unterschiedenen Licht, vom Unschmackhaften durch die mittleren Geschmacksarten zum Schmackhaften, durch die mittleren Farben vom Schwarzen zum Weißen, gilt es ebenso vom Geruch und allem anderen, bei dem man zum Vollkommenen gelangt. Es findet sich auch in dem von dir gegebenen Beispiel des Aufstiegs von der körperlichen zur geistigen Natur, dessen Erfahrung der Mensch in sich selbst macht und deretwegen er Mikrokosmos genannt wird. Laß es dich also nicht verdrießen, jetzt wenigstens noch einiges über den Wesenssinn dieses so wunderbaren und fruchtbaren, auf alles Wißbare anwendbaren Fortschrittes anzufügen.

C: Sicut denario omnis discretio continetur, ita necessario omnis progressio in quaternario. Nam unum et duo et tria et quattuor decem sunt. In quo cum discretio subsistat ideo et discretionis progressio. Neque possunt plures quam tres esse tales progressiones, quando tertia denario concluditur, quae necessario sic se ad invicem habent, quod supremum primae sit infimum secundae et supremum secundae sit infimum tertiae, ut sit una continua, pariter et trina progressio. Igitur sicut prima progressio recedens ab imperfecto finitur in quaternario, ita secunda incipit in quaternario et finitur in septenario. Et ibi tertia incipit, quae denario perficitur. Huius cupis rationem audire, quam sic intelliges: Ordo cum sit de necessitate omnium operum Dei, ut recte Apostolus aiebat dicens, quaecumque a Deo sunt ordinata sunt[1], sine principio, medio et fine nec esse nec intelligi potest.

Est autem ordo perfectissimus et simplicissimus, quo nullus aut perfectior aut simplicior esse potest. Qui est in omni ordinato et in quo omnia ordinata modo, quo in generali propositione in exordio praemisimus. In eo autem ordine, qui est omnium ordinum exemplar, necesse est medium esse simplicissimum, cum ordo sit simplicissimus. Erit igitur adeo aequale medium, quod et ipsa aequalitas. Qui ordo non potest per nos aliqua discretione capi nisi in ordinatissima progressione, quae ab unitate incipit et ternario terminatur. In qua medium simplicissimum est aequale medium principii et finis. Duo enim medium est praecisum et aequale unius et trium et praecisa tertia totius ordinis et progressionis aliter nos illum simplicissimum divinum ordinem nisi in praemissa progressione discernere non possumus. Et cum medium sit aequale medium sicut et indistinctum ab aequalitate, ita et in essentia manet idem cum principio et fine. Diversarum enim essentiarum non potest esse praecisa aequalitas.

Omnis autem ordo, qui habet quod est ordo a iam dicto simplicissimo ordine, non potest habere simplex et aequale medium.

---

[1] Vgl. Röm. 13, 1.

C: Wie im Zehner alle Unterscheidung enthalten ist, so im Vierer notwendig aller Fortschritt. Denn eins und zwei und drei und vier sind zehn. Da in diesem die Unterscheidung Grundbestand hat, hat ihn folglich auch der Fortschritt der Unterscheidung. Auch kann es nicht mehr als drei solcher Fortschritte geben, da der dritte im Zehner beschlossen wird. Sie verhalten sich notwendigerweise so zueinander, daß das Oberste des ersten das Unterste des zweiten und das Oberste des zweiten das Unterste des dritten ist, so daß sich ein zugleich zusammenhängender und dreifacher Fortschritt ergibt. Wie also der erste Fortschritt, der sich vom Unvollkommenen abkehrt, im Vierer endet, so beginnt der zweite im Vierer und kommt im Siebener zu Ende. Und dort beginnt der dritte, der im Zehner vollendet wird. Du möchtest den Grund davon hören; folgendermaßen kannst du ihn einsehen: Da auf Grund der Notwendigkeit alle Werke Gottes geordnet sind — wie der Apostel ganz richtig bemerkte, da er sprach, alles, das von Gott ist, ist geordnet —, kann sie ohne Anfang, Mitte und Ziel weder sein noch eingesehen werden.

Es ist aber die vollkommenste und einfachste Ordnung, über die hinaus keine vollkommener oder einfacher sein kann. Sie ist in jedem Geordneten und in ihr ist alles Geodnete auf eine Weise, wie wir es in dem allgemeinen Grundsatz zu Beginn vorausgeschickt haben. In dieser Ordnung, die das Urbild aller Ordnungen ist, ist die Mitte notwendigerweise die einfachste, da die Ordnung am einfachsten ist. Die Mitte wird also so gleich sein, daß sie die Gleichheit selbst ist. Wir können diese Ordnung durch keine Unterscheidung begreifen, außer in einem völlig geordneten Fortschreiten, das bei der Einheit beginnt und im Dreier beschlossen wird. In der Einung ist die ganz einfache Mitte die gleiche Mitte zwischen Ursprung und Ziel. Zwei ist ja eine genaue und gleiche Mitte zwischen Eins und Drei und das genaue Dritte der gesamten Ordnung und des Fortschreitens. Anders als in dem genannten Fortschreiten können wir die einfachste göttliche Ordnung nicht unterscheiden. Und da die Mitte die gleiche Mitte ist, so wie sie auch von der Gleichheit nicht geschieden ist, bleibt sie auch in der Wesenheit mit Ursprung und Ziel identisch. Zwischen verschiedenen Wesenheiten kann es nämlich keine genaue Gleichheit geben.

Jede Ordnung aber, der es von der schon genannten einfachsten Ordnung zukommt, daß sie Ordnung ist, kann keine einfache

Est enim omnis ordo, excepto simplicissimo, compositus. Omne autem, quod componitur ex inaequalibus componitur. Impossibile est enim plures partes componibiles praecise aequales esse. Non enim essent aut plures aut partes. Neque aequalitas est plurificabilis. Ideo in primo ordine simplicissimo una est trium hypostasium aequalitas, quia impossibile est plures esse aequalitates, quando pluralitas sequitur alteritatem et inaequalitatem. Si igitur non potest esse in ordinato seu creato ordine simplex et aequale medium ideo nec in ternaria progressione concluditur, sed ultra progreditur in compositionem. Quaternarius autem est immediate a prima progressione exiens. Et non exiret nisi ordinata esset progressio. Quare id, quod ordinata progressio de prima ordinatissima exiens requirit necessario in ipsa, quia ternaria existit. Ideo habet compositum medium scilicet duo et tria, quae simul sunt medium totius progressionis. Sunt enim unum et duo et tria et quattuor simul decem, duo vero et tria quinque, medietas scilicet de decem. Sic se habent quattuor quinque sex septem et septem octo novem decem. Et ita vides antedicti rationem.

A: Magna est rationis vigorositas ut video, sed miror de eo, quod dixisti, nihil ex aequalibus componi. Nonne ex duobus binariis quaternarius est compositus?

C: Nequaquam. Omnis enim numerus est aut par aut impar. Et cum componitur non nisi ex numero componitur scilicet ex pari et impari sive ex unitate et alteritate. Quantitatem quaternarii esse ex duobus binariis non nego, sed eius substantiam [dico] non nisi ex pari et impari. Oportet enim inter partes, quae debent componere aliquid proportionem esse, ideo et diversitatem. Ob hoc recte Boethius[1] aiebat ex paribus nihil componi. Harmonia enim ex acuto et gravi ad invicem proportionatis componitur. Ita et omnia. Unde quaternarius ex ternario et altero componitur, ternarius est impar, alter par, sicut binarius ex uno et altero. Alteritas par dicitur propter casum ab unitate indivisibili in divisibilitatem, quae in pari est. Sic quaternarius ex ternario scilicet impari et indivisibili, et altero scilicet divisibili componitur. Omnis enim numerus ex numero componitur, quia

[1] Boethius, De arithmetica I, 2.

und gleiche Mitte besitzen. Denn jede Ordnung, ausgenommen die einfachste ist zusammengesetzt. Alles aber, was zusammengesetzt wird, wird aus Ungleichem zusammengesetzt. Es ist nämlich unmöglich, daß mehrere zusammensetzbare Teile ganz genau gleich sind. Sie wären weder mehrere noch Teile. Auch kann die Gleichheit nicht vervielfältigt werden. Also ist in der ersten, einfachsten Ordnung die Gleichheit der drei Hypostasen eine einzige, da es unmöglich mehrere Gleichheiten geben kann, weil die Vielheit der Andersheit und Ungleichheit folgt. Wenn es also in der geordneten oder geschaffenen Ordnung keine einfache und gleiche Mitte geben kann, dann wird sie auch nicht im dreifachen Fortschreiten abgeschlossen, sondern schreitet darüber hinaus in die Zusammensetzung. Der Vierer aber geht unmittelbar vom ersten Fortschreiten aus. Und er ginge nicht aus, wenn das Fortschreiten nicht geordnet wäre. Daher existiert das, was das geordnete Fortschreiten, welches vom ersten, völlig geordneten Fortscheriten ausgeht, erfordert, notwendig in diesem Vierfachen. Also besitzt es eine zusammengesetzte Mitte, nämlich zwei und drei, die zugleich Mitte des gesamten Fortschreitens sind. Denn eins und zwei und drei und vier sind zusammen zehn, zwei und drei dagegen fünf, d. h. die Hälfte von zehn. Ebenso verhalten sich 4, 5, 6, 7 und 7, 8, 9, 10. So erkennst du den Grund und Wesenssinn des vorhin Gesagten.

A: Groß ist, wie ich sehe, die Kraft dieser Überlegung. Ich wundere mich aber darüber, daß du gesagt hast, nichts sei aus Gleichem zusammengesetzt. Ist nicht der Vierer aus zwei Zweiern zusammengesetzt?

C: Keineswegs. Jede Zahl ist nämlich entweder gerade oder ungerade. Und da sie zusammengesetzt wird, wird sie nur aus der Zahl, d. h. aus Geradem und Ungeradem bzw. aus Einheit und Andersheit zusammensetzt. Ich leugne nicht, daß die Quantität des Vierers aus zwei Zweiern besteht, doch ich sage, daß sein Grundbestand nur aus Geradem und Ungeradem besteht. Es ist nämlich notwendig, daß zwischen Teilen, die etwas zusammensetzen sollen, ein Verhältnisbezug besteht, d. h. auch Verschiedenheit. Darum sagte Boëthius ganz richtig, daß aus Geradem nichts zusammengesetzt wird. Die Harmonie ist aus Hohem und Tiefem zusammengesetzt, das gegenseitig verhältnisbezogen ist. Und ebenso alles andere. Daher wird der Vierer aus einem Dreier und dem Anderen zusammengesetzt. Der Dreier ist ungerade, das Andere gerade. Ebenso besteht der Zweier aus dem Einen und dem Ande-

ex uno et altero. Unum et alterum numerus est. De his alia meminimus latius scripsisse, maxime in libello de mente[1].

Nunc haec sic repetita sint, ut rationem seu virtutem animae discretivam in numero qui ex mente nostra est, melius cognoscas, ac quod vis illa discretiva ex eodem et diverso et uno et altero composita dicitur uti numerus, quia numerus discretione mentis nostrae numerus est. Et eius numerare est unum commune multiplicare et plurificare, quod est unum in multis et multa in uno et unum ab altero discernere. Pythagoras advertens nullam posse fieri nisi per discretionem scientiam, de omnibus per numerum philosophatus est. Neque arbitror quemquam rationabiliorem philosophandi modum assecutum, quem, quia Plato imitatus est, merito magnus habetur.

A: Haec sic ut asseris admitto. Nunc rogo cum dies ad vesperam tendat, hoc colloquium valere memoriaque dignum delectabili conclusionem facito.

C: Conabor et non incidit mihi quomodo melius, quae dixi valere faciam, quam si de valore loquar .

A: Optime.

C: Bonum et nobile atque pretiosum est esse. Ideo omne quod est, non est valoris expers. Nihil enim penitus esse potest, quin aliquid valeat. Neque reperiri potest quicquam minimi valoris, ita, quod minoris valoris esse nequeat. Neque adeo magni valoris quicquam est, quin maioris esse possit. Solus autem valor, qui est valor valorum et qui in omnibus, quae valent, est et in quo, quae

---

[1] Cusanus, Idiota de mente, p. 480ff.

ren. Die Andersheit wird gerade genannt wegen ihres Abfalls von der unteilbaren Einheit in die Teilbarkeit, die im Geraden besteht. So ist der Vierer aus dem Dreier, d. h. dem Ungeraden und Unteilbaren und dem Anderen, dem Teilbaren zusammengesetzt. Jede Zahl nämlich wird aus der Zahl zusammengesetzt, da aus dem Einen und dem Anderen. Das Eine und und das Andere ist die Zahl. Ich erinnere mich, daß ich hierüber andernorts ausführlicher geschrieben habe, vor allem in dem Büchlein über den Geist.

Ich will es hier nur so wiederholen, damit du den verständigen Wesenssinn oder die Unterscheidungskraft der Seele in der Zahl, die aus unserem Geiste stammt, besser erkennst, und auch, daß jene unterscheidende Kraft als aus dem Selben und dem Verschiedenen und dem Einen und Anderen zusammengesetzt bezeichnet wird wie die Zahl, weil die Zahl nur durch die Unterscheidung unseres Geistes Zahl ist. Sein Zählen besteht darin, das gemeinsame Eine zu vervielfältigen und zu vermehren, d. h. das Eine im Vielen und das Viele im Einen und das Eine vom Anderen zu scheiden. Pythagoras, der erkannte, daß jede Wissenschaft nur durch Unterscheidung zustande kommen kann, hat über alles mit Hilfe der Zahl philosophiert. Ich glaube nicht, daß jemand eine verstandesmäßigere Weise des Philosophierens befolgt hat. Weil Plato dieser folgte, wird er mit Recht für groß erachtet.

A: So wie du es sagst, stimme ich dem zu. Jetzt also, da sich der Tag dem Abend zuneigt, sage diesem Gespräch sein Lebewohl und gibt ihm einen schönen Abschluß, würdig, ihn in unserer Erinnerung zu behalten.

C: Ich werde es versuchen. Und es fällt mir nichts ein, wie ich dem, was ich gesagt habe, ein besseres Lebewohl sagen soll, als wenn ich über das „Wohlergehen" d. h. über den Wert, spreche*.

A: Sehr gut.

C: Gut und edel und auch kostbar ist das Sein. Folglich ist alles, was ist, vom Wert nicht ausgeschlossen. Es kann überhaupt nichts sein, das nicht etwas wert wäre. Nichts finden wir von so geringem Wert, daß es nicht noch von geringerem sein könnte. Auch gibt es nichts von so großem Wert, daß es nicht von noch größerem sein könnte. Allein der Wert, welcher der Wert der

* Cusanus spielt hier auf den Zusammenhang zwischen den beiden Wörtern „valere" und „valor" an, der im Deutschen nicht ohne Umschreibung wiedergegeben werden kann.

valent, existunt, in se omnem valorem complicat et plus aut minus valere nequit. Hunc igitur absolutum valorem omnis valoris causam in centro circulorum omnium occultatum concipito. Et extremum circulum valorem extremum et prope nihil facito. Et quomodo in denarium unitrina progressione augetur modo saepe tacto considera et dulcem speculationem subintrabis.

A: Puto si ad pretium valoris sermonem contraheres magis nos instrueres.

C: Forte de pecunia dicere intendis.

A: Sic volo.

C: Demum faciam. Sed nunc attende quomodo valor rerum omnium non est nisi esse ipsum omnium. Et sicut in simpliciter maximo valore uno et penitus incomposito et indivisibili verissime omnis omnium valor existit, ita in entitate simplicissima omnium esse. Sicut enim in valore alicuius floreni est valor mille parvulorum denariorum et in duplo meliori floreno duorum milium et ita in infinitum, ita in optimo quo melior esse non posset infinitorum denariorum valorem esse necesse esset. Et sicut hoc vides verum, ita veraciter et realiter verum esset.

A: Utique sic est.

C: Dum autem tu in te ipso hoc verum vides, quid valet ille tuae mentis oculus in sua virtute valorem omnem discernens? Nam in ipso visu valor omnium et valores singulorum sunt, sed non ut in valore valorum. Non enim propterea quia mens videt id, quod omnia valet, ideo ipsa omnia valet. Non enim sunt in ipsa valores ut in sua essentia, sed ut in sua notione. Est enim valor ens reale sicut et valor mentis est ens aliquid et ens reale. Et ita est in Deo ut in essentia valoris. Et est ens notionale et quia cognosci potest et ita est in intellectu ut in cognoscente valorem, non ut in maiori valore aut ut in causa et essentia valoris. Nam per hoc, quod intellectus noster cognoscit minorem aut maiorem valorem, propterea [tamen] non est maior aut minor valor, quia haec cognitio essentiam valori non praestat.

Werte ist, der in allem ist, was Wert hat, und in dem alles existiert, was Wert besitzt, schließt in sich jeden Wert zusammen und kann nicht mehr oder weniger wert sein. Begreife also, daß dieser absolute Wert als die Ursache jeden Wertes im Mittelpunkt aller Kreise verborgen ist. Den äußeren Kreis erachte als äußeren Wert, der nahe dem Nichts steht. Betrachte, wie er zum Zehner in einigdreiem Fortschreiten nach der schon oft behandelten Weise hinwächst; dabei wirst du zu einer sehr angenehmen Betrachtung gelangen.

A: Ich glaube, daß du uns besser unterrichten würdest, wenn du deine Worte auf den Preis des Wertes beschränken würdest.

C: Du möchtest wohl, daß ich über das Geld rede!

A: Ja.

C: Ich will es tun. Aber beachte jetzt, daß der Wert aller Dinge nichts anderes ist als ihr Sein. Und wie in dem schlechthin größten, einen, gänzlich unzusammengesetzten und unteilbaren Wert jeder Wert eines jeden Dinges in Wahrheit existiert, so besteht auch in der einfachsten Seiendheit das Sein von allem. Wie nämlich im Wert irgendeines Goldgulden der Wert tausend kleiner Denare und in einem Doppelgulden der von zweitausend ist und so weiter, so müßte in dem wertvollsten Gulden, über den hinaus nichts wertvoller sein kann, der Wert von unendlich vielen Denaren sein. Und wie du siehst, daß dies wahr ist, so wäre es auch in Wahrheit und Wirklichkeit wahr.

A: Es ist durchaus so.

C: Wenn du aber in dir selbst dies als wahr siehst, was muß dann jenes Auge deines Geistes wert sein, das in seiner Kraft jeden Wert unterscheidet? Denn im Blick ist der Wert von allem und jedem einzelnen, jedoch nicht wie im Wert der Werte. Doch deshalb, weil der Geist das sieht, was alles wert ist, ist er selbst nicht alles wert. In ihm nämlich sind die Werte nicht als in seiner Wesenheit, sondern als in seinem Begriff. Der Wert ist ein wirkliches Seiendes, wie auch der Wert des Geistes ein Seiendes, und zwar ein wirkliches Seiendes ist. Und so ist er in Gott als in der Wesenheit des Wertes. Er ist ein begriffliches Sein, weil er erkannt werden kann, und so ist er in der Vernunft als in dem, das den Wert erkennt, aber nicht als im größeren Wert oder als in Grund und der Wesenheit des Wertes. Denn deshalb, daß unsere Vernunft einen geringeren oder größeren Wert erkennt, ist sie doch noch nicht ein größerer oder geringerer Wert, da diese Erkenntnis dem Wert nicht das Wesen verleiht.

A: Nonne haec cognitio maioris valoris quam sit valor cognoscentis adauget valorem cognoscentis?

C: Valor cognitionis cognoscentis augetur in eo, quod plura cognoscit, sive illa sint maioris sive minoris valoris quam sit valor cognoscentis. Non enim valor cogniti intrat in valorem cognoscentis ut faciat valorem cognoscentis maiorem, licet melioretur cognitio. Sicut enim cognoscere malum non facit cognoscentem peiorem aut cognoscere bonum meliorem facit eum tamen melius cognoscentem.

A: Intelligo. Nam sic dicimus aliquem valentem doctorem, licet plures non docti plus eo valeant. Tamen valor intellectualis naturae magnus valde est, quia in ipsa est discretio valorum, quae est mirabilis et cuncta discretione carentia excellens.

C: Dum profunde consideras intellectualis naturae valor post valorem Dei supremus est. Nam in eius virtute est Dei et omnium valor notionaliter et discretive. Et quamvis intellectus non det esse valori, tamen sine intellectu valor discerni etiam nisi quiaest non potest. Semoto enim intellectu non potest sciri an sit valor. Non existente virtute rationali et proportionativa cessat aestimatio. Qua non existente utique valor cessaret. In hoc apparet praeciositas mentis, quoniam sine ipsa omnia creata valore caruissent. Si igitur Deus voluit opus suum debere aestimari aliquid valere oportebat inter illa intellectualem creare naturam.

A: Videtur quod si Deum ponimus quasi monetarium erit intellectus quasi nummularius.

C: Non est absurda haec assimilatio, quando concipis Deum quasi omnipotentem monetarium, qui de sua excelsa et omnipotenti virtute producere potest omnem monetam. Ac si quis tantae potentiae esset, quod de manu sua quamcumque vellet monetam produceret et statueret nummularium habentem in sua virtute omnium monetarum discretionem et numerandi scientiam, monetandi arte tantum sibi reservata, nummularius ille nobilitatem monetarum et valorum, numerum, pondus et mensuram, quam a Deo moneta haberet patefaceret, ut pretium ipsius mone-

A: Läßt nicht die Erkenntnis eines größeren Wertes, als es der des Erkennenden ist, den Wert des Erkennenden wachsen?

C: Der Wert der Erkenntnis des Erkennenden wird darin vermehrt, daß er vieles erkennt, sei es, daß dieses von größerem, sei es, daß es von geringerem Wert ist als der Wert des Erkennenden. Denn der Wert des Erkannten geht nicht in den Wert des Erkennenden ein, so daß er dessen Wert vergrößern würde, wenngleich die Erkenntnis verbessert wird. Wenn nämlich auch das Schlechte zu erkennen ihn nicht besser macht, so macht es ihn dennoch zu einem besser Erkennenden.

A: Ich sehe dies ein. Denn so nennen wir jemanden einen werten Gelehrten, obgleich viele Nichtgelehrte mehr wert sind als er. Dennoch ist der Wert der vernünftig-einsichtigen Natur sehr groß, da es in ihr die Sonderung der Werte gibt; sie ist wunderbar und überragt alles, was der Unterscheidungskraft entbehrt.

C: Wenn du tief nachdenkst, ist der Wert der vernünftig-einsichtigen Natur nach dem Wert Gottes der höchste. Denn in ihrer Kraft ist der Wert Gottes und aller Dinge in begrifflicher und unterscheidender Weise enthalten. Und obwohl die Vernunft dem Wert nicht das Sein gibt, so kann doch ohne Vernunft nicht einmal sein Dasein unterschieden werden. Nimmt man nämlich die Vernunft weg, so kann nicht gewußt werden, ob ein Wert da ist. Wenn die wesensbestimmende und verhältnisbezügliche Kraft nicht existiert, schwindet die Wertschätzung. Wenn diese nicht existiert, verschwindet durchaus auch der Wert. Darin kommt die Kostbarkeit des Geistes zum Vorschein, da ohne ihn alles Geschaffene des Wertes entbehren würde. Wenn also Gott wollte, daß sein Werk als wertvoll geschätzt werden sollte, mußte er im Geschaffenen die vernünftig-einsichtige Natur schaffen.

A: Es scheint, daß, wenn wir Gott gleichsam als Münzer ansetzen, das Denken gewissermaßen der Münzbeamte ist.

C: Dieser Vergleich ist nicht sinnlos, wenn du Gott gleichsam als allmächtigen Münzherrn betrachtest, der aus seiner hervorragenden und allmächtigen Kraft jede Münze hervorbringen kann. Und wenn jemand so mächtig wäre, daß er jede Münze, welche auch immer er möchte, mit seiner Hand hervorbrächte und einen Münzbeamten bestellte, in dessen Fähigkeit die Unterscheidung aller Münzen und das Wissen des Zählens läge, während dem Münzherrn die nur ihm selbst zukommende Münzkunst vorbehalten bliebe, und wenn jener Münzbeamte die Vornehmheit der

tae et valor atque per hoc potentia monetarii nota fieret, apta foret similitudo.

A: Magna esset huius potentia monetarii, qui in ea contineret omnem omnium monetarum thesaurum. Et ab illo posset producere novas et antiquas, aureas et argenteas et cereas maximi et minimi et medii valoris monetas manente semper thesauro aeque infinito inexhauribili et inconsumptibili. Magnaque foret nummularii discretio discernendi has omnes quantumcumque varias monetas [et] numerandi, ponderandi et mensurandi omnem omnium valorem. Sed ars Dei in infinitum vinceret artem nummularii, quia ars Dei faceret esse, ars nummularii faceret tantum cognosci.

C: Nonne sic vides alium essendi modum monetae in arte omnipotentis monetarii, alium in monetabili materia, alium in motu et instrumentis ut monetatur, alium ut est actu monetata? Et hi omnes modi circa esse ipsius monetae consistunt. Deinde est alius modus, qui circa illos essendi modos versatur scilicet ut est in ratione discernente monetam. Id, quod facit monetam seu numisma imago seu signum est eius, cuius est. Quod si est monetarii ipsius habet imaginem, puta faciei suae similitudinem, ut Christus nos docet, quando ostenso numismate interrogavit cuius esset imago, et responsum est ei, Caesaris[1].

Facies notitia est, per faciem discernimus unum ab alio. Una est igitur facies monetarii, in qua cognoscitur, et quae ipsum revelat, quae aliter esset invisibilis et incognoscibilis. Et huius faciei similitudo cum sit in omnibus numismatibus non nisi notitiam seu faciem monetarii cuius est moneta ostendit. Neque aliud est imago quam nomen suprascriptum. Sic [enim] dicebat Christus, cuius est imago [haec] et superscriptio eius? Responderunt, Caesaris.

Facies igitur et nomen et figura substantiae et filius monetarii idem sunt. Filius igitur est imago viva et figura substantiae et

---

[1] Vgl. Mt. 22, 20f.

Münzen und den Wert, die Zahl, das Gewicht und das Maß, das die Münze von Gott erhalten hätte, offenbarte, damit der Preis dieses Geldes und der Wert und darin die Mächtigkeit des Münzprägers bekannt würde, dann wäre es ein geeignetes Gleichnis.

A: Groß wäre die Macht eines solchen Münzherrn, der in ihr den Schatz aller Münzen zusammenhielte. Und aus ihm könnte er neue und alte, goldene, silberne und kupferne Münzen, solche von größtem und kleinstem und mittlerem Wert hervorbringen, während der Schatz immer gleich unendlich, unerschöpflich und unaufbrauchbar bliebe. Groß wäre auch die Unterscheidungskraft des Münzbeamten, um alle diese jeweils verschiedenen Münzen zu sondern und den Wert einer jeden zu zählen, zu wägen und zu messen. Die Kunst Gottes jedoch würde die Kunst des Beamten unendlich übertreffen, denn sie macht das Sein, die des Beamten aber nur das Erkanntwerden.

C: Siehst du nicht in diesem Gleichnis, daß die Seinsweise der Münze in der Kunst des allmächtigen Münzers in dem münzbaren Stoff, in der Bewegung und den Werkzeugen, wie sie geprägt wird und wie sie tatsächlich geprägt ist, jeweils eine andere ist? Und all diese Weisen bestehen hinsichtlich des Seins dieser Münze. Ferner gibt es noch eine andere Weise, die sich mit jenen Seinsweisen befaßt, nämlich die Seinsweise, wie sie im Verstand des Geldzählenden ist. Dasjenige, was das Geld oder die Münze zu einer solchen macht, ist das Bild oder das Zeichen dessen, von dem sie stammt. Wenn dieses dem Münzer gehört, trägt sie dessen Bild, z. B. das Abbild seines Antlitzes; dies lehrt uns Christus, der, als ihm die Münze gezeigt wurde, fragte, wessen Bild es sei, und es wurde ihm geantwortet: das Bild des Kaisers.

Das Antlitz ist das Merkmal, durch das Antlitz unterscheiden wir das eine vom anderen. Ein einziges ist also das Angesicht des Münzers, in dem er erkannt wird und das ihn, der sonst unsichtbar und unerkennbar wäre, offenbart. Und da das Abbild dieses Antlitzes auf allen Münzen ist, zeigt jede nur das Merkmal oder das Antlitz des Münzherrn, dem die Münze gehört. Auch ist das Bild nichts anderes als der daraufgeschriebene Name. So sprach nämlich Christus: wessen Bild ist es und wessen ist die Aufschrift? Sie antworteten: des Kaisers.

Das Aussehen also, der Name, die Gestalt des Grundbestandes, der Sohn des Münzers sind das Selbe. Der Sohn ist demnach das

splendor patris[1], per quem pater monetarius facit seu monetat sive signat omnia[2]. Et cum sine signo tali non sit moneta, id unum, quod in omni moneta signatur est exemplar unicum et formalis causa omnium monetarum. Unde si monetarius fuerit unitas seu entitas, aequalitas, quae naturaliter ab unitate generatur, est causa formalis entium. In aequalitate igitur una et simplici vides veritatem omnium, quae sunt aut esse possunt, ut sunt per entitatem signata.

Vides et in ipsa aequalitate unitatem ut in filio patrem. Omnia igitur, quae sunt aut esse possunt in illa figura substantiae patris creatoris complicantur. Est igitur creator monetarius in omnibus monetis per figuram substantiae eius sicut signatum unum in multis signis. Nam si in omnibus numismatibus respexero ad quidditatem signati, non nisi unum video cuius est moneta. Et si ad signa monetarum me converto, plura numismata video, quia unum signatum in pluribus signis signatum video. Sed adverte, quomodo monetabile signatum signo, est numisma seu moneta.

Puta aes signatum est moneta, signatum scilicet signo similitudinis signantis. Monetabilis materia signo fit numisma. Et dicitur materia signata seu figurata, quae recipit determinationem possibilitatis essendi nummum. Sic video signatum ante signum, in signo et post signum. Ante signum ut est veritas, quae est ante suam figuram, in signo ut veritas in imagine et post signum ut signatum a signo est signatum. Primum signatum est infinita actualitas. Ultimum signatum est infinita possibilitas. Medium signatum est duplex aut ut primum est in signo aut ut signum est in ultimo. Primum signatum, quod infinitam dixi actualitatem, dicitur ipsa absoluta necessitas, quae est omnipotens, omnia cogens, cui nihil resistere potest. Ultimum signatum scilicet infinita possibilitas dicitur et absoluta et indeterminata possibilitas.

---

1 Vgl. Hbr. 1, 3.
2 Vgl. Jh. 1, 3; Kol. 1, 15ff.

lebendige Bild, die Gestalt des Grundbestandes, der Abglanz des Vaters, durch den der Münzherr, sein Vater, alles macht oder prägt oder bezeichnet. Und da es ohne ein solches Zeichen keine Münze gibt, ist dieses Eine, das in jeder Münze dargestellt wird, das einzige Urbild und der Gestalt-Grund jeder Münze. Wenn daher der Münzherr die Einheit oder Seiendheit ist, dann ist die Gleichheit, die der Natur nach von der Einheit gezeugt wird, der Gestalt-Grund der Seienden. In der einen und einfachen Gleichheit siehst du die Wahrheit von allem, das ist oder sein kann, wie es von der Seiendheit gezeichnet ist.

Du siehst in dieser Gleichheit auch die Einheit wie im Sohn den Vater. Alles also, was ist oder sein kann, wird in jener Gestalt des Wesensbestandes des Schöpfer-Vaters zusammengeschlossen. Es ist also der Schöpfer, der Münzherr, in allen Münzen durch die Gestalt seines Grundbestandes enthalten wie das eine Bezeichnete in vielen Zeichen. Denn wenn ich in allen Münzen auf die Washeit des Bezeichneten blicke, sehe ich nur den Einen, dem die Münze gehört. Und wenn ich mich den Zeichen der Münzen zuwende, sehe ich viele Geldstücke, da ich das eine Bezeichnete in vielen Zeichen bezeichnet sehe. Aber beachte, daß der mit dem Zeichen bezeichnete Münzstoff das Geldstück oder die Münze ist.

So ist z. B. das bezeichnete Erz eine Münze. Es ist ja mit dem Zeichen des Bildes des Bezeichnenden gezeichnet. Die münzbare Materie wird durch das Zeichen zum Geldstück. Und man nennt die Materie, welche die Bestimmung der Möglichkeit, Geld zu sein, aufnimmt, bezeichnete oder geprägte Materie. So sehe ich das Bezeichnete vor dem Zeichen, im Zeichen und nach dem Zeichen. Vor dem Zeichen als Wahrheit, die vor ihrer Darstellung ist, im Zeichen als Wahrheit im Bild und nach dem Zeichen, wie das vom Zeichen Bezeichnete das Bezeichnete ist. Das erste Bezeichnete ist die unendliche Wirklichkeit. Das letzte Bezeichnete ist die unendliche Möglichkeit. Das mittlere Bezeichnete ist zweifach, entweder so, wie das erste im Zeichen ist oder wie das Zeichen im letzten ist. Das erste Bezeichnete, das ich unendliche Wirklichkeit genannt habe, wird die absolute Notwendigkeit genannt, die allmächtig ist, die alles zwingt, der nichts widerstehen kann. Das letzte Bezeichnete, die unendliche Möglichkeit, wird auch die absolute und unbestimmte Möglichkeit genannt.

Inter illos essendi extremos modos sunt [alii] duo. Unus est contrahens necessitatem in complexum et vocatur necessitas complexionis, ut necessitas essendi hominem. Illa enim essendi necessitas ad hominem contracta complicat ea, quae ad istum essendi modum sunt necessaria, quae humanitas dicitur. Ita de omnibus. Alius elevans possibilitatem in actum per determinationem et vocatur possibilitas determinata ut est iste florenus aut iste homo. Considera igitur monetam aliquam puta papalem florenum et facito ipsum in tuo conceptu vivum vita intellectuali et quod in se mentaliter respiciat, tunc se speculando haec et cuncta, quae dicta aut dici possunt, reperiet. Nullum animal est adeo obtusum, quod se ab aliis non discernat et in sua specie alia eiusdem speciei non cognoscat. Sed vivens vita intellectuali omnia intelligibiliter hoc est omnium in se notiones reperit.

Complicat enim vis intellectiva omnia intelligibilia. Omnia quae sunt, intelligibilia sunt, sicut omnia colorata sunt visibilia. Excedunt aliqua visibilia visum ut excellens lux et aliqua adeo minuta sunt, quod non immutant visum et illa directe non videntur. Videtur enim excellentia lucis solaris negative, quia id, quod videtur non est sol, cum tanta sit lucis eius excellentia, quod videri nequeat. Sic id, quod videtur non est indivisibilis punctus, cum ille sit minor quam quod videri potest. Eo modo intellectus videt negative infinitam actualitatem seu Deum et infinitam possibilitatem seu materiam. Media affirmative videt in intelligibili et rationali virtute. Modos igitur essendi ut sunt intelligibiles, intellectus intra se ut vivum speculum concemplatur. Est igitur intellectus ille nummus, qui et nummularius, sicut Deus illa moneta, quae et monetarius. Quare intellectus reperit sibi congenitam virtutem omnem monetam cognoscendi et numerandi. Quomodo autem vivus ille nummus, qui intellectus, in se omnia intellectualiter quaerens reperiat, exemplum aliquale capere potest in iis, quae ego in intellectum prospiciens propalavi. Quae acutius quam ego subintrans praecisius videre et revelare poterit. Et haec sic de monetario et nummulario dicta sint.

Zwischen diesen äußersten Seinsweisen sind zwei andere. Die eine verschränkt die Notwendigkeit in die Verknüpfung und wird Notwendigkeit der Verknüpfung genannt wie die Notwendigkeit des Menschseins. Diese Notwendigkeit des Seins, die zum Menschen verschränkt ist, schließt nämlich das zusammen, was zu jener Seinsweise notwendig ist, die Menschheit genannt wird. Und so gilt es von allem. Die andere Seinsweise hebt die Möglichkeit durch die Bestimmung zur Wirklichkeit empor und wird bestimmte Möglichkeit genannt, so wie es jener Gulden oder dieser Mensch ist. Betrachte also irgendeine Münze, z. B. einen päpstlichen Gulden, und belebe ihn in deinem Gedanken mit vernunfthaft-geistigem Leben, daß er in geistiger Weise in sich blickt; wenn er sich dann betrachtet, findet er dieses und alles, was gesagt wurde oder gesagt werden kann. Kein Tier ist so stumpfsinnig, daß es sich nicht von anderen unterscheidet und die anderen Lebewesen seiner Eigengestalt nicht erkennen würde. Der in geistigem Leben Lebende aber findet alles auf geistige Weise, d. h. er findet in sich die Begriffe aller Dinge.

Die vernunfthaft-geistige Kraft nämlich schließt alles Einsehbare in sich zusammen. Alles, was ist, ist einsehbar, wie alles Farbige sichtbar ist. Manches Sichtbare überschreitet das Sehvermögen, wie überhelles Licht, und anderes ist so winzig, daß es den Gesichtsinn nicht ändert; dies wird nicht unmittelbar gesehen. Das Übermaß des Sonnenlichtes wird in negativer Weise gesehen; das, was gesehen wird, ist nicht die Sonne, denn dieses Übermaß ihres Lichtes ist so groß, daß es nicht gesehen werden kann. Ebenso ist das, was man sieht, kein unteilbarer Punkt, da dieser kleiner ist, als daß er gesehen werden kann. Auf dieselbe Weise sieht die Vernunft die unendliche Wirklichkeit oder Gott und die unendliche Möglichkeit oder die Materie in negativer Art. Das Mittlere erblickt sie in seiner einsehbaren und verständigen Kraft in der Weise der Bejahung. Die Vernunft betrachtet also die Seinsweisen in sich wie in einem lebendigen Spiegel, soweit sie einsichtig sind. Es ist also die Vernunft jene Münze, die auch Münzbeamter ist, so wie Gott jene Münze, die auch Münzherr ist. Daher findet die Vernunft die ihr mitgeschaffene Kraft, jede Münze zu erkennen und zu zählen. Wie aber jene lebendige Münze, welche die Vernunft ist, auf geistige Weise sucht und in sich alles findet, dafür kannst du irgendein Beispiel von dem nehmen, was ich, die Vernunft betrachtend, vorgebracht habe. Das wird der genauer sehen und offenbaren können, der mit geschärfterem Blick als ich eintritt. Dies sei über Münzer und Münzbeamten gesagt.

A: Abunde quae simpliciter protuli adaptasti. Illud solum pro mea instructione audias. Videtur enim, quod velis dicere, si florenus papalis viveret vita intellectuali, [quod] utique se florenum cognosceret et ideo [se esse] monetam illius, cuius signum et imaginem haberet. Cognosceret enim quod a se ipso esse floreni non haberet, sed ab illo qui suam imaginem ei impressisset. Et per hoc, quod in omnibus vivis intellectibus similem videret imaginem eiusdem omnes monetas esse cognosceret.

Unam igitur faciem in signis omnium monetarum videns unam aequalitatem, per quam omnis moneta esset actu constituta, videret omnis possibilis eiusdem monetae causam; etiam bene videret cum sit moneta monetata, quod fieri potuit moneta et fuit prius monetabilis antequam actu monetata. Et ita in se videret materiam, quam impressio signi determinavit esse florenum.

Et cum sit moneta eius cuius est signum, tunc esse suum haberet a veritate, quae est in signo, non a signo materiae impresso, quodque una veritas in variis signis varie materiam determinat. Non enim possunt esse plura signa nisi concomitetur pluralitatem varietas, nec potest veritas in variis signis nisi varie materiam determinare. Ex quo evenit non posse nisi omne numisma cum alio numismate concordare, cum sint nummi concordantes in eo, quod eiusdem sunt monetae et differentes, cum inter se sint varii. Talia quidem et multa alia in se vivus ille florenus videret.

C: Plane cuncta quae dixi resumpsisti. Singularius tamen memoriae commenda, quomodo non est nisi una vera et praecisa ac sufficientissima forma omnia formans in variis signis varie resplendens et formabilia varie formans determinansque seu in actu ponens[1].

---

[1] Cod. Cus.: Es folgt: finis libri secundi de globo.

A: Überreich hast du angewandt, was ich nur einfachhin vorgebracht habe. Folgendes höre dir nur zu meiner Belehrung an: Es scheint mir, daß du sagen willst: wenn der päpstliche Gulden in vernünftigem Leben leben würde, würde er sich ganz gewiß als Gulden erkennen; und ebenso, daß er die Münze dessen wäre, dessen Zeichen und Bild er hat. Er würde nämlich erkennen, daß er das Sein eines Gulden nicht von sich aus besäße, sondern von dem, der ihm sein Bild eingedrückt hätte. Und dadurch, daß er in jeder lebendigen Vernunft ein ähnliches Bild sähe, würde er erkennen, daß alle die Münzen ein und demselben eigen sind.

Wenn er also das eine Antlitz in den Zeichen aller Münzen erblickte, würde er die eine Gleichheit, durch die jede Münze in ihrer Wirklichkeit besteht, als den Grund jeder möglichen, von demselben Münzherrn stammenden Münze erkennen. Er würde auch richtig sehen, daß er, da er eine gemünzte Münze ist, Münze werden konnte und daß diese, bevor sie wirklich geprägt wurde, zuvor prägbar war. Und so würde er in sich die Materie schauen, die das Aufprägen des Zeichens dazu bestimmte, ein Gulden zu sein.

Und da die Münze dem eigen ist, dem das Zeichen gehört, hätte er sein Sein von der Wahrheit, die im Zeichen ist, nicht vom Zeichen, das der Materie eingeprägt ist. Und er sähe, daß die eine Wahrheit in verschiedenen Zeichen die Materie verschieden bestimmt. Denn es kann nicht mehrere Zeichen geben, außer wenn Verschiedenheit die Vielheit begleitet; auch kann die Wahrheit in verschiedenen Zeichen die Materie nur verschieden bestimmen. Daraus geht hervor, daß jede Münze mit einer anderen übereinstimmen muß, da die Geldstücke darin übereinstimmen, daß sie Geldstücke desselben Münzherrn sind, und darin unterschieden sind, daß sie voneinander verschieden sind. Dieses und vieles andere würde jener lebendige Gulden in sich erblicken.

C: Mit klaren Worten hast du alles, was ich gesagt habe, wiederholt. Vor allem jedoch empfiehl deinem Gedächtnis, daß es nur eine wahre und genaue und völlig hinreichende Gestalt gibt, die alles gestaltet, in verschiedenen Zeichen verschieden aufleuchtet und die das Gestaltbare verschieden gestaltet und bestimmt oder ins Wirklichsein bringt.

DE AEQUALITATE

DIE GLEICHHEIT

Vita erat lux hominum[1]

Promiseram tibi, Petre, aliqua de aequalitate conscribere ad exercitationem intellectus tui veritatis avidi et ad capacitatem apti, ut sermones theologicos subintrares. Sed me legationis apostolicae occupatio citius et limatius adimplere non permisit.

Suscipe igitur grate, quod Deus ministravit, [quod] theologus Ioannes evangelista in praemissis verbis propalavit Deum patrem per consubstantiale suum verbum, seu filium, omnibus dedisse esse, et quod ipsum esse omnium [est] in verbo seu filio suo, qui vita; erat vita et lumen rationis hominis, [quia] erat lux quae [et] verbum.

Haec dixit, ut intelligeremus nos per verbum Dei tam in esse prodiisse quam illuminari in ratione, post subiungens nos posse illuminari per dictam veram lucem usque quo producamur ad apprehensionem ipsius lucis substantialis nos sic illuminantis et tunc beati et felices erimus. Nam cum intelligere nostrum sit nobilissimum vivere, si poterit intellectus intelligere lucem suae intelligentiae, quae est verbum Dei, tunc attingit suum principium, quod est aeternum et eius filium, per quem ductus est ad principium. Et hoc intelligere est in se, cum intellectum et intelligens non sunt alia et diversa.

Erit igitur intellectus tunc in unitate lucis, quae verbum Dei, non sicut verbum Dei patris cum Deo patre, seu filius cum patre in unitate substantiae, quia intellectus creatus non potest increato Deo in unitate substantiae uniri, sed homo bene unitur homini in unitate essentiae humanae. Ideo ver-

---

[1] Johannes 1, 4. Zur näheren Beschreibung dieser Schrift vgl. Mitteilungen und Forschungsbeiträge der Cus. Gesellschaft, Mainz 1967.

Zur Übung deines nach Wahrheit begierigen und aufnahmsfähigen Geistes und zum vorbereitenden Verständnis theologischen Sprechens hatte ich dir, Peter, versprochen, einiges über die Gleichheit zu verfassen. Meine Tätigkeit als apostolischer Legat erlaubte mir jedoch nicht, dieses Versprechen schnell und unverzüglich zu erfüllen.

Nimm, bitte, entgegen, was mit Gottes Hilfe der Theologe, der Evangelist Johannes, in diesen Worten kundgetan hat; daß Gott der Vater durch sein wesensgleiches Wort, d. h. durch seinen Sohn, allem das Sein gegeben hat und daß das Sein von allem im Wort bzw. seinem Sohn ist, der das Leben war und die Erleuchtung des menschlichen Geist-Wesens, da er das Licht war, welches auch das Wort ist.

Er sagte dies, damit wir einsähen, daß das Wort Gottes uns sowohl ins Sein eingehen ließ als auch in unserem Geist erleuchtete. Wenn wir uns ihm unterwerfen, können wir durch jenes wahre Licht erleuchtet und dahin gebracht werden, dieses grundbestandliche Licht, das uns so erleuchtet, zu erfassen. Dann werden wir selig und glücklich sein. Denn da unser Verstehen das edelste Leben bedeutet, würde der Geist, könnte er das Licht seiner Einsicht verstehen, welches das Wort Gottes ist, seinen eigenen Ursprung erreichen, der ewig ist und auch dessen Sohn, durch den er zum Ursprung geführt worden ist. Und dieses Verstehen besteht in sich, da das Verstandene und das Verstehen nicht andere und verschiedene Dinge sind.

Der Geist ist nämlich dann in der Einheit des Lichtes, welches das Wort Gottes ist; er wird nicht so vereint sein, wie das Wort Gott des Vaters mit Gott dem Vater oder der Sohn mit dem Vater in der Einheit des Grundbestandes vereint ist, da der geschaffene Geist dem ungeschaffenen Gott nicht in der Einheit des Grundbestandes geeint werden

bum caro factum est, ut homo mediante homine, qui verbum et filius Dei, Deo patri in regno vitae eternae inseparabiliter uniatur.

Hoc mysterium maximum mediatoris et salvatoris nostri Iesu Christi propalatum est in scripturis utriusque testamenti. Nullibi tamen apertius quam in evangelio Ioannis theologi, cuius modus licet sit inexpressibilis et incomprehensibilis tamen in figura et aenigmate comprehensibilium describitur.

Volentes autem cum fide intrare in evangelium et modum mysterii aliqualiter secundum humani ingenii vires concipere necesse est, ut habeant exercitatum intellectum maxime circa abstractiones et animae nostrae vires. Quae igitur nunc circa hoc occurrunt quam breviter tibi pandam.

Legisti in Beryllo nostro, quomodo intellectus vult cognosci. Dico nunc hoc verum [esse et] a se et [ab] aliis. Et hoc non est aliud nisi [quam] quod se et alia vult cognoscere, cum in cognoscendo sit vita eius et laetitia. Docuit me autem magister, qui [est] verbum Dei, videre et cognoscere idem esse. Ait enim: beati mundo corde, quoniam ipsi Deum videbunt[1], et alibi: Haec est vita aeterna cognoscere te Deum[2]. Et iterum: qui videt me, videt patrem[3], ubi videre cognoscere est et cognoscere videre.

Loquamur igitur de visione, quae cum cognitione hominis coincidit et pro introitu ad intentum praemitto, quod alteritas non potest esse forma. Alterare enim est potius deformare quam formare. Id igitur, quod videtur in aliis, potest etiam sine alteritate in se videri, cum alteritas

[1] Mtth. 5, 8. [2] Jh. 17, 3. [3] Jh. 14, 9.

kann, während der Mensch dem Menschen in der Einheit der menschlichen Wesenheit sehr wohl vereint wird. Darum also ist das Wort Fleisch geworden, damit der Mensch mittels des Menschen, der das Wort und der Sohn Gottes ist, mit Gott dem Vater im Reiche des ewigen Lebens untrennbar vereint werde.

Dieses so tiefe Geheimnis unseres Mittlers und Heilandes Jesu Christi ist uns in den Schriften beider Testamente kundgetan worden, nirgends jedoch so offen wie im Evangelium des Theologen Johannes. Und wenngleich die Art und Weise seiner Wirklichkeit unaussprechlich und unbegreiflich ist, so wird sie doch in Figur und Gleichnis des Verständlichen umschrieben.

Für jene aber, die gewillt sind, gläubig in die Frohbotschaft einzutreten und die Art und Weise dieses Geheimnisses nach Menschenkräften irgendwie zu begreifen, ist es notwendig, daß sie ein Denken besitzen, welches hinsichtlich Abstraktionen und den Kräften unserer Seele aufs höchste geübt ist. Was mir diesbezüglich jetzt in den Sinn kommt, will ich dir so kurz wie möglich darlegen.

Du hast in meiner Schrift über den „Beryll" gelesen, daß der Geist erkannt werden will. Ich sage nun, daß das sowohl von ihm selbst als auch vom andern gilt. Und dieses bedeutet nichts anderes als daß er sich und das andere erkennen will, da in seinem Erkennen sein Leben und seine Freude besteht. Der Meister aber, der das Wort Gottes ist, hat mich gelehrt, daß Sehen und Erkennen dasselbe seien. Er sagt ja: selig die reinen Herzens sind, denn sie werden Gott schauen. Und anderweitig: das ist das ewige Leben, Dich Gott zu erkennen. Ferner: wer mich sieht, sieht den Vater, wo Sehen Erkennen und Erkennen Sehen ist.

Wir wollen also von der Schau reden, die mit der Erkenntnis des Menschen koinzidiert. Zur Einleitung in das, was ich mir vorgenommen habe, schicke ich voraus, daß die Andersheit keine Form sein kann. Verändern nämlich bedeutet eher entstellen denn gestalten. Das also, was im

non dederit sibi esse. Visus autem, qui videt visibile semota omni alteritate in se, videt se non esse aliud a visibili. Li se igitur refertur tam ad visum quam visibile, inter quae non cadit alteritas essentiae, sed est identitas. Potest autem aliquid omni alteritate semota videri; id autem, quod sic videtur, omni caret materia. Subiectum enim alterationis non est nihil, nec forma dans esse, sed id, quod potest formari, quod hylen sive materiam dicimus.

Intellectus autem dum videt intellectum in alio et alio intelligibili et subiectum alteritatis materiam, quia per intellectum in se videt, ideo videt se ab omni materia separatum et videt quomodo intelligentia est per se intelligibilis ob carentiam materiae, et omnia, quae non carent materia, non esse per se intelligibilia, sed oportere ipsa abstrahi a materia, si intelligi debent. Ideo naturalia sunt minus intelligibilia, cum habeant materiam alteritati valde subiectam, ut patet in qualitatibus activis et passivis. A quibus si abstrahitur materia non sunt amplius entia naturalia. Mathematicalia autem sunt magis intelligibilia, quia materia non est tantae alteritati subiecta. Qualitatibus enim activis et passivis non subicitur, sed quantitati licet insebili.

Sic enim homo non videtur ab omni materiali et sensibili quantificativa et qualificativa contractione absolutus. Sic nec circulus videtur ab omni materiali quantitate, licet insensibili, absolutus. Sed ens seu unum absolutum videri potest ab omni quantitate et qualitate etiam intelligibili separatum.

andern gesehen wird, kann auch ohne Andersheit in sich selbst gesehen werden, da die Andersheit ihm nicht das Sein verliehen hat. Die Schau aber, die das Sichtbare von jeder Andersheit entfernt in sich erblickt, sieht, daß sie dem Sichtbaren gegenüber nichts anderes ist. Dieses „sich" bezieht sich nämlich sowohl auf das Sehen als das Sichtbare, zwischen denen es keine Andersheit im Wesen gibt, sondern Selbigkeit. Es kann aber etwas von aller Andersheit entfernt gesehen werden. Was so gesehen wird, entbehrt jeder Materie. Das der Veränderung Zugrundeliegende ist weder nichts, noch ist es die Form, die das Sein gibt, sondern das, was geformt werden kann und was wir Hyle oder Materie nennen.

In dem Augenblick aber, wo das Denken das Denken in stets anderem Denkbaren sieht und die Materie als das der Andersheit Zugrundeliegende begreift, da es durch das Denken in sich selbst zur Schau gelangt, sieht es auch, daß es selbst von aller Materie losgetrennt ist. Und es versteht, daß die Einsicht durch sich selbst verständlich ist wegen der nichtvorhandenen Materie und daß alles, was der Materie nicht entbehrt nicht durch sich selbst verstehbar ist, sondern von der Materie gesondert werden muß, soll es verstanden werden. Daher sind die Naturdinge weniger verständlich, da sie die der Andersheit in größerem Maße unterworfene und zugrundeliegende Materie besitzen, wie es sich aus ihren aktiven und passiven Beschaffenheiten ergibt. Wenn von diesen die Materie weggenommen wird, sind sie nicht weiterhin Naturdinge. Die Gegenstände der Mathematik hingegen sind verständlicher, da ihre Materie keiner so großen Andersheit unterworfen ist. Sie wird nämlich nicht den aktiven und passiven Qualitäten unterworfen, sondern der Quantität, d. h. der unsinnlichen Größe.

So kann auch der Mensch nicht von aller materiellen und sinnlichen quantifikativen und qualifikativen Verschränkung losgelöst gesehen werden. So erscheint der Kreis nicht von aller materieller Quantität losgelöst, wenngleich sie auch unsinnlich ist. Nur das absolute Seiende oder Eine kann von aller Größe und Beschaffenheit, auch von der vernünftig denkbaren, getrennt erblickt werden.

Videtur autem hic homo, qui Plato et alius homo, qui Socrates. Videtur igitur homo separatus ab ista alteritate individuali et haec visio non est sensibilis, sed est absoluta a sensibili per remotionem contractionis individualis. Et non videtur homo sic ab omni materia naturali separatus, sed solum individuali remanente communi, puta est homo. Quem sic video [absolutus] ab hac carne et his ossibus non tamen a carne et ossibus alioquin non foret naturalis homo. Et ideo homo, quem [sic] video, est universalis separatus ab individuis et cognoscitur tali visione homo per virtutem cognoscitivam altiorem sensitiva inferiorem tamen parte intellectiva et organo coniuncta[m], quae etiam in brutis invenitur et dicitur imaginativa.

Videmus enim canes hominem in genere et hunc hominem cognoscere. Sic videt homo hanc figuram et figuram ab individuali contractione separatam, non tamen ab omni materia, quoniam non videt figuram nisi quantam. Quantitas autem materiam supponit. Et haec visio fit mediante ratione, quae parum ad organum est contracta.

Videtur etiam Platonis et Aristotelis intellectus in eorum libris et intellectus separatus ab omni contractione et materia sive quantificativa sive qualificativa et haec visio fit per supremam animae separatam simplicitatem, quae intellectus seu mens dicitur.

Omne autem id, quod videtur in alio, aliter videtur per id, quod est in se idem cum anima videntis. Videt [autem] homo sensum esse alium in visu, alium in auditu et ita de reliquis. Et sensum sic in aliis aliter existentem in se videt sine illa alteritate esse idem cum anima rationali. Et ita videt sensum in aliis per sensum in se, qui est communis et a contractione individuali absolutus. Sic rectitudinem in aliis et aliis rectis

Man sieht diesen Menschen, der Plato ist und einen andern, der Sokrates ist. Der Mensch wird daher von jener individuellen Andersheit getrennt erblickt. Diese Schau ist nicht sinnlich, sondern durch die Entfernung individueller Verschränkung vom Sinnlichen losgelöst. Und so erscheint der Mensch nicht von aller natürlichen Materie gelöst, sondern nur von der individuellen, während die allgemeine — nämlich daß er ein Mensch ist — bleibt. Wenn ich ihn so von diesem Fleisch und diesen Knochen losgelöst sehe, so doch nicht von Fleisch und Bein schlechthin, da er sonst kein natürlicher Mensch wäre. Daher ist der Mensch, den ich auf dieses Weise sehe, allgemein, von allem Individuellen getrennt. Er wird in solcher Schau durch die der Sinnlichkeit gegenüber höheren, dem geistigen Teil gegenüber jedoch niedrigeren Erkentniskraft erkannt. Diese ist mit den Organen verbunden und wird auch in den Tieren gefunden. Man nennt sie Einbildungskraft.

Wir sehen nämlich, daß die Hunde den Menschen im allgemeinen und einen bestimmten Menschen im besonderen erkennen. Ebenso sieht der Mensch diese Figur und jene von der individuellen Verschränkung gelöst, auch wenn sie nicht von jeder Materie befreit ist, da er sie nur als ausgedehnte sieht. Ausdehnung aber setzt Materie voraus. Und diese Schau geschieht mittels des Verstandes, der nur teilweise zum Organ hin verschränkt ist.

Man kann auch das Denken Platons und Aristoteles in ihren Büchern sehen und es ist ein von aller Verschränkung und quantifikativen oder qualifikativen Materie getrenntes Denken. Dieses Sehen kommt durch die höchste getrennte Einfachheit der Seele zustande, welche Denken oder Geist genannt wird.

Alles aber, das in einem Andern anders gesehen wird, wird durch das, was in sich selbst ist, identisch gesehen mit der Seele des Sehenden. Der Mensch sieht aber, daß der Sinn ein anderer ist im Gesicht, ein anderer im Gehör usw. Er sieht daher, daß der Sinn, den er so im Andern jeweils anders bestehen sieht, in ihm selbst ohne jene Andersheit mit der verständigen Seele identisch ist. Und so sieht er den

per rectitudinem in se, ita formam in formatis per formam in se, et iustitiam in iustis per iustitiam in se, et generaliter extrinsecum cognoscibile per intrinsecum consubstantiale.

Et hac via patet, quomodo intelligibile extrinsecum fit in actu per intrinsecum, acsi intellectuale praesuppositum seu principium de se generaret sui ipsius verbum, rationem seu notitiam. Illa foret consubstantialis similitudo eius, quia foret ratio intellectualis naturae sicut intellectuale praesuppositum, in qua figura substantiae suae, principium seu praesuppositum clarificatur. Alias sine ratione tali remaneret sibi et omnibus praesuppositum incognitum. Ex quibus procedit utriusque amor seu voluntas. Nam amor sequitur cognitionem et cognitum — nihil enim incognitum amatum — et relucet in opere eius rationali scilicet syllogistico et maximo primo modo primae figurae.

Puta anima vult ostendere omnem hominem mortalem et arguit sic: omne animal rationale est mortale, omnis homo est animal rationale, ergo omnis homo est animal mortale. Prima propositio est principium [sive][1] praesuppositum, secunda, ex fecunditate primae generata, est eius fecunditatis ratio sive notio. Ex quibus sequitur intenta conclusio. Sicut prima est universalis affirmativa sic secunda sic tertia. Et non est plus aut minus una universalis quam alia. Universalitas igitur in ipsis est aequalis sine alteritate. Sic etiam non plus continet in substantia prima quam secunda aut tertia. Nam prima omne animal rationale complectitur. Sic secunda, sic tertia. Non enim secunda, quae de homine loquitur minus complectitur cum solus homo sit animal rationale. Sunt igitur illae propositiones tres aequales in

[1] Cod. Vat.: secundum.

Sinn im andern durch den Sinn in sich selbst, der allgemein und von der individuellen Verschränkung losgelöst ist. Auf diese Weise erblickt er die Geradheit in stets anderem Geraden durch die Geradheit in sich selbst, die Gestalt im Gestalteten durch die Gestalt in sich selbst und die Gerechtigkeit im Gerechten durch die Gerechtigkeit in sich und ganz allgemein das Erkennbar-Äußere durch das mitbestandliche Innere.

Daraus erhellt, wie das Verstehbar-Äußere durch das Innere in die Wirklichkeit gelangt, auch wenn das vorausgesetzte Vernünftige oder der Ursprung sein Wort, seinen Wesenssinn bzw. seinen Begriff aus sich selbst zeugt. Dieser wäre seine mitbestandliche Ähnlichkeit, da er der Wesenssinn der vernünftigen Natur wie auch das vorausgesetzt Vernünftige wäre, in dem die Gestalt seines Grundbestandes, d. h. der Ursprung oder das Vorausgesetzte erhellt wird. Ohne solchen Wesensinn bliebe er sich und allem gegenüber das unbekannt Vorausgesetzte. Aus diesen geht die Liebe beider oder der Wille hervor. Denn die Liebe folgt der Erkenntnis und dem Erkannten. Nichts Unbekanntes ist ja ein Geliebtes. Sie strahlt in seinem verständigen Werke wieder, d. h. dem Syllogismus und hier vor allem im ersten Modus der ersten Figur.

Wenn zum Beispiel die Seele zeigen will, daß jeder Mensch sterblich ist, folgert sie folgendermaßen: jedes verständige Lebewesen ist sterblich. Jeder Mensch ist ein verständiges Lebewesen, also ist jeder Mensch ein sterbliches Lebewesen. Der erste Satz ist der Ursprung oder das Vorausgesetzte. Der zweite ist aus der Fruchtbarkeit des ersten gezeugt. Er ist der Wesenssinn oder der Begriff seiner Fruchtbarkeit. Aus beiden folgt die beabsichtigte Schlußfolgerung. Wie der erste Satz allgemein bejahend ist, so ist es auch der zweite, so auch der dritte. Keiner ist mehr oder weniger allgemein als der andere. Die Allgemeinheit in ihnen ist gleich ohne Andersheit. So ist sie auch nicht stärker vorhanden in der ersten Substanz als in der zweiten oder dritten. Denn die erste umfaßt jedes verständige Lebewesen. Ebenso die

universalitate, essentia atque virtute. Hinc non sunt tres universalitates nec tres substantiae seu essentiae sive virtutes. Propter enim omni modam aequalitatem non est alteritas substantiae in ipsis secundum omnem nostram apprehensionem, qui aliud rationale animal non cognoscimus quam hominem.

Prima tamen propositio est prima et sic per se subsistens. Sic et secunda secunda et tertia tertia, ita quod una non est alia. Tamen secunda totam naturam, substantiam et fecunditatem primae explicat; sicut figura substantiae eius, ita quod si prima diceretur pater, secunda diceretur filius unigenitus, quia aequalis naturae et substantiae in nullo minor aut inaequalis de fecunditate primae genita. Ita tertia, quae est intentio conclusionis utriusque propositionis pariformiter se habet. Prima memoriae similatur, cum sit principium praesuppositum origine praecedens; secunda intellectui, cum sit explicatio notionalis primae; tertia voluntati, cum procedat ex intentione primae et secundae uti finis desideratus.

In unitate igitur essentiae huius syllogismi trium propositionum per omnia aequalium relucet unitas essentialis animae intellectivae tamquam in opere eius logistico sive rationali. Nam per regulam praemissam anima rationalis se videt in syllogismo ut in suo opere rationali in alteritate operis. Videt se sine illa alteritate in se. Et per visionem sui in se videt se in opere. Et ita habes quomodo anima pergit per se ad omnia alia et nihil reperit [aliud] in omni varietate intelligibile nisi quod in se reperit, ut omnia sint sua similitudo. Et in se verius omnia videt quam sint in aliis ad extra. Et quanto plus egreditur ad alia ut ipsa cognoscat tanto plus in se ingreditur ut se cognoscat. Et ita dum per

zweite und dritte. Die zweite, die vom Menschen spricht, umfaßt nicht weniger, auch wenn nur der Mensch ein verständiges Lebewesen ist. Es sind also jene drei Sätze gleich in ihrer Allgemeinheit, Wesenheit und Kraft. Darum sind sie nicht drei Allgemeinheiten, noch drei Substanzen oder Wesenheiten oder Kräfte. Wegen der ganzheitlichen Gleichheit nämlich ist nach all unserem Begreifen keine Andersheit der Substanz in ihnen, obwohl wir kein anderes verständiges Lebewesen kennen als den Menschen

Dennoch ist der erste Satz der erste und so durch sich selbst bestehend. Ebenso ist der zweite der zweite und der dritte der dritte, so daß der eine nicht der andere ist. Dennoch entfaltet der zweite die ganze Natur, Substanz und Fruchtbarkeit des ersten — gleichsam als die Figur seiner Substanz —, so daß, würden wir den ersten Vater nennen, der zweite eingeborener Sohn genannt werden müßte, da er, von gleicher Natur und Wesenheit, in nichts geringer oder ungleicher, aus der Fruchtbarkeit des ersten gezeugt wäre. In ähnlicher Weise verhält sich der dritte Satz, der die beabsichtigte Schlußfolgerung der beiden ist. Der erste Satz gleicht dem Gedächtnis, da er der vorausgesetzte Ursprung ist, der der Herkunft nach vorausgeht. Der zweite gleicht dem Denken, da er die begriffliche Entfaltung des ersten Satzes ist. Der dritte gleicht dem Willen, da er aus der Absicht des ersten und zweiten als das ersehnte Ziel hervorgeht.

In der Einheit der Wesenheit dieses Syllogismus von drei Aussagen, die in allem gleich sind, strahlt die wesenhafte Einheit der vernünftigen Seele gleichsam als in ihrem logischen oder verständigen Werke wider. Denn der vorausgeschickten Regel zufolge erblickt sich die verständige Seele im Syllogismus als in ihrem verständigen Werk in der Andersheit dieses Werkes, Sie sieht sich ohne Andersheit in sich selbst. Und durch die Schau ihrer selbst in sich sieht sie sich selbst im Werk. Damit hast du die Erklärung dafür, wie die Seele durch sich selbst zu allem andern vordringt, und daß sie in der ganzen Mannigfaltigkeit nichts Verständiges findet, das sie nicht in sich gefunden hätte, so daß

proprium intelligibile alia intelligibilia mensurare et attingere satagit per alia intelligibilia suum proprium intelligibile sive se ipsam mensurat.

Anima igitur veritatem, quam videt in aliis, per se videt. Et est notionalis ipsa veritas cognoscibilium, quoniam anima intellectiva vera notio est. Visione intuitiva per se lustrat omnia et mensurat et iudicat per notionalem veritatem veritatem in aliis. Et per eam, quam in aliis comperit aliter, ad se revertitur ut eam, quam in aliis aliter vidit, in se intueatur sine alteritate veraciter et substantialiter ut in se quasi in speculo veritatis notionaliter omnia perspiciat et se rerum omnium notionem intelligat.

Anima videt terminum in omnibus terminatis, et cum termini non sit terminus videt se terminum notionalem interminum sine alteritate. Et hinc videt se non esse quantam nec divisibilem, ideo nec corruptibilem.

Est igitur anima interminabilis rationalis terminus [et] per quem omnia ut vult terminat faciendo terminum brevem aut longum distanter a primo. Et sic facit longas linaes breves et breves longas. Et mensurans facit longitudinis, latitudinis et profunditatis, temporis et omnis continui. Et facit figuras et quaeque talia, quae sine rationali terminatore fieri non possunt. Et terminos imponit seu nomina terminatis et artes et scientias [facit].

Haec omnia explicat ex propria virtute notionali et de omnibus per se iudicat, sicut de iustitia causarum per

alles ihr Gleichnis und ihre Ähnlichkeit ist. Und in sich selbst sieht sie alles in größerer Wahrheit als im Andern, das außerhalb ist. Und je mehr sie auf das Andere zugeht, um es zu erkennen, um so mehr kehrt sie in sich ein, um sich zu erkennen. Und während sie so durch das ihr eigentümliche Verstehbare sich zur Genüge damit beschäftigt, das verstehbar Andere zu messen und zu erreichen, mißt sie damit das ihr eigentümlich Verstehbare bzw. mißt sie sich selbst.

Die Seele sieht also die Wahrheit, die sie im Andern erblickt, durch sich. Sie ist die begriffliche Wahrheit des Erkennbaren, da sie als vernünftige Seele wahrer Begriff ist. In durchblickender Schau durchleuchtet sie alles durch sich selbst und mißt und beurteilt durch ihre begriffliche Wahrheit die Wahrheit im Andern. Und durch die Wahrheit, die sie im andern anders findet, wendet sie sich auf sich zurück, um sie, die sie im andern anders sah, in sich ohne Andersheit wahrhaftig und wesenhaft zu erblicken, da sie in sich gleichsam wie in einem Spiegel der Wahrheit alles begrifflich durchschaut und so sich und den Begriff aller Dinge einsieht.

Die Seele erblickt die Grenze in allem Begrenzten und da es keine Grenze der Grenze gibt, erblickt sie sich ohne Andersheit als unbegrenzte begriffliche Grenze. Und so sieht sie, daß sie weder ausgedehnt noch teilbar, darum auch nicht vergänglich ist.

Die Seele ist also unbegrenzbare verständige Grenze, durch welche sie alles begrenzt, wie sie will, indem sie eine kürzere oder längere Grenze, näher oder ferner von der ersten bildet. Und so macht sie lange Linien kurz und kurze lang. Messend bildet sie Begriffe der Länge, der Breite, der Tiefe, der Zeit und von allem Zusammenhängenden. Sie bildet Figuren und dergleichen, das ohne verständigen Begrenzer nicht entstehen kann. Und so gibt sie dem Begrenzten Grenzen bzw. Namen und schafft Künste und Wissenschaften.

All das entfaltet sie aus der ihr eigentümlichen begrifflichen Kraft und beurteilt alles auf Grund ihrer selbst. So zum

notionalem suam iustitiam, quae est consubstantialis sibi, quia est ratio iustitiae, per quam iudicat iustum et iniustum.

Anima dum se videt intra se habere notionem mundi omnem omnis mundi notiones complicantem videt in se esse verbum seu conceptum notionalem universorum et nomen omnium nominum, per quod de omni nomine notionem facit. Et videt omnia nomina suum nomen explicare, cum nomina non sint nisi rerum notiones. Et hoc est, quia ipsa anima se videt omnibus nominibus nominari.

Adhuc anima videt se esse intemporale tempus. Nam percipit tempus[1] esse in esse transmutabili et quod non sit transmutatio nisi in tempore. Percipit igitur tempus esse in temporalibus aliter et aliter et tunc videt tempus in se, semota omni alteritate esse intemporaliter. Unde cum videat numerum in variis numeratis, videt etiam numerum innumerabilem omnia numerantem in se.

Et ita videt tempus in se et numerum in se non esse alia et diversa. Et cum videat tempus contractum in temporalibus et in se absolutum a contractione videt tempus non esse aeternitatem, quae non est nec contrahibilis nec participabilis. Unde videt se anima non esse aeternitatem, cum sit tempus licet intemporaliter. Videt igitur se super temporalia in horizonte aeternitatis temporaliter incorruptibilem, non tamen [est] simpliciter sicut aeternitas, quae est simpliciter incorruptibilis, quia incorruptibilitas omnem alteritatem antecedens. Unde videt anima se coniunctam continuo et temporali. In hoc enim sunt eius operationes successivae et temporales quas per organa corruptibilia facit, ut est sentire,

[1] Cod. Vat.: corpus.

Beispiel, wenn sie über die Gerechtigkeit von Gründen auf Grund ihrer begrifflichen Gerechtigkeit urteilt, die zu ihrem Grundbestand gehört, da sie der Wesenssinn der Gerechtigkeit ist, durch den sie zwischen gerecht und ungerecht scheidet.

Wenn die Seele sieht, daß sie in sich den ganzen Begriff der Welt hat, der die Begriffe der ganzen Welt zusammenschließt, dann sieht sie in sich selbst, daß sie das Wort oder der begriffliche Entwurf des Gesamt und der Name aller Namen ist, durch den sie von jedem Namen Kenntnis erhält. Und sie sieht, daß alle Namen den ihren entfalten, da diese nichts sind als die Begriffe der Dinge. Das ist deshalb so, weil sie sieht, daß sie selbst mit allen Namen genannt wird.

Die Seele sieht ferner, daß sie zeitlose Zeit ist. Sie begreift nämlich, daß die Zeit im veränderlichen Sein ist und daß es Veränderlichkeit nur in der Zeit gibt. Sie begreift also, daß die Zeit im Zeitlichen je anders ist. Daraufhin sieht sie, daß die Zeit in ihr, von aller Andersheit entfernt, zeitlos ist. Wenn sie daher sieht, daß die Zahl in den verschiedenen Zahlen ist, so sieht sie auch, daß die alles zählende, unzählbare Zahl in ihr ist. Und so sieht sie, daß die Zeit in ihr und die Zahl in ihr nichts anderes und verschiedenes sind.

Wenn sie die Zeit im Zeitlichen verschränkt erblickt, in ihr aber von der Verschränkung befreit, dann sieht sie, daß die Zeit nicht die Ewigkeit ist, die weder verschränkbar noch partizipierbar ist. Daher sieht sie auch, daß sie nicht die Ewigkeit ist, da sie, wenngleich unzeitlich, Zeit ist. Sie sieht also, daß sie jenseits der Zeit im Horizont der Ewigkeit zeithaft unvergänglich ist, jedoch nicht schlechthin, wie die Ewigkeit, welche schlechthin unvergänglich ist, da die Unvergänglichkeit aller Andersheit vorausgeht. Daher sieht die Seele, daß sie dem beständigen Fließen und der Zeit verbunden ist. Darin nämlich sind die Tätigkeiten, die sie mit Hilfe vergänglicher Organe vollbringt, wie z. B. Wahr-

ratiocinari, deliberari[1] et similes. Et videt se absolutam a continuo in opere intellectus ab organo separati, quia dum intelligit subito intelligit et ita inter temporale et aeternum se reperit.

Videt autem animam unius plus continuo et tempori seu successioni coniunctam tardius pervenire ad intellectum, aliam citius, quia minus [est] immersa continuo; quae citius se resolvit, habens aptiora organa ad operationem et praecisius attingit. Ex quo videt animam nostram indigere organis et successione temporali ob suam imperfectionem, ut de potentia ad actum perveniat. Quare intelligentiae perfectiores, quae sunt in actu, non habentes necessitatem discursus ut ad actum perveniant, magis accedunt ad aeternitatem et plus separatae sunt a temporali successione.

Quomodo autem se habeat visio temporis ita considera: Hebraei temporis initium dicunt praeteritum, cui succedit praesens et sequitur futurum. Si respicis ad praeteritum uti est tempus praeteritum vides ipsum in praesenti esse praeteritum et in futuro [fore] praeteritum. Si respicis ad praesens vides ipsum in praeterito fuisse praesens et in futuro [fore] praesens. Si respicis ad futurum vides ipsum in praeterito fuisse futurum et praesenti esse futurum [et in futuro fore futurum]. Et haec anima in se videt, quae est intemporale tempus. Videt igitur se intemporale unitrinum tempus, praeteritum, praesens et futurum. Tempus autem praeteritum, quod semper est et erit praeteritum, perfectum tempus est. Et tempus praesens, quod semper fuit et erit praesens, perfectum tempus est. Sic et futurum, quod semper fuit et est futurum perfectum tempus est. Et non sunt tria perfecta tempora, sed unum perfectum tempus, perfectum

---

[1] Paris: sentire, imaginari, memorari.

nehmen, Schlußfolgern, Entscheiden und ähnliches, nacheinander und zeitlich. Sie sieht jedoch, daß sie im Werk des Denkens, das vom Organ getrennt ist, vom beständig Fließenden losgelöst ist, da sie, während sie einsieht, plötzlich einsieht. Und so findet sie sich zwischen dem Zeitlichen und dem Ewigen.

Sie erkennt aber, daß die Seele des einen, die dem Beständig-Fließenden und der Zeit bzw. dem Nacheinander stärker verhaftet ist, langsamer zum Denken gelangt, während die des andern schneller dazu gelangt, da sie weniger ins Beständig-Fließende eingetaucht ist. Diese macht sich schneller davon los, da sie bessere Organe für ihre Tätigkeiten besitzt. Sie erreicht ihre Ziele genauer. Daraus erkennt sie, daß unsere Seele wegen ihrer Unvollkommenheit der Organe und des zeitlichen Nacheinanders bedarf, damit sie von Möglichkeit zu Wirklichkeit gelangen kann. Darum kommen die vollkommeneren Einsichten, die in Wirklichkeit sind und nicht der Notwendigkeit des Hin- und Hersuchens unterworfen sind, um zur Wirklichkeit zu gelangen, der Ewigkeit näher und sind stärker vom zeitlichen Nacheinander getrennt.

Wie es aber mit der Schau der Zeit bestellt ist, betrachte auf folgende Weise: die Hebräer sagen, daß der Anfang der Zeit die Vergangenheit sei, nach der die Gegenwart kommt und die Zukunft folgt. Wenn man auf die Vergangenheit blickt als vorübergegangene Zeit, sieht man, daß sie in der Gegenwart vergangen ist und in der Zukunft vergangen sein wird. Blickt man auf die Gegenwart, so sieht man, daß sie in der Vergangenheit gegenwärtig war und in der Zukunft gegenwärtig sein wird. Schaut man auf die Zukunft, so sieht man, daß sie in der Vergangenheit zukünftig gewesen, und in der Gegenwart zukünftig ist und in der Zukunft zukünftig sein wird. Und alles das sieht die Seele, welche zeitlose Zeit ist, in sich. Sie sieht sich also als zeitlos einigdreie Zeit, als Vergangenheit, Gegenwart und Zukunft. Die vergangene Zeit aber, die für immer vergangen ist und sein wird, ist die vollendete Zeit. Ebenso ist die

in praeterito, perfectum in praesenti et perfectum in futuro.

Hoc tempus numquam deficere poterit. Praeteritum ut praeteritum non deficit, quoniam semper est et erit praeteritum. Sic nec praesens, nec futurum. Nihil igitur novi in illo tempore intemporali, ubi nihil est praeteritum, quod non sit praesens et futurum, licet enim praeterita in praeteritis defecerint et futura in futuro nondum sint, sed solum praesentia in praesenti, tamen secus de tempore praeterito et futuro ut praedictum est.

Anima igitur, quae est intemporale tempus, in sua essentia videt praeteritum praesens et futurum [et] nominat praeteritum memoriam, praesens intellectum [et] futurum voluntatem. Nam in natura intellectuali praesuppositum seu quia-est est origo de se generans sui scilicet praesuppositum sive quia-est intellectum seu quid-est, ad quae sequitur intentus finis, qui voluntas seu delectatio dicitur.

Omnia igitur in quia-est sunt et vocatur ille essendi modus memoria intellectualis. Omnia in quid-est sunt et vocatur ille modus essendi intellectus, quoniam ut ibi sunt, in sua ratione sunt et intelliguntur. Omnia in intento fine sunt et vocatur ille essendi modus voluntas seu desiderium.

Haec consideratio temporis intemporalis manifestat animam esse aeternitatis similitudinem atque quod omnia[1] intuetur per se tamquam per similitudinem aeternitatis [tendens] ad aeternitatem vitae, quam solum appetit, sicut intellectualis imago vitae seu quietis aeternae ad suam veritatem, cuius est imago, sine qua non potest habere quietem. Quietis enim imago in quiete tantum quiescit.

---

[1] Cod. Vat.: anima.

gegenwärtige Zeit, die für immer gegenwärtig war und sein wird, vollendete Zeit. So auch die Zukunft, die für immer zukünftig war und ist. Es sind nicht drei vollendete Zeiten, sondern eine vollendete Zeit, vollendet in der Vergangenheit, vollendet in der Gegenwart und vollendet in der Zukunft.

Diese Zeit wird niemals vergehen können. Die Vergangenheit schwindet nicht, weil sie für immer vergangen ist und sein wird, ebensowenig die Gegenwart und die Zukunft. Es gibt also nichts Neues in jener zeitlosen Zeit, wo nichts vergangen ist, das nicht auch gegenwärtig und zukünftig wäre, wenngleich das Vergangene im Vergangenen verschwunden ist und das Zukünftige im Zukünftigen noch nicht ist, sondern allein das Gegenwärtige im Gegenwärtigen besteht; jedoch anders in der vergangenen und zukünftigen Zeit, wie vorausgeschickt.

Die Seele, die zeitlose Zeit, erblickt in ihrer Wesenheit Vergangenheit und Zukunft als gegenwärtige und nennt die Vergangenheit Gedächtnis, die Gegenwart Denken, und die Zukunft Wille. Das in der vernünftigen Natur Vorausgesetzte oder das „Daß-Ist" ist der Ursprung, der aus sich das Denken oder „Was-Ist" seiner Voraussetzung oder seines „Daß-Ist" zeugt, denen das beabsichtigte Ziel folgt, das Wille oder Freude genannt wird.

Alles also ist im „Daß-Ist" und jene Weise des Seins wird vernünftiges Gedächtnis genannt. Alles ist im „Was-Ist" und jene Weise des Seins wird Denken genannt, da es, wie es dort sich findet, in seinem Wesenssinn ist und eingesehen wird. Alles ist im beabsichtigten Ziel und jener Modus des Seins wird Wille oder Verlangen genannt.

Diese Betrachtung der zeitlosen Zeit macht offenbar, daß die Seele Gleichnis und Ähnlichkeit der Ewigkeit ist und daß sie alles durch sich selbst wie durch Ähnlichkeit und Gleichnis der Ewigkeit einsieht, während sie sich nach dem ewigen Leben ausstreckt, nach dem allein sie verlangt; so wie das geistige Bild des Lebens oder der ewigen Ruhe nach seiner Wahrheit strebt, deren Bild es ist und ohne die es keine Ruhe finden kann. Das Bild der Ruhe ruht nur in dieser.

Quod igitur anima in se reperit de perfectione essentiae suae esse, scilicet unitrinitatem temporis intemporalis et generationem secundi primo tempori succedentis et processionem tertii ab utroque, et aequalitatem naturae in tribus hypostasibus intemporalis temporis et inexistentiam unius hypostasis in alia et ita de reliquis; ad sui principium, quod est aeternum, transsumit, ut in se tamquam in speculo et aenigmate suum principium aliqualiter possit intueri.

Et hic intellectus animae, quo in se intelligit mundum notionaliter complicari, quasi in universali lumine rationis lucis aeternae, quae est causa sui et omnium, ad hoc tantum ordinatus est, ut dum [in] se omnia complicare notionaliter sive assimilative intelligit et suam notionem non esse rationem seu causam rerum, ut realiter id sint, quod sunt, ad causae suae et omnium inquisitionem medio sui [in se] se convertat. Et dicat: in causa mei, quae in me causato relucet ut sim notionalis mundi complicatio est necessario essentialis omnium causabilium aeterna complicatio ut in adaequatissima omnium et singulorum ratione essendi pariter et cognoscendi; in cuius universalis causae similitudine participo eius dono intellectuale esse, quod consistit in universali essendi et cognoscendi similitudine universalis causae.

In me enim relucet universalitatis et omnipotentiae ipsius causae virtus rationalis, ut dum in me intueor ut eius imaginem, ipsum possim contemplando per mei ipsius transcensum proprius accedere. Ut enim me in omnibus videam, alteriatem ob omnibus separo. Ut autem causam meam videre queam, me ut causatum et imaginem linquere oportet alias rationis meae vivam rationem non attingam. Ad hoc autem ut anima mundum hunc et se ipsam linquat, quae ad visionem Dei et suae rationis anhelat, tendit doctrina Christi filii Dei, qui promittit nobis hac via ostensio-

Was also die Seele in sich in bezug auf die Vollendung ihrer Wesenheit findet — nämlich die Einigdreiheit zeitloser Zeit und die Zeugung der zweiten, die der ersten Zeit nachfolgt und der Hervorgang der dritten von beiden; die Gleichheit der Natur in drei Hypostasen zeitloser Zeit und das Hineinbestehen der einen Hypostase in die andere, usw. — das überträgt sie auf ihren Ursprung, der ewig ist, um in sich, gleichsam als in einem Spiegel und Gleichnis diesen Ursprung irgendwie schauen zu können.

Und dieses Denken der Seele, durch welches sie es versteht, die Welt gleichsam im universalen Licht der Vernunft des ewigen Lichtes, welches der Grund ihrer selbst und aller Dinge ist, begrifflich in sich einzufalten, ist nur darauf hin geordnet, sich, während sie erkennt, daß sich alles in ihr begrifflich oder in Verähnlichung zusammenschließt und daß ihr Begriff nicht die Wesensbestimmung oder der Grund der Dinge ist, so daß sie wirklich das sind, was sie sind, zur Erforschung ihres Grundes und dem aller Dinge mittels ihrer selbst in ihr hinzuwenden. Und sie sagt: in meinem Grund, der in mir, dem Begründeten, widerstrahlt, so daß ich eine begriffliche Zusammenfaltung der Welt bin, ist notwendigerweise die ewige wesenhafte Zusammenfaltung alles Begründbaren völlig angemessenen als im Wesenssinn von Sein und Erkennen aller Dinge und jedes Einzelnen; in der Ähnlichkeit dieses universalen Grundes nehme ich durch seine Gnade teil am vernünftigen Sein, das in der universalen Ähnlichkeit von Sein und Erkennen des universalen Grundes besteht.

In mir strahlt die vernünftige Kraft der Allgemeinheit und Allmacht dieses Grundes wider, so daß ich ihn, schaue ich auf mich als sein Bild, durch den Überstieg meiner selbst in der Betrachtung näher kommen kann. Damit ich mich in allem sehe, nehme ich von allem die Andersheit weg. Um jedoch meinen Grund sehen zu können, muß ich mich als Begründeten und Bild verlassen, würde ich doch andernfalls nicht den lebendigen Wesenssinn meiner Vernunft erreichen. Daß jedoch die Seele, welche nach der Schau Gottes und ihres Bestimmungsgrundes strebt, diese Welt und sich

nem patris sui creatoris omnium, prout haec in evangelio explicatur.

Adhuc [autem] quia quidam dixerunt animam harmoniam, dicamus [etiam] de hoc: harmonia, quae videtur de multis harmonicis concordantiis in se videtur esse anima. Et primo videtur consonantia, deinde ratio eius. Et ex his videtur sequi delectatio. Consonantia harmonica videtur quasi quia-est et praesuppositum et ipsa sui ipsius rationem seu numerum generat, in qua se ut in figura substantiae suae intelligit seu intuetur. Ex quibus oritur delectatio.

Ut illius harmonicae consonatiae, quae dicitur diapason[1], ratio est habitudo dupla, in qua proportione diapason, si foret intellectus, se cognosceret et videret sicut in adaequatissima et consubstantiali ratione, quae est figura substantiae eius, in qua cognoscit se quid sit. Nam cum interrogatur harmonia diapason, in quo cognoscitur dici debet, quod in habitudine dupla. In illa enim se diapason cognoscit, uti in conceptu seu rationali verbo suo. Ideo si diapason foret intellectus practicus et vellet se instrumentis musicis sensibililem facere, hoc faceret medio rationis propriae et consubstantialis, in qua se cognoscit, scilicet medio habitudinis duplae.

Et uti de diapason dictum est, ita universaliter de harmonia absoluta ab omni contractione diapason, diapente[2] et diatessaron[3] prout in se videtur, in qua est harmonica concor-

---

[1] diapason = διὰ πασῶν (χορδῶν).
[2] diapente = διὰ πέντε (χορδῶν).
[3] diatessaron = διατεσσάρον (χορδῶν).

selbst verläßt, daraufhin zielt die Lehre Christi des Sohnes Gottes, der uns auf diesem Wege die Offenbarung seines Vaters, des Schöpfers aller Dinge, versprach, wie dies im Evangelium erklärt wird.

Bezüglich der Aussage einiger Philosophen, daß die Seele Harmonie sei, antworte ich: bezüglich der Harmonie, welche in Hinblick auf vieles harmonisch Zusammenstimmende erblickt wird, sieht die Seele, daß sie in ihr ist. Und zwar sieht man zunächst den Zusammenklang, dann seinen Wesengrund. Daraus erkennt man das freudige Entzücken als Folge. Den harmonischen Zusammenklang erkennt man gleichsam als das „Daß-Ist" und Vorausgesetzte und als das, was die Zahl seiner selbst oder den Wesensgrund zeugt, in dem sie sich wie in der Figur ihres Grundbestandes einsieht oder erblickt. Aus beiden entsteht das freudige Entzücken.

So ist zum Beispiel der Wesenssinn jenes harmonischen Zusammenklangs, der Oktav genannt wird, ein zweifacher Bezug. In diesem Verhältnis würde sich die Oktav, wäre sie Denken, erkennen und als in ihrem völlig angeglichenen und mitbestandlichen Wesenssinn sehen. Dieser ist die Figur ihres Grundbestandes. In ihm erkennt sie, was sie ist. Denn würde man nach der Harmonie der Oktav fragen, in welcher sie erkannt wird, müßte man antworten, daß das im doppelten Bezugsverhältnis geschieht. In diesem nämlich erkennt die Oktav sich selbst als in ihrem Entwurf oder ihrem vernünftigen Wort. Wäre demnach die Oktav tätiges Denken und wollte sie sich in Musikinstrumenten sinnlich-sichtbar machen, so würde sie das mittels des ihr eigentümlichen und mitbestandlichen Wesenssinnes tun, in dem sie sich erkennt, d. h. mittels des doppelten Bezugsverhältnisses.

Das, was von der Oktav gesagt worden ist, das gilt ganz allgemein von der, von jeder Oktav, Quint und Quart befreiten Harmonie, wie sie in sich gesehen wird. In dieser ist

dantia memoria, ratio concordantiae intellectus, ex quibus delectatio, quae voluntas.

Omnem igitur sensibilem harmoniam in alteritate anima per se attingit sicut per intrinsecum attingit extrinsecum. Sic universaliter de omni mathematica et alia scientia dicendum.

Per verbum enim per quod se attingit etiam omnia attingit. Ac si circulus mathematicalis foret memoria se attingens in ratione sua scilicet quia habet centrum aeque distans circumferentiae, in hac ratione cognosceret se et omnes formabilis circulos, quos etiam per hanc rationem formaret sive ferreos sive aereos sive magnos sive parvos.

In hoc ut in aenigmate anima videt in aeternitate principium creationis aeternum per rationem suae notitiae omnia creabilia creare. Sicut si entitas foret principium creationis, tunc per rationem entitatis suae omnia entia crearet prout hoc exprimitur per theologum Ioannem de logos seu rationali verbo principii, per quod asserit omnia facta esse.

Et cum attendis quomodo ratio quidditatis entis est et ratio omnium formabilium entium ac quod ratio illa est ante alteritatem scilicet ubi universale et particulare non sunt alia et diversa, sed coincidunt, tunc vides ipsam rerum rationem esse sic universalem, quod est et particularis omnium.

Omne enim qualitercumque formabile non est extra illam rationem formabile et non est in ratione nisi ratio. Concipe igitur rationem formabilium et formabile idem, tunc, vides quomodo eadem ratio est omnium formabilium ratio, quia

das harmonische Zusammenklingen Gedächtnis, der Wesenssinn des Zusammenklanges Denken und aus beiden geht die Freude hervor, welche Wille ist.

Die Seele erreicht also jede sinnliche Harmonie in Andersheit durch sich selbst in der Weise wie sie das Äußere durch das Innere erreicht. Das ist allgemein von jeder mathematischen wie anderen Wissenschaft zu sagen.

Durch das Wort nämlich, mittels dessen sie sich selbst erreicht, erfaßt sie auch alles andere. Wäre der mathematische Kreis das Gedächtnis, das sich in seinem Wesenssinn — daß er einen vom Umfang gleichweit entfernten Mittelpunkt hat — erreicht, so würde er in diesem Wesenssinn sich selbst und alle formbaren Kreise erkennen, die man mittels dieses Wesenssinnes bilden könnte, seien sie eisern oder ehern, große oder kleine.

Darin erkennt die Seele wie in einem Gleichnis, daß der ewige Ursprung der Schöpfung mittels des Wesenssinnes seines Begriffes alles Schaffbare in der Ewigkeit schafft. Wäre die Seiendheit der Ursprung der Schöpfung, dann würde er mittels des Wesenssinnes seiner Seiendheit alles Seiende schaffen, wie dies der Theologe Johannes in Hinblick auf den Logos oder das wesensbestimmte Wort des Ursprungs, durch das, wie er versichert, alles gemacht ist, zum Ausdruck bringt.

Und wenn du beachtest, daß und wie der Wesenssinn der Washeit des Seienden auch der Wesenssinn aller gestaltbaren Seienden ist und daß jener Wesenssinn vor der Andersheit ist, d. h. dort, wo das Allgemeine und Besondere nicht je Andere und Verschiedene sind, sondern koinzidieren, dann siehst du, daß der Wesensgrund der Dinge solchermaßen der allgemeine ist, daß er auch der Wesenssinn jedes Besonderen ist.

Jedes irgendwie Gestaltbare ist nicht außerhalb jenes Wesensgrundes gestaltbar. Auch ist es nichts anderes im Wesenssinn als der Wesenssinn. Denke also den Wesenssinn des Gestaltbaren und das Gestaltbare als identisch. Dann

sicut universaliter est omnium pariter et singulorum formabilium ratio, ita est universaliter omne pariter et quodlibet formabile, cum in ipso sint idem. Creatura autem, quae exit ab illa ratione non sic se habere potest, quod ratio et formabilitas eius sint idem. Tunc enim non esset creatura, sed verbum creatoris. Sed cum sit secundum rationem et formabilitatem propriam exiens non est verbum, sed eius similitudo in eo [ipso], quod secundum propriam rationem et formabilitatem, quae in verbo sunt verbum, exit.

Sicut si grammatica absoluta foret intellectus, qui se in sua praecisa ratione seu definitione cognosceret. In illa etiam omnia, quae sciri aut extrinsece dici vel eloqui sive proferri possent cognosceret, quia ratio illa universaliter et particulariter omnia talia qualitercumque scibilia et dicibilia complecteretur: ita quod nihil dici posset grammatice, quin secundum illam rationem et dicibilitatem, cum illa ratione coincidentem dici oporteret; omnes igitur elocutio secundum propriam rationem et dicibilitatem, quae in ratione grammaticae erant eius ratio, exierint ad sensibilem mundum, sicut erant in ratione seu verbo grammaticae. Dico sicut erant in verbo, quoniam non posset aliter exire scilicet per alteritatem, quae non est forma essendi, sed sicut erant in verbo verbum. Quemadmodum verbum prolatum verum est, quia conformatur interno sive mentali[1]. Exivit enim de verbo interno taliter, quod sicut erat internum sic est et prolatum verbum.

[1] Cod. Vat.: menti.

siehts du, wie ein und derselbe Wesenssinn der Wesenssinn alles Gestaltbaren ist, da er in der selben Weise, wie er allgemein von allem und im Besonderen von jedem einzelnen Gestaltbaren der Wesensgrund ist, so auch allgemein jedes und im einzelnen jedes beliebige Gestaltbare ist, denn in ihm sind sie das selbe. Das Geschöpf hingegen, das von jenem Wesenssinn herkommt, kann sich nicht so verhalten, daß sein Wesenssinn und seine Gestaltbarkeit das selbe sind. Dann nämlich wäre es nicht Geschöpf, sondern Wort des Schöpfers. Da es jedoch seinem Wesenssinn und seiner eigentümlichen Formbarkeit entsprechend seinen Ausgang nimmt, ist es nicht das Wort, sondern dessen Ähnlichkeit; nämlich darin, daß es seinem eigentümlichen Wesensgrund und seiner Formbarkeit entsprechend, welche im Wort das Wort sind, hervorgeht.

Es verhält sich damit so, wie wenn die absolute Grammatik das Denken wäre, das sich in ihrem genauen Wesenssinn oder ihrer Definition erkennen würde. In ihr würde es auch alles, was gewußt oder nach außen hin gesagt oder durch Sprechen kundgetan werden könnte, erkennen, weil jener Wesenssinn allgemein und besonders alles dergleichen Wißbare und Sagbare in sich einschlösse; so daß nach der Weise der Grammatik nichts gesagt werden könnte, ohne daß es jenem Wesenssinn und jener Sagbarkeit entsprechend, die mit dem Wesenssinn zusammenfällt, gesagt werden müßte; jede Aussage ginge gemäß ihrem eigentümlichen Wesenssinn und ihrer Sagbarkeit, die im Wesenssinn der Grammatik deren Grund waren, in die sinnliche Welt hinaus, d. h. so wie sie im Wesenssinn oder dem Wort der Grammatik waren. Ich sage „wie sie im Wort waren", da sie nicht anders hervorgehen können, d. h. durch Andersheit, die nicht die Gestalt des Seins ist, sondern so, wie sie wahrhaft im Wort waren. Auf diese Weise hervorgebracht, ist es das wahre Wort, da es mit dem inneren oder geistigen Wort gleichgebildet ist. Es ist nämlich aus dem inneren Wort dergestalt hervorgegangen, daß es so, wie es inneres Wort war, auch hervorgebrachtes ist.

Spiritus autem sine quo non potest fieri prolatio procedit a patre verbi et verbo. Et est consubstantialis eis, quia coaeternus. Praecedit enim creaturam sicut voluntas extrinsecam elocutionem ut causa ipsius elocutionis, quae est tricausalis, efficiens, formalis et finalis. De quo alibi.

Et sicut de [arte] grammatica dictum est, ita te eleves ad absolutum magisterium, in quo omnis ars et scientia complicantur et pari modo videas rationem magisterii illius se habere, ut de ratione grammaticae audisti. Similiter et de spiritu, sine quo non est internus motus et consequenter expressio magisterii in creaturis tam intelligibilibus quam sensibilibus.

Dices: cum magnus Augustinus dicat[1] animam trinitatis imaginem habere memoriam, a qua abdita intelligentia generatur et procedit ex his voluntas, quomodo hoc videri debeat? Dico memoriam intellectualem principium esse notionum, sed non apparet nisi cognoscatur, sicut non apparet te memoriam habere primi principii, quodlibet est vel non est, nisi in lumine rationis manifestetur. Cum enim rationi manifestatur statim videtur semper fuisse verum et ita in memoria fuisse reperitur, sed non apparuisse nisi ratione manifestante. Unde memoria, quae principium, de se generat sui intellectum sicut memoria de primo principio aliquo de se generat sui notitiam, hoc est, quod dicitur animam [esse] locum sive complicationem specierum.

Intellectiva autem memoria est a materia separata. Et ob immunitatem talem potest reflecti super species intelligibiles

[1] Vgl. Augustinus, vor allem De Trinitate IX, X u. a.

Der Geist aber, ohne den ein solcher Hervorgang nicht geschehen kann, geht aus vom Vater des Wortes und vom Wort. Er ist ihnen gegenüber gleichbestandlich, da gleichewig. Er geht dem Geschöpf voraus wie der Wille der äußeren Rede als Grund dieser Rede vorausgeht, welcher dreigründig ist, nämlich wirkend, gestaltend und beendend. Darüber andernorts.

Von dem, was über die grammatische Kunst gesagt worden ist, erhebe dich zur absoluten Meisterschaft, in der alle Kunst und Wissenschaft beschlossen wird. Und du wirst sehen, daß es sich mit dem Wesenssinn dieser Meisterschaft ähnlich verhält wie du es hinsichtlich des Wesenssinnes der Grammatik gehört hast. Ähnlich steht es auch mit dem Geist, ohne welchen es keine innere Bewegung gibt und folgerichtig keine Äußerung der Meisterschaft in vernünftigen wie in sinnlichen Geschöpfen.

Du fragst: wie soll ich es verstehen, wenn der große Augustinus sagt, daß die Seele als das Bild der Dreifaltigkeit das Gedächtnis habe, daß in ihm die verborgene Einsicht gezeugt wird und der Wille aus beiden hervorgeht? Ich antworte, daß das geistige Gedächtnis der Ursprung der Begriffe sei, daß es jedoch nur erscheint, wenn es erkannt wird, so wie es auch nicht offenkundig wird, daß du Gedächtnis-Kunde vom ersten Prinzip hast — etwas ist oder ist nicht —, es sei denn, es würde im Licht des Verstandessinnes geoffenbart. Wird es nämlich dem Verstandessinn gezeigt, so sieht man sofort, daß es immer wahr gewesen ist und findet demnach, daß es immer im Gedächtnis gewesen war, daß es jedoch nicht hervorgetreten ist, es sei denn in dem sich zeigenden Verstandesdenken. Daher zeugt das Gedächtnis (ähnlich wie das Gedächtnis vom ersten Prinzip den Begriff selbst zeugt) als Ursprung die Einsicht seiner selbst, d. h., daß die Seele Ort bzw. Zusammenschluß der Eigengestalten ist.

Das geistige Gedächtnis aber ist von der Materie getrennt. Ob dieser Freiheit kann es über die vernünftigen Eigen-

et eas intelligere. Et quia quod intelligitur cognoscitur ut conveniens intelligenti, ideo consequitur voluntas.

Proprietas autem consequens animam inquantum est specierum intelligibilium retentiva memoria dicitur. Illa [vero] per quam super species intelligibiles convertitur cognoscendo intelligentia dicitur. [Sed] illa, per quam ad eas intellectas afficitur voluntas nominatur. [Quare] qui dicebant addiscere nostrum[1] esse reminisci, [si] hanc absconditam memoriam intellectualem [videre potuerunt, non male dixerunt].[2]

Adhuc dico: nonne si memoriam in se vides, quam in aliis et aliis memorabilibus vidisti, comperis animam esse memoriam? Sic de intellectu in intellectis et in se et voluntate [in voluntate affectis][3] et in se. Vides sic animam esse memoriam, intellectum et voluntatem in se. Si autem memoriam vides in sua ratione, in qua se cognoscit, tunc etiam vides, quod in eadem ratione omnia memorabilia cognoscit palam; quod nihil congnoscibile nisi memoretur. Si igitur memoria se ipsam cognoscit et solum memorabile sit cognoscibile, utique dum in se omne memorabile cognoscit omne cognoscibile cognoscit.

Relevat igitur intellectus absconditam[4] memoriam, cum nihil sit intellectus nisi memoriae intellectus. Et voluntas nihil est nisi memoriae simul et intellectus voluntas. Quod enim in memoria et [in] intellectu simul non reperitur, neque in voluntate esse potest. [At] dices: apparet te nunc aliter dicere quam supra, ubi quia-est attribuisti memoriae et quid-[est] intellectui. Quia-[est] autem citius videtur quam quid-[est]. Quomodo [igitur] nunc ais, quod intellectus revelet memoriam?

---

1 Paris: statt addiscere nostrum: nostrum scire.
2 Vat.: aliqualiter viderunt.
3 Vat.: volitis.
4 Paris: absolutam.

gestalten reflektieren und sie verstehen. Und weil es das, was es einsieht, als dem Einsehenden zukömmlich erkennt, wird es vom Willen gefolgt.

Die Eigentümlichkeit, die der Seele folgt, sofern sie die vernünftigen Eigengestalten enthält, wird Gedächtnis genannt. Jene aber, mittels derer sie sich den vernünftigen Eigengestalten im Erkennen zuwendet, wird Einsicht genannt. Jene hingegen, mittels derer sie zu den eingesehenen Eigengestalten hinstrebt, wird Wille genannt. Darum sprachen jene, die sagten, daß unser Lernen Wiedererinnern sei, nicht schlecht, sofern sie dieses verborgene geistige Gedächtnis sehen konnten.

Dazu sage ich: gewinnst du nicht die Einsicht, daß die Seele Gedächtnis sei, wenn du dies, welches du im je anders Gedenkbaren gesehen hast, in ihr siehst? Dasselbe gilt vom Denken im Gedachten und in ihr, und vom Willen im Gewollten und in ihr. Du siehst auf diese Weise, daß die Seele Gedächtnis, Denken und Wollen in sich ist. Wenn du aber das Gedächtnis in seinem Wesenssinn siehst, in dem es sich erkennt, dann siehst du auch, daß es in eben demselben Wesenssinn alles Gedenkbare erkennt. Es ist also offenkundig, daß nichts erkennbar ist, es sei denn, es wird erinnert. Wenn also das Gedächtnis sich selbst erkennt und nur das Gedenkbare erkennbar ist, dann erkennt es, wenn es in sich alles Gedenkbare erkennt, alles Erkennbare.

Das Denken offenbart demnach ein verborgenes Gedächtnis, da das Denken nichts ist als das Denken des Gedächtnisses. Und der Wille ist nichts als der Wille des Gedächtnisses und des Denkens zugleich. Was nämlich in Gedächtnis und Denken nicht zugleich gefunden wird, kann auch nicht im Willen sein. Dagegen wendest du ein: es scheint als ob du jetzt anders redest denn zuvor, wo du das „Daß-Ist“ dem Gedächtnis und das „Was-Ist“ dem Denken zugeteilt hast. Das „Daß-Ist“ aber wird früher gesehen als das „Was-Ist“. Wie kommst du also dazu, jetzt zu sagen, daß das Denken das Gedächtnis enthüllt?

Dico, [quod] quia-[est] citius videtur, sed non intelligitur nisi per intellectum eius. Prius videtur in memoria, sed ut ibi videtur quia-[est est] et non quid-est. Dicitur autem intellectualiter occultum quamdiu non videtur in sua ratione, in qua solum intelligitur. Omne enim extra lucem intelligentiae quid sit ignoratur. Et cum anima intellectiva in intelligere vivat, quamdiu aliquid non intelligit in se, [illud] non reperit vitaliter, sed est ei absconditum; sicut sensibile visui, [quamdiu] id, quod auditu, tantum percipitur, manet absconditum quousque videat.

Oportet autem te attentum esse ne te varietas modi dicendi impediat. Nam intellectualem memoriam saepe doctores nominant intellectum, ut cum dicunt intellectum suae intelligentiae conceptum sive verbum de se generare. Intelligas intellectum pro patre, quae memoria intellectualis [est] capi. Intellectus etiam capitur ut est alicuius intellectus scilicet memoriae, sicut filius alicuius filius scilicet patris. Et ita intellectus est verbum memoriae intellectualis, quod logos graece dicitur.

Dices nonne verbum se intelligit? Et si sic in verbo igitur seu logo de se genito se intelligit, ita erit verbum verbum generans in infinitum? Dico: sicut memoria se intelligit in verbo suo, sic et verbum se intelligit in memoria, non quod memoria sit verbum verbi. Sicut cum filius se in patre filium intelligit non ut a se genito, sed ut in suo principio.

Memoria igitur se et omnia intelligit in verbo a se genito. Verbum vero se et omnia intelligit [in gignente], quia verbum seu ratio intellectualis genita, in se omnia complicans, sicut pater in filio suo se noscit patrem et filius in patre suo se noscit filium.

Ich antworte: weil das „Daß-Ist“ früher gesehen wird. Es wird jedoch nur mittels seines Denkens eingesehen. Früher wird es im Gedächtnis gesehen. Wie es dort gesehen wird, ist es das „Daß-Ist“ und nicht das „Was-Ist“. Man sagt, daß es dem Denken nach solange verborgen ist, als es nicht in seinem Wesenssinn gesehen wird, in dem allein es verstanden wird. Außerhalb des Lichtes der Einsicht weiß man nämlich von keinem Ding, was es ist. Und da die denkende Seele in ihrem Denken lebt, findet sie etwas, solange sie es nicht in sich versteht, nicht dem Leben nach, sondern es ist ihr verborgen; so wie das Sichtbare solange als es nur vom Hören aufgenommen wird, dem Sehen verborgen bleibt, bis daß es es sieht.

Man muß aber darauf achten, sich nicht von der Mannigfaltigkeit der Aussageweisen in Verlegenheit bringen zu lassen. Das geistige Gedächtnis nennen die Gelehrten nämlich oft Denken; so wenn sie sagen, daß das Denken den Gedanken seiner Einsicht bzw. das Wort aus sich zeuge. Man sieht, daß das Denken als Vater, der das geistige Gedächtnis ist, begriffen wird. Das Denken wird auch verstanden als Denken von jemandem, nämlich dem Gedächtnis, so wie der Sohn als Jemandes Sohn, d. h. des Vaters verstanden wird. Und so ist das Denken das Wort des geistigen Gedächtnisses, das griechisch Logos heißt.

Sagt man nicht, daß das Wort sich selbst versteht? Und wenn es sich so in dem von ihm gezeugten Wort oder Logos selbst versteht, wird man dann nicht ein Wort haben, daß das Wort ins Unendliche zeugt? Ich antworte: so wie das Gedächtnis sich in seinem Wort versteht, so versteht sich auch das Wort im Gedächtnis, so daß das Gedächtnis nicht das Wort des Wortes ist. Ebenso versteht sich auch der Sohn im Vater nicht als von sich selbst gezeugt, sondern als in seinem Ursprung.

Das Gedächtnis versteht sich also und alles in dem von ihm gezeugten Wort. Das Wort aber versteht sich und alles im Zeugenden, da es das Wort bzw. der gezeugte geistige Wesenssinn ist, der alles in sich zusammenschließt — so wie der Vater sich in seinem Sohne als Vater weiß und der Sohn sich im Vater als Sohn weiß.

Miraris quomodo se noscit verbum sine sui ipsius conceptu seu verbo de se genito, cum intelligere non sit sine concipere. Sed cum advertis, quod concipere est commune ad generantem et genitum, pater enim generans non potest se ut patrem cognoscere nisi in conceptu geniti sui filii et filius non potest se filium cognoscere nisi in conceptu generantis sui patris, concipere autem non dicit generare in filio sicut dicit in patre, sed generari. Unde pater non habet a filio, quod se cognoscit, licet sine filio non se cognoscit patrem. Cum autem sit naturaliter intelligens naturaliter de se [eum] generat, sine quo nec se, nec quicquam intelligeret, nec intelligi posset. Generat igitur de sua intellectuali substantia consubstantiale verbum, in quo se et omnia intelligit. Verbum igitur illud est, sine quo nec pater, nec filius, nec spiritus sanctus, nec angeli, nec animae, nec omnes intellectuales naturae quicquam intelligere possunt. Et omnibus intelligentibus sufficit ut intelligant. Et non habet opus verbum, quod sibi et omnibus sufficit, ut sui ipsius verbum generet, cum sit omne verbum, quod generari potest aequale, scilicet genitori patri aeterno et infinito. Cognoscit igitur verbum in se omnia, quia verbum patris, in quo pater et sese et omnia [cognoscit]. Pater se et omnia cognoscit in verbo, quia pater verbi. Verbum se et omnia cognoscit, quia verbum patris.

Dico autem ex praemissis satis constare, quod loquens, si intelligit verbum, quod profert, ipsum sensibile verbum extrinsecum intelligit per insensibile intrinsecum; et est ipsum intrinsecum verbum ex sua intelligentia genitum scilicet rationalis intelligentiae conceptus, in quo intellectus se et sermonem extrinsecum intelligit. Puta esto, quod intellectus loquentis sit absoluta aequalitas, verbum aequalitatis rationale, in quo se concipit, est conceptus simplex scilicet inalterabilis, cui nec quiquam addi, vel a quo nec quiquam subtrahi potest. In eo conceptu seu verbo suam quidditatem intuetur aequalitas. Et per hoc verbum omnem extrinsecum

Du wunderst dich darüber, wie das Wort sich weiß ohne den Begriff seiner selbst, bzw. ohne das von ihm gezeugte Wort, da Verstehen nicht ohne Begreifen möglich ist. Wenn du jedoch darauf achtest, daß Begreifen für Zeugenden und Gezeugten gemeinsam ist — der zeugende Vater kann sich selbst als Vater nur im Begriff des von ihm gezeugten Sohnes erkennen und der Sohn kann sich als Sohn nur im Begriff des ihn zeugenden Vaters erkennen —, dann besagt Begreifen beim Sohn nicht Zeugen wie beim Vater, sondern Gezeugtwerden. Daher hat es der Vater nicht vom Sohn, daß er sich erkennt, auch wenn er sich ohne ihn nicht als Vater erkennt. Da er aber von Natur erkennt, zeugt er ihn von Natur aus sich. Ohne ihn würde er weder sich noch sonst etwas verstehen, noch könnte er verstanden werden. Er zeugt also aus seinem geistigen Bestand das mitbestandliche Wort, in dem er sich und alles versteht. Das Wort ist also das, ohne welches weder der Vater noch der Sohn noch der heilige Geist, noch Engel, Seelen und alle vernünftigen Naturen irgend etwas verstehen können. Es genügt allen einsichtigen Wesen, daß sie einsehen. Und das Wort, das sich und allem genügt, hat es nicht nötig, das Wort seiner selbst zu zeugen, da jedes Wort, das gezeugt werden kann, dem zeugenden, ewigen und unendlichen Vater gleich ist. Das Wort also erkennt alles in sich selbst, da es das Wort des Vaters ist, in dem dieser sich und alles erkennt. Der Vater erkennt sich und alles im Wort, weil er der Vater des Wortes ist; wie auch das Wort sich und alles erkennt, da es das Wort des Vaters ist.

Ich meine aber, daß es auf Grund des Vorgebrachten zur Genüge feststeht, daß der Sprechende, versteht er das Wort, das er hervorbringt, das sinnlich äußere Wort mittels des unsinnlich inneren Wortes versteht. Und es ist jenes innere Wort, das aus seiner Einsicht gezeugt worden ist, d. h. Begriff und Entwurf wesensbestimmter Einsicht, in dem das Denken sich und die äußere Rede versteht. Gesetzt nun, das Denken des Sprechenden sei die absolute Gleichheit, dann ist das wesensbestimmte Wort der Gleichheit, in dem sie sich begreift, der einfache, d. h. unveränderliche Begriff und Entwurf, dem weder etwas zugefügt noch etwas weggenom-

aequalitatis sermonem suum intelligit et omnia aequalitatis opera facit. Et quamvis nullum nomen nominabile possit convenire primo principio, cum ipsum omnem alteritatem antecedat, nomina vero omnia ad discretionem unius ab alio sint imposita, ideo discretio et nomen non perveniunt ad principium alteritatem antecedens, tamen si aequalitas capitur pro absoluto inalterabili, omnem alteritatem praecedente[1] in esse et posse, ita quod nec est, nec potest esse aliud, aut recipere mutationem quantamcumque sive in plus sive in minus, sive aliter, cum illa omnia, quae aut dici aut nominari aut concipi possunt sint post ipsam, tunc est aequalitas[2] nomen primi aeterni principii.

Addamus igitur ob nostram infirmitatem, quod sit intellectualis aequalitas licet plus sit in infinitum quam intellectualis et dicamus ipsum perfectissimum principium, quod [est] aequalitas, utique se intelligere et ea, quae operatur. Hoc enim ad omnem factorem rationalem nemo dubitat spectare. Domificator enim se intelligit esse talem, et scit quid operatur. Nisi enim creator creaturae se sciret creatorem et quid crearet non esset creatura plus creatura quam non creatura et caelum non esset plus caelum quam non caelum, et ita de omnibus.

Si igitur aequalitas absoluta est idem, quod creator caeli et terrae, tunc se scit esse aequalitatem et scit omnia, quae facit. Necesse erit utique, quod verbum cognoscentiae suae in quo se cognoscit, sit sui ipsius aequalitas. Non enim potest aequalitas verbum seu conceptum sui ipsius alium formare quam aequalitatis. Ratio igitur aequalitatis, per quam se cognoscit, quam nos nitimur exprimere per inalterabile, non est nisi definitio seu figura substantiae eius. Quare eius aequalitas sic est aequalitatis aequalitas. Sequi-

[1] Cod. Vat.: praecedens.
[2] Cod. Vat.: aequalis.

men werden kann. In diesem Entwurf oder Wort erblickt die Gleichheit ihre Washeit. Durch dieses Wort versteht sie jede äußere Rede der Gleichheit und tut alle Werke der Gleichheit. Und obwohl dem ersten Ursprung kein nennbarer Name zukommen kann, da er jeder Andersheit vorausgeht — alle Namen hingegen zur Unterscheidung des Einen vom Andern eingesetzt sind, weshalb Sonderung und Name nicht zum Ursprung, der der Andersheit vorausgeht, vordringen können — so ist die Gleichheit dennoch der Name des ersten und ewigen Ursprungs, wenn sie für das absolut Unveränderliche genommen wird, das aller Andersheit in Sein und Können vorausgeht, so daß ohne sie weder etwas ist noch sein kann oder irgendwelche Veränderung, sei es in Mehr oder Weniger oder anders aufnehmen kann, da alles das, was gesagt oder genannt oder begriffen werden kann, nach ihr kommt.

Wir fügen jedoch wegen unserer Schwachheit hinzu, daß sie vernünftige Gleichheit ist, wenngleich sie unendlich mehr ist als diese, und sagen, daß der vollkommenste Ursprung, der die Gleichheit ist, sich und das, was er tut, durchaus versteht. Niemand zweifelt nämlich daran, daß das für jeden verständigen Arbeiter zutrifft; der Hausbauer versteht sich als solchen und weiß, was er tut. Wüßte sich nämlich der Schöpfer des Geschöpfes nicht als Schöpfer und was er schafft, dann wäre das Geschöpf nicht mehr Geschöpf als nicht, der Himmel wäre nicht mehr Himmel als nicht Himmel, usw.

Wenn also die absolute Gleichheit dasselbe ist wie der Schöpfer Himmels und der Erde, dann weiß sie, daß sie die Gleichheit ist und sie weiß alles, was sie macht. Es wird dann in der Tat notwendig sein, daß das Wort ihrer Erkenntnis, in dem sie sich erkennt, die Gleichheit ihrer selbst ist. Die Gleichheit kann nämlich nicht ein anderes Wort oder einen anderen Entwurf ihrer selbst bilden als den der Gleichheit. Der Wesenssinn der Gleichheit also, durch den sie erkennt, und den wir als das Unveränderliche

tur igitur, quod una est aequalitas, quae est aequalitas et aequalitatis aequalitas. Est igitur aequalitas de se generans verbum, quod est eius aequalitas. A quibus procedit nexus, qui est aequalitas, quem nexum spiritum caritatis dicimus, quoniam ex aequalitate generante et aequalitate genita non potest procedere nisi aequalitas, qui nexus seu amor dicitur. Ac si diceretur absoluta aequalitas est caritas. Est igitur caritas intellectualis de se generans conceptum essentiae suae, qui non potest esse nisi caritas caritatis, a quibus utique non potest nisi caritas, quae est utriusque nexus, procedere.

Non possunt autem esse tres aequalitates, quoniam si una esset una, et alia alia, utique alia ante alteritatem non foret, ubi solum aequalitas esse potest. Unde impossibile est plura esse omnino aequalia, cum plura esse non possint nisi sint alia et alia et distincta in essentiis. Non erunt igitur plures aequalitates, sed ante omnem pluralitatem erit aequalitas generans verbum, aequalitas genita et aequalitas ab utraque procedens.

Et quamvis generans non sit genita, nec procedens, non tamen est aequalitas generans alia aequalitas quam aequalitas genita et aequalitas procedens. Numerus igitur, quo nos numeramus aequalitatem generantem aequalitatem genitam et aequalitatem procedentem, cum sit ante alteritatem, non est numerus per nos intelligibilis, cum non videamus numerum sine alteritate in numeratis nisi respexerimus ad numerum in se ante alia numerabilia, ubi tria sunt ante tria. Tria enim dicimus, quae per tria numeramus et numerum dicimus tria, per quem tria numeramus. Numerus non dependet a numeratis. Unde numerus in se quoad nos non est nisi anima, ut superius dictum est. Numerus in aequalitate absoluta non est nisi aequalitas generans, genita et procedens. In aequalitate sunt numerus, qui aequalitas. Et non

auszudrücken versuchen, ist nichts anderes als die Definition oder Figur ihres Grundbestandes. Darum ist dessen Gleichheit die Gleichheit der Gleichheit. Es folgt jedoch, daß die Gleichheit nur eine ist, welche Gleichheit und Gleichheit der Gleichheit ist. Darum zeugt die Gleichheit aus sich das Wort, das ihre Gleichheit ist. Aus beiden geht die Verknüpfung hervor, die die Gleichheit ist. Diese Verknüpfung nennen wir den Geist der Liebe, da aus der zeugenden und gezeugten Gleichheit nur Gleichheit hervorgehen kann, welche Verknüpfung oder Liebe genannt wird. Wird sie als absolute bezeichnet, dann ist die Gleichheit Liebe. Die geistige Liebe zeugt demnach den Begriff und Entwurf ihrer Wesenheit. Dieser kann nichts denn die Liebe der Liebe sein und von beiden kann in der Tat nichts als die Liebe, welche beider Verknüpfung ist, hervorgehen.

Es kann aber nicht drei Gleichheiten geben. Wäre nämlich die eine eine und die andere eine andere, dann wäre die andere nicht vor der Andersheit, wo allein die Gleichheit sein kann. Daher ist es unmöglich, daß es mehrere gänzliche Gleiche gibt, da das Viele nur je und je anders sein kann und im Wesen unterschieden. Es gibt also nicht mehrere Gleichheiten, sondern vor aller Mehrheit gibt es die Gleichheit, die das Wort zeugt, die gezeugte Gleichheit und die Gleichheit die von beiden ausgeht.

Obwohl die zeugende Gleichheit weder die gezeugte noch die hervorgehende ist, so ist die zeugende dennoch keine andere Gleichheit als die gezeugte und hervorgehende. Die Zahl also, mit der wir zeugende, gezeugte und hervorgehende Gleichheit zählen, ist, da sie vor der Andersheit ist, keine von uns verstehbare Zahl; denn wir sehen die Zahl im Gezählten nicht ohne Andersheit, es sei denn, wir betrachten die Zahl in sich und vor dem Zählbar-Andern, wo die Drei den Dreien vorausgeht. Drei nennen wir das, was wir durch drei zählen und wir nennen die Zahl drei, durch die wir die drei zählen. Die Zahl ist nicht vom Gezählten abhängig. Darum ist die Zahl in sich in bezug auf uns nichts anderes als die Seele, wie oben erwähnt. Die Zahl in der absoluten Gleichheit ist nichts als die zeugende, ge-

tria numero aequalia, sed tres aequalitatis subsistentiae vel hypostases.

Videmus enim primo necessarium esse, ut affirmemus primum perfectissimum principium ante alteritatem aeternum esse et ideo nequaquam carere scientia sui et suorum operum. [Et] ob hoc necessario affirmamus ipsum unitrinum [et], licet omnem nostrum conceptum excedat, ante alteritatem et numerabilia principium unum esse trinum. Patet ex his aequalitatem omnia verbo seu ratione sua creare. Ideo omnia intantum sint, inquantum aequalitatis rationem participant. Quod autem nulla duo reperiantur omnino aequalia, [hoc ideo] est, quia duo aequalitatem aequaliter participare nequeunt.

Nihil igitur est expers aequalitatis, cum ratio aequalitatis sit forma essendi, sine qua non potest quidquam subsistere. Quidditas igitur omnium, quae sunt, est aequalitas, per quam omne, quod est, nec est plus, nec minus, sed id, quod subsistit, quae est omnibus aequalis essendi ratio. Hinc quidditas non potest recipere magis nec minus, quia aequalitas. Nihil igitur omnium, quae sunt, est multiplicabile, quia omnia intantum sunt, inquantum aequalitatis rationem participant, quam plura aequaliter participare nequeunt.

Entitas igitur immultiplicabilis aequalitas est. Ita substantia et animalitas et humanitas et omne genus et omnis species et omne individuum. Individualitas enim est immultiplicabilis aequalitas; neque est quicquam verum nisi inquantum participat aequalitatis unitatem seu rationem, sic nec iustum, nec virtuosum, nec bonum, nec perfectum.

Omnis scientia et ars in aequalitate fundantur. Regulae iuris aut grammaticales aut aliae quaecumque non sunt nisi

zeugte und hervorgehende Gleichheit. In der Gleichheit sind sie die Zahl, die Gleichheit ist. Und es sind nicht drei der Zahl nach Gleiche, sondern Grundbestände oder Hypostasen der Gleichheit.

Wir sehen, daß es zunächst notwendig ist zu behaupten, daß der erste ganz vollkommene Ursprung vor der Andersheit ewig ist und daß er darum niemals des Wissens um sich und seine Werke entbehren kann. Darum sagen wir notwendigerweise, daß er einigdrei ist und, daß der eine Ursprung, auch wenn es unser ganzes Begreifen übersteigt, vor der Anderheit und dem Zählbaren dreifach ist. Daraus ergibt sich, daß die Gleichheit alles durch ihr Wort oder ihren Wesenssinn schafft. Darum sind alle Dinge insoweit als sie am Wesenssinn der Gleichheit teilhaben. Daß aber keine zwei völlig gleiche Dinge gefunden werden, das hat seinen Grund darin, daß zwei Dinge die Gleichheit nicht in gleicher Weise partizipieren können.

Es gibt also nichts, das der Gleichheit nicht teilhaftig wäre, da der Wesenssinn der Gleichheit die Gestalt des Seins ist, ohne die nichts bestehen kann. Die Washeit von allem, das ist, ist also die Gleichheit. Durch diese ist alles, was ist, weder mehr noch weniger, sondern das, was besteht. Sie ist der für alle gleiche Wesenssinn des Seins. Aus diesem Grund kann die Washeit, da sie die Gleichheit ist, nicht mehr oder weniger aufnehmen. Darum ist nichts von allem, das ist, vervielfältigbar, da alles insoweit ist, als es am Wesenssinn der Gleichheit teil hat, welchen das Viele nicht in gleicher Weise partizipieren kann.

Die Seiendheit ist also unvervielfältigbare Gleichheit. Ebenso der Grundbestand, das Lebendigsein, die Menschheit, jede Art, jede Eigengestalt und jedes Individuum. Die Individualität ist nämlich unvervielfältigbare Gleichheit. Und alles ist nur insofern wahr, als es an der Einheit oder dem Wesenssinn der Gleichheit teilhat. Ebenso ist es gerecht, tugendhaft, gut, vollkommen.

Alle Wissenschaft und Kunst wird in der Gleichheit grundgelegt. Die Regeln des Rechts oder die Grammatikregeln

participationes rationis aequalitatis. Reducere enim diversitatem motuum astrorum in aequalitatem est scientia astronomiae. Reducere diversitatem connexionum grammaticalium in regulam est scientia grammaticae, ita de omnibus. Neque aliquod nomen habet quicquam veritatis in significatione nisi in aequalitate significantis et significati. Sic et ars quaecumque fundatur in aequalitate ut pictoria in aequalitate signi et signati imaginis et exemplaris. Sic medicina ad aequalitatem complexionis respicit. Iustitia in regula aequalitatis: quod tibi vis fieri alteri fac, fundatur.

Sublata aequalitate cessat prudentia, cessat temperantia et omnis virtus, quoniam in medio, quod est aequalitas, consistit. Sine aequalitate non intelligitur veritas, quae est adaequatio rei et intellectus. Non est nec vita, nec esse, nec tempus, nec motus, nec continuum [sine aequalitate]. Non enim est motus nisi quietis continuatio. Et quid quies nisi aequalitas? Sic de nunc, quoniam tempus non est nisi ipsius nunc continuatio. Et quid nunc nisi aequalitas, quae nec potest esse maior nec minor? Sic linea non est nisi puncti evolutio. Quid punctum nisi aequalitas? Et ita vides penitus nihil posse subsistere nisi in aequalitate.

In omnibus enim, quae sunt, in quantum sunt, relucet aequalitatis ratio. Et non est illa ratio multiplicabilis aut alterabilis aut corruptibilis, cum sit omnium essendi ratio adaequata, quae non esset adaequata ratio, si non foret absolutae aequalitatis ratio. Una est igitur omnium ratio sive mensura adaequata, scilicet aequalitas. Quae aequalitatis ratio nec est maior nec minor omnibus mensurabilibus; sicut una ratio circuli est omnium circulorum dabilium praecisa ratio et adaequata, cur nec plus nec

oder sonst welche sind nichts anderes als Teilhaben am Wesenssinn der Gleichheit. Die Mannigfaltigkeit der Sternbewegungen zur Gleichheit zurückführen ist die Wissenschaft der Astronomie. Die Verschiedenheit grammatischer Verknüpfungen zu einer Regel reduzieren stellt die Wissenschaft der Grammatik dar, usw. Keinem Namen kommt irgendwelche Wahrheit in seiner Bedeutung zu, es sei denn in der Gleichheit des Bezeichnens und des Bezeichneten. So wird auch jede Kunst in der Gleichheit begründet, wie z. B. die Malkunst in der Gleichheit des Zeichens und Bezeichneten von Bild und Urbild. So blickt die Medizin auf die Gleichheit des Zusammenhangs und der Befindlichkeit. Die Gerechtigkeit wird in der Regel „das, von dem du willst, daß es dir geschieht, gib dem andern", begründet.

Nimmt man die Gleichheit weg, so schwindet die Klugheit, die Mäßigung und jede Tugend, denn diese besteht in der Mitte, d. h. Gleichheit. Ohne Gleichheit wird die Wahrheit nicht verstanden, die die An-Gleichung von Ding und Denken ist. Auch gibt es weder Leben, noch Sein, noch Zeit, noch Bewegung, noch Zusamenhang ohne die Gleichheit. Die Bewegung ist nämlich nichts als die Fortsetzung der Ruhe. Und was ist die Ruhe, wenn nicht Gleichheit? Ebenso verhält es sich mit dem Jetzt, da die Zeit nichts anderes ist als die Fortsetzung des Jetzt. Und was ist das Jetzt, wenn nicht Gleichheit, die weder größer noch kleiner sein kann? Ebenso ist die Linie nichts anderes als die Entwicklung des Punktes. Was anders aber ist der Punkt, wenn nicht Gleichheit? Und so siehst du, daß außer in der Gleichheit überhaupt nichts bestehen kann.

In allem, das ist, strahlt, soweit es ist, der Wesenssinn der Gleichheit wider. Und dieser Wesenssinn ist weder vervielfältigbar noch änderbar oder vergänglich, da er der angeglichene Bestimmungsgrund alles Seins ist. Dieser wäre nicht der angeglichene Bestimmungsgrund, wäre er nicht der Wesenssinn der absoluten Gleichheit. Einer ist also der Wesenssinn oder das angeglichene Maß von allem, nämlich die Gleichheit. Dieser Wesenssinn der Gleichheit ist weder größer noch kleiner als alles Meßbare. So ist der eine

minus sunt quam circuli, sive circuli fuerint inter se aequales, sive inaequales quoad quantitatem et cetera accidentia.

Concordantia et pax et ordo aequalitas sunt per quae omnia et sunt et conservantur. Sic pulchritudo, harmonia, delectatio et amor et quaequac talia aequalitas sunt. Non potes videre plura inaequalia sine aequalitate. In hoc enim concordant, quod inaequalia. Concordantia [autem] et similitudo, quod aliud sunt quam aequalitas? Sic et delectatio et amicitia et simile simili applaudit ob aequalitatem. Et quamvis unitas videatur pater aequalitatis, quoniam aequalitas est semel sumpta unitas ut alibi habes, tamen aequalitas absoluta complicat unitatem. Id enim, quod est aequale, uno modo se habet.

In unitate enim non nisi aequalitas videtur. Sic bonum cum sit sui ipsius diffusivum[1] non habet hoc nisi ab aequalitate. Et aequaliter ab omnibus appetitur ob aequalitatem. Omnia sunt a se ipsis indivisibilia propter indivisibilem cuiuslibet ad se aequalitatem. Et quodlibet est modus quidam participationis aequalitatis sicut si diceretur quantitatem participare absolutam magnitudinem et lineam quantam esse talem modum participationis magnitudinis scilicet secundum longitudinem, et superficiem secundum latitudinem et corpus secundum profunditatem et figuram secundum [superficiem exteriorem][2] terminantem et circulum secundum figuram circularem et sphaeram secundum figuram sphaericam et cubum secundum figuram cubicam et ita de infinitis talibus varie magnitudinem medio quantitatis participantibus. Quae quidem magnitudo non est nisi aequalitatis participatio. Quare similiter homo non est nisi quidam modus participationis animalitatis. Et sic leo et equus.

---

[1] Dionysius, De div. nom. IV, 1 u. 4.
[2] Cod. Vat.: speciem superficialem.

Wesenssinn des Kreises der genaue und angeglichene aller möglichen Kreise, weshalb sie weder mehr noch weniger sind als Kreise, seien sie auch untereinander gleich oder ungleich bezüglich Größe und den übrigen Akzidentien.

Eintracht, Friede und Ordnung sind die Gleichheit, durch die alles ist und erhalten wird. Ebenso sind Schönheit, Harmonie, Entzücken, Liebe und dergleichen die Gleichheit. Man kann nicht mehrere ungleiche Dinge ohne Gleichheit sehen. Darin, daß sie ungleiche sind, stimmen sie nämlich zusammen. Zusammenstimmen und Ähnlichkeit, was sind sie sie anders als Gleichheit? Ebenso zollt Erfreuen, Freundschaft und Ähnliches dem Ähnlichen der Gleichheit wegen Beifall. Und obwohl die Einheit der Vater der Gleichheit zu sein scheint, da die Gleichheit die einmal genommene Einheit ist — wie andernorts gezeigt —, so schließt die absolute Gleichheit dennoch die Einheit ein. Das nämlich, das sich auf eine einzige Weise verhält, ist das Gleiche.

In der Einheit sieht man nichts als Gleichheit. So hat das Gute, da es die Fülle seines Ausströmens ist, dieses von nichts anderem als der Gleichheit. Und um der Gleichheit willen wird es in gleicher Weise von allem erstrebt. Alles ist von sich selbst unteilbar wegen der unteilbaren Gleichheit jedes Dinges zu sich selbst. Und jedes Ding ist eine Weise der Teilhabe an der Gleichheit, wie es offenbar wird, wenn gesagt wird, daß die Quantität an der absoluten Größe teilhat, daß die quantitativ ausgedehnte Linie ein solcher Modus der Teilhabe an der Größe sei, nämlich der Länge nach, daß die Fläche es sei entsprechend der Breite, der Körper entsprechend der Tiefe und die Figur entsprechend der von außen begrenzenden Oberfläche und der Kreis entsprechend der Kreisfigur und die Kugel entsprechend der sphärischen Figur und der Kubus entsprechend der kubischen Figur; und das gilt für unendlich viele derartige, an der Größe mittels der quantitativen Ausdehnung teilhabenden Dinge. Diese Größe nun ist nichts anderes als die

Et animalitas est participatio aequalitatis. Aequalitas vero aequaliter omnem essendi modum sive elementalem sive vegetabilem sive animalem sive rationalem sive intellectualem complicat. Sed in aliis participatur aliter, cum aequalis participatio sit impossibilis. Aequalitas igitur omnibus aequaliter adest, sed non aequaliter recipitur, sicut solaris radius in prato omnibus herbis aequaliter adest, sed non aequaliter recipitur, ut herbae non sint nisi varii modi receptionis vigoris radii solaris, qui per ipsas participatur.

Nonne sublata aequalitate nihil intelligitur nihil videtur nihil subsistit nihil durat? Quanto enim complexio aequalior, tanto sanior, perfectior et durabilior. Aequalitas ipsa est aeterna duratio. Aequalitas, quae vita, est aeterna vita. Intelligere intellectus est vivere, vita in aequalitate consistit. Si igitur anima omnia lustrans videt sublata aequalitate nihil remanere concludit omnia ex ipsa per ipsam et in ipsa esse.

Si tuum in his exercitaveris intellectum et non ad vocabula, sed ad mentem applicueris, multa praecisius semper prius tibi abscondita penetrabis. Nam id, quod de trinitate in sanctis scripturis et doctoribus ipsas explanantibus legis, qualis pater, talis filius, et talis spiritus sanctus et quod filius sit aequalis patri et similiter spiritus sanctus, et quod alia est persona patris, alia filii, spiritus sancti, utique dum ad dicta de aequalitate respicis melius et firmius fide capies. Id etiam, quod est omnium difficilium captu difficillimum, quomodo scilicet erit trinitas ante omnem alteritatem, melius videbis, dum attendes, quomodo tres aequales personae non sunt aequales per accidens, sed per essentiam, cum sint sine alteritate aequales. Sic non sunt nisi eadem immultiplicabilis aequalitas. Quae cum non accidat personis aut participetur ab eis, tunc est id, quod quaelibet

Teilhabe an der Gleichheit. Darum ist in entsprechender Weise der Mensch nichts anderes als ein bestimmter Modus der Teilhabe am Belebtsein. Ebenso der Löwe und das Pferd. Das Belebtsein ist Teilhabe an der Gleichheit. Die Gleichheit hingegen beschließt in gleicher Weise jeden Modus des Seins, sei er elementhaft, pflanzenhaft, tierhaft, verständig oder geistig. Er wird jedoch im Andern je anders partizipiert da gleiche Teilhabe unmöglich ist. Die Gleichheit ist allen in gleicher Weise gegenwärtig. Sie wird jedoch nicht gleich aufgenommen, wie der Sonnenstrahl auf einer Weise allen Gräsern gleich gegenwärtig ist, jedoch nicht in gleicher Weise aufgenommen wird, so daß diese nichts sind als verschiedene Weisen der Aufnahme der Kraft des Sonnenstrahls, der von ihnen partizipiert wird.

Ist es nicht so, daß, entfernte man die Gleichheit, weder etwas verstanden, noch gesehen wird, noch besteht und dauert? Je gleicher ein Zusammenhang, desto gesunder, vollkommener und dauerhafter ist er. Die Gleichheit selbst ist ewige Dauer. Die Gleichheit, die das Leben ist, ist ewiges Leben. Das Denken des Denkens bedeutet Leben, das Leben besteht in der Gleichheit. Wenn also die Seele, die alles prüft, sieht, daß bei Wegnahme der Gleichheit nichts bleibt, schließt sie, daß alles aus ihr, durch sie und in ihr ist.

Wenn du dein Denken in solchen Überlegungen übst und es nicht an die Vokabeln, sondern an den Sinn heftest, wirst du vieles, das dir zuvor verborgen war, genauer durchdringen. Denn das, was du über die Dreifaltigkeit in der Schrift und bei den Gelehrten, die diese erklären, liest — daß der Sohn und der heilige Geist wie der Vater sei und daß der Sohn gleich dem Vater sei und ähnlich der heilige Geist und daß die Person des Vaters, des Sohnes und des heiligen Geistes ein je andere sei —, wirst du besser und festeren Glaubens begreifen, wenn du auf das über die Gleichheit Gesagte hinblickst. Auch wirst du das, was das Schwierigste von allem Schwierigen ist, nämlich zu verstehen, wie es eine Dreiheit vor aller Andersheit gibt, besser sehen, wenn du darauf achtest, wie drei gleiche Personen nicht durch etwas Hinzukommendes gleich sind, sondern durch die Wesenheit,

persona essentialiter. Et nulla potest esse alteritas, ubi non est aliud quam immultiplicabilis aequalitas.

Unde quando legitur, quod alia est persona patris, alia filii, alia spiritus sancti non potest intelligi quod sit alia per alteritatem quam trinitas illa praecedit, et si id per quod alia est persona patris, alia filii, alia spiritus sancti videre volumus, non reperiemus nisi aequalitatem, quae est ante alteritatem. Unde cum dico aequalitas, quae pater est pater, aequalitas, quae filius est filius et aequalitas, quae spiritus sanctus est spiritus sanctus, verum[1] dico. Non tamen dixi nisi de una immultiplicabili aequalitate. Nam non est verum, quod aequalitas, de qua primo dixi, cum dicerem aequalitas, quae pater est pater, sit alia aut non sit illa, de qua secundo dixi aequalitas, quae fillus est filius et de qua tertio dixi aequalitas, quae spiritus sanctus est spiritus sanctus.

Et quoniam has propositiones ante alteritatem veras video, ubi pater non est aliud quam aequalitas, sic nec filius, sic nec spiritus sanctus, ideo idem est ac si dicerem aequalitas, quae pater est pater, sicut aequalitas, quia pater est pater. Et tunc video illam veram aequalitas, quia pater est pater. Et illam aequalitas, quia pater est filius non video priori aequalem aut aeque veram. Et ex hoc affirmo patrem non esse filium, nec spiritum sanctum, licet sint eadem aequalitas ante omnem alteritatem. Et iuvo concep-

---

[1] Paris: unum.

da sie ohne Andersheit gleich sind. So gesehen sind sie nämlich nichts als die unvervielfältigbare Gleichheit. Da diese nicht zu den Personen hinzukommt oder von ihnen partizipiert wird, ist sie das, was jede Person wesenhaft ist. Und wo nichts anderes ist als unvervielfältigbare Gleichheit, kann es keine Andersheit geben.

Wenn man daher liest, daß eine andere Person die des Vaters, eine andere die des Sohnes, eine andere die des heiligen Geistes ist, dann darf man das nicht so verstehen, als wäre sie eine andere auf Grund der Andersheit, welcher jene Dreiheit vorausgeht. Und wenn wir das sehen wollen, durch das die Person des Vaters, des Sohnes und des heiligen Geistes eine je andere ist, finden wir nichts als die Gleichheit, welche vor der Andersheit steht. Sage ich daher: die Gleichheit, welche der Vater ist, ist der Vater, die Gleichheit, welche der Sohn ist, ist der Sohn, und die Gleichheit, welche der heilige Geist ist, ist der heilige Geist, so sage ich ein und dasselbe. Ich habe nämlich über nichts anderes gesprochen als über die eine, unvermehrbare Gleichheit. Denn es ist nicht wahr, daß die Gleichheit, über die ich zuerst sprach als ich sagte „die Gleichheit, welche der Vater ist, ist der Vater", eine andere oder nicht jene ist, von der ich an zweiter Stelle sagte „die Gleichheit, welche der Sohn ist, ist der Sohn" und als jene, von der ich an dritter Stelle sagte „die Gleichheit, welche der heilige Geist ist, ist der heilige Geist".

Und da ich sehe, daß diese Sätze vor der Andersheit wahr sind — nämlich dort, wo der Vater nichts anderes ist als Gleichheit, und ebenso der Sohn, und der heilige Geist —, ist es das selbe wie wenn ich sagte: die Gleichheit, welche der Vater ist, ist der Vater, wie auch: die Gleichheit ist der Vater, da sie der Vater ist. Ich sehe dann, daß jener Satz: „die Gleichheit ist der Vater, da sie der Vater ist" wahr ist. Und ich sehe, daß jener Satz „die Gleichheit ist der Sohn, da sie der Vater ist", nicht an erster Stelle gleich oder in

tum ex aequalitate, quam in tempore et anima et syllogismo praemisi.

Convertas igitur te ad sacratissimum evangelium cum exercitato in praemissis intellectu et considera, quomodo Ioannes evangelista scripsit evangelium ad astruendam fidem, quod Iesus est filius Dei, ut credentes in nomine eius vitam habeant[1]; et quia audivit Christum dicentem ad Deum patrem: clarifica me, tu pater, apud temet ipsum claritate quam habui apud te prius quam mundus fieret[2]. Et illud: si cognovissetis me et patrem meum utique cognovissetis[3]. Et iterum: qui videt me videt patrem[4]. Et alibi: quaecumque habet pater mea sunt, et omnia mea, tua sunt et tua mea sunt[5]. Et: ego [sum] in patre et pater in me[6]. Dixit etiam: ego lux in mundum veni, ut omnis, qui credit in me in tenebris non maneat[7]. Et alibi: exivi a patre et veni in mundum[8]. Et iterum: sermonem quem audistis non est meus, sed eius, qui misit me, patris[9]. Et ad patrem dixit: sermo tuus veritas[10]. Dixit etiam se viam, veritatem et vitam[11] vitam[11] et quod nemo ad Patrem veniret nisi per ipsum[12]; et quod pater dedit sibi potestatem omnis carnis ut daret eis vitam. Et hoc, quod dedit sibi, maius omnibus [esse] et quod omnia posuit in potestate eius, et quod dedit sibi omne iudicium, quia filius hominis [est[13]]. Dixit se filium Dei et quod pater in eo manens faceret opera, quae et quod fecit opera, quae nemo ante eum fecit et quod opera eius testimonium perhiberent de eo, quod Deus pater misit eum[14]. Et quod ipse esset vita et resurrectio et panis vivus dans vitam aeternam[15] et talia multa, quae Ioannes audivit et scripsit.

---

[1] Jh. 1, 12.
[2] Jh. 17, 5.
[3] Jh. 8, 19.
[4] Jh. 14, 9.
[5] Jh. 16, 15.
[6] Jh. 10, 38.
[7] Jh. 12, 46.
[8] Jh. 8, 42.
[9] Jh. 14, 10.
[10] Jh. 17, 17.
[11] Jh. 14, 16.
[12] Jh. 14, 6.
[13] Jh. 13, 3.
[14] Jh. 5, 37.
[15] Jh. 6, 51.

gleicher Weise wahr ist. Auf Grund dessen sage ich, daß der Vater weder der Sohn noch der heilige Geist ist, auch wenn sie ein und dieselbe Gleichheit vor aller Andersheit sind. Und ich helfe mir mit einem Gedanken, den ich von jener Gleichheit gewonnen habe, welche ich in bezug auf Zeit, Seele und Syllogismos vorausgeschickt habe.

Wende dich also mit einem in den vorausgeschickten Gedanken geübten Denken dem heiligsten Evangelium zu und betrachte, daß Johannes, der Evangelist, sein Evangelium zu dem Zwecke schrieb, den Glauben, daß Jesus der Sohn Gottes ist, zu bestärken, und daß jene, die in seinen Namen glauben, das Leben haben. Und daß er Christus zum Vater sagen hörte: Vater verherrliche mich bei dir selbst mit jener Herrlichkeit, die ich bei dir gehabt habe, bevor die Welt wurde. Ferner: würdet ihr mich erkennen, so würdet ihr auch meinen Vater erkennen. Wiederum: wer mich sieht, sieht den Vater. An einer andern Stelle: was immer der Vater besitzt, gehört mir, und alles, was mir gehört, gehört dir, und alles was dir gehört, mir. Und: Ich bin im Vater und der Vater ist in mir. Er sagte auch: ich, das Licht, bin in die Welt gekommen, damit jeder, der an mich glaubt, nicht in Dunkelheit verharre. Und anderswo: ich bin vom Vater ausgegangen und in die Welt gekommen. Und wieder: die Rede, die ihr hört, ist nicht meine, sondern die Rede dessen, der mich gesandt hat, des Vaters. Und zum Vater sprach er: dein Wort ist Wahrheit. Er sagte auch, daß er der Weg, die Wahrheit und das Leben sei und daß niemand zum Vater komme, es sei denn durch ihn; daß der Vater ihm Macht über alles Fleisch gegeben habe, damit er diesem das Leben gäbe. Und das, was er ihm gegeben hat, ist größer als alles; alles ist in seine Macht gegeben. Er hat ihm alles Gericht überlassen, da er der Sohn des Menschen ist. Er nannte sich Sohn Gottes und sagte, daß der Vater in ihm bleibend, die Werke tut, die auch er tut und die niemand vor ihm getan hat und daß seine Werke Zeugnis davon geben, daß der Vater ihn gesandt hat. Daß er das Leben und die Auferstehung sei und das lebendige Brot, das das ewige Leben gibt, und noch mehr dergleichen, das Johannes gehört und niedergeschrieben hat.

Quorum omnium resolutionem faciens Ioannes praemisit theologiam ante narrationem illorum, ostendens quomodo hoc totum videri possit verum, dicens: In principio erat verbum[1]. Nam in principio antequam quicquam Deus pater faceret oportebat illud esse, sine quo nihil factum est. Sed nihil a sapientissimo Deo Patre et creatore omnium sine logo, id est ratione, sive verbo factum est. Erat igitur in principio antequam quicquam faceret logos. Et non erat nisi apud Deum. Et quia non erat aliud, hinc etiam non erat sic apud Deum quasi aliud, sed erat idem Deus verbum.

Unde patet quod necesse fuit Deum patrem creatorem habere verbum rationale non alterum, sed consubstantiale sui ipsius, scilicet consubstantiale verbum seu rationem sive notionem, in quo esset sui ipsius et omnium creabilium cognitio. Et quia hoc verbum erat consubstantiale et eiusdem naturae cum patre seu creatore, a quo erat, sicut notitia rei a re, ideo filius. Genitus enim eiusdem naturae cum generante filius est. Et hoc declarat illud, quod Christus dicebat ad patrem: clarifica me ea claritate quam habui apud te priusquam mundus fieret scilicet ut clarum fiat me tuum consubstantialem filium [esse]. Hoc ut ait Evangelista erat in principio apud Deum quoniam Deus verbum erat sic apud Deum, quod Deus. Et sic concludit logon ante omnem creaturam fuisse apud Deum. Purus enim intellectus numquam est sine sui ipsius notitia. Sic aeternus Deus pater numquam sine filio consubstantiali.

Sequitur: Omnia per ipsum facta sunt[2], quoniam intellectualis operatio omnia per rationem, quae verbum eius est, facit. Prout supra dictum est, eandem esse rationem, qua

---

[1] Jh. 1, 1ff.
[2] Jh. 1, 3ff.

Johannes schickte dieser Berichterstattung seine alles zusammenfassende Theologie voraus, indem er zeigte, wie dies alles als wahr verstanden werden kann, und sagte: „Im Ursprung war das Wort“. Denn im Anfang, bevor noch Gott der Vater etwas machte, mußte jenes sein, ohne das nichts gemacht worden ist. Von Gott, dem weisestem Vater und Schöpfer aller Dinge ist jedoch nichts ohne den Logos, d. h. den Wesenssinn oder das Wort gemacht worden. Es war also im Ursprung, noch bevor irgendetwas gemacht wurde, der Logos. Und er war nirgendwo anders denn bei Gott. Und da er nichts anderes war, war er auch nicht bei Gott als etwas Anderes, sondern es war dasselbe: Gott und das Wort.

Darum ist die Notwendigkeit offenkundig, daß Gott der Vater und Schöpfer nicht ein anderes wesensbestimmtes Wort hatte, sondern ein ihm gleichbestandliches, d. h. das gleichbestandliche Wort oder den gleichbestandlichen Wesenssinn oder Begriff, in dem die Erkenntnis seiner selbst und alles Schaffbaren war. Und da dieses Wort gleichbestandlich und einer Natur mit dem Vater oder Schöpfer war, von dem es abstammte wie der Begriff der Sache von der Sache, war es der Sohn. Der in der selben Natur mit dem Zeugenden Gezeugte ist der Sohn. Und das erklärt, daß Christus zum Vater sagte: verherrliche mich mit jener Herrlichkeit, die ich bei dir gehabt habe, bevor diese Welt wurde, d. h. es möge offenbar werden, daß ich dein gleichbestandlicher Sohn bin. Dieses Wort war, wie der Evangelist sagt, im Ursprung bei Gott, da Gott das Wort so bei Gott war, daß es Gott war. Und so schließt er, daß der Logos vor jedem Geschöpf bei Gott gewesen ist. Das reine Denken ist nämlich niemals ohne seinen Begriff. Ebenso war der ewige Gott Vater niemals ohne seinen gleichbestandlichen Sohn.

Es folgt: alles ist durch ihn geworden, da die geistige Tätigkeit alles durch den Wesenssinn tut, welcher ihr Wort ist. Wie oben gesagt, ist es ein und der selbe Wesenssinn, in

creator se et alia cognoscit et creat. Prout de circulo exemplum posui. Et ita facta sunt [omnia], quod sine eo factum est nihil, quoniam hoc verbum est praecissima rationalis definitio et determinatio omnium creabilium et intelligibilium, ita quod si aliquid a Deo factum esset aut foret sine logo non esset illud rationabiliter factum. Et hoc de Deo sapientissimo dici blasphemia esset. Quemadmodum igitur imperio sapientissimi regis, quod sermone seu verbo promitur, omnia regia fiunt, qui sermo non est nisi ratio, non enim participat rationem sermo sapientissimi regis, sed est ipsa ratio et veritas, sic verbo domini caeli firmati sunt[1] et silentio nihil.

Quoniam autem in verbo consubstantiali necessario erant omnia creabilia ut in vivifica concludente ratione, ratio autem viva vita est, et ideo omne id, quod per ipsum factum est, in ipso [verbo] quod verbum vita erat; [quare et in ipso verbo verbum]. Ratio enim omnis rei vivit vita aeterna, per rationem enim per quam circulus est circulus, semper fuit et erit circulus circulus sine defectu; quae igitur creaturae factae sunt etiam si in se non vivant, in ipso verbo tamen cum non sint verbum, quod Deus, aeternaliter vixerunt. Et haec vita non erat tantum verbum Dei, per quod creat omnia, sed etiam per quod dirigit luce sua hominem, lumine rationis pollentem. Verbum enim Dei est lucerna pedum ad aeternam vitam tendentium.

Et erat lux[2] in tenebris ignorantiae lucens et tenebrae ipsam lucem, quae verbum seu sermo Dei, quo Deus multifariam multisque modis naturaliter et in prophetis locutus est, non comprehenderunt. Fuit deinde post omnes prophetas homo

---

[1] Ps. 32, 6.
[2] Jh. 1, 5ff.

dem der Schöpfer sich und alles andere erkennt und schafft. — Ich habe das Beispiel vom Kreis dazu gegeben. — Und alles ist so geworden, daß ohne ihn nichts geworden ist, da dieses Wort die ganz genaue und wesensbestimmte Begrenzung und Bestimmung alles Schaffbaren und Verständigen ist, so daß, wenn etwas von Gott ohne den Logos gemacht worden wäre oder werden würde, dies nicht wesensbestimmt gemacht wäre. Dies von Gott, dem vollkommen Weisen, zu sagen, wäre eine Blasphemie. So wird zum Beispiel durch den Befehl eines sehr weisen Königs, der durch Wort oder Rede kundgetan wird, alles Königliche vollzogen. Und diese Rede ist nichts anderes als der Wesenssinn — das Wort des weisesten Königs partizipiert nämlich nicht am Wesenssinn, sondern ist selbst Wesenssinn und Wahrheit. Genauso sind auch durch das Wort, und nicht durch das Schweigen, des Herrn die Himmel befestigt.

Da aber im gleichbestandlichen Wort alles Schaffbare notwendigerweise wie im lebendig-machenden schließenden Wesenssinn war, dieser jedoch das lebende Leben ist, so war auch alles, was durch es gemacht worden war, in ihm das Wort, welches das Leben ist. Darum war es auch in diesem ewigen Leben. Durch den Wesenssinn nämlich, durch den der Kreis Kreis ist, war und wird der Kreis immer und ohne Schaden Kreis bleiben. Die Geschöpfe, die geworden sind, lebten daher, auch wenn sie nicht in sich lebten, in jenem Wort auf ewig, auch wenn sie nicht dieses Wort, das Gott ist, sind. Und dieses Leben war nicht nur das Wort Gottes, durch das es alles schafft, sondern auch das Wort, durch welches es in seinem Licht den Menschen leitet, der im Licht des Wesenssinnes stark ist. Das Wort Gottes nämlich ist die Wegleuchte für die Füße jener, die zum ewigen Leben streben.

Das Licht leuchtete im Schatten der Unwissenheit und der Schatten nahm das Licht, welches das Wort oder die Rede Gottes ist, durch die er vielfältig und in vielen Weisen unmittelbar und durch Propheten gesprochen hat, nicht auf.

missus a Deo, cui nomen erat Ioannes. Hic venit in testimonium ut testimonium perhiberet de lumine lucis verbi Dei tunc exorto. Non erat [Ioannes] ille verbum, quod lux, sed venit ut de lumine lucis testimonium perhiberet. Erat autem lux vera ipsum verbum Dei, quae lux illumminat omnem hominem ratione vigentem, in hunc mundum venientem.

In mundo erat logos seu sermo ille et mundus per ipsum factus est[1], quia Deus pater dixit et facta sunt omnia. Et mundus eum non cognovit. In propria loca patris sui, scilicet terrae sanctae venit et sui eum tamquam Dei verbum non receperunt. Quotquot autem ex ipsis et omnibus gentibus receperunt eum [et] ei ut verbo Dei a Deo misso oboediverunt, illis dedit potestatem quamvis essent homines ut fierent filii Dei per gratiam sicut ipse erat per naturam. Et illi qui ipsum receperunt sunt generati in spiritu ipsius filii Dei [generati sunt] non generatione illa, qua ex sanguinibus et voluntate carnis et voluntate viri secundum hunc mundum homines nascuntur; sed generatione caelesti ex Deo; qui spiritus est, in spiritu nati sunt. Hoc igitur verbum, quod haec omnia potest et operatur, est logos seu filius Dei. Quod quidem verbum est caro factum, quia filius Dei factus est filius hominis. Et habitavit inter nos et vidimus gloriam eius; gloriam claritatis non quasi alicuius filii adoptionis Dei, uti multi visi sunt, sed quasi unigeniti Dei patris, a patre omnia, quae patris sunt habentis; verbum scilicet plenum omni gratia et veritate[2].

Haec est summa evangelii, secundum intellecum loannis theologi. Et hanc explanando ampliat et probat testimonio Dei patris, Ioannis, apostolorum, miraculorum, doctrina assertione ipsius verbi veritatis, voluntaria oblatione usque ad

[1] Jh. 1, 10ff.
[2] Jh. 1, 14.

Schließlich wurde nach allen Propheten ein Mann von Gott geschickt, dessen Name Johannes war. Dieser kam zum Zeugnis, um Zeugnis zu geben vom Glanz des Lichtes des Wortes Gottes, das damals aufgegangen war. Nicht Johannes war jenes Wort, das das Licht war, sondern er kam, um Zeugnis zu geben vom Glanz des Lichtes. Das wahre Licht aber war das Wort Gottes, das jeden Menschen erleuchtet, der in seinem Denken Kraft hat und und in diese Welt kommt.

In der Welt war der Logos oder jene Rede und die Welt ist durch ihn gemacht worden, da Gott der Vater sprach und alles geworden ist. Die Welt erkannte ihn nicht. Er kam ins Eigentum des Vaters, d. h. in das Heilige Land und die Seinen nahmen ihn nicht auf, obwohl er das Wort Gottes war. Alle aber von ihnen und allen Völkern, die ihn aufnahmen und ihm als dem von Gott gesandten Wort Gottes gehorchten, gab er Macht, obwohl Menschen, durch die Gnade so Söhne Gottes zu werden, wie er es von Natur war. Und jene, die ihn aufnahmen, wurden im Geist des Sohnes Gottes gezeugt nicht in jener Zeugung, welche aus Blut und Willen des Fleisches und des Mannes die Menschen nach dieser Welt geboren werden läßt, sondern in himmlischer Zeugung aus Gott, der Geist ist, sind sie im Geiste geboren. Dieses Wort, das all das vermag und wirkt, ist der Logos oder Sohn Gottes. Dieses Wort ist Fleisch geworden, da der Sohn Gottes Sohn des Menschen geworden ist. Er hat unter uns gewohnt und wir haben seine Herrlichkeit gesehen; die Herrlichkeit des Lichtes nicht wie die irgendeines Adoptivsohnes Gottes, wie viele gesehen wurden, sondern die des Eingeborenen Gottes des Vaters, der alles besaß, was des Vaters war; d. h. das Wort, das voll der Gnade und Wahrheit ist.

Das ist die Fülle der Botschaft nach der Einsicht des Theologen Johannes. Diese entfaltet er und bestätigt sie durch das Zeugnis Gottes des Vaters, Johannes des Täufers, der Apostel und der Wunder; durch das Lehrzeugnis des Wor-

turpissimam mortem pro salute omnium fidelium et resurrectione a mortuis. Quibus omnibus manifestissime ostendit Iesum esse filium Dei, qui verba patris sui, qui verax est, locutus est et eius opera fecit[1], cuius verba sunt stabiliora quam caelum et terra[2] et praemissa maxima scilicet resurrectionis ad immortalem vitam, quam solus Deus possidet, cuius possessionis heres est ipse Christus et credentes in eum corde et opere coheredes. Et fiunt haec omnia in homine per spiritum sanctum a patre et filio procedentem, qui est spiritus filii, qui et est caritas Dei. Quae dum diffunditur per corda fidelium facit eos Deo gratos propter inhabitantem spiritum sanctum. Et unit eos nexu insolubili Christo capiti heredi et possessori immortalitatis ut in unitate corporis Christi spiritu Christi vegetati coheredes sint regni immortalitatis et vitae aeternae possessores felicissimi.

Haec est summa evangelii in variis sermonibus meis infra positis varie explanati secundum datam gratiam, magis obscure, dum inciperem in adolescentia et essem diaconus, clarius dum ad sacerdotium ascendissem, adhuc ut videtur perfectius quando pontificis officio in mea Brixinensi ecclesia praefui et legatione apostolica in Germania et alibi usus fui. Dabit Deus ut adhuc proficiam in restante aetate et demum facie ad faciem veritatem in aeterna laetitia amplectar; quod, ut [ita] concedat [Deus] tu [dilectissime] frater, ora. Et si quid in omnibus superius aut infra positis sermonibus aut scripturis a veritate catholica reperiatur devium corrigo et revoco per presentes.

---

1 Siehe oben.
2 Mt. 24, 35; Mk. 13, 31; Lk. 21, 33.

tes der Wahrheit, die freiwillige Aufopferung bis zum schändlichsten Tod für das Heil der Gläubigen und die Auferstehung von den Toten. Durch alles das bezeugte er ganz offenkundig, daß Jesus der Sohn Gottes ist und die Worte seines Vaters, der wahrhaftig ist, geredet hat und seine Werke tat. Seine Worte sind beständiger als Himmel und Erde und tragen die höchste Verheißung, nämlich die Auferstehung zum ewigen Leben, das nur Gott besitzt und dessen Erbe Christus ist und Miterben jene, die an ihn glauben und ihm mit Herz und Werk anhangen. Und all das geschieht im Menschen durch den heiligen Geist, der vom Vater und vom Sohn ausgeht; der der Geist des Sohnes ist und auch die Liebe Gottes. Wenn diese in die Herzen der Gläubigen ergossen wird, macht sie diese wegen des einwohnenden heiligen Geistes Gott angenehm. Sie eint sie in unlösbarer Verbindung mit Christus, dem Haupt, dem Erben und dem Besitzer der Unsterblichkeit, damit sie in der Einheit des Leibes Christi durch den Geist Christi lebendige Erben des Reiches der Unsterblichkeit und glückliche Besitzer des ewigen Lebens seien.

Das ist der Gesamtgehalt des Evangeliums, das ich in verschiedenen hier niedergelegten Predigten, mannigfach erklärt habe, wie mir jeweils die Gnade gewährt wurde; zuerst sehr undeutlich, als ich in der Jugend damit begann und Diakon war, dann deutlicher als ich zum Priestertum emporstieg, und schließlich schien es noch vollkommener zu werden, als ich in meiner Brixener Gemeinde priesterlichen Dienst versah und während meiner apostolischen Legationsreise in Deutschland und anderswo tätig war. Gebe Gott, daß ich in den mir noch bleibenden Jahren weiterhin fortschreite und schließlich die Wahrheit von Angesicht zu Angesicht in ewiger Freude umarme. Daß Gott dies gebe, dafür bete du, geliebter Bruder. Und wenn etwas in den schon gegebenen oder folgenden Predigten oder Schriften gefunden wird, das von der Wahrheit unserer Lehre abweicht, so verbessere und widerrufe ich es hiemit.

IDIOTA DE SAPIENTIA
LIBER PRIMUS

DER LAIE ÜBER DIE WEISHEIT
ERSTES BUCH

LIBER PRIMUS

Convenit pauper quidam idiota ditissimum oratorem in foro Romano, quem facete subridens sic allocutus est:

Idiota: Miror de fastu tuo, quod, cum continua lectione defatigeris innumerabiles libros lectitando, nondum ad humilitatem ductus sis; hoc certe ex eo, quia scientia huius mundi, in qua te ceteros praecellere putas, stultitia quaedam est apud Deum et hinc inflat[1]. Vera autem scientia humiliat. Optarem, ut ad illam te conferres, quoniam ibi est thesaurus laetitiae.

Orator: Quae est haec praesumptio tua, pauper idiota et penitus ignorans, ut sic parvifacias studium litterarum, sine quo nemo proficit?

I: Non est, magne orator, praesumptio, quae me silere non sinit, sed caritas. Nam video te deditum ad quaerendum sapientiam multo casso labore, a quo te revocare si possem, ita ut et tu errorem perpenderes, puto contrito laqueo te evasisse gauderes. Traxit te opinio auctoritatis, ut sis quasi equus natura liber, sed arte capistro alligatus praesepi, ubi non aliud comedit, nisi quod sibi ministratur. Pascitur enim intellectus tuus auctoritati scribentium constrictus pabulo alieno et non naturali.

O: Si non in libris sapientum est sapientiae pabulum ubi tunc est?

I: Non dico ibi non esse, sed dico naturale ibi non reperiri. Qui enim primo se ad scribendum de sapientia contulerunt, non de librorum pabulo, qui nondum erant, incrementa receperunt, sed naturali alimento in virum perfectum per-

[1] Vgl. 1. Kor. 3, 19; 8, 1.

ERSTES BUCH

Ein armer und ungelehrter Mann traf auf einem römischen Marktplatz einen sehr reichen Rhetor; er lächelte ein wenig und sagte höflich[1]*:*

Laie: Ich staune über deinen Stolz; ständig liest du bis zur Ermüdung unzählige Bücher und doch hat dich das noch nicht zur Demut geführt. Sicherlich kommt das daher, daß das Wissen dieser Welt, in dem du alle anderen zur übertreffen meinst, vor Gott Torheit ist, weshalb es aufbläht. Das wahre Wissen hingegen macht demütig. Ich wünsche, daß du dich diesem zuwendest, denn dort liegt der Schatz der Freude.

Rhetor: Wie groß ist deine Anmaßung, du armer und vollkommen unwissender Laie, daß du das Studium der Wissenschaft, ohne das niemand vorankommt, so geringschätzest!

L: Es ist nicht Anmaßung, großer Redner, die mich nicht schweigen läßt, sondern Liebe. Denn ich sehe ja, daß du dich ganz der Suche nach Weisheit hingegeben hast, aber mit viel unnötiger Mühe. Könnte ich dich davon zurückrufen, so daß du ebenfalls deinen Irrweg überprüfen könntest, dann, meine ich, würdest auch du dich freuen, diesen alten Schlingen entkommen zu sein. Du läßt dich von den Ansichten der Tradition führen, wie ein Pferd, das zwar frei geboren, aber mit einem Halfter an eine Krippe gebunden ist, wo es nichts anderes frißt, als was ihm dargeboten wird. Denn deine Vernunft, die von der Autorität der Schriftsteller im Zaum gehalten ist, nährt sich von fremder und nicht von der deiner Natur eigenen Speise.

R: Wenn die Nahrung nicht in den Schriften der Weisen zu finden ist, wo ist sie dann?

L: Ich sage nicht, daß sie dort nicht ist, sondern, daß sie dort nicht in natürlicher Weise gefunden wird. Jene Männer, die sich als erste daran machten, über die Weisheit zu schreiben, empfingen kein Wachtsum von der Nahrung, die

---

[1] Dazu und zu den folgenden Dialogen vgl. MFCG 7, 1967.

ducebantur. Et hi ceteros, qui ex libris se putant profecisse, longe sapientia antecedunt.

O: Quamvis forte sine litterarum studio aliqua sciri possint, tamen res difficiles et grandes nequaquam, cum scientiae creverint per additamenta.

I: Hoc est quod aiebam, scilicet te duci auctoritate et decipi. Scripsit aliquis verbum illud, cui credis. Ego autem tibi dico, quod sapientia foris clamat in plateis; et est clamor eius, quoniam ipsa habitat in altissimis[1].

O: Ut audio, cum sis idiota, sapere te putas.

I: Haec est fortassis inter te et me differentia: tu te scientem putas, cum non sis; hinc superbis. Ego vero idiotam me esse cognosco; hinc humilior. In hoc forte doctior existo.

O: Quomodo ductus esse potes ad scientiam ignorantiae tuae, cum sis idiota?
I: Non ex tuis, sed ex Dei libris.
O: Qui sunt illi?
I: Quos suo digito scripsit.
O: Ubi reperiuntur?
I: Undique.
O: Igitur et in hoc foro?
I: Immo et iam dixi, quod sapientia clamat in plateis.

O: Optarem audire quomodo.
I: Si te absque curiosa inquisitione affectum conspicerem, magna tibi panderem.
O: Potesne hoc brevi tempore afficere, ut quod velis degustem?
I: Possum.

---

[1] Prov. 1, 20; Sap. 9, 17. .

in Büchern ist; diese gab es damals noch nicht. Natürliche Speise ließ sie zu vollkommenen Männern werden. Sie übertreffen alle übrigen, die mit Hilfe von Büchern voranzukommen glaubten, bei weitem an Weisheit.

R: Wohl ist es möglich auch ohne Studium der Wissenschaften einiges zu wissen, aber doch keineswegs die schwierigen und bedeutenden Dinge; wachsen die Wissenschaften doch durch Hinzufügen.

L: Das ist es ja, was ich gesagt habe: daß du dich von der Autorität führen und täuschen läßt. Irgend jemand schrieb irgend ein Wort und du glaubst ihm. Ich aber sage dir, daß die Weisheit auf den Plätzen und in den Gassen ruft; und es ist nur ihr Rufen, da sie selbst in den Höhen wohnt.

R: Ich höre, daß du dich für weise hälst, wiewohl du ein Laie bist.

L: Dies ist vielleicht der Unterschied zwischen mir und dir: Du hälst dich für einen wissenden, obwohl du es nicht bist, und darum bist du hochmütig. Ich aber erkenne, daß ich ein unwissender Laie bin und das macht mich demütig. In diesem Punkt bin ich möglicherweise gelehrter als du.

R: Was kann dich zum Wissen um deine Unwissenheit geführt haben, da du doch ein unwissender Laie bist?

L: Nicht deine Bücher, sondern die Bücher Gottes.

R: Welche sind das?

L: Die er mit seinem Finger geschrieben hat.

R: Wo sind diese zu finden?

L: Überall.

R: Also auch auf diesem Marktplatz?

L: Sicherlich! Ich habe doch gesagt, daß die Weisheit auf den Plätzen ruft.

R: Ich möchte wirklich hören, wie!

L: Wenn ich sähe, daß du frei von bloßer Neugier dies wahrhaft begehrst, könnte ich dir Großes kundtun.

R: Wäre es nicht möglich, daß du mir in Kürze eine Kostprobe von dem vermittelst, was du willst?

L: Das kann ich.

O: Contrahamus igitur nos in hanc tonsoris proximam quaeso apothecam, ut sedentes quietius loquaris.

Placuit idiotae. Et intrantes locum aspectum in forum vertentes sic exorditus est Idiota sermonem:

I: Quoniam tibi dixi sapientiam clamare in plateis, et clamor eius est ipsam in altissimis habitare, hoc tibi ostendere sic conabor. Et primum velim dicas: quid hic fieri conspicis in foro?

O: Video ibi numerari pecunias, in alio angulo ponderari merces, ex opposito mensurari oleum et alia.

I: Haec sunt opera rationis illius, per quam homines bestias antecellunt, nam numerare, ponderare et mensurare bruta nequeunt. Attende nunc orator, per quae, in quo et ex quo haec fiant, et dicito mihi.

O: Per discretionem.

I: Recte dicis. Per quae autem discretio? nonne per unum numeratur?

O: Quomodo?

I: Nonne unum est unum semel, et duo est unum bis, et tria est unum ter, et sic deinceps?

O: Ita est.

I: Per unum igitur fit omnis numerus?

O: Ita videtur.

I: Sicut igitur unum est principium numeri, ita est pondus minimum principium ponderandi, et mensura minima principium mensurandi. Vocetur igitur pondus illud uncia et mensura petitum. Nonne sicut per unum numeratur, ita per unciam ponderatur et per petitum mensuratur? Sic etiam ex uno est numeratio, ex uncia ponderatio, ex petito mensuratio. Ita et in uno est numeratio, in uncia ponderatio, in petito mensuratio. Nonne haec sic se habent?

R: Ziehen wir uns in dieses nahegelegene Barbiergeschäft zurück, damit du, wenn wir sitzen, mit mehr Ruhe reden kannst.

Der Laie war damit einverstanden. Sie traten ein, wandten ihren Blick dem Forum zu und der Laie ergriff folgendermaßen das Wort:

L: Meine Worte, daß die Weisheit auf den Straßen ruft, und ihr Rufen kündet, daß sie in den Höhen ihre Wohnstätte hat, will ich dir auf folgende Weise darlegen. Sag mir zuerst: was siehst du, wird hier auf dem Forum getan?

R: Hier sehe ich, wird Geld gezählt, in einem anderen Winkel werden Waren abgewogen, gegenüber wird Öl gemessen und anderes.

L: Das sind Tätigkeiten jenes Verstandes, hinsichtlich dessen die Menschen den Tieren überlegen sind; denn Tiere können nicht zählen, wiegen und messen. Und nun, Rhetor, betrachte, wodurch, worin und womit dies geschieht und teile es mir mit.

R: Durch Unterscheidung.

L: Richtig. Wodurch aber ist Unterscheidung? Wird sie nicht durch das Eine gezählt?

R: Wie?

L: Ist nicht die Eins einmal das Eine, die Zwei zweimal das Eine, die Drei dreimal das Eine und so fort?

R: So ist es.

L: Durch das Eine kommt also jede Zahl zustande?

R: So scheint es.

L: So wie also das Eine der Ursprung der Zahl ist, so ist das geringste Gewicht der Ursprung des Wiegens, das geringste Maß der Ursprung des Messens. Dieses Gewicht heißt Unze und dieses Maß Petit. Wird nicht in der selben Weise, in der mit dem Einen gezählt wird, mit der Unze gewogen und mit dem Petit gemessen? Ebenso kommt das Zählen aus dem Einen, das Wiegen aus der Unze und das Messen aus dem Petit; und genauso ist das Zählen in dem Einen, das Wiegen in der Unze und das Messen im Petit. Verhält es sich nicht so?

O: Immo.
I: Per quid autem attingitur unitas, per quid uncia, per quid petitum?
O: Nescio. Scio tamen, quod unitas non attingitur numero, quia numerus est post unum; sic nec uncia pondere nec petitum mensura.

I: Optime ais, orator. Sicut enim simplex prius est natura composito, ita compositum natura posterius. Unde compositum non potest mensurare simplex, sed e converso. Ex quo habes, quomodo illud, per quod, ex quo et in quo omne numerabile numeratur, non est numero attingibile; et id, per quod, ex quo et in quo omne ponderabile ponderatur, non est pondere attingibile. Similiter et id, per quod, ex quo et in quo omne mensurabile mensuratur, non est mensura attingibile.

O: Hoc clare conspicio.
I: Hunc clamorem sapientiae in plateis transfer in altissima, ubi sapientia habitat, et multo delectabiliora reperies quam in omnibus ornatissimis voluminibus tuis.

O: Nisi quid per hoc velis exponas, non intelligo.

I: Nisi ex affectu oraveris, prohibitus sum, ne faciam: nam secreta sapientiae non sunt omnibus passim aperienda.

O: Multum desidero te audire et ex paucis inflammor. Ea enim, quae iam praemisisti, aliquid magni futurum annunciant. Rogo igitur, ut incepta prosequaris.

I: Nescio, si liceat tanta secreta detegere et tam altam profunditatem facilem ostendere; tamen nequeo me continere, quin tibi complaceam.
Ecce frater: summa sapientia haec est, ut scias, quomodo in similitudine iam dicta attingitur inattingibile inattingibiliter.

R: O ja.

L: Durch was gelangt man aber zur Einheit, zur Unze und zum Petit?

R: Ich weiß es nicht. Ich weiß nur, daß die Einheit nicht von der Zahl erreicht wird, weil die Zahl hinter dem Einen steht; so auch nicht die Unze vom Gewicht und das Petit nicht von einem Maß.

L: Richtig, Rhetor. So wie das Einfache von Natur aus früher ist als das Zusammengesetzte, so ist das Zusammengesetzte von Natur aus später. Und darum vermag das Zusammengesetzte nicht das Einfache zu messen, sondern umgekehrt. Daraus ergibt sich, daß jenes, durch das, aus dem und in dem alles Zählbare gezählt wird, nicht durch die Zahl erreichbar ist, daß jenes durch das, aus dem und in dem alles Wiegbare gewogen wird nicht durch ein Gewicht erreichbar und daß gleichermaßen jenes, durch das, aus dem und in dem alles Meßbare gemessen wird, nicht von einem Maß erreichbar ist.

R: Das erkenne ich deutlich.

L: Das Rufen der Weisheit in den Gassen übertrage auf jene Höhen, wo sie ihre Stätte hat. Was du dort findest, wird viel ergötzlicher sein als alles, was in deinen prächtigen Büchern steht.

R: So du mir nicht darlegst, was du damit meinst, verstehe ich es nicht.

L: Wenn du mich nicht aus wirklichem Interesse darum bittest, vermag ich es nicht zu tun. Denn die Geheimnisse der Weisheit dürfen nicht allen Leuten unterschiedslos offenbart werden.

R: Ich wünsche sehr, dich zu hören; diese wenigen Worte haben mich entflammt. Denn was du bisher angedeutet hast, kündet an, daß noch Großes kommen wird. Deshalb bitte ich dich, mit dem Begonnenen fortzufahren.

L: Ich weiß nicht, ob es uns zusteht, solche Geheimnisse aufzudecken und solche Tiefen leichthin zu zeigen. Dennoch kann ich nicht anderes als dir zu Gefallen zu sein.

Sieh also, Bruder: die höchste Weisheit besteht darin, zu wissen, daß und wie in dem genannten Beispiel das Unerreichbare in der Weise der Unerreichbarkeit erreicht wird.

O: Mira dicis et absona.

I: Haec est causa, cur occulta non debent communicari omnibus, quia eis absona videntur quando panduntur. Admiraris me dixisse sibi contradicentia; audies et gustabis veritatem.

Dico autem, quod, sicut iam ante de unitate, uncia et petito dixi, ita de omnibus quoad omnium principium dicendum. Nam omnium principium est per quod, in quo et ex quo omne principiabile principiatur, et tamen per nullum principiatum attingibile. Ipsum est, per quod, in quo et ex quo omne intelligibile intelligitur, et tamen intellectu inattingibile. Est similiter per quod, ex quo et in quo omne fabile fatur, et tamen fatu inattingibile. Sic est per quod, ex quo et in quo omne terminabile terminatur et omne finibile finitur, et tamen termino interminabile et fine infinibile. Tales facere poteris innumerabiles similes verissimas propositiones, et omnia tua oratoria volumina illis implere, et alia sine numero illis addere, ut videas, quomodo sapientia in altissimis habitat. Altissimum enim est quod altius esse non potest. Sola infinitas est illa altitudo.

Unde sapientia, quam omnes homines, cum natura scire desiderent[1], cum tanto mentis affectu quaerunt, non aliter scitur, quam quod ipsa est omni scientia altior et inscibilis, et omni loquela ineffabilis, et omni intellectu inintelligibilis, et omni mensura immensurabilis, et omni fine infinibilis, et omni termino interminabilis, et omni proportione improportionabilis, et omni comparatione incomparabilis, et omni figuratione infigurabilis, et omni formatione informabilis, et in omni motione immobilis, et in omni imaginatione inimaginabilis, et in omni sensatione insensibilis, et in omni attractione inattractabilis, et in omni gustu ingustabilis, et in omni

[1] Aristoteles, Met. I, 1, 980 a.

R: Seltsames und Ungereimtes sagst du.

L: Das ist auch der Grund, warum das Verborgene nicht allen mitgeteilt werden darf, denn es scheint ihnen eben absonderlich, wenn es dargelegt wird. Du wunderst dich, daß ich etwas gesagt habe, das zu sich selbst im Widerspruch steht. Aber du wirst die Wahrheit hören und schmecken.

Ich behaupte, daß man so, wie ich vorhin über Einheit, Unze und Petit gesprochen habe, über alles sprechen muß hinsichtlich des Ursprungs aller Dinge. Denn der Ursprung aller Dinge ist das, wodurch, woraus und worin alles aus einem Ursprung Entspringbare entspringt. Dennoch ist er durch kein Entsprungenes erreichbar. Er ist es, durch den, in dem und aus dem alles Vernünftig-Erkennbare erkannt wird und der trotzdem für die Vernunft unerreichbar bleibt. Er ist ebenfalls das, durch welches, in welchem und aus welchem alles Begrenzbare begrenzt und alles Endliche beendet wird, und das doch nicht durch eine Grenze begrenzt und durch ein Ende beendet werden kann. Unzählig viele derartige und gänzlich wahre Aussagen könntest du bilden und mit ihnen alle deine Rednerbücher füllen, und noch zahllose andere hinzufügen, um zu sehen, daß die Weisheit in höchster Höhe wohnt. Das Höchste ist nämlich das, demgegenüber nichts höher sein kann. Nur die Unendlichkeit ist diese Höhe.

Darum vermag die Weisheit, die alle Menschen, weil sie von Natur aus zu wissen begehren, mit solch leidenschaftlicher Anstrengung ihres Geistes suchen, nicht anderes gewußt werden, als in dem Bewußtsein, daß sie höher ist als jedes Wissen und nicht wißbar; daß sie für jede Rede unaussagbar, für jede Vernunft unerkennbar, für jedes Maß unmeßbar ist; daß sie durch kein Ende beendet, durch keine Grenze begrenzt, durch kein Verhältnis bezogen, durch keinen Vergleich verglichen, durch keine Darstellung dargestellt, durch keine Formung geformt werden kann; daß sie in jeder Bewegung unbeweglich, in jeder Vorstellung unvor-

auditu inaudibilis, et in omni visu invisibilis, et in omni apprehensione inapprehensibilis, et in omni affirmatione inaffirmabilis, et in omni negatione innegabilis, et in omni dubitatione indubitabilis, et in omni opinione inopinabilis. Et quia in omni eloquio est inexpressibilis, harum locutionum non potest finis cogitari, cum in omni cogitatione sit incogitabilis, per quam, in qua et ex qua omnia.

O: Haec indubie altiora sunt, quam a te audire sperabam. Non cesses, quaeso, me illo ducere, ubi aliquid talium altissimarum theoriarum tecum quam suaviter degustem. Nam video te non satiari semper de illa sapientia loqui. Maxima autem, ut puto, dulcedo hoc agit, quam nisi interno gustu saperes, non te tantum alliceret.

I: Sapientia est, quae sapit, qua nihil dulcius intellectui. Neque censendi sunt quovismodo sapientes, qui verbo tantum et non gustu loquuntur. Illi autem cum gustu de sapientia loquuntur, qui per eam ita sciunt omnia, quod nihil omnium; per sapientiam enim et in ipsa et ex ipsa est omne internum sapere. Ipsa autem, quia in altissimis habitat, non est omni sapore gustabilis. Ingustabiliter ergo gustatur, cum sit altior omni gustabili, sensibili, rationali et intellectuali. Hoc est autem ingustabiliter et a remotis gustare, quasi sicut odor quidam dici potest praegustatio ingustabilis. Sicut enim odor ab odorabili multiplicatus in alio receptus nos allicit ad cursum, ut in odore unguentorum ad unguentum curratur, ita aeterna et infinita sapientia, cum in omnibus reluceat, nos allicit ex quadam praegustatione effectuum, ut mirabili desiderio ad ipsam feramur. Cum enim ipsa sit vita spiritu intellectualis, qui in se habet quandam connaturatam praegustationem, per quam tanto studio inquirit fontem vitae suae, quem sine praegustatione non quaereret nec se repperisse sciret, si reperiret, hinc ad eam ut ad propriam vitam suam movetur. Et dulce est omni spiritui ad

stellbar, in jeder Empfindung nicht empfindbar, in jeder Anziehung nicht anziehbar, in jedem Geschmack unschmeckbar, in jedem Hören unhörbar, in jedem Sehen unsichtbar, in jeder Wahrnehmung unwahrnehmbar, in jeder Versicherung unversicherbar, in jeder Verneinung unverneinbar, in jedem Zweifel unbezweifelbar und in jeder Meinung unmeinbar ist. Und weil sie für jede Beredsamkeit unausdrückbar ist, läßt sich kein Ende solcher Aussagen denken, denn das, wodurch, worin und woraus alles ist, kann mit keinem Gedanken gedacht werden.

R: Dies ist ohne Zweifel Erhabeneres, als ich von dir zu hören erhoffte. Höre nicht auf, so bitte ich dich, mich dorthin zu führen, wo ich gemeinsam mit dir einiges dieser tiefen Betrachtungen, ebenso süß wie köstlich, kosten kann. Denn ich sehe, daß du nicht satt wirst, stets von dieser Weisheit zu sprechen. Größte Süßigkeit muß dies wohl bewirken; und würdest du sie nicht in innerem Wohlgeschmack verkosten, dann würde sie dich nicht so sehr anziehen.

L: Die Weisheit ist es, die wohlschmeckt; nichts Süßeres gibt es für die Vernunfteinsicht. Jene, welche nur mit dem Wort und nicht nach eigenem Verkosten sprechen, darf man nicht für Weise halten. Jene aber, welche durch sie alles so wissen, daß sie nichts von allem wissen, sprechen aus eigenem Kosten. Durch die Weisheit nämlich, aus ihr und in ihr ist jeder innere Wohlgeschmack. Sie selbst aber, die auf den Höhen wohnt, vermag durch keinen Geschmack gekostet zu werden. Unschmeckbar wird sie gekostet, da sie erhaben ist über alles Schmeckbare, sei es sinnlich, verstandesmäßig oder vernünftig. Dies bedeutet unschmeckbar und von ferne kosten, so wie irgend ein Geruch der Vorgeschmack des Unschmeckbaren genannt werden kann. So wie irgendein Duft, vielfältig in einem anderen aufgenommen, uns zum Lauf anregt, so daß wir im Duft der Salben zu der Salbe eilen, so treibt uns die ewige und unendliche Weisheit, da sie in allem widerstrahlt, gleichsam durch einen Vorgeschmack ihres Wirkens an, so daß wir in wunderbarem Sehen zu ihr getragen werden. Da sie das Leben unseres vernünftigen Geistes ist, welcher in sich einen, seiner Natur eigenen Vor-

vitae principium quamvis inaccessibile continue ascendere. Nam hoc est continue felicius vivere ad vitam ascendere.

Et quando eo ducitur vitam suam quaerens, ut eam infinitam vitam videat, tunc tanto plus gaudet, quanto suam vitam immortaliorem conspicit. Et sic evenit, ut inaccessibilitas sive incomprehensibilitas infinitatis vitae suae sit sua desideratissima comprehensio, quasi si quis haberet thesaurum vitae suae et ad hoc pertingeret, quod illum suum thesaurum sciret innumerabilem, imponderabilem et immensurabilem. Haec scientia incomprehensibilitatis est gaudiosa et optatissima comprehensio, non quidem ut ad comprehendentem refertur, sed ad ipsum amorosissimum vitae thesaurum, quasi si quis amet aliquid, quia amabile, hic gaudet in amabili infinitas et inexpressibiles amoris causas reperiri. Et haec est gaudiosissima comprehensio amantis, quando incomprehensibilem amabilitatem amati comprehendit. Nequaquam enim tantum gauderet se amare secundum aliquod comprehensibile amatum, sicut quando sibi constat amati amabilitatem esse penitus immensurabilem, infinibilem, interminabilem ac incomprehensibilem. Haec est gaudiosissima incomprehensibilitatis comprehensibilitas.

O: Intelligo forte, tu iudicabis. Nam haec videtur tua intentio, quod principium nostrum, per quod, in quo et ex quo sumus et movemur, tunc gustatur a nobis ut principium, medium et finis, quando eius vitalis suavitas ingustabiliter gustatur per affectum, et incomprehensibiliter comprehenditur per intellectum, ac quod, qui ipsum gustabiliter gustare et comprehensibiliter comprehendere nititur, ille penitus est sine gustu et intellectu.

geschmack hat, durch welchen er mit solchem Eifer nach der Quelle seines Lebens sucht — hätte er diesen Vorgeschmack nicht, so würde er sie nicht suchen und, hätte er sie auch gefunden, dies nicht wissen — wird er zu ihr als zu seinem eigentlichen Leben hinbewegt. Und es bedeutet für jeden Geist Wonne, unaufhörlich zum Ursprung seines Lebens emporzusteigen, wiewohl er unerreichbar ist. Denn zum Leben emporsteigen bedeutet ständig in größerem Glück leben.

Wenn der Geist auf der Suche nach seinem Leben dahin geführt wurde, es als das unendliche Leben zu sehen, dann freut er sich umso mehr, je mehr er sein Leben als unsterbliches sieht. Und so kommt es, daß die Unerreichbarkeit oder Unfaßbarkeit der Unendlichkeit seines Lebens sein erwünschtestes Begreifen ist; so als hätte jemand den Schatz seines Lebens gefunden und sei dahin gelangt, zu wissen, daß dieser sein Schatz unzählbar, unwägbar und unmeßbar ist. Dieses Wissen der Unfaßbarkeit ist freudevolles und erwünschtestes Erfassen; nicht in bezug auf den Erfassenden, sondern auf den geliebtesten Schatz des Lebens. Denn, wenn jemand etwas liebt, weil es liebenswert ist, freut er sich, im Liebenswerten unendliche und unausdrückbare Gründe für seine Liebe zu finden. Es ist freudigstes Erfassen für den Liebenden, wenn er den unerfaßlichen Liebeswert des Geliebten erfaßt. Er würde sich keineswegs so freuen, wenn er ein faßliches Geliebtes lieben würde, als er sich freut, wenn feststeht, daß der Liebeswert des Geliebten völlig unmeßbar, unendlich, unbegrenzbar und unfaßlich ist. Dies ist freudigste Begreifbarkeit der Unbegreiflichkeit.

R: Vielleicht verstehe ich es; urteile du darüber. Du scheinst folgendes zu sagen: Unser Ursprung, durch, in und aus dem wir sind und uns bewegen, wird dann von uns als unser Ursprung, Mitte und Ziel verkostet, wenn wir seine lebendige Süße durch unsere Liebe kosten, ohne sie zu kosten und durch unsere Vernunft erfassen, ohne sie zu fassen; und daß der, welcher sich müht, ihn dem Geschmack nach zu schmecken und dem Erfassen nach zu erfassen, gänzlich ohne Geschmack und Vernunfteinsicht ist.

I: Optime cepisti orator! Ob hoc, qui non aliud sapientiam putant quam id, quod est intellectu comprehensibile, et non aliud felicitatem quam eam, quae attingibilis [est] per eos si longe sunt a vera sapientia aeterna et infinita, sed conversi sunt ad finibilem quandam quietem, ubi putant laetitiam vitae esse, sed non est. Hinc se deceptos comperientes in cruciatu sunt, quia, ubi felicitatem esse putabant, ad quam se omni conatu convertebant, ibi aerumnam reperient et mortem.

Sapientia enim infinita est indeficiens vitae pabulum, de quo aeternaliter vivit spiritus noster, qui non nisi sapientiam et veritatem amare potest. Omnis enim intellectus appetit esse, suum esse est vivere, suum vivere est intelligere, suum intelligere est pasci sapientia et veritate. Unde intellectus, qui non est degustans claram sapientiam, hic est ut oculus in tenebris. Est enim oculus, sed non videt, quia non est in luce. Et quia caret vita delectabili, quae consistit in videre, tunc est in aerumna et cruciatu; et haec est mors potius quam vita. Sic intellectus ad omne aliud quam ad aeternae sapientiae pabulum conversus, se extra vitam quasi in tenebris ignorantiae involutum potius mortuum quam vivum reperiet. Et hic est cruciatus interminabilis, intellectuale esse habere et numquam intelligere. Sola enim aeterna sapientia est, in qua omnis intellectus intelligere potest.

O: Pulchra atque rara narras. Nunc age quaeso: quomodo elevari queam ad aliqualem gustum aeternae sapientiae?

I: Aeterna sapientia in omni gustabili gustatur. Ipsa est delectatio in omni delectabili. Ipsa est pulchritudo in omni pulchro. Ipsa est appetitio in omni appetibili. Sic de cunctis desiderabilibus dicito. Quomodo tunc potest non gustari? Nonne vita est tibi gaudiosa, quando est secundum desiderium tuum?

O: Immo nihil plus!

L: Dies hast du sehr gut begriffen, Redner. Darum sind jene, welche nur das für Weisheit halten, was die Vernunft erfassen kann, und nur das für Glück, was sie zu begreifen vermögen, weit von der ewigen und unendlichen Weisheit entfernt. Sie sind einer endlichen Ruhe zugewandt und meinen, daß dort die Freude des Lebens liege. Aber dem ist nicht so. Erfahren sie dann, daß sie getäuscht wurden, sind sie voll der Qual, weil sie dort, wo sie die Seligkeit wähnten, auf die ihr ganzes Streben gerichtet war, nur Mühsal und Tod fanden.

Die unendliche Weisheit hingegen ist die nie versiegende Speise des Lebens, aus der unser Geist, der nichts als Weisheit und Wahrheit zu lieben vermag, ewig lebt. Jedes Denken strebt nach dem Sein. Sein Sein ist Leben, sein Leben ist Denken und sein Denken ist ein Sich-Nähren von Weisheit und Wahrheit. Darum ist ein Vernunft-Denken, welches nicht die reine und deutliche Wahrheit verkostet, wie ein Auge in der Dunkelheit. Es ist zwar ein Auge, aber es sieht nicht, weil es nicht im Licht ist. Und da es des freudevollen Lebens, das im Sehen besteht, entbehrt, befindet es sich in Mühsal und Qual; dies aber ist eher Tod als Leben. Genauso erfährt sich ein vernünftiger Geist, der sich allem anderen als der Speise der ewigen Weisheit zugewandt hat und fern vom Leben gleichsam in das Dunkel der Unwissenheit gehüllt ist, eher tot als lebendig. Es ist eine grenzenlose Qual das vernunfthafte Sein zu haben und nie vernunfthaft zu erkennen. Denn allein die ewige Weisheit ist es, in der jede Vernunft erkennen kann.

R: Schönes und Ungewohntes erzählst du. Sage aber nun, bitte, wie vermag ich mich zu irgend einem Geschmack der ewigen Weisheit zu erheben?

L: Die ewige Weisheit wird in allem gekostet, das man kosten kann. Sie ist das Entzücken in allem, das entzückt, sie ist die Schönheit in allem Schönen, das Erstreben in allem Erstrebenswerten, und so kannst du es von allem Wünschenswerten sagen. Wie wäre es möglich, daß sie nicht verkostet wird? Ist nicht dein Leben ein freudiges, wenn es deinem Sehnen entspricht?

R: Wahrhaftig; nichts könnte freudiger sein.

I: Cum ergo hoc desiderium tuum non sit nisi per aeternam sapientiam, ex qua et in qua est, et haec vita felix, quam desideras, similiter non sit nisi ab eadem aeterna sapientia, in qua est et extra quam esse nequit, hinc non aliud in omni desiderio intellectualis vitae desideras quam sapientiam aeternam, quae est desiderii tui complementum, principium, medium et finis. Si igitur est tibi dulce hoc desiderium immortalis vitae, ut aeternaliter feliciter vivas, quandam in te praegustationem experiris aeternae sapientiae. Nihil enim penitus incognitum appetitur. Sunt enim poma apud Indos, quorum praegustationem cum non habeamus, ea non appetimus. Sed cum sine nutrimento vivere non possimus, appetimus nutrimentum. Habemus autem nutrimenti quandam praegustationem, ut vivamus sensibiliter. Et hinc puer quandam habet lactis praegustationem in sua natura, quare dum esurit ad lac movetur. Ex quibus enim sumus, ex illis nutrimur.

Sic intellectus habet vitam suam ab aeterna sapientia, et huius habet aliqualem praegustationem. Unde in omni pascentia, quae sibi ut vivat necessaria est, non movetur, nisi ut inde pascatur, a quo habet hoc intellectuale esse.

Si igitur in omni desiderio vitae intellectualis attenderes, a quo est intellectus, per quod movetur et ad quod, in te comperires dulcedinem sapientiae aeternae illam esse, quae tibi facit desiderium tuum ita dulce et delectabile, ut inenarrabili affectu feraris ad eius comprehensionem tamquam ad immortalitatem vitae tuae, quasi ad ferrum et magnetem attendas; habet enim ferrum in magnete quoddam sui effluxus principium; et dum magnes per sui praesentiam excitat ferrum grave et ponderosum, ferrum mirabili desiderio fertur etiam supra motum naturae, quo secundum gravitatem deorsum tendere debet, et sursum movetur se in suo principo uniendo. Nisi enim ferro esset quaedam praegustatio naturalis ipsius magnetis, non moveretur plus ad magnetem quam ad alium lapidem. Et nisi in lapide esset

L: Da also diese deine Sehnsucht nur durch die ewige Weisheit besteht, aus der und in der sie ist, und dieses selige Leben, das du ersehnst gleicherweise nur von der selben ewigen Weisheit kommt, in der es ist und außerhalb deren es nicht sein kann, ersehnst du in allem Sehnen deines vernunfthaften Lebens nichts anderes als die ewige Weisheit, welche die Erfüllung deiner Sehnsucht ist; ihr Ursprung, Mitte und Ende. Ist dir diese Sehnsucht nach dem unsterblichen Leben, daß du ewig selig leben mögest, also willkommen, dann erfährst du in dir eine Art Vorgeschmack der ewigen Weisheit. Denn etwas vollkommen Unbekanntes erstrebt man nicht. Es gibt z. B. bei den Indern Früchte; weil wir aber ihren Geschmack nicht kennen, erstreben wir sie nicht. Da wir aber nicht ohne Nahrung leben können, streben wir nach Nahrung. Wir haben einen bestimmten Vorgeschmack der Nahrung, um sinnlich zu leben. Darum hat ein Kind von Natur aus einen gewissen Vorgeschmack für Milch und strebt nach Milch, wenn es hungrig ist. Wir nähren uns von dem, aus dem wir stammen.

So hat die Vernunft ihr Leben von der ewigen Weisheit und hat darum einen Vorgeschmack von dieser. Darum strebt sie bei jeder Aufnahme der Nahrung, die ihr zum Leben nötig ist, nur danach, sich davon zu nähren, von dem sie ihr vernunfthaftes Sein hat.

Wenn du in jedem Sehnen deines vernunfthaften Lebens darauf achtest, woher die Vernunft stammt, wodurch und wohin sie sich bewegt, dann wirst du in dir erfahren, daß es die Süßigkeit der ewigen Weisheit ist, welche dir deine Sehnsucht so süß und erfreulich macht, daß du in unsagbarer Hinneigung getrieben wirst, sie, gleichsam als die Unsterblichkeit deines Lebens, zu umfassen. So kannst du es beim Eisen und beim Magneten beobachten. Das Eisen hat im Magneten gleichsam den Ursprung seines Ausströmens. Während der Magnet durch seine Anwesenheit ein schweres und gewichtiges Eisenstück in Bewegung bringt, wird auch das Eisen von einer erstaunlichen Sehnsucht bewegt, die sogar über die natürliche Bewegung, der gemäß es der Schwerkraft entsprechend nach unten streben sollte, hinaus-

maior inclinatio ad ferrum quam ad cuprum, non esset illa attractio.

Habet igitur spiritus noster intellectualis ab aeterna sapientia principium sic intellectualiter essendi, quod esse est conformius sapientiae quam aliud non intellectuale. Hinc irradiatio seu immissio in sanctam animam est motus desideriosus in excitatione. Qui enim quaerit motu intellectuali sapientiam, hic interne tactus ad praegustatam dulcedinem sui oblitus rapitur in corpore quasi extra corpus; omnium sensibilium pondus eum tenere nequit, quousque se uniat attrahenti sapientiae; haec stupida admiratione sensum relinquens insanire facit animam, ut cuncta praeter eam penitus nihili faciat. Et illis dulce est hunc mundum et hanc vitam posse linquere, ut expeditius ferri possint in immortalitatis sapientiam. Haec praegustatio facit sanctis omne apparens delectabile abominabile, et omnia corporalia tormenta propter ipsam citius adipiscendam aequissimo animo ferre. Haec nos instruit hunc nostrum spiritum ad ipsam conversum numquam deficere posse. Si enim hoc corpus nostrum spiritum omni sensibili ligamento tenere nequit, quin avidissime ad ipsam corporeo dimisso officio feratur, nequaquam deficiente corpore deficere potest.

Haec enim eius assimilatio, quae spiritui nostro naturaliter inest, per quam non quietatur nisi in ipsa sapientia, est quasi viva imago eius. Non enim quietatur imago nisi in eo, cuius est imago, a quo habet principium, medium et finem.

geht und wird empor getragen um sich mit seinem Ursprung zu vereinen. Wäre nicht im Eisen eine Art natürlicher Vorgeschmack des Magneten, dann würde es auch nicht stärker zum Magneten hingezogen als zu einem anderen Stein. Und wäre im Magnetstein nicht eine stärkere Neigung zum Eisen als z. B. zum Kupfer, dann bestünde diese Anziehung nicht.

Unser vernunfthafter Geist hat von der ewigen Weisheit solchermaßen seinen Anfang als geistiges Sein erhalten, daß dieses Sein der Weisheit gleichgestaltiger ist als ein anderes, nicht vernunfthaftes Sein. Daher ist das Ausstrahlen oder Einwirken in eine heiligmäßige Seele eine sehnsuchtsvoll erregende Bewegung. Wer in vernunfthafter Bewegung die Weisheit sucht, der wird, von innen berührt und seiner selbst vergessend, gleichsam, obwohl im Körper verharrend, aus seinem Körper heraus zu einem Vorgeschmack der Süßigkeit entrückt. Das Gewicht alles Sinnlichen vermag ihn nicht abzuhalten, sich mit der ihn anziehenden Weisheit zu vereinen. In staunender Bewunderung läßt er die Sinne zurück und läßt seine Seele unsinnig werden, sodaß er alles außer der Weisheit für nichts achtet. Solchen Menschen ist es eine süße Freude, die Welt und dieses Leben verlassen zu können, um ungehinderter in das unsterbliche Reich der Weisheit gelangen zu können. Dieser Vorgeschmack macht den Heiligen alles Sichtbar-Erfreuliche verachtenswert und läßt sie jede körperliche Qual mit höchstem Gleichmut ertragen, um jene früher zu erlangen. Dies lehrt uns, daß unser der Weisheit zugewandter Geist niemals vergehen kann. Da nämlich dieser unser Körper mit allen sinnlichen Banden unseren Geist nicht zu halten vermag, voll Eifer zur Weisheit zu eilen, nachdem er seinen Dienst im Körper aufgegeben hat, vermag er keineswegs mit dem Vergehen des Körpers auch zu vergehen.

Diese Angleichung, die unserem Geist von Natur aus innewohnt, und durch die er nur in der Weisheit selbst Ruhe findet, ist gleichsam ein lebendiges Bild derselben. Denn das Bild findet nur Ruhe in dem, dessen Abbild es ist, von dem es Ursprung, Mitte und Ende hat.

Viva autem imago per vitam ex se motum exserit ad exemplar, in quo solum quiescit. Vita enim imaginis non potest in se quiescere, cum sit vita vitae veritatis et non sua. Hinc movetur ad exemplar ut ad veritatem sui esse. Si igitur exemplar est aeternum et imago habet vitam, in qua praegustat suum exemplar, et sic desideriose ad ipsum movetur, et cum motus ille vitalis non possit quiescere nisi in infinita vita, quae est aeterna sapientia, hinc non potest cessare spiritualis ille motus, qui numquam infinitam vitam infinite attingit; semper enim gaudiosissimo desiderio movetur, ut attingat quod numquam de delectabilitate attactus fastiditur. Est enim sapientia cibus saporosissimus, qui satiando desiderium sumendi non diminuit, ut in aeterna cibatione numquam cesset delectari.

O: Indubie te optime dixisse teneo, sed valde referre video inter gustum sapientiae et ea, quae de gustu proferri possunt.

I: Bene dicis, et placet a te hoc verbum audisse. Sicut enim omnis sapientia de gustu rei numquam gustatae vacua et sterilis est, quousque sensus gustus attingat, ita de hac sapientia, quam nemo gustat per auditum, sed solum ille, qui eam accipit in interno gustu, ille perhibet testimonium non de his, quae audivit, sed in se ipso experimentaliter gustavit. Scire multas amoris descriptiones, quas sancti nobis scriptores reliquerunt, sine amoris gustu vacuitas quaedam est.

Quapropter ad quaerentem aeternam sapientiam non sufficit scire ea, quae de ipsa leguntur, sed necesse est, quod postquam intellectu repperit ubi est, quod eam suam faciat: quasi, qui invenit agrum, in quo est thesaurus, non potest gaudere de thesauro in alieno agro non suo existente; quare

Ein lebendes Abbild aber wird eben durch das Leben aus sich selbst heraus bewegt und erhebt sich zum Urbild, in dem allein es Ruhe findet. Das Leben des Abbildes kann in sich nicht ruhen, da es das Leben der Wahrheit des Lebens ist und nicht sein eigenes. Darum wird es zum Urbild als zur Wahrheit seines Seins hingetrieben. Wenn also das Urbild ewig ist, und das Abbild das Leben hat, indem es sein Urbild im Voraus verkostet — wenn es voll Sehnsucht sich auf es hin bewegt und diese Bewegung nur in dem unendlichen Leben zur Ruhe kommen kann, welches die unendliche Weisheit ist — dann kann jene geistige Bewegung nicht aufhören, da sie ja nie das unendliche Leben in unendlicher Weise erreicht. Immer bewegt sie sich in freudigster Sehnsucht, um das zu erreichen, was niemals von freudiger Berührung zu Überdruß gekehrt werden kann. Die Weisheit ist die wohlschmeckende Speise, welche nicht durch Sättigung den Wunsch nach weiterem Genuß mindert, so daß dieser auch bei ewigem Sich-Nähren nicht abläßt, sich zu freuen.

R: Du hast ohne Zweifel ausgezeichnet gesprochen. Aber ich sehe, daß ein großer Unterschied besteht zwischen dem Geschmack der Weisheit und dem, was über diesen Geschmack gesagt werden kann.

L: Du hast recht und es freut mich, dies von dir zu hören. So wie alle Wissenschaft über den Geschmack eines Dinges, das man nie gekostet hat, solange leer und unfruchtbar ist, bis der Geschmacksinn es berührt, so gilt es auch für diese Weisheit, die niemand durch Hören allein kostet; nur der kann sie kosten, der sie in seinem inneren Schmecken aufnimmt. Er gibt nicht Zeugnis von dem, was er gehört hat; er hat es vielmehr in sich selbst erprobt und geschmeckt. Es ist eine Art Nichtigkeit, die vielen Beschreibungen der Liebe, die uns die Heiligen hinterlassen haben, zu kennen, ohne die Liebe selbst gekostet zu haben.

Für jemanden, der die ewige Weisheit sucht, genügt es darum nicht, zu wissen, was man über sie lesen kann; es ist vielmehr notwendig, daß er, nachdem er mit Hilfe der Vernunft erfahren hat, wo sie ist, sie zu der seinen macht. So vermag jemand, der einen Acker findet, in dem ein

vendit omnia et emit agrum illum, ut in suo agro habeat thesaurum[1]. Unde oportet omnia sua vendere et dare. Non vult enim aeterna sapientia haberi nisi ibi, ubi habens nihil de suo tenuit, ut eam haberet. Id autem, quod de nostro habemus, vitia sunt; de aeterna vero sapientia non nisi bona. Quapropter spiritus sapientiae non habitat in corpore subdito peccatis, neque in malivola anima, sed in agro suo puro et sapientiali munda imagine quasi in templo sancto suo. Ubi enim aeterna habitat sapientia, ibi est ager dominicus fructum ferens immortalem. Est enim ager virtutum, quem sapientia colit, ex quo nascuntur fructus spiritus, qui sunt iustitia, pax, fortitudo, temperantia, castitas, patientia, et ceteri tales.

O: Abunde haec explanasti. Sed nunc te oro: nonne Deus est omnium principium?

I: Quis haesitat?

O: Estne aliud sapientia aeterna quam Deus?

I: Absit quod aliud, sed est Deus.

O: Nonne Deus verbo cuncta formavit?

I: Formavit.

O: Est verbum Deus?

I: Est.

O: Sic est et sapientia?

I: Non est aliud dicere Deum fecisse omnia in sapientia quam Deum omnia verbo creasse. Considera autem, quomodo omne, quod est, potuit esse, et potuit sic esse, et est. Deus autem, qui tradit sibi actualitatem essendi, est, apud quem est potentia, per quam res de non esse ad esse potuit produci. Et est Deus pater, qui dici potest unitas seu entitas, quia necessitat esse, quod erat nihil, ex omnipotentia

[1] Mt. 13, 44.

Schatz ist, sich über den Schatz, der sich in einem fremden und nicht in seinem eigenen Acker befindet, nicht zu freuen; er verkauft darum alles, und kauft jenen Acker, um den Schatz in seinem eigenen Feld zu haben. Daher muß man all sein Eigentum verkaufen und dahingeben. Die ewige Weisheit will sich nur dort besitzen lassen, wo der, der sie hat, nichts von seinem eigenen behalten hat, um sie zu eigen zu haben. Was wir aus uns haben, sind ja nur Gebrechen; was wir von der ewigen Weisheit haben, nur Güter. Darum ist der Geist der Weisheit nicht in einem Körper, welcher der Sünde unterworfen ist, noch in einer Seele, die Böses sinnt, sondern wohnt in seinem reinen Acker und reinen Weisheitsbild als in seinem heiligen Tempel. Dort, wo die ewige Weisheit wohnt, ist ein Acker des Herrn, der unsterbliche Frucht trägt. Es ist der Acker der Tugenden, den die Weisheit bebaut, aus dem die Früchte des Geistes hervorgehen, welche da sind Gerechtigkeit, Frieden, Tapferkeit, Mäßigkeit, Keuschheit, Geduld und alle übrigen.

R: Das hast du ausführlich erklärt. Aber nun bitte ich dich: Ist Gott nicht der Ursprung aller Dinge?

L: Wer zweifelt daran?

R: Ist die ewige Weisheit etwas anderes als Gott?

L: Das sei fern; sie ist Gott.

R: Hat nicht Gott durch das Wort alles gebildet?

L: Ja.

R: Ist das Wort Gott?

L: Ja.

R: So ist es auch die Weisheit?

L: Es bedeutet nichts anderes, zu sagen, Gott habe alles in der Weisheit getan als Gott habe alles durch das Wort geschaffen. Bedenke aber, daß alles, was ist, sein konnte, und so sein konnte und ist. Gott aber, der ihm die Seinswirklichkeit verlieh, ist es, bei dem die Macht ist, durch die die Dinge aus dem Nichtsein zum Sein geführt werden konnten; und es ist Gott der Vater, der Einheit oder Seiendheit genannt werden kann, da er das, was nichts war, mittels seiner Allmacht zum Sein zwingt. Gott verleiht

sua. Deus etiam tradit sibi tale esse, ut sit hoc, puta caelum et non aliud, neque plus neque minus; et hic Deus est verbum, sapientia seu filius patris, et potest dici unitatis seu entitatis aequalitas.

Est deinde esse et sic esse unitum, ut sit; et hoc habet a Deo, qui est connexio omnia connectens; et est Deus spiritus sanctus. Spiritus enim est uniens et nectens in nobis et universo omnia. Unde sicut unitatem nihil gignit, sed est primum principium nequaquam principiatum, sic patrem nihil gignit, qui est aeternus. Aequalitas autem ab unitate procedit; sic filius a patre. Et nexus procedit ab unitate et sua aequalitate. Unde omnis res, ut habeat esse et tale esse, in quo est, opus habet unitrino principio, Deo scilicet trino et uno, de quo longior sermo fieri posset, si tempus concederet.

Sapientia igitur, quae est ipsa essendi aequalitas, verbum seu ratio rerum est. Est enim ut infinita intellectualis forma; forma enim dat formatum esse rei. Unde infinita forma est actualitas omnium formabilium formarum ac omnium talium praecisissima aequalitas. Sicut enim infinitus circulus, si foret, omnium figurarum figurabilium verum exemplar foret et cuiuslibet figurae essendi aequalitas — foret enim triangulus, hexagonus, decagonus et ita deinceps, et omnium mensura adaequatissima licet simplicissima figura — sic infinita sapientia est simplicitas omnes formas complicans et omnium adaequatissima mensura; quasi in perfectissima omnipotentis artis idea omne per artem formabile simplicissima forma ars ipsa existat; ita quod, si respicis ad humanam formam, reperis formam artis divinae eius praecisissimum exemplar, quasi aliud penitus nihil foret quam humanae formae exemplar. Sic ad formam caeli si respicis et te ad formam artis divinae convertis, penitus ipsam non aliud concipere poteris quam huius formae caeli exemplar, et ita de omnibus formis formatis vel formabilibus, ut ars seu sapientia Dei patris sit simplicissima forma, et tamen

ihm auch das So-sein, sodaß es eben das ist, z. B. der Himmel, und nichts anderes und nicht mehr und nicht weniger. Und dieser Gott ist das Wort, die Weisheit oder der Sohn des Vaters, und kann Einheit oder Gleichheit der Seiendheit genannt werden.

Es ist also das Sein und das So-Sein dergestalt geeint, daß es ist. Und dies hat es von jenem Gott, der die Verbindung ist, die alles verbindet, und das ist Gott, der heilige Geist. Der Geist ist es nämlich, der in uns und im Gesamt alles eint und verknüpft. Wie die Einheit von nichts hervorgebracht wird, sondern der erste Ursprung ist, der aus nichts anderem entspringt, so zeugt auch nichts den Vater, der ewig ist. Die Gleichheit aber geht von der Einheit aus; ebenso der Sohn vom Vater. Und die Verknüpfung geht von der Einheit und ihrer Gleichheit aus. Darum bedarf jedes Ding, um das Sein zu haben — und zwar das Sein, in dem es ist — des dreieinen Ursprungs, nämlich des dreien und einen Gottes. Darüber könnte man länger sprechen, wenn es die Zeit gestattete.

Die Weisheit, welche die Gleichheit des Seins ist, ist das Wort oder der Wesenssinn der Dinge. Sie ist gleichsam die unendliche vernunfthafte Gestalt. Die Gestalt gibt dem Ding das gestaltete Sein. Darum ist die unendliche Gestalt die Wirklichkeit aller gestaltbaren Gestalten und ihrer aller ganz genaue Gleichheit. So wie nämlich der unendliche Kreis, wenn es ihn gäbe, das wahre Urbild aller gestaltbaren Gestalten wäre und die Seinsgleichheit für jede einzelne Gestalt — er wäre Dreieck, Sechseck, Zehneck, usw. und das genaueste Maß von allen, wiewohl er die einfachste Gestalt ist — so ist die unendliche Weisheit die alle Formen einfaltende Einfachheit und das genaueste Maß von allem, so wie in der vollkommensten Idee der allmächtigen Kunst jedes durch die Kunst Gestaltbare in einfachster Gestalt als diese Kunst selbst besteht. Betrachtest Du die menschliche Form, dann findest du, daß die Form der göttlichen Kunst ihr genauestes Urbild ist, so als wäre sie gar nichts anderes als das Urbild für diese menschliche Gestalt. Genauso ist es, wenn du die Form des Himmels betrachtest und dich der Form der göttlichen Kunst zuwendest; du vermagst

infinitarum formabilium formarum quamquam variabilium unicum aequalissimum exemplar.

O quam admiranda est illa forma, cuius infinitatem simplicissimam omnes formabiles formae nequeunt explicare! Et qui se elevat altissimo intellectu super omnem oppositionem, ille solum hoc verissimum intuetur. Ac si quis attenderet vim naturalem, quae est in unitate, illam vim videret, si actu eam esse conciperet, quasi esse quoddam formale solo intellectu de longe visibile. Et quia foret vis unitatis simplicissima, ipsa foret quaedam simplicissima infinitas. Deinde si hic ad formam numerorum se converteret, dualitatem aut denaritatem considerando, et reverteretur tunc ad vim actualem unitatis, ipse videret formam illam, quae ponitur esse vis actualis unitatis, praecisissimum exemplar dualitatis, sic etiam denaritatis et alterius cuiuscumque numeri numerabilis. Hoc enim ageret infinitas formae illius, quae vis dicitur unitatis, quod, dum ad dualitatem respicis, forma illa non potest esse nec maior nec minor dualitatis forma, cuius est praecisissimum exemplar.

Sic vides unicam et simplicissimam Dei sapientiam, quia est infinita, esse omnium formarum formabilium verissimum exemplar. Et hoc est suum attingere, quo omnia attingit, omnia finit, omnia disponit. Est enim in omnibus formis ut veritas in imagine et exemplar in exemplato et forma in figura et praecisio in assimilatione. Et licet se omnibus communicet liberalissime, cum sit infinite bona, tamen a nullo capi potest uti est. Identitas enim infinita non potest in alio recipi, cum in alio aliter recipiatur. Et cum non possit in aliquo nisi aliter recipi, tunc recipitur meliori modo quo potest; sed immultiplicabilis infinitas in varia receptione melius explicatur. Magna enim diversitas immultiplicabilitatem melius exprimit. Ex quo evenit, ut sapientia in variis

sie nicht anders zu erfassen als das Urbild dieser Form des Himmels. Dies gilt für alle geformten und formbaren Formen. Die Kunst oder die Weisheit Gottes des Vaters ist die einfachste Gestalt und dennoch das einzige und gänzlich gleiche Urbigld all der unendlich vielen gestaltbaren Gestalten, wie verschieden sie auch sind.

O wie wunderbar ist jene Form, deren einfachste Unendlichkeit alle formbaren Formen nicht entfalten können! Nur der allein, welcher sich in höchster Einsicht über jeden Gegensatz erhebt, schaut dies wahrhaftig. Würde jemand voll Aufmerksamkeit die natürliche Kraft betrachten, die in der Einheit liegt, so sähe er diese, wenn er sie als Wirklichkeit erfaßte, als ein formales Sein, das nur der Vernunft-Einsicht aus weitem Abstand sichtbar ist. Und weil es die einfachste Kraft der Einheit wäre, wäre sie auch eine einfachste Unendlichkeit. Würde sich dieser Mann daraufhin der Gestalt der Zahlen zuwenden, und die Zweiheit oder die Zehnheit betrachten, und dann zu der wirklichen Kraft der Einheit zurückkehren, so sähe er diese Form, die als wirkliche Kraft der Einheit gilt, als das genaueste Urbild der Zweiheit, der Zehnheit und jeder anderen zählbaren Zahl. Die Unendlichkeit jener Form, die wir die Kraft der Einheit nennen, bewirkt nämlich, daß diese, wenn du z. B. die Zweiheit betrachtest, weder größer noch kleiner sein kann als die Form der Zweiheit, deren allergenauestes Urbild sie ist.

So siehst du, daß die einzige und einfachste Weisheit Gottes, da sie unendlich ist, das wahrste Urbild aller formbaren Formen ist. Und sie ist sein Erfassen, durch das er alles berührt, beendet und ordnet. Sie ist in allen Formen als die Wahrheit im Bild und das Urbild im Abgebildeten, als die Gestalt in der Figur und die Genauigkeit in ihrer Verähnlichung. Wiewohl sie, da sie unendlich gut ist, sich allen freigiebig mitteilt, vermag sie doch von keinem Ding so gefaßt zu werden, wie sie ist. Die unendliche Selbigkeit kann ja nicht in einem anderen erfaßt werden, da sie in einem anderen auf andere Weise erfaßt würde. Und da sie in einem anderen nur anders erfaßt werden kann, wird sie auf die möglichst beste Weise erfaßt. Die nicht

formis varie recepta hoc efficiat, ut quaelibet ad identitatem vocata modo quo potest sapientiam participet, ut quaedam eandem participent in quodam spiritu valde distanti a prima forma, quae vix esse elementale tribuit, alia in magis formato, quae esse minerale tribuit, alia adhuc in nobiliori gradu, qui vitam praebet vegetabilem, adhuc alia in altiori, qui sensibilem, post hoc qui imaginabilem, deinde qui rationalem, post qui intellectualem. Et hic gradus est altissimus proxima scilicet sapientiae imago. Et hic solus est gradus habens aptitudinem se ad sapientiae gustum elevandi, quia in illis intellectualibus naturis imago sapientiae est viva vita intellectuali.

Cuius vita[e] vis est ex se vitalem motum exserere, qui motus est per intelligere ad proprium suum obiectum, quod est veritas absoluta, quae est aeterna sapientia, pergere. Pergere autem illud cum sit intelligere, tunc est et gustare intellectualiter. Apprehendere enim per intellectum est quidditatem quadam degustatione gratissima modo quo potest attingere. Sicut enim sensibili gustu, qui non pertingit ad rei quidditatem, in extrinsecis a quidditate quaedam grata suavitas per sensum percipitur, sic per intellectum intellectualis suavitas in quidditate degustatur, quae est imago suavitatis sapientiae aeternae, quae est quidditatum quidditas, et est comparatio suavitatis unius ad aliam improportionalis.

Sic nunc pro hoc brevi tempore haec sic dicta sufficiant, ut scias sapientiam esse non in arte oratoria aut in voluminibus magnis, sed in separatione ab istis sensibilibus ac in conversione ad simplicissimam et infinitam formam, et illam recipere in templo purgato ab omni vitio, et fervido amore

vervielfältigbare Unendlichkeit wird jedoch in jeweils verschiedener Aufnahme immer besser entfaltet. Große Verschiedenheit drückt ja die Unvermehrbarkeit am besten aus. Daraus ergibt sich, daß die in den verschiedenen Formen verschieden erfaßte Weisheit bewirkt, daß jede zur Selbigkeit gerufene Form auf die für sie bestmögliche Weise an der Weisheit teilhat. Infolgedessen partizipieren manche in einer von der ersten Form sehr entfernten Lebendigkeit, welche kaum ein elementhaftes Sein verleiht, andere in einer stärker geformten, welche ein mineralartiges Sein gibt, wieder andere partizipieren auf einer edleren Stufe, die pflanzliches Leben bietet; darauf folgt, was in noch höherem Grade an sinnlicher, einbildungshafter, verständiger und vernünftiger Lebendigkeit teilhat. Dies ist die höchste Stufe, das nächste Abbild der Weisheit. Nur sie hat die Fähigkeit, sich zum Kosten der Weisheit zu erheben, weil in den vernunfthaften Naturen das Abbild der Weisheit in vernunfthaftem Leben lebendig ist.

Die Kraft dieses Lebens besteht darin, aus sich die lebendige Bewegung auszusenden; diese Bewegung bedeutet, durch vernünftiges Erkennen zu ihrem eigentlichen Gegenstand, der absoluten Wahrheit, welche die ewige Weisheit ist, vorzudringen. Da dieses Vordringen Erkennen ist, ist es auch ein vernunfthaftes Schmecken. Mit der Vernunft etwas ergreifen bedeutet nämlich mit beglückendem Gefühl in der Art, in der es möglich ist, die Washeit erreichen. So wie beim sinnlichen Geschmack, der an die Washeit des Dinges nicht heranreicht, in dem, was außerhalb der Washeit liegt, der Sinn eine angenehme Süßigkeit wahrnimmt, so fühlt die Vernunfteinsicht ein vernunfthaftes Gefühl bei der Washeit; dieses ist ein Abbild der Wonne der ewigen Weisheit, die die Washeit der Washeiten ist; aber ein Vergleich des einen Wohlgeschmackes mit dem anderen findet kein Verhältnis.

Für den Augenblick mögen diese Worte genug sein, um zu wissen, daß die Weisheit nicht in der Redekunst oder in dicken Büchern liegt, sondern in der Trennung von diesen sinnhaften Dingen und in der Hinwendung zur einfachsten und unendlichen Form. Mögest du verstehen, sie in einem

ei inhaerere, quousque gustare eam queas et videre, quam suavis sit illa, quae est omnis suavitas. Qua degustata vilescent tibi omnia, quae nunc tibi magna videntur, et humiliaberis, ut nihil arrogantiae in te remaneat neque aliud quodcumque vitium, quoniam castissimo et purissimo corde semel degustatae sapientiae indissolubiliter adhaerebis, etiam potius hunc mundum et cuncta, quae non sunt ipsa, quam ipsam deserendo. Et cum indicibili laetitia vives, morieris et post mortem in ipsa amorosissimo amplexu aeternaliter requiesces, quod tibi et mihi concedat ipsa Dei sapientia semper benedicta. Amen[1].

---

[1] Cod. Cus. fügt an: Finivi die qua incepi Reate 15 Julii 1450 N. Car. S. Petri.

von jedem Laster gereinigten Tempel aufzunehmen, mit brennender Liebe ihr anzuhängen, bis du sie selbst fühlen kannst und zu sehen vermagst, wie köstlich jene ist, die alle Köstlichkeit ist. Hast du sie erfühlt, so wird dir alles wertlos, was dir jetzt bedeutend erscheint. Du wirst demütig werden, so daß kein Hochmut und auch kein anderes Laster in dir zurückbleibt, da du der einmal gekosteten Weisheit mit keuschem und reinem Herzen unzertrennlich anhangst; du wirst dies so sehr tun, daß du lieber diese Welt und alles, was nicht jene selbst ist, verläßt als sie. Mit unsagbarer Freude wirst du leben, sterben und nach dem Tod in ihrer liebenden Umarmung auf ewig Ruhe finden. Dies möge dir und mir Gottes immer gepriesene Weisheit verleihen. Amen.

IDIOTA DE SAPIENTIA
LIBER SECUNDUS

DER LAIE ÜBER DIE WEISHEIT
ZWEITES BUCH

LIBER SECUNDUM

Accidit oratorem Romanum post verba, quae audivit ab idiota de sapientia, in summa admiratione suspensum adiisse ipsum idiotam, quem circa templum Aeternitatis latitantem inveniens sic allocutus est:

Orator: O vir desideratissime, adiuva impotentiam meam, ut in difficilibus, quae mentem meam transcendunt, quadam facilitate depascar; alioquin parum proderit tot altas a te audisse theorias.

Idiota: Nulla est facilior difficultas quam divina speculari, ubi delectatio coincidit in difficultate. Sed quid optas dicito!

O: Ut mihi dicas: Ex quo Deus est maior quam concipi possit, quomodo de ipso facere debeam conceptum?

I: Sicut de conceptu.

O: Explana!

I: Audisti, quomodo in omni conceptu concipitur inconceptibilis. Accedit igitur conceptus de conceptu ad inconceptibilem.

O: Quomodo tunc faciam praecisiorem conceptum?

I: Concipe praecisionem; nam Deus est ipsa absoluta praecisio.

O: Quid tunc per me agendum est, quando de Deo rectum conceptum facere propono?

I: Tunc te ad rectitudinem ipsam convertas.

O: Et quando verum de Deo conceptum facere nitor, quid tunc agendum?

I: Ad veritatem ipsam inspicias.

O: Quid si iustum conceptum facere proposuero?

I: Ad iustitiam te convertas.

O: Et quando quaesivero, quomodo bonum attingam de Deo conceptum, quid tunc agam?

ZWEITES BUCH

Nachdem der römische R h e t o r *diese Worte über die Weisheit von jenem* L a i e n *vernommen hatte, machte er sich daran, ihn in Spannung und voll Bewunderung wieder aufzusuchen. Er fand ihn zurückgezogen in der Nähe des Tempels der Ewigkeit und sprach ihn so an:*

R: Du voll Sehnsucht gesuchter Mann, hilf mir in meiner Unfähigkeit, damit ich in den schwierigen Fragen, die meine Geisteskraft übersteigen, mit einer gewissen Leichtigkeit weiterkomme; es wird mir sonst nichts nützen, soviele erhabenen Betrachtungen von dir gehört zu haben.

L: Es gibt keine einfachere Schwierigkeit als göttliche Dinge zu betrachten, denn da fällt die Freude mit der Schwierigkeit zusammen. Sag mir also, was du wünschst.

R: Sage mir, wie ich mir von Gott, der doch größer ist, als daß er begriffen werden könnte, einen Begriff bilden soll.

L: Genauso wie beim Begriff.

R: Erkläre das!

L: Du hast gehört, daß in jedem Begriff das Unbegreifbare begriffen wird. Der Begriff vom Begriff nähert sich also dem Unbegreifbaren.

R: Wie soll ich dann einen möglichst genauen Begriff bilden?

L: Begreife die Genauigkeit, denn Gott ist die absolute Genauigkeit selbst.

R: Was habe ich zu tun, wenn ich darangehe, von Gott einen richtigen Begriff zu bilden?

L: Wende dich der Richtigkeit selbst zu.

R: Und wenn ich mich bemühe, von Gott einen wahren Begriff zu bilden, was ist dann zu tun?

L: Blicke zur Wahrheit.

R: Wenn ich mir vornehme, einen rechten Begriff zu bilden?

L: Dann wende dich der Gerechtigkeit zu.

R: Und wenn ich mich frage, wie ich einen guten Begriff von Gott erreiche, was soll ich dann tun?

I: Ad bonitatem mentis oculos attolle.

O: Miror, quo me in omnibus remittas.

I: Vide, quam facilis est difficultas in divinis, ut inquisitori semper se ipsam offerat modo, quo inquiritur.

O: Nihil indubie mirabilius.

I: Omnis quaestio de Deo praesupponit quaesitum, et id est respondendum, quod in omni quaestione de Deo quaestio praesupponit; nam Deus in omni terminorum significatione significatur, licet sit insignificabilis.

O: Declara quaeso, quia nimis admiror, ut vix quae dicis aure percipiam.

I: Nonne quaestio, an sit, praesupponit entitatem?

O: Immo.

I: Cum ergo a te quaesitum fuerit, an sit Deus, hoc quod praesupponitur dicito, scilicet eum esse, quia est entitas in quaestione praesupposita. Sic si quis quaesierit, quid est Deus, cum haec quaestio praesupponat quidditatem esse, respondebis Deum esse ipsam quidditatem absolutam. Ita quidem in omnibus. Neque in hoc cadit haesiatio. Nam Deus est ipsa absoluta praesuppositio omnium, quae qualitercumque praesupponuntur, sicut in omni effectu praesupponitur causa. Vide igitur orator, quam facilis est theologica difficultas.

O: Certe ista facilitas est maxima et stupenda.

I: Immo dico tibi, quod Deus est ipsa infinita facilitas, et nequaquam convenit Deo, quod sit ipsa infinita difficultas. Oportet enim, uti parum post audies de curvo et recto, quod difficultas transeat in facilitatem, si Deo infinito debeat convenire.

O: Si id, quod in omni quaestione praesupponitur, est in theologicis ad quaestionem responsio, tunc nulla est de Deo propria quaestio, quando in ea coincidit responsio.

L: Wende das Auge deines Geistes der Gutheit zu.

R: Ich staune darüber, wie du mir auf alle Fragen antwortest.

L: Sieh, wie leicht Schwieriges in Fragen des Göttlichen ist; die Lösung bietet sich immer dem Fragenden in der Art dar, wie gefragt wird.

R: Kein Zweifel, nichts ist wunderbarer.

L: Jede Frage über Gott setzt das Gefragte voraus, und es ist das zu antworten, was in jeder Frage über Gott die Frage voraussetzt. Denn Gott wird in jeder Bezeichnung von Ausdrücken zeichenhaft dargestellt, wenn er auch nicht bezeichnet werden kann.

R: Erkläre das bitte. Denn ich bin so verwundert, daß ich kaum hören kann, was du sagst.

L: Setzt nicht die Frage, ob er sei, die Seiendheit voraus?

R: Sicherlich.

L: Hätte man dich also gefragt, ob Gott sei, dann mußt du das sagen, was vorausgesetzt wird, nämlich daß er sei, weil er die Seiendheit ist, die in der Frage vorausgesetzt ist. Ebenso ist es, wenn jemand danach fragt, was Gott sei; diese Frage setzt voraus, daß es die Washeit gibt und du wirst antworten, daß Gott die absolute Washeit sei. So ist es mit allem. Es gibt keinen Zweifel dabei. Gott ist die absolute Voraussetzung von allem, das auf irgendeine Weise vorausgesetzt wird, so wie in jedem Bewirkten der Grund vorausgesetzt ist. Sieh also, Rhetor, wie leicht die theologische Schwierigkeit ist.

R: Diese Leichtigkeit ist wahrhaft groß und erstaunlich.

L: Wahrlich, ich sage dir, Gott ist die unendliche Leichtigkeit selbst und es kommt ihm keineswegs zu, daß er die unendliche Schwierigkeit ist. Wie du ein wenig später bezüglich des Krummen und des Geraden hören wirst, muß die Schwierigkeit in Leichtigkeit übergehen, wenn sie dem unendlichen Gott zukommen soll.

R: Wenn das, was in jeder Frage vorausgesetzt wird, in der Theologie die Antwort auf die Frage ist, dann gibt es gar keine eigentliche Frage über Gott, weil in ihr die Antwort mit der Frage zusammenfällt.

I: Optime infers! Et adice, quod, cum Deus sit infinita rectitudo et necessitas absoluta, hinc dubia quaestio eum non attingit, sed omnis dubitatio in Deo est certitudo. Unde sic et omnis de Deo ad quaestionem responsio non est propria et praecisa responsio, cum praecisio non sit nisi una et infinita, quae est Deus. Omnis enim responsio participat de absoluta responsione, quae est infinite praecisa. Sed id, quod dixi tibi, quomodo in quaestionibus theologicis praesuppositum est responsio, intelligendum est modo, quo est quaestio. Et sic capias hanc esse sufficientiam, quoniam, cum de Deo nec quaestio, nec ad quaestionem responsio praecisionem attingere possit, tunc modo, quo ad praecissionem accedit quaestio, eo modo praesuppositi responsio. Et haec est sufficientia nostra, quam ex Deo habemus, scientes inattingibilem praecisionem non posse per nos attingi, nisi modo aliquo absolutae praecisionis modum participante. Inter quos modos varios et multiplices unicum praecisionis modum participantes iam dictus modus plus accedit ad facilitatem absolutam. Et est sufficientia nostra, quia alium, qui sit simul facilior et verior, attingere nequimus.

O: Quis non stuperet haec audiens? Nam cum Deus sit ipsa incomprehensibilitas absoluta, tu dicis tanto comprehensionem ad ipsum plus accedere, quanto modus eius plus participat facilitate.

I: Qui mecum intuetur absolutam facilitatem coincidere cum absoluta incomprehensibilitate, non potest nisi id ipsum mecum affirmare. Unde constanter assero, quod, quanto modus universalis ad omnes quaestiones de Deo formabiles fuerit facilior, tanto verior et convenientior, prout Deo convenit positio.

O: Explana istud!

I: Hoc est prout de Deo admittimus aliqua affirmative dici posse. Nam in theologia, quae omnia negat de Deo, aliter dicendum, quia ibi verior responsio est ad omnem quae-

L: Das ist ein sehr guter Einwand! Füge aber noch hinzu, daß eine zweifelnde Frage ihn gar nicht berührt, vielmehr jeder Zweifel in Gott Sicherheit ist, weil Gott die unendliche Richtigkeit und absolute Notwendigkeit ist. Darum ist jede Antwort auf eine Frage über Gott keine eigentliche und genaue Antwort, denn es gibt nur die eine und unendliche Genauigkeit, die Gott selbst ist. Jede Antwort hat Anteil an der absoluten Antwort, die unendlich genau ist. Was ich dir aber gesagt habe — daß in theologischen Fragen das Vorausgesetzte die Antwort ist — muß in der Weise der Frage verstanden werden. So begreifst du, daß sie die Genüge ist; obwohl nämlich weder eine Frage über Gott, noch die Antwort auf diese Frage die Genauigkeit zu erreichen vermag, so nähert sich ihr doch die Antwort des Vorausgesetzten in der selben Weise, wie die Frage. Dies ist unser Genügen, das wir von Gott haben, nämlich zu wissen, daß die unerreichbare Genauigkeit von uns nicht erreicht werden kann, außer in einer Maßweise, die an der Weise der absoluten Genauigkeit teilhat. Unter diesen verschiedenen und vielfältigen Weisen, die an der einen Weise der Genauigkeit teilhaben, kommt die genannte der absoluten Leichtigkeit am nächsten. Und sie ist unser Genügen, denn wir können keine andere, die zugleich leichter und wahrer wäre, erreichen.

R: Wer wäre nicht zutiefst erstaunt, wenn er dies hört? Denn obwohl Gott die absolute Unfaßlichkeit ist, sagst du, daß sich das Begreifen ihm umso mehr nähere, je mehr sein Modus an der Leichtigkeit teilhat.

L: Wer so wie ich einsieht, daß die absolute Leichtigkeit mit der absoluten Unbegreiflichkeit zusammenfällt, kann nicht umhin, dies ebenso zu versichern wie ich. Darum behaupte ich beständig, daß, je leichter eine allgemeine Weise für alle Fragen, die man über Gott bilden kann, ist, sie desto wahrer und zutreffender ist, sofern für Gott eine Setzung zutrifft.

R: Erläutere dies!

L: Dies trifft zu, sofern wir zugeben, daß über Gott irgendetwas in bejahendem Sinn gesagt werden kann. Für die Theologie, die alles über Gott verneint, muß es anders

stionem negatio. Sed eo modo non ducimur ad cognitionem quid Deus sit, sed quid non sit. Est deinde consideratio de Deo, uti sibi nec positio nec ablatio convenit, sed prout est supra omnem positionem et ablationem. Et tunc responsio est negans affirmationem et negationem et copulationem; ut, cum quaereretur, an Deus sit, secundum positionem respondendum ex praesupposito, scilicet eum esse et hoc ipsam absolutam praesuppositam entitatem; secundum ablationem vero respondendum eum non esse, cum illa via ineffabili nihil conveniat omnium, quae dici possunt; sed secundum quod est supra omnem positionem et ablationem respondendum eum nec esse absolutam scilicet entitatem nec non esse nec utrumque simul, sed supra. Nunc puto intelligis id, quod volo.

O: Intelligo nunc te dicere velle, quod in theologia sermocinali scilicet, ubi de Deo locutiones admittimus et vis vocabuli penitus non excluditur, ibi sufficientiam difficilium in facilitatem modi de Deo propositiones veriores formandi redegisti.

I: Bene cepisti! Nam si tibi de Deo conceptum, quem habeo, pandere debeo, necesse est, quod locutio mea, si tibi servire debet, talis sit, cuius vocabula sint significativa, ut sic te ducere queam in vi vocabuli, quae est nobis communiter nota, ad quaesitum.

Deus est autem qui quaeritur. Unde haec est sermocinalis theologia, qua nitor te ad Deum per vim vocabuli ducere modo quo possum faciliori et veriori.

O: Revertamur nunc quaeso ad ea, quae superiori loco a te praemissa sunt, et ex ordine explana. Primo loco aiebas

ausgedrückt werden; dort ist die wahrere Antwort auf alle Fragen die Verneinung. Auf diese Weise aber werden wir nicht zu der Kenntnis dessen geführt, was Gott ist, sondern dessen, was er nicht ist. Es gibt noch eine weitere Betrachtungsweise Gottes: daß für ihn weder eine bejahende, noch eine verneinende Behauptung zutrifft, sondern daß er über aller Bejahung und Verneinung steht. In diesem Fall leugnet die Antwort sowohl die Bejahung wie die Verneinung als auch die Verbindung beider. Wird dann z. B. gefragt, ob Gott sei, müßte nach der bejahenden Behauptung auf Grund des Vorausgesetzten geantwortet werden, daß er sei, und zwar, daß er die absolute, vorausgesetzte Seiendheit, nach der verneinenden müßte geantwortet werden, daß er nicht sei, da auf diesem Wege dem Unaussagbaren nichts von allem zukommt, das ausgesagt werden kann; gemäß der Methode aber, die über jeder verneinenden und bejahenden Behauptung steht, müßte man sagen, daß er die absolute Seiendheit weder sei, noch nicht sei, noch beides zugleich, sondern daß er darüber erhaben sei. Nun glaube ich, verstehst du, was ich meine.

R: Ich verstehe jetzt, daß du sagen willst: in jenem Teil der Theologie, der sich mit Ausdruck und Wortbedeutung beschäftigt, d. h. dort, wo wir Aussagen über Gott zugeben und der Bedeutungsgehalt der Worte nicht völlig ausgeschlossen wird, hast du das Genügen von Schwierigem in die Leichtigkeit der Art und Weise verwandelt, über Gott möglichst wahre Sätze zu bilden.

L: Du hast es richtig verstanden. Wenn ich dir die Begriffsvorstellung, die ich von Gott habe, darlegen soll, muß meine Redeweise, um dir nützen zu können, von der Art sein, daß ihre Worte auch bezeichnen, auf daß ich dich durch die Kraft der Wortbedeutung, die uns beiden gemeinsam bekannt ist, zu dem Gesuchten zu führen vermag.

Gott ist es, der gesucht wird. Daher ist dies eine Theologie der Rede und des Wortes, in der ich mich mittels der Wortbedeutung bemühe, dich auf die möglichst leichte und wahrste Art zu Gott zu führen.

R: Kehren wir nun bitte zu dem zurück, das du vorhin vorausgeschickt hast, und lege es der Reihe nach geordnet

conceptum de conceptu, cum Deus conceptionum [sit] conceptus, esse de Deo conceptum: nonne mens est quae concipit?

I: Sine mente non fit conceptus.

O: Concipere igitur cum sit mentis, tunc concipere absolutum conceptum non est nisi artem absolutae mentis concipere.

I: Prosequere, quia in via es!

O: Sed ars absolutae mentis non est nisi forma omnium formabilium. Sic video, quomodo conceptus de conceptu non est nisi conceptus ideae divinae artis. Si verum dico, responde.

I: Immo optime! Nam absolutus conceptus aliud esse nequit quam idealis forma omnium, quae concipi possunt, quae est omnium formabilium aequalitas.

O: Hic conceptus, ut puto, Dei verbum seu ratio dicitur.

I: Qualitercumque a doctis dicatur, in eo conceptu sunt omnia, sicut illa, quae sine ratione praevia non prodeunt in esse, dicimus in ratione prioriter existere. Omnia autem, quae esse conspicimus, rationem sui esse habent, ut sint modo quo sunt et non aliter. Qui igitur in simplicitatem absolutae rationis in se omnia prioriter complicantis intuetur mente profunda, hic facit conceptum de per se seu absoluto conceptu. Et hoc erat primum, quod praemisi.

O: Satis de hoc! Nunc adice, quomodo conceptus absolutae praecisionis sit praecisior de Deo conceptus.

I: Non vacat mihi nunc tempus, ut per singula idem repetere queam, neque tibi video sic esse opportunum, cum ex uno ad omnia tibi aditus pateat, sed suscipe quam breviter.

dar. Zuerst hast du gesagt, da Gott der Begriff der Begriffe ist, ist der Begriff des Begriffes der Begriff von Gott. Ist es nicht der Geist, der begreift?

L: Ohne den Geist entsteht kein Begriff.

R: Weil das Begreifen also eine Tätigkeit des Geistes ist, bedeutet den absoluten Begriff zu begreifen nichts anderes als die Kunst und Wissenschaft des absoluten Geistes zu begreifen.

L: Fahre nur fort, du bist auf dem Weg.

R: Die Kunst des absoluten Geistes ist aber nichts anderes als die Form alles Formbaren. So sehe ich, daß der Begriff des Begriffes nichts anderes ist als der Begriff der Idee der göttlichen Kunst. Sag mir, ob das wahr ist.

L: Vollkommen richtig! Der absolute Begriff vermag ja nichts anderes zu sein als die ideenhafte Gestalt aller Dinge, die begriffen werden können; das heißt die Gleichheit alles Gestaltbaren.

R: Dieser Begriff wird, wie ich glaube, das Wort Gottes oder der Wesenssinn genannt.

L: Wie immer es die Gelehrten nennen, in diesem Begriff ist alles enthalten; ähnlich wie wir von dem, das nicht ohne vorausgehenden Wesenssinn ins Sein übergeht, sagen, daß es im Wesenssinn vorgängig existiert. Alles aber, von dem wir sehen, daß es ist, hat einen Wesenssinn seines Seins, sodaß es das ist, was es ist, und nichts anderes. Wer also mit tiefblickendem Geist in die Einfachheit des absoluten Wesenssinns schaut, welcher in sich alles vorgängig einfaltet, der bildet einen Begriff über den absoluten Begriff, oder den Begriff, der durch sich selbst besteht. Das war das erste, was ich vorausgeschickt habe.

R: Damit genug. Füge nun hinzu, in welcher Weise der Begriff der absoluten Genauigkeit ein genauerer Begriff Gottes ist.

L: Weder habe ich jetzt die Zeit, dies im Einzelnen wiederholt zu behandeln, noch halte ich dies bei dir für angebracht. Von einem Gedanken steht dir nämlich der Zugang zu allem offen. Nimm es also in aller Kürze entgegen.

Praecisio, rectitudo, veritas, iustitia et bonitas, de quibus audisti, idem sunt. Nec credas me dicere velle modo, quo tota theologia est in circulo posita, ut unum de attributis de alio verificetur, sicut dicimus et necessitate simplicitatis Dei infinitae Dei magnitudinem esse Dei potentiam et e converso, et Dei potentiam esse Dei virtutem, et ita de cunctis essentiae Dei per nos attributis. Sed haec, de quibus nunc sermo, experimur in nostro communi sermone coincidere. Quando enim audimus aliquem rem uti est exprimere, unus dicit exprimentem praecise expressisse, alius recte, alius vere, alius iuste et alius bene; ita quidem in quotidiano experimur sermone. Neque ille, qui ait aliquem praecise ac recte dixisse, vult aliud dicere quam alter, qui eum ait vere ac iuste aut bene dixisse. Et hoc in te ipso sic esse comperis, quando attendis, quomodo ille, qui nec plus nec minus dixit quam dicere debuit, omnia illa attigit. Nam praecisum non est aliud nisi quod nec est plus nec minus; sic nec rectum nec verum nec iustum nec bonum plus aut minus admittunt. Quomodo enim foret praecisum aut rectum aut verum aut iustum aut etiam bonum, quod minus praeciso, recto, vero, iusto et bono foret? Et si minus praeciso non est praecisum et minus recto non est rectum et minus vero non est verum et minus iusto non est iustum et minus bono non est bonum, manifestum est, quomodo id, quod plus recipit, non est de illis. Praecisio enim, quae plus recipit (puta quae praecisior esse potest), non est praecisio absoluta. Ita de recto, vero, iusto et bono.

O: In his igitur, quae recipiunt magis et minus, non est de Deo conceptus formandus.

I: Optime infers. Nam cum Deus sit infinitus, recipientia magis et minus sibi minus assimilantur. Quapropter in illis

Genauigkeit, Richtigkeit, Wahrheit, Gerechtigkeit und Gutheit, von denen du gehört hast, sind dasselbe. Glaube aber nicht, daß ich sagen will: sie sind dasselbe in der Weise, in der die ganze Theologie in einem Kreis besteht, sodaß eines der Attribute durch ein anderes verifiziert wird — wie wir z. B. sagen, auf Grund der Notwendigkeit der unendlichen Einfachheit Gottes sei die Größe Gottes seine Macht und umgekehrt, und die Mächtigkeit Gottes sei die Kraft Gottes, und so bei allem, das wir der Wesenheit Gottes zuschreiben. Das aber, von dem jetzt die Rede ist, sehen wir in unserer gewöhnlichen Sprechweise zusammenfallen. Wenn wir nämlich hören, daß jemand etwas so ausdrückt, wie es ist, so sagt einer, der Betreffende habe es genau ausgedrückt, ein anderer sagt „richtig", wieder ein anderer „wahr", einer „gerecht" und einer „gut". Das erfahren wir im alltäglichen Reden. Und der, welcher sagt, jemand habe genau oder richtig gesprochen, will nichts anderes sagen, als ein anderer, der sagt, der Mann habe gerecht oder gut gesprochen. Das erfährst du bei dir selbst, wenn du darauf achtest, daß jemand, der nicht mehr und nicht weniger sagt, als er sagen soll, alles dies mit einschließt. Genau bedeutet ja nichts anderes als daß etwas nicht mehr und nicht weniger ist, und richtig, wahr, gerecht und gut lassen genau so wenig ein Mehr oder Weniger zu. Wie wäre nämlich etwas genau, richtig, wahr, gerecht oder auch gut, das weniger als genau, richtig, wahr, gerecht oder gut ist? Und wenn weniger als genau nicht genau ist und weniger als richtig nicht richtig, weniger als wahr nicht wahr, weniger als gerecht nicht gerecht und weniger als gut nicht gut, dann ist offenbar, daß dasjenige, was mehr aufnimmt, dem nicht zugehörig ist. Eine Genauigkeit, die mehr annimmt, die also genauer sein könnte, ist nicht die absolute Genauigkeit. Und dasselbe gilt für das Richtige, Wahre, Gerechte und Gute.

R: Der Begriff von Gott darf also nicht in dem gebildet werden, das ein Mehr oder Weniger aufnimmt?

L: Ganz richtig. Denn da Gott unendlich ist, sind die Mehr oder Weniger aufnehmenden Dinge ihm weniger ähnlich.

non ascenditur aut descenditur in infinitum, ut in numero et divisione continui experimur.

O: Igitur in hoc mundo non est nec praecisio nec rectitudo nec veritas nec iustitia nec bonitas, cum experiamur unum esse alio praecisius, ut una pictura praecisior est alia. Sic de rectitudine, nam unum est rectius alio et unum verius alio et unum iustius alio et unum melius alio.

I: Bene concipis. Nam illa, ut sunt absoluta a magis et minus, non sunt de hoc mundo. Nihil enim reperibile est adeo praecisum, quod non possit esse praecisius, et nihil ita rectum, quod non possit esse rectius, aut ita verum, quod non possit esse verius, aut ita iustum, quod non possit esse iustius, aut ita bonum, quod non possit esse melius. Praecisio igitur aut rectitudo aut veritas aut iustitia aut bonitas in hoc mundo reperibiles sunt quaedam participationes talium absolutorum et imagines, quorum illa sunt exemplaria. Plura dico exemplaria, dum ad variarum rerum varias rationes referimus; unum vero sunt exemplar, quia in absoluto coincidunt.

O: Audire te in hoc valde desidero, quomodo unum est absolutum exemplar tantarum varietatum rerum universarum?

I: Qui parum in his theologicis speculationibus versatus est, difficillimum istud opinatur, sed mihi nihil facilius delectabiliusque esse videtur.

Complicat enim absolutum exemplar, quod non est nisi absoluta praecisio, rectitudo, veritas, iustitia seu bonitas, omnia exemplabilia, quorum omnium est praecisio, rectitudo, veritas, iustitia et bonitas multo quidem perfectius, quam facies tua omnes imagines eius formabiles, quarum omnium est praecisio et rectitudo atque veritas. Omnes enim depingibiles figurae faciei tuae in tantum sunt praecisae, rectae et verae, in quantum sunt figuram vivae faciei tuae participan-

Und darum kann man in ihnen nicht zum Unendlichen auf- oder absteigen, wie wir es bei der Zahl und bei der Teilung des Kontinuum erfahren.

R: In dieser Welt gibt es also keine Genauigkeit, Richtigkeit, Wahrheit, Gerechtigkeit oder Güte, da wir erfahren, daß das eine genauer ist als das andere; so wie das eine Bild eine genauere Darstellung ist als das andere. Genauso ist es mit der Richtigkeit, eines ist richtiger als ein anderes und eines wahrer als ein anderes und eines gerechter als ein anderes und eines besser als ein anderes.

L: Du erfaßt es gut. Jene Eigenschaften sind absolut und frei von Mehr oder Weniger und darum nicht von dieser Welt. Es läßt sich ja nichts finden, das so genau wäre, daß es nicht noch genauer sein könnte, nichts, das so richtig wäre, daß es nicht richtiger sein könnte oder so wahr, daß es nicht wahrer sein könnte, so gerecht, daß es nicht noch gerechter sein könnte oder so gut, daß es nicht noch besser sein könnte. Genauigkeit, Richtigkeit, Wahrheit, Gerechtigkeit und Gutheit in dieser Welt sind eine Art von Teilhabe an jenen von der Welt freien und losgelösten Eigenschaften, Abbilder, von denen jene die Urbilder sind. Ich spreche von mehreren Urbildern, insofern wir uns auf die verschiedenen Wesensgründe der verschiedenen Dinge beziehen. Doch sind sie ein einziges Urbild, da sie im Absoluten zusammenfallen.

R: Ich möchte noch sehr gerne etwas von dir darüber hören, auf welche Weise das absolute Urbild der vielen verschiedenen Dinge des Gesamt nur eines ist.

L: Wer in diesen theologischen Betrachtungen wenig geübt ist, hält das für äußerst schwierig. Mir aber scheint nichts leichter und erfreulicher zu sein.

Das absolute Urbild, das nichts anderes ist als die absolute Genauigkeit, Richtigkeit, Wahrheit, Gerechtigkeit und Gutheit, schließt alles zusammen, das vom Urbild abgebildet werden kann; für all das ist es Genauigkeit, Richtigkeit, Wahrheit, Gerechtigkeit und Gutheit in weit größerer Vollkommenheit, als dein Antlitz für alle Abbilder, die man von ihm bilden könnte, deren Genauigkeit, Richtigkeit und Wahrheit wäre. Alle Darstellungen deines Gesichtes, die

tes et imitantes. Et licet non sit possibile unam uti aliam depingi sine differentia, cum praecisio non sit de hoc mundo, et aliud aliter existere necesse sit, omnium tamen illarum varietatum non est nisi unum exemplar.

O: Verum dicis quoad unitatem exemplaris, non tamen quoad aequalitatem. Nam si facies licet sit mensura veritatis picturarum, quia ex intuitione faciei iudicatur imago, an parum vel multum deficiat in figura, tamen non est verum, quod facies mea sit omnium adaequatissima mensura omni modo mensurae, quia semper est vel maior vel minor.

I: Verum dicis de facie tua, quae, cum sit quanta et naturae eius, quod recipit magis et minus, non potest esse praecisio, sic nec adaequata alterius mensura. In mundo enim praecisione carente adaequata mensura ac similitudo est impossibilis.

Secus igitur si concipis exemplar absolutum: illud enim nec est magnum nec parvum. Nam de ratione exemplaris ista esse nequeunt. Formica enim, quando depingitur, non minus est exemplar quam mons depingendus et e converso. Quapropter absolutum exemplar, quod nec magis nec minus recipit, cum sit praecisio et veritas, non potest esse nec magis nec minus exemplato. Id enim, quod non potest esse minus, minimum dicimus, et hoc est maxime parvum. Id, quod non potest esse maius, maximum dicimus, et hoc est maxime magnum. Absolve igitur maximitatem a maxime parvo et maxime magno, ut ipsam maximitatem intuearis in se, non in parvo aut magno contractam, et videbis absolutam maximitatem sic ante magnum et parvum, ita quod non potest esse maior aut minor, sed est maximum, in quo coincidit minimum. Quare hoc tale maximum, ut est absolutum exemplar, non potest esse cuicumque dabili exemplato maius aut minus. Id autem, quod non est nec maius nec minus, vocamus aequale. Est igitur absolutum exemplar aequalitas,

gemalt werden können, sind insoweit genau, richtig und wahr, als sie die Gestalt deines lebendigen Gesichtes nachahmen und an ihr teilhaben. Und obwohl es unmöglich ist, unterschiedlos eines wie das andere zu malen, da diese Genauigkeit eben nicht von dieser Welt ist, haben alle jene unterschiedlichen Abbildungen doch nur ein Urbild.

R: Was du sagst, ist wahr hinsichtlich der Einheit des Urbildes, nicht aber in bezug auf die Gleichheit. Denn mag auch mein Gesicht das Maß der Wahrheit für die Bilder sein — ob ein Bild viel oder wenig in der Darstellung abweicht, beurteilt man ja durch Vergleich mit dem Antlitz — so ist es doch nicht wahr, daß mein Gesicht das angemessenste Maß aller Dinge nach jeder Weise des Maßes wäre; denn es ist immer mehr oder weniger.

L: Was du über dein Gesicht sagst, ist richtig. Da es quantitativ und von der Natur dessen ist, das Mehr oder Weniger aufnimmt, vermag es nicht Genauigkeit zu sein, ebensowenig wie es ein angemessenes Maß für ein anderes zu sein vermag. In der Welt, die der Genauigkeit entbehrt, ist ein angemessenes Maß und Ähnlichkeitsbild unmöglich.

Anders aber ist es, wenn du das absolute Urbild begreifend erfaßt. Es ist nicht groß und nicht klein, denn diese Eigenschaften können nicht aus dem Wesensinn des Urbildes sein. Eine Ameise, die gemalt wird, ist nicht weniger ein Urbild als ein Berg, und umgekehrt. Darum vermag das absolute Urbild, das nicht größer und nicht kleiner wird, weil es eben die Genauigkeit und Wahrheit ist, nicht mehr oder weniger zu sein als das Abgebildete. Das, was nicht kleiner sein kann, nennen wir das Kleinste, und das ist das am meisten Kleine. Das, was nicht größer sein kann, nennen wir das Größte und das ist das am meisten Große. Löse also die „Meistheit“ von dem am meisten Kleinen und dem am meisten Großen ab, um sie in sich selbst und nicht wie sie im Großen oder Kleinen verschränkt ist, zu schauen, und du wirst die absolute Größe vor dem Großen und Kleinen sehen, so daß sie nicht größer und nicht kleiner sein kann, sondern das Größte ist, mit dem das Kleinste zusammenfällt. Aus diesem Grund vermag dieses Größte,

praecisio, mensura seu iustitia, quod idem est et veritas et bonitas, quae est perfectio omnium exemplabilium.

O: Adhuc me quaeso instrue, quomodo rectitudini absolutae conveniat infinitas.

I: Libenter! Tu nosti, quod, quanto circulus aliquis fuerit maior, tanto et eius diameter maior.

O: Fateor.

I: Et quamvis circulus, qui recipit magis et minus, non possit esse maximus simpliciter aut infinitus, concipiamus tamen circulum fore infinitum: nonne tunc eius diameter erit linea infinita?

O: Necesse est.

I: Et circumferentia cum sit infinita, erit diameter: duo enim infinita esse nequeunt, cum unumquodque per additamentum alterius possit esse maius. Et non possit esse curva ipsa circumferentia; nam impossibile foret eam nec maiorem nec minorem fore diametro, si foret curva, cum una sit omnium circulorum curvarum circumferentiarum habitudo diametri ad circumferentiam, quae est habitudo plus quam tripla. Si igitur circumferentia est aequalis diametro, erit ipsa diameter et linea recta. Ob hoc etiam vides, quomodo arcus circuli magni similior est rectae lineae quam arcus circuli parvi. Unde infiniti circuli circumferentia foret ex hoc recta. Ex quo tibi constat curvitatem, quae recipit magis et minus, non reperiri in infinito, sed solam rectitudinem.

da es das absolute Urbild ist, nicht größer oder kleiner zu sein als irgend ein Abgebildetes. Das aber, was nicht größer oder kleiner sein kann, nennen wir gleich. Das absolute Urbild ist also die Gleichheit, Genauigkeit, das Maß oder die Gerechtigkeit; es ist dasselbe wie Wahrheit und Gutheit, welches die Vollendung alles Abbildbaren ist.

R: Belehre mich bitte noch darüber, wie die Unendlichkeit der absoluten Richtigkeit und Geradheit zukommt.

L: Gerne. Es ist dir bekannt, daß, je größer ein Kreis ist, umso größer auch sein Durchmesser ist.

R: Natürlich.

L: Und wiewohl ein Kreis, der ein Mehr oder Weniger aufnehmen kann, nicht der schlechthin größte und unendliche sein kann, wollen wir doch begrifflich einen unendlichen Kreis fassen. Wäre nicht sein Durchmesser eine unendliche Linie?

R: Notwendigerweise.

L: Da sein Umfang unendlich ist, wird es auch sein Durchmesser sein. Zwei Unendliche kann es nicht geben, da jedes von ihnen durch die Hinzufügung des anderen größer sein könnte. Auch könnte sein Umfang nicht gekrümmt sein, dann wäre es nämlich unmöglich, daß er weder kleiner noch größer wäre als der Durchmesser. Es gibt nämlich für alle gekrümmten Kreisumfänge ein bestimmtes Verhältnis des Durchmessers zum Umfang, und zwar ist es mehr als dreifach. Wenn also der Umfang gleich ist dem Durchmesser, wird er selbst der Durchmesser und eine gerade Linie sein. Daraus ersiehst du auch, warum der Bogen eines großen Kreises einer geraden Linie ähnlicher ist als der eines kleinen Kreises. Aus diesem Grunde wird der Umfang des unendlichen Kreises gerade sein. So ist der Umfang des unendlichen Kreises aus dem selben Grund gerade, aus dem für dich feststeht, daß die Krümmung, die größer oder geringer werden kann, im Unendlichen nicht zu finden ist, sondern nur die Geradheit.

O: Valde placent quae dicis, quoniam faciliter me ad quaesitum elevant. Prosequere quaeso, quomodo recitudo infinita sit exemplar.

I: Per te ipsum hoc clarissime conspicis, quod infinita rectitudo se habet ad omnia, sicut infinita linea, si foret, ad figuras. Nam si infinita rectitudo, quae est necessario absoluta, ad lineam contracta reperitur necessario omnium figurabilium figurarum complicatio, praecisio, rectitudo, veritas, mensura et perfectio, tunc absoluta rectitudo absolute penitus et incontracte ad lineam aut aliud quodcumque considerata est similiter absolute omnium exemplar, praecisio, veritas, mensura et perfectio.

O: Nihil dubii haec omnia habent; solum ostende, quomodo infinita linea est omnium figurarum praecisio. Dixisti enim pridie circulum infinitum esse omnium figurarum exemplar, et non cepi; hinc nunc de hoc volens clarius informari ad te accessi. Modo ais lineam infinitam esse praecisionem, quod minus capio.

I: Audisti, quomodo linea infinita est circulus, sic et triangulus, quadrangulus, pentagonus, sic omnes figurae infinitae cum linea infinita coincidunt. Hinc linea infinita est omnium figurarum exemplar, quae de lineis fieri possunt, quoniam infinita linea est actus infinitus seu forma omnium formabilium figurarum. Et quando ad triangulum respexeris et te ad infinitam lineam elevaveris, reperies ipsam huius trianguli adaequatissimum exemplar hoc modo: Considera triangulum infinitum; hic triangulus infinitus non est nec maior nec minor designato, nam latera infiniti trianguli sunt infinita. Latus autem infinitum, cum sit maximum, in quo coincidit minimum, non est nec maius nec minus lateri signato. Sic infiniti trianguli latera non sunt nec maiora nec minora lateribus dati trianguli; sic nec totus triangulus nec maior nec minor est signato. Quare infinitus triangulus est praecisio et forma absoluta finiti. Sed tria latera infiniti trianguli necessario forent linea una infinita, cum non possint esse plures lineae infinitae. Sic eveniret lineam in-

R: Deine Ausführungen gefallen mir sehr: sie tragen mich mit Leichtigkeit zu dem Gesuchten. Erkläre bitte weiter, wie die unendliche Gerade das Urbild ist.

L: Du kannst selbst ganz deutlichen sehen, daß die unendliche Geradheit sich zu allem so verhält, wie die unendliche Linie, so sie bestünde, sich zu den Figuren verhielte. Findet sich die unendliche Geradheit, die notwendigerweise absolut ist, zu einer Linie verschränkt, dann muß sie für alle gestaltbaren Gestalten Einfaltung, Genauigkeit, Richtigkeit, Wahrheit, Maß und Vollendung sein; sie ist dann die absolute Geradheit, die völlig absolut und weder zu einer Linie noch zu sonst irgend etwas verschränkt, gleicherweise absolutes Urbild, Genauigkeit, Wahrheit, Maß und Vollendung von allem ist.

R: Über dies alles gibt es keinen Zweifel. Zeige nur noch, wie die unendliche Linie die Genauigkeit aller Gestalten ist. Vorher hast du nämlich gesagt, der unendliche Kreis sei das Urbild aller Figuren, das habe ich nicht erfaßt. Darum wende ich mich nun mit der Bitte um deutlichere Erklärung zu dir. Außerdem sagst du soeben, die unendliche Linie sei die Genauigkeit; das verstehe ich noch weniger.

L: Du hast gehört, daß die unendliche Linie Kreis ist, ebenso Dreieck, Viereck, Fünfeck und alle unendlichen Figuren, die mit der unendlichen Linie zusammenfallen. Darum ist die unendliche Linie das Urbild aller Figuren, die aus Linien werden können, denn die unendliche Linie ist die unendliche Wirklichkeit oder die Form aller formbaren Figuren. Blickst du zum Dreieck und erhebst du dich zur unendlichen Linie, so wirst du auf folgende Weise finden, daß sie das angemessenste Urbild dieses Dreicks ist. Betrachte das unendliche Dreieck. Dieses unendliche Dreieck ist nicht kleiner und nicht größer als das gezeichnete, denn die Seiten des unendlichen Dreiecks sind unendlich. Die unendliche Seite aber, welche die größte ist und mit der die kleinste zusammenfällt, ist nicht größer und nicht kleiner als die gezeichnete Seite. So sind die Seiten des unendlichen Dreiecks weder größer noch kleiner als die Seiten des gegebenen Dreiecks. Und so ist das ganze Dreieck nicht größer und nicht kleiner als das gezeichnete. Aus diesem Grund ist das unendliche Drei-

finitam fore praecissimum exemplar dati trigoni. Et sicut de trigono dixi, ita pariformiter de omnibus figuris.

O: O miranda facilitas difficilium! Video nunc positionem infinitatis lineae omnia ista clarissime sequi, scilicet ipsam fore exemplar, praecisionem, rectitudinem, veritatem, mensuram seu iustitiam, bonitatem seu perfectionem omnium figurabilium figurarum per lineam. Et conspicio in simplicitate rectitudinis eius omnia figurabilia esse complicite, verissime et formalissime atque praecisissime, sine omni confusione, sine omni defectu in infinitum perfectius quam figurari possint.

I: Benedictus Deus, qui me imperitissimo homine tamquam qualicumque instrumento usus est, ut tibi oculos mentis aperiret ad intuendum ipsum mira facilitate modo, quo ipse se tibi visibilem praestitit.

Nam quando te de rectitudine ad lineam contracta transfers ad absolutam infinitam rectitudinem, tunc in ipsa rectitudine intueberis omne formabile complicari et omnium rerum species, sicut de figuris geometricis praemisi. Et quomodo ipsa rectitudo est exemplar, praecisio, veritas, mensura seu iustitia, bonitas seu perfectio omnium, quae sunt aut esse possunt, et actualitas praecisa et inconfusa omnium existentium et fieri possibilium; ita quod ad quamcumque speciem aut existens oculos convertis, si mentem ad infinitam rectitudinem elevaveris, reperies ipsam praecisissimam eius veritatem exemplarem neque deficientem, ut cum videas hominem, qui est rectus et verus homo, quod non est aliud nisi quod rectitudo, veritas, mensura et perfectio sic contracta et terminata est homo; et rectitudinem eius, quae est finita, consideraveris et elevaveris te ad infinitam rectitudinem, statim intueberis, quomodo rectitudo absoluta et infinita non potest esse nec maior

eck die Genauigkeit und die absolute Form des endlichen. Nun müssen aber die drei Seiten des unendlichen Dreiecks notwendigerweise eine unendliche Linie sein, da es nicht mehere unendliche Linien gibt. Und so ergibt sich, daß die unendliche Linie das genaueste Urbild des gegebenen Dreiecks ist. Was ich von dem Dreieck gesagt habe, gilt in gleicher Weise für alle Figuren.

R: Welch erstaunliche Leichtigkeit im Schwierigen! Nun sehe ich, daß der Setzung der unendlichen Linie alles dies ganz klar folgt; daß sie selbst Urbild, Genauigkeit, Richtigkeit, Wahrheit, Maß oder Gerechtigkeit, Gutheit oder Vollendung aller durch die Linie gestaltbaren Figuren ist. Und ich sehe, daß in der Einfachheit ihrer Geradheit und Richtigkeit alle möglichen Figuren in wahrster, gestaltester und genauester Weise eingefaltet sind; ohne jede Verwirrung, ohne jeden Mangel, unendlich vollkommener als sie dargestellt werden können.

L: Gepriesen sei Gott, der mich gänzlich ungebildeten Menschen als ein Werkzeug benützt hat, dir die Augen des Geistes zu öffnen, um ihn selbst in wunderbarer Leichtigkeit, in der Weise, in der er selbst sich dir sichtbar macht, zu schauen.

Denn wenn du dich von der Geradheit, die zur Lnie verschränkt ist, zur absoluten unendlichen Geradheit erhebst, dann wirst du sehen, daß in dieser alles Formbare und alle Eigengestalten der Dinge eingefaltet sind, wie ich es in bezug auf die geometrischen Figuren vorhin gesagt habe. Und du wirst schauen, wie die Geradheit Urbild, Genauigkeit, Wahrheit, Maß oder Gerechtigkeit, Gutheit oder Vollendung aller Dinge ist, die sind oder sein können; wie die genaue und nicht verwirrte Gleichheit alles ist, das existiert und werden kann. Zu welcher Eigengestalt oder zu welchem Bestehenden du deine Augen hinwendest — sobald du deinen Geist zur unendlichen Geradheit und Richtigkeit erhebst, wirst du damit finden, daß sie dessen genaueste, urbildhafte und nie vergehende Wahrheit ist. Ebenso ist es, wenn du einen Menschen siehst, der ein gerader und wahrer Mensch ist; dies bedeutet nichts anderes, als daß Geradheit, Wahrheit, Maß und Vollendung solcherweise ver-

nec minor rectitudine illa ad hominem contracta, qua homo est rectus et verus homo, sed est praecisio eius verissima, iustissima et optima; ita veritas infinita finitae veritatis est praecisio et absolute infinitum omnis finiti praecisio, mensura, veritas et perfectio. Quare sicut de homine dictum est, ita de omnibus concipe!

Sic nunc habes id, quod in aeterna sapientia contemplari conceditur, ut intuearis omnia in simplicissima rectitudine verissime, praecisissime, inconfuse et perfectissime, licet medio aenigmatico, sine quo in hoc mundo Dei visio esse nequit, quousque concesserit Deus, ut absque aenigmate nobis visibilis reddatur. Et haec est facilitas difficilium sapientiae, quam pro tua ferventia et devotione Deus in dies tibi et mihi clariorem quaeso faciat, quousque nos in gloriosam fruitionem veritatis transferat aeternaliter remansuros. Amen[1].

---

[1] Cod. Cus. fügt an: Scripsi in Fabriano altera qua incepi die 1450 Octava Augusti, Nicolaus Cardinalis S. Petri.

schränkt und begrenzt dieser Mensch sind. Du betrachtest seine Geradheit, die begrenzt ist und erhebst dich zur unendlichen Geradheit, und augenblicklich wirst du schauen, wie die absolute und unendliche Geradheit nicht größer oder kleiner sein kann als jene zum Menschen verschränkte, durch die er ein gerader und wahrer Menscht ist; sie ist deren wahrste, gerechteste und beste Genauigkeit. So ist die unendliche Wahrheit die Genauigkeit der endlichen; das in absoluter Weise Unendliche die Genauigkeit alles Endlichen, sein Maß, seine Wahrheit und Vollendung. Darum verstehe das, was ich vom Menschen gesagt habe, in bezug auf alles.

So hast du nun das, was uns in der ewigen Weisheit zu betrachten gewährt wird, auf daß du in der einfachsten Geradheit und Richtigkeit alles ganz wahr, genau, unverwirrt und vollkommen schaust, wenn auch nur mit Hilfe eines Rätselbildes. Aber ohne das kann es in dieser Welt keine Schau Gottes geben, solange bis er sich uns ohne Rätsel gnädig sichtbar darstellt. Dies ist die Leichtigkeit des Schwierigen bei der Weisheit. Ich bitte, daß Gott sie deinem Eifer und deiner Hingabe entsprechend dir und mir von Tag zu Tag immer klarer machen wolle, bis daß er uns in den herrlichen Genuß der Wahrheit hinüberholt, auf daß wir ewig dort bleiben. Amen.

IDIOTA DE MENTE

DER LAIE ÜBER DEN GEIST

I.

Quomodo philosophus ad idiotam, ut proficeret de mentis natura, accessit. Quomodo mens sit per se mens, ex officio anima, et dicta sit a mensurando.

Multis ob iubilaeum Romam mira devotione accurrentibus auditum est philosophum omnium, qui nunc vitam agunt, praecipuum in ponte reperiri, transeuntes admirari. Quem orator quidam sciendi avidissimus sollicite quaerens, ac ex faciei, pallore, toga talari et ceteris cogitabundi viri gravitatem praesignantibus cognoscens blande salutans inquirit, quae eum causa eo loci fixum teneat.

Philosophus: Admiratio, inquit.

Orator: Admiratio stimulus videtur esse omnium quamcumque rem scire quaerentium. Hinc opinor, cum praecipuus habearis inter doctos, maximam eam esse admirationem, quae te adeo sollicitum teneat.

P: Bene ais, amice! Nam cum ex universis paene climatibus magna cum pressura innumerabiles populos transire conspiciam, admiror omnium fidem unam in tanta corporum diversitate. Cum enim nullus alteri similis esse possit, una tamen omnium fides est, quae eos tanta devotione de finibus orbis advexit.

O: Certe Dei donum esse necesse est idiotas clarius fide attingere quam philosophos ratione. Nam tu nosti, quanta inquisitione opus habet mentis immortalitatem ratione pertractans, quam tamen nemo ex his omnibus sola fide pro indubitata non habet, cum omnium cura et labor ad hoc tendat, ut animae post mortem nullo peccato obtenebratae in lucidam atque desideratissimam vitam rapiantur.

I.

Ein Philosoph wendet sich an einen Laien um über die Natur des Geistes belehrt zu werden. Der Geist ist Geist an sich, seiner Tätigkeit nach Seele, und benannt nach dem Messen.

Zu der Zeit als viele Menschen voll beachtenswerter Frömmigkeit wegen des Jubeljahres nach Rom kamen, da stand, so hörte man, ein unter seinen Zeitgenossen bedeutender Philosoph auf einer Brücke und betrachtete voll Staunen die Vorübergehenden. Ein wißbegieriger Rhetor, der an der Blässe des Gesichtes, der bis zu den Knöcheln reichenden Toga und anderen Zeichen die Würde des Denkens erkannte, wandte sich voll Eifer an ihn, grüßte ihn voll Freundlichkeit und fragte, was ihn an diese Stelle gebannt halte.

Philosoph: Das Staunen.

Rhetor: Das Staunen scheint der Antrieb aller zu sein, die irgend etwas wissen wollen. Und weil du unter den Gelehrten so hoch geschätzt wirst, meine ich, daß es ein sehr großes Staunen ist, daß dich so bewegt und fesselt.

P: Du hast recht, Freund. Wenn ich sehe, wie beinahe aus allen Gegenden der Welt eine unzählbare Menge dicht gedrängt vorbeizieht, so bewundere ich den einen Glauben, der so viele verschiedene Körper erfüllt. Obwohl keiner dem anderen gleichen kann, ist es doch der eine Glaube aller, der sie in solcher Hingabe von den Grenzen der Erde hierher geführt hat.

R: Es muß sicherlich ein Geschenk Gottes sein, wenn die ungebildeten Laien durch den Glauben klarer begreifen, als die Philosophen mit Hilfe des Verstandes. Du weißt ja, welch ausführlicher Untersuchung man bedarf, wenn man die Unsterblichkeit des Geistes, welche von allen diesen, nur mit Hilfe des Glaubens, keiner bezweifelt, mit dem Verstand erforschen will. Ihrer aller Sorge und Mühe ist darauf gerichtet, daß ihre Seelen, von keiner Sünde verdunkelt, nach dem Tode in ein lichthaftes und ersehntes Leben entrückt werden.

P: Magnam rem et veram narras, amice! Ego enim omni tempore mundum peragrando sapientes adii, ut de mentis immortalitate certior fierem, cum apud Delphos praecepta sit cognitio, ut ipsa se mens cognoscat coniunctamque cum divina mente se sentiat, sed hactenus nondum quaesitum adeo perfecte ac lucida ratione attigi, quemadmodum hic ignorans populus fide.

O: Si fas est, dicito: quid te impulit Romam advenire, qui Peripateticus videris? An putas aliquem, a quo proficias, reperire?

P: Audiveram ex templo Menti per T. Attilium Crassum in Capitolio dedicato multas sapientum de mente scripturas hoc loco reperiri; adveni fortassis frustra, nisi tu, qui mihi bonus civis et sciens videris, auxilium praestes.

O: Templum Menti dedicasse Crassum illum certum est; sed an de mente scriptura in eo templo libri et qui fuerint, nemo post tot Romanas clades scire poterit. Verum ne doleas frustra advenisse, hominem idiotam meo iudicio admirandum, de qua re volueris, audies.

P: Oro quantocius hoc fieri.

O: Sequere.

Et cum prope templum Aeternitatis in subterraneum quendam locellum descenderent, idiotam ex ligno coclear exprimentem alloquitur.

O: Erubeo, idiota, inquit, te per hunc maximum philosophum his rusticis operibus implicatum reperiri; non putabit a te se theorias aliquas auditurum.

P: Was du sagst, Freund, ist schwer und gewichtig. Auf meinen Wanderungen durch die Welt habe ich mich stets an die Weisen gewandt, um über die Unsterblichkeit des Geistes belehrt zu werden. In Delphi ist uns die Einsicht gelehrt worden, daß der Geist sich selbst erkennt und empfindet, daß er mit den göttlichen Geist verbunden ist; dennoch habe ich bisher das Gesuchte noch nicht so vollkommen und in so klarem Verstehen gefunden, wie dieses unwissende Volk es im Glauben findet.

R: Wenn du mir die Frage erlaubst: Du scheinst ein Peripathetiker zu sein. Was hat dich bewogen, nach Rom zu kommen? Erwartest du, jemanden zu finden, der dich belehrt?

P: Ich habe gehört, daß sich hier in dem Tempel, den T. Attilius Crassus auf dem Capitol der Mens geweiht hat, viele Schriften weiser Männer über den Geist gefunden haben; aber ich bin vielleicht vergebens hierher gekommen, wenn nicht du, der du ein guter und gebildeter Bürger zu sein scheinst, mir hilfst.

R: Es ist sicher, daß Crassus der Mens einen Tempel geweiht hat. Ob es aber in diesem Tempel irgendwelche Bücher über den Geist gab, kann nach den vielen Schicksalschlägen, die über Rom gekommen sind, niemand wissen. Damit du aber nicht bedauern mußt, umsonst gekommen zu sein, sollst du — worüber du nur willst — einen Mann hören, einen Laien, der nach meinem Urteil bewundernswert ist.

P: So bald als möglich, bitte.

R: Dann folge mir.

Sie stiegen nahe beim Tempel der Ewigkeit in einen kleinen unterirdischen Raum hinab, in dem ein einfacher Mann aus Holz einen Löffel schnitzte. Ihn sprach der Rhetor an:

R: Es ist mir peinlich, Laie, daß dieser große Philosoph dich mit so gewöhnlicher Arbeit beschäftigt antrifft. Er wird nicht glauben, daß er von dir irgendwelche tiefere Einsichten hören wird.

I: Ego in his exercitiis libenter versor, quae et mentem et corpus idesinenter pascunt. Credo, si hic, quem adducis, philosophus est, non me spernet, quia arti coceariae operam do.

P: Optime ais! Nam et Plato intercise pinxisse legitur, quod nequaquam fecisse creditur, nisi quia speculationi non adversabatur.

O: Ob hoc fortassis erant Platoni de arte pingendi familiaria exempla, per quae res grandes faciles reddidit.

I: Immo, in hac mea arte id quod volo symbolice inquiro et mentem depasco, commuto coclearia et corpus reficio. Ita quidem omnia mihi necessaria, quantum sufficit, attingo.

P: Est mea consuetudo, cum hominem fama sapientem accedo, de his quae me angunt, imprimis sollicitum esse et scripturas in medium conferre et inquirere earundem intellectum. Sed cum tu sis idiota, ignoro, quomodo te ad dicendum excitem, ut, quam habeas de mente intelligentiam, experiar.

I: Arbitror neminem facilius me cogi posse, ut dicat quae sentit. Nam cum me ignorantem fatear idiotam, nihil respondere pertimesco; litterati philosophi ac famam scientiae habentes merito cadere formidantes gravius deliberant. Tu igitur, quid a me velis, plane si dixeris, nude recipies.

P: Paucis exprimere nequeo; si placet, consedentes passim loquamur.

I: Placet inquam.

Et positis in trigono scabellis ipsisque tribus ordine locatis orator aiebat:

L: Ich beschäftige mich gern mit diesen Übungen, denn sie nähren Körper wie Geist unaufhörlich. Und ich glaube, wenn dieser Mann, den du mitbringst, ein Philosoph ist, dann wird er mich nicht deshalb verachten, weil ich mich mit der Kunst des Löffelschnitzens abgebe.

P: Du hast ganz recht! Auch Platon soll ja zwischendurch gemalt haben, und ich glaube nicht, daß er das je getan hätte, wenn es der Betrachtung abträglich gewesen wäre.

R: Vielleicht waren deshalb Plato die Beispiele aus der Malkunst so vertraut, mit denen er schwere Dinge leicht faßlich erläutert.

L: Ja. In dieser meiner Kunst suche ich das, was ich will, auf dem Weg des Gleichnisses und nähre den Geist, ich verkaufe die Löffel und erfrische meinen Körper. So erreiche ich alles Notwendige zur Genüge.

P: Wenn ich zu einem Manne komme, der im Ruf steht, ein Weiser zu sein, so ist es meine Gewohnheit, mich vor allem um die Fragen zu bemühen, die mich beschäftigen, ihm Schriften vorzulegen und nach ihrem Sinn zu fragen. Da du aber ein Laie bist, weiß ich nicht, wie ich dich zum Reden bringen soll, um deine Ansicht über den Geist zu erfahren.

L: Ich glaube nicht, daß man irgend jemanden leichter dazubringen kann, seine Meinung zu sagen, als mich. Weil ich zugebe, daß ich ein unwissender Laie bin, fürchte ich mich nicht zu antworten. Gelehrte Philosophen und Männer, die im Rufe großen Wissens stehen, fürchten mit Recht, Fehler zu begehen und erwägen zögernder. Wenn du einfach sagst, was du von mir willst, wirst du ganz ungekünstelt Antwort erhalten.

P: Ich kann das nicht in wenigen Worten ausdrücken. Wenn ihr einverstanden seid, setzen wir uns nieder und sprechen dann.

L: Gerne.

Sie stellten Schemel im Dreieck auf, setzten sich, und als erster sagte der Rhetor:

O: Vides, philosophe, viri huius simplicitatem, qui nihil horum in usu habet, quae ad recipiendum tanti ponderis virum decentia petit; fac in his experimentum, quae magis, ut aiebas, te angunt; nihil enim de his, quae sciverit, te latebit; experieris puto te non vacue adductum.

P: Adhuc omnia placent. Ad rem descendam! Tu interim taciturnus sis quaeso, nec te prolixior turbet collocutio.

O: Experieris me continuationis sollicitatorem potius quam fastidientem.

P: Dic igitur idiota — ita tu tibi nomen esse ais — si quam de mente habes coniecturam.

I: Puto neminem esse aut fuisse hominem perfectum, qui non de mente aliqualem saltem fecerit conceptum. Habeo quidem et ego: mentem esse, ex qua omnium rerum terminus et mensura. Mentem quidem a mensurando dici conicio.

P: Putasne aliud mentem, aliud animam?

I: Puto certe. Nam alia est mens in se subsistens, alia in corpore. Mens in se subsistens aut infinita est aut infiniti imago. Harum autem, quae sunt infiniti imago, cum non sint maximae et absolutae seu infinitae in se subsistentes, posse aliquas animare humanum corpus admitto, atque tunc ex officio easdem animas esse concedo.

P: Concedis igitur eandem esse mentem et hominis animam; mentem per se, animam ex officio?

I: Concedo, uti una est vis sensitiva et visiva oculi in animali.

R: Du siehst die Schlichtheit dieses Mannes, der nichts von dem zu tun gewohnt ist, was die Sitte zum Empfang eines so bedeutenden Mannes fordert. Versuche es mit den Fragen, die dich, wie du sagst, am meisten beunruhigen. Er wird dir nichts von dem verbergen, was er weiß, und ich glaube, du wirst erfahren, daß ich dich nicht vergeblich hierher geführt habe.

P: Bis jetzt bin ich mit allem zufrieden. Gehen wir also zur Sache! Du aber schweige inzwischen bitte, und laß es dich nicht stören, wenn sich das Gespräch lang ausdehnt.

R: Du wirst erfahren, daß ich eher bemüht bin es fortzusetzen, als daß ich seiner überdrüssig würde.

P: Sag also, o Laie — dies sagst du ja, sei dein Name — hast du irgend eine Mutmaßung über den Geist?

L: Ich glaube, daß es keinen erwachsenen Menschen gibt oder gab, der sich nicht wenigstens irgendeinen Begriff vom Geist gemacht hat. Auch ich habe also einen. Der Geist ist das, aus dem Grenze und Maß aller Dinge stammt. Und zwar nehme ich an, daß das Wort *mens* (Geist) von *mensurare* (messen) kommt.

P: Hältst du Seele und Geist für etwas anderes?

L: Ganz sicher. Der Geist, der in sich selbst besteht, ist etwas anderes als der Geist im Körper. Der in sich selbst bestehende Geist ist entweder unendlich oder das Abbild des Unendlichen. Von dem aber, welches Abbild des Unendlichen ist, gebe ich zu, daß es, weil es nicht das Größte oder Absolute oder Unendliche, in sich selbst Bestehende ist, den menschlichen Körper beseelen kann, und dann nach seiner Tätigkeit Seele ist.

P: Du gibst also zu, daß der Geist und die Seele des Menschen dasselbe sind, der Geist durch sich selbst, die Seele durch ihre Tätigkeit?

L: Das gebe ich zu; sie sind so eines wie das sinnliche Empfindungsvermögen und das Sehvermögen bei einem Lebewesen eines sind.

II.

Quomodo est vocabulum naturale et aliud impositum secundum illud citra praecisionem; et quomodo est principium simplex, quod est ars artium; et quomodo complicatur ars aeterna philosophorum.

P: Aiebas mentem a mensurando dici. Hanc partem neminem legi tenuisse inter verias verbi derivationes: primum oro, ut causam dicti aperias.

I: Si de vi vocabuli diligentius scrutandum est, arbitror vim illam, quae in nobis est, omnium rerum exemplaria notionaliter complicantem, quam mentem appello, nequaquam proprie nominari. Quemadmodum enim ratio humana quidditatem operum Dei non attingit, sic nec vocabulum. Sunt enim vocabula motu rationis imposita; nominamus enim unam rem vocabulo uno et per certam rationem, et eandem alio per aliam, et una lingua habet propria, alia magis barbara et remotiora vocabula. Ita video, quod cum proprietas vocabulorum recipiat magis et minus, vocabulum praecisum ignorari.

P: Ad alta properas, idiota! Nam secundum illa, quae dicere videris, ob hoc vocabula sunt minus propria, quia ad placitum opinaris instituta, prout cuique imponenti ex rationis motu occurrebat.

I: Volo, ut me profundius intelligas! Nam etsi fatear omne vocabulum eo ipso unitum, quo forma materiae advenit, et verum sit formam adducere vocabulum, ut sic vocabula sint non ex impositione, sed ab aeterno, et impositio sit [non] libera, tamen non arbitror aliud quam congruum nomen imponi, licet illud non sit praecisum.

II.

Es gibt eine natürliche Wortbezeichnung, und eine andere, die ihr folgt, aber nicht genau ist. Es gibt einen einfachen Ursprung, welcher die Kunst der Künste ist. Die ewige Kunst der Philosophen ist in ihm beschlossen.

P: Du hast gesagt, daß das Wort Geist von Messen kommt. Unter den verschiedenen Ableitungen des Wortes habe ich nicht gefunden, daß jemand diese Meinung vertritt. Darum bitte ich dich, mir den Grund dieser Behauptung darzulegen.

L: Wenn man der Bedeutung eines Wortes genauer nachforschen muß, glaube ich, daß jene Kraft in uns, welche die Urbilder aller Dinge begrifflich einfaltet und die ich Geist nenne, keineswegs im eigentlichen Sinn bezeichnet wird. So wie der menschliche Verstand die Washeit der Werke Gottes nicht erreicht, so auch nicht das Wort. Worte sind ja durch einen Akt des Verstandes beigelegt. Aus einem bestimmten Grund nennen wir ein Ding mit einer Bezeichnung, ein anderes mit einer anderen, und eine Sprache hat zutreffendere, eine andere hingegen barbarischere und weniger passende Benennungen. Da der eigentümliche Gehalt der Wörter größer oder geringer werden kann, sehe ich, daß eine genaue Wortbezeichnung nicht gewußt werden kann.

P: Zu hohen Dingen begibst du dich, Laie! Nach dem, was du zu sagen scheinst, sind Wortbezeichnungen deshalb nicht eigentümlich angemessen, weil sie, wie du meinst, nach Belieben eingesetzt sind; so wie es demjenigen, der sie einsetzte, in der Regung seines Verstandes einfiel.

L: Ich möchte, daß du mich tiefer verstehst. Wohl glaube ich, daß jede Wortbezeichnung dem Ding so vereint ist, wie die Form der Materie, und daß es wahr ist, daß die Form die Wortbezeichnung beibringt, und daß infolgedessen die Wortbezeichnungen nicht aus willkürlicher Beilegung, sondern von Ewigkeit herstammen und die Beilegung nicht frei ist; ich meine, daß nur eine passende Bezeichnung beigelegt wird, auch wenn sie nicht genau ist.

P: Fac te, quaeso, planiorem, ut quod velis capiam.

I: Perlibenter! Et nunc me ad hanc artem coceariam converto. Et primum volo scias me absque haesitatione asserere omnes humanas artes imagines quasdam esse infinitae et divinae artis. Nescio, si tibi id ipsum videatur.

P: Tu alta exigis, neque fas est ad illa passim respondere.

I: Miror si umquam philosophum legeris, qui hoc ignoraverit, cum de se pateat. Manifestum est enim nullam humanam artem perfectionis praecisionem attigisse omnemque finitam esse et terminatam; terminatur enim ars una in suis terminis, alia in aliis suis, et quaelibet est alia ab aliis, et nulla omnes complicat.

P: Quid ex hoc inferes?

I: Artem omnem humanam finitam.

P: Quis haesitat?

I: Impossibile est autem plura esse infinita realiter distincta.

P: Et hoc ipsum fateor, quoniam alterum foret in altero finitum.

I: Si igitur hoc sic est: nonne solum absolutum principium est infinitum, quia ante principium non est principium, ut de se patet, ne principium sit principiatum. Hinc aeternitas est ipsa sola infinitas seu principium absolutum.

P: Admitto.

I: Est igitur sola et unica absoluta aeternitas ipsa infinitas, quae est sine principio. Quare omne finitum principiatum ab infinito principio.

P: Negare nequeo.

I: Omnis ergo ars finita ab arte infinita. Sicque necesse erit infinitam artem omnium artium exemplar esse principium,

P: Bitte, drücke dich klarer aus, damit ich begreife, was du willst.

L: Sehr gern. Um das zu tun, wende ich mich jetzt dieser Kunst des Löffelschnitzens zu. Zuerst sollst du wissen, daß ich ohne Zögern behaupte, alle menschlichen Künste seien Abbilder der unendlichen göttlichen Kunst. Ich weiß nicht, ob du das selbe meinst.

P: Du verlangst Großes und es ist nicht recht, darauf leichthin zu antworten.

L: Es würde mich wundern, wenn du jemals einen Philosophen gelesen hättest, der das nicht wüßte. Es ist doch von selbst klar. Es ist offenbar, daß keine menschliche Kunst die Genauigkeit der Vollkommenheit erreicht hat, daß jede endlich und begrenzt ist. Eine Kunst wird in ihren Grenzen eingegrenzt, eine andere in anderen, jede ist von den anderen verschieden und keine schließt alle zusammen.

P: Was willst du daraus schließen?

L: Daß jede menschliche Kunst endlich ist.

P: Wer zweifelt denn daran?

L: Es ist aber unmöglich, daß es mehrere der Sache nach geschiedene Unendliche gibt.

P: Das gebe ich auch zu, anderenfalls wäre ja das eine im anderen begrenzt.

L: Wenn sich dies so verhält, ist dann nicht der absolute Ursprung allein unendlich? Vor dem Ursprung gibt es ja keinen Ursprung. Das ist in sich selbst einsehbar, sonst wäre der Ursprung etwas Entsprungenes. Daher ist die Ewigkeit allein die Unendlichkeit oder der absolute Ursprung.

P: Dem stimme ich zu.

L: Also ist einzig und allein die absolute Ewigkeit die Unendlichkeit, die keinen Ursprung hat. Aus diesem Grund stammt alles Endlich-Entsprungene aus dem unendlichen Ursprung.

P: Das kann ich nicht leugnen.

L: Alle begrenzte Kunst stammt darum von der unendlichen Kunst. So muß notwendig die unendliche Kunst das

medium, finem, metrum, mensuram, veritatem, praecisionem et perfectionem.

P: Prosequere ad quae properas, quia nemo his dissentire potest.

I: Applicabo igitur ex hac coclearia arte symbolica paradigmata, ut sensibiliora fiant quae dixero.

P: Rogo sic agas! Video enim te viam tenere ad ea, ad quae anhelo.

Idiota sumpto cocleari ad manum aiebat:

Coclear extra mentis nostrae ideam aliud non habet exemplar. Nam etsi statuarius aut pictor trahat exemplaria a rebus, quas figurare satagit, non tamen ego, qui ex lignis coclearia et scutellas et ollas ex luto educo. Non enim in hoc imitor figuram cuiuscumque rei naturalis. Tales enim formae cocleares, scutellares et ollares sola humana arte perficiuntur. Unde ars mea est magis perfectoria quam imitatoria figurarum creatarum, et in hoc infinitae arti similior.

P: Placet id ipsum.

I: Esto igitur, quod artem explicare et formam coclearitatis, per quam coclear constituitur, sensibilem facere velim; quae cum in sua natura nullo sensu sit attingibilis, quia nec alba nec nigra aut alterius coloris vel vocis vel odoris vel gustus vel tactus, conabor tamen eam modo, quo fieri potest, sensibilem facere. Unde materiam, puta lignum, per instrumentorum meorum, quae applico, varium motum dolo et cavo, quousque in eo proportio debita oriatur, in qua forma coclearitatis convenienter resplendeat; sic vides formam coclearitatis simplicem et insensibilem in figurali proportione huius ligni quasi in imagine eius resplendere. Unde veritas et praecisio coclearitatis, quae est immultiplicabilis et incommunicabilis, nequaquam potest per quaecumque etiam instrumenta et quemcumque hominem perfecte sensibilis fieri. Et in omnibus coclearibus non nisi ipsa simplicissima forma varie relucet, magis in uno et minus in alio et in

Urbild aller Künste sein, ihr Ursprung, Mitte, Ende, Maß, Wahrheit, Genauigkeit und Vollendung.

P: Verfolge weiterhin dein Ziel. Niemand vermag deinen Worten zu widersprechen.

L: Ich will Beispiele mit Symbolcharakter anwenden, die aus der Kunst des Löffelschnitzens genommen sind, damit das, was ich sagen will, anschaulicher werde.

P: Tue das nur! Ich sehe, daß du dahin zielst, wonach ich verlange.

Der Laie nahm einen Löffel in die Hand und sagte:

L: Der Löffel hat außer der Idee unseres Geistes kein Urbild. Ein Bildhauer oder Maler nimmt seine Urbilder von den Dingen, die nachzubilden er sich beschäftigt. Ich hingegen, der ich aus Holzstücken Löffel, und aus Ton Schüsseln und Töpfe mache, tue das nicht. Denn bei dieser Tätigkeit bilde ich nicht die Gestalt irgend eines natürlichen Dinges nach. Formen von Löffeln, Schüsseln und Töpfen werden allein durch menschliche Kunst zur Vollendung gebracht. Demzufolge ist meine Kunst vollkommener als diejenige, welche geschaffene Figuren nachahmt; darin ist sie der unendlichen Kunst ähnlicher.

P: Das gefällt mir.

L: Nehmen wir an, ich wollte diese Kunst entfalten und die Form des Löffelseins, die einen Löffel konstituiert, sinnlich wahrnehmbar machen. Obwohl sie in ihrer Natur von keinem Sinn erreicht werden kann, weil sie weder weiß noch schwarz noch andersfarbig ist, noch Stimme, Geruch, Geschmack oder Berührbarkeit besitzt, werde ich doch versuchen, sie auf eine Weise, in der es möglich ist, sinnlich wahrnehmbar zu machen. So nehme ich eine Materie, nämlich das Holz und schnitze und höhle durch verschiedene Bewegung der Instrumente, die ich anwende, solange, bis in ihm das nötige Formverhältnis entsteht, in dem die Form des Löffelseins geeignet widerstrahlt. Auf diese Weise siehst du, wie die einfache und nicht sinnenhafte Form des Löffelseins im Gestaltverhältnis dieses Holzes wie in einem Abbild widerstrahlt. Darum kann die Wahrheit und Genauigkeit des Löffelseins, die unvermehrbar und unmitteilbar ist,

nullo praecise. Et quamvis lignum recipiat nomen ab adventu formae, ut orta proportione, in qua coclearitas resplendet, coclear nominetur, ut sic nomen sit formae unitum, tamen impositio nominis fit ad beneplacitum, cum aliud imponi posset.

Sic etsi ad beneplacitum, tamen non aliud et penitus diversum a naturali nomine formae unito, sed vocabulum naturale post formae adventum in omnibus variis nominibus per quascumque nationes varie impositis relucet. Impositio igitur vocabuli fit motu rationis. Nam motus rationis est circa res, quae sub sensu cadunt, quarum discretionem, concordantiam et differentiam ratio facit, ut nihil sit in ratione, quod prius non fuit in sensu. Sic igitur vocabula imponit et movetur ratio ad dandum hoc nomen uni et aliud alteri rei.

Verum cum non reperatur forma in sua veritate in his, circa quae ratio versatur, hinc ratio in coniectura et opinione occumbit. Unde genera et species, ut sub vocabulo cadunt, sunt entia rationis, quae sibi ratio fecit ex concordantia et differentia sensibilium. Quare, cum sint posterius natura rebus sensibilibus, quarum sunt similitudines, tunc sensibilibus destructis remanere nequeunt.

Quicumque igitur putat nihil in intellectum cadere posse, quod non cadat in ratione, ille etiam putat nihil posse esse in intellectu, quod prius non fuit in sensu; et hic necessario dicere habet rem nihil esse, nisi ut sub vocabulo cadit, et huius studium est in omni inquisitione quid nominis profundare, et haec inquisitio grata est homini, quia motu

durch kein wie immer geartetes Instrument und durch keinen Menschen vollkommen sinnlich sichtbar werden. In allen Löffeln strahlt nur die einfachste Form selbst wider; in dem einen mehr, weniger im anderen und in keinem genau. Obwohl das Holz seinen Namen vom Hinzukommen der Form erhält, so daß es nach dem Entstehen der Form, in der das Löffelsein widerstrahlt, Löffel genannt wird, und so der Name mit der Form geeint ist, geschieht doch die Einsetzung dieses Namens nach Gutdünken, da auch ein anderer eingesetzt werden könnte.

Obwohl die Einsetzung des Namens nach Gutdünken vollzogen wird, ist dieser doch nicht gänzlich anderes und verschieden von dem natürlichen Namen, welcher mit der Form vereint ist. Die natürliche Bezeichnung strahlt nach Hinzutreten der Form in all den verschiedenen Namen, die von den einzelnen Völkern verschieden beigelegt werden, wider. Die Einsetzung einer Bezeichnung geschieht also durch eine Bewegung des Verstandes. Die Bewegung des Verstandes betrifft die Sache, die in den Bereich der Sinne fällt. Der Verstand bewirkt ihre Unterscheidung, Übereinstimmung und Verschiedenheit, so daß nichts im Verstand ist, das nicht vorher im Sinn war. So setzt der Verstand die Bezeichnung ein und wird dazu bewegt, dem einen Ding diesen Namen und dem anderen einen anderen zu geben.

Weil die Form in ihrer Wahrheit aber nicht in dem gefunden wird, mit dem sich der Verstand beschäftigt, unterliegt dieser Mutmaßungen und Meinungen. Aus diesem Grund sind Arten und Eigengestalten, wie sie unter eine Bezeichnung fallen, Dinge des Verstandes, die er sich aus Übereinstimmung und Unterschied der sinnlichen Dinge bildet. Weil sie ihrer Natur nach später sind als die sinnlichen Dinge, deren Abbilder sie sind, vermögen sie nicht weiter zu bestehen, wenn diese zerstört sind.

Wer also glaubt, daß es nichts in der Vernunft geben kann, das nicht im Verstand ist, der glaubt auch, daß nichts in der Vernunft sein kann, das nicht vorher im Sinn war. Darum muß er notwendig sagen, daß ein Ding nur soweit etwas sei, als es unter eine Bezeichnung fällt, und sein Streben ist darauf gerichtet, bei jeder Untersuchung sein Wissen hin-

rationis discurrit; hic negaret formas in se et in sua veritate separatas esse aliter quam ut sunt entia rationis, et exemplaria ac ideas nihili faceret.

Qui vero in mentis intelligentia aliquid esse admittunt, quod non fuit in sensu nec in ratione, puta exemplarem et incommunicabilem veritatem formarum, quae in sensibilibus relucent, hi dicunt exemplaria natura praecedere sensibilia, sicut veritas imaginem. Et ordinem dant talem, ut primo ordine naturae sit humanitas in se et ex se, scilicet absque praeiacenti materia; deinde homo per humanitatem, et quod ibi cadat sub vocabulo; deinde species in ratione. Unde destructis omnibus hominibus humanitas, ut est species, quae sub vocabulo cadit, et est ens rationis, quod ratio venata est ex similitudine hominum, subsistere nequit; nam ab hominibus dependebat, qui non sunt. Sed propter hoc non desinit esse humanitas, per quam fuerunt homines, quae quidem humanitas non cadit sub vocabulo speciei, prout vocabula motu rationis sunt imposita, sed est veritas speciei illius sub vocabulo cadentis. Unde imagine destructa manet in se veritas. Et hi omnes negant rem non aliud esse quam ut cadit sub vocabulo; eo enim modo, ut sub vocabulo cadit, de rebus fit logica et rationalis consideratio. Quare illam logice inquirunt, profundant et laudant, sed ibi non quiescunt, quia ratio seu logica circa imagines formarum tantum versatur. Sed res ultra vim vocabuli theologice intueri conantur et ad exemplaria et ideas se convertunt.

sichtlich des Namens zu vertiefen. Eine derartige Untersuchung gefällt dem Menschen, weil er hier durch die Bewegung des Verstandes fortschreitet. Ein solcher Mensch würde leugnen, daß die Formen in sich bestehen und in ihrer Wahrheit anders getrennt sind als die Verstandesdinge; und er würde die Urbilder und Ideen für nichts achten.
Diejenigen hingegen, die zugeben, daß es in der vernünftigen Einsicht des Geistes etwas gibt, daß weder in Sinn noch Verstand war, wie zum Beispiel das Urbild und die nicht mitteilbare Wahrheit der Formen, welche in den Sinnendingen widerstrahlen — diese Menschen sagen, daß die Urbilder von Natur aus den Sinnendingen vorangehen, so wie die Wahrheit dem Abbild. Und sie geben ihm folgende Ordnung: in der ersten Ordnung der Natur besteht die Menschheit in sich und aus sich ohne eine vorliegende Materie; darauf folgt der Mensch mittels der Menschheit; als solcher fällt er unter die Bezeichnung; dann folgt die Eigengestalt, welche unter die Bezeichnung fällt, und als grunde gegangen sind, vermag die Menschheit als eine Eigengestalt, welche unter die Bezeichnung fällt, und als ein Verstandesding, welches der Verstand aus der Ähnlichkeit der Menschen gewonnen hat, nicht weiter zu bestehen; sie hing ja von den Menschen ab, die nicht mehr sind. Darum hört aber die Menschheit nicht auf, durch die die Menschen Menschen waren. Sie fällt nämlich nicht unter die Bezeichnung der Eigengestalt, sofern jene durch ein Tun des Verstandes eingesetzt ist. Sie ist vielmehr die Wahrheit jener Eigengestalt, die unter die Bezeichnung fällt. Und aus diesem Grund bleibt die Wahrheit in sich, auch wenn das Abbild zerstört ist. Sie alle leugnen, daß ein Ding nicht anders sei, als wie es unter die Wortbezeichnung fällt; in der Weise, in der dies geschieht, vollzieht sich nämlich die logische und verstandesmäßige Betrachtung. Darum erforschen sie ein Ding auf logische Weise, vertiefen ihr Wissen und loben ihre Kenntnis. Sie bleiben aber dabei nicht stehen, weil der Verstand oder die Logik sich nur mit den Abbildern der Formen beschäftigt. Sie versuchen vielmehr das Ding jenseits der Worbedeutung theologisch zu schauen, und wenden sich den Urbildern und Ideen zu.

Arbitror non posse plures inquisitionum modos dari. Si tu, qui es philosophus, alias legisti, scire potes. Ego sic conicio.

P: Mirabiliter omnes omnium tangis philosophorum sectas, Peripateticorum et Academicorum.

I: Hae omnes et quotquot cogitari possent modorum differentiae facillime resolvuntur et concordantur, quando mens se ad infinitatem elevat. Nam sicut orator hic praesens tibi latius ex iis, quae a me habet, explanabit, tunc infinita forma est solum una et simplicissima, quae in omnibus rebus resplendet tamquam omnium et singulorum formabilium adaequatissimum exemplar. Unde verissimum erit non esse multa separata exemplaria ac multas rerum ideas. Quam quidem infinitam formam nulla ratio attingere potest. Hinc per omnia vocabula rationis motu imposita ineffabilis non comprehenditur. Unde res, ut sub vocabulo cadit, imago est ineffabilis exempli sui proprii et adaequati. Unum est igitur verbum ineffabile, quod est praecisum nomen omnium rerum, ut motu rationis sub vocabulo cadunt. Quod quidem ineffabile nomen in omnibus nominibus suo modo relucet, quia infinita nominabilitas omnium nominum, et infinita vocabilitas omnium voce expressibilium, ut sic omne nomen sit imago praecisi nominis.

Et nihil aliud omnes conati sunt dicere, licet forte id, quod dixerunt, melius et clarius dici posset. Omnes enim necessario concordarunt unam esse infinitam virtutem, quam Deum dicimus, in qua necessario omnia complicantur. Neque ille aliud dicere voluit, qui aiebat humanitatem, ut non cadit sub vocabulo, esse praecisionem veritatis, quam ineffabilem illam infinitam formam. Quam, dum ad humanam formam respicimus, eius praecisum exemplar nominamus, ut

Ich glaube nicht, daß es noch weitere Methoden der Untersuchung geben kann. Wenn du als Philosoph andere Meinungen gelesen hast, magst du es wissen. Ich vermute es nur so.

P: Es ist ganz wunderbar, wie du alle Richtungen der Philosophen berührst, die der Peripathetiker und die der Akademie.

L: Alle diese unterschiedlichen Betrachtungsarten und wieviele sich sonst noch denken lassen, können leicht auf ihren Ursprung rückgeführt, und zur Übereinstimmung gebracht werden, wenn der Geist sich zur Unendlichkeit erhebt. Wie der Redner hier dir auf Grund dessen, was er von mir gehört hat, ausführlicher erklären wird, ist die unendliche Form nur eine und die einfachste; sie strahlt in allen Dingen als das angemessenste Urbild von allem und den einzelnen formbaren Dingen wider. Daher ist es vollkommen wahr, daß es nicht viele getrennte Urbilder und viele Ideen der Dinge gibt. Diese unendliche Form vermag jedoch kein Verstand zu erreichen. Aus diesem Grund ist sie durch keine der Wortbezeichnungen, welche mittels der Bewegung des Verstandes eingesetzt sind, aussagbar und kann nicht erfaßt werden. Das Ding, wie es unter die Wortbedeutung fällt, ist ein Abbild seines unaussagbaren, eigentümlichen und angemessenen Urbildes. Es gibt also das eine unaussagbare Wort, welches der genaue Name aller Dinge ist, die mittels der Verstandes-Bewegung bezeichnet werden. Dieser unausagbare Name strahlt in allen Namen auf seine Weise wider; er ist die unendliche Nennbarkeit aller Namen und die unendliche Aussagbarkeit alles durch Worte Aussagbaren, so daß auf diese Weise jeder Name ein Abbild des genauen Namens ist.

Nichts anderes versuchten alle Philosophen zu sagen, wenn sie auch vielleicht das, was sie sagten, besser und klarer hätten ausdrücken können. Alle stimmten notwendig darin überein, daß es eine unendliche Kraft gibt, die wir Gott nennen, und in der alles eingefaltet sein muß. Jener, der meint, daß die Menschheit, wie sie nicht unter die Wortbezeichnung fällt, die Genauigkeit der Wahrheit sei, wollte nichts anderes sagen, als daß es jene unaussagbare ewige

sic ineffabilis, dum ad eius imagines intuemur, omnium nominibus nominetur, et unum simplicissimum exemplar secundum exemplatorum specificas differentias per rationem nostram formatas plura esse exemplaria videatur.

III.

Quomodo intelligantur et concordentur philosophi; et de nomine Dei et praecisione; ac quomodo uno praeciso nomine cognito omnia cognoscuntur; et de sufficientia scibilium; et quomodo differunt conceptus Dei et noster.

P: Mirabiliter Trismegisti dictum dilucidasti, qui aiebat Deum omnium rerum nominibus ac omnes res Dei nomine nominari[1].

I: Complica nominari et nominare in coincidentiam altissimo intellectu, et omnia patebunt. Nam Deus est cuiuscumque rei praecisio. Unde, si de una re praecisa scientia haberetur, omnium rerum scientia necessario haberetur. Sic si praecisum nomen unius rei sciretur, tunc et omnium rerum nomina scirentur. Quia praecisio citra Deum non est, hinc, qui praecisionem unam attingeret, Deum attingeret, qui est veritas omnium scibilium.

O: Declara quaeso de praecisione nominis!

I: Tu nosti, orator, quomodo nos exserimus ex vi mentis mathematicales figuras. Unde, dum triangularitatem visibilem facere voluero, figuram facio, in qua tres angulos constituo, ut tunc in figura sic habituata et proportionata triangularitas reluceat, cum qua unitum est vocabulum, quod ponatur esse trigonus.

[1] Thomas, Apulei opera III, Asclepius XX, p. 56.

Form sei. Diese nennen wir, wenn wir die menschliche Form betrachten, ihr genaues Urbild, so daß sie, obwohl unaussagbar, doch mit allen Namen genannt wird, sobald wir auf ihre Abbilder schauen. Und dergestalt scheint das eine einfachste Urbild entsprechend den von unserem Verstand gebildeten eigengestaltlichen Abbild-Unterschieden eine Vielzahl von Urbildern zu sein.

III.

Verständnis und Übereinstimmung der Philosophen; der Name Gottes und seine Genauigkeit; kennt man einen genauen Namen, so kennt man alle; die Hinlänglichkeit des Wißbaren; Gottes Begreifen und unser Begreifen ist verschieden.

P: Du hast in ganz wunderbarer Weise das Wort des Trismegistos erhellt, der sagt, daß Gott mit den Namen aller Dinge und alle Dinge mit dem Namen Gottes benannt werden.

L: Wenn du Nennen und Benannt-Werden in der höchsten Vernunft zusammenfallen und eingefaltet sein läßt, dann wird alles offenbar. Gott ist die Genauigkeit jedes Dinges. Daher hat man, sobald man von einem Ding genaues Wissen hat, notwendigerweise das Wissen von allen Dingen. Wüßte man den genauen Namen eines einzigen Dinges, so wüßte man die Namen aller Dinge. Genauigkeit gibt es aber nicht in dem, was diesseits von Gott liegt. Wer darum eine einzige Genauigkeit erreichte, der hätte Gott erreicht, der die Wahrheit alles Wißbaren ist.

R: Bitte, gib uns eine Erklärung hinsichtlich der Genauigkeit des Namens.

L: Du weißt, Rhetor, daß wir aus der Kraft des Geistes die mathematischen Figuren hervorbringen. Wollte ich die Dreieckigkeit sichtbar machen, so würde ich eine Figur bilden, in der ich drei Winkel anbringe, damit in der Figur, die sich so verhält und so gestaltet ist, die Dreieckigkeit widerstrahlt; mit ihr ist das Wort verbunden, das als „Dreieck" festgesetzt ist.

Dico igitur: si trigonus est praecisum vocabulum figurae triangularis, tunc scio praecisa vocabulo omnium polygoniarum. Scio enim tunc, quod figurae quadrangularis vocabulum esse debet tetragonus, et quinquangularis pentagonus, et ita deinceps. Et ex notitia nominis unius cognosco figuram nominatam et omnes nominabiles polygonias et differentias et concordantias earundem et quidquid circa hoc sciri potest.

Pariformiter aio, quod, si scirem praecisum nomen unius operis Dei, omnia nomina omnium Dei operum et quidquid sciri posset non ignorarem. Et cum verbum Dei sit praecisio omnis nominis nominabilis, solum in verbo omnia et quodlibet sciri posse constat.

O: Palpabiliter more tuo explanasti.

P: Miram doctrinam tradidisti, idiota, omnes philosophos concordandi. Nam dum adverto, non possum nisi tecum consentire non voluisse omnes philosophos aliud dicere, quam id ipsum quod dixisti per hoc, quod nemo omnium negare potuit Deum infinitum, in quo solo dicto omnia, quae dixisti, complicantur. Mirabilis est haec sufficientia omnium scibilium et quomodocumque tradi possibilium.

Amplius ad mentis tractatum descende et dicito: esto quod mens a mensura dicatur, ut ratio mensurationis sit causa nominis, quid mentem esse velis?

I: Scis, quomodo simplicitas divina omnium rerum est complicativa. Mens est huius complicantis simplicitatis imago. Unde, si hanc divinam simplicitatem infinitam mentem vocitaveris, erit ipsa nostrae mentis exemplar. Si mentem divinam universitatem veritatis rerum dixeris, nostram dices universitatem assimilationis rerum, ut sit notionum universitas. Conceptio divinae mentis est rerum productio. Conceptio nostrae mentis est rerum notio. Si mens divina est absoluta entitas, tunc eius conceptio est entium creatio. Et nostrae mentis conceptio est entium assimilatio. Quae enim

Ich sage also: Wenn „Dreieck" die genaue Wortbezeichnung der dreieckigen Figur ist, dann weiß ich die genauen Bezeichnungen aller Vielecke. Dann weiß ich nämlich, daß die Bezeichnung der viereckigen Figur Viereck sein muß, die der fünfeckigen Fünfeck, usw. Aus der Kenntnis des einzigen Namen kenne ich die benannte Figur und alle benennbaren Vielecke; ihre Unterscheidungen und Übereinstimmungen, und alles, was sich sonst darüber wissen läßt.

Gleicherweise sage ich: wüßte ich den genauen Namen eines einzigen Werkes Gottes, dann wären mir alle Namen aller Werke Gottes und was immer gewußt werden kann, nicht mehr unbekannt. Weil das Wort Gottes die Genauigkeit jedes nennbaren Namens ist, steht fest, daß nur in diesem Wort alles und jedes gewußt werden kann.

R: Anschaulich hast du es uns auf deine Weise erklärt.

P: Eine wunderbare Lehre hast du uns mitgeteilt, Laie; d. h. wie alle Philosophen in Übereinstimmung gebracht werden. Wenn ich es genau betrachte, kann ich nicht anders, als mit dir übereinzustimmen, daß alle Philosophen nichts anderes sagen wollten als eben das, was du gesagt hast: keiner von allen konnte Gott, den Unendlichen, leugnen. In diesem einen Satz sind alle deine Worte zusammengeschlossen. Wunderbar ist dieses Genügen alles Wißbaren und irgendwie Mitteilbaren.

Sprich aber bitte noch weiter über den Geist und gib uns folgende Auskunft: nehmen wir an, daß die Bezeichnung Geist — *mens* — von Maßgebung — *mensura* — kommt, so daß die Fähigkeit des Messens der Grund des Namens ist: was soll dann der Geist deiner Meinung nach sein?

L: Du weißt, daß die göttliche Einfachheit alle Dinge einfaltet. Der Geist ist das Abbild dieser einfaltenden Einfachheit. Wenn du darum diese göttliche Einfachheit den unendlichen Geist nennst, dann wird er das Urbild unseres Geistes sein. Wenn du den göttlichen Geist die Gesamtheit der Wahrheit der Dinge nennst, nennst du den unseren die Gesamtheit der Dingverähnlichungen, so daß er die Gesamtheit der Begriffs-Kenntnisse ist. Das Begreifen des göttlichen Geistes ist das Hervorbringen der Dinge, das Begreifen unseres Geistes ist die begriffliche Kenntnis der

divinae menti ut infinitae conveniunt veritati, nostrae conveniunt menti ut propinquae eius imagini. Si omnia sunt in mente divina ut in sua praecisa et propria veritate, omnia sunt in mente nostra ut in imagine seu similitudine propriae veritatis, hoc est notionaliter; similitudine enim fit cognitio. Omnia in Deo sunt, sed ibi rerum exemplaria; omnia in nostra mente, sed ibi rerum similitudines. Sicut Deus est entitas absoluta, quae est omnium entium complicatio, sic mens nostra est illius entitatis infinitae imago, quae est omnium imaginum complicatio, quasi ignoti regis prima imago est omnium aliarum secundum ipsam depingibilium exemplar.

Nam Dei notitia seu facies non nisi in natura mentali, cuius veritas est obiectum, descendit, et non ulterius nisi per mentem, ut mens sit imago Dei et omnium Dei imaginum post ipsum exemplar. Unde, quantum omnes res post simplicem mentem de mente participant, tantum et de Dei imagine, ut mens sit per se Dei imago, et omnia post mentem non nisi per mentem.

IV.

Quomodo mens nostra non est explicatio, sed imago complicationis aeternae, sed quae post mentem sunt non sunt imago; et quomodo est sine notionibus habens tamen iudicium concreatum; et cur est corpus sibi necessarium.

P: Videris ex multa mentis tuae plenitudine dicere velle mentem infinitam esse vim formativam absolutam, sic mentem finitam vim conformativam seu configurativam.

Dinge. Ist der göttliche Geist die absolute Seiendheit, dann ist sein Begreifen die Erschaffung der Seienden. Das Begreifen unseres Geistes ist die Verähnlichung der Seienden. Was dem göttlichen Geist als der unendlichen Wahrheit zukommt, kommt unserem Geist als dessen ihm nahes Bild zu. Wenn alles im göttlichen Geist als in seiner genauen und eigentlichen Wahrheit ist, ist alles in unserem Geist als im Bild oder der Ähnlichkeit der eigentlichen Wahrheit, d. h. begrifflich. Erkennen vollzieht sich ja durch Ähnlichkeit. Alles ist in Gott, aber dort als Urbild der Dinge; alles ist in unserem Geist, jedoch als das Ähnlichkeitsbild der Dinge. Wie Gott die absolute Seiendheit ist, welche die Einfaltung aller Seienden ist, so unser Geist das Bild dieser unendlichen Seiendheit, die die Einfaltung aller Abbilder ist; so wie das erste Abbild eines unbekannten Königs das Urbild aller anderen ist, die nach ihm gemalt werden können.

Die Kenntnis oder das Antlitz Gottes steigt nur in die geistige Natur herab, deren Gegenüber die Wahrheit ist. Sie steigt nicht weiter herab; es sei denn durch den Geist, so daß der Geist das Bild Gottes ist und das Urbild für alle Abbilder Gottes, die nach ihm kommen. Soweit alle Dinge, die nach dem einfachen Geist kommen, am Geist teilhaben, soweit haben sie auch am Bild Gottes teil, sodaß der Geist durch sich selbst ein Bild Gottes ist, und alles, das dem Geist folgt, dies nur durch den Geist ist.

IV.

Unser Geist ist nicht Ausfaltung, sondern Bild der ewigen Einfaltung; was aber nach dem Geist kommt, ist nicht Bild; der Geist hat keine Begriffe, aber doch ein miterschaffenes Urteil; warum der Körper für ihn notwendig ist.

P: Aus der großen Fülle deines Geistes scheinst du sagen zu wollen, der unendliche Geist sei eine absolute formende Kraft und der endliche Geist eine nach-formende und nachgestaltende.

I: Volo quidem hoc modo. Nam quod dicendum est, convenienter exprimi nequit. Hinc multiplicatio sermonum perutilis est.

Attende aliam esse imaginem, aliam explicationem. Nam aequalitas est unitatis imago; ex unitate enim semel oritur aequalitas. Unde unitatis imago est aequalitas; et non est aequalitas unitatis explicatio, sed pluralitas complicationis. Igitur unitatis aequalitas est imago, non explicatio. Sic volo mentem esse imaginem divinae mentis simplicissimam inter omnes imagines divinae complicationis.

Et ita mens est imago complicationis divinae prima omnes imagines complicationis sua simplicitate et virtute complicantis. Sicut enim Deus est complicationum complicatio, sic mens, quae est Dei imago, est imago complicationis complicationum. Post imagines sunt pluralitates rerum divinam complicationem explicantes, sicut numerus est explicativus unitatis, et motus quietis, et tempus aeternitatis, et compositio simplicitatis, et tempus praesentiae, et magnitudo puncti, et motus quietis, et inaequalitas aequalitatis, et diversitas identitatis, et ita de singulis.

Ex hoc elice admirandam mentis nostrae virtutem; nam in vi eius complicatur vis assimilativa complicationis puncti, per quam in se reperit potentiam, qua se omni magnitudini assimilat. Sic etiam ob vim assimilativam complicationis unitatis habet potentiam, qua se potest omni multitudini assimilare, et ita per vim assimilativam complicationis nunc seu praesentiae omni tempori, et quietis omni motui, et simplicitatis omni compositioni, et identitatis omni diversitati, et aequalitatis omni inaequalitati, et nexus omni disiunctioni. Et per imaginem absolutae complicationis, quae est mens infinita, vim habet, qua se potest assimilare omni explicationi. Et talia multa per te vides dici posse, quae mens

L: Dies will ich sagen, und zwar auf folgende Weise. — Ganz zutreffend kann das, was zu sagen ist, nicht ausgedrückt werden. Darum ist es sehr nützlich, es vielfach darzustellen.

Achte darauf, daß Bild und Ausfaltung jeweils etwas anderes sind. Die Gleichheit ist das Abbild der Einheit. Aus der Einheit entsteht nämlich einmal die Gleichheit. Darum ist das Abbild der Einheit die Gleichheit und die Gleichheit ist nicht die Ausfaltung der Einheit, sondern die Einfaltung der Vielheit. So ist die Gleichheit der Einheit Abbild, nicht Ausfaltung. Ähnlich meine ich, daß der Geist von allen Abbildern der göttlichen Einfaltung das einfachste Bild des göttlichen Geistes ist.

So ist der Geist das erste Bild der göttlichen Einfaltung, die alle Abbilder ihrer Einfaltung in ihrer Einfachheit und Kraft zusammenschließt. So wie Gott die Einfaltung der Einfaltungen ist, so ist der Geist, das Bild Gottes, das Bild der Einfaltung der Einfaltungen. Nach den Abbildern folgt die Vielheit der Dinge, welche die göttliche Einfaltung ausfaltet, so wie die Zahl die Ausfaltung der Einheit ist, die Bewegung die der Ruhe, die Zeit die der Ewigkeit, die Zusammensetzung die der Einfachheit, die Zeit die der Gegenwart, die Größe die des Punktes, die Bewegung die der Ruhe, die Ungleichheit die der Gleichheit, die Verschiedenheit die der Selbigkeit, usw.

Entnimm daraus die staunenswerte Mächtigkeit unseres Geistes. In seiner Kraft ist die verähnlichende Kraft der Einfaltung des Punktes eingefaltet, durch die er in sich die Fähigkeit findet, sich jeder Größe ähnlich zu machen. So gewinnt er aus der verähnlichenden Einfaltungskraft der Einheit die Fähigkeit, sich jeder Vielheit ähnlich zu machen und gleichermaßen aus der ähnlichmachenden Einfaltungskraft des Jetzt oder der Gegenwart sich aller Zeit zu verähnlichen; sich aus der Kraft der Ruhe jeder Bewegung, aus der Kraft der Einfachheit jeder Zusammensetzung, aus der Kraft der Selbigkeit jeder Verschiedenheit, aus der Kraft der Gleichheit jeder Ungleichheit und aus der Kraft

nostra habet, quia est imago infinitae simplicitatis omnia complicantis.

P: Videtur, quod sola mens sit Dei imago.

I: Proprie ita est, quoniam omnia, quae post mentem sunt, non sunt Dei imago nisi inquantum in ipsis mens ipsa relucet, sicut plus relucet in perfectis animalibus quam imperfectis, et plus in sensibilibus quam vegetabilibus, et plus in vegetabilibus quam mineralibus. Unde creaturae mente carentes sunt potius divinae simplicitatis explicationes quam imagines, licet secundum relucentiam mentalis imaginis in explicando de imagine varie participent.

P: Aiebat Aristoteles menti seu animae nostrae nullam notionem fore concreatam, quia eam tabulae rasae assimilavit. Plato vero aiebat notiones sibi concreatas, sed ob corporis molem animam oblitam. Quid tu in hoc verum censes?

I: Indubie mens nostra in hoc corpus a Deo posita est ad sui profectum. Oportet igitur ipsam a Deo habere omne id, sine quo profectum acquirere nequit.

Non est igitur credendum animae fuisse notiones concreatas, quas in corpore perdidit, sed quia opus habet corpore, ut vis concreata ad actum pergat. Sicuti vis visiva animae non potest in operationem suam, ut actu videat, nisi excitetur ab obiecto, et non potest excitari nisi per obstaculum specierum multiplicatarum per medium organi, et sic opus habet oculo, sic vis mentis, quae est vis comprehensiva rerum et notionalis, non potest in suas operationes, nisi excitetur a sensibilibus, et non potest excitari nisi mediantibus phantasmatibus sensibilibus. Opus ergo habet cor-

der Verknüpfung sich jeder Trennung anzugleichen. Und durch das Abbild der absoluten Einfaltung, welche der unendliche Geist ist, hat er die Kraft, mittels der er sich jeder Ausfaltung angleicht. Du siehst selbst, daß vieles dergleichen mehr genannt werden kann, das unser Geist besitzt, der ein Abbild der unendlichen, alles einfaltenden Einfachheit ist.

P: Es scheint, daß allein der Geist Bild Gottes ist.

L: Im eigentlichen Sinn ist es so. Denn alles, das nach dem Geist steht, ist nur insoweit Gottes Abbild als in ihm der Geist selbst widerstrahlt; stärker in den vollkommenen Tieren als in den unvollkommenen, stärker in den sinnlich empfindenden Lebewesen als in den Pflanzen und mehr in den Pflanzen als in den Mineralien. Daher sind Geschöpfe, die des Geistes entbehren eher Entfaltungen denn Bilder der göttlichen Einfachheit, wenn sie auch dem Widerschein des geistigen Abbildes entsprechend bei der Ausfaltung verschieden am Bild teilhaben.

P: Aristoteles meinte, unserem Geist oder unserer Seele sei kei Begriff miterschaffen, und verglich ihn deshalb mit einer leeren Tafel. Plato hingegen sagte, die Begriffe seien miterschaffen, aber die Seele habe sie der Last des Körpers wegen vergessen. Was hältst du in dieser Frage für wahr?

L: Ohne Zweifel hat Gott den Geist in unserem Körper zu dessen Vorteil eingesetzt. Darum muß er alles das von Gott haben, ohne welches er keine Fortschritte machen kann.

Aus diesem Grunde darf man nicht glauben, der Seele seien Begriffe miterschaffen worden, die sie im Körper verloren hat, sondern, daß sie den Körper braucht, auf daß ihre miterschaffene Kraft zur Wirklichkeit gelangt. So wie die Sehkraft der Seele ihre Tätigkeit, wirklich zu sehen, nicht vollführen kann, wenn sie nicht von einem Gegenstand angeregt wird, und nicht angeregt werden kann, außer durch einen von den Sinnesorganen vervielfältigten eigengestaltlichen Gegenstand, und darum das Auge braucht, so vermag auch die Kraft des Geistes, eine Kraft, welche die

pore organico, tali scilicet, sine quo excitatio fieri non posset.

In hoc igitur Aristoteles videtur bene opinari animae non esse notiones ab initio concreatas, quas incorporando perdiderit.

Verum quoniam non potest proficere, si omni caret iudicio, sicut surdus numquam proficeret, ut fieret citharoedus, postquam nullum de harmonia apud se iudicium haberet, per quod iudicare posset an profecerit, quare mens nostra habet sibi concreatum iudicium, sine quo proficere nequiret. Haec vis iudiciaria est menti naturaliter concreata, per quam iudicat per se de rationibus, an sint debiles, fortes aut concludentes. Quam vim si Plato notionem nominavit concreatam, non penitus erravit.

P: O quam clara est tua traditio, cui quisque audiens cogitur assentire! Indubie haec sunt diligenter attendenda. Nam clare experimur spiritum in mente nostra loquentem et iudicantem hoc bonum, hoc iustum, hoc verum, et nos reprehendentem, si declinamus a iusto. Quam loquelam et quod iudicium nequaquam didicit, sed sibi connatum est.

I: Experimur ex hoc mentem esse vim illam, quae licet careat omni notionali forma, potest tamen excitata se ipsam omni formae assimilare et omnium rerum notiones facere, similis quoddammodo sano visui in tenebris, qui numquam fuit in luce; hic caret omni notione actuali visibilium, sed, dum in lucem venit et excitatur, se assimilat visibili, ut notionem faciat.

O: Aiebat Plato tunc ab intellectu iudicium requiri, quando sensus contraria simul ministrat.

Dinge begrifflich erfaßt, in ihren Tätigkeiten nichts, wenn sie nicht von sinnlichen Dingen angeregt wird, und sie kann nicht anders angeregt werden als mittels sinnlicher Phantasiegebilde. Also bedarf sie des organischen Körpers, d. h. eines solchen, ohne den es keine Anregung geben könnte.

Aristoteles scheint darin recht zu haben, daß die Begriffskenntnisse der Seele nicht von Anfang an anerschaffen und bei der Vereinigung mit dem Körper verloren gegangen sind.

Da die Seele aber nicht weiterkommen kann, wenn ihr jedes Urteil fehlt, so wie ein Tauber niemals ein Kitharaspieler werden kann, weil ihm kein Urteil über die Harmonie zur Verfügung steht, durch das er beurteilen könnte, ob er Fortschritte macht, darum hat unser Geist ein ihm miterschaffenes Urteil, ohne das er eben keine Fortschritte machen könnte. Dieses Urteil ist dem Geist von Natur aus miterschaffen; mit ihm urteilt er aus sich selbst über Verstandesgründe, ob sie schwach, stark oder schlüssig sind. Wenn Platon diese Kraft miterschaffenen Begriff nannte, so irrte er nicht gänzlich.

P: Wie klar ist diese deine Lehre. Jeder, der sie hört, muß zustimmen. Ohne Zweifel muß man dies genau beachten. Wir erfahren ja deutlich, wie ein Geist-Gefühl in unserem Geist spricht und urteilt: dies ist gut, dies gerecht, dies wahr und uns tadelt, wenn wir vom Rechten abweichen. Dieses Reden und diese Urteile hat unser Geist nie erlernt, sondern sie sind mit ihm geboren.

L: Daraus erfahren wir, daß der Geist jene Kraft ist, die, wiewohl ihr jede begriffliche Form fehlt, sich, wenn sie angeregt ist, doch jeder Form ähnlich machen und Begriffe aller Dinge bilden kann. Sie ist in gewissem Sinn einem gesunden Auge in der Dunkelheit vergleichbar; es hat keinen wirklichen Begriff vom Sichtbaren, sobald es aber in das Licht kommt und angeregt wird, gleicht es sich dem Sichtbaren an, um Begriffe zu bilden.

P: Platon sagte, von der Vernunft werde dann ein Urteil gefordert, wenn die Sinne Widersprüchliches darbieten.

I: Subtiliter dixit. Nam cum tactus simul durum et molle, seu grave et leve confuse offerat, contrarium in contrario, recurritur ad intellectum, ut de quidditate utriusque si confuse sentitum plura discreta sint, iudicet. Sic cum visus magnum et parvum confuse praesentat, nonne opus est iudicio discretivo intellectus, quid magnum quidve parvum? Ubi vero sensus per se sufficeret, ad iudicium intellectus minime recurreretur, ut in visione digiti contrarium non habentis, quod simul accedat.

V.

Quomodo mens est viva substantia et in corpore creata et de modo; quomodo et an ratio sit in brutis; et quomodo mens viva sit descriptio aeternae sapientiae.

P: Omnes paene Peripatetici aiunt intellectum, quem tu mentem dicere videris, fore potentiam quandam animae et intelligere accidens. Tu vero aliter.

I: Mens est viva substantia, quam in nobis interne loqui et iudicare experimur, et quae omni vi alia, ex omnibus viribus spiritualibus, quas in nobis experimur, infinitae substantiae et absolutae formae plus assimilatur. Cuius officium in hoc corpore est corpus vivificare; et ex hoc anima dicitur. Unde mens est forma substantialis sive vis in se omnia suo modo complicans, et vim animativam, per quam corpus animat vivificando vita vegetativa et sensitiva, et vim ratiocinativam et intellectualem et intellectibilem complicans.

P: Visne mentem, quam et animam fateris intellectivam, ante corpus fuisse, prout Pythagoras et Platonici, et postea incorporatam?

L: Das hat er scharfsinnig gesagt. Wenn der Tastsinn hart und weich zugleich, oder schwer und leicht miteinander darbietet und gegensätzlich im Gegensätzlichen ist, muß man beim Denken Zuflucht nehmen, damit es über die Washeit beider — ob das ununterschieden Wahrgenommene aus mehreren unterschiedenen Dingen besteht — ein Urteil fällt. Genauso ist es, wenn der Gesichtssinn Großes und Kleines ununterschieden darbietet; bedarf es dann nicht des unterscheidenden Urteils des Denkens, um festzustellen, was groß und was klein ist? Wo aber der Sinn allein genügt, wendet man sich nicht an das Urteil des Denkens; z. B. wenn man einen Finger ansieht, der ja kein Gegenteil bietet, das zugleich auftritt.

V.

Der Geist ist lebendiger Grundbestand und im Körper erschaffen. — Haben die Tiere einen Verstand? — Der Geist ist eine lebende Darstellung der ewigen Weisheit.

P: Fast alle Peripatetiker sagen, die Vernunft, die du Geist zu nennen scheinst, sei eine bestimmte Fähigkeit der Seele und das vernünftige Erkennen sei etwas, das hinzukommt. Du bist aber anderer Ansicht.

L: Der Geist ist ein lebendiger Bestand, von dem wir erfahren, daß er in uns spricht und urteilt, und der sich mehr als jede andere Kraft von allen geistigen Kräften, die wir in uns erfahren, dem unendlichen Grundbestand und der absoluten Gestalt verähnlicht. Seine Aufgabe in diesem Körper ist, den Körper zu beleben. Aus diesem Grund wird er Seele genannt. Darum ist der Geist die grundbestandliche Gestalt oder Kraft, die in sich alles auf ihre Weise einfaltet; sowohl die beseelende Kraft, durch die er den Körper beseelt, indem jene diesen mit vegetativem und sinnlichem Leben belebt; wie die verständige, die vernunfthafte und schauende Kraft.

P: Meinst du, daß der Geist, den du auch vernünftige Seele nennst, vor dem Körper dagewesen ist, wie Pythagoras und die Platoniker glauben, und erst später mit dem Körper vereint wurde?

I: Natura, non tempore. Nam ut audisti eam visui in tenebris comparavi; visus autem nequaquam actu fuit ante oculum, nisi natura tantum. Unde, quia mens est quoddam divinum semen sua vi complicans omnium rerum exemplaria notionaliter, tunc a Deo, a quo hanc vim habet, eo ipso, quod esse recepit, est simul et in convenienti terra locatum, ubi fructum facere possit, et ex se rerum universitatem notionaliter explicare. Alioquin haec vis seminalis frustra data sibi foret, si non fuisset sibi addita opportunitas in actum prorumpendi.

P: Ponderose loqueris, sed quomodo hoc in nobis factum sit, audire summopere cupio.

I: Divini modi sunt praecisione inattingibiles; coniecturas tamen de ipsis facimus, alius obscuriores alius clariores. Ego autem arbitror hanc similitudinem, quam dicam, tibi sufficere. Nosti enim visum de sua propria natura non discernere, sed in globo quodam et confuse sentire obstaculum, quod sibi obviat intra sphaeram motus sui, scilicet oculum; quod quidem obstaculum generatur ex multiplicatione specierum obiecti in oculum. Unde, si adest visio in oculo sine discretione, ut in infantibus, ubi deest usus discretionis, tunc ita advenit mens animae sensibili sicut discretio visui, per quam discernit inter colores. Et sicut haec discretio visiva in brutis perfectis animalibus ut canibus suum dominum visu discernentibus reperitur et a Deo data est visui tamquam perfectio et forma visus, sic naturae humanae ultra discretionem illam, quae in brutis reperitur, data est altior vis se habens ad discretionem animalem sicut illa ad vim sensibilem, ut mens sit forma discretionis animalis et eius perfectio.

L: Der Natur nach, nicht aber der Zeit nach. Du hast gehört, daß ich den Geist mit dem Sehen in der Dunkelheit verglichen habe. Dieses war niemals wirklich früher als das Auge, außer der Natur nach. Da nun der Geist eine Art göttlicher Samen ist, der in seiner Kraft die Urbilder aller Dinge begrifflich einfaltet, hat ihn Gott, von dem er diese Kraft hat, mit dem Sein zugleich auch in einen passenden Boden eingesetzt, wo er Frucht tragen und die Gesamtheit der Dinge aus sich begrifflich entfalten kann. Sonst wäre ihm diese Samenkraft vergeblich verliehen, wenn ihm nicht auch die Gelegenheit gegeben wäre, sie zur Wirklichkeit kommen zu lassen.

P: Bedeutendes sagst du. Ich möchte aber sehr gerne hören, wie dies in uns geschehen ist.

L: Die göttlichen Handlungs-Weisen sind in ihrer Genauigkeit unerreichbar. Aber wir bilden uns Mut-Maßungen von ihnen, der eine dunklere, der andere deutlichere. Ich glaube, daß dir folgendes Gleichnis genügen wird: Du weißt, daß der Gesichtssinn seine eigentliche Natur nicht wahrnimmt, sondern ein ihm gegenüberliegendes Ding nur im Ganzen und undeutlich empfindet, wenn es ihm in der Sphäre seiner Bewegung, dem Auge, entgegentritt. Dieser Gegenstand entsteht aus der Vervielfältigung der Formen des Dinges, das ins Auge eingedrungen ist. Wenn also das Sehen im Auge ohne Unterscheidung ist, wie bei ganz kleinen Kindern, denen die Übung der Unterscheidung fehlt, dann tritt der Verstand zur sinnlichen Seele so hinzu wie die Unterscheidung zu dem Sehvermögen, mittels deren es zwischen den Farben unterscheidet. Wie sich diese Unterscheidung im Sehen bei den vollkommenen Tieren, z. B. bei den Hunden findet, die ihren Herrn mittels des Sehens wahrnehmen, und wie sie von Gott gleichsam als Vollendung und Form des Sehens dem Sehvermögen gegeben ist, so ist der menschlichen Natur über jene Unterscheidung, die sich bei den Tieren findet, hinaus noch eine höhere Kraft gegeben, die sich zur Unterscheidungskraft der Tiere so verhält wie diese zu der sinnlichen Kraft, sodaß der Geist die Form und die Vollendung der tierischen Unterscheidung ist.

P: Optime et pulchre! Sed videris ad opinionem sapientis Philonis accedere, qui animalibus rationem inesse dicebat[1].

I: Experimur discretivum discursum in brutis, sine quo eorum natura bene subsistere non posset. Unde discursus eorum, quia caret forma scilicet intellectu seu mente, est confusus; caret enim iudicio et scientia. Et quia omnis discretio ex ratione est, hinc Philo non absurde sic dixisse videtur.

P: Declara quaeso, quomodo mens est forma rationis discurrentis.

I: Iam dixi, quod, sicut visus videt et nescit quid videat sine discretione, quae ipsum informat et dilucidat et perficit, sic ratio syllogizat et nescit quid syllogizet sine mente; sed mens informat et dilucidat et perficit ratiocinationem, ut sciat quid syllogizet; ac si idiota vim vocabulorum ignorans librum aliquem legat, lectio ex vi rationis procedit. Legit enim discurrendo per differentias litterarum, quas componit et dividit, et hoc est opus rationis, sed ignorat quid legat. Et sit alius, qui legat et sciat et intelligat id quod legit. Haec est quaedam similitudo rationis confusae et rationis formatae per mentem. Mens enim de rationibus iudicium habet discretivum, quae ratio bona, quae sophistica: ita mens est forma discretiva rationum, sicut ratio forma discretiva sensuum et imaginationum.

P: Unde habet mens iudicium illud, quoniam de omnibus iudicium facere videtur?

I: Habet ex eo, quia est imago exemplaris omnium. Deus enim est omnium exemplar. Unde, cum omnium exemplar in

[1] Cf. Hieronymus, De viris illustribus, II; cf. Schr. I, p. 548.

P: Sehr gut und schön! Aber du scheinst der Meinung des weisen Philo nahe zu kommen, der sagt, daß die Tiere Verstand besitzen.

L: Wir beobachten bei den Tieren ein unterscheidendes und geplantes Vorgehen, ohne das ihre Natur nicht gut bestehen könnte. Weil dieses Vorgehen aber der Gestalt, d. h. der Vernunft oder des Geistes entbehrt, ist es verworren; ihm fehlt Urteil und Wissen. Da aber jede Unterscheidung aus dem Verstand stammt, scheint dieser Satz Philos nicht unsinnig zu sein.

P: Erkläre bitte, wie der Geist die Form des forschenden Verstandes ist.

L: Ich habe schon gesagt, daß der Verstand ähnlich wie der Gesichtssinn, der sieht, aber nicht weiß, was er sieht ohne die Unterscheidung, die ihm Form gibt, ihn erleuchtet und vollendet, Schlüsse zieht, ohne den Geist jedoch nicht weiß, was für Schlüsse er zieht; der Geist gibt Form, erleuchtet und vollendet das verständige Denken, sodaß der Verstand weiß, was für Schlüsse er zieht. Wenn ein ungebildeter Laie, der die Bedeutung der Worte nicht kennt, irgend ein Buch liest, dann vollzieht sich dieses Lesen aus der Kraft des Verstandes. Er liest, indem er die Verschiedenheiten der Buchstaben durcheilt, die er zusammensetzt und trennt. Dies ist die Tätigkeit des Verstandes. Er weiß jedoch nicht, was er liest. Und dann gibt es einen anderen, der liest und weiß und versteht, was er liest. Dies ist ein Gleichnis für den verworrenen Verstand und den Verstand, der durch den Geist geformt ist. Der Geist hat ein unterscheidendes Urteil über die Verstandesüberlegungen. Er beurteilt, welche gut ist, welche sophistisch. Auf diese Weise ist er die unterscheidende Form der Verstandesüberlegungen, so wie der Verstand die unterscheidende Form der Sinne und der Vorstellungen ist.

P: Woher hat der Geist jenes Urteil? Er scheint ja über alles zu urteilen.

L: Er hat es auf Grund dessen, daß er Bild des Urbildes aller Dinge ist. Gott ist nämlich das Urbild von allem. Weil nun dieses Urbild aller Dinge im Geist widerstrahlt wie die Wahrheit im Abbild, hat dieser in sich etwas, zu dem er

mente ut veritas in imagine reluceat, in se habet ad quod respicit, secundum quod iudicium de exterioribus facit; ac si lex scripta foret viva, illa, quia viva, in se iudicanda legeret. Unde mens est viva descriptio aeternae et infinitae sapientiae. Sed in nostris mentibus ab initio vita illa similis est dormienti, quousque admiratione, quae ex sensibilibus oritur, excitetur ut moveatur, tunc motu vitae suae intellectivae in se descriptum reperit quod quaerit. Intelligas autem descriptionem hanc resplendentiam esse exemplaris omnium modo, quo in sua imagine veritas resplendet; ac si acuties simplicissima et indivisibilis anguli lapidis diamantis politissimi, in quo omnium rerum formae resplenderent, viva foret, illa se intuendo omnium rerum similitudines reperiret, per quas de omnibus notiones facere posset.

P: Mirabiliter loqueris et delectabilissima profers. Multum exemplum acutiei diamantis placet; nam quanto angulus ille fuerit acutior et simplicior, tanto clarius omnia in eo resplendent.

I: Qui vim specularem in se considerat, videt, quomodo est ante omnem quantitatem, quod, si illam vivam concipit vita intellectuali, in qua reluceat omnium exemplar, de mente admissibilem facit coniecturam.

P: Vellem audire, an hanc artem tuam in mentis creatione paradigmatice posses applicare.

I: Possem etenim.

Et pulchro quodam cocleari ad manum recepto aiebat:

I: Volui facere coclear speculare; quaesivi lignum valde unitum et nobile super omnia; applicui instrumenta, quorum motu elicui convenientem proportionem, in qua forma coclearis perfecte resplenderet; post haec perpolivi coclearis superficiem adeo, quod induxi in resplendentiam formae coclearis formam specularem, ut vides. Nam cum

hinblickt und dem gemäß er sein Urteil über die äußeren Dinge bildet. Würde das geschriebene Gesetz in ähnlicher Weise lebendig, dann würde es — eben weil es lebendig ist — die zu fällenden Urteile in sich lesen. Der Geist ist die lebende Darstellung der ewigen und unendlichen Weisheit. Aber in unseren Geistern gleicht dieses Leben anfangs einem Schlafenden, bis es durch die Verwunderung, die von den sinnlichen Dingen ausgelöst wird, dazu gebracht wird, sich zu bewegen; dann findet der Geist durch die Bewegung seines vernunfthaften Lebens in sich selbst das geschrieben, was er sucht. Du mußt aber verstehen, daß diese Beschreibung ein Widerschein des Urbildes aller Dinge ist, in der Weise, in der die Wahrheit in ihrem Abbild widerstrahlt. Würde die einfachste und unteilbare Spitze eines Winkels an einem ganz fein geschliffenen Diamanten, in der die Formen aller Dinge widerstrahlen, lebendig, dann fände sie, wenn sie sich selbst betrachtet, die Abbilder aller Dinge und mit ihrer Hilfe könnte sie sich über alles Begriffe bilden.

P: Du sprichst ganz wunderbar und was du sagst, ist sehr erfreulich. Das Beispiel von der Diamantenspitze gefällt mir außerordentlich; denn je spitzer und einfacher jener Winkel würde, umso deutlicher würde in ihm alles widerstrahlen.

L: Wer die Spiegelkraft in sich betrachtet, der sieht, daß sie vor aller quantitativen Ausdehnung steht. Stellt er sie sich von vernunfthaftem Leben, in dem das Urbild aller Dinge widerstrahlt, belebt vor, dann macht er eine zulässige Mut-Maßung über den Geist.

P: Ich möchte hören, ob du deine Handwerkskunst in einem Beispiel auf die Schöpfung des Geistes anwenden kannst.

L: Das könnte ich schon.

Er nahm einen schönen Löffel in die Hand und sagte:

I: Ich wollte einen Spiegel-Löffel machen. Zuerst suchte ich ein Stück Holz, das ganz einheitlich und edler als alle anderen war. Dann wandte ich Werkzeuge an und entlockte ihm durch deren Bewegung das entsprechende Verhältnis, damit in ihm die Löffelform vollkommen widerstrahle; danach polierte ich die Oberfläche des Löffels so

sit perpulchrum coclear, est tamen cum hoc coclear speculare. Habes enim in eo omnia genera speculorum, scilicet concavum, convexum, rectum et columnare; in base manubrii rectum, in manubrio columnare, in concavitate coclearis concavum, in convexitate convexum. Unde forma specularis non habuit temporale esse ante coclear, sed ad perfectionem coclearis addita est per me formae primae coclearis, ut eam perficeret, ut nunc forma specularis in se contineat formam coclearis. Et forma specularis est independens a cocleari, non est enim de essentia speculi, quod sit coclear. Quare si rumperentur proportiones, sine quibus forma coclearis esse nequit, puta si manubrium separaretur, desineret esse coclear, sed ob hoc forma specularis non desineret esse. Ita quidem Deus per motum caeli de apta materia proportionem eduxit, in qua resplenderet animalitas perfectiori modo. Cui deinde addidit mentem quasi vivum speculum modo quo dixi.

VI.

Quomodo symbolice loquendo sapientes numerum rerum exemplar dixerunt et de mirabili natura eius; et quomodo est a mente et essentiarum incorruptibilitate; et quomodo mens est harmonia, numerus se movens, compositio ex eodem et diverso.

P: Apte applicasti. Et quando unum dicis intellectum, aperis quomodo sit rerum productio ac quomodo proportio est locus, orbis seu regio formae et locus proportionis materia. Et videris multum Pythagoricus, qui ex numero omnia esse asserunt.

sehr, daß ich in diesem Widerschein der Löffelform die Spiegelform eingeführt habe, wie du es hier siehst. Denn obwohl es ein sehr schöner Löffel ist, ist es damit zugleich auch ein Spiegellöffel. Du findest in ihm alle Spiegel-Arten; die konkave, konvexe, flache und säulenförmige. Am Anfang des Griffes die ebene, am Griff die säulenförmige, in Der Höhlung des Löffels die konkave und in der Wölbung die konvexe. Die Spiegelform hatte also kein zeitliches Sein vor dem Löffel; ich habe sie vielmehr zur Vervollkommnung des Löffels der ersten Form des Löffels hinzugetan, um ihn zu vollenden, so daß nun die Form des Spiegels in sich die Form des Löffels enthält. Die Spiegelform ist vom Löffel unabhängig, es gehört ja nicht zur Wesenheit des Spiegels, Löffel zu sein. Wenn darum die Verhältnisse der Formen, ohne die die Löffelform nicht zu sein vermag, zerstört würden, wenn z. B. der Griff abgetrennt würde, würde der Löffel aufhören zu sein, nicht aber die Spiegelform. So hat Gott durch die Bewegung des Himmels aus geeigneter Materie ein Verhältnis hervorgebracht, damit in dieser die Natur des Lebewesens auf vollkommenere Weise widerstrahle. Ihm hat er dann den Geist als lebenden Spiegel in der Weise, wie ich es gesagt habe, hinzugefügt.

VI.

Die Weisen haben in symbolischer Sprache die Zahl das Urbild der Dinge genannt; die wunderbare Natur der Zahl; sie stammt aus dem Geist und aus der Unzerstörbarkeit der Wesenheiten; der Geist ist Harmonie, sich selbst bewegende Zahl, Zusammensetzung aus dem Selben und dem Verschiedenen.

P: Du hast das Beispiel passend angewandt. Wenn du das Eine Vernunft nennst, offenbarst du, in welcher Weise es die Dinge hervorbringt; daß das Verhältnis der Ort, der Weltkreis oder die Region der Form ist und der Ort des Verhältnisses die Materie. Es scheint mir sehr, daß du ein Pythagoräer bist, denn die behaupten, alles komme aus der Zahl.

I: Nescio an Pythagoricus vel alius sim; hoc scio, quod nullius auctoritas me ducit, etiam si me movere tentet. Arbitror autem viros Pythagoricos, qui ut ais per numerum de omnibus philosophantur, graves et acutos, non quod credam eos voluisse de numero loqui, prout est mathematicus et ex nostra mente procedit — nam illum non esse alicuius rei principium de se constat —, sed symbolice ac rationabiliter locuti sunt de numero, qui ex divina mente procedit, cuius mathematicus est imago. Sicut enim mens nostra se habet ad infinitam aeternam mentem, ita numerus nostrae mentis ad numerum illum; et damus illi numero nomen nostrum, sicut menti illi nomen mentis nostrae, et delectabiliter multum versamur in numero quasi in nostro proprio opere.

P: Explana quaeso motiva, quae quem movere possunt ad dicendum rerum principia numeros.

I: Non potest esse nisi unum infinitum principium, et hoc solum est infinite simplex. Primum autem principiatum non potest esse infinite simplex, ut de se patet; neque potest esse compositum ex aliis ipsum componentibus; tunc enim non foret primum principiatum, sed componentia ipsum natura praecederent. Oportet igitur admittere, quod primum principiatum sic sit compositum, quod tamen non sit ex aliis, sed ex se ipso compositum. Et non capit mens nostra aliquid tale esse posse, nisi sit numerus vel ut numerus nostrae mentis.

Nam numerus est compositus et ex se ipso compositus — ex numero enim pari et impari est omnis numerus compositus —, sic numerus est ex numero compositus. Si dixeris ternarium ex tribus unitatibus compositum, loqueris quasi si quis diceret parietes et tectum separate facere domum; si enim parietes sunt separatae et similiter et tectum, non

L: Ich weiß nicht, ob ich ein Pythagoräer oder etwas anderes bin. Ich weiß nur, daß die Autorität keines Menschen mich führt, auch wenn sie versuchte, mich zu bestimmen. Ich glaube aber, daß die Pythagoräer, die wie du sagst, über alles mit Hilfe der Zahl philosophieren, scharfsinnige und tiefe Denker sind; ich glaube nicht, daß sie so über die Zahl sprechen, wie sie der Mathematik angehört und aus unserem Geist hervorgeht — denn daß diese nicht der Ursprung irgend einer Sache ist, steht von selbst fest — sie sprechen vielmehr in symbolischer und verstandesmäßiger Weise über die Zahl, die aus dem göttlichen Geist hervorgeht, und deren Abbild die mathematische Zahl ist. Denn so wie sich unser Geist zu dem unendlichen ewigen Geist verhält, so verhält sich auch die Zahl unseres Geistes zu jener Zahl. Wir geben jener Zahl unseren Namen, so wie wir auch jenem Geist den Namen unseres Geistes geben. Und voll Freude beschäftigen wir uns häufig mit der Zahl als mit unserem eigenen Werk.

P: Erkläre mir, bitte, die Gründe, die jemanden dazu bestimmen können, die Zahlen als die Ursprünge der Dinge zu bezeichnen.

L: Es kann nur einen unendlichen Ursprung geben, und dieser allein ist unendlich einfach. Das erste aus dem Ursprung Entsprungene kann nicht unendlich einfach sein, wie es aus sich selbst offenbar ist. Es kann aber auch nicht aus Anderem zusammengesetzt sein, das es zusammensetzt; dann wäre es ja nicht das erste Entsprungene; die es zusammensetzenden Bestandteile gingen ihm vielmehr der Natur nach voran. Man muß also zugeben, daß das erste Entsprungene so zusammengesetzt ist, daß es nicht aus Anderem, sondern aus sich selbst zusammengesetzt ist. Unser Geist faßt nicht, daß so etwas sein kann, außer es ist Zahl wie die Zahl unseres Geistes.

Die Zahl ist zusammengesetzt, und zwar aus sich selbst. Jede Zahl ist ja aus gerader und ungerader Zahl zusammengesetzt. Ebenso ist die Zahl aus der Zahl zusammengesetzt. Wenn du sagtest, die Drei sei aus drei Einheiten zusammengesetzt, würdest du wie jemand sprechen der sagt, die Wände und das Dach machen getrennt ein Haus. Wenn

componitur ex ipsis domus, sic nec tres unitates separatae constituunt ternarium. Quare si unitates consideras, prout constituunt ternarium, eas unitas consideras. Et quid tunc aliud est tres unitates unitae, quam ternarius? Ita ex se ipso est compositus. Sic de omnibus numeris. Immo dum in numero non nisi unitatem conspicio, video numeri incompositam compositionem et simplicitatis et compositionis sive unitatis et multitudinis coincidentiam. Immo si adhuc acutius intueor, video numeri compositam unitatem, ut in unitatibus harmonicis diapason diapente ac diatessaron. Harmonica enim habitudo unitas est, quae sine numero intelligi nequit. Adhuc ex habitudine semitonii et medietatis duplae, quae est costae quadrati ad diametrum, numerum simpliciorem intueor, quam nostrae mentis ratio attingere queat. Nam habitudo sine numero non intelligitur, et tamen numerum illum oporteret esse pariter parem et imparem, de quo longus sermo et delectabilis valde haberi posset, si ad alia non festinaremus.

Habemus igitur, quomodo primum principiatum est, cuius typum gerit numerus. Neque ad quidditatem eius aliter ac propius accedere possumus, cum praecisio quidditatis cuiuscumque rei sit per nos inattingibilis aliter quam in aenigmate vel figura. Primum enim principiatum vocamus symbolice numerum, quia numerus est subiectum proportionis; non enim potest esse proportio sine numero. Et proportio est locus formae; sine enim proportione apta et congrua formae forma resplendere nequit, uti dixi proportione apta cocleari rupta non posse formam manere, quia non habet locum. Est enim proportio quasi aptitudo superficiei specularis ad resplendentiam imaginis, qua non stante desinit repraesentatio. Ecce quomodo unitas exemplaris infinita non potest resplendere nisi in proportione apta, quae proportio est in numero. Agit enim mens aeterna quasi ut musicus, qui suum conceptum vult sensibilem facere:

nämlich Wände und Dach gleicherweise getrennt sind, dann ist das Haus nicht aus ihnen zusammengefügt; ebensowenig bilden drei getrennte Einer eine Drei. Wenn du also die Einer im Hinblick darauf betrachtest, daß sie die Drei bilden, dann betrachtest du sie als geeint. Und was sind drei geeinte Einer anderes als die Drei? So ist die Drei aus sich selbst zusammengesetzt. Das gilt für alle Zahlen. Wenn ich in der Zahl nichts als die Einheit erblicke, dann sehe ich die unzusammengesetzte Zusammensetzung und den Zusammenfall der Einfachheit und der Zusammensetzung, bzw. der Einheit und der Vielheit. Wenn ich noch genauer schaue, dann sehe ich die zusammengesetzte Einheit der Zahl wie in der harmonischen Einheit von Oktav, Quint und Quart. Das harmonische Verhältnis ist nämlich die Einheit, welche ohne die Zahl nicht verstanden werden kann. Weiter sehe ich aus dem Verhältnis des Halbtones und der halben Sekund, welches dem Verhältnis von der Quadratseite zur Diagonale gleicht, eine Zahl, die einfacher ist, als daß die Verstandeskraft unseres Geistes sie erreichen könnte. Ein Verhältnis wird nicht ohne Zahl verstanden, und doch muß jene Zahl zugleich gerade und ungerade sein. Darüber ließe sich lange und interessant sprechen, wenn wir es nicht eilig hätten, zu anderem zu gelangen.

Wir wissen also, wie sich das erste vom Ursprung Entsprungene verhält, dessen Vorbild die Zahl trägt. Zu seiner Washeit können wir uns nicht anders nähern als in Gleichnis und Abbild, denn die Genauigkeit irgend eines Dinges ist in anderer Weise für uns nicht erreichbar. Das erste Entsprungene nennen wir also symbolisch die Zahl, da die Zahl der Träger des Verhältnisses ist. Ein Verhältnis vermag ja nicht ohne Zahl zu bestehen. Das Verhältnis ist der Ort der Form; ohne ein Verhältnis, das der Form entspricht und angemessen ist, kann die Form nämlich nicht widerstrahlen, so wie ich gesagt habe, daß die Form nicht weiter bestehen kann, wenn das dem Löffel angemessene Verhältnis zerstört ist, weil sie keinen Ort mehr hat. Das Verhältnis besteht gleichsam in der Eignung der Spiegeloberfläche, das Abbild widerzustrahlen; wenn dieses nicht bestehen bleibt, hört die Widergabe auf. Du siehst, daß die unendliche Einheit des

recipit enim pluralitatem vocum et illas redigit in proportionem congruentem harmoniae, ut in illa proportione harmonia dulciter et perfecte resplendeat, quando ibi est ut in loco suo, et variatur harmoniae resplendentia ex varietate proportionis harmoniae congruentis, et desinit harmonia apitudine proportionis desinente. Ex mente igitur numerus et omnia.

P: Nonne sine nostrę mentis consideratione est rerum pluralitas?

I: Est, sed a mente aeterna. Unde sicut quoad Deum rerum pluralitas est a mente divina, ita quoad nos rerum pluralitas est a nostra mente. Nam sola mens numerat; sublata mente numerus discretus non est. Mens enim ex eo, quia unum et idem singulariter intelligit et sigillatim, et hoc ipsum consideramus — dicimus esse unum ex hoc, quod unum singulariter et hoc semel intelligit —, veraciter est unitatis aequalitas. Sed quando unum singulariter et multiplicando intelligit, res plures esse diiudicamus binarium dicendo, quia mens unum et idem singulariter bis sive geminando intelligit. Ita de reliquis.

P: Nonne ternarius ex binario et unitate constituitur? Et numerum dicimus collectionem singularium? Quomodo tunc ex mente tu dicis eum esse?

I: Illi modi dicendi debent ad intelligendi modum referri, quia non est aliud colligere quam unum et idem commune circa eadem multiplicare. Unde cum videas sine mentis multitudine binarium vel ternarium nihil esse, satis attendis numerum ex mente esse.

P: Quomodo pluralitas rerum est numerus divinae mentis?

Urbildes nur in geeignetem Verhältnis widerstrahlen kann, und dieses Verhältnis ist in der Zahl gegeben. Der ewige Geist handelt gewissermaßen wie ein Musiker, der seine Begriffsvorstellung sinnlich wahrnehmbar machen will: er empfängt eine Vielzahl von Tönen und führt sie in ein entsprechend harmonisches Verhältnis, so daß die Harmonie in ihm süß und vollkommen widerstrahlt, sobald sie dort als an ihrem eigenen Ort ist. Der Widerschein der Harmonie wandelt sich nach der Verschiedenheit des Verhältnisses, das der Harmonie angemessen ist, und sie schwindet, sobald die Angemessenheit des Verhältnisses schwindet. Aus dem Geist stammt also die Zahl und alles.

P: Besteht nicht die Vielzahl der Dinge ohne die Betrachtung unseres Geistes?

L: Ja, aber vom ewigen Geist aus gesehen. So, wie in bezug auf Gott, die Vielzahl der Dinge aus dem göttlichen Geist stammt, so stammt in bezug auf uns die Vielzahl der Dinge aus unserem Geist. Denn allein der Geist zählt; nimmt man den Geist hinweg, so ist die Zahl nicht mehr unterschieden. Dadurch, daß der Geist ein und dasselbe einzeln erkennt und wir es betrachten — wir sagen es sei eines, weil der Geist das eine für sich und einmal erkennt —, ist er wahrhaft Gleichheit der Einheit. Weil er aber das eine in Einzelheit und Vielheit erkennt, urteilen wir, es gebe mehrere Dinge, da der Geist ein und dasselbe zweimal einzeln oder verdoppelnd erkennt. So ist es auch mit dem übrigen.

P: Wird nicht die Drei aus dem Zweier und der Einheit erstellt? Und nennen wir nicht die Zahl eine Sammlung von Einzelnen? Wie kannst du dann sagen, sie stamme aus dem Geist?

L: Jene Redeweisen müssen auf die Erkenntnisweise zurückbezogen werden, weil Addieren nichts anderes ist als ein und dasselbe Gemeinsame um dasselbe zu vervielfachen. Wenn du siehst, daß zwei und drei ohne die Vielheit des Geistes nichts sind, verstehst du genugsam, daß die Zahl aus dem Geist stammt.

P: Wie ist die Vielzahl der Dinge die Zahl des göttlichen Geistes?

I: Ex eo enim, quod mens divina unum sic intelligit et aliud aliter, orta est rerum pluralitas. Unde si acute respicis, reperies pluralitatem rerum non esse nisi modum intelligendi divinae mentis. Sic irreprehensibiliter posse dici conicio primum rerum exemplar in animo conditoris numerum esse. Hoc ostendit delectatio et pulchritudo, quae omnibus rebus inest, quae in proportione consistit, proportio vero in numero; hinc numerus praecipuum vestigium ducens in sapientiam.

P: Illud primo Pythagorici, deinde Platonici dixerunt, quos et Severinus Boëthius imitatur.

I: Pariformiter dico exemplar conceptionum nostrae mentis numerum esse.

Sine numero enim nihil facere potest; neque assimilatio neque notio neque discretio neque mensuratio fieret numero non existente. Res enim non possunt aliae et aliae et discretae sine numero intelligi. Nam quod alia res est substantia et alia quantitas et ita de aliis, sine numero non intelligitur. Unde cum numerus sit modus intelligendi, nihil sine eo intelligi potest. Numerus enim nostrae mentis cum sit imago numeri divini, qui est rerum exemplar, est exemplar notionum. Et sicut ante omnem pluralitatem est unitas, et haec unitas uniens est mens increata, in qua omnia unum, post unum pluralitas, explicatio virtutis illius unitatis, quae virtus est rerum entitas, essendi aequalitas, et entitatis aequalitatisque connexio, et haec trinitas benedicta; sic in nostra mente est illius trinitatis divinae imago. Nam mens nostra similiter est unitas uniens ante omnem pluralitatem per mentem conceptibilem et post illam unitatem unientem omnem pluralitatem est pluralitas, quae est pluralitatis rerum imago, sicut mens nostra divinae mentis imago. Et explicat pluralitas virtutem unitatis mentis, quae virtus est imago entitatis, aequalitatis et connexionis.

L: Daraus, daß der göttliche Geist eines so versteht und das andere anders, ist die Vielzahl der Dinge entstanden. Wenn du genau darauf hinachtest, wirst du finden, daß die Vielzahl der Dinge nichts anderes ist als eine Erkenntnisweise des göttlichen Geistes. So meine ich, daß man unwiderlegbar behaupten kann, daß das erste Urbild der Dinge im Geist des Schöpfers die Zahl ist. Dies zeigt die Freudigkeit und Schönheit, welche in allen Dingen ist, und welche in einem Verhältnis besteht; dieses Verhältnis beruht aber auf der Zahl. Darum ist die Zahl die wichtigste Spur, die uns zur Weisheit führt.

P: Dies sagten zuerst die Pythagoräer, dann die Platoniker, und Severinus Boethius folgt ihnen.

L: In gleicher Weise sage ich, daß das Urbild der Begriffe unseres Geistes die Zahl ist.

Ohne die Zahl vermag der Geist nichts zu tun; weder Ähnlichmachen, noch Erkenntnis, noch Unterscheidung oder Messung gäbe es ohne die Zahl. Die Dinge könnten nicht als immer andere und verschiedene ohne die Zahl erkannt werden. Daß Substanz und Quantität usw. je etwas anderes sind, läßt sich ohne die Zahl nicht erkennen. Da also die Zahl die Erkenntnisweise ist, kann ohne sie nichts erkannt werden. Weil die Zahl unseres Geistes ein Abbild der göttlichen Zahl ist, die das Urbild der Dinge ist, ist sie das Urbild der Begriffe. Vor jeder Vielheit ist die Einheit, dies ist die einende Einheit, der ungeschaffene Geist, in dem alles eins ist. Nach dem Einen ist die Vielheit, die Entfaltung der Kraft jener Einheit; diese Kraft ist die Seiendheit der Dinge, die Gleichheit des Seins und die Verknüpfung der Seinsheit und Gleichheit, die gepriesene Dreifaltigkeit. Ebenso ist auch in unserem Geist das Abbild jener göttlichen Dreieinigkeit. Denn unser Geist ist gleichermaßen die einende Einheit vor jeder Vielheit, die der Geist erfassen kann, und nach jener Einheit, die alle Vielheit eint, ist die Vielheit, welche so das Bild der Vielheit der Dinge ist, wie unser Geist das Abbild des göttlichen Geistes. Die Vielheit entfaltet die Kraft der Einheit des Geistes, und diese Kraft ist ein Abbild der Seiendheit, Gleichheit und Verknüpfung.

P: Video te ex numero mira attingere. Age igitur, quoniam divinus Dionysius asserit essentias rerum incorruptibiles, an hoc numero ostendere possis?

I: Quando attendis ex multitudine unitatis numerum constitui, ac quod alteritas sequitur multiplicationem contingenter, et advertis compositionem numeri ex unitate et alteritate, ex eodem et diverso, ex pari et impari, ex dividuo et individuo, ac quod quidditas rerum omnium exorta est, ut sit numerus divinae mentis, tunc aliqualiter attingis, quomodo essentiae rerum sunt incorruptibiles uti unitas, ex qua numerus, qui est entitas, et quomodo res sunt sic et sic ex alteritate, quae non est de essentia numeri, sed contingenter unitatis multiplicationem sequens.

Ita quidem alteritas de nullius rei essentia est. Pertinet enim ad interitum alteritas, quia divisio est, ex qua corruptio. Hinc de essentia rei non est.

Conspicis etiam, quomodo non est aliud numerus quam res numeratae. Ex quo habes inter mentem divinam et res non mediare numerum, qui habeat actuale esse, sed numerus rerum res sunt.

VII.

Quomodo mens a se exserit rerum formas via assimilationis, et possibilitatem absolutam seu materiam attingit.

P: Dic, oro, putasne mentem nostram esse harmoniam aut numerum se moventem aut compositionem ex eodem et diverso vel ex dividua et individua essentia vel entelechiam? nam talibus dicendi modis Platonici et Peripatetici utuntur.

P: Ich sehe, daß du von der Zahl aus zu wunderbaren Dingen gelangst. Da nun der göttliche Dionysios behauptet, die Wesenheiten der Dinge seien unvergänglich, so sage, ob du dies mit Hilfe der Zahl zeigen kannst?

L: Wenn du beachtest, daß die Zahl aus der Vielheit der Einheit besteht und daß die Andersheit der Vervielfachung unmittelbar nachfolgt, und du darauf merkst, daß die Zahl zusammengesetzt ist aus Einheit und Andersheit, aus dem Selben und Verschiedenen, Geraden und Ungeraden, Geteilten und Ungeteilten und daß die Washeit aller Dinge so entstanden ist, daß sie Zahl des göttlichen Geistes ist, dann gelangst du irgendwie dahin zu verstehen, daß die Wesenheiten der Dinge ebenso unzerstörbar sind wie die Einheit, aus der die Zahl stammt und welche die Seiendheit ist; und daß die Dinge wegen der Andersheit, die nicht aus der Wesenheit der Zahl stammt, sondern der Vervielfältigung der Einheit direkt folgt, so und so beschaffen sind.

So gehört die Andersheit nicht zu der Wesenheit eines Dinges. Sie gehört dem Untergang an, weil sie die Teilung ist, aus der der Zerfall stammt. Aus diesem Grund gehört sie nicht zur Wesenheit eines Dinges.

Du siehst auch, daß die Zahl nichts anders ist als die gezählten Dinge. Daraus erkennst du, daß zwischen dem göttlichen Geist und dem Ding die Zahl nicht als etwas vermittelt, das wirkliches Sein hat; die Zahl der Dinge sind vielmehr die Dinge selbst.

VII.

Wie der Geist die Formen der Dinge aus sich selbst auf dem Weg der Verähnlichung hervorbringt und die absolute Möglichkeit, d. h. die Materie erreicht.

P: Bitte sage mir: glaubst du, daß unser Geist eine Harmonie ist, oder eine sich bewegende Zahl, oder eine Zusammensetzung aus dem Selben und Verschiedenen oder aus geteilter und ungeteilter Wesenheit oder eine Entelechie? Die Platoniker und die Peripathetiker gebrauchen nämlich diese Ausdrucksweisen.

I: Credo omnes, qui de mente locuti sunt, talia vel alia dixisse potuisse, moti ex iis, quae in vi mentis experiebantur. De omni enim harmonia iudicium in mente reperiebant mentemque ex se notiones fabricare et sic se movere, quasi vivus numerus discretivus per se ad faciendum discretiones procederet, et iterum in hoc collective ac distributive procedere, aut secundum modum simplicitatis ac necessitatis absolutae, vel possibilitatis absolutae, vel necessitatis complexionis vel determinatae, vel possibilitatis determinatae, aut ob aptitudinem perennis motus. Ob has aut similes varias experientias talia ac alia de mente aut anima dixisse rationabiliter credendum. Nam mentem esse ex eodem et diverso est eam esse ex unitate et alteritate eo modo, quo numerus compositus est ex eodem quantum ad commune, et diverso quantum ad singularia. Qui sunt modi intelligendi mentis.

P: Continua exponendo animam numerum se moventem.

I: Faciam ut potero. Arbitror omnes non posse dissentire mentem esse vivum quendam divinum numerum optime ad aptitudinem resplendentiae divinae harmoniae proportionatum, ac omnem sensibilem, rationalem et intellectualem harmoniam complicantem, et quidquid circa hoc pulchrius dici potest, adeo quod omnis numerus et omnis proportio et omnis harmonia, quae a nostra mente procedunt, ita parum ad mentem nostram accedunt, sicut mens nostra ad mentem infinitam. Nam mens, etsi sit numerus divinus, est tamen ita numerus, quod est unitas simplex ex sua vi numerum suum exserens. Unde quae est proportio operum Dei ad Deum, illa operum mentis nostrae ad mentem ipsam.

L: Ich glaube, daß alle, die über den Geist gesprochen haben, solches oder anderes durch das bestimmt sagen konnten, was sie in der Kraft des Geistes erfahren haben. Sie fanden nämlich über jede Harmonie in ihrem Geist ein Urteil; sie fanden, daß der Geist aus sich Begriffe bildet und sich so bewegt, wie wenn eine lebende Zahl sich von selbst daran machte, Unterscheidungen zu bilden; sie fanden, daß der Geist darin in der Weise des Sammelns und des Zerteilens vorgeht, entweder der Weise der Einfachheit und absoluten Notwendigkeit entsprechend oder der absoluten Möglichkeit; gemäß der Notwendigkeit der Zusammenschließung oder der bestimmten Notwendigkeit, der bestimmten Möglichkeit entsprechend oder entsprechend der Eignung der ewigen Bewegung. Man kann vernünftigerweise annehmen, daß sie wegen dieser und verschiedener ähnlicher Erfahrungen solche und andere Aussagen über den Geist oder die Seele gemacht haben. Daß der Geist aus dem Selben und dem Verschiedenen besteht, bedeutet, daß er aus Einheit und Andersheit auf die Weise existiert, wie eine Zahl aus dem Selben in Hinsicht auf das Gemeinsame und aus dem Verschiedenen in Hinsicht auf das Einzelne zusammengesetzt ist. Das sind Weisen, den Geist zu verstehen.

P: Fahre fort und erkläre, wie die Seele eine sich selbst bewegende Zahl ist.

L: Ich will es tun, so gut ich kann. Ich glaube, daß niemand dem widersprechen kann, daß der Geist eine lebendige göttliche Zahl ist, die in einem ausgezeichneten Maßverhältnis dazu geeignet ist, die göttliche Harmonie widerzustrahlen; daß sie alle sinnliche, verstandesmäßige und vernunfthafte Harmonie in sich einschließt, und was immer noch Schöneres darüber gesagt werden kann. Dies ist in einem solchen Maße der Fall, daß jede Zahl, jedes Maßverhältnis und jede Harmonie, die aus unserem Geist hervorgehen, unserem Geist so wenig nahekommen, wie dieser dem unendlichen Geist. Denn obwohl der Geist göttliche Zahl ist, ist er doch so Zahl, daß er die einfache Einheit ist, die aus ihrer Kraft ihre Zahl entstehen läßt. Dasselbe Maßverhältnis besteht also zwischen den Werken Gottes und Gott wie zwischen den Werken unseres Geistes und dem Geist selbst.

P: Voluerunt plerique mentem nostram esse naturae divinae et menti divinae propinquissime coniunctam.

I: Non puto aliud illos voluisse, quam dixi, licet alium dicendi modum haberent. Inter enim divinam mentem et nostram interest, quod inter facere et videre. Divina mens concipiendo creat, nostra concipiendo assimilat notiones seu intellectuales faciendo visiones; divina mens est vis entificativa, nostra mens est vis assimilativa.

O: Video philosopho tempus non sufficere, ideo longo silentio me repressi. Audivi plura et semper gratissima, sed audire vellem: quomodo mens ex se exserit rerum formas via assimilationis?

I: Mens est adeo assimilativa, quod in visu se assimilat visibilibus, in auditu audibilibus, in gustu gustabilibus, in odoratu odorabilibus, in tactu tangibilibus, et in sensu sensibilibus, in imaginatione imaginabilibus, in ratione rationabilibus. Habet enim se imaginatio absentia sensibilium ut sensus aliquis absque discretione sensibilium. Nam conformat se absentibus sensibilibus confuse absque hoc, quod statum a statu discernat; sed in ratione cum discretione status a statu se rebus conformat. In illis omnibus locis vehitur in spiritu arteriarum mens nostra, quae excitata per obstaculum specierum ab obiectis ad spiritum multiplicatarum se assimilat rebus per species, ut per assimilationem iudicium faciat de obiecto. Unde spiritus ille subtilis arteriarum, qui est mente animatus, per mentem ad similitudinem speciei, quae obstaculum praestitit motui spiritus sic conformatur, sicut cera flexibilis per hominem mentis usum ac artem habentem configuratur rei praesentialiter aritifici praesentatae. Nam omnes configurationes sive in arte statuaria aut pictoria aut fabrili absque mente fieri nequeunt. Sed mens est, quae omnia terminat. Unde si conciperetur cera mente informata, tunc mens intus existens configuraret ceram omni figurae sibi prae-

P: Die meisten waren der Ansicht, unser Geist sei von göttlicher Natur und dem göttlichen Geist ganz nahe verbunden.

L: Ich glaube, sie wollten nichts anderes sagen als das, was auch ich gesagt habe, auch wenn sie sich anders ausdrückten. Zwischen dem göttlichen Geist und unserem Geist ist derselbe Unterschied wie zwischen Machen und Sehen. Der göttliche Geist schafft, wenn er Begriffe faßt; unser Geist verähnlicht, wenn er Begriffe faßt, bzw. vernunfthafte Anschauungen bildet. Der göttliche Geist ist die Kraft, die Sein verleiht, unser Geist ist die Kraft, die ähnlich macht.

R: Ich sehe, daß dem Philosophen die Zeit nicht reicht. Darum habe ich mich so lange zurückgehalten und geschwiegen. Vieles habe ich gehört und alles davon hat mich gefreut. Nun aber möchte ich hören: Wie bringt der Geist aus sich selbst die Formen auf dem Weg der Verähnlichung hervor?

L: Der Geist ist in solchem Maß der Angleichung fähig, daß er sich beim Sehen dem Sichtbaren angleicht, beim Hören dem Hörbaren, beim Schmecken dem Schmeckbaren, beim Riechen dem Riechbaren, beim Tasten dem Tastbaren oder überhaupt, beim sinnlichen Empfinden dem Empfindbaren, beim Vorstellen dem Vorstellbaren und beim Denken dem Denkbaren. Die Einbildung verhält sich beim Fehlen der sinnlichen Dinge so wie ein Sinn ohne die Unterscheidung von Sinnendingen. Der Geist gleicht sich in ihr den abwesenden sinnlichen Dingen unbestimmt an, ohne einen Zustand vom anderen zu unterscheiden. Im Verstandesdenken hingegen gleicht er sich den Dingen mit der Unterscheidung des einen Zustandes vom anderen an. In allen diesen Stufen bewegt sich unser Geist im Geisthauch des Lebens. Er wird angeregt durch das Hindernis der Eigengestalten, die von den Gegenständen zum Geisthauch hin vervielfältigt werden, und gleicht sich den Dingen durch die Eigengestalten an, um durch diese Verähnlichung ein Urteil über den Gegenstand zu bilden. So wird jener feine Lebensgeist, der durch unseren Geist beseelt ist, durch diesen nach der Ähnlichkeit des Abbildes, welches der Geist-Bewegung ein Hindernis war, so sehr gleichge-

sentatae, sicut nunc mens artificis ab extrinseco applicata facere nititur. Sic de luto et omnibus flexibilibus.

Sic in nostro corpore mens facit secundum variam flexibilitatem spirituum arteriarum in organis varias configurationes subtiles et grossas, et unus spiritus non est configurabilis ad id, ad quod alius, quia spiritus in nervo optico non est offendibilis per species sonorum, sed solum per species colorum, ideo configurabilis est speciebus colorum et non sonorum. Ita de aliis. Et est alius spiritus ad omnes sensibiles species configurabilis, qui est in organo imaginative, sed grosso et indiscreto modo. Et alius in organo ratiocinative est ad omnia sensibilia discrete et lucide configurabilis. Et haec omnes configurationes sunt assimilitiones sensibilium, cum fiant medio corporalium spirituum, licet subtilium. Unde cum mens has faciat assimilationes, ut notiones habeat sensibilium, et sic est immersa spiritui corporali, tunc agit ut anima animans corpus, per quam animationem constituitur animal. Hinc anima brutorum consimiles licet confusiores suo modo facit assimilationes, ut suo modo notiones assequatur. Sed nostra vis mentis ex illis talibus notionibus sic per assimilationem elicitis facit mechanicas artes et physicas ac logicas coniecturas, et res attingit modo, quo in possibili-

staltet wie das weiche Wachs durch einen verständigen und kunstbegabten Menschen einem Ding, das dem Künstler direkt gegenwärtig ist, nachgebildet wird. Denn alle Nachbildungen, in der Bildhauerkunst sowohl wie in der Malerei oder der Handwerkskunst, können nicht ohne den Geist gebildet werden. Der Geist ist es, der alles bestimmt. Stellt man Wachs vor, das mit Geist begabt ist, dann bildet der Geist, der innen existiert, dieses Wachs jeder Figur nach, die in seine Gegenwart gebracht wird; genauso versucht es der Geist des Künstlers, der diesmal von außen herangebracht wird, zu tun. Dasselbe gilt für Ton und alle anderen weichen Stoffe.

In unserem Körper bewirkt der Geist der unterschiedlichen Geschmeidigkeit der Lebensgeister in den Organen entsprechend verschieden feine und grobe Bildungen. Der eine Lebensgeist kann nicht zu dem selben gestaltet werden wie ein anderer. Der Geist im Sehnerv kann nicht durch die Arten der Töne gereizt werden, sondern nur durch die Farben, und darum kann er nur den Arten der Farben nachgebildet werden, nicht denen der Töne. Das gilt für alle. Es gibt einen andern Lebensgeist, der allen sinnlichen Eigengestalten nachgeformt werden kann; er ist in vorstellungshafter Art im Organ, aber auf grobe und undifferenzierte Weise. Ein anderer Lebensgeist ist in verstandesmäßiger Art im Organ; er kann allen Dingen in differenzierter und klarerer Art nachgebildet werden. Alle diese Nachformungen sind Verähnlichungen des Sinnlichen, da sie mit Hilfe der körperlichen Geister gebildet werden, wenngleich diese auch sehr fein sind. Wenn der Geist diese Angleichungen bildet, um Begriffe von den sinnlichen Dingen zu haben, und so in den körperlichen Lebensgeist versenkt ist, dann wirkt er als die den Körper beseelende Seele, durch welche Beseelung das Lebewesen konstituiert wird. Daher bildet die Seele der Tiere ähnliche, wenn auch verworrenere Angleichungen auf ihre Weise, um eben auf ihre Art Kenntnis zu erlangen. Die Kraft unseres Geistes hingegen entwickelt auf Grund solcher Begriffe, die sie dergestalt mittels Verähnlichung herausbringt, die mechanischen Künste und physische und logische Mutmaßungen. Sie erreicht die Dinge so, wie sie in der Möglichkeit des Seins oder der

tate essendi seu materia concipiuntur, et modo, quo possibilitas essendi est per formam determinata.

Unde cum per has assimilationes non attingat nisi sensibilium notiones, ubi formae rerum non sunt verae, sed obumbratae variabilitate materiae, tunc omnes notiones tales sunt potius coniecturae quam veritates. Sic itaque dico, quod notiones, quae per rationales assimilationes attinguntur, sunt incertae, quia sunt secundum imagines potius formarum quam veritates.

Post haec mens nostra, non ut immersa corpori, quod animat, sed ut est mens per se, unibilis tamen corpori, dum respicit ad suam immutabilitatem, facit assimilationes formarum, non ut sunt immersae materiae, sed ut sunt in se et per se, et immutabiles concipit rerum quidditates utens se ipsa pro instrumento sive spiritu aliquo organico, sicut dum concipi circulum esse figuram, a cuius centro omnes lineae ad circumferentiam ductae sunt aequales, quo modo essendi circulus extra mentem in materia esse nequit. Impossibile est enim duas dari lineas in materia aequales; minus est possibile talem circulum posse figurari. Unde circulus in mente est exemplar et mensura veritatis circuli in pavimento. Sic dicimus veritatem rerum in mente esse in necessitate complexionis, scilicet modo, quo exigit veritas rei, ut de circulo dictum est. Et quia mens ut in se et a materia abstracta has facit assimilationes, tunc se assimilat formis abstractis. Et secundum hanc vim exserit scientias certas mathematicales, et comperit virtutem suam esse se rebus, prout in necessitate complexionis sunt, assimilandi et notiones faciendi.

Materie erfaßt werden und so wie die Möglichkeit des Seins durch die Form bestimmt ist.

Weil der Geist aber durch diese Angleichungen nur Begriffe von sinnlichen Dingen erhält, wo die Formen nicht wahr, sondern von der Wandelbarkeit der Materie umschattet sind, sind alle derartigen Kenntnisse eher Mut-Maßungen als Wahrheiten. So sage ich, daß die Begriffe, die durch verstandesmäßige Verähnlichungen erreicht werden, unsicher sind, da sie eher den Abbildern der Formen entsprechen als den Wahrheiten.

Danach bildet unser Geist — nicht als Geist, der in den Körper versenkt ist und ihn belebt, sondern als Geist an sich, der aber dem Körper vereint werden kann — wenn er auf seine Unveränderlichkeit hinblickt, die Angleichungen der Formen nicht so, wie sie in die Materie eingesenkt sind, sondern so, wie sie in ihm und durch ihn sind; er erfaßt die unveränderlichen Washeiten der Dinge, indem er sich selbts ohne irgendeinen organischen Geist als Werkzeug benutzt; z. B. wenn er begreift, daß der Kreis eine Figur ist, bei der alle vom Zentrum zum Umkreis gezogenen Linien gleich lang sind. Auf diese Weise vermag aber der Kreis außerhalb des Geistes in der Materie nicht zu bestehen. Es ist ja unmöglich innerhalb der Materie zwei gleiche Linien zu geben. Noch viel weniger ist es möglich, einen derartigen Kreis zu ziehen. Also ist der Kreis im Geist das Urbild und Maß der Wahrheit für den Kreis auf dem Erdboden. Daher sagen wir: Die Wahrheit der Dinge im Geist steht in der Notwendigkeit des Zusammenhanges und zwar auf eine Weise, wie es die Wahrheit des Dinges fordert; so, wie wir es vom Kreis gesagt haben. Weil der Geist in sich und von der Materie losgelöst diese Verähnlichung vollzieht, gleicht er sich den losgelösten Formen an. Gemäß dieser Kraft bringt er die sicheren mathematischen Wissenschaften hervor und erfährt, daß er die Fähigkeit hat, sich den Dingen anzugleichen und von ihnen, gemäß der Tatsache, daß sie in der Notwendigkeit des Zusammenhanges stehen, Begriffe zu bilden.

Et incitatur ad has assimilationes abstractivas per phantasmata seu imagines formarum, quas per assimilationes factas in organis deprehendit, sicut excitatur quis ex pulchritudine imaginis, ut inquirat pulchritudinem exemplaris. Et in hac assimilatione se habet mens, ac si flexibilitas absoluta a cera, luto, metallo et omnibus flexibilibus foret viva vita mentali, ut ipsa per se ipsam se omnibus figuris, ut in se et non in materia subsistunt, assimilare possit. Talis enim in vi suae flexibilitatis vivae, hoc est in se, notiones omnium, quoniam omnibus se conformare posset, esse conspiceret.

Et quia adhuc hoc modo mens non satiatur, quia non intuetur praecisam omnium veritatem, sed intuetur veritatem in necessitate quadam determinata cuilibet, prout una est sic, alia sic, et quaelibet ex suis partibus composita, et videt, quod hoc modus essendi non est ipsa veritas, sed participatio veritatis, ut unum sic sit vere, et aliud aliter sit vere, quae quidem alteritas nequaquam convenire potest veritati in se, in sua infinita et absoluta praecisione considerata. Unde mens respiciendo ad suam simplicitatem, ut scilicet est non solum abstracta a materia, sed ut est materiae incommunicabilis seu modo formae inunibilis, tunc hac simplicitate utitur ut instrumento, ut non solum abstracte extra materiam, sed in simplicitate materiae incommunicabili se omnibus assimilet. Et hoc modo in simplicitate sua omnia intuetur, sicut si in puncto omnem magnitudinem et in centro circulum. Et ibi omnia intuetur absque omni compositione partium, et non ut unum est hoc et aliud illud, sed ut omnia unum et unum omnia. Et haec est intuitio veritatis absolutae; quasi si quis in proxime dicto modo videret, quomodo in omnibus entibus est entitas varie participata, et post hoc modo, de quo nunc agitur, supra participatio-

Zu diesen losgelösten und freien Angleichungen wird er durch die Phantasievorstellungen oder Abbilder der Formen angeregt. Diese findet er mittels der vollzogenen Angleichungen in den Organen; so wie jemand durch die Schönheit eines Bildes angeregt wird, nach der Schönheit des Urbildes zu fragen. In dieser Verähnlichung verhält sich der Geist so, als wäre die Bildbarkeit vom Wachs, Ton, Metall und allen bildbaren Materialien losgelöst, im Leben des Geistes lebendig, so daß dieser sich durch sich selbst allen Figuren, nicht wie sie in der Materie bestehen, sondern wie sie in sich selbst sind, zu verähnlichen vermag. Denn so sieht er, daß in der Kraft seiner lebendigen Bildbarkeit, d. h. in sich, die Begriffe aller Dinge enthalten sind, weil er sich allen gleichformen kann.

Dies befriedigt aber den Geist noch nicht, da er nicht die genaue Wahrheit aller Dinge sieht, sondern diese in einer gewissen Notwendigkeit für jedes bestimmt, erblickt; für eines so, für ein anderes so und für jedes wie es aus seinen Teilen zusammengesetzt ist. Er sieht, daß diese Seinsweise nicht die Wahrheit selbst ist, sondern eine Teilhabe an der Wahrheit, demzufolge eines so wahr ist, ein anderes auf andere Art. Diese Andersheit kann niemals der Wahrheit in sich selbst zukommen, wenn man sie in ihrer unendlichen und absoluten Genauigkeit betrachtet. Betrachtet der Geist seine Einfachheit, das heißt, wie er nicht nur von der Materie losgelöst ist, sondern wie er der Materie nicht mitgeteilt und nach der Weise der Form nicht mit ihr vereint werden kann, dann gebraucht er diese Einfachheit als Werkzeug, um nicht nur losgelöst von der Materie, sondern in der Einfachheit, die der Materie nicht mitgeteilt werden kann, sich allen Dingen anzugleichen. Dergestalt schaut er alles in seiner Einfachheit, so wie wenn er im Punkt alle Größe und im Zentrum den Kreis sieht. Er schaut dort alles ohne jede Zusammensetzung aus Teilen und nicht wie das eine dies ist und das andere ein anderes, sondern alles eines und eines alles. Dieses ist die Schau der absoluten Wahrheit; wenn jemand in der geschilderten Weise sieht, wie in allen Seienden die Seiendheit verschieden partizi-

nem et varietatem omnem ipsam entitatem absolutam simpliciter intueretur, talis profecto supra determinatam complexionis necessitatem videret omnia, quae vidit in varietate absque illa in absoluta necessitate simplicissime, sine numero et magnitudine ac omni alteritate.

Utitur autem hoc altissimo modo mens se ipsa, ut ipsa est Dei imago. Et Deus, qui est omnia, in ea relucet, scilicet quando ut viva imago Dei ad exemplar suum se omni conatu assimilando convertit. Et hoc modo intuetur omnia unum et se illius unius assimilationem, per quam notiones facit de uno, quod omnia; et sic facit theologicas speculationes, ubi tamquam in fine omnium notionum quam suaviter ut in delectabilissima veritate vitae suae quiescit, de quo modo numquam satis dici posset.

Haec autem nunc sic dixerim cursorie et rustice. Tu vero decora limatione pulchrius ea poteris adaptare, ut reddantur legentibus gratiora.

O: Non nisi hoc audire quam avide expectavi, quod sic luculentissime explanasti. Et veritatem quaerentibus quam ornata videbuntur.

P: Expone quaeso, quomodo mens possibilitatem indeterminatam, quam materiam vocamus, attingit.

I: Per adulterinam quandam rationem, contrario quodam modo, quo de necessitate complexionis ad necessitatem transilit absolutam. Nam dum videt, quomodo omnia corpora per corporeitatem habent formatum esse, sublata corporeitate in quadam indeterminata possibilitate omnia, quae prius vidit, videt. Et quae prius vidit in corporeitate distincta et determinata actu existentia, nunc videt confusa, indeterminata, possibiliter. Et hic est modus universitatis, quo modo in possibilitate omnia videntur. Non tamen est modus essendi, quia posse-esse non est.

piert wird, und er nach der Weise, über die wir jetzt sprechen, über aller Teilhabe und Verschiedenheit die absolute Seinsheit einfachhin schaut, wird er alles, das er in der Verschiedenheit gesehen hat, über alle Notwendigkeit der Befindlichkeit hinaus nun ohne diese in der absoluten Notwendigkeit auf einfachste Weise, ohne Zahl und Größe und jede Andersheit schauen.

Bei dieser erhabenen Weise bedient der Geist sich seiner selbst als Bild Gottes. Gott, der alles ist, strahlt in ihm wider, wenn er sich als lebendiges Abbild Gottes seinem Urbild zuwendet und mit aller Kraft bemüht, sich ihm zu verähnlichen. Auf diese Weise schaut er, daß alles eines ist, und daß er die Angleichung dieses Einen ist. Durch diese bildet er Begriffe über das Eine, welches alles ist. Solchermaßen baut er theologische Betrachtungen auf, in denen er gleichsam im Endziel alles Begreifens freudig als in der köstlichsten Wahrheit seines Lebens Ruhe findet. Darüber kann niemals genug gesagt werden.

Dies habe ich nun schnell und einfach gesagt. Du kannst es durch kunstvolles Ausfeilen verschönern, um es den Lesern angenehmer zu machen.

R: Gerade das, was du so ausführlich erklärt hast, habe ich voll Eifer erwartet, und wer die Wahrheit sucht, dem wird es schön genug erscheinen.

P: Bitte, lege uns dar, auf welche Weise der Geist die unbestimmte Möglichkeit, die wir Materie nennen, erreicht.

L: Durch ein verkehrtes Denken; gewissermaßen in umgekehrter Weise, wie er es tat, als er von der Notwendigkeit der Befindlichkeit zur absoluten Notwendigkeit überging. Er sieht, wie alle Körper durch die Körperlichkeit ein geformtes Sein haben. Nimmt er nun die Körperlichkeit hinweg, so sieht er gleichsam in einer unbestimmten Möglichkeit alles, was er vorher gesehen hat. Was er vorher in der Körperlichkeit getrennt und bestimmt als wirklich Bestehendes gesehen hat, das sieht er nun verworren, unbestimmt, der Möglichkeit nach. Das ist die Weise der Allgemeinheit, nach der alles in der Möglichkeit gesehen wird. Es ist aber keine Seinsweise, da das Können-Sein nicht ist.

VIII.

Quomodo an idem sit menti concipere, intelligere, notiones et assimilationes facere; et quomodo fiant sensationes secundum physicos.

P: Satis de hoc, ne propositum egrediamur! Expone, si concipere mentis est intelligere.

I: Dixi mentem concipiendi virtutem. Unde excitata se movet concipiendo, quosque intelligat. Quare intellectus est mentis motus perfectus.

P: Quando dicitur concipere?

I: Quando rerum facit similitudines, sive mavis dicere notiones seu genera, differentias, species, proprium et accidens. Unde Deus vim concipiendi creavit in anima, mens autem et iam dicta facit. Unum tamen et idem est vis mentis et conceptio et similitudo et notio et genus et species. Et quamvis non dicamus idem intelligere et concipere, tamen quidquid intelligitur et concipitur et e converso. Sed actuale intelligitur et non concipitur.

P: Quomodo ais?

I: Concipere non est nisi modo materiae vel formae vel alio modo comprehendere. Actuale vero dicitur intelligi, i. e. proprietas eius mente comprehenditur. Dicitur etiam mens intelligere ex quo movetur, et initium motus potius passio dicitur, perfectio motus intellectus. Sed ut idem est dispositio et habitus, dispositio dum tendit ad perfectionem et post perfectionem habitus, ita unum et idem passio mentis et intellectus.

VIII.

Sind Begreifen, Vernunfthaft-Erkennen, Begriffe-Bilden und Angleichungen-Machen für den Geist das selbe? Auf welche Weise nach den Naturwissenschaftlern die Sinnesempfindungen entstehen?

P: Genug damit, sonst kommen wir von unserem Thema ab. Lege uns dar, ob das Begreifen des Geistes Erkennen ist.

L: Ich habe den Geist als die Kraft des Begreifens bezeichnet. Wenn er angeregt ist, bewegt er sich im Begreifen bis er erkennt. Darum ist die Vernunfterkenntnis die vollkommene Bewegung des Geistes.

P: Wann sagt man, daß der Geist begreift?

L: Wenn er Ähnlichkeitsbilder der Dinge macht oder, wenn du es lieber hast, wenn er Begriffe, Gattungen, Unterschiede, Spezien, Proprien und Akzidentien bildet. Gott hat die Fähigkeit des Begreifens in der Seele geschaffen, der Mensch aber bildet diese Dinge. Dennoch ist die Kraft des Geistes, sein Erfassen, Gleichnisbild, Begriff, Gattung und Art ein und dasselbe. Obwohl wir Einsehen und Begreifen nicht dasselbe nennen, wird das, was erkannt wird, begriffen und umgekehrt. Allerdings wird das Wirkliche nicht begriffen, sondern eingesehen.

B: Wie meinst du das?

L: Begreifen ist nichts anderes als nach der Weise der Materie oder der Form oder sonstwie Erfassen. Vom Wirklichen aber sagt man, daß es eingesehen wird, das heißt, daß seine Eigentümlichkeit vom Geist erfaßt wird. Man sagt auch, daß das Geist einsehe, woher er seine Bewegung erhalte; der Anfang dieser Bewegung wird eher Beeindruckung genannt, ihre Vollendung Vernunfterkenntnis. Aber so, wie Veranlagung und Verhalten dasselbe sind — von Veranlagung sprechen wir, wenn sie zur Vollendung strebt und von Verhalten, wenn die Vollendung erreicht ist —, so sind die Beeindruckung und das Denken des Geistes ein und dasselbe.

P: Tamen intellectus non videtur dicere perfectionem.

I: Bene ais: proprie mens dicitur intelligere quando movetur, licet non dicatur intellectus nisi post perfectionem.

P: Sunt igitur illa omnia unum et idem, vis concipiendi, conceptio, similitudo, notio, passio et intellectus.

I: Sunt sic idem, quod vis concipiendi non est aliquid eorum, quia dicitur vis ab aptitudine, quam habet a creatione, conceptio ab imitatione, quia imitatur materiam vel formam, scilicet eo quod modo materiae vel formae vel compositi comprehendit. Ex eo autem, quod conceptio dicitur, ex eo etiam similitudo seu notio rei. Et haec vocabula veraciter de se praedicantur, et quodlibet dicitur intellectus.

P: Miror, quomodo conceptio possit dici intellectus.

I: Quamvis conceptio dicatur ab imitatione, et intellectus a perfectione, tamen hoc facit perfectio, quod intellectus dicatur conceptio. Tunc enim mens concipit, cum ad perfectionem ducitur intellectus.

P: Vis forte etiam admittere passionem mentis vocari intellectum?

I: Volo, nam motus mentis est intellectus, cuius initium est passio.

P: Igitur et conceptio passio?

I: Non sequitur, ut per te vides. Similiter quamvis genera et species sint intellectus, tamen non propterea sunt passiones animae; transit enim passio animae manentibus generibus et speciebus.

P: Satis de hoc, cum varii varie loquantur de istis, sufficiat mihi te audivisse. Sed dicito: quomodo nominas vim illam

P: Aber Vernunft-Erkenntnis scheint nicht Vollendung zu bedeuten.

L: Richtig. Eigentlich sagt man, daß der Geist vernunfthaft erkennt, wenn er sich bewegt, wenn er auch erst nach der Vollendung Vernunft-Einsicht genannt wird.

P: Kraft des Erfassens, Ähnlichkeitsbild, Begriff, Beeindruckung und Vernunft-Erkenntnis sind also alles ein und dasselbe?

L: Sie sind so dasselbe, daß die Kraft und Fähigkeit des Erfassens keines von ihnen ist. Denn Kraft heißt sie nach der Eignung, die sie von ihrer Erschaffung her hat, Erfassung nach der Nachahmung, weil sie die Materie oder die Form dadurch nachahmt, daß sie nach der Weise der Materie oder der Form oder der Zusammensetzung begreift. Aus dem selben Grunde, aus dem sie Erfassen genannt wird, wird sie auch als Angleichung oder Erkenntnis eines Dinges bezeichnet. Diese Bezeichnungen können mit Recht gegenseitig von einander gesagt werden und jede wird Vernunft genannt.

P: Ich wundere mich wieso Erfassung Vernunft-Erkenntnis genannt werden kann.

L: Obwohl die Erfassung nach der Nachahmung so genannt wird, und die Vernunft nach der Vollendung, bewirkt doch eben diese Vollendung, daß die Vernunft Erfassung genannt wird. Der Geist begreift ja dann, wenn die Vernunft zur Vollendung geführt wird.

P: Willst du vielleicht auch sagen, daß die Beeindruckung des Geistes Vernunft genannt wird?

L: Ja. Denn die Bewegung des Geistes ist Denken und dessen Anfang ist die Beeindruckung.

P: Dann ist das Begriffserfassen auch Beeindruckung?

L: Das folgt nicht, wie du selbst siehst. Wiewohl Gattung und Art in gleicher Weise Vernunft-Erkenntnis sind, sind sie deshalb doch nicht Beeindruckungen der Seele. Eine Beeindruckung der Seele geht nämlich vorüber, während Gattungen und Arten bleiben.

P: Genug davon. Da die verschiedenen Menschen verschieden über diese Fragen sprechen, soll es mir genügen, deine

mentis, qua omnia in necessitate complexionis intuetur, et aliam, qua in necessitate absoluta?

I: Ego, qui sum idiota, non multum ad verba attendo, puto tamen, quod convenienter vis illa disciplina dici possit, qua mens ad suam immutabilitatem respiciendo rerum formas extra materiam considerat, eo quia per disciplinam doctrinamque ad hanc formae devenitur considerationem. Sed vis illa, qua mens intuendo ad suam simplicitatem omnia absque compositione in simplicitate intuetur, intelligentia dici potest.

P: Legi per aliquos vim, quam tu doctrinam, intelligentiam, et illam, quam tu intelligentiam, illi intelligibilitatem nominari.

I: Non displicet, quia et sic convenienter vocari possunt.

O: Optarem te philosophe audire, quomodo physici opinentur sensationes fieri? In hoc te idiota peritiorem puto, qui et gaudebit, si feceris.

P: Gauderem aliquid accepti posse recitare. Unde id, quod petis, sic se habet: Dicunt physici, quod anima est immixta spiritui tenuissimo per arterias diffuso, ita quod spiritus ille vehiculum sit animae, illius vero spiritus vehiculum sanguis. Est ergo arteria quaedam illo spiritu plena, quae ad oculos dirigitur, ita ut arteria illa prope oculos bifida fiat et illo spiritu plena ad oculorum orbes, in qua parte pupilla est, proveniat. Est itaque spiritus ille eatenus per arteriam illam diffusus instrumentum animae, per quod videndi sensum exerceat. Duae arteriae ad aures diriguntur illo spiritu plenae; similiter ad nares; eodem modo ad palatum arteriae quaedam diriguntur. Diffunditur etiam spiritus ille per medullas usque ad extremitatem articulorum. Spiritus ergo ille, qui ad oculos dirigitur, est agillimus. Cum ergo aliquod exterius obstaculum invenit, repercutitur spiritus ille, et excitatur anima ad perpendendum illud, quod obstat. Sic in

Meinung gehört zu haben. Aber sag mir: wie bezeichnest du jene Kraft des Geistes, durch die er alles in der Notwendigkeit des Zusammenhangs schaut; und wie die andere, mit der er alles in der absoluten Notwendigkeit schaut?

L: Ich, als Laie, lege nicht viel Gewicht auf Bezeichnungen. Aber ich glaube, man könnte jene Kraft recht gut Disziplin nennen. Mit ihrer Hilfe blickt der Geist auf seine Unwandelbarkeit und betrachtet die Formen der Dinge außerhalb der Materie. Man könnte sie deshalb so nennen, weil er durch systematische Theorie und Wissenschaft zu dieser Betrachtung der Form gelangt. Jene Kraft hingegen, durch die der Geist auf seine eigene Einfachheit hinblickend alles ohne Zusammensetzung in der Einfachheit schaut, kann Vernunft-Einsicht genannt werden.

P: Ich habe gelesen, daß einige die Kraft, welche du Wissenschaft nennst als Vernunft-Einsicht bezeichnen, und jene, die du Vernunft-Einsicht nennst als Einsichtigkeit bezeichnen.

L: Ich habe nichts dagegen, denn man kann sie auch so gut nennen.

R: Ich möchte von dir, Philosoph, hören, wie nach Ansicht der Naturwissenschaftler die Sinnesempfindungen entstehen. Darin, glaube ich, weißt du mehr als der Laie, und auch er wird sich freuen, wenn du darüber sprichst.

P: Ich freue mich, wenn ich etwas von dem, was ich gelernt habe, berichten kann. Das, wonach du fragst, verhält sich folgendermaßen: Die Naturwissenschaftler sagen, die Seele sei mit einem ganz feinen Geist, der durch die Adern verteilt ist, in solchem Maß verbunden, daß jener Geist gleichsam das Fahrzeug der Seele ist. Der Träger dieses Geistes hinwieder ist das Blut. Eine bestimmte Ader, die mit diesem Geist erfüllt ist, führt zu den Augen hin. Kurz vor den Augen teilt sie sich in zwei Äste und kommt, erfüllt mit jenem Geiste, zu den Augenkreisen hin, in dem Teil, wo die Pupille ist. Der Geist, welcher bis dorthin von der Ader verteilt worden ist, ist ein Werkzeug der Seele, mit dessen Hilfe sie den Gesichtssinn betätigt. Zwei Adern, mit diesem Geist erfüllt, führen zu den Ohren, ebenso zu der Nase, andere zum Gaumen. Durch das Mark wird jener Geist bis zu den äußersten Gliedern hin verteilt. Jener

auribus voce repercutitur spiritus, et excitatur anima ad comprehendendum. Et sicut auditus fit in aëre tenuissimo, ita quoque odoratus in aëre spisso vel potius fumoso, qui, cum nares subintrat, ex sua fumositate spiritum retardat, ut anima excitetur ad illius fumositatis odorem comprehendendum. Pariformiter cum humidum, spongiosum palatum subintrat, tardatur spiritus, et excitatur anima ad gustandum. Utitur etiam spiritu per medullas diffuso anima pro instrumento tactus. Cum enim aliquid solidum obstat corpori, offenditur et quodammodo retardatur spiritus, et inde tactus.

Circa oculos utitur ignea vi, circa aures utitur vi aetherea vel potius aërea pura, circa nares vi spissa aërea et fumosa, circa palatum vi aquea, circa medullas vi terrea, et hoc secundum quattuor elementorum ordinem, ut, sicut oculi altiores sunt auribus, sic spiritus, qui ad oculos dirigitur, altior est et superior, ut quodammodo igneus dicatur, ut sit in homine sensum dispositio facta ad similitudinem ordinis sive dispositionis quattuor elementorum. Hinc velocior visus quam auditus. Unde fit, ut prius coruscationem videamus, quam tonitrua audiamus, licet simul fiant. Facit etiam oculorum adeo fortis radiorum directio subtilis et acuta, ut aër ei cedat, nec aliquid ei obsistere possit, nisi grossum sit terreum vel aqueum.

Cum ergo spiritus ille instrumentum sit sensuum — oculi, nares et cetera quasi fenestrae sunt et viae, per quas spiritus ille ad sentiendum exitum habet — patet, quod nihil sentitur nisi per obstaculum. Unde fit, ut aliqua re obstante spiritus ille, qui sentiendi instrumentum est, tardetur, et anima quasi tarda rem illam, quae obstat, confuse per sensus

Geist, der zu den Augen hingeleitet wird, ist der beweglichste. Wenn er irgendein äußeres Hindernis findet, wird er zurückgeworfen und regt die Seele an, dieses Hindernis zu untersuchen. Genau so wird der Geist in den Ohren durch einen Laut zurückgeworfen, und die Seele angeregt, ihn zu begreifen. So wie sich das Hören in ganz reiner Luft vollzieht, so das Riechen in dichter oder besser, dunsterfüllter Luft, wenn diese in die Nase eindringt; dann hält sie den Geist durch ihre Dunsterfülltheit zurück, so daß die Seele angeregt wird, ihren Geruch zu erfassen. Gleichermaßen wird der Geist gehemmt, wenn etwas den feuchten, weichen Gaumen berührt, die Seele aber wird zum Schmecken angeregt. Die Seele verwendet auch den durch das Mark verteilten Geist als Werkzeug des Tastsinns. Wenn nämlich irgendein fester Gegenstand dem Körper im Weg steht, dann wird der Geist zurückgestoßen und irgendwie aufgehalten, und daher entsteht eine Tastempfindung.

Bei den Augen gebraucht der Geist die Kraft des Feuers, bei den Ohren die Kraft des Äthers oder der reinen Luft, bei der Nase die dichte oder rauchige Luft, beim Gaumen die Kraft des Wassers, beim Mark die Kraft der Erde. Dies vollzieht sich in der Reihenfolge der vier Elemente. So wie z. B. die Augen höherstehen als die Ohren, so ist der Geist, der zu den Augen geleitet wird, höher und erhabener und wird darum gewissermaßen als feurig bezeichnet. Dergestalt ist im Menschen die Einteilung der Sinne ein Abbild der Ordnung und Einteilung der vier Elemente. Das Sehen ist schneller als das Hören, darum sehen wir den Blitz, bevor wir den Donner hören, obwohl sie gleichzeitig sind. Die Richtung der Augenstrahlen ist so fein und genau, daß die Luft ihr weicht und nichts ihr Widerstand leisten kann, es sei denn eine Masse aus Erde oder Wasser.

Da jener Geist also ein Werkzeug der Sinne ist — Auge, Nase usw. sind ja gleichsam Fenster und Wege, durch die er zum Empfinden ausgeht —, ist es offenbar, daß alles nur durch ein Hindernis empfunden wird. Darum wird dieser Geist, das Werkzeug des Empfindens, durch ein Ding, das ihm ein Hindernis ist, gehemmt; die Seele wird aufgehalten

ipsos comprehendat. Sensus enim, quantum in se est nihil terminat. Quod enim, cum aliquid videmus terminum in ipso ponimus, illud quidem imaginationis est, quae adiuncta est sensui, non sensus.

Est autem in prima parte capitis, in cellula phantastica, spiritus quidam multo tenuior et agilior spiritui per arterias diffuso, quo cum anima utitur pro instrumento, subtilior fit, ut etiam re absentata formam comprehendat in materia, quae vis animae imaginatio dicitur, quoniam per eam anima rei absentatae imaginem sibi conformat. Et per hoc a sensu differt, qui solum re praesente formam comprehendit in materia, imaginatio vero re absentata, confuse tamen, ut statum non discernat, sed multos status simul confuse comprehendat.

Est vero in media parte capitis, in illa scilicet cellula, quae rationalis dicitur, spiritus tenuissimus magisque tenuis quam in phantastica, et cum anima illo spiritu pro instrumento utitur, adhuc fit subtilior, ut etiam statum a statu discernat, vel statum vel formatum. Nec tamen rerum comprehendit veritatem, quoniam formas comprehendit materiae admixtas, materia vero confundit formatum, ut veritas circa eam comprehendi non possit. Haec autem vis animae ratio appellatur.

Cum his tribus modis anima corporeo utitur instrumento, per se ipsam anima comprehendit, quando se ipsam recipit, ita ut se ipsa utatur pro instrumento, ut a te audivimus.

O: Physici, qui haec post experientiam nobis manifesta fecerunt, laudandi sunt certe, quia pulchra et placida.

I: Et hic sapientiae amator laudes et gratias meretur maximas.

und erfaßt das Hindernis verworren durch die Sinne. Der Sinn, soweit er in sich selbst ist, begrenzt nichts. Die Tatsache, daß wir, sobald wir etwas sehen, eine Begrenzung vollziehen, gehört zu der Vorstellungskraft, welche dem Sinn beigegeben ist, nicht zum Sinn.

Im vordersten Teil des Kopfes, in der Zelle der Vorstellungskraft ist ein Geist, der um vieles feiner und beweglicher ist als der durch die Adern verteilte. Wenn die Seele sich seiner als Werkzeug bedient, wird sie feinsinniger, so daß sie selbst, wenn ein Ding nicht anwesend ist, seine Form in der Materie erfaßt. Diese Fähigkeit wird Einbildungskraft genannt, weil die Seele mit ihrer Hilfe sich das Abbild eines abwesenden Dinges bildet. Dadurch unterscheidet sich diese vom Sinn, der eine Form in der Materie nur erfaßt, wenn das Ding gegenwärtig ist. Die Einbildungskraft aber kann dies, wiewohl verworren, auch in Abwesenheit des Dinges tun, so daß sie nicht einen Zustand unterscheidet, sondern zugleich viele Zustände verworren begreift.

Im mittleren Teil des Kopfes, in jener Zelle, die man Zelle des Verstandes nennt, befindet sich ein ganz feiner Geist, feiner als jener in der Zelle der Phantasie; benutzt die Seele diesen Geist als Werkzeug, so wird sie noch feinfühliger. Sie kann dann einen Zustand vom anderen unterscheiden, bzw. einen Zustand oder Geformtes. Dennoch begreift sie nicht die Wahrheit der Dinge, da sie die Formen so erfaßt, wie sie mit der Materie vermischt sind. Die Materie aber zerstört das Geformte, so daß die Wahrheit bei ihr nicht begriffen werden kann. Diese Kraft der Seele wird Verstand genannt.

Auf diese drei Weisen gebraucht die Seele den Körper als Werkzeug. Durch sich selbst begreift sie, wenn sie sich selbst erfaßt, so daß sie sich selbst auch als Werkzeug gebraucht, wie wir es von dir gehört haben.

R: Die Naturwissenschaftler, die uns dies ihrer Erfahrung nach zur Kenntnis gebracht haben, sind wirklich zu loben. Diese Gedanken sind schön und gefallen mir.

L: Und dieser Freund der Weisheit verdient ganz besonders Lob und Dank.

IX.

Quomodo mens omnia mensurat faciendo punctum, lineam et superficiem; et quomodo est punctus unus et complicatio ac perfectio lineae; et de natura complicationis; et quomodo facit adaequatas mensuras variarum rerum; et unde stimuletur ad faciendum.

P: Video noctem accedere. Velis igitur idiota ad multa, quae restant, properare et exponere, quomodo mens omnia mensurat, ut a principio asseruisti.

I: Mens facit punctum terminum esse lineae et lineam terminum superficiei et superficiem corporis. Facit numerum, unde multitudo et magnitudo a mente sunt, et hinc omnia mensurat.

P: Explana, quomodo mens facit punctum.

I: Nam punctus est iunctura lineae ad lineam vel lineae terminus. Cum ergo lineam cogitaveris, poterit mens iuncturam duarum medietatum eius secum considerare. Quod si fecerit, erit linea tripunctalis propter duos eius terminos et iuncturam duarum medietatum, quam sibi mens proposuit. Nec sunt diversa punctorum genera terminus linea atque iunctura: nam duarum medietatum iunctura terminus est ideoque linearum. Et si unicuique medietati mens proprium terminum tribuat, quadripunctalis linea erit. Ita per quotcumque partes praeexcogitata linea dividatur a mente, quot illarum partium termini fuerint, tot punctorum praecogitata linea esse iudicabitur.

P: Quomodo facit lineam?

I: Considerando longitudinem sine latitudine; et superficiem considerando latitudinem sine soliditate, licet sic actu nec punctus nec linea nec superficies esse possint, cum sola soliditas extra mentem actu existat. Sic omnis rei mensura vel terminus ex mente est; et ligna et lapides certam

IX.

Der Geist mißt alles dadurch, daß er Punkt, Linie und Fläche bildet. Der Punkt ist einer; er ist die Einfaltung und Vollendung der Linie. Die Natur der Einfaltung; der Geist bildet angemessene Maße für die verschiedenen Dinge; was regt ihn an, dies zu tun?

P: Ich sehe, daß die Nacht herankommt; darum wende dich bitte, Laie, schnell dem zu, was noch aussteht, und lege uns dar, wie der Geist alles mißt, so wie du es am Anfang behauptet hast.

L: Der Geist läßt den Punkt die Zielgrenze der Linie sein, die Linie die Zielgrenze der Fläche und die Fläche die Zielgrenze des Körpers. Er bildet die Zahl; Vielzahl und Größe stammen also aus dem Geist, und daher mißt er alles.

P: Erkläre, auf welche Weise der Geist den Punkt bildet.

L: Der Punkt ist die Verbindung der Linie zur Linie oder die Zielgrenze der Linie. Wenn man eine Linie denkt, dann kann der Geist die Verbindung ihrer beiden Hälften miteinander betrachten. Tut er dies, dann hat die Linie drei Punkte; sie hat ihre beiden Endpunkte und den Punkt der Verbindung ihrer beiden Hälften, den der Geist gesetzt hat. Der Endpunkt der Linie und der Verbindungspunkt sind aber nicht verschiedene Arten von Punkten. Der Verbindungspunkt der beiden Hälften ist ja auch ein Endpunkt von Linien. Gibt der Geist jeder Hälfte einen eigenen Endpunkt, dann hat die Linie vier Punkte. In wieviele Teile die gedachte Linie vom Geist geteilt wird und wieviele Endpunkte diese Teile haben, soviele Teile wird nach unserem Urteil diese gedachte Linie haben.

P: Wie bildet der Geist diese Linie?

L: Er betrachtet die Länge ohne Breite. Er bildet eine Fläche, indem er die Breite ohne Tiefe betrachtet. In Wirklichkeit kann es aber weder Punkt noch Linie noch Fläche geben, da außerhalb des Geistes nur die Körperhaftigkeit als Wirklichkeit besteht. Auf diese Weise stammt Maß und

mensuram et terminos habent praeter mentem nostram, sed ex mente increata, a qua rerum omnis terminus descendit.

P: Arbitraris punctum esse indivisibilem?

I: Arbitror punctum terminalem indivisibilem, quia termini non est terminus. Si divisibilis foret, non foret terminus, quia haberet terminum. Sic non est quantus, et ex punctis non potest quantitas constitui, quia ex non quantis composita esse nequit.

P: Concordas cum Boëthio dicente[1]: Si punctum puncto addas, nihil magis facis, quam si nihil nihilo iungas.

I: Quare si duarum linearum terminos iungas, lineam quidem maiorem efficies, sed nullam constituet quantitatem terminorum coniunctio.

P: Dicisne plura puncta?

I: Neque plura puncta neque plures unitates. Sed cum punctus sit lineae terminus, ubique in linea reperiri potest. Nec tamen in ea est nisi unus punctus, qui extensus linea est.

P: Nihil ergo in veritate reperitur in linea nisi punctus?

I: Verum est, sed propter variabilitatem materiae, quae subest, quaedam ibi est extensio. Sicut cum non sit nisi una unitas, ex pluribus tamen unitatibus dicitur numerus constare propter alteritatem subiectorum unitati. Linea itaque est puncti evolutio et superficies linae et soliditas superficiei. Unde si tollis punctum deficit omnis magnitudo; si tollis unitatem, deficit omnis multitudo.

P: Quomodo intelligis lineam puncti evolutionem?

I: Evolutionem id est explicationem, quod non est aliud,

[1] Boethius, De instit. arith. II, 4.

Zielgrenze jedes Dinges aus dem Geist. Wohl haben Holzstücke und Steine auch außerhalb unseres Geistes bestimmte Maße und Begrenzungen, aber sie sind aus dem ungeschaffenen Geist, aus dem die Zielgrenze aller Dinge kommt.

P: Glaubst du, daß der Punkt unteilbar ist?

L: Ich glaube, daß der Punkt, der die Grenze bildet, unteilbar ist, weil die Grenze keine Grenze hat. Wäre er teilbar, so wäre er keine Grenze, weil er eben eine Grenze hätte. Ebenso hat er keine Quantität. Aus dem Punkt kann keine Quantität aufgebaut werden, da diese nicht aus Nicht-Quantitativem aufgebaut ist.

P: Du stimmst mit Boethius überein, der sagt: wenn du einen Punkt zu einem Punkt hinzufügst, dann tust du nichts anderes als wenn du nichts mit nichts verbindest.

L: Wenn du die Endpunkte zweier Linien verbindest, dann bewirkst du zwar eine größere Linie, aber die Verbindung der Endpunkte wird doch keine Quantität bewirken.

P: Sagst du, daß es mehrere Punkte gibt?

L: Es gibt weder viele Punkte, noch viele Einheiten. Da aber der Punkt Endpunkt der Linie ist, kann er überall auf der Linie gefunden werden. Dennoch ist in ihr nur ein Punkt und wenn er ausgedehnt ist, ist er Linie.

P: In Wahrheit findet sich also in der Linie nichts als der Punkt?

L: Das ist wahr. Wegen der Wandelbarkeit der Materie aber, die ihr zugrunde liegt, ist auch eine gewisse Ausdehnung dabei. Obwohl es nur eine einzige Einheit gibt, sagt man doch, daß die Zahl aus mehreren Einheiten besteht, und zwar wegen der Andersheit der der Einheit zugrunde liegenden Dinge. Die Linie ist die Entwicklung des Punktes, die Fläche die der Linie und der Körper die der Fläche. Nimmst du also den Punkt hinweg, so schwindet alle Größe, nimmst du die Einheit hinweg, so schwindet alle Vielheit.

P: In welcher Weise ist die Linie die Entwicklung des Punktes?

L: Diese Entwicklung ist eine Ausfaltung. Das bedeutet nichts anderes, als daß der Punkt in mehreren Atomen so

quam punctum in atomis pluribus ita quod in singulis coniunctis et continuatis esse. Est enim unus et idem punctus in omnibus atomis, sicut una et eadem albedo in omnibus albis.

P: Quomodo intelligis atomum?

I: Secundum mentis considerationem continuum dividitur in semper divisibile, et multitudo crescit in infinitum, sed actu dividendo ad partem actu indivisibilem devenitur, quam atomum appello. Est enim atomus quantitas ob sui parvitatem actu indivisibilis. Sic etiam mentis consideratione multitudo non habet finem, quae tamen actu terminata est. Rerum namque omnium multitudo sub determinato quodam numero cadit, licet nobis incognito.

P: Estne punctus lineae perfectio, cum sit eius terminus?

I: Est eius perfectio et totalitas, quae lineam in se complicat. Punctare enim est rem ipsam terminare. Ubi autem terminatur, ibidem perficitur. Perfectio vero eius est ipsius totalitas. Unde punctus est terminus lineae et eius totalitas ac perfectio, quae ipsam lineam in se complicat, sicut linea punctum explicat. Cum enim perfectionem totalem lineae in geometricis dico esse ex hoc A puncto in B, tunc ante protractionem lineae de A ad B per puncta A, B totalitatem lineae designavi, scilicet quod linea non debet ultra protrahi. Unde quod est actu vel intellectu rei totalitatem ab hoc in hoc includere, hoc est lineam in puncto complicare. Explicare autem est de A in B particulatim lineam trahere. Sic linea explicat complicationem puncti.

P: Putabam punctum complicationem lineae sicut unitatem numeri, quia nihil in linea reperitur nisi punctus ubique, sicut in numero nihil nisi unitas.

ist, daß er auch in den einzelnen verbundenen und zusammenhängenden Atomen sein kann. Es ist ein und derselbe Punkt in allen Atomen, so wie es ein und die selbe Weiße in allem Weißen ist.

P: Was verstehst du unter dem Atom?

L: Der Betrachtung des Geistes gemäß wird das Zusammenhängende in immer weiter Teilbares geteilt, und die Menge der Teile wächst ins Unendliche. In Wirklichkeit aber gelangt man bei dieser Teilung zu einem Teil, der tatsächlich unteilbar ist. Diesen nenne ich Atom. Das Atom ist die Quantität, die wegen ihrer Kleinheit als Wirklichkeit unteilbar ist. Genauso hat in der Betrachtung des Geistes die Vielheit kein Ende. In Wirklichkeit aber ist sie begrenzt. Die Vielzahl aller Dinge fällt nämlich unter eine bestimmte Zahl, wenn diese uns auch unbekannt ist.

P: Ist nicht der Punkt die Vollendung der Linie, da er ihre Zielgrenze ist?

L: Er ist ihre Vollendung und Ganzheit, die die Linie in sich einfaltet. Einen Punkt setzen, heißt eine Sache begrenzen. Wo aber begrenzt wird, dort wird auch vollendet. Die Vollendung des Dinges ist seine Ganzheit. Darum ist der Punkt das Ende der Linie und ihre Ganzheit und Vollendung, welche die Linie in sich einfaltet, so wie die Linie den Punkt ausfaltet. Wenn ich in der Geometrie sage, daß die gesamte Vollkommenheit der Linie in der Verbindung von Punkt A zu Punkt B bestehe, dann habe ich, bevor ich die Linie von A nach B gezogen habe, mit den Punkten A und B die Ganzheit der Linie bezeichnet, d. h. daß die Linie nicht weiter ausgezogen werden soll. Die Ganzheit eines Dinges in Wirklichkeit oder im Denken von hier bis dorthin einzuschließen, bedeutet in diesem Fall die Linie in einem Punkt einfalten. Ausfalten hingegen bedeutet die Linie nach und nach von A nach B ziehen. So entfaltet die Linie die Einfaltung des Punktes.

P: Ich habe gemeint, der Punkt sei die Einfaltung der Linie so wie die Einheit die der Zahl ist. In der Linie findet sich nämlich allenthalben nichts als der Punkt, so wie sich in der Zahl nichts als die Einheit findet.

I: Non male considerasti: idem est in diversitate modi dicendi, et modo, quo dixisti, in omnibus complicationibus utere. Nam motus est explicatio quietis, quia nihil reperitur in motu nisi quies. Sic nunc explicatur per tempus, quia nihil reperitur in tempore nisi nunc. Ita de aliis.

P: Quomodo ais in motu non nisi quietem reperiri?

I: Cum movere sit de uno statu in alium cadere, quia, quamdiu res se habet in uno statu, non movetur: sic nihil reperitur in motu nisi quies. Motus enim est discessio ab uno. Unde moveri est ab uno, et hoc est ad aliud unum. Sic de quiete in quietem transire est movere, ut non sit aliud movere nisi ordinata quies, sive quietes seriatim ordinatae.

Multum proficit, qui ad complicationes et earum explicationes attente advertit, maxime quomodo complicationes sunt imagines complicationis simplicitatis infinitae, et non explicationes eius, sed imagines, et sunt in necessitate complexionis. Et mens prima imago complicationis simplicitatis infinitae, vim harum complicationum sua vi complectens est locus seu regio necessitatis complexionis, quia, quae vere sunt, abstracta sunt a variabilitate materiae, et non sunt materialiter, sed mentaliter, de quo superflue dictum aestimo.

O: Nequaquam superflue etiamsi repetite. Nam utile est saepe dici, quod numquam potest satis dici.

P: Admiror, cum mens, ut ais, idiota, a mensura dicatur, cur ad rerum mensuram tam avide feratur.

L: Diese Überlegung ist nicht schlecht. Es ist dasselbe anders ausgedrückt und du kannst diese Ausdrucksweise bei allen Einfaltungen verwenden. Die Bewegung ist die Entfaltung der Ruhe, denn in der Bewegung findet sich nichts als Ruhe. Ebenso wird das Jetzt von der Zeit ausgefaltet, weil sich in der Zeit nichts findet als Jetzt. Dasselbe gilt für alles andere.

P: Wie meinst du, daß sich in der Bewegung nur die Ruhe findet?

L: Bewegen bedeutet von einem Zustand in einen anderen gelangen. Darum bewegt sich ein Ding nicht, solange es sich in einem Zustand befindet. Und so findet sich in der Bewegung nichts als Ruhe. Bewegung ist das Abweichen vom Einem. Sich-Bewegen geht also von dem Einem weg und zu einem Anderen hin. So bedeutet Von-Ruhe-zu-Ruhe-Übergehen Sich-Bewegen. Demnach ist Sich-Bewegen nichts anderes als geordnete Ruhe, oder der Reihe nach geordnetes Ruhen.

Wer auf die Einfaltungen oder Ausfaltungen aufmerksam achtet, gewinnt viel. Besonders, wenn er beachtet, daß die Einfaltungen Abbilder der Einfaltung der unendlichen Einfachheit sind. Sie sind nicht deren Ausfaltungen, sondern Abbilder und befinden sich in der Notwendigkeit des Zusammenhanges. Der Geist ist das erste Abbild der Einfaltung der unendlichen Einfachheit. In seiner Kraft umfaßt er die Kraft dieser Einfaltungen und ist der Ort oder das Feld der Notwendigkeit des Zusammenhanges. Denn das, was wirklich ist, ist von der Wandelbarkeit der Materie losgelöst und besteht nicht auf stoffliche, sondern auf geistige Art. Ich glaube, darüber ist genug gesagt worden.

R: Keineswegs zu viel, wenn auch wiederholt darüber gesprochen wurde. Es ist nützlich, dasjenige oftmals zu sagen, was niemals genug gesagt werden kann.

P: Ich wundere mich darüber, Laie, daß der Geist so eifrig danach strebt, die Dinge zu messen, obwohl sein Name selbst vom Messen kommt.

I: Ut sui ipsius mensuram attingat. Nam mens est viva mensura, quae mensurando alia sui capacitatem attingit. Omnia enim agit, ut se cognoscat, sed sui mensuram in omnibus quaerens non invenit, nisi ubi sunt omnia unum. Ibi est veritas praecisionis eius, quia ibi exemplar suum adaequatum.

P: Quomodo mens tam variarum rerum se mensuram facere potest adaequatam?

I: Modo, quo absoluta facies omnium facierum se faceret mensuram. Quando enim attendis mentem esse absolutam quandam mensuram, quae non potest esse maior nec minor, cum sit incontracta ad quantum, et cum hoc attendis illam mensuram esse vivam, ut per se ipsam mensuret, quasi si circulus vivus per se mensuraret, tunc attingis, quomodo se facit notionem, mensuram seu exemplar, ut se in omnibus attingat.

P: Intelligo simile in circulus nullius determinatae quantitatis in eo, quod circinus et tamen extenditur et contrahitur, ut assimiletur determinatis. Sed an se assimilet modis essendi, dicito.

I: Immo omnibus! Conformat enim se possibilitati, ut omnia possibiliter mensuret, sic necessitati absolutae, ut omnia unite et simpliciter, ut Deus, mensuret, sic necessitati complexionis, ut omnia in proprio esse mensuret, atque possibilitati determinatae, ut omnia, quemadmodum existunt, mensuret. Mensurat etiam symbolice, comparationis modo, ut quando utitur numero et figuris geometricis et ad similitudinem talium se transfert. Unde subtiliter intuenti mens est viva et incontracta infinitae aequalitatis similitudo.

L: Dies ist der Fall, damit er das Maß seiner selbst erreicht. Der Geist ist ein lebendiges Maß, daß seine Fassungskraft erreicht, indem es Anderes mißt. Alles tut er, um sich zu erkennen. Aber obwohl er in allem sucht, findet er sein eigenes Maß nirgends als nur dort, wo alles Eines ist. Dort ist die Wahrheit seiner Genauigkeit, da dort sein angemessenes Urbild ist.

P: Auf welche Weise macht sich der Geist zum Maß der so sehr verschiedenen Dinge?

L: Auf dieselbe Weise, auf die sich ein absolutes Antlitz zum Maß aller Gesichter machen würde. Wenn du bedenkst, daß der Geist ein absolutes Maß ist, daß weder kleiner, noch größer sein kann, da es zu keiner Quantität verschränkt ist, und wenn du weiter bedenkst, daß dieses Maß lebendig ist, so daß es durch sich selbst mißt — so als ob ein lebender Zirkel von selbst messen würde — dann erfaßt du, wie er sich zu Begriff, Maß und Urbild macht, um sich in allem zu erreichen.

P: Ich verstehe das Gleichnis mit einem Zirkel von unbestimmter Größe dahingehend, daß er sich, obwohl Zirkel, ausdehnt und zusammenzieht, um sich bestimmten Größen anzugleichen. Sag mir aber, ob er sich auch den Seinsweisen angleicht.

L: Ja, er gleicht sich allem an. Er macht sich der Möglichkeit gleichförmig, um alles auf mögliche Weise zu messen, genauso der absoluten Notwendigkeit, um alles geeint und einfach wie Gott zu messen; der Notwendigkeit des Zusammenhanges, um alles in seinem eigentümlichen Sein zu messen; der bestimmten Möglichkeit, um alles so zu messen, auf welche Weise es auch besteht. Er mißt sogar auf symbolische Art, in der Weise des Vergleichens, wenn er Zahlen und geometrische Figuren verwendet und sich zu einer Ähnlichkeit mit diesen bringt. Aus diesem Grund ist für einen aufmerksamen Betrachter der Geist eine lebendige und unverschränkte Ähnlichkeit der unendlichen Gleichheit.

X.

Quomodo comprehensio veritatis est in multitudine et magnitudine.

P: Non te taedeat sermonem in noctem protrahere, mi amicissime, ut adhuc tua praesentia frui valeam. Necessitor enim cras abire. Et exponas dictum Boëthii utique doctissimi viri quid velit dicere, quando ait comprehensionem veritatis omnium rerum esse in multitudine et magnitudine[1].

I: Opinor, quod multitudinem ad discretionem rettulit, magnitudinem ad integritatem. Nam rei veritatem recte comprehendit, qui eam ab omnibus aliis rebus discernit et ipsius etiam rei integritatem attingit, ultra quam vel infra integrum esse rei non progreditur. Disciplina namque in geometria trianguli integritatem determinat ita, quod nec ultra sit nec infra. In astronomia determinat motuum integritatem, et quid per singula. Per disciplinam magnitudinis habetur terminus integritatis rerum et mensura, sicut per numeri disciplinam rerum discretio. Numerus quidem ad confusionem communium discernendam valet, similiter ad colligendam rerum communionem. Magnitudo vero ad comprehendendum integritatis esse rerum terminum et mensuram.

P: Si magnitudo integritatem ab omnibus discernit, nihil ergo scitur, nisi omnia sciantur.

I: Verum dicis. Nam non scitur pars nisi toto scito; totum enim mensurat partem. Quando enim coclear per partes ex ligno exscindo, partem adaptando ad totum respicio, ut coclear bene proportionatum eliciam. Sic totum coclear, quod mente concepi, est exemplar, ad quod respicio, dum partem fingo. Et tunc possum perfectum coclear efficere, quando quaelibet pars proportionem suam in ordine ad

[1] Boethius, De inst. arith. I, 1 u. a.

X.

Das Erfassen der Wahrheit vollzieht sich in Vielheit und Größe.

P: Laß es dich nicht verdrießen, unser Gespräch bis in die Nacht fortzusetzen, mein lieber Freund, damit ich deine Gegenwart noch weiter genießen kann. Morgen muß ich nämlich abreisen. Bitte, erkläre mir, was der gelehrte Boethius meint, wenn er sagt, daß sich das Erfassen der Wahrheit in Vielheit und Größe vollzieht.

L: Ich glaube, daß er die Vielheit auf Unterscheidung und die Größe auf Vollständigkeit rückführt. Die Wahrheit eines Dinges erfaßt derjenige richtig, der es von allen anderen Dingen unterscheidet und seine Vollständigkeit erfaßt, jenseits und diesseits derer das vollständige Sein des Dinges sich nicht erstreckt. Die systematische Theorie bestimmt in der Geometrie die Vollständigkeit des Dreiecks so, daß es weder diesseits noch jenseits davon existiert. In der Astronomie bestimmt sie die Vollständigkeit der Bewegungen und so weiter. Durch die Lehre von der Größe haben wir eine Zielgrenze und ein Maß für die Vollständigkeit der Dinge; durch die Lehre von den Zahlen gelangen wir so zu einer Unterscheidung der Dinge. Die Zahl hat die Fähigkeit, die Verworrenheit des Gemeinsamen zu unterscheiden und ebenfalls die Gemeinsamkeit der Dinge zusammenzufassen. Die Größe hingegen läßt uns Grenze und Maß der Vollständigkeit des Seins der Dinge erfassen.

P: Wenn es so ist, daß die Größe die Vollständigkeit von allem unterscheidet, weiß man nichts, wenn man nicht alles weiß.

L: Du hast recht. Man weiß den Teil nicht, wenn man nicht das Ganze weiß. Das Ganze mißt ja den Teil. Wenn ich bei einem Löffel einen Teil nach dem anderen aus dem Holz herausschnitze, dann blicke ich auf das Ganze, während ich den Teil forme, um einen Löffel in gutem Formverhältnis herauszubekommen. Der ganze Löffel, den ich im Geist konzipiert habe, ist das Urbild und auf dieses blicke ich, wenn ich den Teil bilde. Einen vollkommenen Löffel kann ich dann fertigstellen, wenn jeder Teil sein Formverhältnis

totum reservat. Similiter pars ad partem comparata suam integritatem debet observare. Unde necesse erit, ut ad scientiam unius praecedat scientia totius et partium eius. Quare Deus, qui est exemplar universitatis, si ignoratur, nihil de universitate scitur et si universitas ignoratur, nihil de eius partibus scire posse manifestum. Ita scientiam cuiuslibet praecedit scientia Dei et omnium.

P: Adde quaeso, cur dicat sine Quadrivio nulli recte philosophandum.

I: Ob ea iam dicta. Nam quia in arithmetica et musica continetur virtus numerorum, unde rerum habetur discretio, in geometria vero et astronomia magnitudinis continetur disciplina, unde tota comprehensio integritatis rerum emanat, ideo nulli sine Quadrivio philosophandum.

P: Miror, si voluit omne id, quod est, esse magnitudinem vel multitudinem.

I: Nequaquam puto, sed quod omne, quod est, cadit sub magnitudine vel multitudine, quoniam demonstratio omnium rerum fit vel secundum vim unius vel alterius. Magnitudo terminat, multitudo discernit. Unde definitio, quae totum esse terminat et includit, vim habet magnitudinis et ad eam pertinet, et definitionum demonstratio fit necessario secundum vim magnitudinis, diviso vero et divisionum demonstratio secundum vim multitudinis. Fiunt etiam syllogismorum demonstrationes secundum vim magnitudinis et multitudinis. Quod enim ex duabus tertia concluditur, multitudinis est; quod autem et universalibus et particularibus, magnitudinis est. Posset etiam otiosior nobis applicare, quomodo ex vi multitudinis quantitates et qualitates et cetera praedicamenta descendunt, quae rerum notitiam faciunt. Nam quemadmodum hoc fiat, difficulter cognoscitur.

in der Ordnung zum Ganzen bewahrt. Ebenso muß jeder Teil, wenn er mit einem anderen verglichen wird, seine Vollständigkeit und Unversehrtheit bewahren. Um etwas Bestimmtes zu wissen, wird daher zuerst das Wissen des Ganzen und seiner Teile nötig sein. Wenn man darum Gott, das Urbild des Gesamt nicht kennt, kann man nichts vom Gesamt wissen, und wenn man das Gesamt nicht kennt, kann man nichts von seinen Teilen wissen. Das ist offenbar. Jedem Wissen geht das Wissen von Gott und allen Dingen voraus.

P: Sag bitte noch, warum Boethius meint, ohne das Quadrivium vermöge niemand richtig zu philosophieren.

L: Eben aus diesem Grund. In der Arithmetik und der Musik ist die Kraft der Zahlen enthalten, mittels deren die Unterscheidung der Dinge vollzogen wird, in der Geometrie und Astronomie hingegen die Lehre von der Größe, aus der das ganze Erfassen der Vollständigkeit der Dinge entspringt. Darum kann niemand ohne das Quadrivium philosophieren.

P: Wollte er denn wirklich sagen, daß alles, was ist, Größe oder Vielheit ist?

L: Das glaube ich keineswegs. Er wollte vielmehr sagen, daß alles, was ist, unter Größe oder Vielheit fällt. Die Darlegung aller Dinge geschieht der Kraft dieser oder jener gemäß. Die Größe begrenzt, die Vielheit unterscheidet. Darum hat die Definition, die das ganze Sein begrenzt und einschließt, die Kraft der Größe und bezieht sich auf sie. Die Darlegung der Definitionen geschieht notwendigerweise der Kraft der Größe entsprechend, die Unterscheidung hingegen und die Darlegung der Unterscheidungen nach der Kraft der Vielheit. Die syllogistischen Beweise werden gemäß der Kraft der Größe und der Vielheit vollzogen. Daß aus zwei Sätzen ein dritter als Schlußfolgerung entsteht, geschieht auf Grund der Vielheit; daß aus allgemeinen und besonderen Sätzen geschlossen wird, geschieht auf Grund der Größe. Jemand, dem mehr Zeit zur Verfügung steht als uns, könnte auch noch dartun, wie aus der Kraft der Vielheit die Quantitäten und Qualitäten und die übrigen Kategorien, die uns Kenntnis von den Dingen vermitteln, herstammen. Wie dies geschieht, ist allerdings schwer zu erkennen.

XI.

Quomodo omnia in Deo sunt in trinitate, similiter et in mente nostra; et quomodo mens nostra est ex comprehen[den]di modis composita.

P: Tetigisti superius de trinitate Dei et trinitate mentis. Oro declares, quomodo omnia in Deo sunt in trinitate, similiter et in mente nostra.

I: Vos philosophi asseritis decem genera generalissima omnia complecti.

P: Ita est profecto.

I: Nonne dum ea, ut actu sunt, consideras, divisa esse conspicis?

P: Immo.

I: Sed dum ea ante incohationem essendi consideras sine divisione, quid tunc aliud esse possunt quam aeternitas? Nam ante omnem divisionem connexio. Illa igitur ante omnem divisionem unita et connexa esse necesse est. Connexio autem ante omnem divisionem aeternitas est simplicissima, quae Deus est.

Adhuc dico: cum Deus non possit negari perfectus, et perfectum sit, cui nihil deest, hinc rerum universitas est in perfectione, quae Deus est. Sed perfectio summa exigit, quod sit simplex et una absque alteritate et diversitate. Hinc omnia in Deo unum.

P: Aperta et delectabilis ostensio est, quam facis, sed adice: quomodo in trinitate?

I: Alibi de hoc agendum foret, ut clarius dici posset; nunc tamen, quia statui omnia, quae exigis, pro posse adimplere. Sic recipito: habes omnia ob aeterno in Deo Deus esse. Considera igitur rerum universitatem in tempore, et cum impossibile non fiat, nonne vides eam ab aeterno fieri potuisse?

P: Mens assentit.

XI.

In Gott ist alles in Dreieinigkeit, ebenso auch in unserem Geist. Unser Geist ist aus Begriffsweisen zusammengesetzt.

P: Vorhin hast du das Problem der Dreieinigkeit Gottes und der Dreieinigkeit des Geistes berührt. Erkläre uns nun bitte, wie alles in Gott und gleichermaßen in unserem Geist in Dreieinigkeit ist.

L: Ihr Philosophen behauptet, daß die zehn Kategorien, die das Allgemeinste sind, alles umfassen.

P: So ist es.

L: Wenn du sie betrachtest, wie sie tatsächlich sind, siehst du sie dann nicht getrennt?

P: Sicherlich.

L: Wenn du sie aber vor dem Beginn des Seins ungetrennt betrachtest, was können sie dann anderes sein als die Ewigkeit? Vor aller Trennung ist ja die Verknüpfung. Darum müssen jene vor jeder Trennung geeint und verknüpft gewesen sein. Die Verknüpfung vor jeder Trennung aber ist die einfachste Ewigkeit, ist Gott selbst.

Weiter sage ich: Da nicht geleugnet werden kann, daß Gott vollkommen ist, und das Volkommene das ist, dem nichts fehlt, liegt die Gesamtheit der Dinge in der Vollkommenheit, welche Gott ist. Höchste Vollkommenheit verlangt aber, daß sie einfach, eine und ohne Andersheit und Verschiedenheit ist. Darum ist alles in Gott eines.

P: Die Darlegung, die du gibst, ist klar und gefällig. Aber füge noch hinzu: wie alles eins ist in der Dreieinigkeit?

L: Dies müßte an anderer Stelle behandelt werden, damit es klarer gesagt werden kann. Ich habe aber beschlossen, alles, worum du mich bittest, nach meinem Können zu erfüllen. Darum höre: Du weißt, daß alles von Ewigkeit in Gott Gott ist. Betrachte also die Gesamtheit der Dinge in der Zeit. Da das Unmögliche nicht geschieht, siehst du wohl, daß das Gesamt von Ewigkeit her werden konnte.

P: Mein Geist stimmt dem zu.

I: Igitur omnia in posse-fieri mentaliter vides.

P: Recte ais.

I: Et si fieri potuerunt, erat necessario posse-facere, antequam essent.

P: Ita erat.

I: Sic ante rerum universitatem temporalem vides omnia in posse-facere.

P: Video.

I: Nonne, ut in esse prodiret rerum universitas, quam vides oculo mentis in absoluto posse-fieri et in absoluto posse-facere, necesse erat nexus ipsius utriusque, scilicet posse-fieri et posse-facere? Alias, quod potuit fieri per potentem facere, numquam fuisset factum.

P: Optime ais.

I: Vides igitur ante omnem rerum temporalem existentiam omnia in nexu procedente de posse-fieri absoluto et posse-facere absoluto. Sed illa tria absoluta sunt ante omne tempus simplex aeternitas. Hinc omnia conspicis in simplici aeternitate triniter.

P: Sufficientissime!

I: Attende igitur, quomodo absolutum posse-fieri et absolutum posse-facere et absolutus nexus non sunt nisi unum infinite absolutum et una deitas. Et ordine prius est posse-fieri quam posse-facere. Nam omne facere praesupponit fieri posse, et posse-facere id, quod habet, scilicet posse-facere, habet de posse-fieri. Et de utroque nexus. Unde cum ordo dicat posse-fieri praecedere, sibi attribuitur unitas, cui inest praecedere, et posse facere attribuitur aequalitas unitatem praesupponens, a quibus nexus. Et haec nunc, si placet, de hoc sufficiant.

L: Also siehst du auf geistige Weise alles im Werden-Können.

P: Was du sagst, ist richtig.

L: Da es werden konnte, war ein Machen-Können notwendig, bevor es war.

P: Ja.

L: So siehst du vor dem zeitlichen Gesamt der Dinge alles im Machen-Können.

P: Ich sehe es.

L: Ist nicht dazu, daß das Gesamt der Dinge, welches du mit dem Auge des Geistes im absoluten Werden-Können und im absoluten Machen-Können siehst, ins Sein übergeht, eine Verknüpfung der beiden, d. h. des Werden-Könnens und des Machen-Könnens nötig? Sonst wäre doch das, was durch den Mächtigen gemacht werden konnte, niemals gemacht worden.

P: Du hast sehr recht.

L: Du siehst vor aller zeitlichen Existenz der Dinge alles in der Verknüpfung, die aus dem absoluten Werden-Können und dem absoluten Machen-Können hervorgeht. Diese drei Absoluten aber sind die einfache Ewigkeit vor aller Zeit. Daher schaust du in der einfachen Ewigkeit alles in dreieiner Weise.

P: Diese Erklärung genügt vollständig.

L: Beachte also, daß das absolute Werden-Können, das absolute Machen-Können und die absolute Verknüpfung nichts anderes sind als das eine unendlich Absolute und die eine Gottheit. Der Ordnung nach ist das Werden-Können früher als das Machen-Können. Jedes Machen setzt ja ein Werden-Können voraus, und das Machen-Können hat das, was es hat, d. h. das Machen-Können vom Werden-Können. Die Verknüpfung stammt aus beiden. Weil nach der Ordnung das Werden-Können vorausgeht, wird ihm die Einheit zugeschrieben, der das Vorausgehen innewohnt. Dem Machen-Können wird die Gleichheit zugeschrieben, welche die Einheit voraussetzt. Aus ihnen entspringt die Verknüpfung. Wenn du es zufrieden bist, ist das genug zu dieser Frage.

P: Solum unum adice, si Deus intelligit ut trinus et unus.

I: Mens aeterna omnia in unitate, unitatis aequalitate et utriusque nexu intelligit. Quomodo Deus intelligeret etiam in aeternitate sine omni successione absque entitate et entitatis aequalitate atque nexu utriusque, quae sunt trinitas in unitate? non quod Deus aliquid praemittat modo materiae et cum successione intelligat sicut nos, sed intelligere eius, cum sit eius essentia, est necessario in trinitate.

P: Si sic est suo modo in nostra mente, subiungito!

I: Omnia principiata in se similitudinem principii habere atque ideo in omnibus trinitatem in unitate substantiae in similitudine verae trinitatis et unitatis substantiae principii aeterni reperiri certum teneo. In omnibus igitur, quae principiata sunt, posse-fieri, quod descendit a virtute infinita unitatis seu entitatis absolutae, posse-facere, quod descendit a virtute absolutae aequalitatis, et compositionem utriusque, quae descendit a nexu absoluto, reperiri necesse est. Unde mens nostra, imago mentis aeternae, in mente ipsa aeterna ut similitudo in veritate sui ipsius mensuram venare contendit. Est enim ipsa mens nostra, ut est similitudo divinae, uti vis alta consideranda, in qua posse-assimilari et posse-assimilare et nexus utriusque in essentia unum sunt et idem. Unde non potest mens nostra, nisi sit una in trinitate, quidquam intelligere, quemadmodum nec mens divina.

Primo enim, dum se movet ut intelligat, aliquid in similitudine posse-fieri seu materiae praemittit, cui aliud in similitudine posse-facere seu formae adiungit, et tunc in similitudine compositi ab utroque intelligit. Dum autem modo materiae comprehendit, genera facit, dum modo

P: Füge nur noch das eine hinzu, ob Gott als drei und einer erkennt.

L: Der ewige Geist erkennt alles in der Einheit, der Gleichheit der Einheit und in der Verknüpfung beider. Wie sollte auch Gott in der Ewigkeit, die keine Aufeinanderfolge kennt, ohne die Seiendheit, die Gleichheit der Seiendheit und die Verknüpfung beider, die die Dreiheit in der Einheit sind, erkennen? Es ist nicht so, daß Gott etwas nach Art der Materie voraussetzt und in der Abfolge erkennt wie wir. Da sein Erkennen aber seine Seinsheit ist, vollzieht es sich notwendigerweise in Dreieinheit.

P: Sag noch, ob das auf seine Art auch in unserem Geist so zu finden ist.

L: Ich bin überzeugt, daß alles, das aus einem Ursprung entspringt, in sich eine Ähnlichkeit mit diesem Ursprung hat, und daß darum in allen Dingen eine Dreieinheit in der Einheit des Grundbestandes in Ähnlichkeit mit der wahren Dreieinigkeit und der Einheit des Grundbestandes des ewigen Ursprungs zu finden ist. In allen aus einem Ursprung entsprungenen Dingen muß sich das Werden-Können, das aus der unendlichen Kraft der absoluten Einheit oder Seinsheit, das Machen-Können, das aus der Kraft der absoluten Gleichheit und die Zusammensetzung beider, die aus der absoluten Verknüpfung herstammt, finden. Darum bemüht sich unser Geist als das Bild des ewigen Geistes, in diesem wie ein Abbild in seiner Wahrheit sein Maß zu erlangen. Als Abbild des göttlichen Geistes müssen wir unseren Geist als eine hohe Kraft betrachten, in welcher das Angeglichenwerden-Können, das Angleichen-Können und die Verknüpfung beider in der Seinsheit ein und dasselbe sind. Aus diesem Grund vermag unser Geist, ähnlich wie der göttliche nur dann etwas zu erkennen, wenn er einer in Dreiheit ist.

Zuerst, wenn er sich daran macht etwas zu erkennen, setzt er etwas in Ähnlichkeit mit dem Werden-Können oder der Materie voraus. Dem fügt er etwas anderes in Ähnlichkeit mit dem Machen-Können oder der Form hinzu, und dann versteht er in der Ähnlichkeit des aus beiden Zusammen-

formae comprehendit, facit differentias, dum modo compositi, species facit vel individua. Sic etiam dum modo propriae passionis intelligit, facit propria, dum modo advenientis intelligit, facit accidentia. Nihil autem intelligit nisi, praemisso aliquo modo materiae et alio modo advenientis formae, modo compositi illa nectat. In hac autem successione, qua dixi aliqua praemitti modo materiae et formae, vides mentem nostram in similitudine aeternae mentis intelligere. Aeterna enim mens sine successione simul omnia et omni modo intelligendi intelligit. Sed successio est descensus ab aeternitate, cuius est imago vel similitudo. Intelligit igitur in successione, dum est unita corpori, quod successioni subicitur. Hoc etiam attente considerandum, quod omnia, ut in mente nostra sunt, sunt similiter in materia, sunt et in forma, sunt et in composito.

P: Delectabilissima sunt quae dicis. Id autem, quod ultimo attendendum monuisti, clarius oro exprimito.

I: Libenter. Hanc naturam, quae est animal, inspicito. Nam eam mens comprehendit aliquando ut genus est, tunc enim quasi confuse et informiter animalis naturam considerat materiae modo, aliquando ut significatur per nomen animalitas, et tunc modo formae, aliquando modo compositi ex illo genere et differentiis ei advenientibus, et tunc, ut in mente est, dicitur esse in connexione, ita ut illa materia et illa forma, vel potius illa similitudo materiae et illa similitudo formae et illud modo compositi consideratum sit una et eadem notio, unaque et eadem substantia.

Sicut, dum animal ut materiam considero, humanitatem vero ut formam ei advenientem, et connexionem utriusque,

gesetzten. Wenn er nach der Weise der Materie erfaßt, bildet er Genera, wenn er nach der Weise der Form erfaßt, Unterschiede, und wenn er nach der Weise des Zusammengesetzten erfaßt, schafft er Eigengestalten oder Individuen. Ebenso bildet er, wenn er nach der Art der eigentümlichen Beeindruckung erfaßt, die Proprien, wenn er nach der Weise des Hinzukommenden erkennt, die Akzidentien. Er erkennt aber nur, wenn er, nachdem etwas nach der Weise der Materie und etwas anderes nach der Weise der hinzukommenden Form vorausgeschickt ist, diese in der Art des Zusammengesetzten verknüpft. In dieser Abfolge, in der einiges in der Weise der Materie und Form vorausgeschickt wird, erkennt unser Geist in Ähnlichkeit mit dem ewigen Geist, wie du siehst. Der ewige Geist erkennt ohne Abfolge alles zugleich und auf jede nur mögliche Weise des Erkennens. Die Abfolge ist ein Abstieg von der Ewigkeit, deren Bild und Ähnlichkeit sie ist. Unser Geist erkennt also, solange er mit dem Körper geeint ist, welcher der Abfolge unterworfen ist, in der Abfolge. Es ist genau zu beachten, daß alles, sofern es in unserem Geist ist, gleichermaßen in der Materie, in der Form und auch in der Zusammensetzung ist.

P: Deine Worte erfreuen mich sehr. Aber sage bitte, deutlicher, was, wie du zuletzt gesagt hast, zu beachten ist.

L: Gerne. Betrachte die Natur, die ein Lebewesen ist. Einmal erfaßt sie der Geist so, wie sie als Gattung existiert; dann nämlich, wenn er die Natur des Lebewesens verworren und umgeformt in der Art der Materie betrachtet. Ein anderes Mal, wie sie durch das Wort Lebewesen bezeichnet ist, d. h. in der Art der Form. Und wieder ein anderes Mal, in der Art des aus der Gattung und der zu dieser hinzutretenden Unterschiede Zusammengesetzten. Dann sagt man, daß sie so wie sie im Geist ist, in Verknüpfung besteht, so daß jene Materie und jene Form, oder besser, jene Ähnlichkeit der Materie und jene Ähnlichkeit der Form und jenes nach Art des Zusammengesetzten Betrachtete als ein und derselbe Begriff, ein und dieselbe Substanz ist.

Betrachte ich das Lebewesen als Materie, die Menschheit als die hinzukommende Form und die Verknüpfung beider,

dico illam materiam, illam formam et connexionem unam esse substantiam; aut, dum colorem quasi materiam considero, albedinem quasi formam ei advenientem, et connexionem utriusque, dico illam materiam, illam formam et connexionem illius materiae et illius formae unum et idem accidens esse. Pariformiter in omnibus.

Neque te moveat, quod, cum mens faciat decem genera generalissima prima principia, quod tunc illa generalissima nullum genus commune habent, quod ut materia eis praemitti possit, quoniam mens potest aliquid modo materiae et idem modo advenientis formae, quae tali materiae adveniat, atque idem modo compositi considerare, ut dum considerat possibilitatem essendi substantiam vel aliquod aliud de decem. Nam rationabiliter dici posset materiam esse possibilitatem essendi substantiam aut accidens. Et considerat mens idem ut formam advenientem ei, ut est materia, ut sit compositum, quod est substantia, vel aliud et decem, ita quod illa tria unum et idem sint generalissimum. In illa igitur rerum universitate, quae in mente est, omnia sunt in trinitate et in unitate trinitatis ad similitudinem ut sunt in mente aeterna.

P: Non habent ergo decem generalissima hos essendi modos extra mentis considerationem?

I: Decem illa generalissima non in se, sed ut in mente sunt, modo formae vel compositi intelliguntur, in suis tamen inferioribus habere istos essendi modos considerantur. Neque si recte attendis, in se extra mentem modo formae et compositi esse possunt; praesertim id ipsum experieris, quando attendis, quomodo qualitas, quantum in se est, accidens dici nequit, sed in suis inferioribus. Sic quoque specialis status, ut in mente est, modo materiae forsitan non considerari posse dicetur, cum sit idem status specialis et individualis alio et alio modo consideratus. Dicemus

dann sage ich, daß diese Materie, diese Form und diese Verknüpfung eine Substanz sind. Oder wenn ich z. B. die Farbe als Substanz, das Weiß-Sein als hinzukommende Form und die Verknüpfung beider betrachte, dann bezeichne ich diese Materie, diese Form und die Verknüpfung dieser Materie und Form als ein und dasselbe Akzidens. Gleicherweise verhält es sich mit allem.

Laß dich auch nicht dadurch stören, daß der Geist die zehn letzten Gattungen als erste Ursprünge bildet und daß diese letzten Gattungen dann keine gemeinsame Gattung haben, welche ihnen als Materie vorausgestellt werden könnte. Der Geist vermag es nämlich, etwas in der Weise der Materie zu betrachten, und dasselbe auch in der Weise der hinzutretenden Form, die zu dieser Materie hinzukommt und auch in der Weise des Zusammengesetzten; so, wenn er die Möglichkeit des Substanz-Seins oder einer der anderen zehn Gattungen betrachtet. Dem Verstand nach kann man sagen, die Materie ist die Möglichkeit des Substanz- oder des Akzidens-Seins. Der Geist betrachtet dasselbe als Form, die zu jener als der Materie hinzukommt, so daß es etwas Zusammengesetztes ist, d. h. eine Substanz oder etwas anderes von den zehn Kategorien. Darum sind jene drei ein und dasselbe ganz Allgemeine. In jener Gesamtheit der Dinge, die im Geist besteht, ist alles in der Dreieinheit und in der Einheit der Dreiheit nach dem Bild ihres Bestehens im ewigen Geist geordnet.

P: Die zehn Kategorien haben also diese Seinsweisen nicht außerhalb der Betrachtung des Geistes?

L: Die zehn Kategorien werden nicht in sich, sondern so, wie sie im Geist sind, in der Weise der Form oder des Zusammengesetzten erkannt. In den ihnen untergeordneten Dingen jedoch glaubt man, haben sie diese Seinsweisen. Wenn du es recht betrachtest, können sie nicht außerhalb des Geistes nach der Weise der Form und des Zusammengesetzten in sich sein. Das erfährst du augenblicklich, wenn du darauf achtest, daß die Qualität, soweit sie in sich selbst ist, nicht als Akzidens bezeichnet werden kann, sondern nur in dem ihr Untergeordneten. So wird man sagen, daß ein

ergo, quod forsan in se materiae modo non intelligitur, sed in suis superioribus.

P: Contentor. Sed vellem, ut et mihi ostenderes, quomodo ea, quae actu sunt, triniter sunt iuxta antedicta.

I: Facile erit tibi videre, si attendis omnia, ut actu sunt, in materia, forma et connexione esse. Hoc ipsum enim, id est humanitas, illa scilicet natura ut est possibilitas essendi hominem, materia est; sicut enim humanitas est, forma est; ut autem homo est, ex utroque compositum connexumque est, ita videlicet, ut unum et idem sit possibilitas essendi hominem, forma et compositum ex utroque, rei ut una sit substantia. Similiter et haec natura, quae albedinis vocabulo designatur, ut est possibilitas essendi albedinem, materia est. Illa eadem aliter forma est, eadem quoque compositum est ex utroque, ita tamen, quod ut illa materia, illa forma et illud compositum ex utroque eadem sit qualitatis natura.

P: Si in materia esse est esse-possibiliter, et cum possibile-esse non sit, quomodo ergo omnia, quae ut actu sunt, in materia sunt?

I: Non te turbet istud, quod sine repugnantia intelligendum concipias. Nam non recipio esse actu, ut repugnet ei, quod est esse in materia, sed sic intelligendum est, quod omnia ut actu sunt, id est hic et in his rebus sunt, in materia quidem sunt verbi gratia, in cera haec possibilitas est essendi candelam, in cupro pelvim.

P: Adde verbum unum quaeso, unde dicitur trinitas individua una?

eigengestaltlicher Zustand, wie er im Geist ist, vielleicht nicht nach der Weise der Materie betrachtet werden kann, da eigengestaltlicher und individueller Zustand auf jeweils andere Weise betrachtet, dennoch dasselbe sind. Wir wollen also sagen, daß er in sich selbst vielleicht nicht nach der Weise der Materie erkannt wird, sondern in dem ihm übergeordneten Modus.

P: Damit bin ich zufrieden. Ich möchte aber, daß du mir zeigst, auf welche Weise nach dem soeben Gesagten das, was als Wirklichkeit ist, dreifach ist.

L: Es wird dir leicht fallen, das einzusehen, wenn du daran denkst, daß alles, was wirklich ist, in Materie, Form und Verknüpfung besteht. Das Menschsein, die Natur als die Möglichkeit Mensch-zu-sein, ist Materie. Als das Menschsein selbst, ist sie Form. Als ein Mensch aber ist sie aus beidem zusammengesetzt und verknüpft, und zwar in der Weise, daß die Möglichkeit des Menschseins, seine Form und das aus beiden Zusammengesetzte ein und dasselbe sind, so daß dieses Ding nur eine Substanz hat. Gleicherweise ist jene Natur, die Weißsein genannt wird, als Möglichkeit der Existenz des Weißseins Materie. In anderer Weise ist sie Form, und das aus beiden Zusammengesetzte; und zwar so, daß diese Form, diese Materie und dieses aus beiden Zusammengesetzte von derselben Natur der Qualität ist.

P: Wenn in der Materie das Sein ein Möglich-Sein ist, ein Möglich-Sein aber nicht ist, auf welche Weise ist dann alles, das als Wirklichkeit ist, in der Materie?

L: Laß dich davon nicht verwirren. Du wirst verstehen, daß es ohne Widerspruch begriffen werden kann. Ich verstehe „Wirklich-Sein" nicht so, daß es dem widerspricht, was Sein in der Materie ist. Man muß es vielmehr so verstehen, daß alles, was wirklich ist, d. h. hier und in den Dingen ist, auch in der Materie ist. Ein Beispiel: im Wachs ist die Möglichkeit, daß es eine Kerze ist, im Kupfer, daß es eine Schüssel ist.

P: Füge bitte noch ein Wort zu folgendem hinzu: Warum heißt die Dreieinigkeit eine ungeteilt eine?

I: In Deo ab unitate uniente, quae est vera substantia, in aliis ab unitate naturae, quae est quasi quaedam imago unitatis unientis, quae proprie est substantia.

P: Cum dicitur, unitas est una, aequalitas est una, unde hoc?

I: Ab unitate substantiae.

P: Quando autem nostri dicunt theologi unitatem pro patre et aequalitatem pro filio et nexum pro spiritu sancto capientes, quomodo pater est unus, filius est unus, unde hoc?

I: A singularitate personae. Sunt enim tres singulares personae in una divina substantia, ut alio tempore, quantum concedebatur, diligenter tractavimus[1].

P: Ad finem, ut quae supra dixisti intelligam, dicito, an velis mentem nostram ex illis comprehendendi modis compositam esse, tunc cum mens nostra substantia sit, erunt modi illi partes eius substantiales? Hoc si sic censes, dicito.

I: Voluit Plato mentem ex individua et dividua substantia componi, ut supra dixisti, hoc ex comprehendendi modo sumens. Nam dum modo formae intelligit, tunc individue comprehendit; res enim formaliter intellecta individue comprehenditur. Unde etiam humanitates dicere veraciter non possumus, sed bene homines dicimus, quia res modo materiae aut modo compositi intellecta dividue intelligitur.

Est autem mens nostra vis comprehendendi et totum virtuale ex omnibus comprehendendi virtutibus compositum. Quilibet igitur modus, cum pars eius sit substantialis, de tota mente verificatur. Quemadmodum autem modi comprehendendi sint substantiales partes virtutis, quae mens dicitur, difficulter dici posse arbitror. Nam cum mens sic vel

[1] Cf. De docta ign. I, 7ff (Schr. I, p. 214ff) u. a.

L: In Gott ist sie nach der einenden Einheit, welche der wahre Grundbestand ist, so genannt; in den anderen nach der Einheit der Natur, welche gleichsam ein Abbild der einenden Einheit und im eigentümlichen Sinn Substanz ist.

P: Woher kommt es, wenn gesagt wird: die Einheit ist eins, die Gleichheit ist eins?

L: Von der Einheit des Grundbestandes.

P: Wenn aber unsere Theologen darüber sprechen und die Einheit für den Vater, die Gleichheit für den Sohn und die Verknüpfung für den Heiligen Geist einsetzen, wie ist dann der Vater einer und der Sohn einer? Woher kommt das?

L: Von der Einzigkeit der Person. Es sind ja drei einzelne Personen in dem einen göttlichen Bestand. Ich habe das bei anderer Gelegenheit, so gut als möglich, ausführlich behandelt.

P: Zuletzt mußt du mir noch sagen — damit ich verstehe, was du vorhin gemeint hast — ob du glaubst, daß unser Geist aus jenen Weisen des Begreifens zusammengesetzt ist. Und ob, da unser Geist Grundbestand ist, jene Weisen grundbestandliche Teile von ihm sind. Sag, ob du dieser Meinung bist.

L: Plato glaubte, daß der Geist, wie du oben gesagt hast, aus unteilbarer und teilbarer Substanz zusammengesetzt sei. Er gewann diese Ansicht aus der Weise des Erfassens. Erfaßt der Geist nach der Weise der Form, so begreift er ungeteilt. Ein Ding, das in der Weise der Form erfaßt wird, wird ungeteilt begriffen. Darum können wir in Wahrheit nicht „Menschheiten", wohl aber „Menschen" sagen, denn nach der Weise der Materie oder des Zusammengesetzten erfaßte Dinge werden geteilt begriffen.

Unser Geist ist die Kraft des Begreifens, ein Mächtigkeits-Ganzes, das aus allen Kräften des Begreifens zusammengesetzt ist. Jede einzelne Weise wird vom ganzen Geist wahrgemacht, weil sie ein grundbestandlicher Teil von ihm ist. Auf welche Art aber die Weisen des Begreifens substantielle Teile der Kraft sind, die Geist genannt wird, das ist, glaube ich, schwer zu sagen. Da der Geist auf diese oder jene Weise erkennt, können die Kräfte seines Erkennens, die

sic intelligat, tunc virtutes eius intelligendi, quae sunt partes eius, accidentia esse nequeunt. Quomodo autem sint partes substantiales atque mens ipsa, difficillimum est dictu et cognitu.

P: Audiuva me parum in hoc difficili, optime idiota.

I: Mens virtualiter constat ex virtute intelligendi, ratiocinandi, imaginandi et sentiendi, ita quod ipsa tota dicatur vis intelligendi, vis ratiocinandi, vis imaginandi et vis sentiendi. Unde ex his tamquam suis constat elementis, et mens omnia in omnibus attingit suo modo. Et quia ut omnia sunt actu, sunt in sensu quasi in globo et indiscrete, et illa in ratione discrete, hinc est expressissima similitudo inter modum essendi omnium, ut sunt actu et ut sunt in mente. Nam vis sentiendi in nobis est vis mentis et hinc mens, sicut quaelibet pars lineae linea. Magnitudo enim in se extra materiam considerata congruum exemplum est eius, quod petisti. Quaelibet enim pars eius de toto verificatur. Hinc eiusdem entitatis est, cuius totum.

P: Cum mens sit una, unde habet has comprehendendi virtutes?
I: Ab unitate habet. Nam quod communiter modo materiae aut compositi intelligit, habet quia unitas uniens; quod singulariter, similiter ab unitate, quae est singularitas; quod formaliter, ab unitate, quae est immutabilitas, unde quod dividue intelligit, ab unitate habet. Divisio enim ab unitate descendit.

XII.

Quomodo non sit unus intellectus in omnibus hominibus; et quomodo numerus separatarum mentium per nos innumerabilis est Deo cognitus.

P: Adhuc de paucis opto quid sentias audire. Aiunt quidam Peripatetici unum esse intellectum in omnibus hominibus.

seine Teile sind, nicht Akzidentien sein. Wie sie aber zugleich substantielle Teile und der Geist selbst sind, gehört zum Schwierigsten für Sprache und Erkennen.

P: Hilf mir ein wenig bei diesem schweren Problem, bester Laie!

L: Der Geist besteht der Mächtigkeit nach aus der Kraft des Verstehens, des Verstandesdenkens, des Vorstellens und des Wahrnehmens. Darum wird er als Ganzes Kraft des Verstehens, Schlußfolgerns, Vorstellens und der Empfindung genannt. Aus diesen Kräften besteht er wie aus seinen Elementen. In allen erreicht er alles auf seine Weise. Weil alle Dinge ihrer Wirklichkeit nach im Sinn wie in einer ununterschiedenen Masse sind, im Verstand hingegen unterschieden, ist die schärfste Ähnlichkeit bei allen Seinsweisen die, daß sie in der Wirklichkeit, bzw. daß sie im Geist sind. Die Empfindungskraft in uns ist eine Kraft des Geistes und darum selbst Geist; so wie jeder Teil der Linie Linie ist. Die Größe in sich selbst außerhalb der Materie betrachtet, ist ein passendes Beispiel für das, was du gefragt hast. Jeder ihrer Teile erhält vom Ganzen seine Wahrheit. Darum gehört er derselben Seinsheit an wie das Ganze.

P: Woher hat der Geist diese Kräfte des Begreifens, da er doch einer ist?

L: Von der Einheit. Daß er in Allgemeinheit nach der Weise der Materie oder des Zusammengesetzten erkennt, hat er von der einenden Einheit; daß er in der Weise des Einzelnen erkennt, hat er von der Einheit, die Einzigkeit ist; daß er der Form nach erkennt, kommt von der Einheit, die unwandelbar ist. Daß er geteilt erkennt, hat er ebenfalls von der Einheit. Die Teilung geht nämlich von der Einheit aus.

XII.

Es gibt nicht eine Vernunft in allen Menschen. Die Zahl der einzelnen Geister ist für uns unzählbar, Gott aber ist sie bekannt.

P: Ich möchte deine Meinung noch über einige wenige Fragen hören. Manche Peripatetiker sagen, daß es in allen

Alii, ut quidam Platonici, non esse unam intellectivam animam, sed quod animae nostrae sint eiusdem substantiae cum anima mundi, quam dicunt esse omnium animarum nostrarum complexivam, sed differre dicunt animas nostras numero, quia habent diversum operandi modum, dicunt tamen eas in animam mundi post mortem resolvi. Quid tibi in hoc occurrit, dicito!

I: Ego mentem intellectum esse affirmo, ut supra audisti. Mentem autem unam esse in omnibus hominibus non capio. Nam cum mens habeat officium, ob quod anima dicitur, tunc exigit convenientem habitudinem corporis adaequate sibi proportionati, quae, sicut in uno corpore reperitur, nequaquam in alio est reperibilis. Sicut igitur identitas proportionis est immultiplicabilis, ita nec identitas mentis, quae sine adaequata proportione corpus animare nequit. Sicut enim visus oculi tui non posset esse visus cuiuscumque alterius, etiam si a tuo oculo separaretur et alterius oculo iungeretur, quia proportionem suam, quam in oculo tuo reperit, in alterius oculo reperire nequiret, sic nec discretio, quae est in visu tuo, posset esse discretio in visu alterius.

Ita nec intellectus discretionis illius posset esse intellectus discretionis alterius. Unde hoc nequaquam possibile arbitror unum esse intellectum in omnibus hominibus. Verum quia numerus sublatus videtur, quando tollitur variabilitas materiae, ut ex superioribus patet, et mentis natura extra corpus sit ab omni varietate materiae absoluta, ideo forte Platonici dixerunt animas nostras in unam animam communem nostrarum complexivam resolvi. Sed hanc resolutionem non puto veram. Nam quamvis nos sublata varietate non capiamus multiplicationem numeri, propter hoc tamen non desinit rerum pluralitas, quae est divinae mentis numerus. Unde numerus substantiarum separatarum non plus est nobis numerus quam non-numerus, quia adeo a nobis est

Menschen nur eine einzige Vernunft gibt. Andere sagen genauso wie manche Platoniker, daß es nicht eine einzige vernünftige Seele gibt, sondern daß unsere Seelen aus derselben Substanz bestehen wie die Weltseele, welche, wie sie meinen, alle unsere Seelen einschließt. Indes, so sagen sie, unterscheiden sich unsere Seelen der Zahl nach, da sie verschiedene Tätigkeitsweisen haben. Nach dem Tode aber lösen sie sich in die Weltseele auf. Sag mir bitte, was dir hierzu einfällt.

L: Ich behaupte, wie du vorhin gehört hast, daß der Geist Vernunft ist. Aber ich begreife nicht, wie ein Geist in allen Menschen sein soll. Da der Geist eine Tätigkeit hat, um derentwillen er Seele genannt wird, fordert er einen entsprechenden Zustand des ihm treffend angeglichenen Körpers, der niemals in einem anderen so zu finden ist wie er sich in diesem einen findet. Genauso wie aber die Selbigkeit dieses Verhältnisses nicht vervielfältigt werden kann, so kann auch nicht die Selbigkeit des Geistes, der ohne das entsprechende Verhältnis den Körper nicht beseelen kann, vervielfältigt werden. Wie das Sehen deines Auges nicht das Sehen irgendeines beliebigen Anderen sein könnte — würde es auch von deinem Auge getrennt und mit einem anderen verbunden — da es sein Verhältnis, das es in deinem Auge findet, in dem Auge eines anderen nicht zu finden vermag, so kann auch die Urteils-Unterscheidung in deinem Sehen nicht die im Sehen eines anderen sein.

Genausowenig kann die Vernunft-Unterscheidung eines Menschen die Vernunft-Unterscheidung eines anderen Menschen sein. Aus diesem Grund halte ich es für völlig unmöglich, daß es eine Vernunft in allen Menschen gibt. Da aber die Zahl aufgehoben zu sein scheint, sobald die Wandelbarkeit der Materie aufgehoben wird, wie aus dem Gesagten klar ist, und da die Natur des Geistes außerhalb des Körpers von aller Verschiedenheit der Materie frei ist, ist dies vielleicht der Grund dafür, daß die Platoniker sagten, unsere Seelen würden in eine gemeinsame Seele aufgelöst, welche die unseren umfaßt. Diese Auflösung halte ich aber nicht für wahr. Obwohl wir nämlich, sobald die Verschiedenheit der Materie entfernt ist, die Vervielfäl-

innumerabilis, quod neque est par neque impar neque magnus neque parvus, neque in aliquo convenit cum numero per nos numerabili. Quasi si quis audiret vocem maximam, quam emisit maximus hominum exercitus, quem exercitum emisisse ignorat, manifestum est in voce, quam audit, cuiuslibet hominis vocem esse differentem et distinctam, tamen audiens non habet iudicium de numero. Quare iudicat vocem unam esse, quia modum attingendi numerum non habet. Vel si in una camera multae ardeant candelae et camera de omnibus illuminetur, manet lumen cuiuslibet candelae distinctum a lumine alterius. Et hoc experimur, quando quaelibet exportata secum suam illuminationem educit. Esto igitur, quod candelae ardentes in camera illuminatione remanente extinguantur, et quod quis intret illuminatam cameram, hic, etsi videat claritatem camerae, tamen distinctionem et discretionem luminum nequaquam attingere potest; immo non posset ille attingere luminum pluralitatem ibi esse, nisi scientiam haberet ibi esse lumina candelarum extinctarum: et si hoc assecutus esset, scilicet ibi esse pluralitatem, tamen numero discernere unum lumen ab alio numquam posset.

Talia exempla in aliis sensibus adducere poteris, ex quibus te iuvare poteris, quomodo cum scientia pluralitatis stat quoad nos impossibilitas discretionis numeri. Qui autem attendit, quomodo naturae abstractae ab omni varietate materiae per nos qualitercumque intelligibilis quoad Deum, qui solus est infinite absolutus et simpliciter, non sunt abstractae ab omni mutatione, quin ab eo mutari et interimi possint ipsi soli Deo secundum naturam immortalitatem in-

tigung der Zahl nicht mehr erfassen, hört deshalb die Vielheit der Dinge, welche die Zahl des göttlichen Geistes ist, nicht auf. Darum ist die Zahl der einzelnen Substanzen für uns nicht mehr Zahl als Nicht-Zahl. Es ist uns ebenso sehr unmöglich sie zu zählen, da sie weder gerade noch ungerade, weder groß noch klein ist, noch in irgend etwas anderem mit einer für uns zählbaren Zahl übereinstimmt. Ein Beispiel: Hörte jemand einen lauten Schrei, den eine riesige Menschenmenge ausstößt, wüßte aber nicht, daß ihn diese Menge ausgestoßen hat, dann wäre zwar sicher im Schrei, den er hört, die Stimme jedes einzelnen Menschen unterschiedlich und verschieden vorhanden, doch hätte der Hörer kein Urteil über ihre Zahl; er würde meinen, daß es nur eine Stimme sei, da er kein Mittel besitzt, um die Zahl zu erfassen. Ein anderes Beispiel: In einem Zimmer brennen viele Kerzen, das Zimmer wird von allen erleuchtet. Dennoch bleibt das Licht jeder Kerze von dem der anderen unterschieden; das merken wir, wenn sie der Reihe nach hinausgetragen werden. Die Erhellung verringert sich, weil jede, die hinausgetragen wird, ihren Schein mit sich mitnimmt. Nehmen wir aber an, daß die brennenden Kerzen ausgelöscht würden, das Licht jedoch in dem Zimmer verbliebe, und daß jemand das erleuchtete Zimmer betrete. Obwohl dieser Mann die Helligkeit des Zimmers sähe, könnte er die Unterschiedlichkeit und Verschiedenheit der Lichter unmöglich erfassen. Ja, er könnte nicht einmal erfassen, daß sich dort eine Vielzahl von Lichtern befindet, wenn er nicht davon Kenntnis hätte, daß die Lichter der ausgelöschten Kerzen dort sind. Und sogar, wenn er erfaßt hätte, daß es sich um eine Vielzahl handelt, könnte er doch niemals ein Licht vom anderen der Zahl nach unterscheiden.

Derartige Beispiele könntest du auch für die anderen Sinne anführen und dir zum Verständnis dafür helfen, daß für uns trotz des Wissens um die Vielheit die Unmöglichkeit einer zahlenmäßigen Unterscheidung bestehen kann. Wer aber darauf achtet, daß die Naturen, die von jeder Verschiedenheit der für uns irgendwie erkennbaren Materie frei sind, in bezug auf Gott, der allein unendlich, absolut und einfach ist, nicht von jeder Wandlung frei sind, sondern

habitantem, ille videt omnem creaturam numerum divinae mentis aufugere non posse.

XIII.

Quomodo id, quod Plato dicebat animam mundi et Aristoteles naturam, sit Deus, qui operatur omnia in omnibus; et quomodo mentem creet in nobis.

P: Satis de hoc. Quid ais de anima mundi?

I: Tempus non patitur omnia discuti. Puto quod animam mundi vocavit Plato id, quod Aristoteles naturam. Ego autem nec animam illam nec naturam aliud esse conicio quam Deum omnia in omnibus operantem, quem dicimus spiritum universorum.

P: Plato dixit animam illam exemplaria rerum indelibiliter continere et omnia movere. Aristoteles naturam aiebat sagacem omnia moventem.

I: Forte Plato voluit animam mundi esse ut animam servi scientis mentem domini sui et exequentem voluntatem eius; et hanc scientiam vocavit notiones seu exemplaria, quae nulla oblivione obmittuntur, ut divinae providentiae non deficeret executio. Et id, quod Plato scientiam animae mundi appellavit, Aristoteles sagacitatem naturae esse voluit, quae habet sagacitatem exequendi imperium Dei. Ob hoc tribuerunt necessitatem complexionis illi animae seu naturae, quia necessitatur determinate sic agere, ut absoluta necessitas imperat.

Sed non est nisi modus intelligendi, quando scilicet mens nostra concipit Deum quasi artem architectonicam, cui ars alia executorialis subsit, ut conceptus divinus in esse prodeat. Sed cum voluntati omnipotenti omnia necessario oboediant, tunc voluntas Dei alio executore opus non habet. Nam velle cum exequi in omnipotentia coincidunt, quasi ut dum vitrificator vitrum facit; nam insufflat spiritum, qui

von ihm, der allein von Natur aus in der Unsterblichkeit wohnt, gewandelt und vernichtet werden können, der sieht, daß kein Geschöpf der Zahl des göttlichen Geistes zu entfliehen vermag.

XIII.

Was Platon Weltseele und Aristoteles Natur nannte, ist Gott, der alles in allem wirkt. Gott erschafft den Geist in uns.

P: Genug davon. Was sagst du über die Weltseele?

L: Die Zeit erlaubt uns nicht, alles zu erörtern. Ich glaube, daß Plato das Weltseele nannte, was Aristoteles als Natur bezeichnete. Aber ich meine, daß jene Seele und jene Natur nichts anderes sind als Gott, der alles in allem wirkt und den wir den Geist des Gesamt nennen.

P: Plato sagte, diese Seele enthalte die Urbilder aller Dinge in unzerstörbarer Weise und bewege alles. Aristoteles meinte, die Natur sei klug und bewege alles.

L: Vielleicht wollte Plato sagen, die Weltseele sei wie die Seele eines Dieners, der den Geist seines Herrn kennt und dessen Willen ausführt. Und dieses Wissen nannte er Begriffe oder Urbilder, die kein Vergessen schwinden läßt, so daß der göttlichen Vorsehung die Ausführung nicht fehlt. Und das, was Plato das Wissen der Weltseele nannte, hielt Aristoteles für den Scharfsinn der Natur, der die Weisheit eigen ist, Gottes Gebot auszuführen. Darum schrieben sie die Notwendigkeit der Befindlichkeit dieser Seele oder Natur zu, weil sie genötigt wird, in bestimmter Weise so zu handeln, wie es die absolute Notwendigkeit befiehlt.

Das ist aber nur eine Erkenntnisweise, da unser Geist Gott gewissermaßen der Baukunst entsprechend begreift, der noch eine andere, ausführende Kunst zu Diensten ist, auf daß der göttliche Entwurf ins Sein übergehe. Da aber dem Willen des Allmächtigen alles notwendig gehorcht, bedarf der Wille Gottes keines anderen Vollstreckers. In der Allmacht fallen Wollen und Vollziehen zusammen; einem Glasbläser ähn-

exequitur voluntatem eius, in quo spiritu est verbum seu conceptus et potentia; nisi enim potentia et conceptus vitrificatoris forent in spiritu, quem emittit, non oriretur vitrum tale.

Concipe igitur absolutam artem creativam per se subsistentem, ut ars sit artifex et magisterium magister. Haec ars habet in sua essentia necessario omnipotentiam, ut nihil resistere possit, sapientiam, ut sciat quid agat, et nexum omnipotentiae cum sapientia, ut quid velit fiat. Nexus ille in se habens sapientiam et omnipotentiam spiritus est, quasi voluntas seu desiderium. Impossibilium enim et penitus ignotorum non est voluntas seu desiderium. Sic in perfectissima voluntate inest sapientia et omnipotentia, et a similitudine quadam spiritu dicitur, eo quia motus sine spiritu non est, adeo quod et id, quod in vento motionem facit, et in omnibus aliis spiritum appellemus.

Per motum autem omnes artifices efficiunt quod volunt. Quapropter vis artis creativae, quae est ars absoluta et infinita seu Deus benedictus, omnia efficit in spiritu seu voluntate, in qua est sapientia filii et omnipotentia patris, ut opus eius sit unius indivisae trinitatis. Hunc nexum, spiritum seu voluntatem ignorarunt Platonici, qui hunc spiritum non viderunt Deum, sed a Deo principiatum et animam mundum, ut anima nostra intellectiva nostrum corpus, animantem putarunt. Neque eum spiritum viderunt Peripatetici, qui hanc vim naturam rebus immersam, a qua est motus et quies, posuerunt, cum tamen sit Deus absolutus in saecula benedictus.

O: O quantum exhilaratus sum tam lucidam audiens explanationem! Sed quaeso, ut iterum aliquo exemplo nos iuves ad concipiendum mentis nostrae creationem in hoc nostro corpore.

lich, der ein Glas macht. Er bläst seinen Atem, der seinen Willen durchführt, ins Glas. In diesem Geist-Hauch ist sein Wort, sein Begriff und sein Können. Wären Können und Begriff des Glasbläsers nicht in dem Atem, den er aushaucht, dann würde kein solches Glas entstehen.

Stelle dir die absolute, durch sich selbst bestehende Schöpfungskunst so vor, daß die Kunst ein Künstler ist und die Meisterschaft ein Meister. Diese Kunst besitzt in ihrer Wesenheit notwendigerweise die Allmacht, so daß ihr nichts widerstehen kann; sie besitzt die Weisheit, so daß sie weiß, was sie tut; die Verknüpfung der Allmacht mit der Weisheit, so daß geschieht, was sie will. Die Verknüpfung, die Weisheit und Allmacht in sich schließt, ist Geist, gleichsam Wille oder Wunsch. Nach Unmöglichem oder ganz Unbekanntem gibt es keinen Willen oder Wunsch. So ist im vollkommenen Willen Weisheit und Allmacht enthalten; im Gleichnis wird er Hauch genannt; weil es ohne Geist-Hauch keine Bewegung gibt, sofern wir nämlich auch das, was im Wind und allem anderen Bewegung bewirkt, Geistes-Hauch nennen.

Mit Hilfe der Bewegung schaffen alle Künstler, was sie wollen. Darum wirkt die Kraft der Schöpferkunst, welche die absolute und unendliche Kunst oder der gepriesene Gott ist, alles in jenem Geist oder Willen, in dem die Weisheit des Sohnes und die Allmacht des Vaters sind, so daß ihr Werk das der ungeteilten Dreieinigkeit ist. Diese Verknüpfung, den Geist oder Willen, kannten die Platoniker nicht, da sie diesen Geist nicht als Gott erkannten, sondern für einen von Gott entspringenden Geist hielten, der als Seele so die Welt beseelt, wie unsere vernünftige Seele unseren Körper. Auch die Peripatetiker sahen diesen Geist nicht. Sie hielten ihn für eine Kraft, welche in die Dinge versenkt sei, und von der Bewegung und Ruhe stammt, während es doch der absolute Gott ist, der in Ewigkeit gepriesen sei.

R: Wie glücklich hat es mich gemacht, diese lichtvolle Erklärung zu hören. Doch bitte ich dich, uns noch mit irgendeinem Beispiel die Erschaffung unseres Geistes in diesem unserem Körper verständlich zu machen.

I: Audivisti iam ante de hoc, sed quia varietas exemplorum inexpressibile clarius facit. Ecce nosti mentem nostram vim quandam esse habens imaginem artis divinae iam dictae. Unde omnia, quae absolutae arti verissime insunt, menti nostrae vere ut imagini insunt. Unde mens est creata ab arte creatrice, quasi ars illa se ipsam creare vellet, et quia immultiplicabilis est infinita ars, quod tunc eius surgat imago, sicut si pictor se ipsum depingere vellet et, quia ipse non est multiplicabilis, tunc se depingendo oriretur eius imago. Et quia imago numquam quantumcumque perfecta, si perfectior et conformior esse nequit exemplari, adeo perfecta est, sicut quaecumque imperfecta imago, quae potentiam habet se semper plus et plus sine limitatione inaccessibili exemplari conformandi; in hoc enim infinitatem imaginis modo, quo potest, imitatur, quasi si pictor duas imagines faceret, quarum una mortua videretur actu sibi similior, alia autem minus similis viva, scilicet talis, quae se ipsam ex obiecto eius ad motum incitata conformiorem semper facere posset, nemo haesitat secundam perfectiorem quasi artem pictoris magis imitantem.

Sic omnis mens etiam et nostra, quamvis infra omnes sit creata, a Deo habet, ut modo quo potest sit artis infinitae perfecta et viva imago. Quare est trina et una habens potentiam, sapientiam et utriusque nexum modo tali, ut perfecta artis imago, scilicet quod excitata possit se semper plus et plus exemplari conformare. Sic mens nostra, etsi in principio creationis non habeat actualem resplendentiam artis creatricis in trinitate et unitate, habet tamen vim illam concreatam, per quam excitata se actualitati divinae artis conformiorem facere potest. Unde in unitate essentiae eius

L: Du hast schon früher davon gehört. Aber eine Anzahl verschiedener Beispiele macht das Unausdrückbare klarer. Du weißt, daß unser Geist eine Kraft ist, die das Abbild der genannten göttlichen Kunst darstellt. Demzufolge ist alles, was in der absoluten Kunst in voller Wahrheit enthalten ist, in unserem Geist als im Abbild enthalten. Unser Geist ist von der Schöpfungskunst so erschaffen, als hätte diese Kunst sich selbst schaffen wollen, und es wäre, weil die unendliche Kunst nicht vervielfältigt werden kann, ihr Abbild entstanden; einem Maler ähnlich, der sich selbst abbilden will. Weil dieser auch nicht vervielfältigt werden kann, entsteht, während er sich selbst malt, sein Bild. Ein Abbild aber, das nicht vollkommener und dem Urbild ähnlicher sein kann, ist — wie vollkommen es auch sein mag — niemals so vollkommen, wie irgendein unvollkommenes Bild, das die Fähigkeit hat, sich ohne Begrenzung immer mehr und mehr dem unerreichbaren Urbild gleichzuformen. Darin ahmt es, soweit es dies nach der Weise des Bildes vermag, die Unendlichkeit nach. Genauso wäre es, wenn ein Maler zwei Bilder machte: eines wäre ihm in Wirklichkeit ähnlicher, wirkte aber tot; das andere, weniger ähnliche, aber lebendig, und zwar dergestalt, daß es sich, durch seinen Gegenstand zur Bewegung angeregt, diesem immer ähnlicher gestalten könnte. Niemand würde zweifeln, daß das zweite vollkommener sei, weil es die Kunst des Malers mehr nachahmt.

So ist es jedem Geist und auch unserem, wiewohl er niedriger erschaffen ist als alle anderen, von Gott verliehen, auf seine Weise ein vollkommenes und lebendiges Abbild der unendlichen Kunst zu sein. Deshalb ist er drei und einig, und besitzt Mächtigkeit, Weisheit und Verknüpfung beider in der Weise, daß er ein vollkommenes Bild der Schöpferkunst ist, d. h., daß er, wenn er angeregt wird, sich immer mehr und mehr seinem Urbild gleichgestalten kann. Obwohl also unser Geist im Ursprung der Schöpfung keinen wirklichen Widerschein der Schöpferkunst in Dreiheit und Einheit besitzt, hat er doch die ihm miterschaffene Kraft, durch die er sich, wenn sie angeregt wird, der Wirklichkeit der göttlichen Kunst ähnlicher gestalten kann. Darum findet sich

est potentia, sapientia et voluntas. Et coincidunt in essentia magister et magisterium, ut in imagine viva artis infinitae, quae excitata se actualitati divinae semper sine termino conformiorem facere potest praecisione infinitae artis inaccessibili semper remanente.

O: Mirabiliter et planissime! Sed oro, quomodo mens creando infunditur?

I: Alias de hoc audisti. Nunc iterum recipe alio exemplo id ipsum!

Et accepto vitro et pendule inter pollicem et digitum ipsum suspendente tetigit vitrum et sonum recepit, sonoque aliqualiter continuato fissum est vitrum, et cessavit sonus.
Et aiebat:

In vitro pendulo vis aliqua orta fuit per meam potentiam, quae vitrum movit. Unde sonus ortus est. Et rupta proportione vitri, in qua sonus et per consequens motus residebat, cessavit ibi motus; similiter motu cessante sonus. Quod si virtus illa, quia non dependebat a vitro, ob hoc non cessaret, sed sine vitro subsisteret, exemplum haberes, quomodo vis illa creatur in nobis, quae motum et harmoniam facit, et cessat illam facere per rupturam proportionis, licet ob hoc non cesset esse. Sicut si ego tibi artem citharizandi in data cithara trado, cum ars a cithara data non dependeat, licet in cithara sit tibi tradita, tunc cithara rupta ob hoc ars citharizandi non est rupta, etiam si nulla cithara tibi apta sit in mundo reperibilis.

in der Einheit seiner Wesenheit Mächtigkeit, Weisheit und Willen. In seiner Wesenheit fallen Meister und Meisterschaft wie in einem lebendigen Abbild der unendlichen Kunst zusammen. Wenn es angeregt ist, kann es sich der göttlichen Wirklichkeit ohne Ende ähnlicher gestalten, auch wenn die unerreichbare Genauigkeit der unendlichen Kunst immer bestehen bleibt.

R: Wunderbar deutlich hast du dies erklärt. Aber wie wird der Geist bei der Schöpfung eingegossen?

L: Du hast schon andernorts darüber gehört. Höre es also noch einmal in einem anderen Beispiel.

Er nahm ein Glas und hielt es gleichsam hängend zwischen Daumen und Zeigefinger. Dann berührte er das Glas, ein Ton entstand, der einige Zeit dauerte; dann zerbrach das Glas und der Ton hörte auf. Da sagte er:

L: In dem hängenden Glas entstand durch meine Fähigkeit eine Kraft und bewegte das Glas. So entstand der Ton. Nachdem aber das Gestaltungsverhätlnis des Glases, auf dem der Ton und infolgedessen auch die Bewegung beruhte, zerbrochen war, hörte diese Bewegung auf. Und indem sie schwand, schwand auch der Ton. Wenn nun diese Kraft deshalb, weil sie nicht vom Glas abhing, nicht aufgehört hat, sondern ohne Glas weiterbesteht, dann hast du ein Beispiel, wie jene Kraft in uns erschaffen wird, welche Bewegung und Harmonie schafft. Sobald ihr Verhältnis zerstört wird, hört sie damit auf, Harmonie zu bewirken, wiewohl sie deshalb nicht aufhört zu sein. Wenn ich dich die Kunst, die Kithara zu spielen, auf einer bestimmten, gegebenen Kithara lehre, dann wird die Kunst des Kitharaspielens nicht zerstört, auch wenn die Kithara zerstört würde, und auf der ganzen Welt keine für dich geeignete Kithara zu finden wäre, weil diese Kunst nicht von einer gegebenen Kithara abhängt, auch wenn sie dir darauf beigebracht wurde.

XIV.

Quomodo mens de galaxia dicitur descendere per planetas ad corpus et reverti et de notionibus spirituum separatorum indelebilibus et nostris delebilibus.

P: Ad res raras et a sensu remotas aptissima atque pulcherrima adducis exempla. Et quia solis occasus accedit, qui nos non sinet amplius commorari, dic, oro, quid sibi velint philosophi, qui aiunt animas descendere de galaxia per planetas ad corpora et sic reverti ad galaxiam? Et cur Aristoteles volens exprimere vim animae nostrae a ratione incipit dicens animam de ratione ad doctrinam, de doctrina ad intellectibilitatem ascendere? Plato vero contrario modo ait ponens intellectibilitatem elementum, et quod degenerando intellectibilitas fiat doctrina seu intelligentia, et intelligentia degenerando fiat ratio?

I: Ignoro scripturas. Sed forte primi, qui de descensu et ascensu animarum dixerunt, idem dicere voluerunt quod Plato et Aristoteles. Nam Plato ad creatoris imaginem respiciens, quae maxime est in intellectibilitate, ubi se mens simplicitati divinae conformat, ibi elementum posuit et substantiam mentis posuit, quam post mortem remanere voluit. Illa ordine naturae praecedit intelligentiam, sed degenerat in intelligentiam, quando recedit de divina simplicitate, in qua omnia unum, et vult in se intueri omnia, ut quodlibet habet esse ab alio distinctum et proprium. Deinde adhuc plus degenerat mens, quando motu rationis comprehendit res non in se, sed ut forma est in variabili materia, ubi non potest tenere veritatem, sed vergit in imaginem.

XIV.

Über die Ansicht, daß der Geist von der Milchstraße über die Planeten in den Körper herabsteigt und wieder zurückkehrt. Über die unvergänglichen Begriffe der unabhängigen Geister und unsere vergänglichen Begriffe.

P: Für außergewöhnliche und den Sinnen fernliegende Begriffe bringst du höchst passende und schöne Beispiele. Weil aber der Sonnenuntergang nahe und uns nicht länger hier verweilen läßt, bitte ich dich, uns zu sagen: Was meinten die Philosophen, die sagen, daß die Seelen von der Milchstraße über die Planeten in unsere Körper herabsteigen und auf dem gleichen Weg zur Milchstraße zurückkehren? Und warum beginnt Aristoteles, wenn er die Kraft unserer Seele beschreiben will, mit dem Verstand und sagt, die Seele steige vom Verstand zur Wissenschaft und von dieser zur vernunfthaften Einsichtigkeit auf? Während Plato wiederum umgekehrt diese als Element ansetzt und meint, die Einsichtigkeit werde durch Entartung zur Wissenschaft oder Vernunft-Erkenntnis und diese zum Verstand?

L: Ich kenne die Schriften nicht. Aber vielleicht wollten jene ersten Philosophen, die vom Abstieg und Aufstieg der Seelen sprachen, dasselbe sagen wie Plato und Aristoteles. Plato blickte auf das Bild des Schöpfers, das am stärksten in der vernunfthaften Einsichtigkeit vorhanden ist, wo sich der Geist der göttlichen Einfachheit angleicht. Dort setzte er Element und Substanz des Geistes an, die seiner Ansicht nach nach dem Tode weiterbestehen. Diese Substanz geht in der Ordnung der Natur der Vernunfteinsicht voran, sie entartet jedoch zu dieser, sobald sie von der göttlichen Einfachheit abweicht, in der alles eines ist, und alles in sich selbst erschauen will, wie jedes Ding ein vom anderen getrenntes und ihm eigenes Sein hat. Darauf entartet der Geist noch weiter, wenn er durch die Bewegung des Verstandes die Dinge nicht in sich selbst begreift, sondern so, wie die Form in der wandelbaren Materie. Dort vermag er nicht die Wahrheit festzuhalten, sondern wendet sich dem Abbild zu.

Aristoteles autem, qui omnia consideravit ut sub vocabulo cadunt, quae motu rationis sunt imposita, facit elementum rationem, et rationem forte dicit per disciplinam, quae fit per vocabula, ad intelligentiam ascendere, postea altissime ad intellectibilitatem. Unde ponit elementum rationem ad ascensum intellectus, Plato vero intellectibilitatem ad descensum eius. Ita inter eos non videtur differentia nisi in modo considerationis.

P: Hoc sic sit. Dic, cum omnes philosophi dicant omnem intellectum fore de substantia et accidente, quomodo hoc est verum de Deo et materia prima?

I: Intellectus de Deo est inflexus de intellectu huius nominis ens, quia ens non-enter, hoc est imparticipabiliter, intellectum est Deus. Et ille est idem ei, qui de eo habetur, quod est substantia et accidens, sed alio modo, hoc est inflexe, consideratus. Unde intellectus de Deo est complexivus omnium intellectuum de substantia et accidente, sed est simplex et unus. Intellectus vero de materia prima est flexio quaedam ab intellectu, qui habetur de corpore. Si enim corpus incorporee, hoc est absque omnibus formis corporeis, intelligis, illud idem, quod corpus significat, intelligis, sed alio modo, quia incorporee, qui procul dubio est intellectus materiae.

P: Putasne mentes caelestes secundum gradus intellectuales creatas et notiones habere indelibiles?

I: Puto alios angelos intellectibiles ut sunt de supremo ordine, alios intelligentiales ut de secundo ordine, alios rationales ut de tertio, ac quod in quolibet ordine sint tot gradus similiter, ut sic sint novem gradus seu chori, et quod mentes nostrae sint sic infra primum gradum talium spirituum et supra omnem gradum corporalis naturae quasi nexus universitatis entium, ut sit terminus perfectionis inferioris naturae et initium superioris. Arbitror etiam

Aristoteles hingegen, der alles der Wortbedeutung entsprechend betrachtete, welche durch eine Tätigkeit des Verstandes eingesetzt ist, macht den Verstand zum Element und meint wohl, daß dieser durch die Wissenschaft, die durch Worte entsteht, zur Vernunft-Erkenntnis aufsteige und zuletzt ganz hinauf zur vernunfthaften Einsichtigkeit gelange. Darum setzt er als Element den Verstand in bezug auf seinen Aufstieg zur Vernunft an; Plato aber die vernunfthafte Einsichtigkeit in bezug auf ihren Abstieg. Der einzige Unterschied zwischen ihnen besteht in der Betrachtungsweise.

P: Das kann so sein. Alle Philosophen sagen, jede Vernunfterkenntnis beziehe sich auf Substanz und Akzidenz. In welcher Weise gilt dies für unser Wissen von Gott und der ersten Materie?

L: Die Erkenntnis Gottes ist eine Abwandlung der Erkenntnis dessen, das den Namen „Seiendes“ hat, da dieses nichtseiend, d. h. nicht partizipierbar erkannt, Gott ist. Jene Erkenntnis ist der gleich, die man von dem hat, was Substanz und Akzidenz ist, nur auf andere Weise, d. h. abgewandelt, betrachtet. Daher schließt unser Erkennen Gottes das von Substanz und Akzidenz ein, ist aber einfach und eines. Die Erkenntnis von der ersten Materie hingegen ist eine gewisse Abwandlung der Erkenntnis, die man vom Körper hat. Wenn du nämlich den Körper nicht körperhaft, d. h. ohne alle körperlichen Formen, erkennst, dann erkennst du dasselbe, was den Körper bezeichnet, aber eben auf andere Weise, weil unkörperlich. Und das ist ohne Zweifel die Erkenntnis der Materie.

P: Glaubst du, daß die himmlischen Geister gemäß Abstufungen der Erkenntnis erschaffen sind und unzerstörbare Begriffe besitzen?

L: Ich glaube, daß es einsichtige Engel gibt, welche darum den ersten Rang inne haben, verstehende im zweiten Rang, verständige im dritten. Und ich meine, daß es in jedem Rang gleichviele Abstufungen gibt, so daß sich neun Stufen oder Chöre ergeben, und daß unsere Geister unter der untersten Stufe dieser Geister, aber über allen Abstufungen der körperlichen Natur stehen, gleichsam als Verknüpfung der Gesamtheit der Seienden, so daß unser Geist die Ziel-

notiones spirituum beatorum extra corpus existentium in quiete habere notiones invariabiles et indelebiles oblivione ob praesentiam veritatis obiectaliter se indesinenter offerentis; et hoc est meritum spirituum, qui friutionem exemplaris rerum meruerunt. Nostrae autem mentes ob sui informitatem obliviscuntur saepe eorum, quae sciverunt, aptitudine concreata permanente ad denuo sciendum. Nam etsi sine corpore excitari ad progressum intellectualem non possint, tamen ob incuriam, aversiones ab obiecto, setractiones ad varia et diversa et corporeas molestias notiones perdunt.

Notiones enim, quas hic in hoc mundo variabili et instabili acquirimus secundum conditiones variabilis mundi, non sunt confirmatae. Sunt enim ut notiones scholarium et discipulorum proficere incipientum et nondum ad magisterium perductorum. Sed notiones istae hic acquisitae, quando mens pergit de mundo variabili ad invariabilem, similiter ad invariabile magisterium transferuntur. Quando enim particulares notiones transeunt in perfectum magisterium, desinunt esse variabiles in magisterio universali, quae erant particulariter fluidae et instabiles. Sic sumus in hoc mundo docibiles, in alio magistri.

XV.

Quomodo mens nostra sit immortalis et incorruptibilis.

P: Restat nunc, ut de immortalitate mentis nostrae quae sentis dicas, ut quantum fieri potuit pro hac die de mente instructior factus me in multis gaudeam profecisse.

grenze der Vollendung der niederen Natur und der Anfang der höheren ist. Ich bin auch der Meinung, daß das Denken der seligen Geister, die außerhalb des Körpers in Ruhe existieren, Begriffe hat, welche unwandelbar sind und nicht dem Vergessen anheimfallen, da ihnen die Wahrheit gegenwärtig ist und sich ihnen unaufhörlich gegenstandshaft darbietet. Dies ist der Lohn der Geister, die verdient haben, das Urbild der Dinge zu genießen. Unsere Geister aber, da sie ungeformt sind, vergessen oft, was sie gewußt haben, doch ist ihnen die bleibende Fähigkeit miterschaffen, immer von neuem zu wissen. Obwohl sie ohne Körper nicht zum Fortschreiten in der Erkenntnis angeregt werden können, verlieren sie doch durch Interesselosigkeit, durch Abwenden vom Gegenstand, durch Beschäftigung mit verschiedenen Dingen und körperliche Beschwernisse, die Begriffe.

Die Begriffe nämlich, die wir hier in dieser wandelbaren und unsteten Welt den Bedingungen der wandelbaren Welt gemäß erwerben, sind nicht feststehend. Sie gleichen den Begriffen von Scholaren und Schülern, die gerade beginnen, Fortschritte zu machen, aber noch nicht zur Meisterschaft geführt sind. Doch werden die hier erworbenen Begriffe dann, wenn unser Geist von der wandelbaren zu der unwandelbaren Welt hinübergeht, gleichermaßen zur unwandelbaren Meisterschaft gebracht. Gehen die einzelnen Begriffe in die vollkommene Meisterschaft über, hören sie, die einzeln fließend und unstet waren, in der allgemeinen Meisterschaft auf, wandelbar zu sein. So sind wir in dieser Welt Lehrlinge, in der anderen Meister.

XV.

Unser Geist ist unsterblich und unvergänglich.

P: Nun bleibt noch übrig, daß du uns deine Ansicht über die Unsterblichkeit unseres Geistes darlegst, auf daß ich, soweit es an diesem einen Tag möglich ist, besser darüber belehrt werde und mich freuen kann, in vielem Fortschritte gemacht zu haben.

I: Qui elementum descensus intellectus [ponunt] intellectibilitatem, mentem ponunt nequaquam dependere a corpore. Qui elementum ascensus intellectus rationem ponunt et finem intellectibilitatem, mentem nequaquam cum corpore interire admittunt. Ego autem nequaquam haesito gustum sapientiae habentes immortalitatem mentis negare non posse, uti de hoc alias oratori quae tunc occurrerunt patefeci.

Sic qui attendit intuitionem mentis attingere invariabile et per mentem formas a variabilitate abstrahi et in invariabilem regionem necessitatis complexionis reponi, ille non potest haesitare mentis naturam ab omni variabilitate absolutam esse. Ad se enim attrahit quod a variabilitate abstrahit. Nam veritas invariabilis figurarum geometricarum non in pavimentis, sed mente reperitur. Et dum anima per organa inquirit, id quod invenit variabile est; dum per se inquirit, id quod invenit stabile, clarum, limpidum et fixum existit. Non igitur est de natura variabilium, quae sensu attingit, sed invariabilium, quae in se invenit.

Sic ex numero potest immortalitatis eius ostensio convenienter venari. Nam cum sit numerus vivus, scilicet numerus numerans, et omnis numerus in se incorruptibilis, licet in variabili materia consideratus variabilis videatur, mentis nostrae numerus non potest concipi corruptibilis: quomodo tunc auctor numeri corruptibilis videri posset? Neque aliquis numerus potest mentis numerandi virtutem evacuare. Unde, cum motus caeli per mentem numeretur et tempus sit mensura motus, tempus mentis virtutem non evacuabit, sed manebit ut omnium mensurabilium terminus, mensura et determinatio. Ostendunt instrumenta motuum caelestium, quae a mente humana procedunt, motum non plus mensurare mentem quam mens motum. Unde mens motu suo

L: Diejenigen, welche als Element für den Abstieg der Vernunft die vernunfthafte Einsichtigkeit ansetzen, behaupten, daß der Geist in keiner Weise vom Körper abhängt. Diejenigen, welche als Elemente für den Aufstieg der Vernunft den Verstand ansetzen und als sein Ziel die vernunfthafte Einsicht ansehen, geben zu, daß der Geist damit keineswegs mit dem Körper vergeht. Ich aber zögere nicht zu versichern, daß keiner, der Zugang zur Weisheit gefunden hat, die Unsterblichkeit des Geistes leugnen kann. Bei anderer Gelegenheit habe ich dem Rhetor die Gedanken, die mir zu diesem Thema kamen, dargelegt.

Wer darauf achtet, daß die Schau des Geistes das Unwandelbare erreicht und daß der Geist die Formen von der Wandelbarkeit löst und in der unwandelbaren Region der Notwendigkeit des Zusammenhanges versetzt, vermag nicht daran zu zweifeln, daß die Natur des Geistes von aller Wandelbarkeit losgelöst und frei ist. Was er von der Wandelbarkeit abzieht, zieht er zu sich selbst heran. Die unwandelbare Wahrheit der geometrischen Figuren findet sich nicht auf dem Boden, sondern im Geist. Wenn die Seele mir Hilfe der Körperorgane forscht, ist das, was sie findet, veränderlich; wenn sie durch sich selbst forscht, ist das, was sie findet, beständig, klar durchsichtig und fest. Sie gehört nicht der Natur des Veränderlichen an, das sie mit dem Sinn berührt, sondern der Natur des Unveränderlichen, das sie in sich selbst findet.

Ebenso kann man aus der Zahl sehr wohl einen Beweis für die Unsterblichkeit des Geistes gewinnen. Da er eine lebende Zahl ist, d. h. die zählende Zahl, und da jede Zahl in sich selbst unvergänglich ist, mag sie auch in der wandelbaren Materie betrachtet, wandelbar erscheinen, können wir die Zahl unseres Geistes nicht als vergängliche verstehen. Wie könnte nämlich dann der Urheber der Zahl vergänglich erscheinen? Und keine Zahl vermag die Zähl-Kraft des Geistes auszuschöpfen. Da die Bewegung des Himmels vom Geist gezählt wird und die Zeit das Maß der Bewegung ist, wird die Zeit die Kraft des Geistes nicht ausschöpfen. Er wird vielmehr bleiben als die Zielgrenze, das Maß und die Bestimmung alles Meßbaren. Die vom menschlichen Geist

intellectivo omnem successivum motum videtur complicare. Mens ex se exserit motum ratiocinativum. Sic est forma movendi. Unde, si quid sibi dissolvitur, per motum hoc fit. Quomodo ergo forma movendi per motum dissolveretur?

Mens, cum sit vita intellectualis se ipsam movens, hoc est vitam, quae est eius intelligere exserens, quomodo non semper vivit? Motus se ipsum movens quomodo deficit? Habet enim vitam sibi compaginatam, per quam est semper vivens, sicut sphaera semper rotunda per sibi compaginatum circulum. Si illa est mentis compositio, quae numeri ex se ipso compositi, quomodo in non mentem resolubilis? Sic si mens est coincidentia unitatis et alteritatis ut numerus, quomodo divisibilis, cum divisibilitas in ea sit cum indivisibili unitate coincidens? Si mens complicat idem et diversum, cum intelligat divisive et unitive, quomodo destruetur? Si numerus est modus intelligendi mentis et in eius numerare coincidat explicatio cum complicatione, quomodo deficiet?

Virtus enim, quae explicando complicat, minor fieri nequit. Mentem autem hoc agere patet. Nam qui numerat, explicat vim unitatis et complicat numerum in unitatem. Denarius enim est unitas ex decem complicata; sic qui numerat explicat et complicat. Mens est imago aeternitatis, tempus vero explicatio, explicatio autem semper minor imagine complicationis aeternitatis.

Qui attendit ad iudicium mentis sibi concreatum, per quod de omnibus iudicat, ac quod rationes ex mente sunt, videt nullam rationem ad mentis mensuram attingere. Manet igitur mens nostra omni ratione immensurabilis, infinibilis et

erfundenen Meßgeräte der Himmelsbewegungen zeigen, daß nicht die Bewegung den Geist, sondern eher der Geist die Bewegung mißt. Daher scheint der Geist in seiner vernunfthaften Bewegung alle aufeinanderfolgende Bewegung einzuschließen. Der Geist entsendet aus sich die Bewegung des schlußfolgernden Denkens, daher ist er die Form des Bewegens. Wenn etwas aufgelöst wird, so geschieht das durch Bewegung. Wie könnte also die Form des Bewegens durch Bewegung aufgelöst werden?

Wie sollte der Geist, der vernunfthaftes, sich selbst bewegendes Leben ist, das heißt Leben, das sein eigenes Erkennen hervorbringt, nicht immer leben? Wie sollte die sich selbst bewegende Bewegung aufhören? Er hat ein ihm mitgegebenes Leben, durch das er immer lebt, wie eine für immer runde Kugel durch den ihr mitgegebenen Kreis immer rund ist. Wenn die Zusammensetzung des Geistes so ist wie die einer aus sich selbst zusammengesetzten Zahl, wie sollte er in Nicht-Geist auflösbar sein? Der Geist ist die Zusammensetzung von Einheit und Andersheit wie die Zahl. Wie sollte er teilbar sein, da doch die Teilbarkeit in ihm mit der unteilbaren Einheit zusammenfällt? Wenn der Geist das Selbe und das Verschiedene einfaltet, da er trennend und einend erkennt, wie sollte er zerstört werden? Wenn die Zahl die Erkenntnisweise des Geistes ist und in seinem Zählen Ausfaltung mit Einfaltung zusammenfällt, wie sollte er vergehen?

Eine Kraft, die im Ausfalten einfaltet, kann nicht kleiner werden. Es ist aber offenbar, daß der Geist eben dies tut. Denn wer zählt, faltet die Kraft der Einheit aus und faltet die Zahl in die Einheit ein. Der Zehner ist eine aus zehn zusammengefaltete Einheit; so geschieht es, daß, wer zählt, ausfaltet und einfaltet. Der Geist ist das Bild der Ewigkeit, die Zeit deren Ausfaltung. Die Ausfaltung ist aber immer geringer als das Bild der Einfaltung der Ewigkeit.

Wer auf das ihm miterschaffene Urteil des Geistes achtet, mit dessen Hilfe er über alles Denken urteilt, und auch bedenkt, daß das Denken aus dem Geist stammt, der sieht, daß kein Denken das Maß des Geistes erreicht. Also bleibt

interminabilis, quam sola mens increata mensurat, terminat atque finit, sicut veritas suam et ex se, in se et per se creatam vivam imaginem. Quomodo periret imago, quae est relucentia incorruptibilis veritatis, nisi veritate communicatam relucentiam abolente? Sicut igitur impossibile est, quod infinita veritas communicatam relucentiam substrahat, cum sit absoluta bonitas, ita est impossibile, quod eius imago, quae non est nisi communicata relucentia eius, umquam deficiat sicut postquam per solis relucentiam cepit esse dies, numquam sole lucente dies deficiet.

Connata religio, quae hunc innumerabilem populum in hoc anno Romam et te philosophum in vehementem admirationem adduxit, quae semper in mundo in modorum diversitate apparuit, nobis esse naturaliter inditam nostrae mentis immortalitatem ostendit, ut ita nobis nota sit nostrae mentis immortalitas ex communi omnium indubitata assertione, sicut nostrae naturae humanitas. Non enim habemus certiorem scientiam nos esse homines, quam mentes habere immortales, cum utriusque scientia sit communis omnium hominum assertio.

Haec sic cursim dicta ab idiota grate recipito! Quod si non sint talia, quae sponsione oratoris audire expectasti, aliqua tamen sunt, quae tibi fortassis ad altiora qualecumque adminiculum afferre poterunt.

O: Interfui hoc sancto et mihi dulcissimo colloquio multum mentem tuam de mente profunde disserentem admirans, indubio nunc experimento certissimum habens mentem vim omnia mensurantem existere, gratias tibi agens, optime idiota, tum mei parte, tum istius advenae philosophi, quem adduxi, qui spero consolatus abibit.

unser Geist für jedes Verstandesdenken unmeßbar, unendlich und unbegrenzbar. Nur der ungeschaffene Geist mißt, begrenzt und beendet ihn, so wie die Wahrheit das aus ihr, in ihr und durch sie geschaffene Bild beendet. Wie sollte das Abbild, das ein Widerschein der unvergänglichen Wahrheit ist, zugrunde gehen, wenn nicht die Wahrheit selbst den von ihr vermittelten Widerschein zerstörte? Es ist unmöglich, daß die unendliche Wahrheit diesen mitgeteilten Widerschein entzieht, da sie die absolute Güte ist. Ebenso ist es unmöglich, daß ihr Abbild, welches nichts anderes ist als der von ihr mitgeteilte Widerschein, jemals schwindet; so wie der Tag nicht schwindet, solange die Sonne scheint, nachdem er im Widerschein der Sonne begonnen hat.

Unsere Religion, die uns bei der Geburt mitgegeben ist, und die in diesem Jahr diese unzählbare Volksmenge, und auch dich, Philosoph, in tiefem Staunen nach Rom geführt hat, und die stets in dieser Welt in verschiedenen Weisen erschienenen ist, zeigt uns, daß uns von Natur die Unsterblichkeit des Geistes geschenkt ist. Darum ist uns aus der unbezweifelten allgemeinen Überzeugung aller Menschen die Unsterblichkeit unseres Geistes ebenso bekannt wie die Menschlichkeit unserer Natur. Unser Wissen, daß wir unsterbliche Geister haben, ist nicht weniger gewiß als das, daß wir Menschen sind; das Wissen um beides ist gemeinsame Überzeugung aller Menschen.

Dies ist nur in Kürze und von einem Laien gesagt. Doch nimm es wohlwollend auf! Wenn es nicht das ist, was du nach der Ankündigung des Redners erwartet hast, so ist es doch vielleicht einiges, das dir eine kleine Hilfe zur Erreichung eines höheren Zieles bieten kann.

R: Ich habe diesem tiefen und für mich ganz wunderbaren Gespräch beigewohnt und deinen Geist bewundert, der so tiefe Gedanken über den Geist erörtert hat. Unbezweifelbar habe ich jetzt erfahren, daß der Geist eine Kraft darstellt, die alles mißt. Ich danke dir, bester Laie, sowohl in meinem Namen, als in dem dieses Philosophen aus der Fremde, den ich zu dir geführt habe, und der, wie ich hoffe, getröstet fortgehen wird.

P: Non me puto feliciorem diem hactenus hac ista vixisse. Nescio quid eveniet. Tibi oratori atque tibi idiotae, viro admodum theorico, immortales ago gratias, orans nostras mentes ad aeternae mentis fruitionem hoc diuturno colloquio miro desiderio incitatas feliciter perduci. Amen[1].

---

[1] Cod. Cus. schließt an: Finivi in monasterio Vallis Castri prope Fabriarium die 23 Augusti N. Cardinalis S. Petri.

P: Ich glaube nicht, daß ich je einen glücklicheren Tag erlebt habe als diesen! Ich weiß nicht, was daraus noch weiter werden wird, aber ich sage dir, Rhetor und dir, Laie, der du ein Mann von solch tiefer Einsicht bist, unendlichen Dank, und bete, daß unsere Geister durch das Gespräch dieses Tages von wunderbarer Sehnsucht angeregt, glücklich zum Genuß des ewigen Geistes geführt werden. Amen.

IDIOTA DE STATICIS EXPERIMENTIS

DER LAIE UND DIE EXPERIMENTE MIT DER WAAGE

Frequentabat consortium idiotae orator ille Romanus, ut aliquando viri illius conceptus, qui sibi grati erant, audiret. Dumque orator laudaret stateram quasi iustitae trutinam atque rei publicae pernecessarium instrumentum, idiota respondit:

Idiota: Quamquam nihil in hoc mundo praecisionem attingere queat, tamen iudicium staterae verius experimur et hinc undique acceptum. Sed dicito quaeso, cum non sit possibile in eadem magnitudine esse idem pondus in diversis diversam habentibus originem, an ne quisquam experimentales ponderum conscripserit differentias?

Orator: Neque legi, neque audivi.

I: Utinam quisquam nobis hanc consignationem praesentaret, supra multa volumina caripenderem.

O: Si tibi animus daret, ut faceres, puto per neminem melius fieret.

I: Quisque volens faceret, cum sit facile, sed mihi deest opportunitas.

O: Dicito utilitatem et modum. Videbo, si aut ego aut alius efficere queat.

I: Ego per ponderum differentiam arbitror ad rerum secreta verius pertingi et multa sciri posse verismiliori coniectura.

O: Optime ais. Sic enim propheta quidam ait pondus et stateram iudicium Domini illius esse, qui omnia creavit in numero, pondere et mensura et fontes aquarum libravit et molem terrae appendit, ut sapiens scribit[1].

I: Si igitur mensura aquae unius fontis non est eiusdem ponderis, cuius est similis mensura alterius, iudicium diversitatis naturae unius et alterius melius statera quam alio attingitur instrumento.

O: Bene dicis. Admonet Vitruvius de architectura scribens[2] locum habitationis eligendum habentem leviores et magis aëras aquas, et graves atque terreas habentem declinandum.

---

[1] Prov. 16, II; Sap. II., 21.
[2] Vitruvius, Architectura I., 4.

Jener römische Rhetor suchte häufig die Gesellschaft des Laien auf, um bei solcher Gelegenheit die Gedanken dieses Mannes zu hören, die ihm sehr willkommen waren. Als der Rhetor bei einem derartigen Besuch die Waage gewissermaßen als Waage der Gerechtigkeit und als notwendiges Instrument des Gemeinwesens pries, antwortete der Laie:

L: Obwohl nichts in dieser Welt letzte Genauigkeit erreichen kann, erfahren wir doch, daß dem Urteil, das mit der Waage gewonnen wurde, größere Wahrheit zukommt, weshalb es allgemein angenommen wird. Doch sage mir bitte, ob nicht jemand die durch Erfahrung bestätigten Gewichtsunterschiede zusammengestellt hat, da es nicht möglich ist, daß Dinge von der selben Größe, welche verschiedenen Ursprungs sind, das selbe Gewicht haben.

R: Darüber habe ich weder gelesen, noch habe ich etwas gehört.

L: Gäbe uns jemand solche Aufzeichnungen, ich würde sie dem Wert vieler Bände vorziehen.

R: Hättest du Lust, es zu tun — ich glaube, daß es niemand besser machen würde.

L: Jeder der möchte, könnte es tun, da es leicht ist. Mir selbst jedoch fehlt die Gelegenheit.

R: Gib mir die Richtlinien. Ich will sehen, ob ich selbst oder jemand anderer sie ausführen kann.

L: Ich bin der Meinung, daß man sich mittels des Gewichtsunterschiedes in größerer Wahrheit zu den Geheimnissen der Dinge herantasten und vieles mit Hilfe wahrscheinlicher Mutmaßungen wissen kann.

R: Sehr gut. Der Prophet sagt nämlich, daß Gewicht und Waage das Urteil jenes Herren sind, der alles in Zahl, Gewicht und Maß geschaffen hat, und der, wie der Weise schreibt, die Wasserquellen gewogen und die Masse der Erde zugemessen hat.

L: Wenn die Wassermenge der einen Quelle nicht das selbe Gewicht hat wie ein ähnliches Maß einer anderen Quelle, dann kann ein Urteil über die Verschiedenheit der Natur der einen und der andern Quellen eher mit Hilfe der Waage als mit irgendeinem andern Instrument erzielt werden.

R: Richtig. In seiner Schrift über Baukunst gibt Vitruvius die Anweisung, man solle den Wohnort an leichterem und mehr luftartigem Wasser aussuchen, während ein Platz mit schwerem und erdigem Wasser zu vermeiden sei.

I: Sicut igitur eiusdem fontis aquae videntur eiusdem ponderis et naturae, sic diversorum diversi ponderis.

O: Videntur ais, quasi aliud sit in veritate.

I: Fateor ex tempore pondus variari, licet aliquando imperceptibiliter. Nam indubie aliud est pondus aquae uno tempore, aliud alio. Sic et aliud pondus aquae circa fontem, aliud in distantia a fonte. Sed hae differentiae vix perceptibiles saepe pro nullis habentur.

O: Arbitraris sic in omnibus esse, uti dixisti in aqua?

I: Arbitror certe. Nam nequaquam est eiusdem ponderis identitas magnitudinis quorumcumque diversorum. Unde cum aliud sit pondus sanguinis et urinae hominis sani et infirmi, iuvenis et senis, Alemanni et Afri, nonne maxime conferret medico habere has omnes differentias annotatas?

O: Maxime certe, immo per pondera consignata se admirabilem constitueret.

I: Arbitror enim medicum verius iudicium ex pondere urinae pariter et colore simul facere posse quam ex fallaci colore.

O: Certissime.

I: Sic etiam, cum herbarum radices, stipes, folia, fructus, semina et succus suum habeant pondus, si omnium herbarum pondera consignata forent cum varietate locorum, naturam omnium melius medicus attingeret in pondere et sapore quam fallaci gustu.

O: Optime dicis.

I: Sciret deinde ex collatione ponderum herbarum ad pondus sanguinus vel urinae dosim applicationis et concordantia et differentia medicaminis attingere, et praenostica admiranda facere. Et sic staticis experimentis omne scibile praecisiori coniectura accederet.

O: Mirandum multum, quod in ponderum signatura hactenus desides fuerunt tot laboriosi investigatores.

L: Wie also Wasser von ein und dem selben Quell von ein und der selben Natur zu sein scheint, so dürfte auch Wasser von verschiedenen Quellen verschiedenes Gewicht haben.

R: Du sagst „es scheint" — so als ob es in Wahrheit anders sei.

L: Ich bin der Meinung, daß sich das Gewicht auf Grund der Zeit ändert, wenngleich bisweilen auch unmerklich. Denn zweifelsohne ist das Gewicht des Wassers zu der einen Zeit anders und wieder anders zu einer anderen. Ebenso ist auch das Gewicht des Wassers nahe der Quelle verschieden von dem, das in einigem Abstand von ihr gewonnen wird. Doch werden diese kaum wahrnehmbaren Gewichtsunterschiede sehr oft nicht beachtet.

R: Glaubst du, daß es sich so mit allem verhält, wie du es in bezug auf das Wasser gesagt hast?

L: Ganz gewiß. Denn die Identität in der Größe irgendwelcher verschiedener Dinge besagt keineswegs, daß sie das selbe Gewicht haben. Da das Gewicht von Blut und Urin bei einem Gesunden und Kranken, bei einem jugendlichen und alten Menschen, bei einem Deutschen und Afrikaner verschieden ist, würde es nicht für einen Arzt größten Gewinn bedeuten, all diese Gewichtsunterschiede schriftlich vorliegen zu haben?

R: Sehr sogar. Wegen dieses Aufzeichnens der Gewichte würde er von allen bewundert werden.

L: Ich halte dafür, daß sich der Arzt auf Grund des Uringewichtes und seiner Farbe zugleich ein der Wahrheit näher kommendes Urteil bilden kann als nur auf Grund der trügerischen Farbe.

R: Ganz gewiß.

L: Ebenso würde er, da die Wurzeln der Kräuter, ihre Stengel, Blätter, Früchte, Samen und ihr Saft ein je eigenes Gewicht haben — wären die Gewichte aller Kräuter, zusammen mit ihrem je verschiedenen Standort, verzeichnet — ihrer aller Natur eher in Gewicht und Geschmack als nur im trügerischen Geschmack allein erfassen.

R: Das stimmt.

L: Er verstünde dann auf Grund der Gewichtstabellen der Kräuter im Verhältnis zum Gewicht von Blut oder Urin je nach Übereinstimmung und Unterschied die Dosis der anzuwendenden Medizin zu bereiten und bewundernswerte Prognosen zu stellen. Und so würde er sich auf Grund der Experimente mit der Waage allem Wißbaren in genauerer Mutmaßung nähern.

R: Es ist sehr erstaunlich, daß so viele fleißige Forscher bisher am Aufzeichnen der Gewichte uninteressiert gewesen sind.

I: Nonne putas, si aquam ex stricto foramine clepsydrae fluere in pelvim permitteres, quousque sani adolescentis pulsum centies sentires, et similiter ageres in adolescente infirmo, inter aquas illas ponderis cadere differentias.

O: Quis dubitat?

I: Ex pondere igitur aquarum ad diversitatem pulsuum in iuvene, sene, sano, et infirmo perveniretur et ita ad morbi veriorem notitiam, cum aliud pondus in una infirmitate, aliud in alia necessario eveniret. Unde perfectius fieret iudicium ex experimentali pulsuum tali differentia et pondere urinae quam tactu venae et colore urinae tantum.

O: Optime ais.

I: Adhuc si spiritum seu anhelitum per inspirationem et expirationem iam dicta ponderum aquae habitudine attingeret, nonne adhuc praecisius iudicium faceret?

O: Faceret certe.

I: Si enim fluente aqua ex clepsydra centum numeraret expirationes in puero et similiter in sene, non est possibile aquas eiusdem ponderis evenire. Sic dico in aliis diversis aetatibus et complexionibus. Unde, quando medico constaret pondus expirationis sani aut pueri aut adolescentis et similiter aegrotantis varia infirmitate indubie tali experimento ad notitiam sanitas et casus ab ipsa atque ad dosim remediorum citius perveniret.

O: Immo etiam ad coniecturas periodi.

I: Bene dicis. Si enim reperiret in sano adolescente pondus senis et decrepiti, coniceret illum citius moriturum, et tales faceret admirabiles coniecturas. Adhuc si in febribus per similem modum paroxysmos calidos et frigidos per ponderum aquae differentiam annotaret, nonne morbi efficaciam ac remedii opportunitatem verius pertingere posset?

O: Indubie posset! Experiretur enim victoriam unius qualitatis

L: Meinst du nicht, daß ein Gewichtsunterschied zwischen den Wassermengen bestünde, wenn man Wasser aus einer festgelegten Öffnung einer Wasseruhr solange in ein Becken fließen ließe, bis man den Puls eines gesunden jungen Menschen hundertmal gefühlt hätte und dies bei einem kranken wiederholte?

R: Wer sollte daran zweifeln?

L: Man käme also auf Grund der Wassermengen zur Verschiedenheit des Pulses bei einem jungen und alten Menschen, bei einem gesunden und kranken und gelangte so zu einem besseren Verständnis des Kranken, da sich notwendigerweise in der einen Krankheit ein anderes Gewicht als in der andern zeigen würde. Folglich gewönne man auf Grund solchen experimentellen Unterschieds von Pulsschlag und Uringewicht ein vollkommeneres Urteil als nur auf Grund des Pulsfühlens und der Urinfarbe.

R: Sehr wohl.

L: Könnte man weiters nicht ein noch genaueres Urteil bilden, wenn man den Hauch oder Atem bei Einatmen und Ausatmen nach dem schon besprochenen Verhältnis der Wassermassen beobachtete?

R: Ganz bestimmt.

L: Zählte man, während Wasser aus einer Wasseruhr fließt, hundert Atemzüge bei einem Knaben und ähnlich bei einem alten Mann, würde sich unmöglich die gleiche Wassermenge ergeben. Ebenso verhält es sich mit den übrigen, verschiedenen Lebensaltern und Zuständen. Wenn daher dem Arzt das Gewicht des gesunden Atmens bei einem Knaben oder Jüngling und ähnlich das des Kranken je nach Krankheit bekannt wäre, dann könnte er ohne Zweifel mittels solcher Erfahrung schneller zur Kenntnis der Gesundheit und ihres Fehlens und zur Dosis des Heilmittels gelangen.

R: Er könnte sogar zu einer Mut-Maßung über den Verlauf der Krankheit gelangen.

L: Sehr gut gesagt. Würde er nämlich in einem gesunden jungen Menschen das Gewicht eines alten und schwachen vorfinden, so könnte er mut-maßen, daß dieser bald sterben werde, und noch mehr dergleichen erstaunliche Mut-Maßungen anstellen. Ferner: wenn er bei Fieber in ähnlicher Weise die heißen und kalten Anfälle mit Hilfe des Gewichtsunterschiedes der Wassermengen aufzeichnen würde, könnte er dann nicht die Stärke der Krankheit und den rechten Augenblick für das Heilmittel besser erfassen?

R: Zweifelsohne könnte er. Er würde die Übermacht der einen

super aliam, caloris super frigus aut e converso, et secundum repertam habitudinem medelas applicaret.

I: Adhuc dico in variis nationibus et regionibus et temporibus ista variari in identitate aetatis. Unde varietatem ponderum secundum omnia designari quamvis difficile, tamen utilissimum foret.

O: Sic est ut ais.

I: Videtur autem, quod pondus omnium rerum considerandum foret uti medium diversitatis ponderum eius in diversis climatibus, ut, si pondus hominis in comparatione ad aliud animal considerandum foret, tunc homo est considerandus non ut septentrionem aut meridiem, ubi hincinde est excessus, sed potius ut clima medium inhabitans.

O: Optime ais. Veteres clima illud diarhodon appellarunt. Nam ab oriente ad occasum per Rhodum insulam tendit. Sed quaeso, si totius hominis pondus in comparatione ad aliud aliquod animal quaereres, quomodo procederes?

I: Hominem in libra ponerem, cui simile pondus appenderem in alia parte. Deinde hominem in aquam mitterem, et iterum extra aquam ab alia parte aequale appenderem, et diversitatem ponderum annotarem, faceremque ididem cum animali dato, et ex varia diversitate ponderum quaesitum annotarem. Post hoc attenderem ad ponderum hominis et animalis diversitatem extra aquam, et secundum hoc moderarem inventum et conscriberem.

O: Hanc moderationem non capio.

I: Ostendam tibi, inquit. *Et accepto ligno levi, cuius pondus ut tria, et aquae eiusdem magnitudinis ut quinque, ipsum in duas divisit inaequales partes, quarum una habuit duplam magnitudinem, alia simplam. Ambas in cuppam altam posuit et cum fuste tenuit ac aquam superfudit. Et fuste retracta ascenderunt ligna ad aquae superficiem, et maius lignum citius quam minus.* Ecce, aiebat, tu vides diversitatem motus in identitate proportionis ex eo evenire, quia in levibus lignis in maiori est plus levitatis.

Beschaffenheit über die andere, der Hitze über die Kälte und umgekehrt erfahren und die Heilmittel dem vorgefundenen Verhältnis entsprechend anwenden.

L: Außerdem bin ich der Meinung, daß dies sich in verschiedenen Völkern, Gegenden und Zeiten auch bei ein und dem selben Lebensabschnitt ändern kann. Demnach wäre es, obwohl schwierig, dennoch sehr nützlich, alle Gewichtsveränderungen aufzuzeichnen.

R: Es ist so, wie du sagst.

L: Es scheint aber, daß man als das Gewicht aller Dinge den Durchschnitt ihrer Gewichtsverschiedenheit in den verschiedenen Klimazonen betrachten muß. Soll man z. B. das Gewicht des Menschen im Vergleich zu einem Tier betrachten, so ist der Mensch nicht in seiner nördlichen und südlichen Erscheinung zu nehmen, wo ein Extrem vorliegt, sondern eher dort, wo er die mittleren Breiten bewohnt.

R: Sehr wohl. Die Alten nannten jene Zone Diarhodon; sie erstreckt sich nämlich von Osten nach Westen über die Insel Rhodos. Doch frage ich dich: wie würdest du vorgehen, wenn du das Gewicht des ganzen Menschen im Vergleich mit irgendeinem andern Tier wissen willst?

L: Ich würde einen Menschen auf die Waage stellen, und ein ähnliches Gewicht auf die andere Seite geben. Dann tauchte ich diesen Menschen in Wasser und würde wiederum außerhalb des Wassers das selbe Gewicht auf die andere Seite geben. Ich würde die Gewichtsverschiedenheit festhalten. Dasselbe täte ich mit einem Tier. Auf Grund der verschiedenen Gewichtsunterschiede könnte ich das Gesuchte festhalten. Danach würde ich den Gewichtsunterschied von Tier und Mensch außerhalb des Wassers beachten und dementsprechend würde ich das gefundene Ergebnis abwandeln und beschreiben.

R: Ich verstehe nicht, was du mit dieser Abwandlung meinst.

L: Ich werde es die zeigen, *sagte er. Er nahm ein leichtes Stück Holz, dessen Gewicht sich zu Wasser gleichen Inhalts wie drei zu fünf verhielt. Er teilte es in zwei ungleiche Teile, von denen der eine die doppelte, der andere die einfache Größe hatte. Beide gab er in einen tiefen Trog, hielt sie mit einem Stock fest und goß Wasser darüber. Als er den Stock zurückzog, stiegen beide Hölzer zur Oberfläche des Wassers, und zwar das größere schneller als das kleinere.* Siehe, *sagte er,* du siehst, daß die Verschiedenheit der Bewegung beim selben Verhältnis dadurch zustande kommt, daß bei leichten Hölzern das größere das leichtere ist.

O: Video et placet multum.

I: Sic dico moderationem fieri debere. Si enim homo ob magnitudinem super animal plus gravitatis haberet, citius in aqua quam animal eiusdem proportionis descenderet. Quare tunc oporteret moderationem repertae differentiae diminuendo proportionaliter fieri secundum excessum.

O: Intelligo nunc. Sed dicito, quomodo resistit aqua, ne descendat lignum?

I: Ut maior gravedo minori. Quare, si lignum rotundum in cream presseris et extraxeris locum aqua implendo, et huius aquae pondus similiter et ligni notaveris, comperies, si pondus ligni excedit pondus aquae, lignum descendere, si non, natare et super aquam partem proportionalem ligni manere secundum excessum ponderis aquae super pondus ligni.

O: Cur dicis de rotundo ligno?

I: Si fuerit latae figurae, de aqua plus occupabit et elevatius natabit. Hinc naves in aquis paucae profunditatis esse debent latioris fundi.

O: Continua inceptum, an aliter pondera animalium attingi possint.

I: Possent puto. Nam si tinam usque ad summum aqua impleres ipsamque in aliam locares, deinde hominis pondus extra aquam caperes, post hoc ipsum in tinam illam descendere faceres, et aquam, quae efflueret colligeres et ponderares et pariformiter in alio aut homine aut animali aut alia re quacumque procedendo ex diversitate ponderum subtili ratione quaesitum attingeres.

O: Subtiliter multum audivi, *inquit orator,* aliquando hoc ingenio metallorum differentiam repertam, atque nonnullos annotasse, quantum fusio unicae cerae colligit auri, argenti, cupri et ita de omnibus metallis.

I: Laudandus est ille, qui per fusionem magnitudinem intelligit. Vidit enim, si aurum tantum loci occuparet, quantum uncia cerae, quod tunc eius pondus tale foret. Ita de aliis metallis. Nam certissimum est aliud esse pondus aeri, aliud argenti et ceterorum in aequalitate magnitudines. Et aliud cuiuslibet pondus in aëre,

R: Ich sehe es und es gefällt mir sehr.

L: So meine ich, muß die Abwandlung geschehen. Wäre nämlich der Mensch wegen seiner Größe gegenüber dem Tier schwerer, so würde er im Wasser schneller hinabsinken als ein Tier des selben Verhältnisses. Darum wäre es notwendig, die Abwandlung dem Überschuß entsprechend durch Verkleinerung der vorgefundenen Differenz vorzunehmen.

R: Ich verstehe jetzt. Doch sage mir, in welcher Weise leistet das Wasser Widerstand, so daß das Holz nicht untergeht.

L: Wie etwas Schwereres einem weniger Schweren. Würde man z. B. ein rundes Stück Holz in Wachs eindrücken, es wieder herausnehmen, den Hohlraum mit Wasser anfüllen, und dann das Gewicht dieses Wassers und ebenso das des Holzes festhalten, dann würde man, wenn das Gewicht des Holzes das des Wassers übertrifft, feststellen, daß das Holz untergeht, wenn nicht, müßte es schwimmen und dem Überschuß des Wassergewichtes entsprechend ein bestimmter Teil des Holzes über Wasser bleiben.

R: Warum sprichst du von einem runden Holz ?

L: Wäre es flach, würde es mehr Wasser verdrängen und würde höher schwimmen. Darum brauchen Schiffe, die in seichtem Wasser fahren, einen breiteren Kiel.

R: Um das Begonnene fortzuführen: gibt es eine Möglichkeit, die Gewichte von Lebewesen anders zu erhalten?

L: Ich glaube, es ist möglich. Wenn man einen Bottich bis zum Rand mit Wasser füllt und ihn in einen andern stellt, danach das Gewicht eines Menschen außerhalb des Wassers feststellt, diesen dann in den Bottich steigen läßt und das Wasser, welches überfließt, auffängt und wiegt, und wenn man ähnlich bei einem andern Menschen, Tier oder Ding vorgeht, kann man auf Grund der Gewichtsunterschiede durch gründliche Überlegung das Gesuchte finden.

R: Ich habe gehört, *sagte der Rhetor,* daß man einst durch diese Idee den Unterschied von Metallen sehr genau entdeckt hat und daß einige aufgezeichnet haben, wieviel die Hohlform einer Unze Wachs an Gold, Silber oder Kupfer und allen übrigen Metallen aufnimmt.

L: Wir müssen den loben, der mittels der Gußform die Größe begreift. Er weiß nämlich, daß das Gewicht von Gold, wenn es den Raum einer Unze Wachs einnimmt so und so groß ist. Dasselbe gilt von den übrigen Metallen. Es ist nämlich völlig gewiß, daß bei gleicher Größe der Form das Gewicht des Goldes, des

aliud in aqua, aliud in oleo aut alio liquore. Unde, si quis pondera illa omnia signata teneret, ille profecto sciret, quantum unum metallum est gravius alteri in aëre et quantum in aqua. Hinc, data quacumque massa, per ponderum eius diversitatem in aëre et aqua scire posset, cuius metalli massa foret et cuius mixturae. Et sicut dictum est de aëre et aqua, ita etiam de oleo dici posset aut alio quocumque humore, in quo experientia facta fuisset.

O: Sic absque massae fusione et metallorum separatione mixtura attingeretur, et ingenium istud in monetis utile foret ad sciendum, quantum cupri immixtum sit auro aut argento.

I: Bene dicis. Valereat etiam plurimum ad sophistica alchimica opera cognoscenda, quantum a veritate deficerent.

O: Si quis igitur librum ponderum conscribere proponeret, illum etiam varietatem metalli cuiuslibet annotare oporteret, ut videtur. Nam alterius ponderis est aurum Ungaricum, alterius aurum Obryzum. Ita de singulis metallis.

I: Ex praemissis constat uti in fontibus ita et mineris diversitatem ponderis reperiri. Aurum tamen ubicumque reperiatur, semper est ponderosius quam aliud metallum. Unde species illa auri intra quandam ponderis latidudinem variari reperitur. Ita de reliquis.

O: An ex habitudine ponderum metallorum naturarum venari possit habitudo?

I: Plumbum est auro similius in pondere, sed in perfectione nequaquam. Unde non ad unum pondus tantum attendum censeo, sed ad singula pondera. Nam ad pondera ignis fusionis tam auri quam plumbi si quis attendit, minus reperit plumbum ad aurum accedere quam aliud metallum. Et si quis ad pondera ignis in ferri fusione attendit, sibi occurrit ferrum plus accedere ad aurum quam aliud metallum, licet quoad pondus gravedinis minus. Unde omnia pondera attendi debent, non gravitas tantum, et tunc comperimus argentum auro propinquius.

Silbers usw. etwas je anderes ist. Und anders ist das Gewicht eines jeden Dinges in Luft, Wasser, Öl oder einer andern Flüssigkeit. Würde daher jemand all diese Gewichte aufzeichnen, dann müßte er sicherlich wissen, um wieviel das eine Metall in Luft schwerer ist als ein anderes und um wieviel im Wasser. Folglich könnte er mittels der Gewichtsverschiedenheit in Luft und Wasser von jeder beliebigen Masse wissen, welches Metall oder welche Mischung sie wäre. Und was bezüglich Luft und Wasser gesagt wurde, kann auch vom Öl oder sonst einer Flüssigkeit gesagt werden, in der diese Versuche vollführt worden wären.

R: So würde man also ohne Schmelzen der Masse und Trennung der Metalle ihre Mischung herausfinden. Eine solche Erfindung wäre wichtig, um beim Gold zu wissen, wieviel Kupfer dem Gold oder Silber beigemischt wäre.

L: Sehr gut. Es wäre auch von großem Nutzen bezüglich der verworrenen Werke der Alchimie zu wissen, wie fern sie der Wahrheit sind.

R: Wenn sich also jemand vornähme, ein Buch über Gewichte zu verfassen, dann müßte er offensichtlich auch die verschiedenen Arten eines jeden Metalls anführen. Ein anderes Gewicht hat nämlich ungarisches Gold, ein anderes Obryzum-Gold. Dasselbe gilt für jedes einzelne Metall.

L: Auf Grund des Gesagten steht fest: wie bei den Quellen so läßt sich auch bei den Mineralien ein Gewichtsunterschied finden. Dennoch ist Gold, wo immer es auch gefunden wird, stets schwerer als irgend ein anderes Metall. Daraus ergibt sich, daß die Eigengestalt des Goldes in einer bestimmten Gewichtsbreite variiert. Dasselbe gilt von den übrigen Metallen.

R: Kann man wohl aus dem Gewichtsverhältnis der Metalle etwas über das Verhältnis ihrer Natur erfahren?

L: Blei ist Gold dem Gewicht nach sehr ähnlich, keineswegs jedoch in der Vollkommenheit. Daher meine ich, dürfte man nicht nur einem Gewicht seine Aufmerksamkeit widmen, sondern den einzelnen Gewichten. Betrachtet man die Menge des Schmelzfeuers bei Gold sowohl als bei Blei, dann findet man, daß Blei dem Gold weniger nahe kommt als irgendein anderes Metall. Achtet man auf die Feuermenge beim Eisenguß, so erfährt man, daß Eisen Gold näher kommt als irgendein anderes Metall, auch wenn es ihm hinsichtlich seiner Gewichtsschwere weniger nahe steht. Wir müssen also auf alle Maße achten, nicht nur auf die Schwere, dann erfahren wir, daß Silber Gold am nächsten kommt.

O: Vitruvius[1] ait de pondere naturae auri, quod solum in argento vivo submergitur, cuiuscumque etiam parvae gravedinis fuerit, aliis metallis supranatantibus, cuiuscumque magnae molis existant.

I: Argentum vivum cum omnibus metallis coniungibile est propter commune, quod est in ipso et illis. Sed magis amorose auro adhaeret, sicut minime perfectum suae propriae naturae perfectissimae. Hinc qui alchimicis vacant argentum vivum in igne domare student, quousque non solum non fugiat ab igne, sed omnia metalla, quibus iungitur, secum fixa teneat, et non solum hoc, sed et in pondus auri stringat remanente fluxibili et malleabili humiditate, atque tingat colore fixo et permanente.

O: Putas eos posse efficere, quod proponunt?

I: Praecisio manet inattingibilis. Sed quantum profecerint, statera ostendit, sine qua nihil certi efficere poterint. Iudicio enim ignis et staterae huius rei inquisitio permittitur.

O: Possent similiter lapides omnes pretiosi ponderari?

I: Non dubium uno ingenio omnia fieri posse. Nam aliud est pondus diamantis in ordine ad aequalem magnitudinem plumbi et aliud saphiri similiter in ordine ad aequalitatem magnitudinis plumbi. Et ex diversitate scitur habitudo plumbi ponderum utriusque, et ita de omnibus lapidibus. Unde perutile foret pondera ista via statici experimenti conscripta habere cum suis differentiis originum, ut, si quae sophisticationes in beryllo aut cristallo colorato fierent, deprehendi possent.

O: Etiam aliud est pondus lapidis in aëre, aliud in aqua, aliud in oleo. Pulchrum foret istas diversitates haberi, ut sine habitudine ad plumbum vel aliud tertium differentia ponderum sciretur.

I: Optime dicis.

---

[1] Vitruvius, a. a. o. VII., 8.

R: Vitruvius sagt bezüglich des Gewichtes der Gold-Natur, daß es allein im Quecksilber untergeht, wie klein auch immer das Gewicht gewesen sein mag, während alle anderen Metalle, wie groß ihre Masse auch immer sein mag, oben bleiben.

L: Quecksilber kann mit allen Metallen verbunden werden wegen des Gemeinsamen, das in ihm und in ihnen ist. In größter Zuneigung jedoch vereint es sich mit dem Gold, so wie etwas sehr Unvollkommenes seiner eigenen, ganz vollkommenen Natur anhängt. Daher versuchen jene, die sich mit Alchemie beschäftigen, das Quecksilber im Feuer zu bezähmen, und zwar solange, bis es nicht nur nicht mehr das Feuer meidet, sondern auch alle Metalle, denen es sich verbindet, fest in sich zusammenhält; und nicht nur das, sondern sich auch im Gewicht dem Golde nähert während es als biegbare und bearbeitbare feuchte Masse verbleibt und sich mit einer festen beständigen Farbe färbt.

R: Glaubst du, daß jene ausführen können, was sie sich vornehmen?

L: Genauigkeit bleibt unerreichbar. Welche Fortschritte sie jedoch machen werden, zeigt die Waage, ohne die sie keine genauen Ergebnisse erzielen können. Dem Urteil des Feuers nämlich und der Waage bleibt die Erforschung dieses Problems überlassen.

R: Kann man in derselben Weise auch alle kostbaren Steine wägen?

L: Ohne Zweifel kann alles nach demselben Grundgedanken geschehen. Anders ist das Gewicht des Diamanten verglichen mit einem gleich großen Stück Blei und anders das des Saphirs, wenn wir es in ähnlicher Weise mit Blei vergleichen. Auf Grund der Verschiedenheit weiß man beider Gewichtsverhältnisse. Und dasselbe gilt von allen Steinen. Es wäre daher überaus nützlich, diese Gewichte zusammen mit ihrem verschiedenen Ursprung nach der Methode messenden Experimentierens aufgezeichnet zu haben, um feststellen zu können, ob Betrügereien mit dem Beryll oder gefärbten Kristall stattfinden.

R: Das Gewicht eines Steines ist anders in der Luft, im Wasser und im Öl. Es wäre schön, all diese verschiedenen Maße zu besitzen, um ohne das Verhalten zu Blei oder einem andern dritten, den Gewichts- und Maßunterschied zu wissen.

L: Das ist sehr richtig.

O: Dicito, si tibi occurrit virtutes lapidum aliquo ingenio ponderari posse?

I: Puto, quod virtus magnetis ponderaretur, si posito in libra ferro in una parte et magnete in alia usque ad aequilibram, deinde amoto magnete tanti ponderis alio gravi in locum posito, magnes supra ferrum teneretur, ita quod ferrum in bilanca sursum ad magnetem moveretur, quo moto extra aequalitatem in alia parte pondus aggravaretur, quousque ferrum ad aequalitatem rediret magnete immoto remanente, puto, quod per pondus retrahens virtus magnetis proportionabiliter pondera dici posset. Similiter etiam virtus diamantis venaretur ex hoc, quod magnetem prohibere dicitur ne ferrum attrahat, et aliae aliorum lapidum virtutes suo modo, atque etiam ex diversitate magnitudinis corporum, cum in maiore corpore sit maior virtus.

O: Nonne etiam experiri posset artifex, quantum argenti vivi et quantum sulphuris contineat quodlibet metallum et similiter lapides?

I: Posset certe ex concordantia et differentia ponderum omnia talia propinque investigare. Et similiter elementa argenti vivi ex diversitate ponderis sui in aëre, in aqua et in oleo comparata ad aquam et oleum, et cineres eiusdem magnitudinis ponderatos; sic et de sulphure. Ita et per hoc ad omnium metallorum et lapidum elementa et pondus elementorum coniectura veriore pertingere posset.

O: Pulchra sunt ista; nonne et ita in herbis et lignis et carnibus et animalibus et humoribus?

I: In omnibus puto. Nam ponderato ligno et, illo exusto, cineribus ponderatis scitur quantum aquae fuit in ligno. Solum enim aqua et terra pondus grave habent. Scitur similiter ex diversitate ponderis ligni in aëre, aqua ac oleo quantum aqua illa, quae in ligno est, gravior aut levior est aqua fontis pura et sic quantum aëris. Ita ex diversitate ponderum cinerum quantum ignis. Et venantur sic elementa veriore coniectura, licet praecisio

R: Sag mir, ob es dir einfiel, die Kräfte der Steine durch irgendeine Methode zu messen?

L: Ich meine, daß man die Kraft eines Magneten messen könnte, wenn man auf die eine Seite der Waage ein Stück Eisen und auf die andere einen Magneten gibt, so daß Gleichgewicht herrscht. Daraufhin ersetzt man den Magneten mit einem anderen Gegenstand von gleichem Gewicht und hält ihn über das Eisen, so daß das Eisen, das bisher im Gleichgewicht war, sich zum Magneten hin bewegt. Durch diese Bewegung kommt die andere Waagschale aus dem Gleichgewicht und wird schwerer, bis das Eisen zum Gleichgewicht zurückkehrt, während der Magnet unbewegt verharrt. Dann meine ich, kann man mittels des Gewichtes, das die Wirkung des Magneten aufhebt, diese als dem Verhältnis nach gemessene betrachten. Ähnlich könnte die Kraft des Diamanten ermittelt werden, da er, wie man sagt, den Magneten daran hindert, das Eisen anzuziehen. Und man könnte die übrigen Eigenschaften aller anderen Steine je auf ihre Art ausfindig machen und auch auf Grund der Größenverschiedenheit der Körper feststellen, da in einem größeren Körper eine größere Kraft ist.

R: Könnte nicht auch ein kluger Mensch erfahren, wieviel Quecksilber und Schwefel jedes beliebige Metall und ebenso die Steine enthalten?

L: Gewiß könnte man auf Grund von Übereinstimmung und Verschiedenheit der Masse alles derartige angenähert erforschen. In ähnlicher Weise ließen sich Elemente des Quecksilbers auf Grund der Gewichtsverschiedenheit in Luft, Wasser und Öl, verglichen mit Wasser und Öl und als Asche der selben Größe gewogen, erforschen. Dasselbe gilt vom Schwefel. So könnte man mit dieser Methode zu den Elementen aller Metalle und Steine und zu den Gewichten aller Elemente in einer der Wahrheit sehr nahe kommenden Mutmaßung vordringen.

R: Das sind großartige Gedanken. Könnte man sie nicht auch so bei Gräsern und Hölzern, bei Fleisch, Tieren und Flüssigkeiten anwenden?

L: Bei allem, meine ich. Vergleicht man das Gewicht eines Holzstückchens mit dem Gewicht der Asche, die bleibt wenn es verbrannt worden ist, dann weiß man, wieviel Wasser im Holz gewesen ist. Denn nur Wasser und Erde haben Schwere. Ähnlich weiß man auf Grund der Gewichtsverschiedenheit des Holzes in Luft, Wasser und Öl, um wieviel jenes Wasser, das im Holz ist, schwerer oder leichter ist als das reine Wasser einer Quelle,

sit semper inattingibilis. Et uti de ligno dictum est, ita de herbis, carnibus et aliis.

O: Nullum purum dabile dicitur elementum. Quomodo hoc experimur per stateram?

I: Si quis positis centum libris terrae in testa colligeret ex herbis aut seminibus in terram proiectis prius ponderatis, successive centum libras et iterum terram ponderaret, in pauco ipsam in pondere reperiret diminutam. Ex quo haberet collectas herbas pondus ex aqua potius habere. Aquae igitur in terra ingrossatae terrestreitatem attraxerunt, et opera solis in herbam sunt condensatae. Si herbae illae incinerentur, nonne per coniecturam ex ponderum omnium diversitate attingeres, quantum terrae plus centum libris reperires, et illam aquam attulisse manifestum est? Convertuntur elementa unum in aliud per partes, uti experimur vitro in nive posito aërem in vitro in aquam condensari, quam in vitro fluidam reperimus. Sic experimur certam aquam in lapides verti, uti aqua in glaciem, et virtutem indurativam ac lapidificativam certis fontibus inesse, qui imposita indurant in lapidem. Ita dicitur aquam quandam Ungariae reperiri quae ob virtutem vitrioli, quae in ea est, vertit ferrum in cuprum. Ex talibus enim virtutibus constat aquas non esse pure elementales, sed elementatas. Et delectabile multum foret omnium talium aquarum variarum virtutum habere pondera, ut ex diversitate ponderum in aëre et oleo ad coniecturas virtutum appropinqaremus.

O: Sic et de terra?

I: Immo et de terra, quoniam una est ferax, alia sterilis, et in una reperiuntur lapides et minerae, quae non reperiuntur in alia. Terrarum igitur diversarum varia pondera in aqua, aëre et oleo scire multum utile foret ad secretam naturam perquirendam. Ita et ex vinorum, cerea, oleorum, gummarum, albuminum, squillarum, porrorum, alleorum et omnium talium ponderum

und ebenso als Luft. Ebenso weiß man aus der Gewichtsverschiedenheit der Asche, wieviel schwerer es ist als das Feuer. So erforscht man die Elemente in wahrer Mut-Maßung, auch wenn die Genauigkeit für immer unerreichbar bleibt. Und was über das Holz gesagt wurde, gilt auch von den Pflanzen, den Geweben und allem andern.

R: Man sagt, daß man kein reines Element herstellen kann. Wie erfahren wir dies mittels der Waage?

L: Hätte jemand hundert Pfund Erde in ein Tongefäß gegeben, dann Pflanzen und Samen hineingesetzt und darauf hundert Pfund von diesen gesammelt und gewogen, und würde nun die Erde wiederum wiegen, so würde er finden, daß sie sich nur wenig im Gewicht verändert hat. Daraus könnte er die Einsicht gewinnen, daß die gesammelten Pflanzen ihr Gewicht eher vom Wasser beziehen. Das in der Erde eingedickte Wasser zog die Erdhaftigkeit an und wurde durch die Einwirkung der Sonne zur Pflanze verdichtet. Würden jene Pflanzen verbrannt, so könnte man doch wohl mittels einer Mut-Maßung auf Grund aller Gewichtsunterschiede herausfinden, um wieviel mehr Erde man fände als hundert Pfund und es wäre offenbar, daß jenes Wasser dies herbeigeführt hat. Die Elemente werden schrittweise ineinander verwandelt. So erfahren wir, daß die Luft in einem in den Schnee gesteckten Glas sich zu Wasser verdichtet, das wir im Glas als Flüssigkeit vorfinden. Ebenso erfahren wir, daß gewisses Wasser in Steine verwandelt wird — wie zum Beispiel Wasser in Eis — und daß bestimmten Quellen eine verhärtende und steinbildende Kraft innewohnt, da sie etwas Eingetauchtes zu Stein verhärten. Man erzählt, daß es in Ungarn ein Wasser gibt, das ob der Kraft des Vitriols, das in ihm ist, Eisen in Kupfer verwandelt. Auf Grund dieser Eigenschaften steht fest, daß Wasser nicht reines Element ist, sondern etwas aus dem Element Hervorgegangenes. Es wäre sehr angenehm, die Gewichte der verschiedenen Eigenschaften all dieser Wässer zu besitzen, damit wir uns auf Grund der Gewichtsunterschiede in Luft und Öl zu Mutmaßungen über ihre Eigenschaften vortasten könnten.

R: Verhält es sich so auch mit der Erde?

L: Gewiß, da die eine Erdart fruchtbar, die andere unfruchtbar ist; in dem einen Boden finden sich Steine und Mineralien, die im andern nicht gefunden werden. Es wäre also sehr vorteilhaft, die verschiedenen Maße verschiedener Erdarten in Wasser, Luft und Öl zu kennen, um ihre verborgene Natur zu erforschen. Ebenso könnte man auch meiner Meinung nach auf Grund der

varietate virtutes, quae varie illis insunt, aliqualiter venari posse arbitror.

O: In maximo volumine ista vix conscriberentur.

I: Experimentalis scientia latas deposcit scripturas. Quanto enim plures fuerint, tanto infallibilius de experimentis ad artem, quae ex ipsis elicitur, posset deveniri.

O: Forte ad aëris pondus etiam aliquando per coniecturas subtiles ascenderetur?

I: Si quis in libra magna parte una appenderet multam lanam et siccam atque adustam et alia parte lapides usque ad aequilibram, in loco et aëre temperato, experiretur aëre ad humiditatem declinante pondus lanae crescere et aëre ad siccitatem tendente decrescere. Unde hic tali differentia aërem ponderaret atque verisimiles coniecturas de temporum mutatione faceret. Sic quis solis vigorem varium attingere cuperet variis climatibus, hic si de fertilioribus agris tam unius quam alterius climatis mille grana aut tritici aut hordei ponderaret, ex diversitate ponderum experiretur varium solis vigorem. Numero enim atque agro aeque fertili existente qui ad locum quaelibet existente differentia non nisi ex soli esse poterit; sic etiam differentia venari posset vigoris solis in loco montium et valium, in eadem linea orientis et occasus.

O: Nonne si quis ex alta turri lapidem cadere sineret, fluente ex stricto foramine aqua in pelvim aquam interim effluxam ponderando, et similiter ligno aequalis magnitudinis cadente idem fecerit, ex diversitate ponderum aquae, ligni et lapidis posset ad aëris pondus devenire?

I: Si quis in diversis aequalibus turribus et diversis temporibus hoc faceret, posset tandem ad coniecturam pertingere. Citius tamen ad aëris pondus pertingeret per figurarum varietatem in aequalitate gravedinis, ut, si libram plumbi in figura sphaerica de turri cadere sinerem, aquam ex clepsydra colligendo, et deinde libram similis plumbi in figura lata emitterem, similiter aquam colligendo, ex diversitate ponderum aquarum pondus aëris attingeretur. Experimur enim aves extensis alis fixius manere, quia

verschiedenen Gewichte von Wein, Wachs, Öl, Gummi, Eiweiß, Meerzwiebeln, Lauch, Knoblauch und allen derartigen Dingen die Eigenschaften, die unterschiedlich in diesen vorhanden sind, einigermaßen erforschen.

R: Dies könnte man selbst im größten Buch kaum aufzeichnen.

L: Erfahrungswissenschaft verlangt weitläufige Aufzeichnungen. Je mehr davon vorhanden sind, um so untrüglicher kann man von den Versuchen zur Wissenschaft gelangen, die aus jenen herausentwickelt wird.

R: Vielleicht könnte man durch Mutmaßungen irgendwann einmal zum Gewicht der Luft gelangen?

L: Würde man auf die eine Schale einer sehr großen Waage viele wirklich trockene Wolle legen und auf der anderen das Gleichgewicht mit Steinen herstellen, dann könnte man an einem Ort gemäßigter Temperatur die Erfahrung machen, daß das Gewicht der Wolle zunimmt, wenn Luft zur Feuchtigkeit hinneigt, und daß es abnimmt, wenn sie zur Trockenheit strebt. Mit Hilfe dieses Unterschieds könnte man die Luft wiegen und der Wahrheit nahe kommende Mut-Maßungen über Witterungsänderungen anstellen. Wollte jemand die verschiedene Sonnenstärke der verschiedenen Klimazonen messen, so könnte er dies auf Grund der Gewichtsunterschiede erfahren; würde er von den fruchtbarsten Feldern der einen wie der andern Klimazone tausend Körner Weizen oder Gerste wiegen und stünde ihre Zahl nach Feld und Fruchtbarkeit gleicherweise fest, dann könnte jede Verschiedenheit bezüglich des Standortes nur von der Sonne herrühren. Ebenso könnte man die Unterschiede der Sonnenkraft an Berg und Tal auf dem gleichen Breitengrad ausfindig machen.

R: Ließe man von einem hohen Turm einen Stein fallen, während aus einer engen Öffnung Wasser in ein Gefäß flösse und würde man das in der Zwischenzeit ausgeflossene Wasser wiegen und mit einem Holz gleicher Größe dasselbe tun, könnte man dann nicht auf Grund der Gewichtsunterschiede von Wasser, Stein und Holz zum Gewicht der Luft gelangen?

L: Wenn jemand dies an verschiedenen, gleichhohen Türmen und zu verschiedenen Zeiten täte, könnte er zu guterletzt zu einer Mut-Maßung gelangen. Doch käme er eher zum Gewicht der Luft mit Hilfe verschiedener Figuren, die gleich schwer sind. Ließe er ein Pfund Blei als Kugel von einem Turm fallen, während er das aus der Wasseruhr fließende Wasser sammelt, und ließe er dieselbe Menge Blei wiederum in einer flachen Gestalt fallen, während er in ähnlicher Weise das Wasser sammelt, dann könnte

plus de aëre occupant, sicut et in aqua citius descendit grave conpactum in sphaeram quam in quadrum extensum. Et sicut tali ingenio aëris pondus, ita et aquae venari posset atque e converso figurarum varia capacitas.

O: Audivi quodam ingenio maris profunditatem venari.

I: Cum plumbo fieret formato ad instar lunae octo dierum, ita tamen, quod cornu unum sit ponderosius et aliud levius, et in leviori pomum aut aliud leve tali ingenio appendatur, quod plumbo in fundum pomum trahente et primo cum ponderosiori parte terram tangente et se sic successive inclinante pomum de cornu liberatum sursum revertatur, habita scientia per simile plumbum et ponum in alia aqua notae profunditatis. Nam ex diversitate ponderis aquae ex clepsydra a tempore proiectionis plumbi et reversionis pomi in diversis aquis scitur quaesitum.

O: Credo tali et aliis modis profunditatem aquarum investigari posse. Sed dicito: nonne etiam velocitas motus navis conici sic poterit?

I: Ut quo modo?

O: Scilicet per proiectionem pomi in aquam ex prora et fluxum aquae ex clepsedra, quousque pomum ad puppim pervenerit, atque comparatione ponderum aquae uno et alio tempore.

I: Immo illo aut alio modo, scilicet per ballistrationem et accessum navis ad sagittam citius et tardius cum aqua clepsedrae.

O: Etiam vis arcuum et ballistarum videtur proportionabiliter inquiri posse per fluxum aquae ex clepsydra ab eo puncto

er auf Grund der Gewichtsunterschiede des Wassers das Gewicht der Luft bekommen. Wir machen ja die Erfahrung, daß Vögel mit ausgestreckten Schwingen fast stehen, da sie mehr Luft verdrängen, ähnlich wie auch im Wasser etwas Schweres, das zu einer Kugel gepreßt ist, schneller sinkt als wenn es zu einem Würfel gedehnt wurde. Und so wie man nach dieser Methode das Gewicht der Luft finden könnte, so könnte man auch das des Wassers finden und umgekehrt die verschiedenen Inhalte der Figuren studieren.

R: Ich habe von einer bestimmten Methode gehört, nach der man die Tiefe des Meeres erforscht.

L: Dies geschieht mit einem Stück Blei, das so geformt ist, wie die Mondsichel am achten Tag, jedoch in der Weise, daß das eine Horn schwerer und das andere leichter ist. Am leichteren Horn wird ein Apfel oder sonst etwas Leichtes befestigt, so daß dieser sich, wenn das Blei den Apfel in die Tiefe zieht und mit der schweren Seite den Grund zuerst berührt und sich nach und nach neigt, vom Horn löst und zur Oberfläche zurückkehrt. Man muß dabei aber wissen, wie sich dasselbe Blei und der selbe Apfel in einem andern Gewässer von bekannter Tiefe verhält. Auf Grund der Gewichtsunterschiede des zur Zeit des fallenden Bleies und rückkehrenden Apfels aus der Wasseruhr rinnenden Wassers kann die gesuchte Wassertiefe bei den verschiedenen Gewässern herausgefunden werden.

R: Ich glaube, daß nach dieser und andern Weisen die Tiefe der Gewässer erforscht werden kann. Doch sage, könnte nicht auch die Fahrgeschwindigkeit des Schiffes auf diese Weise gemutmaßt werden?

L: Wie meinst du das?

R: Man wirft einen Apfel am Bug ins Wasser und mißt den Wasserausfluß aus der Wasseruhr solange, bis der Apfel am Heck angekommen ist. Durch Vergleich der Wassermengen zu der einen und zu der anderen Zeit findet man dann die Geschwindigkeit.

L: Gewiß geht es mit dieser oder einer anderen Methode; z. B. daß man einen Pfeil abschießt und je nach der längeren oder kürzeren Annäherungszeit des Schiffes zum Pfeil die Geschwindigkeit mit Hilfe des Wasser, das aus der Uhr geflossen ist, feststellt.

R: Auch die Kraft der Bogen und der Wurfgeschosse scheint man dem Verhältnis nach mittels der aus der Uhr fließenden Wasser-

temporis, quo sagitta diametraliter sursum mittitur et revertitur ad terram, ita quod in diversis ballistis aequalis sit sagita.

I: Vis ballistarum, bombardarum, immo et ventorum, sic et cursuum hominum et animalium atque virium, et quidquid simile dici potest, coniecturaliter ex staticis experimentis atque fluxu aquae ex clepsydra poterit investigari.

O: Quomodo fortitudo hominis scitur?

I: Videbis, quantum ponderis in bilanca una positi homo per attractionem alterius vacuae bilanca ad aequalitatem levare possit. Deinde huius hominis pondus de pondere elevato defalcabis. Quod superest ex gravedine rei, fortitudini hominis proportionatur.

O: Sic etiam spiritus hominis ponderari possit.

I: Aliud est pondus hominis attrahentis et tenentis anhelitum, aliud expirantis, et aliud vivi et aliud mortui, et sic in omnibus animalibus. Unde pulchrum esset has differentias habere annotatas in diversis animalibus et diversis hominibus et diversis hominum aetatibus, ut ad pondus spirituum vitalium coniectura ascendere posset.

O: Nonne calor et frigus et siccitas et humiditas temporis posset tali modo venari?

I: Posset certe! Nam si notaveris pondus aquae tempore gelu ante congelationem et post, varium reperies. Glacies enim cum videas supra aquam natare, scis eas aqua leviores. Unde secundum frigoris intensitatem maior est ponderis variatio. Sic etiam, si tempore caloris aquam exposueris aëri, pondus secundum tempus variatur. Aut si lignum viride ponderaveris et post tempus aliquod eius pondus mutatum reperiris, cognosces ex hoc frigoris et caloris excessum; sic et humiditatis et siccitatis.

O: Nonne et tempus diei ponderari sic possit?

I: Si aquam ex clepsydra ab ortu ad ortum solis ceperis et ponderaveris et iterum fluere alia die ab ortu feceris, ex pro-

menge erforschen zu können; diese mißt man von dem Zeitpunkt an, da der Pfeil senkrecht hochgeschossen wird, bis zu dem Punkt, da er zur Erde zurückkehrt, wobei aber jeweils der selbe Pfeil in den verschiedenen Wurfgeschossen gebraucht werden muß.

L: Man kann die Kraft der Geschosse, der Bombarden und sogar der Winde, ferner die Schnelligkeit von laufenden Menschen und Tieren, ihre Kraft und was man sonst noch Ähnliches nennen kann, mut-maßlich auf Grund von Messungen und des aus der Wasseruhr fließenden Wassers erforschen.

R: Wie kann man etwas über die Stärke des Menschen wissen?

L: Je nachdem wie viel Gewicht, das auf der einen Waagschale liegt von einem Menschen ins Gleichgewicht gebracht werden kann, wenn er die andere leere Schale zu sich herabzieht. Alsdann muß man das Eigengewicht dieses Menschen vom emporgehobenen Gewicht abziehen und was vom Gewicht des Gewogenen übrig bleibt, entspricht der Stärke des Menschen.

R: Ebenso könnte auch der Atem eines Menschen gewogen werden.

L: Ein anderes Gewicht hat ein Mensch, der den Atem anhält, ein anderes der, der ausgeatmet hat. Anders ist das Gewicht des Lebendigen, anders das des Toten. Und so verhält es sich bei allen Lebewesen. Es wäre daher schön, all diese Unterschiede bei den verschiedenen Lebewesen und Menschen und bei den verschiedenen Lebensabschnitten des Menschen verzeichnet zu haben, damit man so zu einer Mut-Maßung über das Gewicht des Lebensgeistes gelangen kann.

R: Könnten auf diese Weise nicht auch Wärme und Kälte, Trockenheit und Feuchtigkeit des Wetters ausfindig gemacht werden?

L: Gewiß. Hielte man das Gewicht des Wassers vor und nach dem Gefrieren fest, so würde man ein verschiedenes Ergebnis finden. Da man nämlich das Eis auf dem Wasser schwimmen sieht, weiß man, daß es leichter ist. Demnach gibt es verschiedenes Gewicht je nach der Stärke der Kälte. Ebenso ändert sich das Gewicht des Wassers, wenn man es in der Zeit der Hitze der Luft aussetzt, dieser Wärme entsprechend. Hätte man grünes Holz gewogen und fände nach einiger Zeit sein Gewicht verändert, könnte man daran Ausmaß von Kalt und Warm erkennen. Ebenso ist es auch mit Feuchtigkeit und Trockenheit.

R: Könnte so nicht auch die Tageszeit gemessen werden?

L: Nähme man das Wasser, das von Sonnenaufgang bis Sonnenaufgang aus der Wasseruhr fließt und mäße es und ließe es am

portione ponderis effluxae aquae ad primum pondus horam et tempus diei scire poteris.

O: Forte et temporis anni?

I: Immo, si per annum ab ortu ad occasum per clepsydram omnium dierum notam signaveris, poteris semper et diem mensis et horam diei coniecturaliter statera attingere, licet diebus illis, quando parva est brevitatis earundem variato, minus certe quam aliis.

O: Video tali ingenio usque ad motum corporum caelestium pertingi posse, uti Nemroth fecisse et Hipparchum scripsisse fertur.

I: Recte ais, licet tunc opus sit diligenti ratiocinatione. Nam si quis in linea meridionali stella fixa notata ex clepsydra aquam usque ad stellae reditum colligeret faceretque similiter de sole ab ortu ad ortum, hic motum solis ad orientem ex diversitate minoritatis ponderis aquae; motus stellae de linea meridiana usque ad reditum ad eandem, et motus solis de ortu ad ortum reperiret. Nam quantum minor foret, tantum in comparatione ad pondus totius motus foret in ordine ad circulum aequinoctialem, non zodiacum, qui super polos mundi non est descriptus, sed suos. Sic si quis per eandem stellam experiri vellet, quantum sol motus foret in quindecim diebus, hoc eodem modo ex varia distantia ortus solis in ordine ad situm stellae in linea meridiana facere posset. Puta si hodie distantia situs stellae in linea ab ortu solis in clepsydra reperitur in proportione aliqua ad pondus aquae totius revolutionis stellae, et iterum in quindecim diebus alia proportio ex diversitate motus reperiretur et semper in aequinoctiali.

O: Potestne per hanc viam motus in zodiaco reperiri?

andern Tag wiederum von Sonnenaufgang an fließen, dann könnte man auf Grund des Gewichtsverhältnisses vom ausgeflossenen Wassers zu dem des ersten Tages Stunde und Zeit dieses Tages feststellen.

R: Vielleicht sogar die Jahreszeit?

L: Gewiß. Hätte man während des Jahres mittels der Wasseruhr die Länge aller Tage von Sonnenaufgang bis Untergang verzeichnet, könnte man mit der Waage stets den Monatstag und die Tagesstunde mut-maßlich errechnen, auch wenn man bei jenen Tagen ,deren Schwankungen klein sind, weniger sicher wäre als bei andern.

R: Ich sehe, daß man mit solchen Überlegungen bis zur Bewegung der Himmelskörper vordringen kann, wie es Nimrod getan und Hipparch beschrieben haben soll.

L: Ganz richtig. Man bedarf hier jedoch sorgfältiger Schlußfolgerungen. Würde man auf der Mittagslinie einen Stern festhalten und bis zur Rückkehr des Sternes das Wasser aus der Uhr sammeln und täte man dasselbe bei der Sonne während der Zeit von Aufgang zu Aufgang, könnte man auf Grund des Wassermengenunterschiedes die Bewegung der Sonne nach Osten erfahren. Ebenso würde man die Bewegungen des Sternes von der Mittagslinie bis zur Rückkehr zu derselben und die der Sonne von Aufgang zu Aufgang heraus finden. Denn je geringer der Unterschied wäre, um so geringer wäre auch die Bewegung im Vergleich zum genannten Gewicht, dem die Bewegung in der Hinordnung zum Himmelsäquator entspricht, allerdings nicht zum Zodiakus, der nicht über die Pole der Welt beschrieben ist, sondern über seine eigenen. Wollte jemand mittels des selben Sternes erfahren, wie groß die Bewegung der Sonne während 15 Tagen ist, dann könnte er das in der selben Weise auf Grund unterschiedlichen Abstandes von Sonnenaufgang zur Stellung des Sternes auf der Mittagslinie tun. Wenn man z. B. heute die Entfernung der Sternstellung auf der Mittagslinie von der Stellung der Sonne bei Sonnenaufgang nach irgendeinem Verhältnis zu der Wassermenge einer ganzen Sternumdrehung mit der Wasseruhr feststellt, und in 15 Tagen wieder ein anderes Verhältnis findet, dann kann auf Grund des Unterschiedes die Bewegung errechnet werden, wobei dies stets in bezug auf den Himmelsäquator getan wird.

R: Kann man nicht auf diesem Weg die Bewegung im Zodiakus herausfinden?

I: Potest certe per motum solis de meridie ad meridiem, et de oriente ad orientem, et de oriente ad occasum. Ex illis enim differentiis declinatio zodiaci ab aequinoctiali attingeretur.

O: Quid de varietate motus, qui ex eccentrico dicitur evenire?

I: Et ille quidem reperietur, quando per annum inaequalitas in zodiaco in aequalibus diebus reperietur. Non enim in aequali dierum numero sol de aequinoctiali per aestatem motus ad aequinoctialem redit, sicut in hieme, ubi citius. Nam non tot diebus inveniretur de libra ad arietem, sicut de ariete ad libram peragrasse. Ex qua differentia pateret excentricicus sive parvus circulus differentiae motus.

O: Quid de magnitudine corporis solis?

I: Ex pondere aquae fluentis clepsydrae ab inito ortus solis in aequinoctiali, quousque totus sit super horizontem, in habitudine ad aquam revolutionis stellae scitur propinqua habitudo magnitudinis corporis solis ad sphaeram suam. Potest tamen alia via eius quantitas venari in eclipsibus solaribus.

O: Quomodo?

I: Motum lunae experimur modo quo solis. Deinde ex eclipsi et motu eius per umbram terrae venamur magnitudinem lunae in ordine ad terrae umbram variam. Ex quibus mediam conicimus proportionem esse magnitudinis eius ad terram. Deinde ex motu lunae et eclipsatione solis venamur solis a terra distantiam et magnitudinem subtili igenio, coniecturaliter tamen.

O: Per ea, quae narrasti, videtur, quod omnes motuum diversitates atque eclipses luminarium, immo omnium planetarum progressiones, stationes, retrogradationes, directiones eccentricitatesque attingere posses eodem et unico ingenio staterae et clepsydrae.

I: Ita et tu facies, si subtiliter differentias colligere satagis.

O: Quid de iudiciis astrorum?

I: Puto et ex varietate ponderum aquae unius et alterius anni et certis aliis differentiis ponderum lignorum et herbarum atque granorum frumenti posse conicere futuram fertilitatem aut cari-

L: Man kann es gewiß, und zwar mittels der Sonnenbewegung von Mittag zu Mittag, von Osten nach Osten und von Osten nach Westen. Auf Grund dieser Unterschiede kann die Abweichung des Tierkreises vom Himmelsäquator erfaßt werden.

R: Was ist über die Bewegungsunterschiede zu sagen, die von der exzentrischen Bewegung herrühren sollen?

L: Man würde sie finden, wenn man über ein Jahr hin die Ungleichheit im Tierkreis an gleichen Tagen fände. Denn während des Sommers bewegt sich die Sonne nicht in derselben Zahl von Tagen von Nachtgleiche zu Nachtgleiche wie im Winter, wo sie schneller ist. Man zählt nämlich nicht soviel Tage von der Waage bis zum Widder wie vom Widder zur Waage. Auf Grund dieses Unterschiedes wird die Exzentrik, bzw. der kleine Kreis unterschiedlicher Bewegung offenkundig.

R: Was wissen wir über die Größe des Sonnenkörpers?

L: Von dem Gewicht einer Wassermenge einer Wasseruhr, die bei Nachtgleiche von Sonnenaufgang an solange fließt, bis die Sonne ganz über dem Horizont steht, kann man im Verhältnis zur Wassermenge einer Sternumdrehung zur Kenntnis eines ungefähren Verhältnisses des Sonnenkörpers zu seiner Sphäre gelangen. Bei den Sonnenfinsternissen kann man jedoch auf eine andere Weise ihre Größe herausbekommen.

R: Wie?

L: Die Bewegung des Mondes erfahren wir ähnlich wie die der Sonne. Folglich gelangen wir von der Mondfinsternis und seiner Bewegung durch den Erdschatten zur Größe des Mondes in Bezug auf den anderen Schatten der Erde. Daraus mut-maßen wir, daß er in einem mittleren Verhältnis zur Größe der Erde steht. Daraufhin erforschen wir aus der Bewegung des Mondes und der Sonnenfinsternis den Abstand der Sonne von der Erde und erhalten durch gründliche Überlegung ihre Größe, jedoch in mutmaßlicher Weise.

R: Nach dem, was du ausgeführt hast, scheint es, daß man alle Bewegungsunterschiede, Mondfinsternisse, ja sogar die Fortbewegung der Planeten, ihren Stillstand, ihre Rückwärtsbewegung, Richtung und Exzentrik nach ein und der selben Methode von Waage und Wasseruhr erfassen kann.

L: Das sollst auch du tun, wenn du die Unterschiede gründlich aufzeichnen willst.

R: Wie verhält es sich mit den Einflüssen der Sterne?

L: Ich bin der Meinung, daß man auf Grund verschiedener Wassermengen in dem einen und dem andern Jahr und gewisser anderer Gewichtsunterschiede von Holz und Gras und Getreide-

stiam ex praeteritis experimentis citius quam ex motu astrorum. Nam si in Martio pondus reperitur in certo gradu aquae et aëris atque lignorum ex terra sequitur fertilitas; si secus, sterilitas aut mediocritas. Sic de bellis, peste et similibus omnibus communibus. Et haec radix est, ubi de his secundis stellis iudicium stellarum venamur, uti ex medullarum in animalibus, piscibus, cancris, arboribus et iuncis lunae aetatem et per fluxum maris eius situm venamur.

O: Audivi ex Nili inundatione et defectu Aegyptios anni dispositionem praevidere.

I: Nulla est regio, quin, si [quis] adverteret, consimilia iudicia reperiret, quemadmodum ex pinguedine piscium et reptilium in principio hiemis frigus magnum et duraturum conicimus, contra quod natura sagax in animalibus praevidit.

O: Quid de quaestionibus, quae fiunt astrologis, an ne tuo ingenio reperiri posset aequa ad omnes responsio?

I: Etsi non aequa [semper], posset tamen puto fieri aliqua. Quomodo autem coniectura fieri posset ad interrogata, inquisitione magna indiget. Nec est conveniens modus libris inscribi licet fortassis respondens pondus responsionis non possit colligere nisi ex pondere interrogationis. Incitatio etenim quaestionem moventis ad interrogandum ex praevisione aliqua futuri eventus mota esse videtur, licet unde motus sit non videat, sicut in oculo aliquid sentit quod non videt, investigat ab alio, ut videat quid desit.

O: Arbitror te dicere velle quemadmodum in rota Pythagorica ex varia combinatione nominis interrogantis, matris, horae diei ac luminis lunae traditur modus responsa venandi, aut sicut vates ex sortibus aut lectione casuali librorum Sibyllinorum aut psalterii aut domibus caeli vel geomanticis figuris aut avium garritu seu flammae ignis flexione aut relatione tertii aut aliquo alio casuali interventu iudicium sumendum.

körnern zukünftige Fruchtbarkeit oder Dürre schneller nach vorausgegangenen Versuchen mut-maßen kann denn auf Grund der Sternbewegungen. Findet sich im März ein bestimmtes Maß an Wasser in Luft und Holz, dann folgt eine fruchtbare Ernte. Ist es nicht der Fall, folgt Unfruchtbarkeit oder ein mittelmäßiges Jahr. Ebenso verhält es sich mit Kriegen, Seuchen und ähnlichen Dingen. Und diese Überlegung ist bestimmend, wenn wir das Urteil der Sterne aus ihrer günstigen Lage erforschen; so wie wir aus dem Mark der Tiere, der Fische, Krebse, Bäume und Binsen die Mondphasen und durch die Gezeiten des Meeres seine Stellung erforschen.

R: Ich habe gehört, daß die Ägypter aus Überschwemmung und Rückgang des Nils das Wetter des Jahres voraussahen.

L: Es gibt kein Land, wo man nicht, sofern man darauf achtet, ähnliche Zeichen findet. So mut-maßen wir z. B. auf Grund der Fettigkeit von Fischen und Reptilien zu Beginn des Winters eine starke und langandauernde Kälte, gegen welche sich die weise Natur in den Lebewesen vorsah.

R: Was sollen wir von den Fragen halten, die bei den Astrologen auftauchen: kann man nicht mit deinen Überlegungen zu allem eine befriedigende Antwort finden?

L: Wenn man auch nicht immer eine befriedigende Antwort findet, so meine ich dennoch, daß man irgendeine finden kann. Um aber eine Mut-Maßung hinsichtlich des Gefragten zu bilden, bedarf es sorgfältiger Forschung. Es genügt nicht, sie den Büchern anzuvertrauen, auch wenn vielleicht der Antwortende die Bedeutung der Antwort nicht anders erfassen kann als aus der Bedeutung der Frage. Der Antrieb des Fragenden, die Frage zu stellen, scheint nämlich aus einer Art Voraussicht des zukünftigen Ereignisses zu kommen, auch wenn man nicht weiß, woher diese Bewegung kommt; ähnlich wie jemand, der etwas im Auge fühlt, das er nicht sieht, einen andern bittet, nachzusehen, was es sei.

R: Ich glaube, daß du sagen willst: wie man nach der Überlieferung bei der pythagoräischen Scheibe auf Grund verschiedener Kombination von Name des Fragenden, Mutter, Tagesstunde und Mondlicht einen Modus für die Antworten finden kann, oder wie der Wahrsager durch Los oder zufälliges Lesen der Sibyllinischen Bücher oder des Psalters oder aus den Häusern des Himmels oder den geomantischen Figuren, dem Geschnarr der Vögel oder dem Flackern der Feuerflamme oder der Beziehung auf ein Drittes oder sonst irgendeines zufälligen Ereignisses liest, so muß man das Urteil fällen.

I: Fuerunt, qui ex collocutione, quam cum interrogante habebant, in referendis novis de patriae dispositione venabantur indirecte responsionem, quasi spiritus impulsivus se in colloquiis longioribus manifestaret. Si enim ad tristia vergebant colloquia, talis putabatur rei eventus, si ad laeta, laetus. Ego autem ad faciem, vestes, motum oculorum, formam verborum atque ponderum, sortem rerum, quas iubeo interrogantem iteratis ad me deferri vicibus attendens coiecturas formari posse coniciebam, praecisiores tamen ab illo, cui quid verius inpraemeditate incidit, in quo praesagus quidam spiritus loqui videtur. Arbitror tamen, nec in illa re artem possibilem, nec habentem iudicium communicare posse, nec sapientem circa ista vacare debere.

O: Optime ais. Refert[1] enim Sanctus Augustinus hominem bibulum suo tempore fuisse, cui mentium patebant cogitationes et fures detegebat et alia abscondita patefecit miro modo, licet levissimus foret et minime sapiens.

I: Scio me saepe multa praedixisse, uti spiritus dedit, et causam penitus ignorabam. Tandem visum est mihi gravi viro non licere absque causa loqui, et amplius silui.

O: Postquam satis de his astrorum motibus dictum videtur, de musicis etiam adicito.

I: Ad musicam statica experimenta utilissima sunt. Nam ex diversitate ponderum campanarum duarum tonum consonantium scitur, in qua harmonica proportione tonus consistat. Sic de fistularum pondere ac aquarum fistulas implentium scitur proportio diapason, diapente ac diatessaron atque omnium harmoniarum qualitercumque formabilium. Similiter ex pondere malleorum, ex quorum casu super incudem aliqua oritur harmonia, ac guttarum de rupe in stagnum stillantium varias notas facientium et tibiarum ac omnium instrumentorum musicalium ratio praecisius statera attingitur.

O: Sic et vocum et cantilenarum.

[1] Augustinus, De civ. Dei XXI, 6.

L: Es gab Leute, die aus dem Gespräch, das sie mit einem Partner hatten, beim Berichten der Neuigkeiten über die Lage des Vaterlandes indirekt die Antwort fanden, so als ob sich ein vorwärtsdrängender Geist in längeren Gesprächen offenbarte. Kehren sich nämlich die Gespräche traurigen Dingen zu, glaubt man an ein Ereignis dieser Art, kehren sie sich angenehmen Dingen zu, glaubt man an einen freudigen Ausgang. Ich mut-maßte, daß ich, während ich auf Gesicht, Kleider, Augen, die Art und Weise von Worten und ihre Bedeutung achtete, über den Ausgang der Dinge, die ich vom Gesprächspartner zu wiederholten Malen berichtet haben wollte, Mut-Maßungen bilden könnte; genauere jedoch bei jemanden, dem etwas Wahres unmittelbar einfiel, in dem gleichsam ein vor-wissender Geist zu sprechen schien. Ich bin jedoch der Meinung, daß in dieser Angelegenheit keine Wissenschaft möglich ist, noch daß man ein mitteilbares Urteil fällen kann, noch daß der Weise damit seine Zeit verbringen soll.

R: Sehr gut. Der heilige Augustinus berichtet, daß es zu seiner Zeit einen Trunkenbold gegeben habe, dem die Gedanken der Leute offen zu Tage lagen, der Diebe entdeckte und andere verborgene Dinge auf wunderbare Art offenbarte, obgleich er sehr oberflächlich und keineswegs weise war.

L: Ich weiß, daß ich selbst oft viele Dinge vorausgesagt habe, wie sie mir der Geist eingab, jedoch den Grund dafür ganz und gar nicht wußte. Schließlich schien es mir, daß es einem erwachsenen Menschen nicht zusteht, ohne hinreichenden Grund zu reden. So habe ich schließlich geschwiegen.

R: Nachdem mir genügend über die Bewegung der Sterne gesagt zu sein scheint, füge auch etwas über die Musik bei.

L: Experimente mit der Waage sind sehr nützlich für die Musik. Auf Grund der Gewichtsunterschiede zweier zusammenklingender Glocken weiß man, in welchem Harmonieverhältnis der Ton besteht. Ebenso kennt man durch das Gewicht von Orgelpfeifen und dem Wasser, das sie füllt, das musikalische Verhältnis von Oktav, Quint und Quart und von allen andern Harmonien, die man nur bilden kann. Ebenso kann auf Grund des Gewichtes von Hämmern, durch deren Fall auf den Amboß eine Harmonie entsteht, von Tropfen, die von der Höhlendecke ins Wasser fallen und verschiedene Töne bilden, von Flöten und allen Musikinstrumenten das Tonverhältnis durch Messen sehr genau erreicht werden.

R: Ebenso verhält es sich mit Stimmen und Melodien.

I: Immo generaliter omnes harmonicae concordantiae per pondera subtilissime investigantur. Immo pondus rei est proprie harmonica proportio ex varia combinatione diversorum exorta. Immo amicitiae et inimicitiae animalium et hominum eiusdem speciei ac mores, et quidquid tale ex harmonicis concordantiis et ex contrariis dissonantiis ponderatur. Sic et sanitas hominis harmonia ponderatur atque infirmitas; immo levitas et gravitas, prudentia et simplicitas et multa talia, si subtiliter advertis.

O: Quid censes de geometria?

I: Arbitror proportiones propinquas circuli et quadrati et alia omnia, quae ad differentiam capacitatis figurarum spectant, aptius per pondera quam aliter experiri posse. Nam si feceris vas columnare notae diametri et altitudinis et aliud cubicum eiusdem diametri et altitudinis et utrumque aqua impleveris et ponderaveris, nota tibi erit ex diversitate ponderum inscripti quadrati ad circulum, cui inscribitur, proportio, et per hoc propinqua coniectura circuli quadratura, et quidquid circa hoc scire cupis. Sic si duas receperis laminas penitus aequales, et unam in orbem flexeris vas columnare efficiendo, et aliam in quadratum vas cubicum constituendo, et aqua vasa ipsa impleveris, scies ex differentia ponderum differentiam capacitatis circuli et quadrati aequalis peripheriae. Ita si plures tales laminas habueris, poteris in trigono, pentagono, hexagono et ita deinceps capacitatis differentias investigare. Similiter pondere pervenire poteris ad artem capacitatum vasorum qualiumcumque figurarum ac ad instrumenta mensurandi et ponderandi, quomodo staterae fiant, quomodo una libra elevet mille per distantiam a centro et varium discensum rectiorem et curviorem, ac quomodo omnia subtilia navium ingenia ac machinarum fieri debeant. Unde arbitror hanc staticam experientiam ad omnia geometrica perutilem esse.

O: Satis nunc explanasti causas, cur rerum pondera optas per stateram capi et seriatim et multipliciter conscribi. Namque videtur librum illum ultilissimum futurum ac apud magnos sollicitandum esse, ut in diversis provinciis consignentur et compor-

L: Ganz allgemein können alle harmonischen Zusammenklänge mit Hilfe der Gewichte sehr gründlich erforscht werden. Das Maßverhältnis eines Dinges ist eigentlich ein harmonisches Verhältnis, das aus verschiedenen Kombinationen verschiedener Dinge entstanden ist. Zuneigung und Abneigung von Tieren und Menschen der selben Eigengestalt, Sitten und dergleichen mehr, wird nach dem harmonischen Zusammenklang und der gegensätzlichen Dissonanz bewertet. Ebenso kann auch die Gesundheit und Krankheit des Menschen nach der Harmonie bemessen werden und Oberflächlichkeit und Gesetztheit, Klugheit und Einfalt und vieles derartige, sofern man nur genau hinschaut.

R: Was hältst du von der Geometrie?

L: Ich meine, daß man die angenäherten Verhältnisse von Kreis und Quadrat und alles andere, das sich auf den Inhaltsunterschied von Figuren bezieht, besser durch Messungen denn anderswie erfahren kann. Stellt man einen Zylinder her mit bestimmtem Durchmesser und bestimmter Höhe und einen Würfel mit dem selben Durchmesser und der selben Höhe, und füllte beide mit Wasser und wiegt es, dann wird einem auf Grund der Gewichtsunterschiede das Verhältnis vom eingeschriebenen Quadrat zum Kreis, dem es eingeschrieben ist, bekannt und durch diese angenäherte Mut-Maßungen die Quadratur des Kreises und was immer man diesbezüglich wissen möchte, vermittelt. Nimmt man zwei völlig gleiche Platten und biegt man die eine rund, so daß ein Zylinder entsteht, während man die andere zu einem Kubus formt, und füllt man beide mit Wasser, dann weiß man ebenso auf Grund der Gewichtsunterschiede die Fassungsdifferenz von Kreis und Quadrat mit desselben Umfang. Hat man viele solcher Platten, so kann man den Fassungsunterschied bei Dreieck, Fünfeck, Sechseck usw. erforschen. Ähnlich könnte man mittels Gewichtsmessungen zur Kunst gelangen, die Aufnahmefähigkeit von Gefäßen jeder beliebigen Gestalt festzustellen und auch zu den Instrumenten des Messens und Wiegens; wie Waagen entstehen, wie ein Pfund infolge seines Abstandes vom Mittelpunkt der Waage tausend andere hochhebt, und des verschiedenen, geraderen oder gekrümmteren Abstiegs, und wie alle guten Pläne von Schiffen und Maschinen entworfen werden müssen. Ich glaube also, daß diese messende Erfahrung für alle geometrischen Fragen überaus nützlich ist.

R: Du hast nun zur Genüge die Gründe dargelegt, warum du möchtest, daß das Maß der Dinge mittels der Waage erfaßt und der Reihe nach und in vielerlei Beziehungen aufgezeichnet werde. Daher scheint mir, daß ein derartiges Buch sehr nutzbrin-

tentur in unum, ut ad multa nobis abscondita facilius perducamur. Egoque non cessabo undique ut fiat promovere.

I: Si me amas, diligens esto et vale![1]

[1] Cod. Cus.: Deo gratias. — In Fabriani 13. Septembris Nicolaus Cardinalis S. Petri etc.

gend sein wird und daß man bedeutenden Männern empfehlen sollte, die Mess-Ergebnisse in den verschiedenen Ländern aufzuzeichnen und in einem Buch zusammenzutragen, damit wir leichter zu vielen Dingen gelangen, die uns jetzt noch verborgen sind. Ich selbst werde nicht nachlassen, allenthalben zu fördern, daß dies geschieht.

L: So du mich gern hast, sei eifrig und leb wohl.

COMPLEMENTUM THEOLOGICUM

THEOLOGISCHE ERGÄNZUNG

COMPLEMENTUM THEOLOGICUM FIGURATUM IN COMPLEMENTIS MATHEMATICIS NICOLAI DE CUSA CARDINALIS

I.

Scripseram proxime de mathematicis complementis ad pontificem nostrum Nicolaum V., dignissimum atque doctissimum papam. Visum autem est mihi non decere opusculum illud promulgari, quasi de mathematicis in meo ordine ac tanta aetate mihi licuerit ad ecclesiae rectorem scribere nisi adiciam[1] illius utilitatem transcendenter in theologicis figuris.

Conabor igitur libelli illius figuras theologicales efficere, ut quantum Deus dederit, mentali visu intueamur, quomodo in speculo mathematico verum illud, quod per omne scibile quaeritur reluceat non modo remota similitudine, sed fulgida quadam propinquitate.

Oportet autem, ut iste libellus annexus sit illi[2], si quae dixero intelligi debent, cum istud complementum ex mathematicis eliciatur.

Necesse est etiam volentem fructum ex hoc assequi, ut potius ad intentionem quam ad verba attendat. Nam theologicalia ista oculo mentis melius videbuntur quam verbis exprimi queant.

II.

Nemo ignorat in ipsis mathematicis veritatem certius attingi quam in aliis liberalibus artibus. Atque ideo [eos], qui ipsam geometricam degustant disciplinam in admirabili amore ipsi adhaerere videmus, quasi pabulum quoddam vitae intellectualis ibi purius atque simplicius contineatur.

Non enim curat geometer de lineis aut figuris aeneis aut aureis

---

[1] Zur näheren Beschreibung dieser Schrift vgl. MFCG 7, 1967.
[2] Statt dessen vgl. De docta ign. I, 12, Schr. I, p. 232ff.

THEOLOGISCHE ERGÄNZUNG DARGESTELLT IN MATHEMATISCHER ERGÄNZUNG

I.

Ich habe kürzlich für Papst Nikolaus V., unsern würdigen und gelehrten Pontifex, ein Werk über mathematische Ergänzungen zum Abschluß gebracht. Es schien mir nun, daß es nicht angebracht sei, dieses Werkchen zu veröffentlichen, ohne etwas über seinen Nutzen, den es in übertragener Weise für theologische Darstellungen besitzt, hinzuzufügen; — so als hätte ich in meinem Beruf und in meinem schon soweit fortgeschrittenen Alter nichts anzubieten als dem Leiter der Kirche über mathematische Probleme zu schreiben.

Ich werde also versuchen, die theologischen Gehalte jenes Büchleins herauszuarbeiten, auf daß wir — soweit es Gott uns verleihen wird — mit geistigem Blick einsehen, daß und wie im Spiegel der Mathematik jenes Wahre, das in allem Wißbaren gefragt wird, nicht nur in entfernter Ähnlichkeit widerstrahlt, sondern gleichsam in strahlender Nähe.

Es ist aber nötig, daß jenes Büchlein diesem angefügt sei, wenn wir das, was ich gesagt habe, verstehen sollen, da diese Ergänzung auf Grund der mathematischen gewonnen wird.

Auch ist es notwendig, daß derjenige, welcher Nutzen daraus ziehen will, eher auf den Sinn als auf die Worte achtet. Derartige theologische Bilder und Gedanken werden nämlich besser mit dem Auge des Geistes gesehen als sie in Worten ausgedrückt werden können.

II.

Niemand kann davon absehen, daß in der Mathematik die Wahrheit genauer erreicht wird als in allen anderen freien Künsten. So sehen wir, daß auch jene, welche sich mit der Geometrie beschäftigen, ihr gleichsam in bewundernder Liebe anhangen, so als sei dort eine bestimmte Nahrung des geistigen Lebens reiner und einfacher enthalten.

Der Geometer kümmert sich nämlich nicht um die Linien, wie sie in Eisen, Gold oder Holz dargestellt sind, sondern wie sie in sich sind, auch wenn sie außerhalb des Stoffes nicht gefunden werden. Mit sinnlichem Auge sieht er die sinnlichen Figuren,

aut ligneis, sed de ipsis ut in se sunt, licet extra materiam non reperiantur. Intuetur igitur sensibili oculo sensibiles figuras, ut mentali possit intueri mentales. Neque minus vere mens mentales conspicit quam oculus sensibiles, sed tanto verius quanto mens ipsa figuras in se intuetur a materiali alteritate absolutas. Sensus autem [exterior] nequaquam extra alteritatem eas attingit. Recipit enim figura alteritatem ex unione ad materiam, quam aliam et aliam esse necesse est. Ob quam alius est triangulus in hoc pavimento, et alius in pariete ,et verior est figura in uno quam in alio. Et ideo in nulla materia adeo vere et praecise quin verius et praecisius esse possit.

Abstractus igitur ab omni variabili alteritate trigonus prout in mente est verius esse nequit; quapropter mens ipsa, quae figuras in se intuetur, cum eas a sensibili alteritate liberas conspiciat, invenit se ipsam liberam á sensibili alteritate. Est igitur mens a sensibili materia libera et habet se ad figuras mathematicas quasi forma. Si enim dixeris figuras illas formas esse, erit meus forma formarum[1]. Unde erunt figurae in mente quasi in sua forma, et ob hoc sine alteritate.

Quaecumque igitur mens intuetur in se intuetur. Non sunt igitur illa, quae mens intuetur in alteritate sensibili, sed in se. Id vero, quod est ab omni alteritate absolutum non habet se aliter quam veritas est. Nam non est aliud veritas quam carentia alteritatis.

Mens autem nostra etsi careat omni sensibili alteritate, non tamen omni alteritate. Videt igitur mens, quae non caret omni alteritate saltem mentali, figuras ab omni alteritate absolutas. Illas igitur in veritate intuetur et non extra se. Nam [mentaliter] intuetur eas. Hoc enim extra ipsam fieri nequit. Mentaliter enim intueri non est extra mentem, sicut sensus sensibiliter attingendo non extra sensum, sed in sensu attingit.

Mens autem, quae intuetur in se inalterabile, cum sit alterabilis, non intuetur inalterabile in alterabilitate sua, nam, [ut dicatur], ira impedit animam, ne possit cernere verum, sed intuetur in sua inalterabilitate. Veritas autem est inalterabilitas. Ubi igitur mens intuetur, quaecumque [intuetur], ibi est veritas sua et omnium, quae intuetur. Veritas igitur, in qua mens omnia intuetur, est forma mentis. Unde in mente est lumen veritatis

um sie mit geistigem Auge als geistige zu erblicken. Auch sieht der Geist die geistigen nicht weniger wahr als das Auge die sinnlichen. Vielmehr sieht er sie um soviel wahrer, als er sie in sich von jeder stofflichen Andersheit gelöst erblickt. Der äußere Sinn hingegen erreicht sie niemals außerhalb der Andersheit, denn auf Grund der Einung mit dem Stoff, welcher notwendigerweise je anders sein muß, nimmt die Figur die Andersheit auf. Darob ist das Dreieck auf diesem Boden ein anderes und wieder ein anderes das an der Wand, und die Figur ist in dem einen in größerer Wahrheit vorhanden als im andern. Folglich ist sie auch in keinem Stoff so wahr und genau, daß sie nicht noch wahrer und genauer sein könnte.

Das von aller veränderlichen Andersheit losgelöste Dreieck, so wie es im Geist ist, vermag nicht wahrer zu sein; darum erkennt der Geist, wenn er die Figuren, die er in sich selbst betrachtet, als von aller sinnlichen Andersheit frei erschaut, daß er selbst von der sinnlichen Andersheit frei ist. Darum ist der Geist frei von sinnlicher Materie und verhält sich zu den mathematischen Figuren gleichsam als Form. Sagt man nämlich, daß jene Figuren Formen sind, so ist der Geist die Form der Formen. Darum sind die Figuren im Geist als in ihrer Form, und deshalb ohne Andersheit.

Was immer also der Geist erblickt, sieht er in sich selbst. Dasjenige nämlich, welches der Geist erblickt, ist nicht in sinnlicher Andersheit, sondern in ihm. Was jedoch von aller Andersheit losgelöst ist, verhält sich nicht anders als die Wahrheit. Denn Wahrheit ist nichts anderes als das Fehlen der Andersheit.

Obwohl unser Geist von jeder sinnlichen Andersheit frei ist, so doch nicht von aller. Es sieht also der Geist, der von jeder Andersheit, ausgenommen der geistigen, frei ist, die von jeder Andersheit losgelösten Figuren. Diese erblickt er in der Wahrheit und nicht außerhalb seiner, denn er sieht sie in geistiger Weise, und das kann nicht außerhalb seiner geschehen. Geistiges Sehen findet ja nicht außerhalb des Geistes statt, so wie auch der Sinn die Dinge in sinnlichem Berühren nicht außerhalb des Sinnes, sondern in ihm erreicht.

Der Geist aber, der das Unveränderliche in sich erblickt, sieht dieses, da er selbst veränderlich ist, nicht in seiner Veränderlichkeit. Denn der Zorn hindert, wie man sagt, die Seele, so daß sie das Wahre nicht erblicken und entscheiden kann. Er erblickt es vielmehr in seiner Unveränderlichkeit. Die Wahrheit aber ist Unveränderlichkeit. Wo also der Geist sieht, dort ist was immer er sieht, die Wahrheit seiner selbst und aller Dinge.

per quod mens est et in quo intuetur se et omnia; sicut in visu lupi est lumen, per quod est visus, et in quo lupus videt omne, quod videt. Si lupo, ut venationem facere queat pro vita sua conservanda, lumen tale Deus oculis concreavit, sine quo nocturno tempore victum quaerere non posset, non deficit Deus naturae intellectuali, quae ex venatione veritatis pascitur, quin lumen illud sibi necessarium concreaverit.

Sed non intuetur mens veritatem ipsam, per quam intuetur se et omnia, nisi quia est, non quid sit ipsa. Sicut visus non videt claritatem illius solaris lucis, per quam videt omne visibile experitur tamen se sine ipsa non videre. Et sic quia-est attingit, sed quid-est nequaquam. Neque quantitatem aliter attingit illius lucis nisi quia tanta est quod excedit virtutem suam. Ita de mente.

Unde veritas in mente est quasi speculum invisibile, in quo mens omne visibile per ipsam intuetur. Specularis autem illa simplicitas tanta est, quod vim et acutiem mentis excedit. Quanto autem vis mentis plus et plus augetur et acuitur, tanto certius et clarius in speculo veritatis cuncta intuetur. Augetur autem vis illa speculatione non secus quam scintilla ardendo inardescit. Et quia capit incrementum, dum de potentia per ipsum lumen veritatis plus et plus ponitur in actum. Hinc in quantum expromitur vis illa, quia numquam perveniet ad illum gradum, quin lumen veritatis illud non possit ipsam elevatius attrahere. Sic speculatio est mentis delectabilissima et inexhauribilis pascentia, per quam continue plus intrat in vitam suam gaudiosissimam.

Et est speculatio motus mentis de quia-est versus quid-[est]. Sed quoniam quid-[est] distat a quia-[est] per infinitum, hinc motus ille numquam cessabit. Et est motus summe delectabilis, quia est ad vitam mentis. Et hinc in se habet hic motus quietem. Movendo enim non fatigatur, sed admodum inflammatur. Et quanto velocius movetur, tanto delectabilius vehitur per lumen vitae in vitam suam.

Die Wahrheit also, in der der Geist alles erblickt, ist die Gestalt des Geistes. Daher ist im Geist das Licht der Wahrheit, durch das er ist und in dem er sich und alles erblickt; so wie im Gesichtssinn des Wolfes das Licht ist, durch das dieser Gesichtssinn ist und in dem er alles sieht, was er sieht. Wenn Gott dem Wolf solches Licht, ohne das er zur Nachtzeit sein Opfer nicht suchen könnte, mitgeschaffen hat, damit er seine Jagd zur Erhaltung seines Lebens machen kann, dann entzieht er sich auch nicht der geistigen Natur, die auf Grund der Jagd nach Wahrheit ihre Nahrung findet, da er ihr jenes notwendige Licht anerschaffen hat.

Der Geist erblickt jedoch nicht die Wahrheit selbst, durch die er sich und alles sieht. Er weiß darum, daß sie ist, nicht was sie ist, so wie das Sehen nicht die Klarheit jenes Sonnenlichtes sieht, durch das es alles Sichtbare sieht und dennoch erfährt, daß es ohne es nicht sieht und so das „Daß-Ist" erreicht, das „Was-Ist" jedoch in keiner Weise. Es erreicht auch die Größe dieses Lichtes nicht anders als daß es weiß: sie so groß ist, daß sie seine Kraft übersteigt. Dasselbe gilt vom Geist.

Daher ist die Wahrheit im Geiste gleichsam ein unsichtbarer Spiegel, in welchem der Geist alles Sichtbare durch sie erblickt. Die spiegelhafte Einfachheit aber ist so groß, daß sie die Kraft und die Schärfe des Geistes übersteigt. Je mehr jedoch die Geisteskraft wächst und geschärft wird, um so gewisser und deutlicher erblickt er alles im Spiegel der Wahrheit. Die Geisteskraft aber wächst in jener Betrachtung nicht anders als der Funke, der im Brennen aufflammt. Und da sie jene Mehrung begreift, wird sie durch dieses Licht der Wahrheit von der Möglichkeit mehr und mehr in Wirklichkeit versetzt. Wie sehr daher auch jene Kraft entfaltet und fortentwickelt wird, sie erreicht niemals einen solchen Grad, daß das Licht der Wahrheit sie nicht noch weiter an sich ziehen könnte. So ist diese Betrachtung die angenehmste und unerschöpfliche Weide des Geistes, durch die er beständig tiefer in das Leben seiner Freude eintritt.

Die Betrachtung ist die Bewegung des Geistes vom „Daß-Ist" zum „Was-Ist". Da jedoch das „Was-Ist" vom „Daß-Ist" unendlich absteht, hört diese Bewegung niemals auf. Und es ist die beglückendste Bewegung, weil sie auf das Leben des Geistes hingerichtet ist. Darum hat sie die Ruhe in sich selbst. In der Bewegung tritt nämlich keine Ermüdung ein. Sie wird vielmehr stärker entflammt. Und je schneller sich der Geist bewegt, in umso größerem Glück gelangt er durch das Licht des Lebens zu seinem eigenen Leben.

Est autem motus mentis quasi per lineam rectam pariter et circularem. Nam incipit a quia-est seu fide et pergit ad videre seu quid-[est]. Et licet distent quasi per infinitam lineam, tamen motus iste quaerit compleri et in principio reperire finem et quid-[est] scilicet ubi quia-est et fides. Hanc enim coincidentiam quaerit ubi principium motus et finis coincidunt. Et hic motus est circularis. Unde mens speculativa rectissimo motu pergit ad coincidentiam maxime distantium.

Configuratur itaque mensura motus speculativae et deiformis mentis lineae, in qua coincidit rectitudo cum circularitate. Requiritur igitur, quod una sit simplex mensura lineae rectae et circularis. Quomodo autem in unitate simplicis mensurae possint coincidere et quomodo linea recta et circularis etiam non solum in theologicis, sed etiam mathematicis, libellus ostendit de mathematicis complementis, qui nos certiores reddit sine haesitatione in theologicis ad ipsum theologice, quod in mathematicis mathematice affirmandum.

III.

Traditur in libello de mathematicis complementis ars inveniendi peripheriam circularem, quae rectae lineae teneat mensuram. Et haec ars per coincidentiam trium circulorum attingitur. Polygonia enim aequalium laterum et inscribitur circulo et circumscribitur circulo; et alia [est] peripheria circuli circumscripti, alia inscripti [et] alia polygoniae. In circulo vero non est alius circulus, qui ei circumscribitur. Nec alius qui ei inscribitur. Unde tres illi circuli, inscriptus, circumscriptus et isoperimeter polygoniae coincidunt in peripheria magnitudine et omnibus aliis circularibus proprietatibus. Et ita sunt tres circuli, quod unus et est circulus unitrinus. Nec hoc quovismodo apparere potest, nisi respiciatur ad polygonias. Ibi enim duo circuli scilicet inscriptus et circumscriptus differentes apparent ad invicem. Et peripheria polygoniae est maior peripheria circuli inscripti, et minor circumscripti. Tres igitur differentes peripheriae nos ducunt in notitiam unitrini circuli isoperimetri. Et haec trinitas, quae est in omnibus polygoniis cum distinctis peripheriis, est in circulo

Die Bewegung des Geistes findet aber gewissermaßen in einer geraden und kreisförmigen Linie zugleich statt. Sie beginnt nämlich mit dem „Daß-Ist" oder dem Glauben und dringt zum Sehen oder dem „Was-Ist" vor. Und wenn auch beide gleichsam durch die unendliche Linie getrennt sind, so verlangt jene Bewegung dennoch danach, ergänzt zu werden und im Ursprung das Ziel und Was-Ist zu finden, bzw. dorthin zu gelangen, wo das „Daß-Ist" und der Glaube sind. Sie erstrebt nämlich jene Koinzidenz, wo Ursprung und Ende der Bewegung koinzidieren. Und diese Bewegung ist kreisförmig. Daher dringt der betrachtende Geist in geradliniger Bewegung zur Koinzidenz dessen vor, das am meisten voneinander entfernt ist.

Das Maß der Bewegung des betrachtenden und gottförmigen Geistes wird daher in jener Linie dargestellt, in der Geradheit und Kreishaftigkeit koinzidieren. Es ist also erforderlich, daß ein einziges das einfache Maß der geraden und kreishaften Linie sei. Wie aber in der Einheit des einfachen Maßes gerade und kreishafte Linie koinzidieren können und wie sie es nicht nur im theologischen Bereich, sondern auch im mathematischen tun, zeigt das Büchlein über die mathematischen Ergänzungen. Dieses läßt uns ohne Zweifel in der Theologie auf theologische Weise feststellen, was wir in der Mathematik mathematisch bejahen.

III.

Im Büchlein über die mathematischen Ergänzungen wird die Kunst behandelt, jene Kreisperipherie zu finden, deren Maß eine gerade Linie ist. Diese Kunst wird durch die Koinzidenz dreier Kreise erreicht. Ein Vieleck mit gleichen Seiten wird dem Kreis eingeschrieben und umschrieben; der umschriebene Kreis, der eingeschriebene Kreis und das Vieleck haben einen je anderen Umfang. Im Kreis hingegen sind der eingeschriebene und umschriebene Kreis nicht je verschieden. Daher koinzidieren jene drei Kreise, der dem Vieleck eingeschriebene, der umschriebene und der isoperimetrische an der Peripherie in Größe und allen anderen Eigentümlichkeiten des Kreises. Und sie sind so drei Kreise, daß sie einer sind, und zwar ein einigdreier Kreis. Dies kommt in keiner Weise zum Vorschein, es sei denn, man betrachtet die Vielecke. Dort nämlich erscheinen zwei Kreise, d. h. der eingeschriebene und der umschriebene als voneinander verschiedene. Der Umfang des Vielecks ist größer als der des eingeschriebenen Kreises und kleiner als der des umschriebenen.

sine omni distinctione magnitudinis. Et unus circulus est per omnia aequalis alteri et unus non est extra alium.

Si sic est in mathematicis, verius est in theologicis. Unde non potest coincidentia circularis et rectae negari per eum, qui veritatem intuetur inalterabilitatem esse. Si enim inalterabilitas est veritas, tunc non recipit nec magis nec minus. Si enim verum est hoc lignum esse bipedale, tunc non nec est maius nec minus. Est igitur veritas infinitas. Solum enim infinitas non potest esse maior nec minor.

Si igitur circularis peripheria ponitur talis, quod non potest esse maior, quia magnitudinis eius non est finis, tunc est infinita. Et ita circulus est infinitus, cuius peripheria infinita. Non potest igitur esse maior, quia non habet partes. Et quoniam quanto circulus maior, tanto circumferentia rectior, infiniti igitur circuli peripheria est rectilinealis. Circularis igitur et rectilinealis coincidunt in infinito. Infinitas igitur est rectitudo seu iustitia absoluta.

Si igitur respicimus qua descriptione constituitur circulus, reperimus punctum prioriter et ex puncto lineam explicari et ex puncto et linea circulum. In omni igitur circulo centrum, semidiametrum et circumferentiam reperimus. Sine quibus simul non capimus figuram plus circulum esse quam non circulum. Quomodo si circulus ponitur infinitus centrum, semidiametrum et circumferentiam, summam tenere aequalitatem necesse est. Centrum enim infiniti circuli est infinitum. Non enim dici potest, quod infinitum sit maius centro. Id enim, quod non potest esse minus ut infinitum et interminum, non potest dici maius centro. Centrum enim est terminus lineae semidiametralis. Terminus infiniti est infinitus. Centrum igitur circuli infiniti est infinitum. Sic semidiameter eius infinita. Et similiter circumferentia. Summa est igitur aequalitas centri, semidiametri et circumferentiae circuli infiniti.

Die drei verschiedenen Umfänge führen uns zum Begriff des einigdreien isoperimetrischen Kreises. Diese Dreiheit, welche in allen Vielecken mit unterschiedlichen Umfängen besteht, ist im Kreis ohne Unterschied der Größe nach. Und der eine Kreis ist in allen den andern gleich und besteht nicht außerhalb der andern.

Wenn es sich so im mathematischen Bereich verhält, dann gilt es in größerer Wahrheit für die Theologie. Daher kann die Koinzidenz von kreishafter und gerader Linie nicht von dem geleugnet werden, der sieht, daß die Wahrheit unveränderlich ist. Wenn Unveränderlichkeit Wahrheit bedeutet, dann nimmt diese weder mehr noch weniger an. Wenn es wahr ist, daß dieses Stück Holz zwei Füße lang ist, dann ist es weder größer noch kleiner. Die Wahrheit ist also Unendlichkeit. Nur die Unendlichkeit kann nicht größer oder kleiner sein.

Wenn man einen solchen Kreisumfang dergestalt setzt, daß er nicht größer sein kann, da seine Größe ohne Ende ist, dann ist er unendlich. Dementsprechend ist auch der Kreis unendlich, dessen Umfang unendlich ist. Er kann nicht größer sein, da er keine Teile hat. Und da es gilt: je größer der Kreis, umso gerader sein Umfang, ist der Umfang des unendlichen Kreises geradlinig. Gerader und kreisförmiger Umfang koinzidieren also im unendlichen. Die Unendlichkeit ist also Geradheit oder absolute Gerechtigkeit.

Wenn wir darauf achten, wie ein Kreis aufgezeichnet und gebildet wird, finden wir, daß der Punkt zuerst kommt, daß aus ihm die Linie und aus Punkt und Linie der Kreis entfaltet wird. Wir finden darum in jedem Kreis einen Mittelpunkt, Halbmesser und Umfang. Ohne deren gleichzeitige Anwesenheit begreifen wir die Figur nicht mehr als Kreis denn als Nicht-Kreis. Setzt man darum den unendlichen Kreis, so ist es notwendig, daß Kreis, Halbmesser und Umfang von völliger Gleichheit sind. Der Mittelpunkt des unendlichen Kreises ist unendlich. Man kann nämlich nicht sagen, daß das Unendliche größer sei als sein Mittelpunkt. Von demjenigen nämlich, welches nicht kleiner sein kann, wie das Unendliche und Unbegrenzte, kann man nicht sagen, daß es größer sei als der Mittelpunkt. Dieser ist die Ziel-Grenze des Halbmessers und die Zielgrenze des Unendlichen ist unendlich. Der Mittelpunkt des unendlichen Kreises ist darum unendlich, ebenso auch sein Halbmesser und ähnlich auch der Umfang. Die Gleichheit von Mittelpunkt, Halbmesser und Umfang des unendlichen Kreises ist also vollständig.

Et quoniam non possunt plura esse infinita, quia neutrum tunc esset infinitum, implicat enim contradicitionem plura esse infinita, erunt centrum, semidiameter et circumferentia unum infinitum. Videmus autem ex rectis lineis polygnonias constitui. Erit igitur hic circulus infinitus, cum quo omnis polygonia coincidit infinitorum laterum. Et quia etiam polygoniae videmus circulos inscriptos et circumscriptos differentes a peripheria polygoniae et in circulo isoperimetro has tres peripherias coincidere et circulum inspicimus unitrinum.

Ita in theologicis circulum infinitum unitrinum reperimus, si ad polygonias seu terminatas respicimus creaturas. Est enim circulus unitrinus, in quo centrum est circulus et semidiameter circulus et circumferentia circulus. Et [in] hoc est idem, qui inscriptus et scriptus et circumscriptus. Trinitatem igitur circuli infiniti non deprehenderemus, si solum infinitatem eius intueremur. Sed dum nos ad lateratas, terminatas et angulares convertimus figuras seu formas, unitrinum esse circulum infinitum deprehendimus. Sed summa aequalitas efficit unum esse in alio et omnium esse unam infinitam peripheriam.

Attendendum [est] diligenter nos non devenisse ad veritatem aequalitatis mensurae circularis et rectilinealis, nisi quando respicimus circulum isoperimetrum fore unitrinum per coincidentiam differentium in polygoniis. Sic sine unitrino infinito non potest veritas cuiuscumque rei attingi. Sicut enim circulus mensurat omnem polygoniam, et nec est maior nec minor, quia est circulus unitrinus, in quo omnis differentia polygoniarum coincidit prout mathematice ostenditur. Sic et unitrinum infinitum est forma, veritas aut mensura omnium, quae non sunt ipsum. Et est ipsa aequalitas, quae est et veritas omnium. Neque enim est maius neque minus quocumque dabili vel formabili. Sed est aequatissima forma omnis formabilis formae et actus omnis potentiae.

Qui enim intuetur in ipsum unitrinum infinitum ascendendo de mathematicis figuris ad theologicas per additionem infinitatis ad mathematicas et de theologicis figuris se absolvit, ut infinitum tantum unitrinum mente contempletur, ille, quantum sibi concessum fuerit, videt omnia unum complicite et unum omnia

Da es nicht mehrere Unendliche geben kann, da sonst keines von ihnen unendlich wäre — es schließt nämlich einen Widerspruch ein, zu sagen, daß es mehrere Unendliche gibt —, sind Mittelpunkt, Halbmesser und Umfang das eine Unendliche. Wir sehen, daß die Vielecke aus geraden Linien gebildet werden. Es wird demnach dieser unendliche Kreis jener sein, mit dem jedes Vieleck von unendlichen Seiten koinzidiert. Und da wir sehen, daß die dem Vieleck eingeschriebenen und umschriebenen Kreise vom Umfang des Vieleckes verschieden sind, sehen wir auch, daß diese drei Umfänge im isoperimetrischen Kreis koinzidieren und so sehen wir den einigdreien Kreis.

Ebenso finden wir in der Theologie den einigdreien, unendlichen Kreis, wenn wir auf die Vielecke oder die begrenzten Geschöpfe schauen. Der einigdreie Kreis nämlich ist derjenige, in dem der Mittelpunkt und der Halbmesser und der Umfang der Kreis ist. In ihm ist der eingeschriebene, der geschriebene und der umschriebene der selbe. Die Dreifaltigkeit des unendlichen Kreises begreifen wir also nicht, wenn wir nur ihre Unendlichkeit betrachten. Wenden wir uns jedoch den Figuren zu, die Seiten, Grenzen und Winkel haben, dann begreifen wir, daß der unendliche Kreis ein einigdreier ist. Die höchste Gleichheit aber bewirkt, daß das Eine im Andern ist und daß es nur einen unendlichen Umfang von allem gibt.

Man muß sorgfältig beachten, daß wir nicht zur Wahrheit der Gleichheit des kreishaften und geraden Maßes kommen, außer wir betrachten den isoperimetrischen Kreis als einigdreien infolge der Koinzidenz der Unterschiede bei den Vielecken. So kann ohne das einigdreie Unendliche die Wahrheit irgendeines Dinges nicht erreicht werden. Wie der Kreis jedes Vieleck mißt und weder größer noch kleiner ist, da er der einigdreie Kreis ist, in dem alle Verschiedenheit der Vielecke koinzidiert, wie es nach der Weise der Mathematik gezeigt wurde, so ist auch das einigdreie Unendliche die Form, Wahrheit oder das Maß von allem, das nicht es selbst ist. Es ist die Gleichheit selbst, die auch die Wahrheit von allem ist. Sie ist weder größer noch kleiner denn alles, was gegeben oder gebildet werden kann. Sie ist vielmehr die völlig angeglichene Gestalt aller gestaltbaren Gestalt und die Wirklichkeit jeder Möglichkeit.

Wer nun auf jenes einigdreie Unendliche blickt und von mathematischen Figuren aus mittels der Hinzufügung der Unendlichkeit zu den theologischen aufsteigt und sich auch von diesen befreit, um das einigdreie Unendliche nur im Geiste zu betrachten, der sieht — soweit ihm das zugestanden wird —,

explicite. Quod si ipsum infinitum sine respectu finitorum intuetur, finita nec esse nec eorum veritatem seu mensuram deprehendit. Non potest igitur creatura et creator pariter videri, si infinitum non affirmatur unitrinum.

IV.

Quaesiverunt veteres artem aequandi circulum quadrato. Hi praesupposuerunt hoc possibile fore. Aequalitas autem secundum omnes in se complicat tam circulum quam quadratum. Addiciamus igitur infinitatem aequalitati. Manifestum nobis erit infinitam aequalitatem nulli posse esse inaequalem. Nam nullum omnium, quae dari possunt, excedere potest aequalitatem infinitam, quia ipsa non potest esse minus aequalis. Et ita non erit magis aequalis uni et minus aequalis alteri. Sed est necessario ipsa idea, veritas seu exemplar aut mensura omnium, quae possunt recipere magis et minus.

Omne enim quod non est ipsa infinita aequalitas, per quam solum omnia aequalia aequalia sunt, est uni aequalius quam alteri. Et data quacumque aequalitate inter diversa semper potest dari maior; neque potest sciri, quod duo aliquae sint aequaliora aliis duobus nisi per mensuram aequalitatis absolutae et infinitae. Mensurat igitur ipsa absoluta aequalitas omnia tam recta quam circularia, quae necessario coincidunt in complicatione eius. Et si acute consideras: id, quod in omni inquisitione praesupponitur, est ipsum lumen, quod etiam ducit ad inquisitum.

Qui enim circuli quaesiverunt quadraturam coincidentiam circuli et quadrati in aequalitate praesupposuerunt, quae certe in sensibilibus non est possibilis. Non enim dabile est quadratum, quod non sit inaequale omni dabili circulo in materia. Hanc igitur aequalitatem, quam praesupposuerunt, non viderunt oculis carneis, sed mentalibus, et nisi fuerunt eam in ratione ostendere, sed, quia ratio non admittit coincidentias oppositorum, defecerunt. Coincidentia autem quaeri debuit intellectualiter in circulo eo, qui in omni polygonia est aequalis, etiam qui cum alia aequalis peripheriae reperitur diversa et ad intentum devenissent. Ex quo elicitur non est esse quicquam eo modo actu

daß jenes eingeschlossenerweise alles als Eines ist und in Entfaltung Eines alles ist. Betrachtet man jenes Unendliche ohne Rücksicht auf das Endliche, dann begreift man weder, daß es Endliches gibt, noch versteht man dessen Wahrheit oder Maß. Geschöpf und Schöpfer können also nicht gleicherweise gesehen werden, wenn man nicht das Unendliche als einigdreies zugesteht.

IV.

Die Alten bemühten sich um die Kunst der Quadratur des Kreises. Sie setzten voraus, daß dies möglich sei. Die Gleichheit faltet nach der Meinung aller Kreis wie Quadrat in sich ein. Fügen wir die Unendlichkeit der Gleichheit hinzu. Es zeigt sich, daß die unendliche Gleichheit keinem Ding gegenüber ungleich sein kann. Denn nichts von allem, das gegeben werden kann, vermag ja die unendliche Gleichheit zu übersteigen, da diese nicht weniger gleich sein kann, und so wird sie dem einen gegenüber nicht mehr und dem andern gegenüber nicht weniger gleich sein. Aber sie ist notwendigerweise Idee, Wahrheit oder Urbild oder Maß von allem, das mehr und weniger aufnehmen kann.

Alles, was nicht die unendliche Gleichheit selbst ist, durch die allein alles Gleiche gleich ist, ist dem einen gegenüber gleicher als dem andern. Und zu jeder im Unterschiedlichen gegebenen Gleichheit kann eine größere gegeben werden. Auch kann man nicht wissen, ob irgendwelche zwei Dinge einander gleicher sind als zwei andere, es sei denn durch das Maß der absoluten und unendlichen Gleichheit. Die absolute Gleichheit mißt also alles, das Gerade sowohl als auch das Kreisförmige, welches notwendigerweise in ihrem Zusammenschluß koinzidiert. Und wenn man genau zusieht: das, was jeglichem Suchen und Forschen vorausgesetzt wird, ist das selbe Licht, das auch zum Gesuchten hinführt.

Jene, die nach der Quadratur des Kreises fragten, setzten die Koinzidenz von Quadrat und Kreis in der Gleichheit voraus, die im Sinnlichen gewiß nicht möglich ist. Denn es gibt kein Quadrat, das nicht jedem Kreis gegenüber, der im Stoff gegeben werden kann, ungleich wäre. Folglich sahen sie die vorausgesetzte Gleichheit nicht mit den Augen des Fleisches, sondern mit denen des Geistes. Sie versuchten, sie im Verstandessinn aufzuzeigen. Doch da der Verstand die Koinzidenz der Gegensätze nicht gestattet, waren sie erfolglos. Sie hätten vielmehr in geistiger Weise in jenem Kreis nach der Koinzidenz fragen müssen, welcher in jedem Vieleck gleich ist, und auch von

scibile, quo sciri potest nisi medio intellectus infiniti, qui est infinita aequalitas, omne diversum et differens et alterum et inaequale et oppositum et quicquid inaequalitatem nominant antecedens, in quo et per quem solum intellectum infinitum omne intelligibile mensuratur.

Et in hoc panditur secretum, quomodo inquirens praesupponit id, quod inquirit et non praesupponit, quia inquirit. Supponit enim omnis scire quaerens scientiam esse, per quam omnis sciens est sciens. Atque quod nihil est scibile, quin actu sciatur per scientiam infinitam et quod scientia infinita est veritas, aequalitas et mensura omnis scientiae. Et quod solum per illam scitur omne quod scitur.

Qui igitur quaerit scire instigatur ab illa arte seu scientia infinita. Et si in lumine illius artis sibi immissae in praesupposito ambulaverit, ducetur ad quaesitum. Et cum acutius attendis, quando infinitas additur termino, ut, cum dicitur infinita scientia non aliud eius additio agit ad terminum quam removere terminum, ut id, quod significatur terminatam per dictionem seu terminum intueatur mentaliter infinitum seu interminatum.

Et quando mens intuetur sic terminatum interminate seu finitum infinite, tunc videt ipsum super omnem oppositionem et alteritatem, quae solum reperiuntur in terminatis; terminatio enim non potest esse sine diversitate. Et ideo varietas in ipsa reperitur, quae secundum quod magna et parva existit nomina sortitur.

Si igitur tollitur terminatio, differentia transit in concordantiam et inaequalitas in aequalitatem et curvitas in rectitudinem et ignorantia in scientiam et tenebrae in lucem. Et tunc videtur quomodo sublatis terminis pluralitatem entium terminatorum reperimus impluraliter in uno intermino et ineffabili principio.

gleichem Umfang ist mit einem andern und verschiedenen Vieleck. Dann hätten sie ihre Absicht erreicht. Daraus ergibt sich, daß sein Sein tatsächlich so gewußt werden kann, wie es gewußt werden kann, außer in der Vermittlung des unendlichen Denkens, das die unendliche Gleichheit ist. Es geht jedem Verschiedenen und Unterschiedenen, Anderen, Ungleichen und Entgegengesetzten und was sonst noch Ungleichheit bedeutet, voraus. In und durch dieses unendliche Denken allein wird alles Denkbare gemessen.

Und darin eröffnet sich das Geheimnis, daß und wie der Suchende das voraussetzt, was er sucht und es nicht voraussetzt, weil er es sucht. Jeder nämlich, der Wissen sucht, setzt voraus, daß es Wissenschaft gibt, durch die jeder Wissende wissend ist. Auch setzt er voraus, daß es nichts Wißbares gibt, das nicht von der unendlichen Wissenschaft tatsächlich gewußt würde; daß die unendliche Wissenschaft die Wahrheit, Gleichheit und das Maß jeder Wissenschaft ist; und daß alles, was gewußt werden kann, nur durch sie gewußt wird.

Wer also nach dem Wissen fragt, der wird von jener unendlichen Kunst oder Wissenschaft angestachelt. Wenn er sich im Lichte dieser ihm eingegebenen Kunst im Vorausgesetzten bewegt, wird er zum Gesuchten hingeführt. Und wenn man genauer darauf achtet, dann bemerkt man, daß es sich bei jener Hinzufügung — wenn die Unendlichkeit einem Begriff beigefügt wird, so wie es der Fall ist, wenn man von unendlicher Wissenschaft spricht — um nichts anderes handelt als darum, daß man die Grenze wegnimmt, so daß dasjenige, das durch einen begrenzten Sprachausdruck oder einen Begriff bezeichnet wird, als Unendliches und Unbegrenztes im Geist erblickt wird.

Wenn der Geist in dieser Weise das Begrenzte unbegrenzt bzw. das Endliche unendlich erblickt, dann sieht er es jenseits aller Gegensätzlichkeit und Andersheit, die nur im Begrenzten zu finden ist. Die Begrenzung kann nämlich nicht ohne Verschiedenheit sein. Und darum wird in ihr Vielfältigkeit gefunden, die entsprechend dem, was als großes und kleines besteht, ihre Namen bekommt.

Wenn also die Begrenzung weggenommen wird, geht die Verschiedenheit in Einheit, die Ungleichheit in Gleichheit, die Krümmung in Geradheit, die Unwissenheit in Wissen und der Schatten in Licht über. Und dann erkennt man, daß wir nach der Entfernung der Grenzen die Vielheit der begrenzten Dinge ohne Vielfalt in dem einen, unbegrenzten und unaussprechbaren Ursprung finden.

V.

Adhuc advertas, quomodo omnis polygonia certo numero angulorum aequaliter a centro distantium terminatur et secundum numerum angulorum, propter quem polygonia dicitur, sortitur nomen seu terminum. Uti per terminum trigonum nominetur figura polygonia trium angulorum. Et per tetragonum figura quattuor angulorum. Et ita consequenter.

Quanto autem polygonia aequalium laterum plurium fuerit angulorum, tanto similior circulo. Circulus enim si ad polygonias attendas, est infinitorum angulorum. Et si ad ipsum circulum tantum respicis nullum angulum in eo reperies et est interminatus et inangularis. Et ita circulus inangularis et interminatus in se complicat omnes angulares terminationes polygonias datas et dabiles. Si enim trigonus est in tetragono et tetragonus in pentagono et ita consequenter, omnes polygonias datas et semper dabiles esse in circulo conspicis.

Attente igitur considera, quomodo circulus infinitus omnem terminatam figuram seu formam in se complicat et non sicut circulus finitus. Nam quia iste est capacissimus in se continet minus capaces quasi totum partem. Infinitus enim non sic complicat, sed sicut veritas seu aequalitas. Nulla enim creatura habet aliquid omnipotentiae sicut polygonia circuli finiti, cum omnipotentia sit impartibilis non recipiens magis nec minus. Circulus autem finitus, quia recipit magis et minus, non potest complicare polygonias modo quo omnipotentia omne terminabile. Et ita ex figuris multiangulis et circulo complicante omnes formabiles polygonias, mens ascendit ad theologicas figuras et intuetur dimissis figuris virtutem infinitam primi principii et ceterarum complicatarum et earum differentiam et assimilationem ad ipsum simplex, et quoniam trigonus infinitus est circulus infinitus et tetragonus infinitus est circulus infinitus et ita consequentur. Siquidem et propterea circulus infinitus est forma formarum seu figura figurarum. Et est idea trigoni, tetragoni, pentagoni et aequalitas essendi trigoni, tetragoni et ita consequenter. Et quoad positionem circuli infiniti sequitur omnes figuras id esse, quod sunt.

V.

Beachte ferner, daß jedes Vieleck durch eine bestimmte Zahl von Winkeln, die gleich weit vom Mittelpunkt entfernt sind, bestimmt wird und seinen Namen oder die Begrenzung entsprechend der Zahl der Winkel bekommt, derentwegen es Vieleck genannt wird. So wird zum Beispiel ein Vieleck mit drei Winkeln durch die Bezeichnung Dreieck benannt. Durch die Bezeichnung Viereck wird eine Figur von vier Winkeln benannt, usw.

Je mehr Winkel ein gleichseitiges Vieleck bekommt, umso ähnlicher wird es dem Kreis. Der Kreis nämlich hat, wenn man die Vielecke beachtet, unendlich viele Winkel. Wenn man nur auf den Kreis achtet, findet man in ihm keinen Winkel und er ist unbestimmt und winkellos. Und so faltet der winkellose und unbestimmte Kreis alle winkelhaft bestimmten Vielecke, die gegeben sind und werden können, in sich ein. Wenn nämlich das Dreieck im Viereck und dieses im Fünfeck ist, usw., dann sieht man, daß alle gegebenen und stets möglichen Vielecke im Kreis sind.

Man beachte genau, daß der unendliche Kreis jede bestimmte Figur oder Form in sich einfaltet, und zwar nicht wie der endliche Kreis. Denn da dieser der umgreifendste ist, enthält er in sich die weniger umgreifenden Kreise gleichsam wie das Ganze den Teil. Der unendliche Kreis faltet jedoch nicht auf diese Weise ein, sondern wie Wahrheit oder Gleichheit. Kein Geschöpf nämlich — wie etwa das Vieleck des endlichen Kreises — besitzt etwas von der Allmacht, da diese unteilbar ist und nicht Mehr oder Weniger annimmt. Der endliche Kreis aber kann, da er mehr oder weniger annimmt, die Vielecke nicht so einfalten wie die Allmacht alles Bestimmbare einfaltet. Und so steigt der Geist von den vielwinkeligen Figuren und vom Kreis, der alle formbaren Vielecke einfaltet, zu den theologischen Darstellungen auf und betrachtet, nachdem er die Figuren von sich weg geschickt hat, die unendliche Kraft des ersten Ursprungs und sieht den Unterschied der übrigen eingefalteten Figuren und ihre Verähnlichung mit diesem einfachen Ursprung; er sieht auch, daß das unendliche Dreieck der unendliche Kreis ist und ebenso das unendliche Viereck, usw. Aus diesem Grund ist der unendliche Kreis die Form der Formen und die Figur der Figuren. Er ist die Idee des Dreiecks, Vierecks, Fünfecks und die Gleichheit des Seins von Dreieck, Viereck, usw. Auf die Setzung des unendlichen Kreises folgt, daß alle Figuren das sind, was sie sind.

Vide admirabile quomodo dum mathematicus figurat polygoniam, respicit in infinitum exemplar. Nam dum trigonum depingit quantum, non ad trigonum respicit quantum, sed ad trigonum simpliciter absolutum ab omni quantitate et qualitate, magnitudine et multitudine. Unde quod quantum depingit non recipit ab exemplari, nec intendit quantum efficere, sed quia depingere eum nequit, ut sensibilis fiat triangulus, quem mente concipit, ideo accidit [ei] quantitas, sine qua sensibilis fieri nequit. Triangulus igitur ad quem respicit, non est neque magnus, neque parvus, neque terminatus magnitudine vel multitudine. Est igitur infinitus. Quapropter iste triangulus infinitus, qui est exemplar, in quo mens intuetur figurantis trigonum, non est alius ab exemplari illo, in quod respicit mens, quando depingit tetragonum vel pentagonum vel circulum.

Circulus enim ille, ad quem mens circulum depingens se convertit, cum non sit quantus, non est maior nec minor trigono non quanto, sed est ipsa aequalitas essendi. Una igitur infinita essendi aequalitas est ad quam respicio, quando diversas depingo figuras. Creator igitur dum omnia creat ad se ipsum conversus omnia creat, quia ipse est infinitas illa, quae est essendi aequalitas.

VI.

Amplius, si consideras, quomodo circulum depingis. Nam centrum primo ponis punctale, deinde extendis in lineam illum punctum. Deinde superducis lineam super puncto. Et sic ex puncto et linea recta oritur linea circularis. Si igitur hoc faciendo ad aequalitatem essendi absolutam respicis, tunc in ipsa aliquid tale vides. Nam circulus ille, ad quem respicis, qui ineffabilis est aut omnium figurarum nominibus nominabilis, sic se habet, quod habet centrum, ex quo linea, ex quibus circumferentia. Sed quia est infinitus centrum, linea et circumferentia sunt ipsa aequalitas, ut in superioribus tactum est. Unde non fuit prius centrum quam linea, neque prius centrum et linea quam circumferentia, quia si sic non esset summa aequalitas centri, lineae et circumferentiae, neque una infinitas. Aequalitas igitur illa in infinitate non est nisi aeternitas. Ab aeterno igitur est centrum, linea et circumferentia. Sed linea est explicatio puncti et circumferentia puncti et lineae. Centrum igitur in aeternitate est

Man betrachte wie wunderbar es ist! Während der Mathematiker ein Vieleck darstellt, schaut er auf das unendliche Vorbild. Denn während er das quantitativ bestimmte Dreieck zeichnet, schaut er nicht auf dieses, sondern auf das von aller Quantität und Qualität, Größe und Vielheit schlechthin losgelöste Dreieck. Wenn er daher ein quantitatives Dreieck zeichnet, erhält dieses seine Quantität nicht vom Urbild, und er beabsichtigt auch gar nicht, ein quantitatives Dreieck hervorzubringen; die Quantität, ohne die es nicht sinnlich werden kann, tritt vielmehr hinzu, da er das Dreieck, welches er im Geist entwirft, nicht als sinnliches zeichnen kann. Das Dreieck, auf das er blickt, ist weder groß noch klein, noch durch Größe oder Vielheit bestimmt. Es ist demnach unendlich. Darum ist jenes unendliche Dreieck, das Urbild, in dem der Geist das darzustellende Dreieck erblickt, von jenem Urbild nicht verschieden, auf das er hinschaut, wenn er ein Viereck oder Fünfeck oder einen Kreis zeichnet.

Jener Kreis, dem sich der Geist zuwendet, wenn er einen Kreis zeichnet, ist, da er nicht quantitativ ausgedehnt ist, weder größer noch kleiner als das unausgedehnte Dreieck, sondern er ist die Gleichheit des Seins. Es ist also eine einzige unendliche Gleichheit des Seins, auf die ich schaue, wenn ich die verschiedenen Figuren aufzeichne. Zu sich selbst gewendet schafft also der Schöpfer alles, wenn er es schafft, da er selbst jene Unendlichkeit ist, welche die Gleichheit des Seins ist.

VI.

Mehr sieht man, wenn man darauf achtet, wie man den Kreis zeichnet. Zunächst setzt man das punkthafte Zentrum. Dann erweitert man jenen Punkt zur Linie. Schließlich führt man die Linie über den Punkt aus. Und so entsteht aus Punkt und gerader Linie die Kreislinie. Wenn man dies tut und auf die absolute Gleichheit des Seins blickt, dann sieht man in dieser etwas Ähnliches. Denn jener Kreis, auf den man blickt und welcher unaussprechbar ist bzw. mit den Namen aller Figuren nicht genannt werden kann, verhält sich so, daß er einen Mittelpunkt hat, aus dem die Linie und aus welchen der Umfang entspringt. Weil er jedoch unendlich ist, sind Mittelpunkt, Linie und Umfang die Gleichheit selbst, wie es oben behandelt worden ist. Daher war das Zentrum nicht früher als die Linie, noch waren beide früher als der Umfang, da es ansonsten weder die höchste Gleichheit des Zentrums, der Linie und des Umfangs, noch auch eine einzige Unendlichkeit gäbe.

aeternaliter generans seu explicans de sua virtute complicante genitam consubstantialem lineam. Et centrum cum linea est aeternaliter explicans nexum seu circumferentiam.

Si igitur sic fecunditas infinita se habet, ad quam respicit mens, dum circulum depingit, quem sine tempore et quantitate depingere nequit, ita similiter dum polygoniam aequalium laterum depingere proponit. Ut anguli aeque distent a centro attendit, ut sic ex centro et linea, quae est aequalitas distantiae centri ab angulis et circumferentia seu peripheria, polygoniam figuret. Ad fecunditatem igitur infinitam respicit, ut efficiat id quod proponit perfectum et pulchrum et gratum et placitum. Sic creator ipse ad se ipsum et infinitam fecunditatem respiciendo creat ente genita seu explicata. Et ex centro et linea simul procedit fecundam essentiam creaturae, in qua est principium complicativum virtutis, quod est centrum seu entitas creaturae, quae complicat in se virtutem suam. Et explicatur virtus entis complicita in centro, quasi in educta linea, quae est virtus entis ab ente genita seu explicata. Et ex centro simul et linea procedit circumferentia seu operatio.

Et attende, quomodo centrum est principium paternum, quod in respectu ad creaturas dici potest entitas. Et quomodo linea est ut pricipium de principio et ita aequalitas. Principium enim a principio summam tenet principii, a quo est, aequalitatem, et circumferentia ut unio seu nexus. Nam ex infinita entitate et eius aequalitate procedit nexus. Nectit enim aequalitatem unitati. Et ita dum creator ad se ipsum respicit creat unitatem seu entitatem seu centrum et formam seu essendi aequalitatem et nexum utriusque. Effluit autem creatura a creatore meliori modo, quo patitur naturae conditio in similitudine creatoris, prout de hoc alibi latius conceptum meum qualemcumque enodavi.

Gleichheit. Jene ist darum in der Unendlichkeit nichts anderes als die Ewigkeit. Mittelpunkt, Linie und Umfang stammen also vom Ewigen. Die Linie ist jedoch die Entfaltung des Punktes und der Umfang die von Punkt und Linie. Der Mittelpunkt in der Ewigkeit zeugt oder entfaltet darum nach der Weise der Ewigkeit die aus seiner einfaltenden Kraft gezeugte gleichbestandliche Linie. Und mit der Linie zusammen ist er die ewig entfaltende Verknüpfung oder der Umfang.

Wenn sich so die unendliche Fruchtbarkeit verhält, auf die der Geist blickt, wenn er den Kreis zeichnet, den er ohne Zeit und Ausdehnung nicht zeichnen kann, so verhält sie sich ähnlich, wenn er ein gleichseitiges Vieleck zu zeichnen beabsichtigt. Damit die Winkel den gleichen Abstand vom Mittelpunkt haben, sorgt er dafür, daś Vieleck ebenso aus Mittelpunkt und Linie, welche die Gleichheit des Zentrumsabstandes von den Winkeln und dem Umfang oder der Peripherie ist, darzustellen. Er achtet auf die unendliche Fruchtbarkeit, um das, was er sich vornimmt, vollkommen, schön, angenehm und gefällig hervorzubringen. So schaut der Schöpfer auf sich und die unendliche Fruchtbarkeit und schafft die fruchtbare Seinsheit des Geschöpfes, in welcher der einfaltende Ursprung seiner Kraft ist, d. h. der Mittelpunkt oder die Seiendheit des Geschöpfes, welche seine Kraft in sich zusammenschließt. Und es entfaltet sich die Kraft des Seienden, die im Mittelpunkt eingefaltet ist, gleichsam wie in einer rückgeführten Linie, welche die Kraft des vom gezeugten oder entfalteten Seienden abstammenden Seienden ist. Aus Mittelpunkt und Linie zugleich geht der Umkreis oder die Tätigkeit hervor.

Man beachte auch, wie der Mittelpunkt der väterliche Ursprung ist, der in Hinsicht auf die Geschöpfe auch Seiendheit genannt werden kann. Und wie die Linie gleichsam Ursprung vom Ursprung ist, so auch die Gleichheit. Der Ursprung vom Ursprung hat nämlich die höchste Gleichheit des Ursprungs inne, von dem er stammt. Und der Umfang ist gleichsam Einung oder Verknüpfung. Denn aus der unendlichen Seiendheit und ihrer Gleichheit geht die Verknüpfung hervor. Sie verknüpft die Gleichheit mit der Einheit. Wenn der Schöpfer auf sich selbst blickt, schafft er die Einheit oder Seiendheit oder den Mittelpunkt und die Form oder Gleichheit der Seinsheit und die Verknüpfung beider. Das Geschöpf geht in Ähnlichkeit mit dem Schöpfer aus diesem auf die bestmögliche Weise hervor, die ihm von den Bedingungen seiner Natur zugestanden wird. Andernorts habe ich meine Gedanken dazu so gut als möglich entwickelt.

VII.

Scitur ex mathematicis rectum non dici nisi secundum modum unum. Una enim linea recta sive magna sive parva non est magis aut minus recta quam alia. Rectitudo igitur infinita esse concipitur, quia non clauditur quantitate, nec recipit magis et minus. Absoluta igitur rectitudo est infinita. Curvitas autem non potest esse infinita. Quapropter circularis linea circuli infiniti non potest esse curva, quia infinita. Clauditur igitur omnis curvitas terminis magnitudinis suae. Et non habet curvitas exemplar nisi rectitudinem. Qui enim depingere vult curvam lineam respicit mente ad rectam, et cadere eam facit ab illa reflexe.

Curvitas autem, quae est infinitae rectitudini propinquior, similitudo est circularis curvitatis. Infinita enim rectitudo est ipsa aeternitas, quae non habet principium, nec medium, nec finem, nec quantitatem, nec qualitatem. Circularis autem curvitas, quae necessario est quanta et composita habet coincidentiam principii et finis et est necessario a rectitudine infinita tamquam a principio suo et veritate sua. Curvitas enim ex se non est, sed ab illa rectitudine est, quae est eius mensura. Rectum enim mensurat curvum.

Cadit igitur circularis curvitas a rectitudine infinita perfectiori modo quam non circularis, quia sicut rectitudo infinita caret principio, medio et fine. Sic in curvitate circulari illa coincidunt et minime distant seu differunt. Unde plus assimilatur circularis curvitas infinito quam finita rectitudo, ubi principium, medium et finis distant.

Rectitudo enim infinita propter ipsam infinitatem est omnipotens et creatrix. Quare ei similior est circularis curvitas, quia similior infinito quam finita rectitudo. Afficimur igitur omnes mentem habentes figura circulari, quae nobis completa et pulchra apparet propter eius uniformitatem et aequalitatem et simplicitatem. Et hoc non est [ob] aliud nisi in ea propinquius relucet forma formarum quam in alia quacumque figura.

VII.

Von der Mathematik her weiß man, daß etwas nur auf eine einzige Weise als gerade bezeichnet werden kann. Eine gerade Linie, sei sie groß oder klein, ist nämlich nicht mehr oder weniger gerade als die andere. Man begreift also die Geradheit als unendliche, da sie nicht von der Quantität eingeschlossen ist, noch Mehr oder Weniger annimmt. Die absolute Geradheit ist also unendlich. Die Krümmung kann nicht unendlich sein. Darum kann die Kreislinie des unendlichen Kreises nicht gekrümmt sein, da sie unendlich ist. Jede Krümmung wird von den Grenzen ihrer Größe umschlossen; sie hat kein anderes Vorbild als das der Geradheit. Wer nämlich eine gekrümmte Linie zeichnen möchte, schaut im Geist auf die gerade und läßt jene in der Krümmung von ihr abweichen.

Die Krümmung, die der unendlichen Geradheit näher ist, ist ein Ähnlichkeitsbild der Kreiskrümmung. Die unendliche Geradheit ist die Ewigkeit, die weder Ursprung, Mitte, noch Ende, noch Quantität und Qualität besitzt. Die Kreiskrümmung hingegen, welche notwendigerweise quantitativ ausgedehnt und zusammengesetzt ist, kennt die Koinzidenz von Ursprung und Ende und stammt notwendig von der unendlichen Geradheit — gleichsam als ihrem Ursprung und ihrer Wahrheit. Die Krümmung ist nämlich nicht aus sich, sondern sie ist auf Grund jener Geradheit, die ihr Maß ist. Das Gerade mißt nämlich das Gekrümmte.

Die Kreiskrümmung weicht also der unendlichen Geradheit gegenüber in vollkommenerer Weise ab als die nicht kreishafte Krümmung, das sie in ähnlicher Weise wie die unendliche Geradheit, des Ursprungs, der Mitte und des Endes entbehrt, jene in der Kreiskrümmung zusammenfallen und keineswegs voneinander getrennt oder unterschieden sind. Daher wird die Kreiskrümmung dem Unendlichen in größerem Maße verähnlicht als die begrenzte Richtigkeit, wo Anfang, Mitte und Ende voneinander getrennt sind.

Die unendliche Geradheit ist wegen eben dieser Unendlichkeit allmächtig und schöpferisch. Darum ist ihr die Kreiskrümmung ähnlicher, weil sie dem Unendlichen ähnlicher ist als die endliche Geradheit. Wir alle, die wir einen Geist besitzen, werden darum von der Kreisfigur beeindruckt, die uns wegen ihrer Einförmigkeit und Gleichheit und Einfachheit als vollständige und schöne Figur erscheint, und dies aus keinem anderem Grund als dem, daß in ihr die Form der Formen in größerer Nähe aufstrahlt als in irgend einer andern Figur.

Attende, quantum afficitur mens ad exemplar circuli, ad infinitam formam et pulchritudinem, ad quam solum respicit. Quando aliqua creatura afficitur et non advertit se sic ad creatorem respicere, qui est amor et delectatio sua? Haec igitur sit diligentia inquirentis Deum, ut consideret ad quod mens respicit dum diligit vel afficitur. Et ad praesuppositum se convertat, ubi reperiet ineffabilem dulcedinem amoris. Si enim omne id, quod amatur hoc habet ab amore, qui est amabilis absolutus amor, si degustabitur non derelinquetur.

VIII.

Est etiam non praetereundum, quomodo si circulus circumvolvitur super lineam rectam, non tangit eam nisi in puncto. Circumferentia enim aequaliter distat a centro. Contingens autem recta non contingit circularem nisi in puncto. Unde ex hoc considera tempus istud quod quasi circulariter revolvitur habere figuram propinquam circulo, quia ex quasi circulari motu caeli constituitur. Tempus enim est mensura motus. Quando igitur tempus, quod gestat similitudinem aeternitatis revolvitur, eo modo revolvitur, quo revolveretur circulus super linea recta infinita. Non enim subsistit tempus in se, sed subsistit in revolutione super linea infinita seu aeternitate. Et sic solum tempus de se non subsistit, nec habet, ut subsistat nisi in quantum puncto aeternitatis revolvitur. Et quia hoc est verum de omni circulo sive magno, sive parvo scilicet quod non subsistat aliter quam in contactu punctuali lineae rectae seu infinitae, tunc quaelibet creatura, quae sub tempore consideratur, potest assimilari in sua duratione circulo magno aut parvo, qui revolvitur. Et non habebit qualiscumque duratio sive longa sive brevis plus de aeternitate quam alia. In uno enim nunc aeternitatis omnes circuli subsistunt et circumvolvuntur.

Et ita attendis quomodo aeternitas est ipsa subsistentia temporis, metrum et mensura omnis durationis, licet sit simplicissima et impartibilis et tempori incommunicabilis. Et vides impossibile esse, quod tempus sit aeternum, licet revolutiones quasi circulares propter coincidentiam principii et finis non

Achte darauf, wie sehr der Geist auf das Urbild des Kreises hin angesprochen wird, auf die unendliche Form und Schönheit hin, auf die allein er blickt. Wie sollte irgendein Geschöpf angesprochen werden und nicht begreifen, daß es in derselben Weise auf den Schöpfer blickt, der seine Liebe und Freude ist? Wer nach Gott sucht, sei also voll Eifer darum besorgt, das zu beachten, auf das der Geist hinblickt, wenn er liebt und bewegt wird. Er wende sich dem Vorausgesetzten zu, wo er die unaussprechliche Wonne der Liebe finden wird. Alles das, was geliebt wird, hat dies von der Liebe, welche die liebenswerte absolute Liebe ist. Wer sie verkostet, der wird nicht verlassen.

VIII.

Man soll auch nicht außer acht lassen, wie der Kreis, wenn er über die gerade Linie hin entwickelt wird, diese nur im Punkt berührt. Der Umfang steht vom Mittelpunkt gleich weit entfernt. Die gerade Tangente aber berührt die Kreislinie nur im Punkt. Von hier ausgehend betrachte man, das jene Zeit, die sich gleichsam kreisförmig bewegt, eine dem Kreis nahestehende Figur hat, da sie gleichsam aus einer Kreisbewegung des Himmels gebildet wird. Die Zeit ist nämlich das Maß der Bewegung. Wenn also die Zeit, die die Ähnlichkeit der Ewigkeit trägt, auf diese Weise kreist, tut sie das in ähnlicher Weise wie ein Kreis, der sich über die gerade, unendliche Linie hin dreht. Die Zeit besteht nämlich nicht in sich, sondern hat, damit sie sei, Grundbestand im Umlauf über die unendliche Linie oder Ewigkeit. Folglich besteht die Zeit nicht aus sich allein noch hat sie eine andere Quelle ihres Bestehens als nur ihren Umlauf um den Punkt der Ewigkeit. Und weil es für jeden Kreis, sei er klein oder groß, wahr ist, daß er nicht anders als in der punkthaften Berührung mit der geraden oder unendlichen Linie besteht, kann jedes Geschöpf, das unter dem Aspekt der Zeit gesehen wird, in seiner Dauer einem kleinen oder großen Kreis verglichen werden, der sich umdreht. Und keine Dauer, sei sie lang oder kurz, besitzt mehr Ewigkeit als eine andere. In einem einzigen Jetzt der Ewigkeit nämlich bestehen alle Kreise und bewegen sich.

Und so merkt man, daß die Ewigkeit das Grundbestehen der Zeit, das Maß und der Maßstab aller Dauer ist, auch wenn sie vollkommen einfach, nicht partizipierbar und der Zeit nicht mitteilbar ist. Und man sieht, daß es unmöglich ist, daß die Zeit ewig ist, auch wenn die gleichsam kreishaften Umläufe wegen

videantur habuisse principium. Impossibile est enim circularem motum, cum sit curvus et reflexus, a se esse. Et ita est a creatore, qui est ipsa rectitudo infinita et aeternitas. Curvitas enim praesupponit suum creatorem, a quo cadens curvitas dicitur.

Non est igitur verum, quod sit praecisa revolutio circularis, ut in de Docta Ignorantia tetigi, aut quod circularis revolutio solaris motus infinities processerit. Infinitas enim numero revolutionum circularium competere nequit. Si enim numerare possumus decem revolutiones praeteritas et centrum et mille et omnes. Si quis dixerit non omnes esse numerabiles, sed praecessisse infinitas, et dixerit unam futuram revolutionem in futuro anno, essent igitur tunc infinitae et una, quod est impossibile. Et si verum est, quod solarium revolutionum finis erit in undecimo die martii, verum est solares revolutiones habuisse initium et non fuisse aeternas nec esse infinitas.

Aeternitas enim et infinitas motui convenire non possunt, cuius mensura est tempus, sed ei motui tantum, cuius mensura est aeternitas; sicut si generationem in divinis et processionem, de quibus supra, motum infinitae fecunditatis nominaverimus, cuius mensura aeternitas.

IX.

Nec te pigeat considerare quomodo circuli isoperimetri capacitas omnem omnium polygoniarum formabilium capacitatem excedit et in se complicat omnem capacitatem et est actu capacitas omnis possibilis capacitatis. Quomodo, si circulus datur, qui sit aequalis peripheriae cum polygonia, non tamen propterea est aequalis capacitatis, sed semper maioris et non deserit perfectionem suam, etiamsi aequalis peripheriae fuerit.

Ex quo venari poteris, quomodo creator, licet sit summa aequalitas et vera rerum mensura, nec maior, nec minor, numquam tamen desinit esse infiniti vigoris. Et habes, quod perfectio et complicatio est tanto maior quanto forma unior et simplicior. Circulus enim simplicior est omni formabili figura.

der Koinzidenz von Anfang und Ende keinen Ursprung zu haben scheinen. Es ist nämlich unmöglich, daß die Kreisbewegung aus sich sei, denn sie ist gekrümmt und zurückgebogen. Sie kommt vom Schöpfer, der die unendliche Geradheit selbst ist und die Ewigkeit. Die Krümmung nämlich setzt ihren Schöpfer voraus, von dem abweichend sie Krümmung genannt wird.

Es ist demnach auch nicht wahr, daß es einen genauen Kreisumlauf gibt — wie ich dies in der „Wissenden Unwissenheit“ erwähnt habe —, oder daß der Kreisumlauf der Sonnenbewegung unendliche Male stattfindet. Die Unendlichkeit kann nicht mit einer Zahl von Kreisumläufen verglichen werden. Wenn wir nämlich zehn vorbeigegangene Umläufe zählen können, dann auch hundert und tausend und alle. Würde jemand sagen, daß nicht alle zählbar seien, sondern unendlich viele stattgefunden hätten und dann hinzufügen, daß es einen zukünftigen Umlauf in einem zukünftigen Jahr geben werde, dann gäbe es unendlich viele plus einen, was unmöglich ist. Und wenn es wahr ist, daß der Sonnenumlauf am elften März zu Ende gehen wird, dann ist es wahr, daß die Sonnenläufe einen Anfang gehabt haben und weder ewig gewesen sind, noch unendlich viele sind.

Ewigkeit und Unendlichkeit können der Bewegung nicht zukommen, deren Maß die Zeit ist. Sie kommen nur jener Bewegung zu, deren Maß die Ewigkeit ist; so, wenn wir oben Zeugung und Hervorgang im Göttlichen die Bewegung unendlicher Fruchtbarkeit genannt haben, deren Maß die Ewigkeit ist.

IX.

Es sei dir auch nicht zuviel zu betrachten, daß und wie Inhalt und Fähigkeit des isoperimetrischen Kreises die aller anderen Vielecke, die geformt werden können, übersteigt und in sich einfaltet. Er ist als Wirklichkeit, Fähigkeit und Inhalt jedes möglichen. Ferner: wenn ein Kreis gegeben wird, der den gleichen Umfang hat wie ein Vieleck, dann ist er deswegen doch noch nicht der Fähigkeit nach gleich, sondern er ist immer größer und gibt seine Vollkommenheit nicht auf, auch wenn er mit dem Umfang gleich wird.

Auf Grund dieser Überlegung kann man die Einsicht gewinnen, wie der Schöpfer — auch wenn er höchste Gleichheit, das wahre Maß der Dinge und weder größer noch kleiner ist — dennoch niemals aufhören kann von unendlicher Kraft zu sein. Man erhält das Ergebnis, daß Vollendung und Einfaltung umso

Ideo vis capacitatis eius perfectissima inter figuras. Quapropter forma illa, quae ob suam infinitam simplicitatem est omnium formarum forma, est infiniti vigoris.

Diligentius adverte, quomodo oritur ex puncto linea recta finita, et ex illa figurae variae polygoniae et ultimo circularis. Minimae capacitatis figura est trigona et maximae capacitatis circulus. Et cadunt in medio infinitae polygoniae isoperimetrae minoris capacitatis circulo et maioris capacitatis trigono. Omnes autem polygoniae et circulus ex unico puncto oriuntur. Figura autem est similitudo formae.

Vide igitur, quomodo forma trigonica, quae est infinita habet suam virtutem, quae est eius capacitas trigonica. Et ita forma tetragonica suam et sic consequenter. Ex quo habes nullam sine propria virtute formam esse. Et quia ex numero angulorum nomenantur polygoniae ut sit trigona quae tres angulos et tetragona, quae quattuor et ita infinitum, id autem, quod dat nomen discretionem forma ist. Numerus igitur forma. Omnis autem numerus ab uno est, in quo complicatur.

Sicut igitur ex puncto fluit linea, ita ab uno numerus. Et quia polygonia sine linea et numero esse nequit, ideo polygonia est in potentia lineae. Nam de linea recta potest fieri trigonus, tetragonus, pentagonus, et ita de reliquis. Et non constituitur in actu nisi linea, quae est recta, fiat angularis et iungat extrema et per numerum formetur. Numerus autem non nisi ex mente est. Qui enim mente caret numerare nequit. Causa igitur efficiens formae mens est. Unde omnis forma est similitudo conceptus mentalis infiniti vigoris.

Creator igitur duo fecisse videtur, scilicet prope nihil punctum. Inter enim punctum et nihil non est medium. Adeo enim prope nihil est punctus, quod si puncto punctum addas non plus resultat quam si nihilo nihil addideris. Et aliud prope se scilicet unum. Et illa univit, ut sit unus punctus. In illo uno puncto fuit complicatio universi.

größer ist, je einiger und einfacher die Form ist. Der Kreis ist einfacher als jede formbare Figur. Folglich ist die Kraft seines Begreifens die vollkommenste von allen Figuren. Darum ist er jene Form, die um ihrer unendlichen Einfachheit willen die Form aller Formen ist und unendliche Kraft besitzt.

Beachte, daß jene Dreiecksform, welche unendlich ist, ihre eigene Kraft besitzt, welche ihre Dreieckskraft ist. Die Viereckesform besitzt ihre Kraft, usw. Daraus geht hervor, daß keine Form ohne ihre eigentümliche Kraft sein kann. Und da die Vielecke auf Grund ihrer Winkelzahl benannt werden — so daß das ein Dreieck ist, welches drei Winkel hat, das ein Viereck, welches vier hat, und so weiter ins Unbestimmte; das aber, was Namen und Unterscheidung gibt, ist die Form. Die Zahl ist also die Form. Jede Zahl aber stammt von Einen, in dem sie eingefaltet wird.

Beachte, daß jene Dreiecksform, welche unendlich ist, ihre eigene Kraft besitzt, welche ihre Dreieckskraft ist. Die Vierecksform besitzt ihre Kraft, usw. Daraus geht hervor, daß keine Form ohne ihre eigentümliche Kraft sein kann. Und da die Vielecke auf Grund ihrer Winkelzahl benannt werden — so daß das ein Dreieck ist, welches drei Winkel hat, das ein Viereck, welches vier hat, und so weiter ins Unbestimmte; das aber, was Namen und Unterscheidung gibt, ist die Form. Die Zahl ist also die Form. Jede Zahl aber stammt vom Einen, in dem sie eingefaltet wird.

Wie also aus dem Punkt die Linie fließt, so aus dem Einen die Zahl. Und da das Vieleck nicht ohne Linie und Zahl sein kann, darum ist es im Vermögen der Linie enthalten. Aus der geraden Linie nämlich kann ein Dreieck, Viereck, Fünfeck, usw. gebildet werden. Als Wirklichkeit aber wird es nur dann gebildet, wenn die Linie, welche eine gerade ist, winkelhaft wird, ihre Enden verbindet und mittels der Zahl geformt wird. Die Zahl aber kommt nur aus dem Geist. Wer des Geistes entbehrt, kann nicht zählen. Der Wirk-Grund der Form ist also der Geist. Daher ist jede Form eine Ähnlichkeit des geistigen Gedankenentwurfes, der von unendlicher Kraft ist.

Der Schöpfer scheint also zwei Dinge geschaffen zu haben, neben dem Nichts den Punkt. Zwischen Punkt und Nichts gibt es nichts Mittleres. Der Punkt ist dem Nichts so nahe, daß bei der Addition von Punkten nicht mehr erreicht wird als bei der Addition des Nichts. Er ist das sich selbst nahe Andere, d. h. das Eine. Er vereinte beide, damit es ein einziger Punkt sei. In diesem einen Punkt fand die Einfaltung des Gesamt statt.

Universum igitur sic eductum concipitur de illo uno puncto sicut si de uno puncto educeretur una linea, ut de illa fiat unus trigonus vel unus tetragonus. Et ultimum atque simplicissimum ac perfectissimus et creatori simillimum circulus. Si enim sine tribus angulis ex linea non potest fieri trigonus unus coincidit in forma trigoni unitas et trinitas; unitas scilicet essentiae et trinitas angulorum. Et in tetragono unitas et quaternitas, unitas scilicet essentiae et quaternitas angulorum. Et sic consequenter. In circulo vero unitas et infinitas; unitas essentiae et infinitas angulorum. Immo ipsa infinitas est unitas. Circulus enim est totus angulus. Sic est unus pariter et infinitus. Et est actus omnium formabilium angulorum ex linea.

Ex quo elicias, quomodo creator unius universi ex uno puncto, quem creavit, fecit prodire unum universum in similitudine; uti mens nostra volens figurare incipit ab uno puncto et illum extendit in lineam, deinde illam flectit in angulos, ut claudat superficiem et facit polygoniam. Et quia in libello complementi mathematici habetur, quomodo linea per unam extensionem fit triagulus et per aliam maiorem tetragonus, per maximam circulus, ideo circulus igitur competit perfectissimis creaturis suo creatori simillimis, ut sunt supernae mentes.

Nihil enim mente nobilius. Mens autem humana videtur similis principio universi, quasi unus punctus, qui eductus in unam lineam extenditur, ut fiat alicuius capacitatis et fiat, ut trigonus. Et quoniam mens habet mentalem vitam et gustat se extensam in quandam capacitatem, extendit se ipsam in maiorem tetragonam vel pentagonam et ita consequenter. Neque umquam ita se ad talem poterit extendere capacitatem, quin possit esse capacior. Ad circularem igitur capacitatem continue accedit, quam sua virtute numquam attingit, sed de gratia creatoris rapitur de angulari capacitate in circularem; sicut rapiuntur scholares de lectione particularium librorum ad artem universalem atque magisterium legendi omnes libros.

Das Gesamt, das dergestalt aus diesem einen Punkt herausgeführt wurde, begreifen wir so, wie wenn die eine Linie aus dem einen Punkt herausgeführt würde, damit aus dieser ein Dreieck oder Viereck werde. Das Äußerste, Einfachste und Vollkommenste und das dem Schöpfer Ähnlichste ist der Kreis. Wenn nämlich ein Dreieck nicht ohne drei Winkel aus einer Linie entstehen kann, dann koinzidieren in der Form des Dreiecks Einheit und Dreiheit, d. h. die Einheit der Wesenheit und die Dreiheit der Winkel. Im Viereck sind es Einheit und Vierheit, d. h. Einheit der Seinsheit und Vierheit der Winkel, usw. Im Kreis jedoch koinzidieren Einheit und Unendlichkeit; d. h. die Einheit der Wesenheit und die Unendlichkeit der Winkel. Demnach ist die Unendlichkeit Einheit. Der Kreis nämlich ist der ganze Winkel. Auf diese Weise ist er zugleich einer und unendlich. Er ist die Wirklichkeit aller aus der Linie formbaren Winkel.

Daraus kann man entnehmen, daß und wie der Schöpfer des einzigen Gesamt dieses aus einem einzigen Punkt, den er geschaffen hat, in Ähnlichkeit hervorgehen ließ; so wie unser Geist, der eine Figur darstellen will mit einem einzigen Punkt beginnt, ihn zur Linie erweitert und dann zu Winkeln abbiegt, um die Fläche einzuschließen und das Vieleck zu vollenden. Und da, wie im Büchlein der mathematischen Ergänzung ausgeführt, die Linie durch eine Ausdehnung zum Dreieck und durch eine weitere zum Viereck, durch die größte aber zum Kreis wird, kommt der Kreis den vollkommensten Geschöpfen nahe, die ihrem Schöpfer am ähnlichsten sind, wie z. B. die oberen Geister.

Es gibt nichts Vornehmeres als den Geist. Der menschliche Geist aber erscheint dem Ursprung des Gesamt ähnlich, das gleichsam ein einziger Punkt ist, der entfaltet, zu einer einzigen Linie erweitert wird, um irdend etwas zu umgreifen, und z. B. ein Dreieck wird. Und da der Geist geistiges Leben besitzt und erfährt, daß er zu bestimmten Vermögen hin entfaltet ist, entfaltet er sich zu einem größeren Viereck oder Fünfeck, usw. Er kann sich jedoch niemals zu solchem Umgreifen ausdehnen, daß er nicht noch umfassender werden könnte. Folglich nähert er sich beständig einem kreisartigen Umgreifen, das er in seiner eigenen Kraft jedoch niemals erreicht. Durch die Gnade des Schöpfers wird er vielmehr von winkelartigem Umfassen zu kreisartigem emporgerissen; so wie Schüler durch das Lesen bestimmter Bücher zuerst zur allgemeinen Kunst und dann zur Meisterschaft, alle Bücher zu lesen, emporgerissen werden.

Qui enim legit particularia sricpta legit [quidem] et quodam lumine artis; demum perficitur, ut fiat magister. Et haec est similitudo figuralis conveniens, qua duci poteris, ut videas differentiam esse inter eas mentes, quae assecutae sunt perfectionem capacitatis mentalis per raptum in mundum intelligibilem et inter eas, quae venantur capacitatem in sensibili mundo sub sensibilibus particularibus signis, sicut de polygoniis et circulo mathematice experimur.

X.

Circulus autem etsi sit perfectissima figurarum, tamen non potest fieri quod aequetur infinitae rectitudini, quae et infinitus est circulus. Nam de recta infinita non potest quicquam fieri, cum sit actu omnia, quae figurari possunt. Unde illa rectitudo non est flexibilis, ut sit aliter quam est, nec habet extrema. Quare etsi finita linea recta gerat infinitae rectae similitudinem, tamen finita ob suam finitatem et imperfectionem habet plurimum de potentia. Et fieri ex ea possunt figurae [varias] superficies claudentes, licet ipsa nulla sit actu. Et dum ex ea facta est una figura, puta trigona, tunc quia extrema sunt coniuncta, tunc non potest fieri alia polygonia ex eadem linea, nisi post quam dimissa ista figura revertitur in linealem rectitudinem. Ex quo habes, quomodo forma et finis coincidunt ita, quod forma non est in potentia ad formam, ut ex una forma fiat alia.

Forma enim est terminus motus et actus potentiae et non potentia. Ob hoc species non transmutantur. Potest tamen una forma esse in alia, ut trigonus in tetragono, licet trigonus numquam fiat tetragonus. Sed illa forma, quae est in alia, non [est] specifica forma, sed generica, quoniam non potest esse nisi una forma specifica unius seu individui. Quare stat forma illa, quae est in alia sicut generalis in speciali, ut vegetabilis in sensibili et in homine sensibilis in rationali. Et sicut trigonus in tetragono non nominat tetragonum, sed tetragonus nominatur a sua ultima forma, quae complicat in sua capacitate trigonalem, ita forma est in forma sic, quod ultima forma, quae non recipit nec magis nec minus et consistit in quodam indivisibili, in

Wer bestimmte Schriften liest, liest dies und das im Licht der Kunst. Schließlich vollendet er sich und wird ein Meister. Dies ist ein zutreffendes Ähnlichkeitsbild, durch das man zum Verstehen des Unterschiedes zwischen jenen Geistern geführt werden kann, welche die Vollendung geistigen Umgreifens durch ein Emporgerissenwerden in die geistige Welt erlangt haben und jenen, welche dieses Umgreifen in der sinnlichen Welt unter bestimmten sinnlichen Zeichen erjagen; wie wir dies in der Mathematik in bezug auf Vielecke und Kreis erfahren.

X.

Obwohl der Kreis die vollkommenste aller Figuren ist, vermag er dennoch der unendlichen Geradheit, welche der unendliche Kreis ist, nicht gleich zu werden. Aus der unendlichen Geraden kann nämlich nicht Etwas werden, da sie als Wirklichkeit alles ist, das dargestellt werden kann. Darum kann jene Geradheit nicht gebogen werden, um anders zu sein, als sie ist. Noch hat sie Enden. Wenngleich die endliche, gerade Linie das Ähnlichkeitsbild der unendlich geraden Linien trägt, hat sie dennoch wegen ihrer Endlichkeit und Unvollkommenheit sehr viel der Möglichkeit an sich. Aus ihr können Figuren entstehen, die verschiedene Flächen einschließen, auch wenn sie selbst in Wirklichkeit keine Fläche ist. Und ist aus ihr eine bestimmte Figur geworden, z. B. ein Dreieck, dann kann, weil die Enden verbunden sind, aus ebenderselben Linie kein anderes Vieleck entstehen, es sei denn man löst jene Figur auf und kehrt zurück zur linienhaften Geradheit. Daraus geht hervor, daß und wie Form und Begrenzung koinzidieren; nämlich so, daß die Form nicht in der Möglichkeit zur Form steht, so daß aus der einen eine andere werden könnte.

Die Form ist die Bestimmung und Begrenzung der Bewegung, die Wirklichkeit der Möglichkeit und nicht die Möglichkeit. Darum werden die Eigengestalten nicht verwandelt. Dennoch kann die eine Form in einer andern sein, wie z. B. das Dreieck im Viereck, auch wenn jenes niemals dieses wird. Vielmehr ist die Form, die in einer anderen ist, nicht die eigengestaltliche Form, sondern die gattungshafte, da es nur eine eigengestaltliche Form eines einzigen Dinges oder Individuums geben kann. Darum verhält sich eine Form, die in einer andern ist, wie die allgemeine im besonderen, so wie die pflanzliche sich in der sinnlichen verhält und beim Menschen die sinnliche in der verständigen. Und wie das Dreieck im Viereck diese nicht benennt — das Viereck

se seu sua capacitate complicat inferiores formas, quae in ea sunt complicite, non formaliter seu actualiter explicatae.

Etiam si recte advertis forma est terminans rem. Quando enim ex linea potest figurari qualiscumque polygonia, tunc illam potentiam si trigonalis figura terminat est trigonus. Et quoniam trigonus dicit tres angulos et quaelibet polygonia habet angulos, ideo forma substantialis non denominatur ab angulis, qui sunt communes omnibus, sic nec a lateribus, nec a linea quae est peripheria. Nam peripheria, latera, anguli, sunt communia omnibus, sed non numerus angulorum. Forma igitur substantialis polygoniae denominatur a numero, qui est specialis.

Si igitur ponitur unitas principium, quia terminat rem et est sic forma terminans, erit numerus substantia rei. Et hoc est attendendum quod si unitas est substantia similiter et numerus, quia numerus componitur ex unitatibus. Sed res prius ordine naturae habet esse quam discerni aut prius habet esse quam indivisum a se et divisum ab aliis, ita quod forma prioriter dat esse et consequenter ad illum sequitur, quod sit indivisum a se et a quodlibet alio divisum, ut propter hoc res dicatur una. Tunc res dicitur una unitate illa, quae est principium numeri et quia sequitur esse, tunc est accidens. Omne enim, quod sequitur esse, accidit ei. Sic unitas considerata accidit rei et est principium numeri. Et tunc numeri non sunt substantia rei, quia ex accidentali principio explicantur.

Unitas autem, quae est principium, complicat omnem unitatis vigorem. Sic est principium terminans simul et unum faciens. Unum faciendo terminat et terminando unum facit. Qui igitur in hanc respicit coincidentiam, videt, cur in dicendo Pythagorici et Peripatetici differunt, quando Pythagorici numerum dicunt substantiam et Peripatetici accidens. Et tu vides super utramque assertionem coincidentiam in numero, in quo simplicitas et compositio coincidunt, cum compositio eius sit ex se ipso et ita simplicitas, ut de hoc alibi. Supra enim id, quod Peripatetici

erhält seinen Namen vielmehr von seiner äußeren Form, welche in ihrem Vermögen die Dreiecksform einschließt —, so ist die Form, in der Form dergestalt, daß die äußerste Form, welche nicht Mehr oder Weniger annimmt und in bestimmter Unteilbarkeit besteht, die unteren Formen, welche nur eingeschlossenerweise, nicht der Form oder Wirklichkeit nach in ihr enthalten sind, in sich oder in ihrem Gehalt entfaltet.

Auch gibt die Form, richtig betrachtet, dem Ding seine Bestimmung. Weil aus der Linie jedes Vieleck gestaltet werden kann, ist sie, sofern eine Dreiecksfigur diese Möglichkeit bestimmt, ein Dreieck. Da Dreieck drei Winkel bedeutet und jegliches Vieleck Winkel hat, wird die grundbestandliche Form nicht von den Winkeln bezeichnet, die allen gemeinsam sind; dasselbe gilt von den Seiten und der Linie, welche die Peripherie bildet. Der Umfang, die Seiten und die Winkel nämlich sind allen gemeinsam, nicht jedoch die Zahl der Winkel. Die grundbestandliche Form des Vielecks wird daher nach der Zahl benannt, die ihm eigen ist.

Wenn also die Einheit als Ursprung gesetzt wird, da sie ein Ding bestimmt und so die bestimmende Form ist, wird die Zahl zur Substanz des Dinges. Es ist zu beachten: wenn die Einheit Grundbestand ist, dann in ähnlicher Weise auch die Zahl, da diese aus Einheiten zusammengesetzt wird. Wenn ein Ding der Ordnung der Natur nach das Sein früher hat als das Unterschiedenwerden, oder das Sein früher hat als das nicht von sich selbst, aber von den andern Geschiedensein, daß vorgängig die Form das Sein gibt, das von sich nicht, aber von den andern Geschiedensein jedoch darauf folgt, und demzufolge das Ding eines genannt wird, dann wird das Ding nach jener Einheit eines genannt, welche der Ursprung der Zahl ist. Und da es auf das Sein folgt, ist es ein Hinzukommendes. Alles nämlich, was dem Sein folgt, kommt zu ihm hinzu. Darum kommt diese Einheit zum Ding hinzu und ist der Ursprung der Zahl. Daher sind die Zahlen, weil sie aus einem hinzukommenden Ursprung entfaltet werden, nicht Grundbestand des Dinges.

Die Einheit aber, welche der Ursprung ist, faltet die ganze Kraft der Einheit ein. Sie ist auf diese Weise zugleich der bestimmende Ursprung und das schaffende Eine. Indem sie das Eine schafft, bestimmt sie und indem sie bestimmt, schafft sie. Wer auf diese Koinzidenz blickt, sieht, warum Pythagoräer und Peripatetiker eine verschiedene Sprache reden, wenn jene sagen, die Zahl sei die Substanz und diese, sie sei Akzidenz. Über die Behauptung beider hinaus siehst du die Koinzidenz in der Zahl, in der Einfachheit und Zusammensetzung koinzidieren, da sie aus sich

dicunt substantiam et accidens ubi quidem ens collocant, ibi unum est collocandum, quod convertitur cum ente. Unde aliud iudicandum de numero, qui ex mente est prout est ex unitate increatae mentis et prout est ex creata mente.

Unitas enim primi numeri se habet ut forma naturalis, secundi ut forma artis. Forma naturalis est substantialis, quare et numerus illius unitatis. Forma artis est accidentalis, quae est figura, quia venit post esse rei. Quare et unitas eius est accidentalis. Unde cum nominamus unam formam substantialem, dicimus eam unam ab unitate, quae non potest esse nisi substantialis. Neque est aliud illa unitas substantialis formae quam ipsa forma. Unde quando illa una forma dat esse, tunc eius dare esse est, terminare, unire, formare. Et quia saepius de hoc alibi tetigi in pluribus opusculis hoc sic dixisse [nunc] sufficiat.

XI.

Non est praetereundum, quod datae rectae potest dari circularis aequalis et non e converso. Nam non potest sciri secundum nisi scito primo, et tunc proportionabiliter, prout in saepe dicto libello complementi reperitur.

Quaesiverunt veteres circuli quadraturam. Et haec inquisitio praesupponit, quod data dirculari linea possit dari recta sibi aequalis. Et hoc numquam reperire potuerunt. Si quaesivissent quadrati circulationem fortassis invenissent. Ex quo habes circulum non mensurari, sed mensurare scilicet aeternitatem non esse mensurabilem, quia omne mensurabile excedit, sed mensurat aeternitas omnem durationem. Infinitum non est mensurabile, quia infinitum est interminum. Non igitur potest claudi terminis cuiuscumque mensurae, sed ipsum est mensura omnium.

Infinitum enim est omnium finis et terminus sicut absoluta mensura. Non est mensurabilis per quamcumque contractam mensuram. Et quia nulla mensura habet, quod est mensura sine

selbst zusammengesetzt und darum Einfachheit ist, wie anderweitig ausgeführt. Substanz und Akzidenz stehen nämlich über dem, was die Peripatetiker sagen. Wo sie dem Seienden seinen Platz geben, dort gehört auch das Eine hin, das mit dem Seienden vertauscht werden kann. Darum muß man über die aus dem Geiste stammende Zahl anders urteilen, wenn sie aus der Einheit des ungeschaffenen und wenn sie aus der des geschaffenen Geistes hervorgeht.

Die Einheit der ersten Zahl verhält sich wie die natürliche Form, die der zweiten verhält sich wie die Form der Kunst. Die natürliche Form ist grundbestandlich; darum ist es auch die Zahl ihrer Einheit. Die Gestalt der Kunst ist hinzukommend. Sie ist die Figur, da sie dem Sein des Dinges folgt und darum ist auch ihre Einheit hinzukommend. Wenn wir daher die eine grundbestandliche Form nennen, dann nennen wir sie eine nach der Einheit, die nur grundbestandlich sein kann. Auch ist diese Einheit der substantialen Form nichts anderes als diese Form. Wenn also jene eine Form das Sein gibt, dann bedeutet ihr Sein-Geben Bestimmen, Einen, Formen. Da ich darüber in anderen Schriften oft genug gesprochen habe, soll dies genügen.

XI.

Wir dürfen auch nicht übersehen, daß zu einer gegebenen geraden Linie eine gleiche Kreislinie gegeben werden kann und nicht umgekehrt. Man kann nämlich das Zweite nur wissen, wenn man das Erste weiß; und dann weiß man es im Verhältnis, wie man es in dem schon oft zitierten Büchlein über die Ergänzung finden kann.

Die Alten fragten nach der Quadratur des Kreises. Diese Frage setzte voraus, daß zu einer gegebenen Kreislinie eine gleich große gerade gegeben werden kann. Sie konnten die Quadratur niemals finden. Hätten sie jedoch nach der Zirkulatur des Quadrates gefragt, dann hätten sie diese vielleicht gefunden. Daraus geht hervor, daß der Kreis nicht gemessen werden kann, sondern mißt, bzw. daß die Ewigkeit nicht meßbar ist, da sie jede Meßbarkeit übersteigt. Die Ewigkeit mißt vielmehr jede Dauer. Das Unendliche ist nicht meßbar, da es unbegrenzt ist. Es kann also nicht mit den Grenzen irgendeines Maßes eingeschlossen werden, sondern ist selbst das Maß von allem.

Das Unendliche ist Grenze und Bestimmung von allem, wie auch das absolute Maß. Es ist durch kein verschränktes Maß zu messen. Und da kein Maß sein Maßsein ohne jenes absolute Maß hat, ist

ea absoluta, hinc ipsa est vera et aequatissima mensura omnis contractae et nominabilis mensurae; sicut albedo non est mensurabilis per quodcumque album, sed ipsa omne album mensurat, cum [omne] album ab albedine habet, quod est album. Est igitur ex hoc manifestum. Deum esse incomprehensibilem per omnem creaturam, quia omni mente immensurabilis. Maior enim est omni capacitate. Sed si Deus attingi debet, tunc attingitur non, ut attingibilis est in se, sed ut est attingibilis in attingente. Et hoc est in aequalitate mensurae attingentis ipsum. Sic omnis attingens attingit Deum secundum mensuram suae capacitatis, sicut data quacumque recta finita datur circularis nec maior nec minor.

Et hoc dicimus aequale, quod nec est magis nec minus, licet propter hoc non sit aequale, prout aequalitas convenit substantiae. Una enim substantia non est magis substantia quam alia, quia non est quantitas substantia. Sed substantia hinc non recipit magis nec minus sicut quantitas. Tamen ob hoc [etiam] non omnes substantiae sunt aequales. Una enim est perfectior alia.

Collige igitur quod sicut unum visibile per multos videtur, non tamen aequaliter, quia duo aequaliter praecise videre nequeunt. Unusquisque enim per proprium et singularem angulum oculi visibile attingit et mensurat ipsum et non iudicat visibile maius, nec minus esse quam ut oculo suo attingit. Non tamen attingitur per aliquem oculum praecise visibile uti est visibile.

Sic de mente et eius obiecto scilicet veritate seu Deo. Id enim quod est angulùs, per quem visus videt, est capacitas per quam mens mensurat. Hoc autem interest, quod visus non potest ut visus immutare angelum aut eum facere maiorem vel minorem, ut verius et certius videat, quia angulus iste non est in visu, sed in organo. Sed capacitas intellectus non est in organo; non enim adhaeret corporali organo ut sensus, sed est eius possibilitas sic actuata, quod potest continue plus et plus actuari; quasi si punctus, in cuius potentia et linea sine termino foret ductus de potentia ad actum, ita quod linea educta fieret pedalis et quod mens sit per ipsam talem lineam mensurans tunc omnia

dieses das wahre und völlig angeglichene Maß für jedes verschränkte und nennbare Maß; ähnlich wie das Weißsein nicht durch irdend etwas Weißes gemessen werden kann, sondern selbst jedes Weiße mißt, da es diesem auf Grund des Weißseins zukommt, daß es weiß ist. Daraus geht offenkundig hervor, daß Gott durch kein Geschöpf begriffen werden kann, da er für jeden Geist unmeßbar ist. Er ist nämlich größer als jedes Begreifen. Soll Gott jedoch berührt werden, dann wird er nicht so berührt, wie er in sich berührbar ist, sondern wie er berührbar ist im Berührenden. Und das bedeutet: in der Gleichheit des Maßes dessen, der ihn berührt. So erreicht jeder, der Gott erreicht entsprechend dem Maßstab seines Begreifens; ähnlich wie zu einer gegebenen geraden und endlichen Linie eine Kreislinie gegeben wird, die weder größer noch kleiner ist.

Wir nennen das gleich, was weder größer noch kleiner ist, auch wenn es deswegen noch nicht etwas Gleiches sein muß, wie z. B. die Gleichheit, die dem Grundbestand zukommt. Die eine Substanz ist nämlich nicht mehr Substanz als die andere, da die Quantität keine Substanz ist. Aber die Substanz nimmt darum weder Mehr noch Weniger auf als die Quantität. Dennoch sind deshalb nicht alle Substanzen gleich. Die eine ist nämlich vollkommener als die andere.

Man besinne sich darauf, daß, obwohl ein und dasselbe Sichtbare von Vielen gesehen wird, dieses dennoch nicht in gleicher Weise gesehen wird, da zwei nicht genau gleich sehen können. Jeder nämlich erfaßt es durch den ihm eigentümlichen und einzigen Winkel des Auges und mißt es und urteilt, daß das Sichtbare weder größer noch kleiner sei als er es mit seinem Auge erreicht. Dennoch wird das Sichtbare von keinem Auge genau so erreicht, wie es sichtbar ist.

Dasselbe gilt vom Geist und seinem Gegenüber, d. h. der Wahrheit oder Gott. Das nämlich, was dem Winkel entspricht, nach dem das Sehen sieht, ist das Umgreifen, nach dem der Geist mißt. Zwischen beiden besteht aber der Unterschied, daß das Sehen seinen Winkel weder ändern noch größer oder kleiner machen kann, um in größerer Wahrheit und Genauigkeit zu sehen, weil jener Winkel nicht im Sehen selbst, sondern im Organ ist. Die umgreifende Fähigkeit des Denkens jedoch ist nicht im Organ — es ist nämlich nicht so wie der Sinn mit einem körperlichen Organ verbunden —, sondern sie ist seine dergestalt verwirklichte Möglichkeit, daß sie ständig mehr und mehr verwirklicht werden

mensuraret pedaliter. Quod si adhuc plus extenderetur fluxus puncti, ita [quod] linea fieret bipedalis, tunc omnia mensuraret bipedaliter. Contrario modo se habet mens.

Nam virtus unita est maior. Quando enim mens concipit primo ut quadam confusa mensura quasi linea incertae quantitatis quae est viva, et contrahit se de incertitudine confusa ad aliquam certitudinem, ac si linea versus punctum centralem se contraheret, ut fieret linea, quae pertica dicitur ad mensurandum agros, quia cum illa non possent subtiliores mensurae attingi, immo omne mensurabile non nisi secundum illam grossam mensuram attingeretur. Si tunc linea adhuc se magis versus centrum seu punctum contraheret, ut fieret pedalis, etiam subtilius et certius omne mensurabile mensuraret. Et ita si continue magis uniretur et simplificaretur semper virtus mensurandi augeretur et certioraretur et plus ad praecisionem appropinquaret. Ex quo elicias mentem humanam non esse eo modo corporis entelechiam sicut visus oculi, quia non dependet potentia eius ab organo, sed est sicut ignis in potentia, qui eductus de potentia per quemcumque motum intra se ipsum habet motum per quem continue plus et plus actuetur.

Assimilatur autem ignis intellectui agenti. Id autem, in quo latet potentia, dicitur intellectus possibilis. Educitur autem intellectus de potentia ad aliqualem actum mediante admiratione, quae ipsum movet, ut quid sit hoc, quod sensu percipit inquirat. Et ob hoc est in corpore et corpus sibi necessarium. Alius enim si in actu foret, ut mens agelica, non foret posita in corpore. Corpus enim non est datum menti nisi, ut excitetur sensibili admiratione et perficiatur. Et ita apprehendis, quod mens non est dependens a corpore, licet ad perfectionem sine corpore pervenire nequeat.

kann; als wäre der Punkt, in dessen Möglichkeit auch die Linie liegt, ohne Ende aus der Möglichkeit in die Wirklichkeit geführt, so daß, würde die Linie einen Fuß lang, auch der Geist, der mit einer solchen Linie mißt, alles nach der Weise der Fußlänge messen würde. Würde die Entfaltung des Punktes nun weiter ausgedehnt, so daß eine zweifußlange Linie entstünde, dann würde er alles in der Weise der Zweifußlänge messen. Dazu verhält sich der Geist in entgegengesetzter Weise.

Die geeinte Kraft ist stärker. Wenn nämlich der Geist zunächst wie ein unbestimmtes Maß begreift — gleichsam eine Linie von unbestimmter Ausdehnung, die lebendig ist — und sich von unbestimmter Unbewußtheit zu irgendwelcher Gewißheit verschränkt — so als würde sich die Linie zum Mittelpunkt hin verschränken, um eine, Rute genannte, Linie zum Messen der Äcker zu werden, da mit ihr keine feineren Maße erreicht werden könnten — so würde dennoch alles Meßbare nicht anders als nach diesem groben Maß erreicht. Würde sich nun diese Linie noch mehr zum Mittelpunkt oder zum Punkt hin verschränken, so daß eine Fußlinie entstünde, würde sie alles Meßbare genauer und in größerer Gewißheit messen. Würde sie so beständig mehr geeint und vereinfacht werden, so würde ihre Meßkraft beständig wachsen und genauer werden und sich der Genauigkeit immer mehr nähern. Daraus kann man entnehmen, daß der menschliche Geist nicht so die Entelechie des Körpers ist wie das Sehen die des Auges, da seine Mächtigkeit nicht vom Organ abhängt; sondern er ist vielmehr wie das Feuer in der Möglichkeit, das durch irgendwelche Bewegung aus der Möglichkeit herausgeführt, in sich selbst eine Bewegung hat, durch die es beständig mehr verwirklicht wird.

Man vergleicht das Feuer mit dem wirkenden Denken. Das aber, worin die Möglichkeit schlummert, wird mögliches Denken genannt. Das Denken wird durch die Verwunderung aus der Möglichkeit zu irgendwelcher Wirklichkeit geführt. Die Verwunderung bewegt es, das zu erforschen, was es mit den Sinnen wahrnimmt. Aus diesem Grund ist es im Körper und dieser ist für es notwendig. Andernfalls, wenn es so in der Wirklichkeit wäre, wie der Geist des Engels, wäre es nicht im Körper. Der Körper nämlich ist dem Denken nur dazu gegeben, daß dieses durch sinnliches Staunen erregt und vollendet werde. Und so begreift man, daß der Geist nicht vom Körper abhängig ist, auch wenn man nicht ohne den Körper zur Vollendung gelangen kann.

Quare non corrumpitur mens corrupto corpore licet deficiat aliquando a perfectione propter corruptionem corporis. Visus autem penitus deficit deficiente oculo, sine quo non videt.

Mens vero tanto acutius mensurat quanto [magis] posita est in actu, quanto se plus a corpore separat et organa sensuum claudit et se a corpore absolvendo ad spirituale suum esse et centrale contrahit.

XII.

Adhuc sicut circulus omnem polygoniam mensurat uti aeternitas omnem durationem sic et quies aeterna seu infinita omnem motum et unitas obiecti omnem potentiam. Est propterea advertendum, quomodo cum angulis fiunt medio proportionum figurarum transmutationes, prout ingenue traditur in saepe dictis complementis. Sic etiam Deus ipse potest uti angulus considerari infinitus medio cuius fit omnis rerum transmutatio secundum proportionem imitatoriam.

Est enim Deus uti angulus maximus pariter et minimus. Esto enim quod sit semicirculus et imaginetur semidiameter qui orthogonaliter stat super diametrum faciendo duos rectos angulos moveri super centro continue versus coincidentiam ipsius cum diametro. Manifestum est unum angulum continue augeri et alium tantum minui. Numquam autem coincidentia semidiametri et diametri unus angulus fiet absolute maximus, quando maior fieri possit, necque alius absolute minimus, quando minor fieri possit. Sed si ponatur quod sit unus angulus simpliciter maximus, tunc ille etiam erit simpliciter minimus. Nec hoc erit antequam lineae coincidant. Si ergo respicis duo latera resolvi in unam lineam rectam, vides [ei] nomen anguli non competere. Ex hoc elicias, quomodo qui ascendit ad Deum infinitum potius videtur ad nihil accedere quam ad aliquid, ut etiam divinus dicit Dionysius[1].

Et ita vide mirabilem Deum, qui quanto minus videtur esse, tanto plus est, et quanto aliquid de Deo videtur impossibilius tanto est magis necessarium. Atque quomodo infinitum angu-

[1] Dionysius, a. a. O. De mystica theologia V, p. 597ff.

Aus eben diesem Grunde wird der Geist durch die Zerstörung des Körpers nicht zerstört, auch wenn er wegen dieser Zerstörung zeitweise von der Vollendung abweicht. Das Sehen hingegen geht gänzlich zugrunde, wenn das Auge schwindet, ohne welches es nicht sieht.

Der Geist mißt also um so genauer, je mehr er in Wirklichkeit versetzt ist, je stärker er sich vom Körper unabhängig macht, die Organe der Sinne schließt und sich vom Körper befreiend zu seinem geistigen und zentralen Sein verschränkt.

XII.

Wie der Kreis gleich der Ewigkeit, die alle Dauer mißt, jedes Vieleck mißt, so mißt auch die ewige oder unendliche Ruhe jede Bewegung und die Einheit des Gegenstandes jede Möglichkeit. Aus diesem Grund ist darauf zu achten, daß die Umwandlungen der Figuren mit Hilfe der Winkel und mittels Proportionen zustande kommen, wie dies in dem oft erwähnten Büchlein über die Ergänzungen ausführlich dargestellt wird. Ebenso kann auch Gott als unendlicher Winkel betrachtet werden, mit dessen Vermittlung alle Umwandlung der Dinge den Ähnlichkeitsstrukturen entsprechend geschieht.

Gott gleicht dem zugleich größten und kleinsten Winkel. Gegeben sei ein Halbkreis und den Halbmesser stelle man sich im rechten Winkel über dem Durchmesser stehend vor, wobei er zwei rechte Winkel bildet, und selbst über den Mittelpunkt in Richtung auf seine Koinzidenz mit dem Durchmesser beständig bewegt wird. Es ist offenkundig, daß der eine Winkel ständig größer und der andere stets kleiner wird. Solange aber nicht die Koinzidenz von Halbmesser und Durchmesser erreicht wird, entsteht kein absolut größerer Winkel, da er noch größer werden kann, noch ein absolut kleinster, da er noch kleiner werden kann. Gesetzt jedoch, daß der eine Winkel der schlechthin größte sei, dann ist der andere auch der schlechthin kleinste. Das geschieht jedoch nicht, bevor die Linien nicht koinzidieren. Wenn man demnach beachtet, daß die beiden Seiten in eine einzige gerade Linie aufgelöst werden, dann sieht man, daß für sie der Name Winkel nicht zutrifft. Daraus kann man entnehmen, daß derjenige, welcher zu Gott aufsteigt, sich eher dem Nichts zu nähern scheint als dem Etwas, wie es auch Dionysius zum Ausdruck bringt.

Auf diese Weise betrachte den wunderbaren Gott, der, je weniger er zu sein scheint, um so mehr ist, und je unmöglicher etwas für ihn zu sein scheint, um so notwendiger ist es für ihn. Ferner beachte, daß der unendliche Winkel die Gegensätze, das zugleich

lum necesse est complicare opposita maximum pariter et minimum; et non posse esse quantitatem infinitam seu maximam simpliciter; et quod infinitum esse est penitus absolutum ab omni illo, quod de finito potest verificari.

Angulus autem ille, qui est infinitus, propter tanto foret vera mensura omnium angulorum, quia nec maior omnibus, quia minimus, nec minor, quia maximus. Et ideo si in potentia geometriae est medio angulorum figuras curvas transmutare in rectas et e converso, tunc in potestate Dei est mediante angulo infinito omnia invicem transmutare. Ille autem angulus infinitus non potest esse nisi Deus. Deus igitur mediante se ipso operatur quicquid vult, etiam unum in alium transmutando. Et non est opus, quod Deus habeat varios angulos ad varias transmutationes, seu varia instrumenta, sicut oportet geometriam habere, sed unico angulo infinito omnia transfert.

Et quia angulus ille est Deus, estque voluntas Dei Deus. Et ita angulus ille simpliciter maximus est Dei voluntas. Ideo sola voluntate Deus omnia transfert et immutat. Praeterea docet complementum illud angulos etiam incommensurabiles reperire, qui se habent ut lineae incommensurabiles sicut costa quadrati est incommensurabilis diametro, quoniam si ponatur unam istarum fore ut numerum parem, alia non poterit esse ut numerus par, neque ut numerus impar. Propterea habitudines omnium linearum numerare valentes non deficimus saepe in chordis et sinibus. Sed quia infinitus numerus complicat in se tam parem quam imparem numerum, ideo medio illius omnia numerantur.

Et considera, quomodo medietas duplae non est per nos numerabilis, et dato quocumque propinquo numero semper dabilis est propinquior in infinitum. Infinitus igitur praecisus est. Unde infinitus numerus qui non est magis par quam impar et non magis numerus quam non numerus, sed est innumerabilis numerus, ille praecise numerat medietatem duplae proportionis et omnia. Sic vides numerum incomprehensibilem et infinitum et innumerabilem, qui est maximus pariter et minimus, quem nulla ratio attingit nisi in umbra et caligine, quia est improportionabilis ad omnem numerum numerabilem; et quomodo Deus, qui dicitur numerus omnium rerum, ita est numerus sine quantitate discreta, sicut est magnus sine quantitate continua.

Größte und Kleinste, notwendigerweise einschließt; daß es keine unendliche oder schlechthin größte Quantität geben kann, daß das unendliche Sein von allem, das in bezug auf das endliche bewahrheitet werden kann, völlig frei ist.

Jener Winkel aber, der unendlich ist, wird deshalb das wahre Maß aller Winkel sein, weil er als der kleinste weder größer als alle andern ist, noch kleiner, da der größte. Und wenn in der Geometrie die Möglichkeit gegeben ist, gekrümmte Figuren mittels Winkel in gerade und umgekehrt, zu verwandeln, dann liegt es in der Macht Gottes, mittels des unendlichen Winkels alles ineinander zu verwandeln. Jener unendliche Winkel aber kann nur Gott sein. Gott bewirkt also mittels seiner selbst was immer er will, auch wenn er das eine in das andere verwandelt. Auch ist es nicht nötig, daß Gott für die verschiedenen Verwandlungen verschiedene Winkel oder Instrumente besitzt, wie sie der Geometer braucht. Er verwandelt vielmehr alles mit einem einzigen unendlichen Winkel.

Und da jener Winkel Gott ist, ist er auch der Wille Gottes. Gott also, der schlechthin größte Winkel, ist Gottes Wille. Folglich verändert und ändert Gott alles nur mit seinem Willen. Darum lehrt diese Ergänzung, daß jene Winkel, die sich wie die unmeßbaren Linien verhalten, auch als unmeßbare befunden werden; so wie die Seite des Quadrates unmeßbar ist für den Durchmesser, da, wenn die eine Seite, als gerade Zahl gesetzt ist, die andere nicht wie eine gerade Zahl sein kann, noch auch wie eine ungerade. Weil darum die Bezugsverhätlnisse nicht von allen Linien gezählt werden können, kommen wir nicht zurecht mit Sehne und Bogen. Da jedoch die unendliche Zahl in sich die gerade wie ungerade Zahl einfaltet, können wir mittels ihrer alles zählen.

Man beachte auch, daß das Mittel der Sekund von uns nicht gezählt werden kann. Sobald eine nahe kommende Zahl gegeben ist, kann immer noch bis ins Unendliche eine näher kommende gegeben werden. Die unendliche Zahl ist also genau. Darum zählt sie, die weder mehr gerade als ungerade und nicht mehr Zahl als nicht Zahl, sondern unzählbare Zahl ist, das Mittel der Sekund und alles. Auf diese Weise sieht man, daß die unbegreifliche Zahl auch die unendliche und unzählbare ist. Sie ist die zugleich größte und kleinste, die kein Verstandessinn erreicht, es sei denn in Schatten und Dunkel, da sie zu allen zählbaren Zahlen in keinem Bezugsverhältnis steht. Und man versteht, daß Gott, der die Zahl aller Dinge genannt wird, Zahl ohne gesonderte Größe ist, wie er auch groß ist ohne ausgedehnte Größe.

Et est idem angulus infinitus, qui est numerus infinitus, ut ipse simplicissimus simplicissime omnia et singula numeret, mensuret et transmutet.

Et quando haec subtilissime consideras, bene vides, quomodo Deo, qui est maius quam cogitari potest[1], scilicet ipsum absolute infinitum penitus nullum nomen competere potest sicut enim maximo et infinito angulo non potest nomen anguli secundum quod angulus ex sua impositione significat competere, cum potius sit non-angulus quam angulus; ita de omnibus vocabulis.

Nam omnis impositio vocabuli facta est ut vocabulum significat aliquid. Id autem, quod est aliquid, scilicet hoc et non illud, est finitum et terminatum. Et ita nequaquam infinito competere potest. Unde infinita sapientia, quae non est nisi ipsa absoluta infinitas, non est magis sapientia, si ad vim vocabuli tendimus, quam non-sapientia. Sic et infinita vita cum non sit nisi ipsa absoluta infinitas non est magis secundum impositionem vocabuli vita quam non-vita. Videtur enim quod infinitas quando additur vocabulo, contrahatur a sua absoluta infinitate ad rationem significandi vocabuli. Et hoc non potest esse, cum infinitas absoluta sit omni ratione incontrahibilis.

Et licet nos dicamus Deum sapientem et viventem et alia ratione sit sapiens et alia vivens, tamen illa alteritas nominum attributorum non potest videri in simpliciter infinito, licet omnia, quae experimur, perfectioni convenire causatoris. In causa esse simpliciter maxime concipiamus. Tamen ibi non possunt esse alia et alia, sed omnia, quid sub diversitate quacumque secundum vim vocabuli clauduntur. Ex qua vi nos ratiocinamur, sunt ipsa infinitas.

XIII.

Non fatigeris iterum atque iterum attendere, quod datae circulari lineae non potest dari recta aequalis nisi primo reperiatur, quomodo rectae detur aequalis circularis. Et tunc ex proportione circularium devenitur ad notitiam rectae ignotae per notam rectam et proportionem circularium. Si igitur veritatem illam maximam, quae non potest esse aliter quam est, nec maior scilicet nec minor, mensurare proponis quasi circularem lineam,

Und er, der die unendliche Zahl ist, ist auch der unendliche Winkel, so daß er als der Einfachste alles und jedes in einfachster Weise zählt, mißt und wandelt.

Wenn man dies ganz genau betrachtet, sieht man sehr wohl, daß Gott, der größer ist als man denken kann, d. h. das Unendliche in absoluter Weise, vollends kein Name zukommen kann; wie auch dem größten und unendlichen Winkel der Name des Winkels nach seiner eingesetzten Bedeutung nicht zukommen kann, da er eher Nicht-Winkel denn Winkel ist. Das gilt von allen Namen.

Jede Namensgebung ist nach der Weise des Etwas bezeichnenden Namens ausgeführt. Das aber, was etwas ist, d. h. dieses und nicht jenes, ist endlich und bestimmt. Folglich kann es dem Unendlichen in keiner Weise zukommen. Darum ist die unendliche Weisheit, die nichts ist als absolute Unendlichkeit, nicht mehr Weisheit als Nicht-Weisheit, wenn wir auf die Bedeutung des Namens achten. Ebenso ist das unendliche Leben, da es nichts ist als absolute Unendlichkeit, dem Setzungsgehalt des Namens entsprechend nicht mehr Leben als Nicht-Leben. Es scheint, daß die Unendlichkeit, sobald sie dem Namen beigefügt wird, sich von ihrer absoluten Unendlichkeit zum Wesenssinn der Wortbedeutung verschränkt. Das kann aber nicht sein, da die absolute Unendlichkeit zu keiner Wesensbestimmung verschränkt werden kann.

Und wenn wir auch sagen, daß Gott weise und lebendig sei und daß er nach einem anderen Wesenssinn weise und nach wieder anderem lebendig sei, so kann jene Andersheit der Attributsnamen nicht im schlechthin Unendlichen gesehen werden, selbst wenn alles, was wir erfahren, der Vollkommenheit des Verursachenden zukommen muß. Wir begreifen, daß es in seinem Grund schlechthin am größten ist. Dennoch ist es dort nicht als je anderes, sondern alles das, was unter dem Gesichtspunkt irgendwelcher Verschiedenheit der Namensbedeutung eingeschlossen wird. Auf Grund dieser Bedeutung, folgern wir, ist es die Unendlichkeit selbst.

XIII.

Man sollte nicht darin ermüden, immer wieder zu beachten, daß zu einer gegebenen Kreislinie keine gleiche Gerade gegeben werden kann, es sei denn man findet zuerst heraus, wie der Geraden eine gleiche Kreislinie gegeben wird. Dann gelangt man vom Verhältnis der Kreislinie mittels der bekannten Geraden und des Kreisverhältnisses zum Begriff der unbekannten Geraden. Wenn man also jene größte Wahrheit, die nicht anders sein kann als

non poteris illud efficere nisi aliquam circularem constituas alicuius rectae datae mensuram. Proposita igitur recta finita erit finita circularis eius mensura. Proposita igitur circulari infinita, quae est omnium dabilium rectarum mensura, erit eiusdem circularis mensura linea recta infinita. Recta autem infinita et circularis infinita coincidunt, ita quod circularis infinita est recta infinita.

Coincidit igitur ibi mensura et mensuratum. Non igitur mensuratur infinitum per finitum, inter quae non cadit proportio. Sed infinitum est sui ipsius mensura. Deus igitur est sui ipsius mensura. Et iam ante patuit, quod est omnium rerum mensura. Deus igitur est omnium et sui mensura. Est igitur Deus immensurabilis et incomprehensibilis per omnem creaturam, quia ipse est mensura sui ipsius et omnium. Mensurae autem non est mensura sicut termini non est terminus.

Veritas igitur, quae est ipsa rerum mensura, non est comprehensibilis nisi per se ipsam. Et hoc videtur in coincidentia mensurae et mensurati. In omnibus enim citra infinitum differunt mensura et mensuratum secundum plus et minus. In Deo vero coincidunt. Oppositorum igitur coincidentia est ut peripheria circuli infiniti. Oppositorum distantia est ut peripheria polygoniae finitae. Est igitur in theologicis figuris complementum eius, quod sciri potest, hoc scire scilicet quod differentia inter infinita mensurae et mensurati est in Deo aequalitas seu coincidentia. Unde ibi mensurans est rectitudo infinita. Et circularis infinita est mensurabilis per rectitudinem [infinitam]. Et mensurare est unitas seu nexus utriusque.

Complementum igitur in theologicis est aspicere ad principium, in quo ea, quae opposita reperiuntur in finitis, sunt coincidentia. Non possumus aliqua percipire esse alba nisi sint albedine alba. Sicut nec concipimus aliqua esse opposita nisi sint oppositione opposita. Oppositio igitur est oppositorum coincidentia et aequalitas. Deum dicimus esse oppositorum oppositionem, qui est omnia in omnibus. Et non est hoc aliud nisi ipsum dicere principium complicativum coincidentiam absolutam seu infinitam aequalitatem [esse].

sie ist, d. h. nicht größer oder kleiner, gleich einer Kreislinie messen möchte, dann kann man dies nur so erreichen, daß man irgendeine Kreislinie als das Maß zu einer gegebenen Geraden bildet. Zu einer gegebenen geraden und endlichen Linie ist eine endliche Kreislinie das Maß. Ist jedoch eine unendliche Kreislinie gegeben, die das Maß aller Geraden ist, die gegeben werden können, dann wird für eben diese Kreislinie die unendliche Gerade das Maß sein. Unendliche Gerade aber und unendliche Kreislinie koinzidieren, so daß die unendliche Kreislinie eine unendliche Gerade ist.

Es koinzidieren also dort Maß und Gemessenes. Das Unendliche wird demnach nicht durch das Endliche gemessen, und zwischen beiden gibt es kein Bezugverhältnis. Das Unendliche ist vielmehr das Maß seiner selbst. Gott ist dementsprechend sein eigenes Maß. Es ergab sich schon, daß er das Maß aller Dinge ist. Also ist Gott das Maß aller Dinge und seiner selbst. Er ist demnach für jedes Geschöpf unmeßbar und unbegreiflich, da er selbst das Maß seiner selbst und aller Dinge ist. Für das Maß aber gibt es kein Maß, so wie es für den Begriff keinen Begriff gibt.

Die Wahrheit, die selbst das Maß der Dinge ist, ist nur durch sich selbst begreifbar. Das erkennt man in der Koinzidenz von Maß und Gemessenem. In allem, was sich diesseits des Unendlichen befindet, unterscheiden sich Maß und Gemessenes nach Mehr oder Weniger. In Gott jedoch koinzidieren sie. Die Koinzidenz der Gegensätze ist also wie der Umfang des unendlichen Kreises. Ihr gegensätzlicher Abstand gleicht der Peripherie des endlichen Vielecks. In theologischen Figuren liegt demnach die Ergänzung dessen, was gewußt werden kann, nämlich, daß im Unendlichen der Unterschied des Maßes und des Gemessenen in Gott Gleichheit oder Koinzidenz ist. Darum ist das Messende dort die unendliche Geradheit. Und die unendliche Kreislinie kann durch jene gemessen werden. Die Messung selbst ist Einheit oder die Verknüpfung beider.

Ergänzung in der Theologie bedeutet also auf den Ursprung schauen, in dem das, was im Endlichen Gegensätze sind, Koinzidenz bedeutet. Wir können nur dann etwas als Weißes wahrnehmen, wenn es auf Grund des Weißseins weiß ist. Ebenso können wir auch nichts als Gegensatz begreifen, es sei denn auf Grund der Gegensätzlichkeit. Die Gegensätzlichkeit ist also die Koinzidenz der Gegensätze und die Gleichheit. Wir sagen, daß Gott, der alles in allem ist, die Gegensätzlichkeit der Gegensätze sei. Das bedeutet nichts anderes als von ihm zu sagen, daß er der die absolute Koinzidenz oder die unendliche Gleichheit einfaltende Ursprung ist.

Circulationem igitur infinitam rectilineamus hoc modo, quando circulationem coincidentiam principii et finis concipimus. Tunc eius mensuram rectilinealem concipimus non lineam inter punctum et punctum, principium et finem, clausam et terminatam, sed ab omni termino absolutam. Talis autem linea, quae nec habet principium, nec medium, nec finem, coincidentiam principii, medii et finis ex eo mensurat, quia est absoluta aequalitas. In qua non est aliud principium, et medium et finis, sed idem et unum aequaliter.

Et sicut omnia, quae in circulis finitis sunt seu aliter se habentia seu differentia et opposita, uti pars orientalis opponitur occidentali et meridionalis septentrionali et quaelibet alteri, quae per diametrum ab ea elongatur, et centrum et semidiameter et circumferentia differunt et ita de reliquis, coincidunt in aequalitate infiniti circuli, sic omnia in rectilineis differenter se habentia coincidunt in aequalitate lineae rectae infinitae. Et quia infinita circularis est recta, quare recta infinita est vera mensura mensurans circularem infinitam. Et ideo ipsa est aequalitas seu coincidentia omnium, quae in finito esse aliter, differenter seu opposite se habere videntur. Et hoc est complementum theologicum, per quod omne scibile theologice attingi potest, dico omne scibile, perfectiori modo, quo per hominem in hoc mundo sciri potest.

XIV.

Omnia autem hactenus theologis occulta et ab omnibus inquisitoribus ignorata per hanc circulationem quadrati modo praemisso sciri poterunt modo quo scibilia sunt homini. Puta cum Deus theos dicatur a videndo et quaeratur quomodo sit videns, respondetur eo modo, quo mensurans. Nam circulus infinitus ambit omnes dicendi modos. Et tota theologia est ut circulus ille, in quo omnia unum.

Videre igitur non est aliud in Deo quam mensurare. Sicut igitur Deus est mensura sui ipsius et omnium ac singulorum, ita est visio. Visio et videre in Deo idem sunt. Deum igitur esse visionem videntium est videre omnia. Si quaeratur, si alio modo se habet in videndo se et alio modo in videndo creaturas, respondetur:

Die unendliche Umkreisung machen wir auf diese Weise zu einer geraden, wenn wir sie als die Koinzidenz von Anfang und Ende verstehen. Dann begreifen wir ihr gradliniges Maß nicht als Linie zwischen Punkt und Punkt, Anfang und Ende; wir verstehen sie nicht als abgeschlossen und begrenzt, sondern als von aller Grenze losgelöst. Eine solche Linie, die weder Anfang, noch Mitte, noch Ende kennt, mißt die Koinzidenz von Anfang, Mitte und Ende auf Grund der Tatsache, daß sie absolute Gleichheit ist. In dieser ist Anfang, Mitte und Ende nicht etwas anders, sondern ein und dasselbe in Gleichheit.

Und wie alles, was es im endlichen Kreis gibt, nämlich das, was sich anders verhält oder verschieden und entgegengesetzt ist — der Teil im Osten ist dem im Westen und der im Süden dem im Norden, und überhaupt jeglicher jedem entgegengesetzt, der durch den Durchmesser von jenem entfernt ist; und Mittelpunkt, Halbmesser und Umfang sind verschieden, usw. —, in der Gleichheit des unendlichen Kreises koinzidiert, so koinzidiert alles, was sich in der Geraden verschieden verhält, in der Gleichheit der unendlichen Geraden. Und weil die unendliche Kreislinie gerade ist, ist die unendliche Gerade das wahre Maß, das den unendlichen Kreis mißt. Und so ist sie die Gleichheit oder die Koinzidenz von allem, das man im Endlichen sich anders, verschieden oder entgegengestzt verhalten sieht. Das ist die theologische Ergänzung, durch die alles Wißbare — ich sage alles Wißbare — theologisch auf die vollkommenste Weise erreicht werden kann, auf die es vom Menschen in dieser Welt gewußt werden kann.

XIV.

Alles, was den Theologen bis jetzt verborgen und von allen Suchenden nicht gewußt war, kann durch diese Zirkulation des Quadrates in der besprochenen Weise so gewußt werden, wie es für den Menschen wißbar ist. Wenn z. B. Gott nach dem Bilde des Sehens theos genannt wird und man fragt, wie er sieht, dann kann man sagen: er sieht so, wie er mißt. Der unendliche Kreis umfaßt nämlich alle Aussageweisen. Und die gesamte Theologie gleicht jenem Kreis, in dem alles eines ist.

Sehen bedeutet in Gott nichts anderes als Messen. Wie also Gott das Maß seiner selbst und alles und jedes ist, so ist es auch die Schau. Schau und Sehen in Gott ist dasselbe. Daß Gott die Schau des Sehenden ist, bedeutet, daß er alles sieht. Würde jemand fragen, ob er sich anders verhält, wenn er sich, und anders, wenn

aequalitati infinitae, quae est rerum mensura, non convenit alteritas, sed identitas. Se igitur intuendo intuetur simul et omnia creata et nequaquam differenter se et alia.

Et videndo creata simul et se videt. Creata enim, quia creata non videntur perfecte nisi creator videatur. Et effectus perfecte non videtur, quia effectus nisi et causa videatur. Visio autem Dei est perfectissima et se videndo, cum sit causa, videt omnia causata. Et causata videndo, cum sint causata, videt et se, quia causa. Coincidunt in Deo mensurare et mensurari, quia est mensura et mensuratum. Sic videre et videri coincidunt et sic videre se est videri a se et videre creaturas est videri in creaturis.

Eodem modo, si quaeritur de creatione. Creatio enim in Deo est visio. Creare, videre, intelligere, velle, mensurare, facere, operari et quaeque talia, quae Deo attribuimus, capienda sunt ut nomina infiniti circuli. Unde non est magis absurdum dicere Deum creare se et omnia quam Deum videre se et omnia, et quod creare omnia est creari in omnibus. Sed vocabula humana, cum sint imposita finitis rebus non sunt apta divinitati.

Sicut enim circularis linea finita vocatur circularis ad differentiam rectae finitae, ita nominamus circularem infinitam similiter circularem, et tamen non secundum intentionem instituentis nominatur circularis, quia non est circularis, quando non differt a recta; ita de omnibus.

Non oportet igitur, quod turberis in vi vocabuli, sed necesse est, ut coincidentiam et summam aequalitatem et simplicitatem illius circuli respicias, ubi omnia vocabula unum sunt. Et tunc id, quod videtur absurdum, fit per aliud vocabulum tolerabile, quod quidem aliud vocabulum quoad nos [aliud], non est ibi aliud, sed realiter synonymum.

Et haec sit explanatio brevis complementi theologici figurati in mathematicis complementis ad laudem. Dei semper benedicti. Amen[1].

---

[1] Cod. CLM: Explicit de theologicis supplementum. Vidi N. Card.

er die Geschöpfe sieht, so müßte man antworten: der unendlichen Gleichheit, die daß Maß der Dinge ist, kommt nicht Andersheit zu, sondern Selbigkeit. Schaut er also sich an, so erblickt er zugleich auch alles Geschaffene und sieht sich und das andere keineswegs in verschiedener Weise.

Im Schauen sieht er das Geschaffene und sich zugleich. Das Geschaffene wird als Geschaffenes nur dann vollkommen gesehen, wenn auch der Schöpfer gesehen wird. Und die Wirkung wird nicht vollkommen erblickt, da sie als Wirkung nur gesehen wird, wenn auch die Ursache gesehen wird. Die Schau Gottes aber ist ganz vollkommen. Indem er sich sieht, sieht er, da er der Grund ist, auch alles Begründete. Und da er das Begründete als Begründetes sieht, sieht er auch sich, da er der Grund ist. In Gott koinzidieren Messen und Gemessenwerden, da er das Maß und das Gemessene ist. Ebenso koinzidieren Sehen und Gesehenwerden; und ebenso Sich-sehen und Von-sich-gesehen-werden. Die-Geschöpfe-sehen und Von-den-Geschöpfen-gesehen-werden.

Dasselbe gilt, wenn man nach der Schöpfung fragt. Die Schöpfung in Gott ist Schau. Sehen, Schaffen, Einsehen, Wollen, Messen, Tun, Wirken und dergleichen, das wir Gott zuteilen, sind als Namen des unendlichen Kreises zu verstehen. Darum ist es nicht unpassender zu sagen: Gott schaffe sich und alles, als zu sagen: Gott sehe sich und alles; und daß Alles-schaffen In-allem-geschaffen-werden bedeutet. Menschliche Namen aber sind, da sie für endliche Dinge eingesetzt sind, nicht geeignet für die Gottheit.

Wie die endliche Kreislinie in bezug auf den Unterschied zu der endlichen Geraden so genannt wird, so nennen wir die unendliche Kreislinie in ähnlicher Weise so. Sie wird jedoch nicht entsprechend der Intention des Namengebenden kreisartig genannt, denn sie ist dies nicht, weil sie nicht von der geraden Linie verschieden ist; usw.

Es ist nicht nötig, daß man sich von der Bedeutung des Wortes verwirren läßt. Vielmehr ist es notwendig, die Koinzidenz und höchste Gleichheit und Einfachheit jenes Kreises zu betrachten, wo alle Namen Eines sind. Dann wird dort, was ungereimt zu sein scheint, tragbar mittels eines anderen Wortes, da dieses Wort zwar in Hinblick auf uns ein anderes ist, nicht jedoch dort. Der Wirklichkeit nach ist es vielmehr synonym.

Dies ist eine kurze Erörterung der theologischen Ergänzung, dargestellt in der mathematischen. Sie ist geschrieben zum Lobe Gottes, der stets gepriesen sei. Amen.

DE PACE FIDEI

DER FRIEDE IM GLAUBEN

I.

Fuit ex his, quae apud Constantinopolim proxime saevissime acta per Turkorum regem divulgabantur, quidam vir zelo Dei accensus, qui loca illarum regionum aliquando viderat, ut pluribus gemitibus oraret omnium creatorem; quod persecutionem, quae ob diversum ritum religionum plus solito saevit, sua pietate moderaretur. Accidit, ut post dies aliquot, forte ex diuturna continuata meditatione, visio quaedam eidem zeloso manifestaretur, ex qua elicuit, quod paucorum sapientum omnium talium diversitatum, quae in religionibus per orbem observantur, peritia pollentium unam posse facilem quandam concordantiam reperiri, ac per eam in religione perpetuam pacem convenienti ac veraci medio constitui.

Unde, ut haec visio ad notitiam eorum, qui his maximis praesunt, aliquando deveniret, eam quantum memoria praesentabat, plane subter conscripsit[1].

Raptus est enim ad quandam intellectualem altitudinem, ubi quasi inter eos, qui vita excesserunt, examen huiusce rei in concilio excelsorum, praesidente cunctipotenti, ita habitum est; aiebat enim rex caeli et terrae, ad eum de regno huius mundi tristes nuntios gemitus oppressorum attulisse, ob religionem plerosque in invicem arma movere et sua potentia homines aut ad renegationem diu observatae sectae cogere aut mortem inferre.

Fueruntque plurimi harum lamentationum ex universa terra geruli, quos rex in pleno sanctorum coetu proponere mandavit. Videbantur autem omnes illi quasi noti caelicolis a rege ipso universi ab initio super singulas mundi provincias et sectas constituti. Non enim habitu ut homines, sed intellectuales virtutes comparebant.

---

[1] Zur Charakterisierung dieser Schrift cf. MFCG 7, 1967.

I.

Die Kunde von den Grausamkeiten, die kürzlich in Konstantinopel vom Türkenkönig verübt worden sind und jetzt bekannt wurden, hat einen Mann, der jene Gebiete einstmals sah, so mit Inbrust zu Gott erfüllt, daß er unter vielen Seufzern den Schöpfer aller Dinge bat, er möge die Verfolgung, welche wegen der verschiedenen Religionsausübung mehr denn je wütete, in seiner Güte mildern. Da geschah es, daß dem ergriffenen Mann nach einigen Tagen — wohl auf Grund der täglich fortgesetzten Betrachtung — eine Schau zuteil wurde, aus der er entnahm, daß es möglich sei, durch die Erfahrung weniger Weiser, die mit all den verschiedenen Gewohnheiten, welche in den Religionen über den Erdkreis hin beobachtet werden, wohl vertraut sind, eine einzige und glückliche Einheit zu finden, und durch diese auf geeignetem und wahrem Weg einen ewigen Frieden in der Religion zu bilden.

Damit diese Schau irgendwann einmal zur Kenntnis jener gelange, die so bedeutende Dinge entscheiden, hat er sie, soweit sein Gedächtnis sie ihm vergegenwärtigte, im folgenden einfach und klar dargestellt.

Er wurde in einen bestimmten Bereich geistiger Höhe entrückt, wo unter den aus dem Leben Abgeschiedenen in der Ratsversammlung der Himmlischen, welcher der Allmächtige vorstand, die Prüfung dieser Frage folgendermaßen durchgeführt wurde. Der König des Himmels und der Erde sagte, daß ihm aus dem Reiche dieser Welt traurige Boten die Klagen der Unterdrückten zu Ohren gebracht haben; daß viele um der Religion willen die Waffen gegeneinander kehren und in ihrer Macht die Menschen zur Abschwörung lange beobachteter Lehre zwingen oder sie töten.

Es waren sehr viele Künder solcher Klagen, die von der ganzen Erde kamen und der König befahl, sie in der Vollversammlung der Heiligen vorzuführen. Alle schienen den Himmelsbewohnern bekannt zu sein, da sie vom König des Weltalls von Anfang an über die einzelnen Provinzen und Religionen der Erde gesetzt worden war. Ihrem Erscheinen nach waren sie nicht Menschen, sondern geistige Kräfte.

Dicebat enim princeps unus, omnium talium missorum vice, hanc sententiam: Domine, rex universitatis, quid habet omnis creatura, quod ei non dedisti? Ex limo terrae placuit corpus hominis formatum spiritu rationali per te inspirari, ut in eo reluceat ineffabilis virtutis tuae imago. Multiplicatus est ex uno populus multus, qui occupat aridae superficiem.

Et quamvis spiritus ille intellectualis, seminatus in terra, absorptus in umbra, non videat lucem et ortus sui initium, tu tamen concreasti eidem ea omnia, per quae, excitatus admiratione eorum, quae sensu attingit, possit aliquando ad te omnium creatorem oculos mentis attollere et tibi caritate summa reuniri, et sic demum ad ortum suum cum fructu redire.

Sed nosti, domine, quod magna multitudo non potest esse sine multa diversitate, ac quod laboriosam aerumnis et miseriis plenam paene omnes vitam ducere coguntur, et servili subiectione regibus, qui dominantur subesse. Ex quo factum est, quod pauci ex omnibus tantum otii habent, ut propria utentes arbitrii libertate ad sui notitiam pergere queant. Multis enim corporalibus curis et servitiis distrahuntur. Ita te, qui es Deus absconditus, quaerere nequeunt.

Quare praeposuisti diversos reges atque videntes, qui prophetae dicuntur, populo tuo, quorum plerique legationis tuae officio usi tuo nomine cultum et leges instituerunt et rudem populum instruxerunt. Has leges perinde ac si tu ipse rex regum facie ad faciem eis locutus fuisses acceptarunt, non eos, sed te in ipsis audire credentes.

Ein Anführer, der Vertreter all dieser Gesandten, sprach folgende Worte: Herr, König der Gesamtheit, was hat das Geschöpf, das Du ihm nicht gegeben hast? Es gefiel Dir, den aus Staub gebildeten Leib des Menschen mit verständigem Geisthauch zu beleben, damit in ihm das Bild Deiner unaussprechlichen Kraft widerstrahle. Aus einem Menschen sind viele Völker entstanden, welche die Oberfläche der festen Erde bewohnen.

Obwohl dieser geistige Hauch, der in Erde gesät und von Schatten umfangen ist, das Licht und den Anfang seiner Herkunft nicht sieht, hast Du ihm dennoch all das anerschaffen, durch das er, voll Staunen über das, was er mit dem Sinn erreicht, irgendwann einmal seine Geistesaugen zu Dir, dem Schöpfer aller Dinge zu erheben vermag und mit Dir in höchster Liebe vereint werden und so endlich zu seinem Ursprung fruchtbeladen zurückkehren kann.

Du weißt jedoch, o Herr, daß eine große Masse nicht ohne viel Verschiedenheit sein kann und daß beinahe alle gezwungen sind, ein mühsames und mit Sorgen und Nöten volles Leben zu führen und in knechtlicher Unterwerfung den Königen, die herrschen, untertan sein müssen. Daher ist es gekommen, daß nur Wenige von allen Menschen Zeit und Muße haben, um die Freiheit ihres Willens zu gebrauchen und zur Kenntnis ihrer selbst zu gelangen. Sie werden von vielen körperlichen Sorgen und Diensten in Beschlag genommen. So können sie nicht Dich, der Du der verborgene Gott bist, suchen.

Aus diesem Grund hast Du Deinem Volk verschiedene Könige und Seher, welche man Propheten nennt, gegeben, von denen die meisten der Aufgabe ihrer Sendung entsprechend Kulte und Gesetze in Deinem Namen einrichteten und so das ungebildete Volk belehrten. Sie nahmen in der Folge diese Gesetze an, als hättest Du, der König der Könige, mit ihnen von Angesicht zu Angesicht gesprochen, und glaubten, nicht jene Männer, sondern Dich in ihnen zu hören.

Variis autem nationibus varios prophetas et magistros misisti, et alios uno, alios alio tempore.

Habet autem hoc humana terrena condicio, quod longa consuetudo, quae in naturam transisse accipitur, pro veritate defenditur. Sic eveniunt non parvae dissensiones, quando quaelibet communitas suam fidem alteri praefert.

Succurre igitur tu, qui solus potes. Propter te enim, quem solum venerantur in omni eo, quod cuncti adorare videntur, est haec aemulatio. Nam nemo appetit in omni eo, quod appetere videtur nisi bonum, quod tu es. Neque quisquam aliud omni intellectuali discursu quaerit quam verum, quod tu es. Quid quaerit vivens nisi vivere? Quid existens nisi esse? Tu ergo, qui es dator vitae et esse, es ille, qui in diversis ritibus differenter quaeri videris et in diversis nominibus nominaris, quoniam ut es manes omnibus incognitus et ineffabilis.

Non enim, qui infinita virtus es, aliquod eorum es, quae creasti nec potest creatura infinitatis tuae conceptum comprehendere, cum finiti ad infinitum nulla sit proportio.

Tu autem, omnipotens Deus, potes te, qui omni menti invisibilis es, modo quo capi queas, cui vis visibilem ostendere. Noli igitur amplius te occultare, Domine. Sis propitius et ostende faciem tuam[1], et salvi erunt omnes populi, qui amplius venam vitae et eius dulcedinem parum etiam praegustatam deserere nequeunt. Nam nemo a te recedit, nisi quia te ignorat.

Si sic facere dignaberis, cessabit gladius et odii livor, et quaeque mala. Et cognoscent omnes, quomodo non est nisi religio una in rituum varietate. Quod si forte haec differentia rituum tolli non poterit aut non expedit, ut diversitas sit

[1] Cf. Ps. 79, 4 u. a.

Den verschiedenen Völkerschaften hast Du aber verschiedene Propheten und Lehrer gesandt, die einen zu dieser, die andern zu anderer Zeit.

Es gehört zum irdischen Menschenwesen, lange Gewohnheit, die als Teil der Natur betrachtet wird, als Wahrheit zu verteidigen. Und so entstehen nicht geringe Meinungsverschiedenheiten, wenn irgendeine Gemeinschaft ihren Glauben einer andern vorzieht.

Komm darum zu Hilfe, der Du allein mächtig bist. Deinetwegen nämlich, den allein sie in alledem, was alle anzubeten scheinen, verehren, tobt dieser Streit. Niemand nämlich erstrebt in allem, von dem man sieht, daß es erstrebt wird, etwas anderes als das Gute, das Du bist. Auch fragt bei aller geistigen Überlegung niemand nach etwas Anderem als dem Wahren, das Du bist. Was sucht der Lebende anderes als Leben? Was das Seiende anderes als Sein? Du also, der Du Leben und Sein verleihst, bist jener, der offenbar in den verschiedenen Gebräuchen und Übungen gesucht und mit den verschiedenen Namen genannt wird, da Du, wie Du bist, für alle unerkannt und unaussprechlich bleibst.

Du, der Du die unendliche Kraft bist, bist nichts von dem, was Du geschaffen hast, noch kann das Geschöpf den Gedanken Deiner Unendlichkeit begreifen, da es von Endlichem zu Unendlichem keinen Verhältnisbezug gibt.

Du, der allmächtige und für jeden Geist unsichtbare Gott, kannst Dich, so, wie Du begriffen werden möchtest, dem sichtbar zeigen, dem Du Dich zeigen willst. Verbirg Dich darum nicht länger, o Herr. Sei gnädig und zeige Dein Antlitz und alle Völker, die den Quell des Lebens und seine noch so selten verkostete Wonne nicht weiterhin verlassen können, werden gerettet und erlöst sein. Niemand weicht von Dir ab, es sei denn, er kennt Dich nicht.

Wenn Du in Güte gewillt bist, so zu handeln, wird das Schwert und der Neid des Hasses und jegliches Übel weichen. Alle werden erkennen, daß und wie es nur eine einzige Religion in der Mannigfaltigkeit von Übungen und Gebräuchen gibt. Wohl wird man diese Verschiedenheit von Übungen und Gebräuchen nicht abschaffen können, bzw.

devotionis adauctio, quando quaelibet regio suis ceremoniis quasi tibi regi gratioribus vigilantiorem operam impendet, saltem ut sicut tu unus es, una sit religio et unus latriae cultus.

Sis igitur placabilis, domine, quia ira tua est pietas, et iustitia misericordia. Parce debili creaturae tuae. Ita nos, tui commissarii, quos populo tuo custodes concessisti et hic intueris, tuam maiestatem omni nobis possibili exorationis modo suppliciter deprecamur.

II.

Ad hanc archangeli supplicationem cum omnes caelici cives se pariter regi summo inclinarent, aiebat, qui in trono sedebat hominem suo arbitrio dimissum, in quo arbitrio capacem eum suo consortio creasset. Sed quia animalis et terrenus homo sub principe tenebrarum in ignorantia detinetur, ambulans secundum condiciones vitae sensibilis, quae non est nisi de mundo principis tenebrarum, et non secundum intellectualem interiorem hominem, cuius vita est de regione originis sui, hinc aiebat se multa cura et diligentia per varios prophetas, qui aliorum comparatione videntes erant, deviantem hominem revocasse.

Et tandem, quando nec omnes ipsi prophetae sufficienter principem ignorantiae superare possent, Verbum suum miserit, per quod fecit et saecula. Quod induit humanitate, ut sic saltem hominem docilem liberrimi arbitrii illuminaret, et videret non secundum exteriorem, sed interiorem hominem ambulandum, si aliquando reverti speraret ad immortalis vitae dulcedinem.

dies zu tun wird nicht förderlich sein, da die Verschiedenheit eine Vermehrung der Hingabe bringen mag, wenn jegliches Land seinen Zeremonien, die es Dir, dem König gleichsam für die angenehmste hält, die aufmerksamste Bemühung zuwendet; doch sollte es wenigstens so wie Du nur einer bist — nur eine einzige Religion und einen einzigen Kult von Gottesverehrung geben.

Sei also versöhnlich, o Herr, da Dein Zorn Güte und Deine Gerechtigkeit Barmherzigkeit ist. Schone Dein schwaches Geschöpf. So flehen und beten wir, Deine Beauftragten, die Du Deinem Volk als Wächter gegeben hast und hier in dieser Versammlung siehst, mit der ganzen Kraft unserer Hingabe demütig zu Deiner Majestät.

II.

Auf dieses feierliche Bittgebet des Erzengels hin neigten sich alle Himmelsbürger in gleicher Weise dem höchsten König zu und er, der auf dem Throne saß, sprach: er habe den Menschen mit seinem freien Willen in die Welt gesetzt, und durch diesen Willen fähig gemacht, Gemeinschaft mit seinen Mitmenschen zu halten. Weil jedoch der tierhafte und irdische Mensch unter dem Fürsten der Finsternis in Unwissenheit darniedergehalten wird und den Gegebenheiten jenes sinnenhaften Lebens entsprechend, welches nur von der Welt des Fürsten der Dunkelheit stammt, und nicht nach dem geistigen und inneren Menschen, dessen Leben aus dem Lande seines Ursprungs stammt, über diese Erde geht, habe er mit größter Sorge und Liebe den irrenden Menschen durch verschiedene Propheten, die im Vergleich mit den andern Sehende waren, zurückgerufen.

Endlich, als all diese Propheten den Fürsten der Unwissenheit nicht hinreichend überwinden konnten, habe er sein Wort geschickt, durch das er auch die Zeit geschaffen hat. Dieses bekleidet sich mit der Menschheit, um endlich auf diese Weise den gelehrigen Menschen mit freiem Willen zu erleuchten, damit dieser erkenne, daß er nicht dem äußeren, sondern dem inneren Menschen gemäß über diese Erde gehen müsse, wenn er hoffen wollte, einmal zur Wonne unsterblichen Lebens zu gelangen.

Et quia Verbum suum induit hominem mortalem, et in sanguine suo perhibuit testimonium veritati, illi, scilicet hominem capacem esse aeternae vitae propter quam assequendam animalis et sensibilis vita pro nihilo habenda sit, quodque ipsa aeterna vita non sit nisi interioris hominis ultimum desiderium, scilicet veritas, quae solum appetitur et, uti aeterna est, aeternaliter pascit intellectum.

Quae quidem veritas intellectum pascens non est nisi verbum ipsum, in quo complicantur omnia et per quod omnia explicantur, et quod humanam induit naturam, ut quilibet homo secundum electionem liberi arbitrii in sua humana natura in homine illo, qui et verbum, immortale veritatis pabulum se assequi posse non dubitaret.

Addens: Et cum haec acta sint, quid est, quod fieri potuit, et non est factum?

III.

Ad quam interrogationem regis regum, verbum caro factum, omnium caelicolarum principatum tenens, omnium vice respondit: Pater misericordiarum, etsi opera tua perfectissima sint et non restet pro eorum complemento quicquam adiciendum, tamen quia ab initio decrevisti hominem liberi arbitrii manere, et cum nihil stabile in sensibili mundo perseveret varienturque ex tempore opiniones et coniecturae fluxibiles, similiter et linguae et interpretationes, indiget humana natura crebra visitatione, ut fallaciae, quae plurimum sunt circa verbum tuum exstirpentur et sic veritas continue elucescat. Quae cum sit una, et non possit non capi per omnem liberum intellectum, perducetur omnis religionum diversitas in unam fidem orthodoxam.

Und da sein Wort den sterblichen Menschen anzog, gab es in seinem Blut Zeugnis für jene Wahrheit, daß der Mensch ausgestattet sei für das ewige Leben, daß um dessentwillen das tierhafte und sinnliche Leben für nichts zu erachten sei, und daß jenes ewige Leben nichts anderes sei als das tiefste Verlangen des inneren Menschen, d. h. die Wahrheit, die allein er erstrebt und die, da sie ewig ist, dem Denken auf ewig Nahrung schenkt.

Diese Wahrheit, die den Geist nährt, ist nichts anderes als das Wort selbst, in dem alles eingefaltet und mittels dessen alles entfaltet wird. Es zog die menschliche Natur an, damit kein Mensch Zweifel daran hätte, daß er der Wahl seines freien Willens entsprechend in seiner menschlichen Natur in jenem Menschen, der auch das Wort ist, die unvergängliche Speise der Wahrheit erlangen könnte.

Und Gott fügte hinzu: Da dies getan worden ist, was bleibt da noch, das getan werden könnte und nicht getan wurde?

III.

Auf diese Frage des König der Könige antwortete das fleischgewordene Wort, das über alle Himmelsbewohner herrscht im Namen aller: Vater der Barmherzigkeit! Wohl sind alle Deine Werke vollendet und nichts bleibt, das zu ihrer Ergänzung hinzugfügt werden müßte! Dennoch bedarf die menschliche Natur fortgesetzter Heimsuchungen, damit die Irrtümer, deren es in bezug auf Dein Wort sehr viele gibt, ausgetilgt werden und so die Wahrheit beständig erstrahlte; dies ist darum so, weil Du von Anfang an beschlossen hast, daß dem Menschen der freie Wille bleibe und, da in dieser sinnlichen Welt nichts beständig verharrt, wandelbare Meinungen und Mut-Maßungen und ebenso auch Sprachen und ihre Deutungen mit der Zeit sich ändern. Da jedoch die Wahrheit eine einzig ist und von einer freien Vernunft unmöglich begriffen werden kann, sollte die ganze Verschiedenheit der Religionen zu dem einzigen rechten Glauben geführt werden.

Placuit regi. Et advocatis angelis, qui omnibus nationibus et linguis praesunt, cuilibet praecepit, ut unum peritiorem ad verbum caro factum adduceret. Et mox in conspectu verbi comparuerunt, scilicet viri graviores mundi huius, quasi in extasim rapti, quos verbum Dei sic alloquebatur:

Audivit Dominus, rex caeli et terrae, gemitum interfectorum et compeditorum et in servitutem redactorum, qui ob religionum diversitatem patiuntur. Et quia omnes, qui hanc aut faciunt aut patiuntur persecutionem, non aliunde moventur nisi quia sic saluti credunt expedire et suo creatori placere, misertus est igitur dominus populo, et contentatur omnem religionum diversitatem communi omnium hominum consensu in unicam concorditer reduci amplius inviolabilem.

Hoc onus ministerii vobis viris electis committit, dando vobis assistentes ex sua curia administratorios angelicos spiritus, qui vos custodiant ac dirigant, locum deputans Ierusalem ad hoc aptissimum.

IV.

Ad haec unus prae ceteris senior et, ut apparuit, Graecus, praemissa adoratione respondit:

Laudes Deo nostro dicimus, cuius misericordia super omnia opera eius, qui solus potens est efficere, quod in unam concordantem pacem tanta religionum diversitas conducatur, cuius praecepto nos factura eius non possumus non oboedire. Oramus tamen nunc instrui, quomodo haec per nos religionis unitas possit introduci. Nam aliam fidem ab ea, quam natio quaelibet etiam sanguine hactenus defendit, nostra persuasione difficulter acceptabit.

Dies gefiel dem König. Er rief die Engel, welche allen Völkerschaften und Sprachen vorstehen, herbei und befahl jedem, einen erfahrenen Menschen zu dem fleischgewordenen Wort zu bringen. Und alsbald erschienen die bedeutsamsten Männer dieser Welt vor dem Angesichte des Wortes, gleichsam in einer Ekstase emporgerissen. Zu ihnen sprach das Wort Gottes folgendermaßen:

Der Herr, König Himmels und der Erde, hörte das Seufzen der Ermordeten und Gefesselten und der in Knechtschaft Geführten, die dies um der Verschiedenheit ihrer Religionen willen erdulden. Und da alle, die solche Verfolgung ausüben oder erleiden, aus keinem andern Grund dazu geführt werden als dem, daß sie glauben, so ihr Heil zu fördern und ihrem Schöpfer zu gefallen, hat sich der Herr seines Volkes erbarmt und stimmt dem Vorhaben zu, alle Verschiedenheit der Religionen durch gemeinsame Zustimmung aller Menschen einmütig auf eine einzige, fürder unverletztliche Religion zurückzuführen.

Diese Aufgabe zu erfüllen, überträgt er euch, den erwählten Männern. Aus seiner Ratsversammlung gibt er euch helfende und dienende Engel-Geister, die euch beschützen und leiten mögen. Als Versammlungsort bestimmt er Jerusalem, das dazu am geeignetsten ist.

IV.

Dazu antwortete einer, der älter war als alle andern und wie es schien, ein Grieche, nachdem er sich verneigt hatte:

Wir lobpreisen unsern Gott, dessen Barmherzigkeit über allen seinen Werken waltet und der allein mächtig ist zu bewirken, daß eine so große Verschiedenheit der Religionen zu einem einzigen, einmütigen Frieden geführt werde. Seiner Weisung können wir, die wir sein Werk sind, nicht widerstreben. Dennoch bitten wir um Unterweisung, wie diese Einheit der Religion von uns herbeigeführt werden kann. Denn nach unserer Überzeugung wird eine Völkerschaft schwerlich einen Glauben annehmen, der von dem, den sie bis zur Stunde mit ihrem Blute verteidigt hat, verschieden ist.

Respondit Verbum: Non aliam fidem, sed eandem unicam undique praesupponi reperietis. Vos enim qui nunc adestis, inter vestrae linguae consortes sapientes dicimini, aut saltem philosophi seu sapientiae amatores.

Ita est, inquit Graecus.

Si igitur omnes amatis sapientiam, nonne ipsam sapientiam esse praesupponitis?

Clamabant omnes simul neminem dubitare eam esse.

Subiunxit Verbum: Non potest esse nisi una sapientia. Si enim possibile foret plures esse sapientias, illas ab una esse necesse esset; ante enim omnem pluralitatem est unitas.

G: Nemo nostrum haesitat in hoc, quin sit una sapientia, quam omnes amamus et propter quam philosophi nominamur; cuius participatione sunt multi sapientes, sapientia ipsa simplici et indivisa in se permanente.

V: Concordatis igitur omnes unam esse simplicissimam sapientiam, cuius vis est ineffabilis. Et experitur quisque in explicatione virtutis eius ineffabilem ac infinitam vim illam. Quando enim visus ad ea, quae visibilia sunt, se convertit et, quicquid intuetur, attendit ex vi sapientiae prodiisse — ita de auditu et singulis quae sensus attingit —, invisibilem sapientiam omnia excedere affirmat.

G: Nec nos, qui hanc fecimus philosophiae professionem, alia via dulcedinem sapientiae quam rerum, quae sensu subiacent, admiratione praegustatam amamus. Quis enim non moreretur pro adipiscenda tali sapientia, ex qua omnis emanat pulchritudo, omnis dulcedo vitae et omne desiderabile? In opificio hominis quanta relucet virtus sapientiae, in membris, ordine membrorum, vita infusa, harmonia organorum, motu, et demum in spiritu rationali, qui capax est artium mirabilium et est quasi signaculum sapientiae, in

Ihm antwortete das Wort: Ihr werdet nicht einen anderen Glauben, sondern ein und dieselbe einzige Religion allseits vorausgesetzt finden. Ihr, die ihr jetzt hier anwesend seid, werdet von den Gefährten eurer Sprache Weise, zumindest aber Philosophen oder Liebhaber der Weisheit genannt.

So ist es, sagte der Grieche.

Wenn ihr alle also die Weisheit liebt, setzt ihr dann nicht voraus, daß es diese Weisheit gibt?

Sie erwiderten alle zugleich, daß niemand daran zweifeln könne.

Das Wort setzte fort: Es kann nur eine Weisheit geben. Wäre es möglich, daß es mehrere Weisheiten gibt, dann müßten diese von einer einzigen stammen. Vor aller Vielheit nämlich ist die Einheit.

G: Keiner von uns zweifelt daran, daß es nur eine Weisheit ist, die wir alle lieben und deretwegen wir Philosophen genannt werden. Auf Grund der Teilhabe an ihr gibt es viele Weise, während die Weisheit selbst einfach und ungeteilt in sich selbst bleibt.

W: Ihr stimmt also alle darin überein, daß die einfachste Weisheit eine einzige sei, und daß ihre Kraft unaussprechlich ist. Und jeder erfährt jene unaussprechliche und unendliche Macht in ihrer Entfaltung. Wenn sich der Blick dem zuwendet, was sichtbar ist und beachtet, daß das, was er sieht, aus der Kraft der Weisheit hervorgegangen ist — dasselbe gilt vom Hören und jedem einzelnen, das der Sinn berührt — dann bestätigt er, daß die unsichtbare Weisheit alles übersteigt.

G: Auch wir, die wir diesen Beruf der Philosophie ausüben, lieben die Wonne der Weisheit auf keinem andern Weg als dem der zuvor verkosteten Bewunderung der sinnlichen Dinge. Wer würde nicht den Tod auf sich nehmen wollen, um jene Weisheit zu erlangen, aus der alle Schönheit, alle Wonne des Lebens und alles Ersehnenswerte hervorgeht? Welche Kraft der Weisheit strahlt in der Bildung des Menschen wider: in seinen Gliedern, der Ordnung dieser Glieder, in dem ihm eingegossenen Leben, der Harmonie der

quo super omnia ut in propinqua imagine relucet sapientia aeterna, ut veritas in propinqua similitudine! Et quod super omnia mirabilius est, relucentia illa sapientiae per vehementem conversionem spiritus ad veritatem plus et plus accedit, quousque viva ipsa relucentia de umbra imaginis continue verior fiat et conformior verae sapientiae, licet absoluta ipsa sapientia numquam sit, uti est, in alio attingibilis, ut sit sic perpetuus et indeficiens cibus intellectualis ipsa aeterna inexhauribilis sapientia.

V: Recte inceditis ad nostrum, quo tendimus propositum. Omnes igitur vos, etsi diversarum religionum vocemini, unum praesupponitis in omni diversitate tali, quod sapientiam nominatis. Sed dicite, complectiturne una sapientia omne, quod dici potest?

V.

Respondit Italus: Immo non est verbum extra sapientiam. Verbum enim summe sapientis in sapientia est, et in verbo sapientia, nec quicquam extra eam. Omnia enim infinita complectitur sapientia.

Verbum: Si quis igitur diceret omnia in sapientia creata et alius omnia in verbo creata, dicerentne illi idem aut diversum?

I: Licet appareat diversitas in dictione, est tamen idem in sententia. Nam creatoris verbum, in quo cuncta creavit, non potest esse nisi sapientia eius.

V: Quid igitur apparet vobis: est sapientia illa Deus aut creatura?

I: Quia Deus creator omnia creat in sapientia, ipse est necessario sapientia creatae sapientiae. Ante enim omnem creaturam est sapientia, per quam omne creatum id est, quod est.

Organe, in seiner Bewegung und schließlich im vernünftigen Geist, der wunderbarer Künste fähig ist und gleichsam das Zeichen der Weisheit ist, in dem die ewige Weisheit über alles hinaus wie in einem nahen Bilde und die Wahrheit wie in nahekommender Ähnlichkeit aufstrahlt. Und was über alles hinaus noch wunderbarer ist: dieser Widerschein der Weisheit kommt der Wahrheit durch eine tiefgreifende Hinwendung des Geistes immer näher, bis daß der lebendige Widerschein, der vom Schatten des Bildes kommt, beständig wahrer und der wahren Weisheit gleichgestaltiger wird, auch wenn jene absolute Weise so, wie sie ist, in einem andern niemals erreicht werden kann. Und auf diese Weise ist die ewige und unausschöpfbare Weisheit immerwährende und unvergängliche Nahrung des Geistes.

W: Ihr geht unser Ziel, das wir erstreben, in der rechten Weise an. Ihr alle setzt, auch wenn ihr verschiedene Religionen bekennt, in all dieser Verschiedenheit das Eine voraus, das ihr Weisheit nennt. Doch sagt, schließt die eine Weisheit nicht alles ein, was ausgesagt werden kann?

V.

Es antwortete der Italer: Wahrlich, es gibt kein Wort außerhalb der Weisheit. Das Wort der Weisesten ist in der Weisheit und im Wort die Weisheit. Nichts ist außer ihr. Die ganze Unendlichkeit wird von der Weisheit eingeschlossen.

Wort: Wenn nun jemand sagt, alles sei in der Weisheit geschaffen und ein anderer, alles sei im Wort geschaffen, sagen jene dann dasselbe oder etwas verschiedenes?

Italer: Auch wenn in der Sprechweise Verschiedenheit erscheint, ist es dem Sinn nach dasselbe. Denn das Wort des Schöpfers, in dem er alles erschaffen hat, kann nichts anderes als seine Weisheit sein.

W: Was, dünkt euch, ist jene Weisheit Gott oder ein Geschöpf?

I: Da Gott, der Schöpfer, alles in Weisheit schafft, ist er selbst notwendig die Weisheit der geschaffenen Weisheit. Vor jedem Geschöpf nämlich steht die Weisheit, durch die alles Geschaffene das ist, was es ist.

V: Sic sapientia est aeterna, quia ante omne initiatum et creatum.

I: Nemo negare potest quin id, quod intelligitur esse ante omne principiatum sit aeternum.

V: Est ergo principium.

I: Ita est.

V: Ergo simplicissimum. Omne enim compositum est principiatum. Componentia enim non possunt esse post compositum.

I: Fateor.

V: Sapientia igitur est aeternitas.

I: Nec hoc aliter esse potest.

V: Non est autem possibile plures esse aeternitates, quia ante omnem pluralitatem est unitas.

I: Neque id quisquam diffitetur.

V: Est igitur sapientia Deus unus, simplex, aeternus, principium omnium.

I: Ita necesse est.

V: Ecce quomodo vos, variarum sectarum philosophi, in religione unius Dei, quem omnes praesupponitis, in eo quod vos amatores sapientiae profitemini, concordatis.

VI.

[Hic][1] Arabs exorsus respondit: Nihil clarius nec verius dici potest.

Verbum: Sicut autem vos profitemini, ex eo quia amatores sapientiae, absolutam sapientiam, putatisne homines intellectu vigentes non amare sapientiam?

A: Puto verissime omnes homines natura appetere sapientiam, cum sapientia sit vita intellectus, qui alio cibo quam veritate et verbo vitae seu pane suo intellectuali, qui

---

[1] Cod. Cus.: sic.

W: So ist die Weisheit ewig, da sie vor allem Begonnenen und Geschaffenen ist.

I: Niemand kann bestreiten, daß das, von dem er einsieht, daß es vor allem Entsprungenen ist, ewig sei.

W: Es ist also der Ursprung.

I: So ist es.

W: Folglich ist es auch das Einfachste. Alles zusammengesetzte ist entsprungen. Das Zusammensetzende kann ja nicht nach dem Zusammengesetzten sein.

I: Das erkenne ich an.

W: Die Weisheit ist also die Ewigkeit.

I: Es kann nicht anders sein.

W: Es ist aber unmöglich, daß es mehrere Ewigkeiten gibt, da vor aller Vielheit die Einheit steht.

I: Auch das kann niemand bestreiten.

W: Die Weisheit ist also der eine, einfache, und ewige Gott, der Ursprung von allem.

I: So muß es sein.

W: Seht also, wie ihr, die Philosophen verschiedener Schulen und Gruppen, im Bekenntnis des einen Gottes übereinstimmt, den ihr in dem, daß ihr euch als der Weisheit Liebhaber versteht, alle vorausgesetzt.

VI.

An dieser Stelle hob der A r a b e r an und sprach: Nichts kann man deutlicher und wahrer sagen!

W o r t : Wenn ihr auf Grund dessen, daß ihr Liebhaber der Weisheit seid, eine absolute Weisheit bekennt, glaubt ihr da, daß es Menschen mit gesundem Denken gibt, die die Weisheit nicht lieben?

A: Ich glaube ganz gewiß, daß alle Menschen von Natur aus nach Weisheit streben, denn sie ist das Leben des Geistes und dieses Leben kann durch keine andere Speise als die

sapientia est, in vita sua conservari nequit. Sicut enim omne existens appetit omne id, sine quo existere non potest, ita intellectualis vita sapientiam.

V: Omnes ergo homines profitentur vobiscum unam absolutam sapientiam esse quam praesupponunt; quae est unus Deus.

A: Sic est, et aliud nemo intelligens astruere potest.

V: Una est igitur religio et cultus omnium intellectu vigentium, quae in omni diversitate rituum praesupponitur.

A: Tu es sapientia, quia Verbum Dei. Quaeso cultores plurium deorum, quomodo cum philosophis in uno Deo concurrunt? Nam nullo umquam tempore philosophi aliter sensisse reperiuntur, quam quod impossibile sit esse plures deos, quibus unnus superexaltatus non praesit. Qui solus est principium, a quo alii habent quicquid habent, multo excellentius quam monas in numero.

V: Omnes, qui umquam plures deos coluerunt, divinitatem esse praesupposuerunt. Illam enim in omnibus diis tamquam in participantibus eandem adorant. Sicut enim albedine non existente non sunt alba, ita divinitate non existente non sunt dii. Cultus igitur deorum confitetur divinitatem. Et qui dicit plures deos, dicit unum antecedenter omnium principium; sicut qui asserit plures sanctos, unum sanctum sanctorum, cuius participatione omnes alii sancti sunt, admittit. Numquam gens aliqua adeo stolida fuit, quae plures crederet deos, quorum quisque foret prima causa, principium aut creator universi.

A: Ita puto. Nam contradicit sibi ipsi plura esse principia prima. Principium enim cum non possit esse principiatum, quia a se ipso foret principiatum et esset antequam esset,

Wahrheit und das Wort des Lebens oder das geistige Brot, das die Weisheit ist, erhalten werden. So wie alles Bestehende alles das erstrebt, ohne welches es nicht zu bestehen vermag, so verlangt das geistige Leben nach der Weisheit.

W: Alle Menschen bekennen darum mit euch, daß es die eine, absolute Weisheit gibt, die sie voraussetzen. Diese ist der eine Gott.

A: So ist es. Und kein denkender Mensch kann etwas anderes vertreten.

W: Es gibt also nur eine einzige Religion und Gottesverehrung für all jene, die lebendigen Geistes sind. Diese wird in der ganzen Mannigfaltigkeit von Übungen und Gebräuchen vorausgesetzt.

A: Du bist die Weisheit, da du das Wort Gottes bist. Ich frage Dich: wie sollen jene, die mehrere Götter verehren, mit den Philosophen in der Verehrung eines einzigen Gottes zusammengehen? Denn es läßt sich feststellen, daß die Philosophen zu keiner Zeit anders gefühlt haben als daß es unmöglich mehrere Götter gäbe, über denen nicht der eine, hocherhobene Gott stünde. Dieser allein ist der Ursprung, von ihm haben die andern das, was sie haben; er ist um vieles mehr erhaben als es die Monas in der Zahl ist.

W: Alle, die je mehrere Götter verehrten, setzten voraus, daß es die Gottheit gibt. Zu ihr flehten sie in allen Göttern gleichsam als Teilhaben an ihr. Wie es nämlich ohne das Weißsein nichts Weißes gibt, so gibt es auch nicht ohne die Gottheit die Götter. Der Kult von Göttern schließt also das Bekenntnis der Gottheit ein. Und wer sagt, daß es mehrere Götter gibt, sagt auch, daß es den einen Ursprung gibt, der allem vorausgeht; ähnlich wie der, welcher sagt, daß es viele Heilige gibt, den Heiligen der Heiligen zugesteht, durch dessen Teilhabe alle andern heilig sind. Niemals war ein Volk so töricht, daß es an mehrere Götter geglaubt hätte, von denen jeder der erste Grund, Ursprung oder Schöpfer des Gesamt gewesen wäre.

A: Auch ich bin dieser Meinung. Man widerspricht sich nämlich selbst, wenn man sagt, es gebe mehrere erste Ursprünge. Da der Ursprung nichts Entsprungenes sein

quod non capit ratio, ideo principium est aeternum. Et non est possibile plura esse aeterna, quia ante omnem pluralitatem unitas. Ita unum necessario erit principium et causa universi. Ob hoc non repperi hactenus gentem aliquam in hoc a veritatis via declinasse.

V: Si igitur omnes, qui plures deos venerantur respexerint ad id, quod praesupponunt, scilicet ad deitatem, quae est causa omnium, et illam uti ratio ipsa dictat in religionem manifestam assumpserint, sicut ipsam implicite colunt in omnibus, quos deos nominant, lis est dissoluta.

A: Forte hoc non foret difficile, sed tollere culturam deorum erit grave. Nam populus suffragia sibi ex cultura praestari pro certo tenet et inclinatur ob hoc pro sua salvatione ad illa numina.[1]

V: Si de salvatione pari iam dicto modo informaretur, populus potius quaereret salvationem in eo, qui dedit esse et est ipse salvator atque salvatio infinita, quam in iis, qui ex se nihil habent nisi ab ipso salvatore concedatur. Ubi vero populus ad deos, qui sancti habiti sunt omnium opinione, quia deiformiter vixerunt, confugeret quasi ad acceptum intercessorem in quadam aut infirmitate aut alia necessitate, aut eundem dulia veneratione adoraret seu eius memoriam reverenter ageret, quia amicus Dei et cuius vita est imitanda: dummodo uni soli Deo omnem daret latriae cultum, non contradiceret unicae religioni. Et hoc modo populus facile quietaretur.

---

[1] Cod. Cus. fügt an: recurrit.

kann, weil er aus sich selbst entsprungen wäre und so bestünde bevor er bestünde, und dies das Denken nicht begreift, so ist er ewig. Und es ist nicht möglich, daß es mehrere Ewige gibt, da vor aller Vielheit die Einheit ist. Folglich muß das Eine Ursprung und Grund des Gesamt sein. Darum habe ich bis jetzt noch kein Volk gefunden, das in diesem Punkt vom Weg der Wahrheit abgewichen wäre.

W: Wenn also alle, die mehrere Götter verehren, auf das blickten, was sie voraussetzen, d. h. auf die Gottheit, die der Grund von allem ist, und diese — wie die Vernunft es gebietet — auch äußerlich offenbar verehrten — so wie sie dies eingeschlossenerweise in allen Erscheinungen, die sie Götter nennen, tun — wäre der Streit entschieden.

A: Dies wäre wohl nicht schwierig. Den Kult der Götter aufzuheben dürfte jedoch schwierig sein. Denn das Volk hält daran fest, daß ihm aus der Götterverehrung Unterstützung zuteil wird und wendet sich darum zu seiner Rettung diesen Gottheiten zu.

W: Würde das Volk so, wie wir es eben getan haben, über sein Heil unterrichtet, dann würde es dieses eher in dem suchen, der das Sein gegeben hat und der Erlöser und die unendliche Erlösung selbst ist, als in jenen, die aus sich nichts haben als das, was ihnen vom Erlöser zugestanden wird. Wenn das Volk jedoch bei Göttern Zuflucht sucht, die nach der Meinung aller für Heilige gehalten werden, weil sie gottförmig lebten, und sich ihnen zuwendet, als zu einem Fürsprecher in Schwäche oder andere Not, oder wenn es einen solchen in demütiger Verehrung anfleht, bzw. sein Gedächtnis in Ehrfurcht pflegt, da er ein Freund Gottes war, dessen Leben nachzuahmen ist; dann würde dies, solange es dem einen und einzigen Gott den ganzen Frömmigkeitskult entgegenbrächte, der einzigen Religion nicht widersprechen. Auf diese Weise könnte das Volk leicht befriedigt werden.

VII.

Hic I n d u s : Quid tunc de statuis et simulacris?

V e r b u m : Imagines, quae ad notitiam deducunt ea, quae in vero unius Dei cultu conceduntur, non damnantur. Sed quando a cultu latriae unius Dei abducunt, quasi in ipsis lapidibus sit aliquid divinitatis et statuae alligetur, tunc quia decipiunt et a veritate avertunt, merito confringi debent.

I: Difficile est populum avertere ab inveterata idolatria, ob responsa, quae dantur.

V: Raro haec responsa aliter quam per sacerdotes, qui sic numen referunt respondisse, fabricantur. Nam quaesito proposito, aut arte aliqua quam ex caeli dispositione in observantiam perduxerunt, aut sorte confingunt responsum, quod numini ascribunt, quasi sic Caelum aut Apollo vel Sol iubeat respondere. Quapropter accidit illa plerumque esse aut ambigua, ne aperte convincantur de mendacio, aut penitus mendosa; et si aliquando vera, casu vera. Et quando sacerdos est bonus coniector, melius divinat, et responsa sunt veriora.

I: Compertum est saepe spiritum quendam statuae alligatum patenter responsa dare.

V: Non anima hominis aut Apollinis vel Aesculapii aut alterius, qui pro Deo colitur, sed spiritus nequam, ab initio humanae salutis inimicus[1], finxit se fide per hominem aliquando sed raro statuae alligari et ad responsa cogi, ut sic deciperet. Sed postquam detecta est fallacia, cessavit. Unde hodie os habent et non loquuntur[2]. Postquam experimento

---

[1] Jh. 8, 44.
[2] Ps. 115, 5.

VII.

Jetzt sprach der Inder: Was gilt dann in Bezug auf Statuen und Götterbilder?

Wort: Die Bilder, welche uns das zur Kenntnis bringen, was im wahren Kult des einzigen Gottes zugestanden wird, werden nicht verurteilt. Wenn sie jedoch vom Kult der Verehrung des einzigen Gottes wegführen, so als sei in den Steinen selbst ein Teil der Gottheit und würde der Statue angeheftet, dann sollen sie, da sie täuschen und von der Wahrheit abwenden, zu Recht zerstört werden.

I: Es ist schwer, das Volk von altgewohnter Bilderverehrung wegzubringen, und zwar wegen der Orakel, die ihnen gegeben werden.

W: Diese Orakel werden selten anders als vermittels der Priester hergestellt, welche sie dann als Antworten der Gottheit ausgeben. Ist ihnen die Frage gestellt, dann geben sie die Antwort entweder auf Grund irgendeiner Kunst, z. B. der Stellung des Himmels, oder sie bilden die Antwort, die sie der Gottheit zuschreiben, den Umständen entsprechend, so als hätte der Himmel oder Apollo oder Sol befohlen, zu antworten. Daher kommt es, daß jene Antworten meistens zweideutig sind, damit sie nicht ganz offensichtlich von der Lüge überzeugen, oder völlig falsch; und wenn sie bisweilen wahr sind, dann sind sie es zufällig. Wenn aber ein Priester gut vermuten kann, dann orakelt er besser und seine Antworten kommen der Wahrheit näher.

I: Es ist aber eine allgemeine Erfahrung, daß oftmals ein Geist, der einer Statue verbunden ist, offenkundig Orakel erteilt.

W: Weder die Seele eines Menschen oder Apolls oder Äsculaps oder sonst eines anderen, der als Gott verehrt wird, sondern der böse Geist, der Feind des Menschengeschlechtes von Anfang an, gibt manchmal, aber selten, durch den vom Menschen entgegengebrachten Glauben vor, einer Statue verhaftet zu sein und zu den Antworten gezwungen zu werden, um diese so zu täuschen. Nachdem jedoch die Täuschung entdeckt worden ist, verschwindet er. Darum haben sie heute einen Mund und reden nicht. Nachdem diese

comperta est haec fallacia seductoris in multis regionibus, damnata est idolatria paene per omnia sapientiorum hominum loca. Et non erit difficile similiter in oriente ad invocationem unius Dei fallaciam idolatriae detegi, ut sic illi ceteris mundi nationibus conformentur.

I: Detectis fallaciis praeapertis atque quod ob illas Romani prudentissimi similiter et Graeci atque Arabes idola confregerunt, sperandum est omnino idolatras Indos similiter acturos; maxime cum sapientes sint et necessitatem religionis in cultu unius Dei esse non haesitent. Etiam si cum hoc idola suo modo venerentur, haec de uno Deo adorando, sic conclusionem capient pacificam.

Sed de trino Deo difficillimum erit concordiam undique acceptari. Videbitur enim omnibus trinitatem sine tribus concipi non posse. Quod si trinitas est in divinitate, erit et pluralitas in deitate. Prius autem dictum est, et vere ita esse necesse est, scilicet non esse nisi unam deitatem absolutam. Non est igitur pluralitas in absoluta deitate, sed in participantibus, qui non sunt Deus absolute, sed dii participatione.

V: Deus, ut creator, est trinus et unus; ut infinitus, nec trinus nec unus nec quicquam eorum, quae dici possunt. Nam nomina, quae Deo attribuuntur, sumuntur a creaturis, cum ipse sit in se ineffabilis et super omne, quod nominari aut dici posset. Unde, quia Deum colentes ipsum adorare debent tamquam principium universi, in ipso autem uno universo reperitur partium multitudo, inaequalitas et separatio — multitudo enim stellarum, arborum, hominum, lapidum sensui patet —, omnis autem multitudinis unitas est principium; quare principium multitudinis est aeterna unitas.

Täuschung des Verführers in vielen Ländern durch Erfahrung bekannt geworden ist, ist die Bildverehrung beinahe an allen Orten von den weiseren Menschen verurteilt worden. Es wird auch im Orient nicht schwer sein ihre Täuschung zu entdecken und zur Anrufung des einen Gottes zu gelangen, damit auf diese Weise auch seine Bewohner den übrigen Völkerschaften der Erde angeglichen werden.

I: Da die offenkundigen Täuschungen aufgedeckt wurden und man feststellen kann, daß ihretwegen die klugen Römer und ebenso die Griechen und Araber die Götzenbilder zerstörten, ist durchaus zu hoffen, daß die götzendienerischen Inder ähnlich handeln werden; vor allem, da sie weise sind und nicht zögern, die Notwendigkeit der Religion in der Verehrung des einen Gottes zuzugestehen. Mögen sie auch damit die Bilder auf ihre Weise verehren, sie werden so zu einem friedlichen Schluß bezüglich der Verehrung des einen Gottes kommen.

Es wird jedoch sehr schwierig sein, eine allseitige Übereinstimmung hinsichtlich des dreieinen Gottes zu erlangen. Allen wird es nämlich scheinen, daß die Trinität nicht ohne drei Götter begriffen werden kann. Wenn es Dreiheit in der Göttlichkeit gibt, so wird es auch Mehrheit in der Gottheit geben. Es wurde aber schon gesagt — und in der Tat, es muß so sein —, daß es nur eine absolute Gottheit gibt. Es gibt keine Vielheit in der absoluten Gottheit, sondern nur in den Partizipierenden, welche nicht Gott in Absolutheit, sondern Götter durch Teilhabe sind.

W: Gott als Schöpfer ist drei und eins. Als unendlicher ist er weder drei noch eins noch irgendetwas von dem, das gesagt werden kann. Die Namen, welche Gott zugeteilt werden, werden von den Geschöpfen genommen, da er selbst in sich unaussprechlich ist und über allem steht, das genannt oder gesagt werden kann. Jene, welche Gott verehren, sollen ihn als den Ursprung des Gesamt anbeten; in diesem einen Gesamt gibt es jedoch eine Vielheit von Teilen, Ungleichheit und Trennung — die Vielzahl von Sternen, Bäumen, Menschen, Steinen ist dem Sinn offenkundig — der Ursprung aller Vielheit aber ist die Einheit; darum ist der Ursprung der Vielheit die ewige Einheit.

Reperitur in uno universo partium inaequalitas, quia nulla similis alteri. Inaequalitas autem cadit ab aequalitate unitatis. Ante igitur omnem inaequalitatem est aequalitas aeterna.

Reperitur in uno universo partium distinctio seu separatio. Ante autem omnem distinctionem est connexio unitatis et aequalitatis. A qua quidem connexione cadit separatio seu distinctio. Connexio igitur aeterna.

Sed non possunt esse plura aeterna. Igitur in una aeternitate reperitur unitas, unitatis aequalitas, et unitatis et aequalitatis unio seu connexio. Sic principium simplicissimum universi est unitrinum, quia in principio complicari debet principiatum. Omne autem principiatum dicit sic se in principio suo complicari, et in omni principiato trina talis distinctio in unitate essentiae reperitur. Quare et omnium principium simplicissimum erit trinum et unum.

VIII.

Caldaeus: Haec et si sapientes aliquantulum capere possent, tamen communem vulgum excedunt. Nam, ut intelligo, non est verum quod sint tres dii, sed unus, qui unus est trinus. Visne dicere, quod ipse unus in virtute est trinus?

Verbum: Deus est absoluta vis omnium virium, quia omnipotens. Unde cum non sit nisi una absoluta virtus, quae est divina essentia, illam virtutem dici trinam non est aliud quam Deum asserere trinum. Sed non sic capias virtutem prout distinguitur contra realitatem, quia in Deo virtus est ipsa realitas. Sic et de potentia absoluta, quae est et virtus.

Nam non videtur cuiquam absurdum, si diceretur omnipotentiam divinam, quae Deus est, in se habere unitatem,

In dem einen Gesamt findet man die Ungleichheit der Teile, da kein Teil dem andern ähnlich ist. Die Ungleichheit aber weicht von der Gleichheit der Einheit ab. Vor jeder Ungleichheit ist demnach die ewige Gleichheit.

In dem einen Gesamt findet sich die Unterscheidung oder Trennung von Teilen. Vor aller Unterscheidung jedoch ist die Verknüpfung von Einheit und Gleichheit. Von ihr weicht die Trennung oder Unterscheidung ab. Die Verknüpfung ist also ewig.

Es kann indes nicht mehrere Ewige geben. Folglich findet sich in der einen Ewigkeit die Einheit, die Gleichheit der Einheit und die Einung von Einheit und Gleichheit oder die Verknüpfung. So ist der völlig einfache Ursprung des Gesamt ein einigdreier, da im Ursprung das Entsprungene eingefaltet sein muß. Jedes Entsprungene aber besagt, daß es so in seinem Ursprung eingefaltet wird. In jedem Entsprungenen läßt sich eine derartige dreifache Unterscheidung in der Einheit des Wesens finden. Und aus diesem Grund muß auch der einfachste Ursprung von allem dreifach und einfach sein.

VIII.

Chaldäer: Wenn dies auch die Weisen irgendwie zu fassen vermögen, so übersteigt es doch die Kraft des gemeinen Mannes. Denn wie ich es verstehe, ist es nicht wahr, daß es drei Götter gibt, sondern es ist ein Gott, der einig und dreifach ist. Willst du damit nicht sagen, daß jener Eine seiner Wirkkraft nach dreifach ist?

Wort: Gott ist die absolute Kraft aller Kräfte, da er allmächtig ist. Wenn es daher nur eine einzige absolute Kraft gibt, welche die göttliche Wesenheit ist, dann bedeutet diese Kraft dreieinig nennen nichts anders als zu sagen, daß Gott dreieinig ist. Die göttliche Kraft soll jedoch nicht so begriffen werden, als werde sie im Gegensatz zur Wirklichkeit unterschieden, da in Gott die Kraft die Wirklichkeit selbst ist. Dasselbe gilt von der absoluten Möglichkeit und Mächtigkeit, die ebenfalls die Kraft ist.

Niemandem erscheint es ungereimt, zu sagen, daß die allmächtige Gottheit, die ja Gott ist, in sich die Einheit

quae est entitas, aequalitatem et connexionem, ut sic potentia unitatis uniat seu essentiat omnia, quae habent esse — in tantum enim res est, in quantum una est; unum et ens convertuntur — et potentia aequalitatis aequalificet seu formet omnia, quae consistunt. In hoc enim quod res nec plus nec minus est quam id, quod est, aequaliter est. Si enim plus vel minus esset, non esset. Sine aequalitate igitur non potest esse. Sic potentia connexionis uniat seu nectat.

Unde omnipotentia in virtute unitatis vocat de non-esse, ut quod non erat, fiat capax ipsius esse. Et in virtute aequalitatis format et in virtute connexionis nectit; uti in essentia amoris vides, quomodo amare nectit amantem amabili.

Quando igitur de non-esse vocatur per omnipotentiam homo, primo in ordine oritur unitas, post aequalitas inde nexus utriusque. Nam nihil esse potest nisi sit unum. Prioriter igitur est unum. Et quia homo vocatur de non-esse, oritur unitas hominis primo in ordine, deinde aequalitas illius unitatis seu entitatis. Nam aequalitas est explicatio formae in unitate, ob quam vocabatur unitas hominis et non leonis vel alterius rei; aequalitas autem non potest nisi ab unitate oriri, nam alteritas non producit aequalitatem, sed unitas seu identitas. Deinde ex unitate et aequalitate procedit amor seu nexus. Unitas enim ab aequalitate et aequalitas ab unitate non sunt separabiles. Nexus igitur seu amor sic se habet, quod posita unitate ponitur aequalitas, et posita unitate et aequalitate ponitur amor seu nexus.

habe, welche Seiendheit ist, die Gleichheit und die Verknüpfung, damit auf diese Weise die Macht der Einheit alles, das Sein hat, eine oder ihm das Wesen gebe — ein Ding ist nämlich insofern, als es eines ist; das Eine und das Seiende können vertauscht werden — und damit die Macht der Gleichheit alles, das besteht, gleichmache oder gestalte. Darin nämlich, daß ein Ding nicht mehr und nicht weniger ist als das, was es ist, ist es gleich. Wäre es mehr oder weniger, dann wäre es nicht. Es kann also nicht ohne Gleichheit sein. Und schließlich: damit so die Macht der Verknüpfung alles eine oder verknüpfe.

Die Allmacht ruft daher in der Kraft der Einheit das Sein aus dem Nicht-Sein, damit das, was nicht war, fähig werde für das Sein. Sie gestaltet es in der Kraft der Gleichheit und gibt ihm Zusammenhalt in der Kraft der Verknüpfung; so wie man im Wesen der Liebe erkennt, daß und wie das Lieben den Liebenden mit dem verknüpft, das geliebt werden kann.

Wenn also der Mensch durch die Allmacht aus dem Nicht-Sein gerufen wird, dann entsteht als erstes in der Ordnung die Einheit, danach die Gleichheit und dann die Verknüpfung beider. Denn nichts kann sein, wenn es nicht eines ist. Vorgängig ist also das Eine. Und da der Mensch aus dem Nicht-Sein gerufen wird, entsteht als erstes in der Ordnung die Einheit des Menschen, dann die Gleichheit dieser Einheit oder Seiendheit — die Gleichheit nämlich ist die Entfaltung der Gestalt in der Einheit, weswegen sie Einheit des Menschen und nicht des Löwen oder sonst eines Dinges genannt wurde. Die Gleichheit aber kann nur aus der Einheit entstehen, denn nicht die Andersheit, sondern die Einheit oder Selbigkeit bringt die Gleichheit hervor. — Zuletzt geht aus Einheit und Gleichheit die Liebe oder die Verknüpfung hervor. Die Einheit ist nämlich von der Gleichheit und diese von der Einheit nicht zu trennen. Die Verknüpfung oder Liebe verhält sich also so, daß mit der Setzung der Einheit die Gleichheit und mit der Setzung von Einheit und Gleichheit die Liebe oder die Verknüpfung gesetzt wird.

Si igitur non reperitur aequalitas, quin sit unitatis aequalitas, et non reperitur nexus quin sit unitatis et aequalitatis nexus, ita quod nexus est in unitate et aequalitate, et aequalitas in unitate, et unitas in aequalitate, et unitas et aequalitas in nexu manifestum est non esse in trinitate essentialem distinctionem. Illa enim, quae essentialiter differunt, ita se habent, quod unum esse potest alio non existente. Sed quia sic se habet trinitas, quod posita unitate ponitur unitatis aequalitas et e converso, et positis unitate et aequalitate ponitur nexus et e converso, hinc non in essentia, sed in relatione videtur quomodo alia est unitas, alia aequalitas, alia connexio.

Numeralis autem distinctio est essentialis. Nam binarius differt a ternario essentialiter. Posito enim binario non ponitur ternarius, et ad esse binarii non sequitur ternarius. Quare trinitas in Deo non est composita seu pluralis seu numeralis, sed est simplicissima unitas. Qui igitur Deum credunt unum, non negabunt ipsum trinum, quando intelligunt trinitatem illam non distingui ab unitate simplicissima, sed esse ipsam, ita quod nisi esset ipsa trinitas in unitate, non esset ipsum principium omnipotens ad creandum universum et singula.

Virtus quanto unitior, tanto fortior; quanto autem unitior, tanto simplicior. Quanto igitur potentior seu fortior, tanto simplicior. Unde cum essentia divina sit omnipotens, est simplicissima et trina. Sine enim trinitate non foret principium simplicissimum, fortissimum et omnipotens.

C: Arbitror neminem ab isto intellectu dissentire posse. Sed quod Deus habeat filium et participem in deitate, hoc impugnant Arabes et multi cum ipsis.

Wenn sich also keine Gleichheit findet, ohne daß sie die Gleichheit der Einheit wäre, und wenn man keine Verknüpfung findet, ohne daß sie die Verknüpfung von Einheit und Gleichheit wäre, so daß die Verknüpfung in der Einheit und Gleichheit, die Gleichheit in der Einheit und die Einheit in der Gleichheit und Einheit und Gleichheit in der Verknüpfung sind, dann ist offenbar, daß es in der Dreiheit keine wesentliche Unterscheidung geben kann. Alles nämlich, das wesenhaft verschieden ist, verhält sich so, daß das eine sein kann, ohne daß das andere existiert. Weil sich aber die Dreifaltigkeit so verhält, daß mit der Setzung der Einheit auch die Gleichheit der Einheit gesetzt ist und umgekehrt, und mit der Setzung von Einheit und Gleichheit auch die Verknüpfung gesetzt ist und umgekehrt, erscheint nicht in der Wesenheit, sondern in der Beziehung, daß und wie eine andere die Einheit, eine andere die Gleichheit und eine andere die Verknüpfung ist.

Eine zahlenmäßige Unterscheidung ist wesenhaft. Der Zweier ist vom Dreier wesenhaft unterschieden. Mit der Setzung des Zweiers wird nicht der Dreier gesetzt und dem Sein des Zweiers folgt nicht der Dreier. Darum ist die Dreiheit in Gott nicht zusammengesetzt, vielfach oder zahlenmäßig, sondern einfachste Einheit. Wer also glaubt, daß Gott einer sei, leugnet nicht, daß er dreifach sei, sofern er jene Dreiheit als nicht verschieden von der einfachsten Einheit, sondern als sie selbst versteht, so daß jene Dreiheit, wäre sie nicht in der Einheit, auch nicht der Ursprung wäre, der so allmächtig ist, daß er das Gesamt und jedes Einzelne schaffen kann.

Je geeinter eine Kraft ist, umso mächtiger ist sie; je geeinter sie aber ist, umso einfacher ist sie. Je mächtiger oder stärker sie also ist, umso einfacher ist sie. Wenn daher die göttliche Wesenheit allmächtig ist, ist sie völlig einfach und dreifach. Denn ohne Dreiheit wäre sie nicht der einfachste, stärkste und allmächtigste Ursprung.

C: Ich bin der Meinung, daß sich niemand dieser Überlegung verschließen kann. Daß jedoch Gott einen Sohn und Teilhaber seiner Gottheit hat, das bekämpfen die Araber und viele mit ihnen.

V: Nominant aliqui unitatem patrem aequalitatem filium, et nexum spiritum sanctum, quia illi termini etsi non sint proprii, tamen convenienter significant trinitatem. Nam de patre filius, et ab unitate et aequalitate filii amor seu spiritus. Transit enim natura patris in quandam aequalitatem in filio. Quare amor et nexus ab unitate et aequalitate exoritur.

Et si simpliciores termini reperiri possent, aptiores forent, ut est unitas, iditas et identitas. Hi enim termini magis videntur fecundissimam essentiae simplicitatem explicare. Et attende, cum in essentia rationalis animae sit quaedam fecunditas, scilicet mens, sapientia et amor seu voluntas, quoniam mens ex se exerit intellectum seu sapientiam, ex quibus voluntas seu amor; et est haec trinitas in unitate essentiae animae fecunditas quam habet in similitudine fecundissimae increatae trinitatis. Sic res omnis creata gerit imaginem virtutis creativae et habet suo modo fecunditatem in similitudine propinqua vel distanti fecundissimae trinitatis omnium creatricis. Ita ut non solum creatura habeat esse ab esse divino, sed esse fecundum suo modo trinum ab esse fecundissimo trino et uno. Sine quo esse fecundo non posset nec mundus subsistere, nec creatura esset meliori modo quo esse posset.

IX.

Ad haec I u d a e u s respondit: Optime explanata est superbenedicta trinitas, quae negari nequit. Nam propheta nobis quidem ipsam quam breviter aperiens aiebat Deum interrogasse, quomodo ipse qui, aliis fecunditatem generationis tribuit, sterilis esse posset[1]. Et quamvis Iudaei

[1] Is. 66, 9.

W: Manche nennen die Einheit Vater, die Gleichheit Sohn und die Verknüpfung Heiligen Geist, da jene Bezeichnungen, auch wenn sie nicht eigentlich richtig sind, dennoch die Dreifaltigkeit zutreffend bezeichnen. Vom Vater geht der Sohn aus und von der Einheit und Gleichheit des Sohnes die Liebe oder der Geist. Die Natur des Vaters geht nämlich im Sohn in Gleichheit über. Darum entsteht Liebe und Verbindung aus der Einheit und Gleichheit.

Könnte man einfachere Bezeichnungen finden, wären sie geeigneter, wie es z. B. Einheit, Dasheit und Selbigkeit sind. Diese Bezeinchungen scheinen die unendlich fruchtbare Einfachheit der Wesenheit besser zu entfalten. Beachte auch, daß es in der Wesenheit der vernünftigen Seele eine gewisse Fruchtbarkeit gibt, nämlich Geist, Weisheit und Liebe oder Wille, da der Geist aus sich das Denken oder die Weisheit erwachsen läßt und aus beiden der Wille oder die Liebe hervorgeht. Diese Dreiheit der Einheit der Seinsheit der Seele ist die Fruchtbarkeit, welche der Mensch in der Ähnlichkeit mit der unendlich fruchtbaren und ungeschaffenen Dreiheit besitzt. Ebenso trägt jedes geschaffene Ding das Bild der schaffenden Kraft in sich und besitzt die Fruchtbarkeit auf seine Weise in größerer oder weiterentfernter Ähnlichkeit mit der unendlich fruchtbaren Dreiheit, die alles erschafft, Es ist also nicht so, daß das Geschöpf vom göttlichen Sein nur das Sein hätte, sondern es hat auf seine Art dreifach fruchtbares Sein vom unendlich fruchtbaren drei und einen Sein erhalten. Ohne dieses fruchtbare Sein könnte weder die Welt bestehen, noch wäre das Geschöpf auf die bestmögliche Weise, auf die es sein kann.

IX.

Dem entgegnet der J u d e mit den Worten: Die über alles gepriesene Dreifaltigkeit, welche niemand leugnen kann, ist aufs beste erklärt worden. Einer der Propheten offenbarte sie uns mit wenigen Hinweisen als er sagte, Gott habe gefragt, wie er, der anderen die Fruchtbarkeit der Fortpflanzung geschenkt habe, unfruchtbar sein könnte. Und

fugiant trinitatem propter hoc quia eam putarunt pluralitatem, tamen intellecto, quod sit fecunditas simplicissima perlibenter acquiscent.

Verbum: Facile etiam Arabes et omnes sapientes ex his intelligent trinitatem negare esse negare divinam fecunditatem et virtutem creativam, ac quod admissio trinitatis est negare deorum pluralitatem et consocialitatem. Facit enim ipsa fecunditas, quae est et trinitas, non esse necesse quod sint plures dii, qui concurrant ad creationem omnium, cum una fecunditas infinita sufficiat omne id creare quod est creabile.

Multo melius Arabes capere poterunt veritatem hoc modo, quam modo quo ipsi loquuntur Deum habere essentiam et animam, adduntque Deum habere verbum et spiritum. Nam si dicitur Deum animam habere, non potest intelligi anima illa nisi ratio seu verbum, quod est Deus. Non est enim aliud ratio quam Verbum. Et quid tunc est spiritus sanctus Dei nisi amor qui est Deus?

Nihil enim de Deo simplicissimo verificatur, quod non est ipse. Si verum est Deum habere verbum, verum est verbum Deum esse. Si verum est Deum habere spiritum, verum est spiritum esse Deum. Habere enim improprie convenit Deo, quia ipse est omnia, ita quod habere in Deo est esse. Unde Arabs non negat Deum mentem esse et ab illa verbum generari seu sapientiam, et ex his spiritum seu amorem procedere. Et haec est illa trinitas, quae supra est explanata et per Arabes posita, licet plerique ex ipsis non advertant se trinitatem fateri.

Sic et in prophetis vestris vos Iudaei reperitis Verbo Dei caelos formatos et Spiritu eius[1]. Modo autem, quo negant

[1] Ps. 32, 6; 135, 6.

wenngleich die Juden die Dreifaltigkeit deswegen meiden, weil sie in ihren Augen Vielheit bedeutet, so werden sie dennoch gerne zustimmen, sobald sie eingesehen haben, daß sie ganz einfache Fruchtbarkeit besagt.

W o r t : Auch die Araber und alle Weisen werden auf Grund dieser Überlegungen ohne Schwierigkeiten einsehen, daß die Dreifaltigkeit abzulehnen bedeutet, die göttliche Fruchtbarkeit und Schöpferkraft zu leugnen und daß die Dreifaltigkeit zugestehen die Absage an eine Vielheit und Gemeinschaft von Göttern ist. Jene Fruchtbarkeit, welche auch Dreifaltigkeit ist, bewirkt, daß es unnötig ist, mehrere Götter zu haben, die sich bei der Erschaffung von allem gegenseitig unterstützen, denn die eine unendliche Fruchtbarkeit genügt, all das zu schaffen, was erschaffen werden kann.

Um vieles besser können die Araber die Wahrheit auf diese Weise begreifen, als wenn sie nach ihrer Art sagen, Gott habe Wesen und Seele, und hinzufügen, daß er Wort und Geist besitze. Denn wenn man sagt, Gott habe eine Seele, dann kann diese Seele nur als Wesenssinn oder Wort verstanden werden, das Gott ist. Der Wesenssinn ist nämlich nichts anders als das Wort. Und was anders ist dann der heilige Geist Gottes als die Liebe, die Gott ist?

Nichts wird vom ganz einfachen Gott als wahr erwiesen, das nicht er selbst ist. Wenn es wahr ist, daß Gott das Wort hat, dann ist es auch wahr, daß das Wort Gott ist. Wenn es wahr ist, daß Gott den Geist hat, dann ist es wahr, daß der Geist Gott ist. Haben kommt Gott nicht im eigentlichen Sinn zu, da er selbst alles ist; so bedeutet Haben in Gott Sein. Darum leugnet der Araber nicht, daß Gott Geist ist und aus diesem das Wort oder die Weisheit gezeugt wird und aus beiden der Geist oder die Liebe hervorgeht. Das ist jene Dreifaltigkeit, die oben dargelegt wurde und von den Arabern zugrunde gelegt wird, wenn auch die meisten von ihnen nicht beachten, daß sie die Dreifaltigkeit bekennen.

Ebenso findet auch ihr Juden in euren Propheten, daß durch das Wort Gottes und durch seinen Geist die Himmel gebildet sind. In der Art und Weise, wie die Araber und

Arabes et Iudaei trinitatem, certe ab omnibus negari debet. Sed modo quo veritas trinitatis supra explicatur, ab omnibus de necessitate amplectetur.

X.

Ad haec Scytha: Nihil scrupuli esse potest in adoratione simplicissimae trinitatis, quam et hodie omnes, qui deos venerantur adorant. Dicunt enim sapientes Deum creatorem esse utriusque sexus atque amorem, volentes per hoc fecundissimam trinitatem creatoris modo quo possunt explicare. Alii asserunt Deum superexaltatum de se exserere intellectum seu rationem. Et hunc dicunt Deum de Deo, atque illum asserunt Deum creatorem, quoniam omne creatum causam et rationem habet cur sit hoc et non illud.

Omnium igitur rerum ratio una infinita Deus est. Ratio autem, quae logos seu verbum, a proferente emanat ut, cum omnipotens verbum profert, facta sint ea in re, quae in verbo complicantur; ut si diceret omnipotentia „Fiat lux“, tunc lux in verbo complicata existit ita actu. Hoc igitur verbum Dei est intellectuale, ut prout res est concepta in intellectu, ut sit, ita existat realiter.

Dicunt deinde spiritum connexionis procedere in tertio ordine, qui scilicet connectit omnia ad unum, ut sit unitas sicut unitas universi. Nam animam mundi seu spiritum, qui omnia nectit, per quem quaelibet creatura habet participationem ordinis, ut sit pars universi, posuerunt. Oportet igitur, quod hic spiritus in principio sit ipsum principium. Amor autem nectit. Hinc amor, qui Deus est seu caritas, dici potest hoc spiritus, cuius vis est diffusa per universum[1]; ita

[1] Ps. 103, 30.

Juden die Dreifaltigkeit ablehnen, muß sie gewiß von allen abgelehnt werden. So wie die Wahrheit der Dreifaltigkeit jedoch soeben entfaltet wurde, muß sie mit Notwendigkeit von allen angenommen werden.

X.

Darauf sprach der Skythe: Es kann kein Bedenken bleiben in der Verehrung der ganz einfachen Dreifaltigkeit, die bis zum heutigen Tag auch alle jene anbeten, die Götter verehren. Es sagen die Weisen, Gott sei der Schöpfer beiderlei Geschlechter und er sei die Liebe; dadurch wollen sie die unendlich fruchtbare Trinität des Schöpfers erklären, so gut sie es vermögen. Andere behaupten, daß Gott, der über alles erhaben sei, aus sich den Geist oder Wesenssinn hervorgehen lasse. Ihn bezeichnen sie als Gott von Gott und als den Schöpfer-Gott, da alles Geschaffene eine Ursache und Wesensgrund dafür hat, daß es dieses und nicht jenes ist.

Der eine unendliche Wesenssinn aller Dinge ist also Gott. Der Wesenssinn aber, der Logos oder Wort ist, geht von dem aus, der ihn hervorbringt, so daß, wenn der Allmächtige das Wort hervorbringt, das im Ding wird, was im Wort eingefaltet wurde; so wie wenn die Allmacht sagt: es werde Licht, das im Wort eingefaltete Licht wirklich existiert. Dieses Wort Gottes ist dergestalt geistiges Wort, daß ein Ding, sobald es in seinem Denken als seiendes entworfen ist, in Wirklichkeit so besteht.

Sie sagen ferner, daß der Geist der Verknüpfung an dritter Stelle hervorgehe. Dieser verknüpft alles zu einem, damit es Einheit sei gleich der Einheit des Gesamt. Sie nahmen nämlich eine Weltseele oder einen Weltgeist an, der alles verknüpft und mittels dessen jedes Geschöpf Teilhabe an der Ordnung erhält, auf daß es ein Teil des Gesamt ist. Es ist also notwendig, daß dieser Geist im Ursprung der Ursprung selbst ist. Die Liebe verknüpft. Darum kann dieser Geist, dessen Kraft das Gesamt durchströmt, die Liebe, die Gott ist, genannt werden. So hat die Verbindung, durch welche

quod nexus, quo partes ad unum seu totum connectuntur, sine quo perfectio nulla subsisteret, habeat Deum suum principium. Ita clare conspicitur omnes sapientes aliquid trinitatis in unitate attigisse. Et propterea, dum hanc quam nos audivimus explanationem audiverint, gaudebunt et laudabunt.

Respondit Gallicus: Aliquando hoc argumentum ventilatum inter studiosos audivi: Aeternitas aut est ingenita, aut genita, aut nec ingenita, nec genita. Video ingenitam rationabiliter Patrem omnipotentem vocari, genitam Verbum seu Filium, nec ingenitam nec genitam amorem seu spiritum sanctum, quia ipse procedit ab utroque et nec est ingenitus quia non est Pater, nec genitus quia non est Filius, sed procedens ab utroque.

Una est igitur aeternitas, et illa est trina et simplicissima; una deitas trina, una essentia trina, una vita trina, una potentia trina, una virtus trina. In hac nunc scola profeci, ut quae obscura fuerunt luce clarius, quantum nunc datur, patescant.

Et quoniam maxima restat contradictio in mundo, asserentibus quisbusdam Verbum caro factum ob redemptionem omnium, aliis aliter sentientibus, oportet super hoc nos informari quomodo in ea difficultate concordiam attingamus.

Verbum: Hanc partem elucidandam Petrus Apostolus recepit. Ipsum audite. Sufficienter enim edocebit quaeque abscondita vobis.

die Teile zu Einem oder einem Ganzen verbunden werden und ohne welche es keine Vollendung gäbe, Gott zu ihrem Ursprung. Auf diese Weise sieht man deutlich, daß alle Weisen irgend etwas von der Dreiheit in der Einheit berührten. Deshalb werden sie sich, wenn sie dieselbe Erklärung, die wir gehört haben, vernehmen werden, freuen und Gott lobpreisen.

Da sagte der Gallier: Ich habe mitunter auch folgende Beweisführung bei den Gelehrten gehört: die Ewigkeit ist entweder ungezeugt oder gezeugt oder weder ungezeugt noch gezeugt. Ich sehe, daß die ungezeugte Ewigkeit vernünftigerweise allmächtiger Vater genannt werden kann, während die gezeugte Wort oder Sohn und die weder ungezeugte noch gezeugte Liebe oder Heiliger Geist geheißen werden kann, da dieser von beiden ausgeht; er ist weder ungezeugt, da er nicht der Vater ist, noch gezeugt, da er nicht der Sohn ist, sondern geht von beiden aus.

Die Ewigkeit ist also eine einzige und sie ist dreifach und völlig einfach. Die eine Gottheit ist dreifach, die eine Wesenheit ist dreifach, das eine Leben ist dreifach, die eine Mächtigkeit ist dreifach und die eine Kraft ist dreifach. In dieser Überlegung bin ich nun soweit fortgeschritten, daß das, was dunkel war, nach dem Unfang unseres jetzigen Begreifens heller als Licht ist.

Der größte Widerspruch bleibt jedoch noch in dieser Welt, da die einen behaupten, das Wort sei fleischgeworden, um alle zu erlösen, andere aber anders denken; darum ist es notwendig, uns darüber zu unterrichten, wie wir in dieser Schwierigkeit Einmütigkeit erzielen können.

Wort: Diesen Teil unseres Gesprächs zu erläutern hat der Apostel Petrus übernommen. Ihn höret an. Er wird euch zur Genüge über das belehren, was euch dunkel ist.

XI.

Et comparente P e t r o in medio eorum ita exorsus est:

P e t r u s : Omnis circa incarnatum Verbum diversitas has videtur habere varietates. Primo quibusdam dicentibus verbum Dei non esse Deum, et haec pars est iam ante sufficienter patefacta, quoniam non potest verbum Dei nisi Deus esse. Hoc autem verbum est ratio. Logos enim Graece verbum dicit, quod est ratio.

Deum enim habere rationem, qui est creator omnium rationabilium animarum et spirituum, indubium est. Haec autem ratio Dei non est nisi Deus, uti praeexpositum est. Nam habere in Deo coincidit cum esse. Ille enim, a quo sunt omnia in se complectitur omnia, et est omnia in omnibus, quia formator omnium. Ergo forma formarum. Forma autem formarum complicat in se omnes formas formabiles.

Verbum igitur seu ratio, infinita causa et mensura omnium quae fieri possunt, Deus est. Quare illi qui admittunt Verbum Dei esse incarnatum seu humanatum, necesse est quod ipsi fateantur hominem illum, quem dicunt Dei Verbum, esse etiam Deum.

Hic P e r s a locutus est dicens: Petre, Verbum Dei est Deus. Quomodo Deus, qui est immutabilis, fieri posset non Deus, sed homo, creator creatura? Negamus enim hoc paene omnes, paucis in Europa demptis. Et si sint quidam inter nos, qui Christiani vocentur, illi nobiscum concordant huius rei impossibilitatem, scilicet quod infinitum sit finitum, et aeternum temporale.

P: Hoc ipsum, scilicet aeternum esse temporale, constanter vobiscum nego. Sed cum vos omnes, qui legem Arabum tenetis, dicatis Christum esse verbum Dei — et bene dicitis —, necesse est et quod fateamini ipsum Deum.

XI.

Da trat Petrus in ihre Mitte und begann folgendermaßen:

Alle Meinungsverschiedenheit über die Fleischwerdung des Wortes scheint folgende Typen zu kennen: Zunächst haben wir diejenigen, die sagen, das Wort Gottes sei nicht Gott. Diese Frage ist zuvor schon zur Genüge dargelegt worden, da das Wort Gottes nur Gott sein kann. Dieses Wort ist der Wesenssinn. Logos besagt auf Griechisch nämlich Wort, und das bedeutet Wesenssinn.

Es besteht kein Zweifel, daß Gott, der Schöpfer aller wesenbestimmten Seelen und Geister, einen Wesenssinn hat. Dieser Wesenssinn Gottes ist aber, wie oben dargelegt wurde, nichts anderes als Gott selbst. Haben koinzidiert in Gott mit Sein. Jener nämlich, von dem alles kommt, faltet alles in sich ein; er ist alles in allem, da er der Gestalter von allem ist. Folglich ist er die Gestalt der Gestalten. Diese aber faltet in sich alle gestaltbaren Gestalten ein.

Das Wort oder der Wesenssinn, der unendliche Grund und das Maß von allem, das werden kann, ist also Gott. Darum müssen jene, welche zugeben, daß das Wort fleischgeworden oder menschgeworden ist, bekennen, daß jener Mensch, den sie als Wort Gottes bezeichnen, auch Gott ist.

An dieser Stelle sprach der Perser und sagte: Petrus, das Wort Gottes ist Gott. Wie konnte dann Gott, der unveränderlich ist, nicht Gott, sondern ein Mensch werden; der Schöpfer Geschöpf? Das lehnen beinahe alle ab, ausgenommen einige wenige in Europa. Und wenn es auch einige unter uns gibt, die Christen genannt werden, sie stimmen mit uns darin überein, daß es unmöglich ist, daß das Unendliche endlich und das Ewige zeitlich sei.

P: Dies, d. h., daß das Ewige zeitliche sei, bestreite ich mit euch ganz entschieden. Da jedoch ihr alle, die ihr am Gesetz der Araber festhaltet, Christus als Wort Gottes bezeichnet — und ihr tut das zu Recht — ist es notwendig, daß ihr ihn auch als Gott bekennt.

Pa: Fatemur ipsum esse verbum et spiritum Dei, quasi inter omnes qui sunt aut fuerunt nemo habuit illam excellentiam verbi et spiritus Dei. Non tamen admittimus propterea, quod fuerit Deus, qui non habet participem. Ne igitur incidamus in pluralitatem deorum, negamus ipsum Deum, quem Deo proximum profitemur.

P: In Christo naturam humanam creditis?

Pa: Credimus, et illam veram in eo fuisse et perstitisse affirmamus.

P: Optime. Haec natura, quia humana, non erat divina. Et ita in omni eo, quod in Christo vidistis secundum hanc naturam humanam, per quam similis erat aliis hominibus, non apprehendistis Christum Deum, sed hominem.

Pa: Ita est.

P: In hoc nemo a vobis dissentit. Nam natura humana fuit in Christo perfectissima, per quam fuit verus homo et mortalis ut alii homines. Secundum illam autem naturam non fuit Verbum Dei. Dicito igitur mihi: cum fateamini eum verbum Dei, quid per hoc intenditis?

Pa: Non naturam, sed gratiam, scilicet ipsum hanc gratiam excelsam assecutum, quod in eo Deus posuit verbum suum.

P: Nonne in aliis prophetis similiter posuit verbum? Nam omnes verbo domini locuti sunt et erant nuntii verbi Dei.

Pa: Ita est. Sed omnium prophetarum maximus Christus. Ideo magis proprie convenit sibi, ut dicatur verbum Dei quam aliis prophetis. Possent enim plures missivae in se verbum regis continere in particularibus negotiis et provinciis. Sed una sola, quae verbum regis continet, per quod totum regnum regitur, scilicet quia continet legem et praeceptum cui omnes oboedire tenentur.

P: Bonam ad hunc finem videris similitudinem proposuisse, scilicet quod verbum regis scriptum in variis cartis non

Pr: Wir bekennen ihn als Gott und Geist Gottes, da unter jenen, die sind oder waren, niemand jene Vortrefflichkeit des Wortes und des Geistes Gottes besaß. Gleichwohl geben wir darum nicht zu, daß er Gott gewesen ist, denn dieser kennt keinen Teilhaber. Damit wir nicht einer Vielzahl von Göttern verfallen, bestreiten wir, daß jener Gott ist, aber bekennen, daß er Gott am nächsten ist.

P: Glaubt ihr an die menschliche Natur in Christus?

Pr: Wir glauben und sind überzeugt, daß diese wahrhaft in ihm gewesen ist und bestand.

P: Sehr richtig! Diese Natur, die eine menschliche ist, war keine göttliche. Und so habt ihr in allem, das ihr in Christus entsprechend seiner menschlichen Natur seht, durch welche er den andern Menschen ähnlich war, nicht Christus als Gott, sondern als den Menschen begriffen.

Pr: So ist es.

P: Darin ist niemand anderer Meinung. Die menschliche Natur war in Christus am vollkommensten. Durch sie war er wahrer Mensch und sterblich wie die anderen Menschen. Entsprechend dieser Natur war er jedoch nicht das Wort Gottes. Sagt mir also: was meint ihr damit, wenn ihr ihn als Wort Gottes bekennt?

Pr: Wir schauen nicht auf die Natur, sondern auf die Gnade, das heißt wir meinen, daß er diese außergewöhnliche Gnade erlangt hat, daß Gott sein Wort in ihn senkte.

P: Hat Gott nicht in ähnlicher Weise sein Wort auch in die übrigen Propheten gesenkt? Denn sie alle sprachen durch das Wort des Herrn und waren Boten des Wortes Gottes.

Pr: So ist es. Doch ist Christus der größte aller Propheten. Darum kommt es ihm in eigentlicherer Weise zu, Wort Gottes genannt zu werden, als allen andern Propheten. In einzelnen Geschäften und Provinzen können mehrere Schreiben das Wort des Königs enthalten. Es gibt jedoch nur eine Botschaft, die jedes Wort des Königs enthält, durch das er das ganze Reich leitet, weil es nämlich Gesetz und Gebot enthält, dem alle gehorchen müssen.

P: Es scheint, daß du uns für unsere Absicht ein gutes Gleichnis gegeben hast; das Wort des Königs ist auf ver-

mutat ipsas cartas in alias naturas. Manent enim naturae earum post inscriptionem verbi uti erant ante. Sic dicitis naturam humanam mansisse in Christo.

Pa: Dicimus.

P:Placet. Sed attende, quae est differentia inter missivas et heredem regni. In herede regni est proprie verbum regis vivum et liberum et illimitatum, in missivis nequaquam.

Pa: Fateor. Si rex mittit heredem in regnum, heres portat verbum patris vivum et illimitatum.

P: Nonne proprie heres est verbum, et non nuntius seu commissarius, aut littera vel missiva? Et in verbo heredis complicantur omnia verba nuntiorum et missivarum? Et quamvis heres regni non sit pater, sed filius, non est alienus a regia natura, propter quam aequalitatem est heres.

Pa: Bene capio. Sed obstat, quia rex et filius sunt duo, ideo non admittimus Deum habere filium. Filius enim esset alius Deus quam Pater, sicut filius regis alius homo, quam pater.

P: Bene similitudinem impugnas. Nam non est propria quando attendis ad supposita. Sed si tollis diversitatem numeralem suppositorum et respicis ad potentiam, quae est in regali dignitate patris et filii sui heredis, tunc vides quomodo illa potentia regalis est una et in patre et in filio; in patre ut in ingenito, in filio ut in genito seu vivo verbo patris.

Pa: Prosequere.

P: Esto igitur quod sit potentia talis regalis absoluta ingenita et genita, et quod ipsa talis ingenita vocet ad societatem

schiedenen Blättern geschrieben, verwandelt diese Blätter aber nicht in eine andere Natur. Sie behalten dieselbe Natur, die sie hatten, bevor das Wort eingeschrieben wurde. Solcherart sagt ihr, sei die menschliche Natur in Christus geblieben.

Pr: Das tun wir.

P: Sehr wohl. Beachte aber den Unterschied, der zwischen einer Botschaft und dem Erben des Königs besteht. In diesem ist das eigene Wort des Königs lebendig, frei und unbegrenzt. In den Schreiben jedoch nicht.

Pr: Das gebe ich zu. Wenn der König seinen Erben ins Reich schickt, dann trägt dieser das lebendige und unbegrenzte Wort seines Vaters.

P: Ist das Wort nicht der eigentliche Erbe, der weder Bote noch Gesandter, weder Buchstabe noch Botschaft ist? Und sind nicht alle Worte von Boten und Gesandten im Wort des Erben eingefaltet? Und obgleich der Erbe des Reiches nicht der Vater ist, sondern der Sohn, ist er kein Fremder der königlicher Natur gegenüber; wegen dieser Gleichheit ist er vielmehr der Erbe.

Pr: Ich begreife sehr wohl. Es bleibt jedoch eine Schwierigkeit: der König und sein Sohn sind zwei verschiedene Menschen. Darum geben wir nicht zu, daß Gott einen Sohn besitzt. Der Sohn wäre nämlich ein anderer Gott als der Vater, so wie der Sohn des Königs ein anderer Mensch ist als der Vater.

P: Du kritisierst das Beispiel sehr gut. Es trifft nicht zu, wenn du die stellvertretenden Dinge beachtest. Nimmst du jedoch die zahlenmäßige Verschiedenheit der vertretenden Personen weg und blickst du auf die Mächtigkeit, die in der königlichen Würde des Vaters und des Sohnes als seines Erben liegt, dann siehst du, daß jene königliche Macht ein und dieselbe im Vater und im Sohn ist; im Vater ist sie als im Ungezeugten, im Sohn ist sie als im Gezeugten oder dem lebendigen Wort des Vaters.

Pr: Fahre fort!

P: Es sei nun jene absolute königliche Macht ungezeugt und gezeugt. Die ungezeugte soll einen seiner Natur nach Frem-

successionis connaturalis genitae natura alienum, ut aliena natura in unione cum propria simul et indivise possideant regnum. Nonne naturalis successio et gratiosa seu adoptiva in una hereditate concurrunt?

Pa: Manifestum est.

P: Sic et in una successione unius regni uniuntur filiatio et adoptio. Sed adoptionis successio non in se, sed in filiationis successione suppositatur. Adoptio enim, quae de sua natura non succedit, si succedere debet filiatione existente, oportet quod non in se, sed in illa suppositetur quae per naturam succedit. Si igitur adoptio, ut cum filiatione succedat in adeptione simplicissimae et indivisibilis hereditatis, non capit ex se, sed ex filiatione successionem, non erit alius successor adoptivus et alius naturalis, licet alia natura adoptionis, alia naturalis.

Nam quando separatus foret, et non in eadem hypostasi adoptivus cum naturali, quomodo concurreret in successione indivisibilis hereditatis? Unde in Christo sic tenendum est naturam humanam unitam verbo seu naturae divinae, ita quod humana non transit in divinam, sed adhaeret sic indissolubiliter eidem, ut non separatim in se, sed in divina personetur; ad finem quod ipsa humana natura, vocata ad successionem aeternae vitae cum divina, in ipsa divina immortalitatem assequi possit.

XII.

Persa: Competenter capio istud. Sed adhuc alio intelligibili exemplo iam dictum clarifica.

den zur Gemeinschaft der gleichnatürlichen und gezeugten Nachfolge berufen, damit die fremde Natur in der Einheit mit der eigenen das Reich zugleich und ungeteilt besitze. Kommen dann nicht natürliche und geschenkte oder Adoptiv-Nachfolge in der einen Erbschaft zusammen?

Pr: Offenbar.

P: Ebenso werden auch Sohnschaft und Adoption in der einen Nachfolge des einzigen Königs geeint. Die Nachfolge der Adoption besteht jedoch nicht in sich, sondern in der Nachfolge auf Grund der Sohnschaft. Die Adoption, die nicht durch ihre Natur zur Nachfolge gelangt, muß, wenn sie bei Bestand der Sohnschaft die Nachfolge erreichen will, danach trachten, daß sie nicht in sich, sondern in ihr Grundbestand erhält, die von Natur aus nachfolgt. Wenn also die Adoption, da sie in der Aneignung der einfachsten und unteilbaren Erbschaft mit der Sohnschaft nachfolgt, die Nachfolge nicht auf Grund ihrer selbst, sondern auf Grund der Sohnschaft erhält, kann der adoptierte und der natürliche Nachfolger nicht jeweils ein anderer sein, auch wenn die Natur der Adoption und die natürliche jeweils anders sind.

Wie sollten beide in der Nachfolge der unteilbaren Erbschaft zusammenkommen, wenn der Adoptivsohn getrennt wäre und nicht in ein und derselben Hypostase mit dem natürlichen Sohn bestünde? Wir müssen darum festhalten, daß in Christus die menschliche Natur so dem Wort oder der göttlichen Natur geeint ist, daß die menschliche nicht in diese übergeht, sondern ihr dergestalt unlösbar anhaftet, daß sie nicht gesondert in sich, sondern in der göttlichen Natur zur Person wird; auf daß die menschliche Natur, die nun mit der göttlichen zur Nachfolge des ewigen Lebens berufen ist, in dieser die Unsterblichkeit erlangen kann.

XII.

P e r s e r : Ich begreife das sehr wohl. Doch erhelle das schon Gesagte noch durch ein anderes verständliches Beispiel.

Petrus: Non possunt fingi similitudines praecisae. Sed ecce, sapientia in se estne accidens vel substantia?

Pa: Substantia ut in se, ut autem alteri accidit, accidens.

P: Omnis autem sapientia in omnibus sapientibus ab illa est, quae est per se sapientia, quoniam illa Deus.

Pa: Ostensa sunt haec.

P: Nonne unus homo est sapientior alio?

Pa: Certum est.

P: Qui igitur sapientior est, propinquior est ad sapientiam per se, quae est maxima absolute. Et qui minus sapiens, remotior.

Pa: Admitto.

P: Numquam autem aliquis homo secundum humanam naturam adeo sapiens est quin posset esse sapientior. Nam inter sapientiam contractam, scilicet humanam, et sapientiam per se, quae est divina et maxima atque infinita, semper manet infinita distantia.

Pa: Et hoc similiter manifestum.

P: Sic de magisterio absoluto et magisterio contracto pariformiter. In magisterio enim absoluto est ars infinita, in contracto finita. Esto igitur, quod intellectus alicuius tale magisterium ac talem sapientiam habeat, quod non sit possibile maiorem haberi sapientiam seu maius magisterium. Tunc intellectus illius maxime unitus est sapientiae per se, seu magisterio per se, adeo quod unio illa maior esse non posset. Nonne ille intellectus in virtute unitae sapientiae maximae, et uniti magisterii maximi cui unitur, divinam virtutem adeptus esset, et in homine talem habente intellectum natura intellectualis humana esset immediatissime unita naturae divinae seu sapientiae aeternae, verbo aut arti omnipotenti?

Petrus: Es ist unmöglich, genaue Ähnlichkeitsbilder zu bilden. Doch schau: ist die Weisheit in sich selbst ein Akzidenz oder Substanz?

Pr: Wie sie in sich ist, ist sie Substanz, wie sie einem andern zukommt, ist sie Akzidenz.

P: In allen Weisen kommt die ganze Weisheit von jener, die durch sich selbst Weisheit ist, da sie Gott ist.

Pr: Dies ist gezeigt worden.

P: Ist nicht ein Mensch weiser als ein anderer?

Pr: Gewiß.

P: Wer weiser ist, steht der durch-sich-seienden Weisheit welche die absolut größte ist, näher. Und wer weniger weise ist, ist weiter von ihr entfernt.

Pr: Das gebe ich zu.

P: Niemals aber kann ein Mensch seiner menschlichen Natur entsprechend so weise sein, daß er nicht noch weiser sein könnte. Denn zwischen der verschränkten Weisheit, d. h. der menschlichen, und der durch-sich-seienden Weisheit, welche die göttliche, die größte und unendliche Weisheit ist, bleibt stets ein unendlicher Abstand.

Pr: Das ist in ähnlicher Weise offenkundig.

P: Das gilt gleicherweise von der absoluten und von der verschränkten Meisterschaft. In absoluter Meisterschaft ist die unendliche Kunst, in der endlichen die verschränkte. Gesetzt nun den Fall, daß das Denken irgendeines Menschen eine solche Lehrmeisterschaft und solche Weisheit besitzt, daß es nicht möglich ist, größere Weisheit oder Meisterschaft zu haben. Dieses Denken ist dann am innigsten und so sehr mit der durch-sich-seienden Weisheit oder Meisterschaft geeint, daß diese Einung nicht größer sein könnte. Hätte dieser Geist nicht in der Kraft der geeinten Weisheit und Meisterschaft, die am größten sind und denen er vereint ist, die göttliche Kraft erlangt? Und wäre nicht in einem Menschen, der einen solchen Geist besitzt, die geistige Natur des Menschen ganz unmittelbar mit der göttlichen Natur oder der ewigen Weisheit, dem Wort oder der allmächtigen Kunst vereint?

Pa: Fateor totum, sed haec unio adhuc esset gratiae.

P: Quando unio tanta foret naturae inferioris ad divinam, quod maior esse non posset, tunc foret ei unita etiam in unitate personali. Quamdiu enim natura inferior non elevaretur in unitatem personalem et hypostaticam superioris, maior esse posset. Si igitur ponitur maxima, inferior in superiori adhaerendo subsistit. Nec hoc per naturam, sed gratiam. Haec autem gratia maxima, quae maior esse nequit, non distat a natura, sed cum illa unitur. Unde etsi per gratiam humana natura uniatur divinae, tamen gratia illa, cum maior esse nequeat, immediatissime terminatur in natura.

Pa: Qualitercumque dixeris, ex quo natura humana per gratiam potest elevari ad unionem divinae in quolibet homine, non plus dici debet homo Christus Deus quam alius sanctus, licet ipse inter homines sanctissimus.

P: Si attenderes in solo Christo altitudinem altissimam quae maior esse nequit, et gratiam maximam, quae maior esse nequit, et sanctitatem maximam, et ita de ceteris; deinde attenderes non esse possibile altitudinem maximam, quae maior esse nequit esse plus quam unam, et ita de gratia et sanctitate; atque post hoc adverteres omnem altitudinem cuiuscumque prophetae, quemcumque gradum habuerit, improportionabiliter distare ab altitudine illa, quae maior esse nequit, ita quod dato quocumque gradu altitudinis, inter illum et solum altissimum cadere possunt infiniti maiores dato et minores altissimo — ita de gratia, sanctitate, prudentia, sapientia, magisterio, et singulis — tunc clare videres solum unum Christum esse posse, in quo natura humana in unitate suppositi unita est naturae divinae.

Pr: Ich gebe das alles zu. Doch wäre diese Einung noch immer eine solche der Gnade.

P: Wenn die Einung der niederen Natur mit der göttlichen so groß wäre, daß sie nicht größer sein könnte, dann wäre sie ihr in personaler Einheit geeint. Solange nämlich die niedere Natur nicht zu personaler und hypostatischer Einung mit der höheren emporgehoben würde, könnte sie größer sein. Sobald also die größte Einung gesetzt wird, besteht die niedere Natur in der höheren dadurch, daß sie ihr anhangt. Das geschieht nicht durch die Natur, sondern durch Gnade. Diese Gnade aber ist die größte, die nicht größer sein kann. Sie ist nicht von der Natur getrennt, da sie mit ihr vereint wird. Würde darum auch die menschliche Natur mittels Gnade der göttlichen geeint, würde jene Gnade, da sie nicht größer sein kann, dennoch unmittelbar in der Natur beschlossen werden.

Pr: Was immer du auch gesagt haben magst, dadurch, daß die menschliche Natur in irgendeinem Menschen durch die Gnade zur Einung mit der göttlichen Natur erhoben werden kann, kann der Mensch Christus nicht eher Gott genannt werden als ein anderer Heiliger, auch wenn er der heiligste aller Menschen ist.

P: Wenn du beachtest, daß es nur jene höchste Höhe, die nicht größer sein kann und jene größte Gnade, die nicht größer sein kann, und jene höchste Heiligkeit, und dies alles nur in Christus gibt und bedenkst, daß es unmöglich mehr als nur eine höchste Höhe, die nicht größer sein kann, gibt — dasselbe gilt von der Gnade und Heiligkeit — und weiterhin bemerkst, daß jede Höhe eines jeden Propheten, welchen Grad auch immer sie gehabt haben mag, unvergleichlich weit von jener Höhe entfernt ist, die nicht größer sein kann, so daß es zu jedem Grad der Höhe unendlich viele größere oder kleinere zwischen ihm und dem Einzig-Höchsten geben kann — und dasselbe gilt von Gnade, Heiligkeit, Klugheit, Weisheit, Lehrmeisterschaft und allem —, dann siehst du ganz deutlich, daß es nur Christus sein kann, in dem die menschliche Natur in der Einheit mit ihrer Voraussetzung der göttlichen Natur geeint ist.

Et hoc ipsum etiam Arabes fatentur, quamvis plerique non plene considerent. Dicunt enim Arabes Christum solum altissimum in hoc mundo et futuro et verbum Dei. Neque illi, qui dicunt Christum Deum et hominem aliud dicunt quam Christum solum altissimum hominem et verbum Dei.

Pa: Videtur quod, postquam unio illa quae in altissimo est necessaria bene consideratur, quod Arabes ducibiles sint ad recipiendum hanc fidem, quia per eam unitas Dei, quam maxime custodire nituntur, nequaquam laeditur sed salvatur. Sed dicito quomodo capi potest quod natura humana non in se, sed in divina adhaerendo suppositetur?

P: Cape exemplum, licet remotum. Lapis magnes attrahit sursum ferrum, et adhaerendo in aere magneti natura ferri non in sua ponderosa natura subsistit. Alias enim non penderet in aere, sed caderet secundum naturam suam versus centrum terrae. Sed in virtute naturae magnetis ferrum magneti adhaerendo subsistit in aëre, et non virtute propriae naturae secundum quam ibi esse non posset. Causa autem cur inclinetur sic ferri natura ad naturam magnetis est, quia ferrum gerit in se similitudinem naturae magnetis, a qua ortum recepisse dicitur. Sic, dum natura intellectualis humana adhaereret naturae intellectuali divinae propinquissime a qua recepit esse, illi adhaereret ut fonti vitae suae inseparabiliter.

Pa: Intelligo.

P: Adhuc Arabum secta, quae magna est, fatetur Christum mortuos resuscitasse et de luto volatilia creasse, et multa alia, quae Iesum Christum tamquam potestatem habentem expresse fecisse confitentur. Ex quibus facilius duci possunt, quoniam ipsum haec fecisse in virtute naturae divinae, cui humana suppositaliter unita fuit, negari nequit. Potestas

Dasselbe bekennen auch die Araber, obgleich die meisten es nicht richtig bedenken. Sie sagen nämlich, daß in dieser Welt und in der zukünftigen Christus der Einzig-Höchste und das Wort Gottes ist. Auch jene, die Christus als Gott und Menschen bezeichnen, sagen ja nichts anderes als daß Christus der höchste Mensch und das Wort Gottes sei.

Pr: Es scheint also, daß die Araber, nachdem sie jene Einung, die im Höchsten mit Notwendigkeit vorhanden ist, wohl betrachtet haben, zur Annahme dieses Glaubens geführt werden können. Denn die Einheit Gottes, welche sie mit aller Kraft zu bewahren versuchen, wird durch ihn keineswegs verletzt, sondern bewahrt. Doch sage uns, wie kann man begreifen, daß jene menschliche Natur nicht in sich, sondern durch ihr Verhaftetsein mit den göttlichen Bestand erhält?

P: Höre folgendes Beispiel, auch wenn es nicht sehr genau ist. Ein Magnetstein zieht Eisen in die Höhe. Und indem es dem Erz des Magneten verhaftet ist, besteht die Natur des Eisens nicht in ihrer eigenen Gewicht-Natur. Andernfalls würde es nämlich nicht am Erz hängen, sondern seiner eigenen Natür entsprechend in Richtung zum Mittelpunkt der Erde fallen. Durch das Verhaftetsein mit dem Magneten hängt das Eisen mittels der Kraft der Magnetnatur in der Luft; nicht aber mittels der Kraft seiner eigenen Natur; derzufolge könnte es nicht dort sein. Die Ursache jedoch, warum die Natur des Eisens sich so zur Natur des Magneten hinwendet, liegt darin, daß das Eisen in sich die Ähnlichkeit der Magnetnatur hat, von der es seinen Ausgang genommen haben soll. Wenn darum die geistige Menschennatur der göttlichen Geistnatur, von welcher sie das Sein empfangen hat, ganz nahe verbunden wäre, so wäre sie ihr eben als der Quelle ihres Lebens untrennbar verbunden.

Pr: Das sehe ich ein.

P: Es gibt noch eine bedeutende Gruppe unter den Arabern, die bekennt, Christus habe Tote auferweckt und aus Lehm Vögel geschaffen und vieles andere, von dem sie ausdrücklich sagen, daß Jesus Christus, als der, welcher die Macht dazu hatte, es getan hätte. Auf Grund dessen können sie sehr leicht gewonnen werden, da es sich nicht leugnen läßt,

enim Christi, qua imperavit ista fieri, quae facta per eum Arabes confitentur, non potuit esse secundum naturam humanam, nisi humana illa in unione cum divina, cuius potentia est taliter imperare, assumpta foret.

Pa: Ista et multa de Christo Arabes affirmant, quae in Alfurkan conscribuntur. Erit tamen difficilius Iudaeos ad huius credulitatem conducere quam alios, quoniam ipsi de Christo nihil per expressum admittunt.

P: Habent in suis scripturis de Christo illa omnia. Sed litteralem sensum sequentes intelligere nolunt. Haec tamen Iudaeorum resistentia non impediet concordiam. Pauci enim sunt et turbare universum mundum armis non poterunt.

XIII.

Syrus ad haec: Petre, audivi superius concordiam ex praesuppositis in qualibet secta posse reperiri; dicito quomodo hoc in isto poterit articulo verificari.

Petrus: Dicam; et primum dicito mihi: nonne solus Deus est aeternus et immortalis?

S: Sic credo, nam omne praeter Deum principiatum est. Quare, cum principium habeat, habebit secundum naturam suam et finem.

P: Nonne paene omnis religio — Iudaeorum, Christianorum, Arabum et aliorum plurimorum hominum — tenet humanam mortalem naturam cuislibet hominis post mortem temporalem ad vitam perpetuam resurrecturam?

S: Ita credit.

P: Fatentur igitur omnes tales naturam humanam divinae et immortali uniri debere. Nam alias quomodo transiret na-

daß er dies in der Kraft der göttlichen Natur getan hat, der die menschliche in der Weise der Voraussetzung geeint war. Die Kraft Christi, mit der er befahl, daß das geschehe, was nach der Araber Bekenntnis geschehen ist, konnte nicht der menschlichen Natur entsprechend sein, es sei denn, daß jene in die Einung mit der göttlichen aufgenommen worden wäre, in deren Macht es liegt, so zu befehlen.

Pr: Dieses und vieles andere, das im Koran beschrieben wird, bekennen die Araber von Christus. Schwieriger als bei allen andern wird es jedoch bei den Juden sein, sie zum Glauben an diese Dinge zu führen, da sie ausdrücklich nichts für Christus zugestehen.

P: In ihren Schriften haben sie alles über Christus. Da sie aber dem Literalsinn folgen, wollen sie nicht verstehen. Dieser Widerstand der Juden tut der Eintracht jedoch keinen Abbruch. Sie sind nämlich nur wenige und können nicht die ganze Welt mit Waffen durcheinander bringen.

XIII.

Dazu sagte der Syrer: Petrus, ich habe zu Beginn gehört, daß die Eintracht auf Grund der Voraussetzungen bei jeder Religionsgruppe erlangt werden könne. Sag uns nun, wie dies in diesem Punkt wahr gemacht werden soll!

Petrus: Ich will es tun. Doch gib mir zuerst darauf eine Antwort: Ist nicht Gott allein ewig und unsterblich?

S: So glaube ich, denn alles außer Gott hat angefangen. Weil es also einen Anfang hat, wird es seiner Natur entsprechend auch ein Ende haben.

P: Hält nicht beinahe jede Religion — die der Juden, Christen, Araber und der vielen andern Menschen — daran fest, daß die sterbliche Menschennatur eines jeden Menschen nach zeitlichem Tod zu immerwährendem Leben auferstehen wird?

S: So glaubt man.

P: All diese Religionen bekennen also, daß die Menschennatur der göttlichen und unsterblichen Natur vereint wer-

tura humana ad immortalitatem, se eidem non adhaereret unione inseparabili?

S: Hoc necessario praesupponit fides resurrectionis.

P: Si igitur hoc fides habet, ergo ipsa natura humana in aliquo homine prioriter unitur divinae, in illo scilicet qui est facies omnium gentium et altissimus Messias et Christus, prout nominant Christum Arabes et Iudaei. Hic enim Deo secundum omnes proximus, erit ille, in quo omnium hominum natura prioriter unitur Deo. Ob hoc ipse est salvator et mediator omnium, in quo natura humana, quae est una et per quam omnes homines homines sunt, unitur divinae et immortali naturae, ut sic omnes homines eiusdem naturae assequantur resurrectionem a mortuis.

S: Intelligo te velle fidem resurrectionis mortuorum praesupponere unionem naturae humanae ad divinam, sine qua haec fides foret impossibilis et hanc asseris esse in Christo quare ipsum praesupponit fides.

P: Recte capis. Ex hoc accipe, quomodo omnia promissa, quae Iudaeis promissa reperiuntur, in fide Messiae seu mediatoris firmantur, per quem promissa inquantum aeternam vitam respiciunt solum poterant et possunt compleri.

S: Quid de aliis sectis?

P: Pariformiter. Nam omnes homines non nisi aeternam vitam in sua natura humana desiderant et expectant, et ad hoc purgationes animarum et sacra instituerunt, ut se illi aeternae vitae in sua natura melius adaptent. Non appetunt homines beatitudinem, quae est ipsa aeterna vita, in alia quam propria natura. Homo non vult esse nisi homo, non angelus aut alia natura; vult autem esse homo beatus, qui ultimam felicitatem assequatur.

den muß. Wie anders nämlich ging die menschliche Natur zu Unsterblichkeit über, wenn sie der göttlichen nicht in untrennbarer Einung anhaften würde?

S: Dies setzt der Auferstehungsglaube notwendigerweise voraus.

P: Wenn dies der Glaube also besagt, dann wird die Menschennatur in irgendeinem Menschen vorgängig mit der göttlichen geeint. Dies geschieht in jenem, der das Angesicht aller Völker ist und der höchste Messias und Christus, wie Araber und Juden Christus nennen. Dieser aber, der nach der Meinung aller Gott am nächsten ist, wird derjenige sein, in dem die Menschennatur zum ersten Mal mit Gott vereint wird. Darum ist er der Heiland und Mittler aller, in welchem die menschliche Natur, die eine einzige ist und durch die alle Menschen Menschen sind, der göttlichen und unsterblichen Natur geeint wird, damit so alle Menschen, die von gleicher Natur sind, die Auferstehung von den Toten erlangen.

S: Ich verstehe, daß du sagen willst: der Glaube an die Auferstehung von den Toten setzt die Einung der menschlichen Natur mit der göttlichen voraus, ohne diese Einung wäre ein solcher Glaube unmöglich. Dies ist, so versicherst du, in Christus der Fall. Darum setzt ihn dieser Glaube voraus.

P: Richtig. Und daraus kann man ersehen, wie alle Versprechen, die bei den Juden gefunden werden, im Glauben an den Messias oder Mittler bekräftigt werden. Durch ihn allein konnten und können jene Verheißungen, sofern sie das ewige Leben angehen, erfüllt werden.

S: Wie verhält es sich mit den andern Lehren?

P: Ähnlich. Denn alle Menschen erstreben und erhoffen nichts anderes als das ewige Leben in ihrer Menschennatur. Sie setzten Reinigungszeremonien der Seelen und Opfer ein, um sich in ihrer Natur jenem ewigen Leben besser anzupassen. Die Menschen erstreben die Glückseligkeit, welche das ewige Leben ist, nicht in einer anderen denn der eigenen Natur. Der Mensch will nichts sein als Mensch, nicht Engel oder eine andere Natur. Er will aber ein glücklicher Mensch sein, der letzte Glückseligkeit erlangt.

Haec autem felicitas non est nisi fruitio seu unio vitae humanae cum fonte suo, unde scilicet emanat ipsa vita, et est vita divina immortalis. Hoc autem quomodo esset possibile homini, nisi in aliquo communis omnium natura ad talem unionem elevata concedatur, per quem tamquam mediatorem omnes homines ultimum desideriorum consequi possent? Et hic est via quia homo, per quem accessum habet omnis homo ad Deum, qui est finis desideriorum. Christus est ergo qui praesupponitur per omnes, qui sperant ultimam felicitatem se assecuturos.

S: Optime haec placent. Nam si intellectus humanus credit se assequi posse unionem ad sapientiam, ubi aeternum vitae suae pastum adipiscatur, praesupponit alicuius altissimi hominis intellectum unionem illam altissime consecutum et hoc altissimum magisterium adeptum, per quod quidem magisterium se sperat similiter ad sapientiam illam aliquando perventurum. Si enim hoc non crederet possibile in aliquo etiam omnium hominum altissimo, in vanum speraret. Et quoniam omnium spes est aliquando consequi posse felicitatem, propter quam est omnis religio, nec in hoc cadit deceptio, quia haec spes omnibus communis est ex connato desiderio, ad quam sequitur religio, quae pariformiter omnibus consequenter connata existit, hinc video hunc magistrum et mediatorem, naturae humanae supremitatem perfectionis et principatum tenentem, ab omnibus praesupponi.

Sed dicunt forte Iudaei hunc principem naturae, in quo omnes defectus omnium hominum supplentur, nondum natum sed aliquando nasciturum.

P: Sufficit quod tam Arabes quam Christiani, atque alii qui testimonium in sanguine suo perhibuerunt, testificentur per ea, quae prophetae de ipso locuti sunt et quae dum esset in mundo super hominem operatus est, eum venisse.

Dieses Glücklichsein ist nichts anderes als der Genuß und die Einung des menschlichen Lebens mit seinem Urquell, aus dem das Leben fließt. Es ist göttliches und unsterbliches Leben. Wie wäre dies jedoch dem Menschen möglich, wenn es nicht einem, der mit allen gleicher Natur ist, verliehen würde, zu solcher Vereinung emporgehoben zu werden, und durch welchen gleichsam als durch ihren Mittler alle Menschen das letzte Ziel ihres Sehnens erlangen könnten? Und dieser ist der Weg, da er der Mensch ist, durch den jeder Mensch Zutritt zu Gott hat, dem Ziel aller Wünsche. Christus ist es also, der von allen vorausgesetzt wird, die hoffen, einmal letzte Glückseligkeit zu erlangen.

S: Dies sagt mir sehr wohl zu. Denn, wenn der menschliche Geist glaubt, die Einung mit der Weisheit erlangen zu können, wo er die ewige Speise seines Lebens erlangt, dann setzt er voraus, daß der Geist irgendeines erhabenen Menschen jene Einung in höchstem Maße erlangt und jene höchste Meisterschaft erreicht hat, durch die jedwede andere Meisterschaft hofft, in ähnlicher Weise einmal zu dieser Weisheit zu gelangen. Würde er nicht glauben, daß dies im erhabensten aller Menschen möglich sei, so würde er vergebens hoffen. Und da die Hoffnung aller darin besteht, einmal jenes Glücklichsein erlangen zu können, dessentwegen jede Religion besteht — und darin gibt es keine Täuschung, da diese Hoffnung aus einem angeborenen Verlangen, welches allen gemeinsam ist, besteht und ihr die Religion folgt, die in ähnlicher Weise allen angeboren ist — so sehe ich, daß dieser Meister und Mittler, der den Gipfel der Vollendung der Menschennatur und die Herrschaft innehält, von allen vorausgesetzt wird.

Die Juden sagen aber doch wohl, daß dieser Fürst der Natur, in dem alle Mängel der Menschheit behoben werden, noch nicht geboren sei, sondern einmal geboren werde.

P: Es genügt, daß sowohl Araber als auch Christen und alle jene, die in ihrem Blut Zeugnis dafür abgelegt haben, aus dem, was die Propheten vom ihm verkündet haben, und was er selbst, während er auf dieser Welt weilte, über die Kraft aller Menschen hinaus gewirkt hat, bekennen, daß er gekommen sei.

XIV.

H i s p a n u s : Erit forte de Messia, quem maior mundi pars venisse fatetur, alia circa nativitatem suam difficultas, asserentibus Christianis et Arabis eum de virgine Maria natum, aliis hoc pro impossibili habentibus.

P e t r u s : Omnes qui Christum venisse credunt, ipsum de virgine natum confitentur. Nam cum ipse sit ultimitas perfectionis naturae et solus altissimus, cuius patris debuit esse filius? Omnis enim pater generans in perfectione naturae distat ab ultimitate perfectionis naturae taliter quod non potest filio communicare perfectionem ultimam, qua altior esse nequit et quae extra unum hominem non est possibilis. Solus ille pater hoc potest, qui est creator naturae. Altissimus igitur non habet nisi hunc in patrem, a quo est omnis paternitas. Virtute igitur divina in utero virginis altissimus concipitur, et in ipsa virgine concurrebat altissima fecunditas cum virginitate. Unde Christus sic natus est nobis, ut sit omnibus hominibus coniunctissimus. Eum enim habet patrem, a quo omnis hominis pater habet, quod est pater. Et illam habet in matrem, quae nulli hominum carnaliter copulata fuit, ut sic quisque reperiat coniunctione propinquissima in Christo suam naturam in ultima perfectione.

T u r k u s : Restat adhuc non parva differentia, asserentibus Christianis Christum crucifixum per Iudaeos, aliis id ipsum negantibus.

P: Quod quidam Christum negant crucifixum, sed adhuc vivere dicunt et venturum tempore Antichristi, et eo evenit, quod ipsi mysterium mortis ignorant. Et quia venturus est, ut asserunt, credunt eum venturum in carne mortali, quasi alias non posset debellare Antichristum. Et quod negant ipsum a Iudaeis crucifixum, ad reverentiam Christi ista di-

XIV.

S p a n i e r : Es gibt wohl noch eine andere Schwierigkeit bezüglich des Messias, von dem der größere Teil der Welt bekennt, daß er gekommen sei, nämlich hinsichtlich seiner Geburt. Während Christen und Araber der Meinung sind, er sei aus der Jungfrau Maria geboren, halten andere dies für unmöglich.

P e t r u s : Alle die glauben, daß Christus gekommen sei, bekennen, daß er aus der Jungfrau geboren ist. Denn da er die äußerste Vollendung der Natur ist und der Einzig-Höchste, welchen Vaters Sohn sollte er dann sein? Jeder zeugende Vater ist in der Vollkommenheit der Natur soweit von der äußersten Vollendung entfernt, daß er diese letzte Vollendung, über die hinaus es keine größere geben kann und die bis auf einen einzigen Menschen nicht möglich ist, dem Sohn nicht mitteilen kann. Dies vermag nur jener Vater, der der Schöpfer der Natur ist. Der Höchste hat also keinen andern Vater als den, von dem alle Vaterschaft ihren Ursprung hat. In göttlicher Kraft wird darum der Höchste im Schoß der Jungfrau empfangen. Höchste Fruchtbarkeit vereinte sich mit der Jungfräulichkeit in dieser Jungfrau. Darum ist uns Christus so geboren, daß er jedem Menschen am nächsten steht. Er hat nämlich den zum Vater, von dem jeder Menschen-Vater sein Vatersein erhält. Er hat die zur Mutter, die mit keinem Menschen im Fleische vereinigt worden ist, damit auf diese Weise ein jeder durch nächste Vereinigung in Christus seine Natur in äußerster Vollendung finde.

T ü r k e : Eine nicht geringe Meinungsverschiedenheit bleibt noch zu lösen. Während die Christen sagen, daß Christus von den Juden gekreuzigt wurde, gibt es andere, die dies leugnen.

P: Daß manche die Kreuzigung Christi bestreiten und sagen, daß er noch lebe und zur Zeit des Antichristen wiederkomme, kommt daher, daß sie das Geheimnis des Todes nicht kennen. Da er kommen wird, wie sie sagen, glauben sie, daß er, wenn er wieder kommen wird, im sterblichen Fleisch wieder kommt, so als könnte er andernfalls den Anti-

cere videntur, quasi tales homines in Christum nullam potestatem habuissent.

Sed attende quomodo historiis illis, quae sunt multae, et praedicationi apostolorum, qui pro veritate mortui sunt, merito credi debet, scilicet Christum esse sic mortuum. Ita enim prophetae de Christo praedixerunt, quomodo morte turpissima condemnari deberet, quae erat mors crucis.

Et ratio haec est: nam Christus venit missus a Deo patre, ut evangelizaret regnum caelorum, et ea de illo regno dixit, quae melius per ipsum probari non poterant quam in testimonio sanguinis sui. Unde, ut esset oboedientissimus Deo patri et pro veritate, quam annuntiabat omnem certitudinem offeret, mortuus est, et morte turpissima, ut omnis homo hanc non refutaret veritatem recipere, pro cuius testimonio voluntarie Christum mortem scirent recepisse.

Praedicabat enim regnum caelorum, evangelizando quomodo homo illius regni capax ad ipsum pertingere posset. In cuius regni comparatione haec huius mundi vita, quae tam tenaciter per omnes diligitur, pro nihilo habenda est. Et ut sciretur, quod veritas est illa vita regni caelorum, pro veritate dedit vitam huius mundi, ut sic perfectissime evangelizaret regnum caelorum et liberaret mundum ab ignorantia, qua praefert hanc vitam futurae. Et daret in sacrificium pro multis, ut sic in cruce exaltatus in omnium conspectu attraheret ad credendum omnes, et clarificaret evangelium, et confortaret pusillanimes, et daret se libere in redemptionem pro multis, et faceret omnia meliori modo quo fieri possent, quod homines assequerentur fidem salvationis et spem ipsam adipiscendi et caritatem adimpletione mandatorum Dei.

christen nicht bekämpfen. Daß sie seine Kreuzigung durch die Juden bestreiten, scheinen sie aus Ehrfurcht vor Christus zu tun, so als ob sie meinten, daß solche Menschen keine Macht über ihn gehabt hätten.

Man beachte jedoch, daß man jenen vielfältigen Berichten und der Verkündigung der Apostel, die für die Wahrheit gestorben sind, gerechterweise Glauben schenken muß, d. h., daß Christus so gestorben ist. Ebenso sagten ja auch die Propheten voraus, daß Christus zum schändlichsten Tode verurteilt werden müsse, welches der Tod am Kreuz war.

Der Grund dafür ist folgender: Gesandt von seinem Vater kam Christus, um das Himmelreich zu verkünden. Was er von diesem Reiche sagte, konnte auf keine bessere Weise bestätigt werden als durch das Zeugnis seines Blutes. Um also dem Vater völlig gehorsam zu sein und der Wahrheit, die er verkündigte, alle Sicherheit zu geben, ist er gestorben. Er nahm den schändlichsten Tod auf sich, damit kein Mensch sich weigern möge, die Wahrheit anzunehmen, da man weiß, daß Christus für deren Zeugnis den Tod freiwillig auf sich genommen hat.

Er predigte das Himmelsreich und gab Kunde davon, wie der Mensch, der für dieses Reich ausgestattet ist, zu ihm gelangen könne. Im Vergleich zu diesem Reich ist das Leben dieser Welt, das von allen so beharrlich geliebt wird, für nichts zu erachten. Und damit man wisse, daß die Wahrheit jenes Leben des Himmelreiches sei, gab er das Leben dieser Welt für die Wahrheit dahin, damit er so in vollkommenster Weise das Himmelreich verkünde und die Welt von der Unwissenheit befreie, in der sie dieses Leben dem zukünftigen vorzieht. Er wollte sich zum Opfer für die Vielen hingeben, damit er so vor den Augen aller am Kreuze erhöht, alle zum Glauben brächte und die Frohbotschaft erstrahlen lasse, die Kleinmütigen stärke und er sich frei hingebe für die Erlösung der Vielen und alles auf die beste Weise vollbringe, auf die es vollbracht werden kann, damit die Menschen so den Glauben des Heils, die Hoffnung auf dessen Erfüllung und die Liebe durch das Vollbringen der Gebote Gottes erlangten.

Si igitur Arabes attendant ad fructum mortis Christi, et quod ad ipsum tamquam missum a Deo spectabat facere de se ipso sacrificium, ut adimpleret desiderium patris sui, et quomodo nihil gloriosius Christo quam propter veritatem et oboedientiam mori, etiam turpissima morte non subtraherent a Christo hanc gloriam crucis, per quam meruit esse altissimus et superexaltari in gloria patris.

Deinde si Christus praedicavit homines immortalitatem consecuturos post mortem in resurrectione, quomodo potuit de hoc mundus melius certificari, quam quod ipse sponte mortuus est et resurrexit et vivus apparuit? Mundus enim tunc ultima certificatione certificatus fuit, quando hominem Christum mortuum in cruce palam et publice resurrexisse a mortuis et vivere audivit testimonio multorum, qui ipsum vivum viderunt et in hoc mortui sunt, ut essent fideles testes resurrectionis eius. Ista ergo fuit perfectissima evangelizatio, quam in se ipso ostendit Christus, et perfectior esse non potuit; et sine morte et resurrectione potuit semper perfectior esse.

Qui igitur credit Christum perfectissime adimplesse voluntatem Dei patris, omnia ista fateri debet, sine quibus evangelizatio non fuisset perfectissima.

Adhuc attende quoniam regnum caelorum fuit omnibus absconditum usque ad Christum. Nam hoc est evangelium Christi annuntiare regnum illud omnibus incognitum. Non igitur fuit fides neque spes assequendi regnum caelorum, neque a quoquam amari potuit, quando penitus ignotum. Neque fuit possibile, quod aliquis homo adipisceretur ipsum regnum, natura humana nondum ad illam exaltationem elevata, ut divinae consors fieret naturae. Christus igitur omni modo aperiendi aperuit regnum caelorum. Sed regnum caelorum nemo intrare potest, nisi deponat regnum huius mundi

Würden also die Araber die Frucht des Todes Christi beachten und darauf schauen, daß es ihm als dem von Gott Gesandten zustand, sich selbst zum Opfer zu bringen, um das Verlangen seines Vaters zu erfüllen und daß es nichts Herrlicheres für Christus gab, als für Wahrheit und Gehorsam selbst den schändlichen Tod zu sterben, dann würden sie nicht diesen Ruhm des Kreuzes von Christus wegnehmen, durch den er sich das Verdienst erwarb, der Höchste zu sein und in der Herrlichkeit des Vaters über alle Vorstellung hinaus erhöht zu werden.

Wenn Christus ferner verkündigte, daß die Menschen die Unsterblichkeit nach ihrem Tode in der Auferstehung erlangen werden, wie hätte die Welt bessere Gewißheit darüber erlangen können, als dadurch, daß er selbst aus eigenem Wollen gestorben ist, auferstanden und lebendig erschien. Der Welt wurde nämlich damals letzte Gewißheit gegeben, als sie hörte, daß der Mensch Christus, der am Kreuze vor aller Öffentlichkeit gestorben war, von den Toten auferstanden sei und lebe — dem Zeugnis der vielen entsprechend, die ihn als lebendigen sahen und in diesem Zeugnis starben, um glaubwürdige Zeugen seiner Auferstehung zu sein. Dies war die vollkommenste Verkündigung, die Christus in sich selbst zeigte. Sie konnte nicht vollkommener sein. Ohne Tod und Auferstehung aber hätte sie stets vollkommener sein können.

Wer also glaubt, daß Christus in vollkommenster Weise den Willen des Vaters erfüllt hat, muß damit auch alles dies, ohne welches die Verkündigung der Frohbotschaft nicht die vollkommenste gewesen wäre, bekennen.

Man beachte weiterhin, daß das Himmelreich bis auf Christus allen verborgen war. Die Botschaft Christi ist es ja, das allen unbekannte Reich zu verkünden. Es gab weder Glaube noch Hoffnung zum Himmelreich zu gelangen noch konnte es von jemanden geliebt werden, da es völlig unbekannt war. Auch war es nicht möglich, daß irgend ein Mensch zu jenem Reich gelangte, solange die menschliche Natur noch nicht zu jener Höhe emporgeführt war, daß sie der göttlichen Natur teilhaftig würde. Christus hat uns also in jeder Beziehung das Himmelreich erschlossen. Doch niemand vermag es zu

per mortem. Oportet enim, quod mortalis deponat mortalitatem, hoc est potentiam moriendi. Et hoc non fit nisi morte. Tunc potest induere immortalitatem.

Christus autem homo mortalis, si nondum mortuus, nondum deposuit mortalitatem. Ita non intravit regnum caelorum, in quo nullus mortalis esse potest. Si igitur ipse, qui est primitiae et primogenitus inter omnes homines, non aperuit regna caelorum, nondum natura nostra Deo unita est in regnum introducta. Sic nullus hominum in regno caelorum esse posset, natura humana Deo unita nondum introducta. Cuius contrarium omnes homines, qui regnum caelorum esse credunt, asserunt. Omnes enim aliquos sanctos in sua secta fatentur felicitatem assecutos. Fides igitur omnium, quae sanctos esse fatetur in aeterna gloria Christum mortuum et caelos ascendisse praesupponit.

XV.

Alemannus: Optime omnia ista. Sed circa felicitatem video discrepantias non paucas. Nam Iudaeis ex lege non nisi temporalia promissa dicuntur, quae consistunt in bonis sensibilibus. Arabis autem ex sua lege, quae in Alchorano scribitur, non nisi carnalia sed perpetua leguntur promissa. Evangelium vero promittit angeliformitatem, scilicet quod homines erunt similes angelis, qui nihil carnalitatis habent.

Petrus: Quid potest concipi in hoc mundo, cuius desiderium non vilescit, sed augetur continue?

A: Omnia temporalia vilescunt, solum intellectualia numquam. Comedere, bibere, luxuriari et quicquid tale, si aliquando placent, aliquando displicent et instabiliter se habent. Scire autem et intelligere atque oculo mentis intueri veritatem semper placet. Et quanto plus senuerit homo,

betreten, sofern er nicht das Reich dieser Welt durch den Tod von sich gibt. Der Sterbliche muß also die Sterblichkeit, d. h. die Möglichkeit zu sterben, ablegen. Dies kann nur durch den Tod geschehen. Dann kann er sich mit Unsterblichkeit bekleiden.

Als sterblicher Mensch hatte Christus solange seine Sterblichkeit noch nicht abgelegt, als er noch nicht gestorben war. Ebenso hatte er auch noch nicht das Himmelreich betreten, in dem kein Sterblicher sein kann. Solange also er, die Erstlingsgabe und der Erstgeborene von allen Menschen, das Himmelreich noch nicht aufgeschlossen hat, ist unsere Natur nicht mit Gott geeint und ins Himmelreich eingeführt. So könnte kein Mensch im Himmelreich sein, solange nicht die mit Gott geeinte menschliche Natur ins Himmelreich eingeführt wäre. Das Gegenteil davon sagen alle Menschen, die an das Himmelreich glauben. Alle glauben nämlich, daß gewisse Heilige ihrer Religion die Seligkeit erlangt hätten. Der Glaube aller also, der bekennt, daß es Heilige gibt in der ewigen Herrlichkeit, setzt darum voraus, daß Christus gestorben und in den Himmel aufgefahren ist.

XV.

Deutscher: Das ist alles sehr schön. Doch sehe ich keine geringe Meinungsverschiedenheit hinsichtlich der Glückseligkeit. Den Juden sind auf Grund ihres Gesetzes nur zeitliche Dinge verheißen, die in sinnlichen Gütern bestehen. Den Arabern sind auf Grund ihres Gesetzes, das im Koran geschrieben steht, nur fleischliche, wenngleich immerwährende Güter versprochen. Das Evangelium hingegen verspricht Engelhaftigkeit, d. h., daß die Menschen den Engeln ähnlich sein werden, die nichts Fleischliches an sich haben.

Petrus: Was kann man sich in dieser Welt ausdenken, nach dem das Verlangen nicht abnimmt, sondern beständig wächst?

D: Alle zeitlichen Güter schwinden dahin, nur die geistigen nicht. Essen, Trinken, Schwelgen und dergleichen mehr, mißfällt einmal und gefällt einmal und ist unbeständig. Wissen jedoch und Verstehen und mit dem Auge des Geistes die Wahrheit erblicken ist immer angenehm. Und je älter der

tanto plus placent ista, et quanto plus acquisiverit de istis, tanto plus augetur appetitus habendi.

P: Si igitur desiderium debet esse perpetuum et cibatio perpetua, non erit nec temporalis nec sensibilis, sed intellectualis vitae cibatio. Unde etsi in lege Alchoran reperiatur promissio paradisi, ubi sunt flumina vini et mellis et virginum multitudo, tamen multi illa in hoc mundo abhominantur, quomodo erunt illi felices, si assequentur ibi quae hic nollent habere? Dicit in Alchorano[1] virgines pulcherrimas nigras reperiri, cum oculis habentibus albuginem albissimum et magnum. Nullus Alemannus in hoc mundo, etiam vitiis carnis datus, tales appeteret. Unde oportet, quod similitudinaliter ista intelligantur.

Nam alibi prohibet concubitus fieri in ecclesiis seu synagogis vel mesquitis, et alia omnia delectabilia carnis. Non est credendum, quod mesquitae sint paradiso sanctiores. Quomodo igitur prohibentur illa hic fieri in mesquitis, quae ibi promittuntur in paradiso?

Alibi ait omnia illa ibi reperiri, quia oportet quod ibi fiat adimpletio omnium, quae ibi desiderantur. In hoc satis ostendit quid velit dicere, quando ait talia ibi reperiri. Nam cum ista sic in hoc mundo desiderentur, praesupposito quod in alio mundo foret aequale desiderium, tunc ibi exquisite et abunde reperirentur. Aliter enim non potuit exprimere vitam illam esse complementum desideriorum nisi per hanc similitudinem. Neque voluit rudi populo alia occultiora exprimere, sed tantum ea quae secundum sensum videntur feliciora, ne populus, qui non gustat ea quae spiritus sunt, parvifaceret promissa.

---

[1] Cf. Koran, Sure 2, 26ff; 7, 43ff u. a.

Mensch wird, um so mehr gefällt ihm dies und je mehr er davon erwirbt, um so stärker wird sein Verlangen, es zu besitzen.

P: Wenn also Verlangen und Speisung ewig sein sollen, kann es weder die Speisung zeitlichen noch sinnenhaften, sondern nur geistigen Lebens sein. Wenngleich daher im Buch des Koran die Verheißung eines Paradieses gefunden wird, wo es Ströme von Wein und Honig und eine Menge junger Mädchen gibt, so gibt es doch viele Menschen auf dieser Welt, die dies verabscheuen. Wie werden diese dann glücklich sein, wenn sie dort das erlangen, was sie hier nicht haben wollen? Es heißt im Koran, daß man im Paradies wunderschöne, dunkelhäutige Mädchen finden wird, mit Augen, die einen leuchtend weißen, großen Augapfel haben. Kein Deutscher würde in dieser Welt, auch wenn er den Gelüsten des Fleisches ergeben wäre, solche Mädchen erstreben. Man muß also jene Versprechen als Ähnlichkeitsbilder verstehen.

An anderer Stelle verbietet der Koran Beischlaf und alle andern Ergötzlichkeiten des Fleisches in Kirchen oder Synagogen oder Moscheen. Man kann aber nicht glauben, daß die Moscheen heiliger sind als das Paradies. Wie sollte also das für Moscheen verboten werden, was dort im Paradies verheißen wird?

Andernorts sagt der Koran, daß sich dort alles finde, was wir hier ersehnen, da dort die Erfüllung von allem stattfinden müsse. Damit tut er zur Genüge kund, was er damit sagen will, daß dergleichen dort gefunden wird. Denn da diese Dinge so sehr in dieser Welt ersehnt werden, müssen sie dort, vorausgesetzt, daß in der anderen Welt ein gleiches Verlangen besteht, besondern gut und reichlich vorhanden sein; jedoch anders, denn in diesem Ähnlichkeitsbild vermochte er es nicht zum Ausdruck zu bringen, daß jenes Leben die Ergänzung allen Verlangens sei. Noch wollte er dem ungebildeten Volk andere, mehr verborgene Dinge vor Augen führen, sondern nur das, was den Sinnen gemäß beglückender erscheint, damit nicht das Volk, welches die Dinge des Geistes nicht schätzt, die Verheißungen verachte.

Unde tota cura illius maxime videtur fuisse, qui legem illam scripsit, avertere populum ab idolatria. Et ad illum finem promissiones tales fecit et cuncta posuit. Sed non damnavit Evangelium, immo laudavit, in hoc dans intelligere felicitatem, quae in Evangelio promittitur, non esse minorem illa corporali. Et hoc intelligentes et sapientes inter eos sciunt verum. Et Avicenna praefert felicitatem intellectualem visionis seu fruitionis Dei et veritatis incomparabiliter felicitati descriptae in lege Arabum, qui tamen fuit de lege illa; sic et ceteri sapientes.

Non erit igitur in hoc difficultas concordandi omnes sectas. Dicetur enim felicitatem illam esse supra omne id quod scribi aut dici potest, quia completio omnis desiderii et adeptio boni in fonte suo et vitae in immortalitate.

A: Quid tunc de Iudaeis, qui regni caelorum promissum non capiunt, sed tantum rerum temporalium?

P: Iudaei pro observantia legis et eius sanctimonia morti saepe se tradunt. Unde nisi crederent se felicitatem post mortem ex eo assecuturos, quia zelum legis praeferunt vitae, non morerentur. Non est igitur fides Iudaeorum non esse vitam aeternam, ac quod illam assequi non possint. Alias nemo omnium moreretur pro lege. Sed felicitatem quam expectant non expectant ex operibus legis — quia illae leges illam non promittunt —, sed ex fide, quae Christum praesupponit, ut supra dictum reperitur.

Die ganze Sorge dessen, der jenes Buch schrieb, scheint also hauptsächlich die gewesen zu sein, das Volk vom Götzendienst abzuhalten. Zu diesem Zweck machte er derartige Versprechungen und stellte er alles zusammen. Er verurteilte jedoch das Evangelium nicht, lobte es vielmehr und gab damit zu verstehen, daß die Glückseligkeit, welche im Evangelium versprochen wird keineswegs geringer sei als jene körperliche Glückseligkeit. Die Wissenden und Weisen unter ihnen wissen, daß dies wahr ist. Avicenna zieht die geistige Wonne der Schau oder des Genießens Gottes und der Wahrheit in unvergleichlichem Maße der im Buch der Araber beschriebenen Glückseligkeit vor. Dennoch gehörte er zu jenem Gesetz. Ebenso auch die übrigen Weisen.

Darin wird also keine Schwierigkeit bestehen, alle Religionen zu einen. Man muß nur sagen, daß jene Glückseligkeit über alles hinausgeht, das beschrieben oder gesagt werden kann, da sie Erfüllung allen Verlangens, das Erlangen des Guten in seinem Ursprung und des Lebens in Unsterblichkeit ist.

D: Wie verhält es sich dann mit den Juden, welche die Verheißung des Himmelreiches nicht annehmen, sondern nur die der zeitlichen Dinge?

P: Die Juden nehmen sehr oft den Tod auf sich für die Befolgung des Gesetzes und seine Heiligung. Würden sie nicht glauben, daß sie nach dem Tode das Heil dadurch erlangen, daß sie den Eifer für das Gesetz dem Leben vorziehen, dann würden sie nicht sterben. Der Glaube der Juden besagt also nicht, daß es kein ewiges Leben gebe und daß sie jenes nicht erlangen könnten. Andernfalls würde niemand für das Gesetz sterben. Das Glück jedoch, das sie erwarten, erwarten sie nicht auf Grund von Gesetzeswerken, da jenes Gesetz ihnen dieses nicht verspricht, sondern auf Grund des Glaubens, der ja Christus voraussetzt, wie man es oben finden kann.

XVI.

Tartarus: Audivi multa in hoc loco prius incognita mihi. Tartari multi et simplices, unum Deum ut plurimum colentes, admirantur varietatem rituum aliorum etiam uendem cum ipsis Deum colentium. Nam aliquos ex Christianis, omnes Arabes et Iudaeos circumcisos, alios signatos in facie adustionibus, alios baptizatos derident. Deinde circa matrimonium tanta est diversitas, quia alius habet tantum unam, alius unam veram sibi matrimonio unitam, sed plures concubinas alius etiam plures legitimas. Atque circa sacrificia ritus adeo diversus, quod recitari nequit. Inter quas varietates Christianorum sacrificium, ubi offerunt panem et vinum et dicunt esse corpus et sanguinem Christi, quod sacrificium ipsi post oblationem comedunt et bibunt, videtur abominabilius. Devorant eum quem colunt. Quomodo in his, quae etiam variantur ex loco et tempore posset fieri unio, non capio. Et nisi fiat, non cessabit persecutio. Diversitas enim parit divisionem et inimicitias, odia et bella.

Tunc Paulus, doctor gentium, ex commissione Verbi exorsus est dicens.

Paulus: Oportet ut ostendatur non ex operibus, sed ex fide salvationem animae praestari[1]. Nam Abraham, pater fidei omnium credentium, sive Christianorum sive Arabum sive Iudaeorum, credidit Deo et reputatum est ei ad iustitiam; anima iusti hereditabit vitam aeternam. Quo admisso non turbabunt varietates illae rituum, nam ut signa sensibilia veritatis fidei sunt instituta et recepta. Signa autem mutationem capiunt, non signatum.

---

[1] Rom. 9, 30 u. a.

XVI.

T a r t a r : Ich habe hier vieles gehört, das mir bislang unbekannt gewesen ist. Die Tartaren, welche viele und einfache Leute sind, die den einen Gott über alles verehren, sind erstaunt über die Mannigfaltigkeit der Gebräuche, welche die andern haben, die mit ihnen ein und denselben Gott verehren. Sie lachen darüber, daß manche Christen, alle Araber und Juden beschnitten sind, daß andere auf der Stirn mit einem Brandmal gezeichnet sind, wieder andere getauft sind. Ferner gibt es hinsichtlich der Ehe große Verschiedenheit; der eine hat eine Frau, ein anderer ist mit einer gültig verheiratet, hat jedoch mehrere Konkubinen, wieder ein anderer hat mehrere gesetzliche Frauen. Hinsichtlich der Opfer ist der Ritus so verschieden, daß man es gar nicht aufzählen kann. Unter diesen verschiedenen Ausformungen gibt es das Opfer der Christen, bei welchem sie Brot und Wein darbringen und sagen, es sei der Leib und das Blut Christi. Daß sie dieses Opfer nach der Darbringung essen und trinken, scheint am verabscheuungswürdigsten. Sie verschlingen nämlich, was sie verehren. Wie in diesen Fällen, die dazu noch nach Ort und Zeit verschieden sind, eine Einung zustande kommen kann, begreife ich nicht. Solange es sie jedoch nicht gibt, wird die Verfolgung nicht aufhören. Verschiedenheit zeugt nämlich Trennung und Feindschaft, Haß und Krieg.

Da begann Paulus, der Völkerlehrer, im Auftrag des Wortes und sprach:

P a u l u s: Es muß gezeigt werden, daß nicht auf Grund von Werken, sondern aus dem Glauben das Heil der Seele geschenkt wird. Abraham, der Vater des Glaubens aller Glaubenden — seien sie Christen, Araber oder Juden — glaubte Gott und dieser Glaube wurde ihm als Gerechtigkeit angerechnet; die Seele des Gerechten aber wird das ewige Leben erben. Wird das zugegeben, dann stören die verschiedenen Arten der Gebräuche nicht, denn sie sind als sinnliche Zeichen der Glaubenswahrheit eingesetzt und verstanden. Die Zeichen, nicht das Bezeichnete, nehmen die Veränderlichkeit an.

T: Declara quomodo fides salvat.

P: Si Deus promitteret aliqua ex mera sua liberalitate et gratia, nonne ei qui potens est dare omnia et verax est credendum est?

T: Certe sic. Nemo decipi potest ei credens. Et qui sibi non credit, indignum foret quod quidquam gratiae assequeretur.

P: Quid igitur iustificat eum, qui iustitiam assequitur?

T: Non merita; alias non foret gratia, sed debitum.

P: Optime ais. Sed quia non iustificatur ex operibus in conspectu Dei omnis vivens, sed ex gratia, dat cui vult id quod vult omnipotens. Tunc si quis dignus esse debet, ut assequatur repromissionem, quae ex pura gratia facta est, necesse est, ut credat Deo. In hoc igitur iustificatur, quia ex hoc solo assequetur repromissionem, quia credit Deo et expectat, ut fiat verbum Dei.

T: Postquam Deus promisit, iustum est quod promissa serventur. Iustificatur igitur Deo credens potius per repromissionem quam fidem.

P: Deus, qui promisit Abrahae semen, in quo omnes benedicerentur, iustificavit Abraham, ut assequeretur promissionem. Sed si Abraham non credidisset Deo, neque iustificationem fuisset assecutus neque repromissionem.

T: Ita est.

P: Fides igitur in Abraham tantum fecit, quod adimpletio repromissionis iusta fuit, quae alias nec iusta fuisset nec adimpleta.

T: Quid igitur repromisit Deus?

P: Deus promisit Abrahae, quod daret sibi semen unum in Isaac, in quo semine benedicerentur omnes gentes. Et haec promissio facta est, quando secundum cursum communem naturae impossibile fuit Saram uxorem ex eo concipere et parere. Sed quia credidit, assecutus est Isaac filium. Temp-

T: Lege bitte dar, wie der Glaube Heil bringt.

P: Wenn Gott etwas auf Grund seiner reinen Freizügigkeit und Gnade verspricht, muß man dann nicht dem, der mächtig ist, alles zu geben, und der wahrhaftig ist, glauben?

T: Ganz gewiß. Niemand, der an ihn glaubt, kann getäuscht werden. Und wer ihm nicht glaubt, würde unwürdig sein, irgendein Gnadengeschenk zu erhalten.

P: Was also rechtfertigt den, der die Gerechtigkeit erlangt?

T: Nicht die Verdienste. Ansonsten wäre sie nicht Gnade, sondern etwas Geschuldetes.

P: Sehr gut. Da jedoch nichts Lebendiges im Angesichte Gottes auf Grund seiner Werke gerechtfertigt wird, sondern durch Gnade, gibt der Allmächtige demjenigen, dem er geben will, das, was er geben will. Wenn also jemand würdig sein soll, die Verheißung zu erlangen, die aus reiner Gnade ergangen ist, dann ist es notwendig, daß er Gott glaube. Darin also wird er gerechtfertigt, da er nur auf Grund dessen, daß er Gott glaubt und erhofft, daß Gottes Wort geschieht, die Verheißung erlangt.

T: Nachdem Gott versprochen hat, ist es gerecht, daß seine Versprechen gehalten werden. Wer an Gott glaubt wird also eher durch die Verheißung, denn durch den Glauben gerechtfertigt.

P: Gott, der dem Abraham einen Nachkommen verhieß, in dem alle gesegnet würden, rechtfertigte Abraham, auf daß er diese Verheißung erlangte. Hätte jedoch Abraham Gott nicht geglaubt, dann hätte er weder die Rechtfertigung erlangt noch die Verheißung.

T: Ja.

P: Der Glaube bewirkte also in Abraham soviel, daß die Erfüllung der Verheißung eine gerechte wurde. Sie wäre andernfalls weder eine gerechte gewesen, noch erfüllt worden.

T: Was hat Gott verheißen?

P: Gott versprach Abraham, ihm in Isaak einen Nachkommen zu geben, in dem alle Völker gesegnet würden. Diese Verheißung erging, als es nach dem allgemeinen Lauf der Natur unmöglich war für Sara, seine Frau, von ihm zu empfangen und zu gebären. Weil er jedoch glaubte, bekam

tavit deinde Deus Abraham, ut offeret et interimeret puerum Isaac, in quo facta est repromissio seminis. Et Abraham oboedivit Deo, nec tamen minus credidit repromissionem futuram etiam ex mortuo filio post resuscitando. Ex quo Deus tantam fidem repperit in Abraham. Tunc iustificatus est Abraham et adimpleta promissio in uno semine, quod ab eo per Isaac descendit.

T: Quod est illud semen?

P: Christus. Omnes enim gentes in ipso assequuntur divinam benedictionem.

T: Quae est illa benedictio?

P: Divina benedictio est ultimum desideriorum seu felicitas, quae dicitur aeterna vita, de qua satis supra audisti.

T: Vis igitur Deum in Christo nobis benedictionem repromisisse felicitatis aeternae?

P: Sic volo. Quapropter oportet credere Deo prout Abraham credidit, ut sic credens iustificetur cum fideli Abraham ad assequendum repromissionem in uno semine Abrahae, Christo Iesu. Quae repromissio est divina benedictio, omne bonum in se complicans.

T: Vis igitur, quod sola fides illa iustificet ad perceptionem aeternae vitae?

P: Volo.

T: Quomodo dabis simplicibus Tartaris intellectum huius, ut capiant Christum esse, in quo assequi poterunt felicitatem?

P: Audisti non tantum Christianos, sed Arabes fateri Christum esse altissimum omnium qui fuerunt aut erunt in hoc saeculo vel futuro, et faciem omnium gentium. Si igitur in uno semine est omnium gentium benedictio, non potest esse nisi Christus.

er seinen Sohn Isaak. Daraufhin versuchte Gott Abraham, ihm seinen Sohn Isaak, in welchem die Verheißung des Nachkommen erfüllt worden war, anzubieten und zum Opfer darzubringen. Abraham gehorchte Gott; er glaubte deshalb jedoch nicht weniger, daß sich die zukünftige Verheißung auch am toten Sohn erfüllen würde, und dieser erweckt werde. Daraus ersah Gott Abrahams großen Glauben. Er wurde gerechtfertigt und die Verheißung in dem einen Nachkommen, der durch Isaak von ihm abstammte, erfüllt.

T: Wer ist dieser Nachkomme?

P: Es ist Christus. In ihm erlangten alle Völker den göttlichen Segen.

T: Welcher Segen ist das?

P: Der göttliche Segen ist letztes Verlangen oder die Glückseligkeit, die ewiges Leben genannt wird und über die du zur Genüge oben gehört hast.

T: Du willst also sagen, daß uns Gott in Christus die Segnung ewiger Wonne verheißen hat?

P: Genau das will ich. Aus diesem Grunde ist es notwendig, Gott so zu glauben, wie Abraham geglaubt hat, damit der dergestalt Glaubende mit dem getreuen Abraham dazu berechtigt würde, die Verheißung in dem einen Abraham-Nachkommen zu erlangen, d. h. in Christus Jesus. Diese Verheißung ist der göttliche Segen, der jegliches Gut in sich einfaltet.

T: Du möchtest also sagen, daß dieser Glaube allein zur Aufnahme ins ewige Leben berechtigt?

P: Das will ich.

T: Wie willst du den einfachen Tartaren das Verständnis dessen vermitteln, zu begreifen, daß Christus es ist, in dem sie die Glückseligkeit erlangen können?

P: Du hast gehört, daß nicht nur die Christen, sondern auch die Araber bekennen, Christus sei der Höchste von allen, die waren oder in diesem oder einem zukünftigen Zeitalter sein werden, und daß er das Antlitz der Völker sei. Wenn also in einem einzigen Nachkommen der Segen für alle Völker gegeben ist, dann kann es nur Christus sein.

T: Quale signum adducis?

P: Adduco testimonium tam Arabum quam Christianorum, quod spiritus vivificans mortuos est spiritus Christi. Si igitur est spiritus vitae in Christo, qui potens est, quos vult, vivificare, tunc ille est spiritus, sine quo non potest quisquam mortuus resuscitari aut quicumque spiritus aeternaliter vivere. Inhabitat enim spiritum Christi plenitudo divinitatis et gratiae, de qua plenitudine omnes salvandi recipiunt salvationis gratiam[1].

T: Placet ista a tete, doctore gentium, audisse, quia cum his quae supra audivi satisfaciunt proposito. Et video fidem istam necessariam ad salutem, sine qua nemo salvabitur. Sed quaero, si fides sufficit.

P: Sine fide impossibile est quem placere Deo. Oportet autem quod fides sit formata; nam sine operibus est mortua.

T: Quae sunt opera?

P: Si credis Deo, mandata servas. Nam quomodo credis Deum esse Deum, si non curas adimplere ea, quae praecipit?

T: Dignum est, ut mandata Dei serventur. Sed Iudaei se dicunt habere eius mandata per Moysen, Arabes per Mahmet Christiani per Iesum, et forte aliae nationes suos venerantur prophetas, per quorum manus divina se asserunt recepisse praecepta. Quomodo igitur deveniemus in concordiam?

P: Divina mandata brevissima et omnibus notissima sunt, et communia quibuscumque nationibus. Immo lumen nobis illa ostendens est concreatum rationali animae. Nam in nobis loquitur Deus, ut ipsum diligamus, a quo recipimus esse, et quod non faciamus alteri nisi id quod vellemus nobis fieri. Dilectio igitur est complementum legis Dei, et omnes leges ad hanc reducuntur.

[1] Cf. Kol. 2, 9; Jh. 1, 16 u. a.

T: Was kannst du dafür anführen?

P: Das Zeugnis der Araber sowohl als das der Christen, daß der die Toten lebendig machende Geist der Geist Christi ist. Wenn also der Geist des Lebens in Christus ist, der mächtig ist, lebendig zu machen, wen immer er will, dann ist es der Geist, ohne den kein Gestorbener erwecket oder irgend ein Geist ewig leben kann. Der Geist Christi ist nämlich bewohnt von der Fülle der Gottheit und der Gnade, und aus dieser Fülle empfangen alle, die gerettet werden sollen, die Gnade des Heils.

T: Ich freue mich, dies von dir, dem Völkerlehrer, gehört zu haben, da es im Verein mit dem, was ich eben gehört habe, für unser Vorhaben genügt. Auch sehe ich, daß dieser Glaube für das Heil notwendig ist. Ohne ihn kann niemand gerettet werden. Doch frage ich dich, ob der Glaube genügt?

P: Es ist unmöglich, daß jemand Gott ohne Glauben gefiele. Es muß jedoch ein gestalteter Glaube sein, denn ohne Werke ist er tot.

T: Welches sind diese Werke?

P: So man Gott glaubt, hält man seine Gebote. Denn wie würde man glauben, Gott sei Gott, wenn man sich nicht darum kümmern würde, das zu erfüllen, was er vorschreibt?

T: Es gehört sich, die Gebote Gottes zu erfüllen. Doch sagen die Juden, daß sie diese Gebote von Moses bekommen hätten, die Araber sagen, sie hätten sie von Mohammed und die Christen von Iesus erhalten. Und vielleicht gibt es andere Völkerschaften, die ihre Propheten verehren, durch deren Hände sie nach ihren Worten die göttlichen Vorschriften erhalten haben. Wie also sollen wir hier zur Einmütigkeit gelangen?

P: Die göttlichen Gebete sind sehr kurz und allen wohl bekannt. Sie finden sich ganz allgemein in jedem Volk, denn das Licht, das sie uns zeigt, ist der vernünftigen Seele anerschaffen. In uns selbst redet Gott, ihn, von dem wir das Sein empfingen, zu lieben und nur das dem andern gegenüber zu tun, von dem wir wollen, das es uns gegenüber getan wird. Die Liebe ist also die Vollendung des Gesetzes Gottes und alle Gesetze werden auf sie zurückgeführt.

T: Non ambigo quin tam fides quam lex dilectionis, de quibus dixisti, a Tartaris capientur. Sed de ritibus multum haesito. Nam nescio, quomodo circumcisionem, quam derident, acceptabunt.

P: Non refert quoad veritatem salvationis accipere circumcisionem. Circumcisio enim non salvat, et sine ipsa est salvatio. Tamen qui circumcisionem non credit pro salute assequenda necessariam, sed eam fieri patitur in praeputio, ut sit Abrahae et sequacium eius etiam in hoc conformior, non damnatur talis ob circumcisionem, si habet fidem de qua supra. Sic Christus circumcisus fuit, et multi ex Christianis post ipsum; uti adhuc Ethiopes Iacobini et alii, qui non circumciduntur quasi sit sacramentum necessitatis ad salutem. Sed quomodo possit servari pax inter fideles, si qui circumciduntur et alii non, est maior dubitatio. Unde cum maior pars mundi sit sine circumcisione, attento quod circumcisio non est necessitatis, quod tunc se minor pars conformem faciat maiori parti, cui unitur in fide, ob pacem servandam opportunum iudico. Immo si propter pacem maior pars se minori conformaret et reciperet circumcisionem, arbitrarer faciendum, ut sic ex mutuis communicationibus pax firmaretur. Sic enim aliae nationes a Christianis fidem et Christiani ab ipsis ob pacem circumcisionem recipiendo, pax melius fieret et solidaretur. Arbitror autem praxim huius difficilem. Sufficiat igitur pacem in fide et lege dilectionis firmari, ritum hinc inde tolerando.

T: Ich zweifle nicht daran, daß sowohl der Glaube als auch das Gebot der Liebe von den Tartaren angenommen werden wird. Doch hege ich großen Zweifel hinsichtlich der Riten und Gebräuche. Ich weiß nicht, wie sie die Beschneidung annehmen sollen, die sie verlachen.

P: Für die Wahrheit unserer Errettung kommt es nicht darauf an, die Beschneidung anzunehmen. Diese bringt nicht das Heil, es ist ohne sie. Doch wird der, welcher zwar glaubt, daß die Beschneidung für das Heil nicht notwendig ist, sie aber geschehen läßt, um Abraham in seiner Nachfolge ähnlicher zu sein, darob nicht verurteilt, so er den Glauben hat, von dem ich eben gesprochen habe. So ist Christus beschnitten worden und viele Christen nach ihm: wie auch heute noch die aethiopischen Jakobiten und andere, die aber nicht beschnitten werden, als sei die Beschneidung ein zur Erlangung des Heiles notwendiges Sakrament. Doch wie der Friede unter den Gläubigen bewahrt werden kann, wenn die einen beschnitten werden, die andern nicht, bleibt eine große Frage. Wenn daher der größere Teil der Welt ohne Beschneidung auskommt, sollte man darauf achten, daß sie nicht notwendig ist, damit sich — wie ich wohl meine — daraufhin der kleinere Teil dem größeren, dem er im Glauben geeint wird, angleicht, um den Frieden zu bewahren. Ja sogar, wenn der größere Teil sich um des Friedens willen dem kleineren anpassen müßte und die Beschneidung übernehmen würde, wollte ich, daß es so geschieht, damit auf Grund gegenseitiger Bindung der Friede befestigt würde. So würde, wenn die anderen Nationen von den Christen den Glauben und die Christen um des Friedens willen von diesen die Beschneidung annähmen, der Friede besser und fester. Ich bin jedoch der Meinung, daß die Verwirklichung dieser Gedanken schwierig ist. Es sollte darum genügen, den Frieden im Glauben und dem Gesetz der Liebe zu befestigen, während die Gebräuche von dieser Zeit an anzuerkennen sind.

XVII.

Armenus: Quomodo de baptismo faciendum putas, cum censeatur sacramentum necessitatis apud Christianos?

Paulus: Baptismus est sacramentum fidei. Qui enim credit in Christo Iesu posse assequi aliquam iustificationem, ille credit per ipsum ablationem peccatorum. Hanc mundationem in lotione baptismali signatam quisque ostendet fidelis. Nam non est aliud baptismus quam fidei illius confessio in signo sacramentali. Non esset fidelis, qui nollet fidem verbo et quibuscumque signis ad hoc a Christo institutis fateri. Sunt baptismales lotiones ob religionis devotionem tam apud Haebraeos quam Arabes, quibus non erit difficile lotionem a Christo institutam ob fidei professionem recipere.

A: Necesse videtur, ut recipiatur sacramentum hoc, cum sit necessitatis salutis.

P: Fides est necessitatis in adultis, qui sine sacramento salvari possunt, quando assequi non poterunt. Ubi vero assequi possent, non possunt dici fideles, qui se tales esse per regenerationis sacramentum ostendere nolunt.

A: Qui de parvulis?

P: Facilius acquiescent parvulos baptizari. Quando ob religionem passi sunt masculos die octava circumcidi, commutatio illa circumcisionis in baptismum grata erit. Et dabitur optio an velint in baptismate contentari.

XVII.

Armenier: Was glaubst du, wie man es mit der Taufe halten soll, da diese als zum Heil notwendiges Sakrament angesehen wird?

Paulus: Die Taufe ist das Sakrament des Glaubens. Wer glaubt, in Christus Jesus die Rechtfertigung erlangen zu können, der glaubt auch, in ihr die Vergebung der Sünden zu erlangen. Diese Reinigung, die im Taufwasser angezeigt ist, wird jeder Gläubige zum Ausdruck bringen. Die Taufe ist nämlich nichts anderes als das Bekenntnis des Glaubens im sakramentalen Zeichen. Es wäre der kein Gläubiger, der den Glauben nicht im Wort und in Zeichen, die dafür von Christus eingesetzt sind, bekennen wollte. Bei Hebräern sowohl als auch Arabern gibt es Taufwaschungen, um die Hingabe für die Religion zum Ausdruck zu bringen. Diesen wird es nicht schwer fallen, eine von Christus zum Bekenntnis des Glaubens eingesetzte Waschungszeremonie anzunehmen.

A: Es scheint unumgänglich zu sein, dieses Sakrament anzunehmen, da es für das Heil notwendig ist.

P: Der Glaube ist notwendig für die Erwachsenen, die ohne Sakrament gerettet werden können, wenn sie es nicht empfangen konnten. Wo sie es jedoch empfangen können, kann man jene nicht als Gläubige bezeichnen, die sich nicht als solche mittels des Sakraments der Wiedergeburt zeigen wollen.

A: Wie steht es mit den Kindern?

P: Sie werden ohne weitere Schwierigkeit zustimmen, die Kleinen taufen zu lassen. Haben sie es der Religion wegen auf sich genommen, die Knaben am achten Tage zu beschneiden, dann wird ihnen die Umwandlung der Beschneidung in die Taufe recht sein. Man wird ihnen die Möglichkeit geben, sich mit der Taufe allein zufrieden zu geben oder nicht.

XVIII.

B o h e m u s : Possibile foret in his omnibus, quae praemissa sunt, concordiam reperiri, sed in sacrificiis dificillimum erit. Scimus enim Christianos oblationem panis et vini pro sacramento eucharistiae non posse ad complacendum aliis dimittere, cum sit a Christo tale sacrificium institutum. Sed quod ceterae nationes, quae usum non habent sic sacrificandi, acceptent hunc modum, non est facile credendum; maxime cum dicant insaniam esse credere conversionem panis in carnem Christi et vini in sanguinem, et post devorare sacramenta.

P a u l u s : Hoc eucharistiae sacramentum non aliud figurat quam nos ex gratia in Christo Iesu assecuturos refectionem vitae aeternae, sicut in hoc mundo reficimur per panem et vinum. Quando igitur credimus Christum cibum mentis, tunc ipsum sumimus sub speciebus corpus cibantibus. Et cum oporteat nos in fide hac concordare, quod cibationem vitae spiritus assequimur in Christo, cur non ostendemus nos hoc credere in eucharistiae sacramento? Sperandum est omnes homines fideles omnino velle degustare cibum illum per fidem in hoc mundo, qui erit in veritate cibus vitae nostrae in alio mundo.

B: Quomodo persuadebitur omnibus gentibus substantiam panis in corpus Christi conversam in hoc eucharistiae sacramento?

P: Qui fidelis est, scit quod verbum Dei in Christo Iesu nos de miseria huius mundi transferet usque ad filiationem Dei et prossessionem vitae aeternae, quia Deo nihil est impossibile. Si igitur hoc credimus et speramus, tunc verbum Dei secundum ordinationem Christi non haesitamus posse panem in carnem mutare. Si natura hoc facit in animalibus, quomodo verbum hoc non faceret, per quod Deus fecit et saecula? Exigit igitur fidei necessitas hoc credere. Nam si hoc est possibile, quod nos filii Adae, qui de terra sumus, transferamur in Christo Iesu verbo Dei in filios Dei

XVIII.

Böhme: Es wird wohl möglich sein, in allem, was bisher besprochen wurde, Einmut zu erzielen. Beim Opfer hingegen dürfte es sehr schwierig sein. Wir wissen nämlich, daß die Christen die Darbringung von Brot und Wein als Sakrament der Eucharistie nicht aufgeben können, um den andern zu Gefallen zu sein, da dieses Sakrament von Christus eingesetzt ist. Daß jedoch die übrigen Nationen, die den Brauch eines solchen Opfers nicht kennen, diese Art des Opfers annehmen werden, ist nicht leicht zu glauben, vor allem, da sie sagen, es sei unvernünftig, an die Umwandlung des Brotes in das Fleisch Christi und des Weines in sein Blut zu glauben, und anschließend das Geheiligte zu verschlingen.

Paulus: Dieses Sakrament stellt nichts anderes dar als daß wir aus Gnade die Erquickung ewigen Lebens in Christus erlangen; ähnlich wie wir in dieser Welt durch Brot und Wein gelabt und gestärkt werden. Wenn wir also glauben, daß Christus die Speise des Geistes ist, dann empfangen wir ihn unter den Gestalten, die den Körper speisen. Und da es notwendig ist, im Glauben darin übereinzustimmen, daß wir die Speisung des geistigen Lebens in Christus erlangen, warum sollen wir dann nicht sichtbar zeigen, daß wir an das Sakrament der Eucharistie glauben? Es ist zu hoffen, daß in dieser Welt alle Gläubigen durch den Glauben jene Speise kosten mögen, die in Wahrheit die Speise unseres Lebens in der andern Welt sein wird.

B: Wie wird man alle Völker davon überzeugen, daß im Sakrament der Eucharistie die Substanz des Brotes in den Leib Christi verwandelt wird?

P: Wer immer ein Gläubiger ist, weiß, daß das Wort Gottes uns in Christus Jesus — da für Gott nichts unmöglich ist — aus dem Elend dieser Welt zur Sohnschaft Gottes und zum Besitz des ewigen Lebens hinübertragen wird. Wenn wir also dies glauben und erhoffen, dann zweifeln wir nicht, daß das Wort Gottes nach der Einsetzung Christi Brot und Fleisch umwandeln kann. Wenn die Natur dies im Lebendigen vollbringt, wie sollte dann das Wort, durch das Gott die Zeiten geschaffen hat, dies nicht vollbringen können? Die Notwendigkeit des Glaubens verlangt also, dies zu glauben.

immortalis, et hoc credimus et futurum speramus, et quod tunc erimus sicut Iesus verbum Dei patris, credere nos similiter oportet transsubstantiationem panis in carnem et vini in sanguinem per idem Verbum, per quod panis panis est, et vinum vinum, et caro caro, et sanguis sanguis, et per quod natura cibum convertit in cibatum.

B: Haec conversio substantiae panis difficulter attingitur.

P: Fide facillime. Nam sola mente hoc est attingibile, quae sola substantiam intuetur quia-est, non quid-est; substantia enim antecedit omne accidens. Et ideo, cum substantia nec sit qualis, nec quanta, et ipsa sola convertitur, ut non sit amplius substantia panis, sed substantia carnis, non est nisi spiritualis ista conversio, quia remotissima ab omni eo, quod sensu est attingibile. Non igitur augetur quantitas carnis ex hac conversione, neque multiplicatur numero. Ob hoc non est nisi una substantia carnis, in quam substantia panis est conversa, licet panis sit in diversis locis oblatus et plures sint panes, qui in sacrificio ponuntur.

B: Capio doctrinam tuam mihi gratissimam, quomodo sacramentum istud est sacramentum cibationis vitae aeternae, per quam cibationem assequimur haereditatem filiorum Dei in Iesu Christo filio Dei, et quomodo est similitudo huius in sacramento isto eucharistiae, atque quod mente sola attingitur et fide degustatur et capitur. Quid si haec arcana non capiantur? Nam rudes abhorrebunt fortassis non solum hoc credere, sed sumere tanta sacramenta.

Denn wenn es möglich ist, daß wir, die Söhne des Menschen, die wir aus Erde gemacht sind, in Christus Jesus durch das Wort Gottes in Söhne des unsterblichen Gottes verwandelt werden — dies glauben wir und erhoffen wir für die Zukunft —, und wenn es möglich ist, daß wir dann wie Jesus, das Wort Gottes des Vaters sein werden, dann müssen wir auch in ähnlicher Weise glauben, daß die Verwandlung des Brotes in Fleisch und des Weines in Blut durch eben dasselbe Wort, durch das Brot Brot und Wein Wein, Fleisch Fleisch und Blut Blut ist und durch das die Natur die Speise in den Gespeisten umwandelt, möglich ist.

B: Diese Wandlung der Substanz des Brotes ist schwierig zu erfassen.

P: Für den Glauben ist es sehr leicht. Denn dies ist nur im Geiste erfaßbar, der allein die Substanz als das „Daß-Ist" und nicht als „Was-Ist" erblickt. Die Substanz geht nämlich jedem Akzidenz voraus. Und da demnach die Substanz weder qualitativ noch quantitativ ist, und sie allein verwandelt wird, so daß sie fürderhin nicht mehr die Substanz des Brotes, sondern des Fleisches ist, kann diese Verwandlung nur geistig sein, da sie ganz weit von dem entfernt ist, was für die Sinnlichkeit erreichbar ist. Folglich wird auch nicht die Quantität des Fleisches auf Grund dieser Verwandlung vermehrt, noch wird es der Zahl nach vervielfältigt. Darum gibt es nur eine einzige Substanz des Fleisches, in die die Substanz des Brotes verwandelt ist, auch wenn dieses Brot an verschiedenen Orten dargebracht wird und es viele Brote sind, die im Opfer auf den Altar gelegt werden.

B: Ich begreife deine mir sehr willkommene Lehrmeinung; nämlich daß jenes Sakrament das Sakrament der Speisung mit ewigem Leben ist, durch die wir das Erbe der Söhne Gottes in Jesus Christus, dem Sohne Gottes, erlangen; daß uns ein Ähnlichkeitsbild davon im Sakrament der Eucharistie gegeben ist; daß es nur im Geiste erfaßt und nur im Glauben verkostet und begriffen wird. Was aber, wenn sie dieses Geheimnis nicht begreifen? Die Ungebildeten werden es vielleicht nicht nur verabscheuen, dies zu glauben, sondern auch sich fürchten, ein so großes Sakrament anzunehmen.

P: Hoc sacramentum, prout est in sensibilibus signis habita fide, non est sic necesissitatis, quod sine eo non sit salus. Nam sufficit ad salutem credere, et sic manducare cibum vitae. Et ideo circa eius distributionem, an et quibus et quotiens dari debeat populo, non est lex necessitatis posita. Quare si quis fidem habens se indignum iudicat accedere ad mensam summi regis, haec humilitas laudanda potius existit. Ideo circa usum et ritum eius, id quod rectoribus Ecclesiae pro tempore magis expedire videbitur in qualibet religione — salva semper fide —, poterit ordinari, sic quod ob diversitatem rituum per communem legem non minus pax fidei inviolata perseveret.

XIX.

Anglicus: Quid de aliis sacramentis fiet, de matrimonio scilicet, ordinibus, confirmationis et extremae unctionis?

Paulus: Oportet infirmitati hominum plerumque condescendere, nisi vergat contra aeternam salutem. Nam exactam quaerere conformitatem in omnibus est potius pacem turbare. Sperandum tamen est, quod in matrimonio et in ordinibus concordia reperiatur. Apud omnes enim nationes matrimonium de lege naturae quodammodo videtur introductum, ut unus unam habeat veram coniugem. Sic et sacerdotium similiter apud omnem religionem reperitur. Erit igitur in hiis communibus concordia facilior, et christiana religio in utroque sacramento puritatem laudabiliorem etiam omnium aliorum iudicio probabitur observare.

A: Quid de ieiuniis, officiis ecclesiasticis, abstinentiis ciborum et potuum, orationum formis et ceteris talibus?

P: Seinen sinnenhaften Zeichen nach ist dieses Sakrament, sofern der Glaube da ist, nicht von solcher Notwendigkeit, daß es ohne es kein Heil gäbe. Es genügt nämlich zum Heil zu glauben und so diese Speise des Lebens zu essen. Darum gibt es kein notwendiges Gesetz bezüglich seiner Austeilung; ob es, wem es und wie oft es dem Volk gegeben werden soll. Wenn sich darum jemand, der den Glauben hat, für unwürdig hält, zum Tisch des höchsten Königs heranzutreten, dann ist diese Demut eher zu loben. Darum wird man bezüglich Brauch und Ritus dieses Sakramentes das, was den Leitern der Kirche je nach Zeit und Ort zukömmlicher zu sein scheint, festlegen können, sofern dabei stets der Glaube bewahrt bleibt, so daß mittels eines allgemeinen Gesetzes der Friede des Glaubens dergestalt trotz der Verschiedenheit der Riten unversehrt bewahrt bleibt.

XIX.

Engländer: Was soll mit den andern Sakramenten geschehen; mit der Ehe, der Priesterweihe, der Firmung und der letzten Ölung?

Paulus: Man muß der Schwachheit des Menschen soweit wie möglich Rechnung tragen, sofern es nicht gegen das ewige Heil verstößt. Eine genaue Gleichförmigkeit in allem zu verlangen, bedeutet eher den Frieden zu stören. Dennoch ist zu hoffen, daß in Ehe und Ordination Einmütigkeit erzielt wird. Bei allen Völkern scheint die Ehe irgendwie vom Gesetz der Natur eingeführt worden zu sein, so daß einer nur eine wirkliche Gattin besitzt. Ebenso findet sich auch in ähnlicher Weise das Priestertum in allen Religionen. Die Eintracht wird also in diesen gemeinsamen Punkten relativ leicht zu finden sein. Für die christliche Religion wird sich nach dem Urteil aller andern erweisen, daß sie in beiden Sakramenten höchst lobenswerte Reinheit beachtet.

E: Was ist zu sagen bezüglich Fasten, kirchlichen Ämtern, Enthaltsamkeit von Speisen und Trank, Gebetsformen und dergleichen mehr?

P: Ubi non potest conformitas in modo reperiri, permittantur nationes salva fide et pace in suis devotionibus et cerimonialibus. Augebitur etiam fortassis devotio ex quadam diversitate, quando quaelibet natio conabitur ritum suum studio et diligentia splendidiorem efficere, ut aliam in hoc vincat et sic meritum maius assequatur apud Deum et laudem in mundo.

Postquam cum sapientibus nationum haec sic pertractata sunt, producti sunt libri plurimi eorum qui de veterum observantiis scripsere, et in omni lingua quidem excellentes, ut apud Latinos Marcus Varro, apud Graecos Eusebius qui religionum diversitatem collegit, et plerique alii. Quibus examinatis omnem diversitatem in ritibus potius compertum est fuisse quam in unius Dei cultura, quem ab initio omnes praesupposuisse semper et in omnibus culturis coluisse ex omnibus scripturis in unum collectis reperiebatur, licet simplicitas popularis saepe per adversam tenebrarum principis potestatem abducta non adverteret quid ageret.

Conclusa est igitur in caelo rationis[1] concordia religionum modo quo praemittitur. Et mandatum est per regem regum, ut sapientes redeant et ad unitatem veri cultus nationes inducant, et quod administratorii spiritus illos ducant et eis assistant. Et deinde cum plena omnium potestate in Ierusalem quasi ad centrum commune confluant et omnium nominibus unam fidem acceptent et super ipsam perpetuam pacem firment, ut in pace creator omnium laudetur in saecula benedictus. Amen.

---

[1] Cf. De coniecturis I, 14, Schr. II, p. 66 u. a.

P: Wo sich keine Einmütigkeit in der Art und Weise der Religionsausübung finden läßt, möge man die Völker, sofern Glaube und Frieden bewahrt bleiben, bei ihren Andachtsübungen und Gebräuchen lassen. Vielleicht wird sogar die Hingabe auf Grund der Unterschiedlichkeit vergrößert, da jede Nation versuchen wird, ihren Ritus mit Eifer und Sorgfalt herrlicher zu gestalten, um die anderen darin zu übertreffen und größeres Verdienst bei Gott und Lob in der Welt zu erlangen.

Nachdem diese Dinge mit den Weisen der Völker erörtert worden waren, wurden mehrere Bücher von Autoren gebracht, welche über die Gewohnheiten der Alten geschrieben haben; es waren in jeder Sprache die Hervorragenden, wie z. B. Marcus Varro bei den Römern, Eusebius, der verschiedene Religionstypen aufgezeichnet hat, bei den Griechen und andere mehr. Bei ihrer Überprüfung stellte sich heraus, daß alle Verschiedenheit der Religionen eher in den Riten als in der Verehrung des einen Gottes gelegen ist, den alle von Anfang an stets vorausgesetzt und in jeder Verehrung gepflegt haben, wie man auf Grund eines einheitlichen Vergleiches aller Schriften finden konnte; auch wenn das einfältige Volk, von der Macht des Fürsten der Finsternis verführt, oftmals nicht bedachte, was es tat.

Es wurde also das einträchtige Zusammensein der Religionen auf die geschilderte Weise im Himmel der Vernunft beschlossen. Der König der Könige gab den Befehl, daß die Weisen zurückkehrten und die Völker zur Einheit wahrer Gottesverehrung führen sollten und daß ihnen dabei die dienenden Geister beistehen und sie unterstützen sollten. Daraufhin sollten sie sich, mit Vollmacht für alle ausgestattet, in Jerusalem als dem gemeinsamen Zentrum aller versammeln und im Namen aller den einen Glauben annehmen und auf ihm den ewigen Frieden aufbauen, damit der Schöpfer aller, der in Ewigkeit gepriesen sei, in Frieden verherrlicht werde. Amen.

CRIBRATIO ALCHORANI

PRÜFUNG DES KORANS

PIO SECUNDO UNIVERSALIS CHRISTIANORUM ECCLESIAE SUMMO SACTISSIMOQUE PONTIFICI.

Sume, sanctissime papa, libellum hunc[1] per humilem servulum tuum fidei zelo collectum. Ut dum more ter sancti Leonis papae praedecessoris tui Nestorianam haeresim apostolico spiritu angelico ingenio divinoque eloquio dammantis, tu Mahumetanam sectam de illa exortam eodem spiritu pari ingenio facundiaque aequali erroneam eliminandamque ostendes cito [prompteque] quaedam rudimenta scitu necessaria ad manum habeas. Tuo etiam iudicio, qui in episcopatu fidei princeps es, illum et cuncta, quae scripsi scribamve atque me totum, ut fidelem decet, subiicio in nullo umquam ab apostolico tuo throno dissensurus.

Prologus

Feci quam potui diligentiam intelligendi librum legis Arabum, quem iuxta translationem per Petrum abbatem cluniacensem nobis procuratam Basileae habui cum disputatione eorum nobilium Arabum, quorum unus socius Mahumet, nisus fuit alium trahere, qui doctior et magnus inter Arabes, christianam fidem, quam zelose coluit, ostendit potius tenendam.

Erant etiam alia quaedam opuscula de generatione Mahumet et duodecim successoribus eius in regno et de ipsius doctrinis ad centum questiones. Dimisi librum apud magistrum Ioannem de Segovia et ad [urbem] Constantinopolin perrexi, ubi apud fratres minores habitantes [apud] Sanctam Crucem repperi Alchoran in arabico, quem mihi in certis punctis fratres illi prout sciverunt explanarunt. In Pera autem in conventu sancti Dominici erat translatus modo quo Basileae dimisi.

Quaesivi, si quis Graecorum scripsisset contra illas ineptias et non repperi nisi Ioannem Damascenum, qui parum post initium illius sectae fuit, pauca valde scripsisse, quae habentur.

[1] Zur Entstehungsgeschichte, etc., cf. Kom.; MFCG 7, 1967.

PIUS II., DEM HÖCHSTEN UND HEILIGSTEN PRIESTER DER GESAMTEN CHRISTLICHEN KIRCHE, GEWIDMET.

Nimm, o heiligster Vater, dieses Büchlein an, welches Dein demütiger Diener voll Glaubenseifer zusammengestellt hat, auf daß Du, wenn Du in der Weise Deines Vorgängers, des dreimal heiligen Papstes Leo, welcher die Ketzerei der Nestorianer im apostolischen Geiste, mit engelsgleicher Weisheit und göttlicher Beredsamkeit verdammt hat, den aus jener entstammenden Irrglauben der Mohammedaner mit gleichem Verstand und derselben Geisteskraft und Redegewandtheit als irrig und verwerflich erweisen wirst, die Grundzüge, die darüber zu wissen nötig ist, schnell und einfach bei der Hand hast. Deinem Urteil, der Du im Episkopat des Glaubens der erste bist, unterwerfe ich dieses Büchlein; alles, was ich geschrieben habe und schreiben werde, und mich selbst ganz, wie es dem Gläubigen geziemt und werde in keinem Punkt jemals von Deinem apostolischen Thron abweichen.

Vorwort

Ich habe mich nach Kräften um ein Verständnis des Gesetzbuches der Araber bemüht, das ich in der Übersetzung des Petrus, Abtes von Cluny, in Basel erhalten habe, zusammen mit der Diskussion jener edlen Araber, von denen der eine, ein Anhänger Mohammeds, sich bemühte, den anderen, der ein Gelehrter und bedeutender Mann unter den Arabern war, zu überzeugen; dieser aber bewies, daß es besser sei, den christlichen Glauben, dem er voll Eifer diente, zu bekennen.

Auch andere kleine Schriften waren darin: über das Geschlecht des Mohammed und seine zwölf Nachfolger in der Herrschaft und ungefähr hundert Fragen über seine Lehre. Dieses Buch ließ ich bei Magister Johannes von Segovia zurück und ging nach Konstantinopel. Dort fand ich bei den Minoritenbrüdern, welche bei der Kirche zum heiligen Kreuz wohnen, einen arabischen Koran, den mir die Brüder in gewissen Punkten nach ihrem besten Wissen erklärten. In Pera aber, im Kloster des heiligen Dominikus, gab es dieselbe Übersetzung, wie ich sie in Basel gelassen hatte.

Ich forschte, ob irgendein Grieche gegen diese Torheiten geschrieben hatte und fand niemanden außer Johannes Damascenus, der kurz nach der Entstehung dieser Irrlehre lebte und einiges wenige darüber geschrieben hat; dies ist auch überliefert.

Fuit tunc Balthasar de Luparis mercator apud Constantinopolin, qui videns me sollicitum circa praedicta, narravit, quomodo doctior et maior inter Teucros postquam in Pera occulte de evangelio sancti Ioannis instructus fuit, cum duodecim viris magnis ad papam venire proponeret et plene informari, si ego secrete eis de conductu providerem. Comperi relatione fratrum haec sic se habere et disposui conductum ut petierunt. Et quia ille supremus praeerat hospitalibus voluit illa visitare et demum declinando ad locum, ubi navis eos expectabat Romam proficisci. Sed pestis eum in visitatione abstulit.

Dominus Balthasar, qui nunc miles Bononiae moratur, saepius mihi retulit omnes doctores eorum evangelii valde amare et libro legis eorum praeferre.

Demum concitavi fratrem Dionysium Carthusium, ut scriberet contra Alchoran, qui fecit et misit opus suum magnum Nicolao papae. Vidi post haec Romae libellum fratris Ricoldi ordinis praedicatorum, qui arabicis litteris in Baldach operam dedit et plus ceteris placuit. Vidi et aliorum fratrum de ea materia scripturas catholicas, maxime sancti Thomae de rationibus fidei ad cantorem Antiochenum et ultimo reverendissimi domini cardinalis sacti Sixti haereses et errores Mahumet vivis rationibus confutantis.

Ego ingenium applicui, ut etiam ex Alchoran evangelium verum ostenderem. Et ut hoc faciliter fieri possit compendiosum meum conceptum paucis praemittam.

Experimur in nobis appetitum quendam esse, qui ob motum, qui in eo est, spiritus dicitur, quodque ratio motus ipsius est bonum. In ratione enim boni movetur appetitus. Sic videmus bonum sua vi trahere spiritum nostrum ac quod nulla est alia ratio cur bonum appetitur nisi quia bonum. Finis igitur desiderii [bonum].

Neque potest aliunde spiritus noster habere appetitum boni nisi a bono. Bonum igitur est creator spiritus nostri ad se et est

In Konstantinopel lebte ein Kaufmann, Balthasar de Lupari; als er sah, daß ich mich um das Genannte bemühte, erzählte er mir, daß ein sehr gelehrter und bedeutender Mann unter den Türken, nachdem er in Pera im Verborgenen im Johannesevangelium unterrichtet worden war, mit zwölf höchst angesehenen Männern zum Papst zu gehen und sich völlig unterweisen zu lassen beabsichtigte, wenn ich im Geheimen für ihr Geleit Sorge tragen wollte. Aus dem Bericht der Brüder erfuhr ich, daß es sich wirklich so verhielt und ordnete das Geleit an, wie sie es erbaten. Weil aber jener hohe Mann der Vorstand der Spitäler war, wollte er zuerst noch diese besichtigen und sich dann zu dem Ort begeben, wo sie das Schiff für die Reise nach Rom erwartete. Bei dieser Besichtigung aber raffte ihn die Pest hinweg.

Herr Balthasar, der jetzt im Heeresdienst in Bologna weilt, hat mir oft erzählt, daß alle ihre Gelehrten das Evangelium sehr lieben und ihrem eigenen Gesetzbuch vorziehen.

Später habe ich den Karthäuserbruder Dionysios angeregt, eine Schrift gegen den Koran zu verfassen. Er tat dies auch und schickte sein großes Werk dem Papst Nikolaus. Dann habe ich in Rom das Büchlein des Bruder Ricoldus vom Prädikantenorden gesehen, der sich in Bagdad mit der arabischen Wissenschaft beschäftigte, und das gefiel mir besser als die übrigen. Ich sah auch die katholischen Schriften anderer Brüder über dieses Thema, vor allem die des heiligen Thomas über die Vernunftgründe des Glaubens an den Kantor von Antiochia, zuletzt die Schrift des hochwürdigen Herrn Kardinals von St. Sixtus, welcher die Ketzereien und Irrtümer Mohammeds mit starken Beweisen widerlegt hat.

Ich aber habe mein Denken darauf gerichtet, auch aus dem Koran das Evangelium als wahr zu beweisen. Damit dies leicht geschehen kann, werde ich meinem ausführlichen Werk einiges vorausschicken.

Wir machen die Erfahrung, daß in uns ein bestimmtes Streben ist, das wegen der ihm innewohnenden Bewegung Geist genannt wird, und daß der Grund dieser Bewegung das Gute ist; auf Grund des Guten wird unser Streben bewegt. So sehen wir, daß das Gute durch seine Kraft unseren Geist anzieht, und daß es keinen anderen Grund dafür gibt, daß das Gute erstrebt wird als den, daß es gut ist. Das Ziel der Sehnsucht ist also das Gute.

Auch kann unser Geist dieses Streben nach dem Guten von nirgendswo anders herhaben als von dem Guten. Das Gute hat

eius principium pariter et finis. Non igitur quiesciet spiritus noster nisi in suo principio. Et quia spiritus noster intellectualis non est ipsum bonum, quod appetit, cum bonum illud non sit in ipso — si enim in ipso intellectu foret, esset intellectus, sicut scitum in scientia est scientia — ignorat igitur intellectus, quid sit bonum illud. Appetit ergo spiritus intellectualis in sua natura comprehendere bonum illud. Nam etsi nulli deesse possit, quod est, cum esse sit bonum, tamen nisi intellectus intelligat ipsum, caret eo et quiescere nequit.

Et cum intellectus quid sit hoc bonum, quod esse non dubitat, ignoret, non habet etiam scientiam nominis eius. Et conceptum de ipso facere nequit, quem non haesitat omni conceptui maiorem et meliorem. Et quoniam nihil experimur in nostro intellectu comprehendi, quod per sensum in ipsum non intrat — caecus enim a nativitate scientiam coloris non habet — scimus bonum illud non esse de regione huius sensibilis mundi quodque spiritus noster in hoc mundo ad quietem non perveniet. Cum autem sciamus appetitum boni illius nos non habere frustra, etiam certi sumus spiritum nostrum intellectualem non esse de sensibili mundo, sed quod exuta sensibili vita suus appetitus ad quietem pertingere poterit.

Verum nisi ad hoc nostrae intellectuali naturae iste mundus conferret frustra intrassemus in ipsum. Oportet igitur, quod fateamur nos in hoc mundo habilitari et dehabilitari posse ad hoc, quod in futuro saeculo quietemur vel inquietemur. Via autem per quam in hoc mundo transire debemus, ut habilitemur ad apprehensionem desiderati boni, non debet esse nisi bona. Et quae seducit mala erit.

Haec sic se habere cuique intellectum habenti clarum est. Sed cum multae possint viae esse, quae bonae videantur, manet haesitatio, quae sit illa via vera et perfecta, quae certitudinaliter nos ducit ad cognitionem boni, quod quidem bonum nominamus Deum, ut dum de ipso conferimus nos mutuo intelligamus. Moses quidem descripsit unam, sed non est ab omnibus accepta nec intellecta. Christus illam illuminavit et perfecit, multis tamen adhuc incredulis remanentibus. Mahumet eandem viam ut ab omnibus etiam idololatris reciperetur faciliorem describere nisus est.

unseren Geist auf sich hin geschaffen und ist zugleich sein Ursprung und Ziel. Nirgends als in seinem Ursprung findet unser Geist Ruhe. Weil unser vernunfthafter Geist nicht selbst das Gute ist, das er erstrebt — denn wäre es in ihm, dann wäre er selbst das Gute, so wie das Gewußte im Wissen das Wissen ist —, darum weiß unsere Vernunft nicht, was jenes Gute ist. Der vernunfthafte Geist strebt darum danach, in seiner Natur jenes Gute zu erfassen. Denn obwohl keinem Ding fehlen kann, was es ist, da das Sein gut ist, ist es doch so, daß es, wenn die Vernunft dieses nicht erkennt, seiner entbehrt und keine Ruhe zu finden vermag.

Da die Vernunft nicht weiß, was dieses Gute ist, an dessen Sein sie nicht zweifelt, weiß sie auch nicht seinen Namen. Sie vermag sich keinen Begriff von ihm zu bilden, wiewohl sie nicht zweifelt, daß es größer und besser ist als jeder Begriff. Da wir die Erfahrung machen, daß nichts in unserer Vernunft erfaßt wird, das nicht durch unseren Sinn in sie eindringt — ein Blindgeborener hat ja z. B. keine Kenntnis von der Farbe —, wissen wir, daß jenes Gute nicht der Region dieser Welt angehört und daß unser Geist in dieser Welt nicht zur Ruhe kommt. Weil wir indes wissen, daß uns das Streben nach jenem Gut nicht vergebens eigen ist, sind wir auch gewiß, daß unser vernunfthafter Geist nicht der sinnlichen Welt entstammt, und sein Streben erst dann zur Ruhe gelangen kann, wenn er das sinnliche Leben von sich abgetan hat.

Würde aber diese Welt unserer vernunfthaften Natur nicht zu Hilfe kommen, so hätten wir sie vergebens betreten. Wir müssen also zugeben, daß wir uns an diese Welt gewöhnen oder ihrer entwöhnen können, um in der zukünftigen Welt zur Ruhe zu kommen oder nicht. Der Weg aber, den wir in dieser Welt durchschreiten müssen, um uns an die Erlangung des ersehnten Guten zu gewöhnen, kann nur gut sein. Einer, der von ihm wegführt, wird schlecht sein.

Jedem, der im Besitz seines Verstandes ist, ist klar, daß es sich so verhält. Da es aber viele Wege geben kann, die gut erscheinen, bleibt der Zweifel, welches jener wahre und vollkommene Weg ist, der uns mit Sicherheit zur Erkenntnis des Guten führt; dieses Gute nennen wir Gott, um einander zu verstehen, wenn wir über es sprechen. Moses beschrieb einen Weg, aber er wurde nicht von allen angenommen und verstanden. Christus erleuchtete und vollendete ihn, und doch bleiben bis jetzt noch viele ungläubig. Mohammed bemühte sich diesen Weg als leichteren zu beschreiben, damit alle, auch die Götzendiener, ihn annähmen.

Et haec sunt magis famosae descriptiones dictae viae, licet aliae multae sapientum et prophetarum factae sint. Omnes autem descriptiones iam dictae in fundamento habent bonum illud saepe dictum esse maximum, et ideo unum, quod unum Deus omnes appellant. Suasque descriptiones bonas dicunt, quia sint ipsis ab eodem bono Deo revelatae. Clarum est autem, quod cum nullus purus homo Deum concipere possit, quod non habemus certitudinem qualemcumque purum hominem nobis posse viam ad sibi ignotum terminum pandere. Unde si nec Moses nec Mahumet umquam, dum in hoc mundo essent, saepe dictum bonum viderunt — Deum enim numquam videt homo — quomodo tunc aliis iter ad ipsum pandere potuerunt? Esto autem, quod sermones aliquos eis immissos publicassent, qui figurabant seu significabant Deum et viam ad ipsum, tamen ipsi illos exponere non potuissent, neque alius homo. Et si aliquis homo hanc viam manifestare potuisset aut posset, illum utique maximum omnium hominum esse necesse fuisset, quemadmodum Messiam esse omnes nationes fatentur. Quod si ille homo non foret ipsa omnisciens divina sapientia, per quam Deus omnia operatur, utique quod sibi incognitum esset revelare nequiret.

Iesus autem viriginis Mariae filius, Christus ille, per Mosem et prophetas praenuntiatus venturus, venit et viam saepe dictam cum nihil ignoraret manifestissime propalavit attestante etiam Mahumet. Certum est igitur, quod qui Christum et viam eius sequitur, ad comprehensionem desiderati boni perveniet. Unde si Mahumet in aliquo Christo dissentit necesse est, ut hoc aut faciat ignorantia, quia Christum non scivit, nec intellexit, aut perversitas intentionis, quia non intendebat homines ducere ad illum finem quietis, ad quem Christus viam ostendit, sed sub colore illius finis sui ipsius gloriam quaesivit. Utrumque autem verum credi oportere comparatio legis Christi ad legem ipsius docebit. Tenendum [igitur] credimus ignorantiam erroris et malivolentiae causam esse. Nemo enim cognoscens Christum dissentit ab ipso, aut detrahit eidem.

Intentio autem nostra est praesupposito evangelio Christi librum Mahumet cribrare et ostendere illa in ipso etiam libro haberi, per quae evangelium, si attestatione indigeret, valde confirmaretur. Et quod ubi dissentit, hoc ex ignorantia et consequenter ex per-

Dies sind die berühmtesten Beschreibungen dieses Weges, wenn Weise und Propheten auch viele andere gegeben haben. Alle genannten Beschreibungen haben als Grundlage, daß dieses oft genannte Gute das größte ist und darum ein einziges, das sie alle Gott nennen. Ihre Beschreibungen des Weges bezeichnen sie als gut, weil sie von demselben guten Gott ihnen geoffenbart sind. Weil aber kein reiner Mensch Gott begreifen kann, ist es klar, daß wir keine Gewißheit haben, daß uns irgendein noch so reiner Mensch den Weg zu einem Ziel zu eröffnen vermag, das ihm selbst unbekannt ist. Da also Moses und Mohammed, solange sie in dieser Welt weilten, niemals dieses genannte Gut gesehen haben — Gott hat ja nie ein Mensch gesehen —, wie konnten sie da anderen den Weg zu ihm eröffnen? Hätten sie aber auch irgendwelche ihnen eingegebenen Reden verkündet, welche Gott und den Weg zu ihm darstellen oder bezeichnen, so könnten doch weder sie noch ein anderer Mensch diese erklären. Hätte aber irgend ein Mensch diesen Weg offenbaren können oder könnte er es tun, so müßte er notwendigerweise der größte aller Menschen sein, wie dies alle Völker vom Messias bekennen. Wäre dieser Mensch nicht die allwissende göttliche Weisheit selbst, durch die Gott alles wirkt, so vermöchte er nicht zu enthüllen, was ihm unbekannt wäre.

Aber Jesus, der Sohn der Jungfrau Maria, jener Christus, dessen Kommen Moses und die Propheten vorausgesagt hatten, erschien und da ihm nichts unbekannt war, offenbarte er uns den genannten Weg in voller Deutlichkeit. Dies bezeugt auch Mohammed. Es ist darum gewiß, daß, wer Christus und seinem Weg folgt, zum Erfassen des ersehnten Gutes gelangt. Wenn darum Mohammed in irgendeinem Punkt von Christus abweicht, so muß er dies entweder aus Unwissenheit getan haben, weil er Christus weder kannte, noch verstand, oder aus verkehrter Absicht, weil er nicht im Sinn hatte, die Menschen zu jenem Ziel der Ruhe zu führen, zu dem Christus den Weg zeigte, sondern unter dem Schein jenes Zieles seinen eigenen Ruhm suchte. Ein Vergleich des Gesetzes Christi mit dem von ihm gelehrten Gesetz wird zeigen, daß beides anzunehmen ist. Aber wir glauben festhalten zu müssen, daß die Unwissenheit der Grund des Irrtums wie des bösen Willens ist, da niemand, der Christus kennt, ihm widerspricht oder ihn schmäht.

Unsere Absicht ist nun, unter Voraussetzung des Evangeliums Christi das Buch des Mohammed zu prüfen, und zu zeigen, daß auch in diesem Buch die Dinge enthalten sind, durch die das Evangelium, wenn es einer Bestätigung bedürfe, völlig bekräftigt

versitate intenti Mahumet evenisse. Christo non suam gloriam, sed Dei patris et hominum salutem, Mahumet vero non Dei gloriam et hominum salutem, sed gloriam propriam quaerente.

Alius prologus

Refert nobilis ille Arabs christianus de quo supra memini Sergium monachum de monasterio suo eiectum Mecham applicuisse, ibique duos populos repperisse, idololatras et Iudaeos, praedicasseque ibidem fidem christianam prout Nestorius illam tenuit, ut fratres suos illius sectae placaret ad gratiam, quia omnis idolatras convertisset ad fidem suam, inter quos Mahumet erat, qui conversus de idololatria mortuus est christianus nestorianus. Sed tres astutissimi Iudaei[1] se Mahumet coniunxerunt, ut ipsum averterent, ne perfectus fieret. Et illi suaserunt varia mala. Post vero mortem Mahumet omnibus ad suam sectam revertentibus illi Iudaei accesserunt Hali filium Habitalib, cui Mahumet suas collectiones dimisit. Et persuaserunt ei, ut sicut Mahumet ita et ipse se in prophetam elevaret. Et apposuerunt et deposuerunt de libro Mahumet, quae voluerunt. Videtur igitur quod Mahumet ab initio fundatus fuit per Sergium, ut esset christianus et legem illam servaret. Ab illa via non potuerunt Iudaei ipsum amovere, sed ut quantum possent retraherent, addiderunt illa per quae videretur propriae sectae propheta et veteri testamento non minus quam evangelio fidem dare.

Sergius autem obtinuit ab eo, ut refert supra allegatus, quod ipse posuit in Alchoran christianos maiores amicos, maxime religiosos et sacerdotes quam Iudaeos. Et quamvis haec dicat, tamen postea inductus Christianos deridet, qui eorum praelatos et pontifices Dei loco venerantur. Hoc ideo, quia christiani nominant illos nomine, quo solus Deus nominatur, scilicet dominos. Nulli autem convenit nomen illud nisi Deo; sic enim in exodo[2] habetur: Dominus ipse est Deus. Facit etiam de decem nominibus Dei

[1] Zum Problem Cusanus und die Juden, cf. W. P. Eckert, Handbuch Monumenta Judaica, 1963, Ferner, R. Haubst, Christologie, a. a. O.
[2] Cf. Exo. 6, 3; 29, 46.

würde, und ferner, daß, wo Widersprüche sind, dies aus der Unwissenheit und folglich aus der verkehrten Absicht Mohammeds selbst gekommen ist, da Christus nicht seinen Ruhm, sondern die Ehre seines Vaters und das Heil der Menschen suchte, Mohammed hingegen nicht Gottes Ehre und das Heil der Menschen, sondern seine eigene Ehre.

Zweites Vorwort

Jener edle christliche Araber, den ich oben erwähnte, berichtet, daß der Mönch Sergius, nachdem er aus seinem Kloster verstoßen worden war, nach Mekka kam. Dort fand er zwei Völker, Götzendiener und Juden; er predigte den christlichen Glauben, wie Nestorius ihn hatte, um seine dieser Sekte angehörenden Brüder versöhnlich zu stimmen. Er habe alle Götzendiener zum Glauben bekehrt, und unter ihnen sei auch Mohammed gewesen, der vom Götzendienst bekehrt als nestorianischer Christ starb. Aber drei sehr verschlagene Juden verbanden sich mit Mohammed, um ihn von der Vollkommenheit abzuhalten und rieten ihm verschiedenes Böse. Als aber nach dem Tod Mohammeds alle zu ihrem früheren Glauben zurückkehrten, gingen diese Juden zu Ali, dem Sohn des Abutalib, welchem Mohammed die Sammlung seiner Schriften hinterlassen hatte. Sie überredeten ihn, sich genauso wie Mohammed selbst zu einem Propheten zu erheben. Und zu dem Buche des Mohammed fügten sie hinzu und nahmen weg, was sie wollten. Es scheint also, daß Mohammed anfänglich von Sergius die Grundlage dazu bekommen hat, Christ zu sein, und das Gesetz der Christen zu halten. Von diesem Weg konnten ihn die Juden nicht abbringen. Um ihn aber soweit als möglich zurückzuhalten, fügten sie jene Stellen hinzu, durch die er als Prophet seiner eigenen Sekte erscheint, der dem alten Testament nicht weniger Glauben schenkt als dem Evangelium.

Sergius erreichte aber von ihm, wie der eben angeführte Gewährsmann berichtet, daß er im Koran die Christen, vor allem die Ordensleute und Priester zu besseren Freunden macht als die Juden. Obwohl er aber dies sagt, verlacht er doch später, von den Juden verleitet, die Christen, die ihre Prälaten und Priester mit dem Namen nennen, mit dem allein Gott bezeichnet wird, nämlich „Herren". Niemandem kommt dieser Name zu als nur Gott, denn so steht im Exodus: „Der Herr ist Gott." Er erwähnt auch einmal die zehn Namen Gottes, unter ihnen Adonai, was als Herr übersetzt wird. Und der unaussprechliche

et exprimitur. Ideo in Alchoran nulli nisi Deo tribuit hoc nomen, immo nec Christo, nec Mariae virgini. Et quia christiani nominant Christum dominum Iesum et Mariam dominam, dicit quod loco Dei ipsi venerentur. Et sicut cavet quod numquam nisi Deo tribuat hoc nomen dominus, ita cavet quod numquam Deo tribuat nomen pater, quia dicit Deum prout vult omnia facere. Ideo non convenit sibi actus generationis.

Quando igitur ipse de christianis bòna dicit, intelligit de vestitis in albo — sic enim discipulos nominat — et de credulis Christo uti Nestorianos putabat, quorum errorem ignoravit. Nec alios Christianos cognovit. Nestorius autem omna, quae sunt in evangelio acceptavit et quod in Christo foret corpus anima et divinitas, circa modum vero unionis erravit. Fatebatur corpus et animam uniri unione naturali, ut esset verus homo. Sed hominem illum uniri divinitati aiebat per gratiam, sed non per communem gratiam, quia boni Deo uniuntur, sed per plenitudinem gratiae, ob quam una esset Dei et hominis Iesu voluntas. Propter quam excellentissimam gratiam de Christo verificaretur ipsum esse filium Dei. Sed non admisit Mariam esse matrem Dei, quia id, quod in Christo reperitur a matre sua receptum non convenit Deo. Sic voluit naturam humanam in Christo esse deificatam. Et quia evangelium dicit, quomodo verbum Dei factum est caro, non quod caro sit factum verbum Dei, ideo hunc sensum damnavit ecclesia in conciliis universalibus tertio et quarto, dans matri Iesu nomen theotocos, scilicet id est Dei genitrix.

Nestoriani autem generationem aeternam confitentur. Quare videtur Mahumet contra sanctissimam trinitatem et generationem aeternam nihil voluisse scribere, solum pluralitatem deorum damnans ut dicetur. Etiam si quis interrogasset Mahumet in qua forma misisset Deus ad homines legatum plus quam angelum, certum est ipsum dicere, si Deus angelum mitteret legatum ad homines, eum forma humana indueret. Sic et si plus quam angelum mitteret responderet. Misit autem secundum ipsum Christum, quem dicit verbum Dei et filium Mariae. Quare cum verbum Dei sit eiusdem naturae cuius est Deus, cuius est verbum — omnia enim Dei Deus sunt ob simplicissimam eius naturam —

Name wird Adonai geschrieben, gelesen und ausgesprochen. Darum gibt er im Koran niemandem außer Gott diesen Namen, auch nicht Christus und der Jungfrau Maria. Und weil die Christen Jesus Christus Herr nennen und Maria Herrin, sagt er, daß sie diese an Stelle Gottes verehren. Und wie er sich hütet, niemals außer Gott jemandem den Namen Herr zu geben, so hütet er sich auch, Gott niemals den Namen Vater zu geben, denn er sagt, daß Gott alles erschafft wie er will und daß ihm deshalb der Akt der Zeugung nicht zukomme.

Wenn er Gutes über die Christen sagt, versteht er darunter die Weißgekleideten — so nennt er nämlich die Jünger — und die Christusgläubigen, wofür er die Nestorianer hält, von deren Irrglauben er nichts wußte. Andere Christen kannte er nicht. Nestorius aber nahm alles an, was im Evangelium steht und daß in Christus Körper, Seele und Gottheit waren; bezüglich der Art der Vereinigung aber irrte er. Er bekannte auch, daß Körper und Seele in einer natürlichen Einung geeint wurden, so daß Christus ein wahrer Mensch war. Dieser Mensch jedoch, so sagte er, wurde der Gottheit durch die Gnade vereint, nicht aber durch die allgemeine Gnade, durch welche die Guten mit Gott geeint werden, sondern durch die Fülle der Gnade, durch die der Wille Gottes und der Wille des Menschen Jesus einer gewesen sei. Um dieser Überfülle der Gnade willen sei es wahr, von Christus zu sagen, er sei der Sohn Gottes. Er gab jedoch nicht zu, daß Maria die Mutter Gottes sei, weil das, was in Christus als von seiner Mutter empfangen sich findet, nicht Gott zukommt. So wollte er, daß die menschliche Natur in Christus vergöttlicht worden sei. Und weil das Evangelium sagt, daß das Wort Gottes Fleisch geworden ist, nicht aber, daß das Fleisch Wort Gottes geworden ist, darum verurteilte die Kirche im dritten und vierten allgemeinen Konzil diese Auslegung und gab der Mutter Jesu den Namen Theotokos, das ist Gottesgebärerin.

Die Nestorianer aber bekennen die ewige Zeugung. Darum scheint es, daß Mohammed gegen die allerheiligste Dreifaltigkeit und die ewige Zeugung nicht schreiben wollte, sondern allein die Vielheit von Göttern vrurteilte, wie gesagt wurde. Hätte jemand Mohammed gefragt, in welcher Gestalt Gott einen Gesandten zu den Menschen geschickt hätte, der mehr sei als ein Mensch, so hätte er bestimmt gesagt, daß Gott, würde er einen Engel als Boten zu den Menschen senden, diesen mit menschlicher Gestalt umkleiden würde. Und genauso, wenn er einen gesandt hätte, der mehr sei als ein Engel. Nach seinen eigenen Worten sandte er aber Christus, den er das Wort Gottes und den Sohn

quando voluit Deus summum legatum mittere, misit verbum suum, quo non potest maior legatus concipi. Et quia ad homines misit, voluit, quod indueret humanam naturam mundissimam, ita fecit in virgine Maria, ut saepius legitur in Alchoran.

Non igitur erit difficile in Alchoran reperiri evangelii veritatem, licet ipse Mahumet remotissimus fuit a vero evangelii intellectu. Nec est praetermittendum quomodo capitula collectionis dicti libri legum Arabum non continuantur ad invicem, sed quodlibet de per se integrum existit. Et proprius est rhythmus seu carmen plene mensuratum. In hoc enim summum studium adhibuit compilator, ut blanditiis dictaminis cunctos alliceret et in stuporem verteret, sicque dictata faceret divina videri. Hinc ignoscendum mihi si non videbor undique congruum ordinem tenere, quando confusissimi libri continentiam discutio.

Libellum in tres partes divisi, et cuiuslibit capitula infra annotavi. Sequuntur capitula primae partis huius libeli:

I. De Alchoran et quod Deus verus non sit auctor eius; II. Quid continet Alchoran secundum eius laudatores; III. Quid continet secundum iudicium perfectorum; IV. Quod Alchoran fide careat, ubi sacris scripturis contradicit; V. Quod evangelium sit Alchoran preferendum; VI. Quod evangelium sit lux veritatis Alchoran; VII. Quod elegantia dictaminis non probat Alchoran Dei esse dictamen; VIII. Quod Christum sequantes omnibus praeferantur; IX. Quod Alchoran male dicat christianos incredulos, quia Christum filium Dei dicunt; X. Quod clare ostenditur Christum Dei filium; XI. Cur Christus non se nominavit Deum, sed Dei filium; XII. Laudes Christi ex Alchoran et ostensio divinitatis eius; XIII. Facilis ostensio Christum, qui est verbum Dei patris, esse eius filium; XIV. Obiectio ex Alchoran et eius solutio; XV. Quod Iesus quia Messias est Dei verus filius; XVI. Quod Christus quia verbum et legatus summus Dei est Dei filius; XVII. Quae testimonia Alchoran continent Christum Dei filium esse; XVIII. Quomodo in Alchoran intelligi debet Christum esse spiritum et animam Dei; XIX. Quomodo [in] Alchoran intelligi debet Christum

Mariens nennt. Da nun das Wort Gottes von derselben Natur ist wie Gott, dessen Wort es ist — alles, was Gottes ist, ist ja Gott um der vollkommenen Einfachheit seiner Natur willen —, darum sandte Gott, als er den höchsten Boten schicken wollte, sein Wort. Ein höherer Bote läßt sich nicht denken. Und weil er es zu den Menschen sandte, wollte er, daß es die reinste menschliche Natur anziehe. Dies tat er in der Jungfrau Maria, wie oft im Koran zu lesen ist.

Es ist nicht schwierig im Koran die Wahrheit des Evangeliums zu finden, wenn auch Mohammed von einem wahren Verständnis des Evangeliums weit entfernt ist. Wir dürfen auch nicht übergehen, daß die Kapitel des Gesetzbuches der Araber nicht miteinander zusammenhängen, sondern daß vielmehr jedes für sich allein besteht. Jedes ist ein eigener Rhythmus oder ein gänzlich gemessenes Gedicht. Der Kompilator wandte nämlich größte Mühe daran, durch eine anmutige Ausdrucksweise alle anzuziehen und zum Staunen zu bringen, um auf diese Weise die Aussprüche göttlich erscheinen zu lassen. Darum möge man mir verzeihen, daß ich nirgends einer angemessenen Ordnung zu folgen scheine, wenn ich den Inhalt dieses gänzlich verworrenen Buches darlege.

Ich habe mein Werk in drei Bücher geteilt und werde die Kapitel jedes einzelnen anführen.

Die Kapitel des ersten Teiles meines Buches sind:

I. Über den Koran, und daß Gott nicht sein Urheber ist; II. Was der Koran seinen Anhängern nach enthält; III. Was er nach dem Urteil der Vollkommenen enthält; IV. Der Koran ist unglaubwürdig, wo er den heiligen Schriften widerspricht; V. Das Evangelium ist dem Koran vorzuziehen; VI. Das Evangelium ist das Licht der im Koran enthaltenen Wahrheit; VII. Die Eleganz des Ausdruckes beweist nicht, daß der Koran Eingebung Gottes ist; VIII. Die, welche Christus nachfolgen, werden allen vorgezogen; IX. Der Koran nennt die Christen schmähend Ungläubige, weil sie Christus den Sohn Gottes nennen; X. Es wird deutlich erwiesen, daß Christus Gottes Sohn ist; XI. Warum Christus sich nicht Gott, sondern Sohn Gottes nannte; XII. Der Preis Christi im Koran und der Beweis seiner Gottheit; XIII. Ein leichter Beweis, daß Christus, das Wort Gottes des Vaters, dessen Sohn ist; XIV. Ein Einwurf aus dem Koran und seine Widerlegung; XV. Da Jesus der Messias ist, ist er der wahre Sohn Gottes; XVI. Da Christus Wort und höchster Bote Gottes ist, ist er Gottes Sohn; XVII. Welche Zeugnisse des

esse virum bonum et optimum et faciem omnium gentium; XX. Digressio ad manuductionem divinorum.

Sequuntur capitula secundae partis huius libelli:

I. De theologia mystica secundum quam Deus est ineffabilis; II. De theologia affirmativa secundum quam Deus est creator trinus et unus; III. Quomodo ex operatione intellectualis naturae videmus divinam; IV. Quomodo de fecunditate intellectualis ad fecunditatem divinae naturae elevamus; V. Manuductio ex iis, quae in mundo sunt, ut videatur Deus trinus. VI. Manuductio de intellectuali trinitate ad divinam; VII. Manuductio eiusdem per amorem. VIII. Declaratio sanctae trintitatis; IX. Aenigma licet remotum benedictae trintitatis; X. Iterum ex tribus personis manuductio; XI. [Quod] necesse est Arabes fateri trintitatem; XII. Christum veraciter fuisse mortuum ex crucifixum; XII. Quod crucifixio sit Christi exaltatio et glorificatio; XIV. Quomodo Deus animam Christi ad se reduxit ipsum transfigurari fecit et assumpsit; XV. De resurrectione Iesu Christi; XVI. Mysterium nativitatis et mortis Christi; XVII. De fructu mortis Christi; XVIII. De paradiso; XIX. Invectio contra Alchoran.

Capitula tertiae partis:

I. Quod Alchoran fide unius Dei salva omnibus blanditur Christum tamen praeferendo; II. Quod Mahumet ignoravit quid agendum et sentiendum et nihil firmi reliquit; III. Cur dicuntur salvati credentes Alchoran et quod gladius est magister; IV. Quod Deus Alchoran videatur Deus absolutus et Deus alius de quo loquitur rebus sit immersus; V. Quod Deus Alchoran videatur minor omnibus rebus et servus Mahumet atque eius conceptus; VI. Quod Mahumet temere contra Dei praecepta Christum in Christianis persequitur; VII. Quod Mahumet credat Dei praescientiam necessitare ad omnia, quae aguntur; VIII. Quod finis operis Mahumet fuit sui exaltatio; IX. Quod Mahumet nunc scribat Christum Deum et hominem, nunc hominem tantum sic nunc singularem Deum, nunc pluralem; X. Quod Mahumet con-

Korans bezeugen, daß Christus der Sohn Gottes ist; XVIII. Wie die Aussage des Korans verstanden werden muß, Christus sei der Geist und die Seele Gottes; XIX. Wie die Aussage des Korans verstanden werden muß, Christus sei ein guter, sogar der beste Mensch und das Antlitz aller Völker; XX. Exkurs zur Erklärung der göttlichen Dinge.

Die Kapitel des zweiten Teiles dieses Buches sind:

I. Über die mystische Theologie, nach der Gott unaussagbar ist; II. Die affirmative Theologie, nach der Gott der dreieinige Schöpfer ist; III. Auf welche Weise wir aus dem Wirken der vernunfthaften Natur die göttliche sehen; IV. Auf welche Weise wir von der vernunfthaften Fruchtbarkeit zu der Fruchtbarkeit der göttlichen Natur erhoben werden; V. Eine von den Dingen der Welt ausgehende Veranschaulichung, um Gott als dreieinen zu sehen; VI. Veranschaulichende Führung von der vernunfthaften Dreieinheit zur göttlichen; VII. Führung zu derselben durch die Liebe; VIII. Erklärung der heiligen Dreieinigkeit; IX. Ein, wenn auch unzureichendes, Gleichnis für die heilige Dreieinigkeit; X. Noch eine Veranschaulichung aus den drei Personen; XI. Die Araber müssen die Dreieinigkeit bekennen; XII. Christus ist wahrhaft gekreuzigt und gestorben, XIII. Die Kreuzigung ist Christi Ehrung und Verherrlichung; XIV. Wie Gott die Seele Christi zu sich zurückführte und ihn selbst verwandelt und zu sich aufgenommen hat; XV. Die Auferstehung Jesu Christi; XVI. Das Geheimnis der Geburt und des Todes Christi; XVII. Die Frucht des Todes Christi; XVIII. Das Paradies; XIX. Invektive gegen den Koran.

Die Kapitel des dritten Teiles:

I. Durch die Beibehaltung des Glaubens an den einen Gott schmeichelt der Koran zwar allen, zieht jedoch die Christen vor; II. Mohammed wußte nicht, was man tun und was man denken soll und hinterließ nichts Gewisses; III. Aus welchem Grund diejenigen, welche an den Koran glauben, „Gerettete" genannt werden und warum das Schwert der Lehrmeister ist; IV. Der Gott des Korans ist der absolute Gott und der andere Gott, von dem er spricht, ist in die Dinge eingetaucht; V. Der Gott des Korans erscheint geringer als alle Dinge, ein Sklave Mohammeds, und dessen eigene Erfindung; VI. Gegen die Gebote Gottes verfolgt Mohammed leichtsinnig Christus in den Christen; VII. Mohammed glaubt, daß Gottes Vorwissen zu allem zwingt, das geschieht; VII. Der Zweck von Mohammeds Werk war

tinue variat ut in exemplis; XI. Contra id, quod lex Alchoran sit lex Abrahae; XII. Quod Alchoran male dicat Abraham fuisse idololatram et vera historia ponitur; XIII. De promissione facta Abrahae fideli; XIV. Quod pactum Dei et Abrahae excludit Ismaelitas et in Christo mediatore concluditur; XV. Quod non nisi Christianus trinitatem in unitate adorans Abrahae filius esse possit; XVI. Quod Arabes legem Abrahae penitus ignorent et eius sint persecutores; XVII. Persuasio quod Soldanus mandet Mariam virginem theotocon credi et lumen evenagelii amplecti; XVIII. Ad Califam de Baldach quod Iudaei de Abraham apposuerunt in Alchoran; XIX. Ostensio sine Christo non posse felicitari; XX. Ostensio Christum meruisse Christianis immortalitatem; XXI. Declaratio similitudinis Adae et Christi.

seine eigene Erhöhung; IX. Einmal bezeichnet Mohammed Christus als Gott und Mensch, einmal nur als Mensch, einmal Gott als Einzelnen, einmal Gott als Mehrzahl; X. Beispiele machen deutlich, wie Mohammed ständig schwankt; XI. Widerlegung der Behauptung, daß Gesetz des Koran sei das Gesetz Abrahams; XII. Der Koran nennt Abraham zu Unrecht einen Götzendiener; die wahre Geschichte wird berichtet; XIII. Die Verheißung, die dem gläubigen Abraham gemacht wurde; XIV. Der Bund Gottes mit Abraham schloß die Nachkommen Ismaels aus und findet sein Ziel in Christus, dem Mittler; XV. Nur ein Christ, der die Dreifaltigkeit in der Einheit anbetet, vermag ein Sohn Abrahams zu sein; XVI. Die Araber kennen das Gesetz Abrahams gar nicht und verfolgen es; XVII. Eine Empfehlung an den Sultan, die Jungfrau Maria als Gottesgebärerin verehren zu lassen und das Licht des Evangeliums anzunehmen; XVIII. An den Kalifen in Bagdad: die Juden haben im Koran Hinzufügungen gemacht über Abraham; XIX. Beweis, daß niemand ohne Christus selig werden kann; XX. Beweis, daß Christus den Christen die Unsterblichkeit erworben hat; XXI. Erklärung der Ähnlichkeit zwischen Christus und Adam.

GESAMT-REGISTER

Um dem Studierenden ein brauchbares Arbeitsmittel in die Hand zu geben, wurde im folgenden versucht, einen Mittelweg zwischen einem maximalen Wort- und einem minimalen „Sach"-register zu finden. Anspruch auf Vollständigkeit wird also nicht erhoben. Die Fundstellen sind der Reihenfolge der Schriften entsprechend angegeben

Abkürzungen

Band I

VS = De venatione sapientiae
DI = De docta ignorantia
DA = De Deo abscondito
AP = Apologia doctae ignorantiae

Band II

C = De coniecturis
PR = De principio
PO = De possest
AT = De apice theoriae
G = De genesi
NA = De non-aliud
QD = De quaerendo Deum
FD = De filiatione Dei
DL = De dato patris luminum
CP = Compendium

Band III

B = De beryllo
VD = De visione Dei
LG = De ludo globi
A = De aequalitate
I = Idiota de sapientia; de mente; de staticis experimentis
CT = Complementum theologicum
PF = De pace fidei
CA = De cribratione Alchorani

TEXT-KONKORDANZ
(mit der Pariser Edition von 1514)

De venatione sapientiae
(Paris vol. I, fol. 201r—218v; Schr. I. p. 2—188)

201r = 2— 6, 1. Zvu (con-)
201v = 8— 14, 8. Zvo (factum)
202r = 14— 20, 1. Zvo (oboedienti)
202v = 20— 24, 9. Zvu (huius)
203r = 24— 30, 7. Zvu (formalis)
203v = 30— 36, 9. Zvu (di-)
204r = 36— 42, 9. Zvu (praecessit)
204v = 42— 38, 9. Zvu (diximus)
205r = 48— 54, 8. Zvu (qui in-)
205v = 54— 60, 12. Zvo (pro-)
206r = 60— 66, 8. Zvo (affir-)
206v = 66— 70, 2. Zvu (per-)
207r = 70— 76, 11. Zvu (omnia)
207v = 76— 82, 6. Zvo (quaelibet)
208r = 82— 86, 8. Zvu (mortificantes)
208v = 86— 92, 7. Zvo (contrarius)
209r = 92— 98, 1. Zvo (ipsam)
209v = 98—102, 11. Zvu (visi-)
210r = 102—108, 2. Zvo (compilavi)
210v = 108—112, 13. Zvu (implu-)
211r = 112—118, 5. Zvo (polygo-)
211v = 118—120, 17. Zvo (extrinsecus)
212r = 120—124, 5. Zvu (bile in)
212v = 124—130, 6. Zvo (non)
213r = 130—134, 7. Zvu (cum)
213v = 134—140, 6. Zvo (dimit-)
214r = 140—144, 8. Zvu (est)
214v = 144—150, 13. Zvo (ad)
215r = 150—154, 1. Zvu (expri-)
215v = 154—160, 8. Zvo (perfectionis)
216r = 160—164, 10. Zvu (intelligibilis)
216v = 164—170, 10. Zvo (unde)
217r = 170—174, 12. Zvu (est)
217v = 174—180, 7. Zvo (applice-)
218r = 180—184, 11. Zvu (ideo si-)
218v = 184—188.

De docta ignorantia
(Paris vol. I. fol. 1r—34r; Schr. I. p. 192—516)

1r = 192—196, 7. Zvo (vim)
1v = 196—200, 10. Zvu (manifestans)
2r = 200—206, 2. Zvo (oppositio-)
2v = 206—210, 10. Zvo (qui er-)
3r = 210—214, 6. Zvu (proba-)
3v = 214—220, 3. Zvo (possessione)
4r = 220—224, 15. Zvu (eo)
4v = 224—228, 7. Zvu (possibilita-)
5r = 228—232, 4. Zvu (infinitum)
5v = 232—236, 2. Zvo (est in po-)
6r = 236—238, 6. Zvu (dendum)
6v = 238—242, 1. Zvu (ipsum su-)
7r = 242—248, 10. Zvu (ex)
7v = 248—254, 2. Zvo (rectitu-)
8r = 254—258, 11. Zvu (similitudi-)
8v = 258—264, 3. Zvo (triangu-)
9r = 264—268, 5. Zvo (fortissima)
9v = 268—272, 9. Zvo (potuerunt)
10r = 272—276, 12. Zvu (mensura)
10v = 276—282, 3. Zvo (quae)
11r = 282—286, 11. Zvu (quae)
11v = 286—292, 5. Zvo (unum)
12r = 292—296,
12v = 312—316, 10. Zvo (lucem)
13r = 316—320, 12. Zvu (transire)
13v = 320—326, 5. Zvo (intelli-)
14r = 326—330, 14. Zvu (et mi-)
14v = 330—334, 12. Zvu (abstrahentem)
15r = 334—338, 5. Zvu (-tus)
15v = 338—344, 4. Zvo (ana-)
16r = 344—348, 10. Zvo (in omni-)
16v = 348—352, 13. Zvo (uni-)
17r = 352—356, 11. Zvu (alteritatem)
17v = 356—362, 4. Zvo (etiam)
18r = 362—366, 14. Zvo (possibili-)
18v = 366—370, 8. Zvu (necessitas)
19r = 370—376, 1. Zvo (notionibus)
19v = 376—380, 14. Zvo (existit)
20r = 380—384, 12. Zvu (habi-)
20v = 384—388, 1. Zvu (aequalia)
21r = 388—394, 9. Zvo (proba-)
21v = 394—398, 14. Zvu (aliquota)
22r = 398—402, 3. Zvu (habitatio)
22v = 402—408, 6. Zvo (ad = et)
23r = 408—412, 9. Zvu (nutriuntur)

23v = 412—416,
24r = 420—424, 14. Zvu (Deum)
24v = 424—430, 3. Zvo (vale-)
25r = 430—434, 10. Zvu (maxi-)
25v = 434—440, 7. Zvo (essendi)
26r = 440—444, 12. Zvu (spiri-)
26v = 444—448, 5. Zvu (ipsa)
27r = 448—454, 8. Zvo (rationem)
27v = 454—458, 1. Zvu (spiri-)
28r = 458—464, 11. Zvo (divinae)
28v = 464—468, 10. Zvu (apparuit)
29r = 468—474, 1. Zvo (tem-)
29v = 474—478, 1. Zvo (to-)
30r = 478—482, 8. Zvo (ad)
30v = 482—486, 9. Zvo (gloriae)
31r = 486—490, 14. Zvo (ma-)
31v = 490—494, 13. Zvu (pro-)
32r = 494—498, 8. Zvu (intelle-)
32v = 498—502, 2. Zvu (bene-)
33r = 502—508, 6. Zvo (hinc no-)
33v = 508—512, 16. Zvu (contempla-)
34r = 512—516.

De Deo abscondito
(Paris vol. II. fol. 2r—3r; Schr. I. p. 300—308)

2r = 300—302, 7. Zvu (se)
2v = 302—306, 6. Zvu (eius)
3r = 360—308.

Apologiae doctae ignorantiae
(Paris vol. I. fol. 34v—41r; Schr. I. p. 520—590)

34v = 520—524, 12. Zvu (quan-)
35r = 524—530, 7. Zvo (consuetudo)
35v = 530—534, 5. Zvu (videtur)
36r = 534—540, 15. Zvu (ecce)
36v = 540—546, 4. Zvo (-tur)
37r = 546—550, 6. Zvu (recensi-)
37v = 550—556, 13. Zvo (divi-)
38r = 556—562, 1. Zvo (Im-)
38v = 562—566, 9. Zvu (indivisibili)
39r = 566—572, 3. Zvo (ma-)
39v = 572—576, 11. Zvu (erro-)
40r = 576—582, 2. Zvo (sanctorum)
40v = 582—588, 2. Zvo (-gentius)
41r = 588—590.

De coniecturis
(Paris vol. I. fol. 41v—64v; Schr. II. p. 2—208)

41v = 2— 6, 12. Zvu (De-)
42r = 6— 10, 4. Zvu (quantitatem)
42v = 10— 14, 3. Zvu (alterum)
43r = 14— 18, 5. Zvu (fieri)
43v = 18— 22, 8. Zvu (praeter)
44r = 22— 26, 8. Zvu (est)
44v = 26— 32, 4. Zvo (cum eius)
45r = 32— 36, 2. Zvo (efficies)
45v = 36— 40, 3. Zvo (omnem te-)
46r = 40— 44, 4. Zvo (redactum)
46v = 44— 48, 6. Zvo (com-)
47r = 48— 52, 8. Zvu (si)
47v = 52— 58, 3. Zvo (quam in-)
48r = 58— 62, 4. Zvo (alteritatem)
48v = 62— 66, 12. Zvo (atque)
49r = 66— 68, 7. Zvu (figura)
49v = 74.
50r = 68— 72, 9. Zvu (has)
50v = 72— 78, 4. Zvu (rationali)
51r = 78— 84, 8. Zvu (maiori)
51v = 84— 88, 14. Zvu (vitandam)
52r = 88— 94, 3. Zvo (ordinatim)
52v = 94— 98, 15. Zvo (est)
53r = 98—102, 12. Zvu (horum)
53v = 102—106, 12. Zvu (indicibilium)
54r = 106—112, 4. Zvu (quae)
54v = 112—114, 4. Zvu (veritas)
55r = 114—120, 1. Zvo (lucem)
55v = 120—122, 7. Zvu (plurali-)
56r = 122—128, 9. Zvo (seminis)
56v = 128—132, 16. Zvo (alius)
57r = 132—136, 16. Zvo (spiritus)
57v = 136—140, 19. Zvo (regredien-)
58r = 140—144, 10. Zvu (poterit)
58v = 144—148, 9. Zvu (uni-)
59r = 148—152, 8. Zvu (perpetuum)
59v = 152—158, 4. Zvo (gradatim)
60r = 158—162, 10. Zvu (quiescunt)
60v = 162—168, 6. Zvo (ratione)
61r = 168—172, 9. Zvu (universaliter om-)
61v = 172—178, 12. Zvo (rationis, unitas)
62r = 178—184, 11. Zvo (alteritas)
62v = 184—190, 2. Zvo (attingere)
63r = 190—194, 11. Zvu (cognitione)
63v = 194—200, 6. Zvo (termi-)
64r = 200—204, 7. Zvu (esse)
64 = 204—208.

De principio
(Paris vol. II. fol. 7r—11v; Schr. II. p. 212—264)

7r = 212—216, 13. Zvu (nisi)

7v = 216—222, 5. Zvo (principio)
8r = 222—226, 2. Zvu (rationabilibus = intellectualibus)
8v = 226—232, 6. Zvo (qui est)
9r = 232—238, 3. Zvu (con-)
9v = 238—244, 3. Zvu (haec)
10r = 244—250, 2. Zvu (principio)
10v = 250—256, 14. Zvo (mundus)
11r = 256—260, 10. Zvu (hoc)
11v = 260—264.

De possest
(Paris vol. I. fol. 174v—183v; Schr. II. p. 268—358)

174v = 268—272, 15. Zvu (in-)
175r = 272—276, 2. Zvu (quantitate)
175v = 276—282, 14. Zvo (mem-)
176r = 282—286, 4. Zvu (gra-)
176v = 286—292, 15. Zvo (pun-)
177r = 292—296, 10. Zvo (impossi-)
177v = 296—300, 7. Zvu (dicis)
178r = 300—306, 10. Zvo (sci-)
178v = 306—312, 1. Zvo (certi)
179r = 312—316, 11. Zvu (mi-)
179v = 316—322, 5. Zvo (trigonus)
180r = 322—326, 11. Zvu (filii)
180v = 326—332, 2. Zvo (et)
181r = 332—336, 7. Zvo (mu-)
181v = 336—340, 9. Zvo (sim-)
182r = 340—344, 12. Zvo (disci)
182v = 344—350, 1. Zvo (Si)
183r = 350—354, 13. Zvu (apostolus in)
183v = 354—358.

De apice theoriae
(Paris vol. I. fol. 219r—221v; Schr. II. p. 362—384)

219r = 362—366, 3. Zvo (esse)
219v = 366—370, 11. Zvo (ipsam)
220r = 370—274, 8. Zvo (ipso)
220v = 374—378, 9. Zvo (possest)
221r = 378—382, 7. Zvo (In)
221v = 382—384.

De genesi
(Paris vol. I. fol. 69v—74v; Schr. II. p. 384—440)

69v = 384—392, 14. Zvu (est)
70r = 392—398, 6. Zvo (est idem)
70v = 398—402, 12. Zvu (ra-)
71r = 402—406, 3. Zvu (mensura)
71v = 406—412, 11. Zvo (historiam)
72r = 412—416, 7. Zvu (propinqua)
72v = 416—422, 9. Zvo (quia)
73r = 422—426, 12. Zvu (quasi)
73v = 426—432, 5. Zvo (homo)
74r = 432—436, 12. Zvu (mo-)
74v = 436—440.

De non-aliud
(Fehlt im Pariser Druck)

De quaerendo Deum
(Paris vol. I. fol. 197r—200v; Schr. II. p. 568—606)

197r = 568—570, 1. Zvu (descendente)
197v = 570—576, 11. Zvo (sed)
198r = 576—580, 14. Zvu (intui-)
199v = 580—586, 6. Zvo (aptum)
198v = 580—586, 6. Zvo (aptum)
199r = 586—590, 12. Zvu (et)
199v = 590—596, 2. Zvo (mun-)
200r = 596—600, 18. Zvo (ibi vi-)
200v = 600—606.

De filiatione Dei
(Paris vol. I. fol. 201r—205r; Schr. II. p. 610—642)

201r = 610—612, 6. Zvu (theologus)
201v = 612—616, 6. Zvu (scilicet)
202r = 616—620, 6. Zvu (intellectus)
202v = 620—624, 13. Zvu (cum)
203r = 624—628, 16. Zvo (quod)
203v = 628—632, 11. Zvo (ut)
204r = 632—636, 8. Zvo (veritas)
204v = 636—640, 4. Zvo (Dum)
205r = 640—642.

De dato patris luminum
(Paris vol. I. fol. 193r—196v; Schr. II. p. 646—680)

193r = 646—650, 1. Zvo (ad)
193v = 650—654, 10. Zvo (In)
194r = 654—658, 12. Zvu (manus)
194v = 658—662, 4. Zvu (sit)
195r = 662—666, 1. Zvu (dicuntur)
195v = 666—672, 9. Zvo (potentiam)
196r = 672—676, 15. Zvu (homi-)
196v = 676—680.

Compendium
(Paris vol. I. fol. 169r—174r; Schr. II. p. 684—730)

169r = 684—686, 8. Zvu (signa)
169v = 686—690, 3. Zvu (ipsius)

170r = 690—696, 2. Zvo (nul-)
170v = 696—700, 4. Zvo (plures)
171r = 700—704, 15. Zvo (omnia)
171v = 704—708, 14. Zvo (quando)
172r = 708—712, 14. Zvo (malle-)
172v = 712—716, 12. Zvu (cogniti-)
173r = 716—720, 3. Zvu (sensibilia non)
173v = 720—726, 12. Zvo (per)
174r = 726—730.

De beryllo
(Paris vol. I. fol. 184r—192v; Schr. III. p. 2—90)

184r = 2— 6, 12. Zvo (nominatur)
184v = 6— 10, 1. Zvu (principium)
185r = 10— 16, 14. Zvo (figuravi)
185v = 16— 22, 8. Zvo (om-)
186r = 22— 26, 4. Zvo (ut)
186v = 26— 30, 13. Zvu (conformi-)
187r = 30— 36, 1. Zvo (Sic)
187v = 36— 40, 8. Zvo (indivisibili)
188r = 40— 44, 2. Zvu (ipsum)
188v = 44— 50, 18. Zvo (intentio)
189r = 50— 56, 9. Zvo (magister)
189v = 56— 62, 1. Zvo (Aristote-)
190r = 62— 66, 14. Zvo (conci-)
190v = 66— 72, 1. Zvo (intellectum)
191r = 72— 74, 4. Zvu (substantiam, quae)
191v = 74— 80, 6. Zvo (intellectus)
192r = 80— 84, 3. Zvu (na-)
192v = 84— 90.

De visione Dei
(Paris vol. I. fol. 99r—114r; Schr. III. p. 94—218)

99r = 94— 96, 2. Zvu (move-)
99v = 96—102, 7. Zvo (visum)
100r = 102—106, 10. Zvo (quid)
100v = 106—110, 10. Zvu (converterer)
101r = 110—114, 15. Zvu (con-)
101v = 114—118, 12. Zvu (seminali)
102r = 118—122, 5. Zvu (enim)
102v = 122—126, 7. Zvu (admirandus est)
103r = 126—130, 6. Zvu (qui)
103v = 130—134, 9. Zvu (in)
104r = 134—138, 6. Zvu (posterior)
104v = 138—142, 6. Zvu (in)
105r = 142—146, 4. Zvu (Sed)
105v = 146—150, 4. Zvu (in)
106r = 150—154, 5. Zvu (quae)
106v = 154—160, 1. Zvo (Deo)
107r = 160—164, 5. Zvo (nonne)
107v = 164—168, 1. Zvo (potest)
108r = 168—170, 3. Zvu (quasi)
108v = 170—174, 1. Zvu (perveniam)
109r = 174—180, 7. Zvo (esse)
109v = 180—184, 9. Zvo (saecula)
110r = 184—188, 15. Zvu (intellectus)
110v = 188—192, 9. Zvu (contra)
111r = 192—196, 4. Zvu (Ie-)
111v = 196—200, 7. Zvu (componentia)
112r = 200—204, 4. Zvu (vi-)
112v = 204—210, 1. Zvo (influentia)
113r = 210—214, 1. Zvo (consummatio)
113v = 214—216, 1. Zvu (di-)
114r = 216—218.

De ludo globi
(Paris vol. I. fol. 152r—168v; Schr. III. p. 222—354)

152r = 222—222, 10. Zvu (satisfacies)
152v = 222—226, 10. Zvu (accedimus)
153r = 226—230, 14. Zvu (rotunditate)
153v = 230—234, 12. Zvu (po-)
154r = 234—238, 4. Zvu (ut)
154v = 238—242, 5. Zvu (1. movens)
155r = 242—246, 5. Zvu (diver-)
155v = 246—250, 3. Zvu (dicimus)
156r = 250—254, 1. Zvu (1. et)
156v = 254—258, 2. Zvu (sic)
157r = 258—262, 2. Zvu (contentatur = cont. est)
157v = 262—268, 4. Zvo (sicut)
158r = 268—272, 9. Zvo (suo-)
158v = 272—276, 15. Zvo (ludens)
159r = 276—280, 13. Zvu (ter-)
159v = 280—282.
160v = 286—288, 4. Zvu (praecedere)
161r = 288—292, 4. Zvu (accidentia)
161v = 292—296, 3. Zvu (et veri)

162r = 296—302, 5. Zvo (circumferen-)
162v = 302—306, 4. Zvo (aethereos)
163r = 306—310, 6. Zvo (omnium)
163v = 310—314, 13. Zvo (omni)
164r = 314—318, 15. Zvo (sen-)
164v = 318—322, 11. Zvu (illae)
165r = 322—326, 7. Zvu (rationalis)
165v = 326—330, 2. Zvu (virtutem)
166r = 330—336, 8. Zvo (virtutem)
166v = 336—340, 13. Zvo (ternaria exi-)
167r = 340—344, 9. Zvu (quod omnia)
167v = 344—348, 7. Zvu (noti-)
168r = 348—352, 4. Zvu (intellectualiter)
168v = 352—354.

De aequalitate
(Paris vol II. fol. 15r—21r; Schr. III. p. 358—416)

15v = 358—364, 16. Zvu (non ta-)
15r = 358—358, 4. Zvu (quia)
16r = 364—368, 5. Zvu (reperit)
16v = 368—374, 13. Zvo (ut ad)
17r = 374—378, 7. Zvu (ut)
17v = 378—384, 15. Zvu (omnia)
18r = 384—390, 2. Zvo (Prius)
18v = 390—394, 9. Zvo (aliud)
19r = 394—398, 14. Zvu (minus)
19v = 398—402, 2. Zvu (-dam)
20r = 402—408, 13. Zvo (me)
20v = 408—412, 4. Zvu (erat)

Idiota de sapientia
(Paris vol. I. fol. 75r—80v; Schr. III. p. 420—476)

75r = 420—424, 10. Zvo (opposito)
75v = 424—428, 9. Zvu (omni)
76r = 428—432, 5. Zvu (ingustabiliter)
76v = 432—436, 3. Zvu (enim)
77r = 436—442, 12. Zvo (forti-)
77v = 442—446, 13. Zvu (simplicissimam)
78r = 446—450.
78v = 454—458, 10. Zvo (hanc)
79r = 458—462, 5. Zvu (sit prae)
79v = 462—468, 8. Zvo (imax-)
80r = 468—472, 13. Zvu (quan-)
80v = 472—476.

Idiota de mente
(Paris vol. I. fol. 81r—94r; Schr. III, p. 480—608)

81r = 480—484, 9. Zvo (per)
81v = 484—488, 2. Zvu (tamen)
82r = 488—494, 8. Zvo (post)
82v = 494—498, 7. Zvu (melius)
83r = 498—504, 5. Zvo (veritatis)
83v = 504—508, 13. Zvu (Deo)
84r = 508—514, 2. Zvo (fuit)
84v = 514—518, 17. Zvu (acu-)
85r = 518—522, 3. Zvu (tribus)
85v = 522—528, 5. Zvo (in)
86r = 528—532, 15. Zvo (singulare)
86v = 532—536, 4. Zvu (phy-)
87r = 536—542, 7. Zvo (se)
87v = 542—546, 6. Zvu (simi-)
88r = 546—552, 3. Zvo (quae)
88v = 552—556, 11. Zvo (quare)
89r = 556—560, 4. Zvu (repetite)
89v = 560—566, 4. Zvo (scien-)
90r = 566—570, 10. Zvu (At-)
90v = 570—576, 2. Zvo (substan-)
91r = 576—580, 12. Zvo (intelligam, di-)
91v = 580—584, 13. Zvu (nec)
92r = 584—588, 4. Zvu (oboediant)
92v = 588—594, 3. Zvo (quomo-)
93r = 594—598, 10. Zvu (men-)
93v = 598—602, 2. Zvu (non)
94r = 602—608.

Idiota de staticis experimentis
(Paris vol. II. fol. 94v—98v; Schr. III. p. 612—646)

94v = 612—616, 2. Zvo (quousque)
95r = 616—620, 6. Zvo (secundum)
95v = 620—624, 8. Zvo (alchimicis)
96r = 624—628, 13. Zvo (attulisse)
96v = 628—632, 2. Zvo (extensum = 7. Zvu in Paris)
97r = 632—634, 16. Zvu (diver-)
97v = 634—638, 13. Zvu (proportio-)
98r = 638—642, 15. Zvu (mihi = sum)
98v = 642—646.

Complementum theologicum
(Paris vol. II, 2, fol. 92v—100v; Schr. III. p. 650—702)

92v = 650—652, 14. Zvu (sensibili)
93r = 652—656, 10. Zvo (co-)
93v = 656—658, 4. Zvu (Cen-)
94r = 658—662, 13. Zvo (omnium)
94v = 662—666, 3. Zvo (sortitur)
95r = 666—668, 17. Zvu (aequalitas)
95v = 668—672, 7. Zvo (curva)
96r = 672—674, 7. Zvu (plus)

96v = 674—678, 17. Zvo (discretio-)
97r = 678—682, 5. Zvo (mun-)
97v = 682—684, 10. Zvu (autem)
98r = 684—688, 12. Zvo (minor)
98v = 688—692, 4. Zvo (posita est)
99r = 692—694, 12. Zvu (est)
99v = 694—698, 11. Zvo (pa-)
100r = 698—700, 4. Zvu (et)
100v = 700—702.

De pace fidei
(Paris vol. I. fol. 114r—123r; Schr. III, p. 706—796)

114r = 706—708, 13. Zvu (diversitate)
114v = 708—714, 2. Zvo (homi-)
115r = 714—718, 16. Zvu (simplicissimam)
115v = 718—724, 1. Zvo (sua)
116r = 724—728, 14. Zvu (mendo-)
116v = 728—732, 1. Zvu (divinam)
117r = 732—738, 13. Zvo (amor)
117v = 738—742, 4. Zvu (di-)
118r = 742—748, 14. Zvo (Persa)
118v = 748—754, 2. Zvo (est-)
119r = 754—758, 14. Zvo (natura)
119v = 758—762, 5. Zvu (Non)
120r = 762—766, 1. Zvu (Chri-)
120v = 766—772, 7. Zvo (non)
121r = 772—776, 4. Zvu (omnium)
121v = 776—782, 15. Zvu (credere)
122r = 782—788, 6. Zvo (signa)
122v = 788—792, 3. Zvu (attingitur)
123r = 792—796.

Cribratio Alchorani
(Paris vol. I. fol. 123v—125v; Schr. III. p. 800—816)

123v = 800—802, 2. Zvu (spi-)
124r = 802—806, 9. Zvu (quaesi-)
124v = 806—810, 14. Zvu (sensum)
125r = 810—814, 7. Zvo (divinam)
125v = 814—816.

NIKOLAUS VON KUES
corrigenda Bd. III

p. 5 Z(eile) 2 u. 3 v(on) u(nten): ein Wahres, Wahrähnliches (statt wahr, wahrähnlich)
p. 9 Z. 2 v.u.: durch ihn (statt ihn als)
p. 9 Z. 3 v.u.: als – verfällt
p. 95 Z. 17 v.u.: Selbstbestätigung (statt Selbstbetätigung)
p. 99 Z. 6 v.u.: lautere (statt losgelöst)
p. 113 Z. 12 v.o.: Denn Dein wahres Antlitz ist von allen Verschränkungen frei. (ist einzufügen zwischen ist. Jene)
p. 142 Z. 19 v.u.: oportet (statt oported)
p. 155 Z. 10 v.u.: die Seinsheit (statt das Sein)
p. 216 Z. 5 v.u.: amem (statt amen)
p. 265 Z. 18 v.u.: keiner (statt keine)
p. 277 Z. 17 v.u.: Dennoch (statt Auch)
p. 277 Z. 12 v.u.: im Lauf gesetzt haben (statt auf den Weg gebracht)
p. 323 Z. 13 u. 12 v.u.: der ganze Bereich des Logischen, und was sonst noch zu einem vollständigen (statt jed- besitzt ... das)
p. 364 Z. 7 v.u.: alio aliter, (statt alio, aliter)
p. 365 Z. 6 u. 5 v.u.: durch das gesehen, das in sich selbst mit der Seele des Sehenden identisch ist (statt durch das ... Sehenden)
p. 379 Z. 9 v.u.: ihm (statt ihn)
p. 447 Z. 5 v.o.: Urbild (statt Urbigld)
p. 481 Z. 10 v.o.: dem man an (statt der an)
p. 481 Z. 12 u. 13 v.o.: ansah (statt erkannte)
p. 489 Z. 1 u. 9 v.u.: Denn auch wenn ich zugebe (statt Wohl glaube ich) ... so meine ich doch nicht, daß man etwas anderes als einen passenden Namen geben kann, auch wenn dieser nicht genau ist (statt; ich meine ... ist)
p. 497 Z. 18 v.o.: im Verstand. Wenn alle Menschen zu- (statt , welche unter die Bezeichnung fällt, und als)
p. 535 Z. 14 v.u.: Sie (statt Der Geist)
p. 541 Z. 11 v.o.: ihm (statt sich)
p. 545 Z. 19 v.u.: der Geist (statt der Mensch)
p. 545 Z. 8 v.u.: der Geist durch das einsehe, aus dem heraus er bewegt wird (statt das Geist ... erhalte)
p. 569 Z. 15 v.u.: Vollkommene (statt Volkommene)
p. 652 Z. 17 v.o.: mens (statt meus)

p. 652 Z. 13 v.u.: kein non
p. 653 Z. 8 v.o.: darum (statt darob)
p. 655 Z. 18 v.o.: sie ist (statt sie)
p. 665 Z. 3 v.o.: kein (statt ein)
p. 679 Z. 6 bis 15: Achte genau darauf, daß und wie die endliche gerade Linie aus dem Punkt entsteht, und aus dieser die verschiedenen Polygone und schließlich der Kreis. Die Figur mit dem geringsten Inhalt ist das Dreieck, die mit dem größten der Kreis. Dazwischen fallen unendlich viele isoperimetrische Polygone, die ihrem Inhalt nach kleiner sind als der Kreis und größer als das Dreieck. Alle Polygone aber und der Kreis stammen aus einem einzigen Punkt. Die Figur aber ist die Ähnlichkeit der Form. (statt des vorhandenen Textes)
p. 703 Z. 17 v.o.: Und das die Geschöpfe-sehen ist Gesehenwerden in den Geschöpfen (statt Die ... werden)
p. 715 Z. 3 v.u.: nicht begriffen (statt begriffen)
p. 765 Z. 4 bis 7: nicht in einem die gemeinsame Natur aller zugestandenerweise zu solcher Vereinung erhoben worden wäre, daß durch diesen Mittler alle Menschen das Ziel ihres Verlangens erreichen könnten (statt es ... könnten)
p. 765 Z. 15 v.u.: , welches verfällt
p. 795 Z. 16 v.u.: besteht verfällt
p. 785 Z. 9 v.o.: die der Erlösung bedürfen (statt die gerettet werden sollen)
p. 785 Z. 8 v.u.: Gebote (statt Gebete)
p. 803 Z. 12 v.u.: das wahre Evangelium zum Vorschein kommen zu lassen (statt das E. ... zu beweisen)